MÜNCHEN

Die Geschichte der Stadt

Süddeutsche Zeitung Edition

Impressum

Redaktion: Dr. Joachim Käppner (Ltg.), Wolfgang Görl (stv.),
Christian Mayer (stv.); Astrid Becker, Alfred Dürr,
Stephan Handel, Monika Maier-Albang, Michael Ruhland,
Christina Warta
Art Direction: Eberhard Wolf, Stefan Dimitrov
Gestaltung und Produktion: Julia Wolf
Lektorat: Daniela Bernstein
Schlussredaktion: Dr. Renate Bugyi-Ollert
Bildredaktion: Bettina Theisinger, Petra Payer
Herstellung: H. Weixler, H. Schiffers
Litho: JournalMedia GmbH, München
Druck und Bindearbeiten: Mohn media – Mohndruck GmbH,
Gütersloh

Printed in Germany
ISBN: 978-3-86615-622-7

MÜNCHEN

Die Geschichte der Stadt

Herausgegeben von
Joachim Käppner, Wolfgang Görl
und Christian Mayer

Süddeutsche Zeitung Edition

Inhalt

5. Im Glanz der Krone (1806–1864): Am Anfang steht Napoleon

Kronprinz Ludwig von Bayern als antiker Feldherr: Büste von 1829.

6. Königsdämmerung (1864–1914): Lustvoller Weg in den Untergang

Inhalt

7. Krieg und Umsturz (1914–1919): Revolutionäre verjagen den König

8. Weimarer Jahre (1919–1933): „Hauptstadt der Bewegung“

9. Unterm Hakenkreuz (1933–1945): Diktatur, Verfolgung, Zerstörung

Bayerischer Löwe vor Trümmerlandschaft: das Wittelsbacher Palais 1945.

10. München nach 1945: Vom Wiederaufbau zur Boomstadt

11. München spezial: Die Stadt und ihre Mythen

Das moderne München: die Highlight-Towers in der Sichtachse des Siegestors.

Königliche Pracht

München, die angeblich nördlichste Stadt Italiens: Links die spätbarocke Theatinerkirche von Enrico Zuccalli, im Vordergrund die Bögen der Feldherrnhalle mit dem Standbild des Grafen Tilly, der auf die Prachtbauten der Ludwigstraße blickt.

Trauer und Tragödie

Die Beerdigung Kurt Eisners am 26. Februar 1919 wird zu einer machtvollen Demonstration der Arbeiterbewegung und der linken Parteien und Organisationen. Der erste Ministerpräsident der Bayerischen Republik war am 21. Februar auf dem Weg in den Landtag von Anton Graf von Arco auf Valley erschossen worden. Auf dem Foto ist zu sehen, wie der Trauerzug den Sendlinger-Tor-Platz passiert. Vorneweg gehen die Mitglieder der sozialistischen Parteien Münchens. Wenige Wochen später rufen Münchens radikale Sozialisten die Räterepublik aus, die von Reichstruppen und Freikorps blutig beseitigt wird.

Bürgerliches Behagen

Passanten vor den Auslagen der Hermannschen Kunsthandlung, im Hintergrund die Kirche St. Michael mit der Alten Akademie.
Johann Baptist Kuhn, 1840.

Bild unten: Das Alte muss dem Aufbruch weichen. Der Falkenturm (links im Bild) steht dem Stadtausbau im Weg und wird 1865 abgerissen.
Heinrich Schönfeld, 1840.

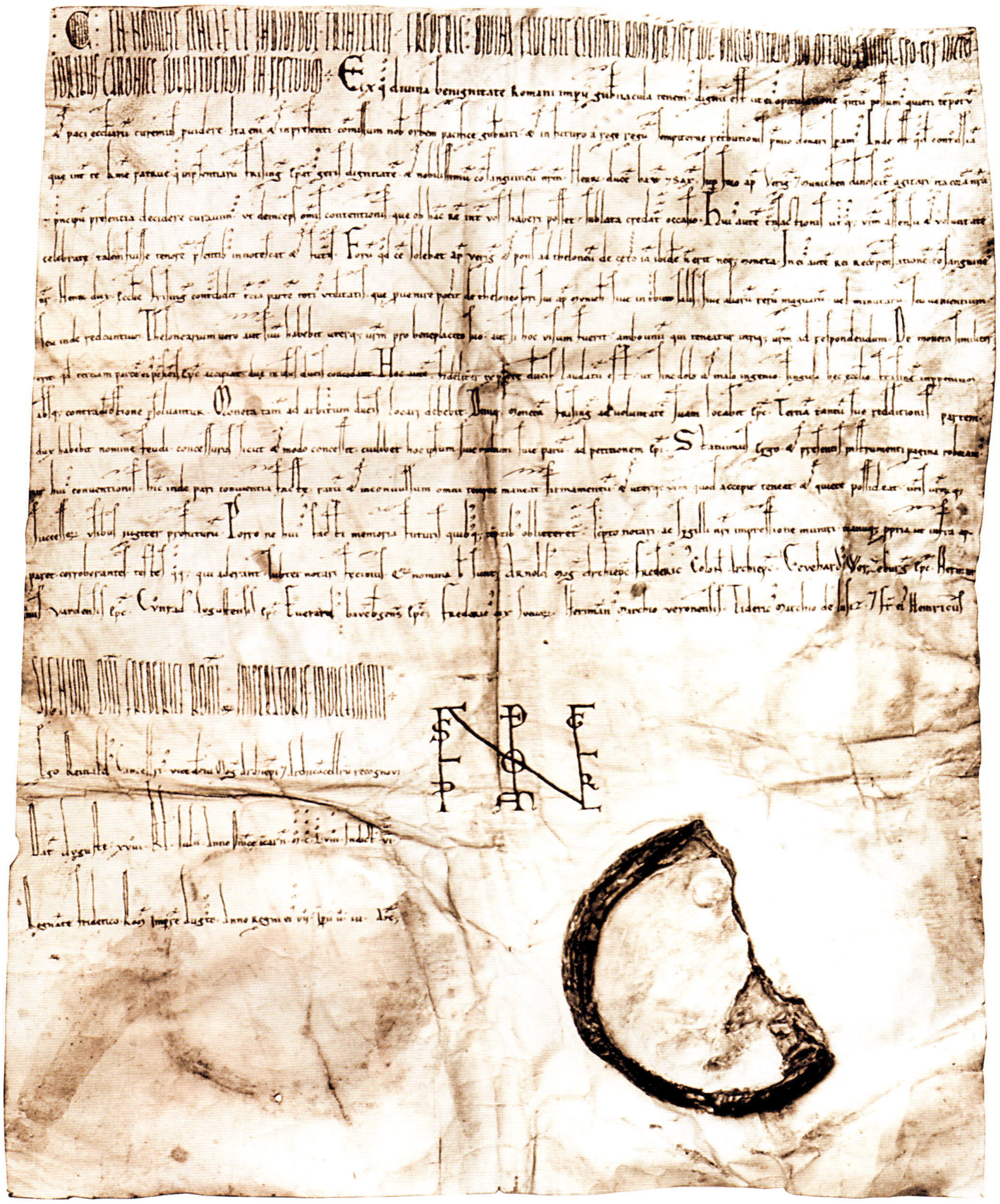

Der „Augsburger Schied“ gilt als eine Art Gründungsurkunde Münchens. In dem Dokument vom 14. Juni 1158 regelt Kaiser Friedrich Barbarossa den Streit zwischen Heinrich dem Löwen und dem Freisinger Bischof Otto. In dieser Kaiserurkunde wird erstmals der Markt bei „Munichen“ erwähnt.

Stadt im Glück – über dieses Buch

Der Schriftsteller, ein weitgereister und welterfahrener Mann, machte sich Sorgen, als er in die Stadt kam. Nicht um München, nein, sondern *wegen* München. Es war ihm unheimlich. Es war so glücklich, so demonstrativ unbeschwert, so reich und heiter: „Das blieb eine heile Welt. Sie ist so intakt. Das verstört unsereinen etwas. Es macht so fremd", schrieb Horst Krüger in den sechziger Jahren über ein Phänomen, für das er einen einprägsamen Begriff fand – „diese schreckliche Münchner Schönheit".

Fast dreieinhalb Jahrhunderte zuvor hat Thomas Greil die Sache viel pragmatischer betrachtet: Der Kärntner Dichter besuchte München, die Residenzstadt der Wittelsbacher Herzöge, um 1620 und notierte das Glück einer wohlhabenden, prächtigen Stadt, auf die der Schatten des eben ausgebrochenen Krieges noch nicht gefallen war: „Darumb sag ich zu aller Zeit / welcher da herumb zeucht so weit, / der soll zu München auch einkehren, / da wird er gehalten in guten Ehren."

Einen „schönen Lobspruch" nannte er seine Hymne auf München. Er war nicht der erste, und sehr viele weitere Lobsprüche sollten im Laufe der Jahrhunderte folgen. Es sind eher Gestalten von beklagenswertem Gemütszustand wie 1919 der Untergangsprophet Oswald Spengler, die mosern: „München ekelt mich an." Die Zahl solcher Feinde ist zu allen Zeiten wesentlich kleiner gewesen als die der bekennenden Fans. Dennoch ist ein Rätsel um München, eben jenes, das Horst Krüger empfunden

Wirtschaftswunderzeit – die Stadt präsentiert sich so strahlend, als ob es nie Krieg und Zerstörung gegeben hätte. Werbeplakat aus dem Jahre 1955.

hat: Wie konnte diese Stadt stets so sorglos in den Tag hinein leben, als sei sie eine jener Minirockschönheiten, die zu Krügers Zeit durch Schwabing promenierten?

Ja, wie? München hat weit mehr Krisen überstanden, als es viele der eigenen Bürger wissen. Es war die längste Zeit eine Stadt von Fürstens Gnaden, kein stolzes freies Gemeinwesen wie die Reichsstädte (was, nach Ansicht des Stadtarchivars Richard Bauer, bis heute erklären könnte, warum die Münchner Neuerungswünsche jeglicher Art gern zunächst einmal als eine von oben dekretierte Zumutung betrachten). Es war „Hauptstadt der Bewegung" Adolf Hitlers, eine Hochburg der Nazis. Es versank in der Apokalypse des von ihnen heraufbeschworenen Bombenkrieges. Es war 1945 ein Trümmerhaufen, bei dessen Anblick einige überlegten, die Stadt lieber gleich am Starnberger See wiederaufzubauen. Und im Jahr ihres 850. Geburtstages, 2008, ist sie wiederum, sorry Hamburg, Entschuldigung Berlin, nach allen Rankings und Umfragen die Stadt, in der die meisten Deutschen gern leben würden. Nein, sie ist kein wildes Pflaster wie Berlin. Und keinesfalls verändert sie ihr Gesicht so rasch wie Hamburg. Wenn sie sich wandelt, dann ergänzt das Neue das Alte eher und reißt es nicht fort.

Die Lokalredaktion der *Süddeutschen Zeitung* ist dem Phänomen München von den Anfängen bis heute in einer großen Serie nachgegangen, die mit Unterstützung des Münchner Stadtmuseums und des Stadtarchivs entstand. Sie ist die Grundlage für dieses Buch, das aber keine zusätzliche Stadtgeschichte im klassischen Sinn sein will. Die Autoren wollen das München der alten Zeiten lebendig machen, es vor dem Leser wiedererstehen lassen, ihn darin herumführen: Wie haben die Menschen unter Heinrich dem Löwen gelebt? Wie hat ihre Stadt damals ausgesehen, unter den Kurfürsten, in der Prinzregentenzeit? Wie fanden die Münchner nach all den Kriegen einen neuen Anfang? Stadtansichten, Modelle und Rekonstruktionszeichnungen ergänzen die Texte.

In der deutschen Wissenschaft gilt oft noch die Devise: je unverständlicher, desto seriöser. Die Autoren der Serie und damit dieses Buchs, die überwiegend aus der SZ-Lokalredaktion kommen, sehen das anders: Sie wollen dem Leser so viel Freude wie möglich bereiten. Wenn dies gelungen ist, dann hat das Buch seinen Zweck erfüllt.

Joachim Käppner
Wolfgang Görl
Christian Mayer

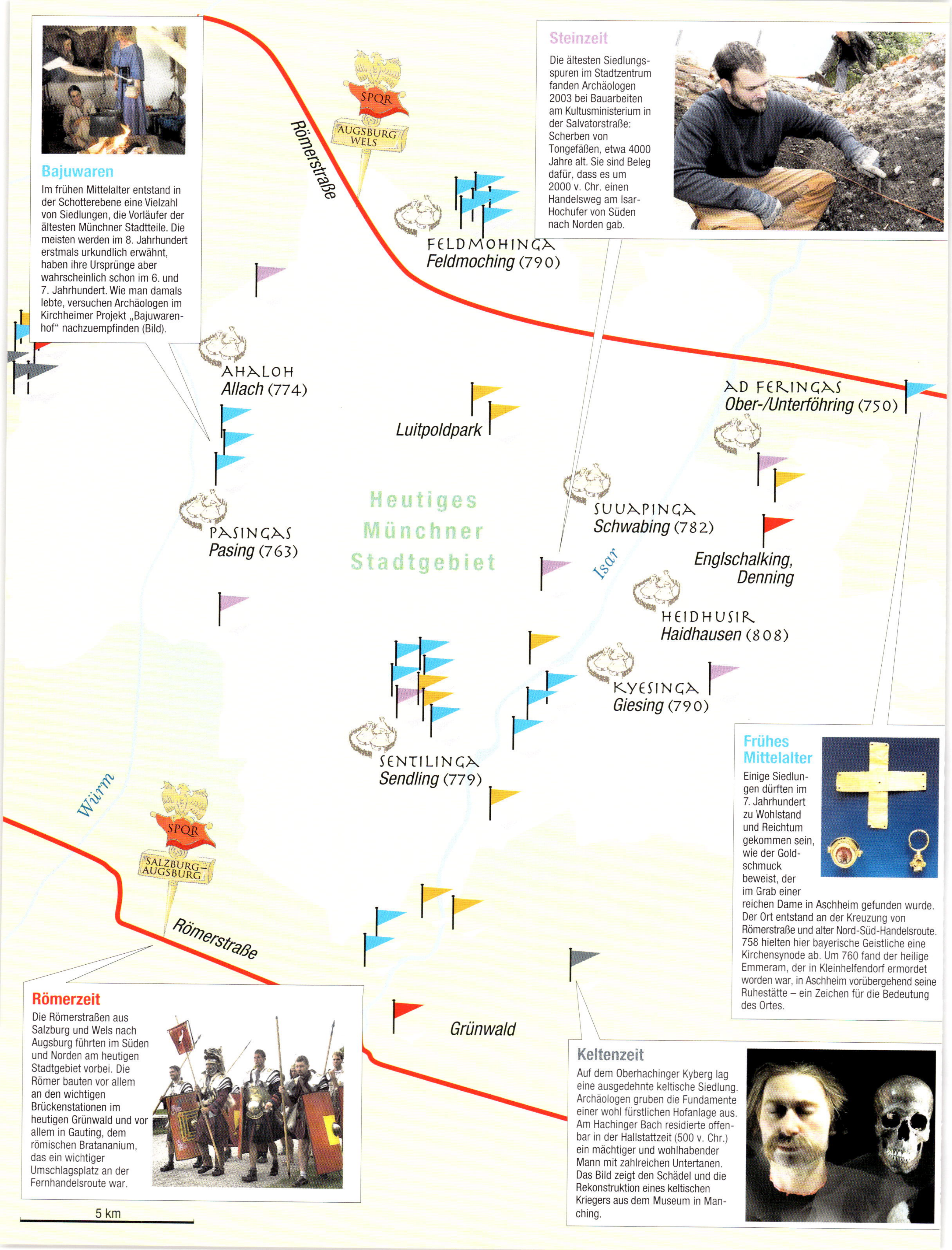

Bajuwaren

Im frühen Mittelalter entstand in der Schotterebene eine Vielzahl von Siedlungen, die Vorläufer der ältesten Münchner Stadtteile. Die meisten werden im 8. Jahrhundert erstmals urkundlich erwähnt, haben ihre Ursprünge aber wahrscheinlich schon im 6. und 7. Jahrhundert. Wie man damals lebte, versuchen Archäologen im Kirchheimer Projekt „Bajuwarenhof" nachzuempfinden (Bild).

Steinzeit

Die ältesten Siedlungsspuren im Stadtzentrum fanden Archäologen 2003 bei Bauarbeiten am Kultusministerium in der Salvatorstraße: Scherben von Tongefäßen, etwa 4000 Jahre alt. Sie sind Beleg dafür, dass es um 2000 v. Chr. einen Handelsweg am Isar-Hochufer von Süden nach Norden gab.

Frühes Mittelalter

Einige Siedlungen dürften im 7. Jahrhundert zu Wohlstand und Reichtum gekommen sein, wie der Goldschmuck beweist, der im Grab einer reichen Dame in Aschheim gefunden wurde. Der Ort entstand an der Kreuzung von Römerstraße und alter Nord-Süd-Handelsroute. 758 hielten hier bayerische Geistliche eine Kirchensynode ab. Um 760 fand der heilige Emmeram, der in Kleinhelfendorf ermordet worden war, in Aschheim vorübergehend seine Ruhestätte – ein Zeichen für die Bedeutung des Ortes.

Römerzeit

Die Römerstraßen aus Salzburg und Wels nach Augsburg führten im Süden und Norden am heutigen Stadtgebiet vorbei. Die Römer bauten vor allem an den wichtigen Brückenstationen im heutigen Grünwald und vor allem in Gauting, dem römischen Bratananium, das ein wichtiger Umschlagsplatz an der Fernhandelsroute war.

Keltenzeit

Auf dem Oberhachinger Kyberg lag eine ausgedehnte keltische Siedlung. Archäologen gruben die Fundamente einer wohl fürstlichen Hofanlage aus. Am Hachinger Bach residierte offenbar in der Hallstattzeit (500 v. Chr.) ein mächtiger und wohlhabender Mann mit zahlreichen Untertanen. Das Bild zeigt den Schädel und die Rekonstruktion eines keltischen Kriegers aus dem Museum in Manching.

Die Schickeria des achten Jahrhunderts

Keltenhöfe, Römerstraßen, Bajuwaren-Dörfer: Schon lange vor 1158 ist das Umland bewohnt – und mancher lebt recht gut

Dämmerlicht. Undeutliches Gemurmel. Hufeisenförmig gebogene Bronzestücke sind zu einem Haufen getürmt. Daneben ein Schildchen: München – Luitpoldpark – Bronzezeit. „Könnt ihr euch was drunter vorstellen?“, fragt der Lehrer seine Schulklasse. Nicht nur die Teenager beim Klassenausflug in die Archäologische Staatssammlung in der Lerchenfeldstraße schütteln da den Kopf. Die Funde vor ihnen sind knapp 4000 Jahre alt. Doch München wurde doch erst 1158 gegründet, als Heinrich der Löwe gewaltsam die Salzstraße von Oberföhring zur heutigen Museumsinsel verlegen ließ. So lernen das alle Münchner Kinder in der Schule. Wie passen dazu aber die Schwabinger Funde aus der Bronzezeit?

Tatsächlich ist der 850. Stadtgeburtstag 2008 eigentlich ein Jubiläum des heutigen Stadtzentrums. Dessen Areal war bis 1158 ein unwirtliches Schlammloch mit ein paar trockenen Erhebungen und kleineren Siedlungen. Das Leben spielte sich zwischen letzter Eiszeit und 1158 dort ab, wo heute eher Peripherie ist: auf den trockenen Uferterrassen der Isar, an den Auen von Würm und Hachinger Bach, in der lichten Heide der nördlichen Schotterebene, am Höhenzug der Aubinger Lohe. An all diesen Orten war es weit wahrscheinlicher als am Petersbergl, dass aus den Siedlungen irgendwann eine bedeutende europäische Stadt werden würde.

Zum Beispiel Grünwald oder Gauting. Die Römer machten um das heutige Stadtzentrum Münchens einen weiten Bogen: Die Isarbrücke bei Oberföhring, die Heinrich der Löwe 1158 abbrechen ließ, war Teil einer Fernroute des antiken Imperiums, die Augsburg mit Wels in Oberösterreich verband. Eine zweite Straße querte die Isar südlich von Grünwald und führte durch den Hofoldinger Forst gen Salzburg.

Wer heute am Isarhochufer bei Grünwald herumkraxelt, stößt mit etwas Glück auf die Wälle der so genannten Römerschanze. Auch wenn der Großteil davon mittelalterlich ist: In ihrem Inneren steckt noch ein antiker Kern, der Rest einer römischen Straßenstation, die den Isarübergang sicherte. Hätten die Cäsaren also München gründen wollen, sie hätten es bestimmt nicht an der Stelle der heutigen Altstadt getan.

Grünwald wäre ein schönes München geworden – wovon manche Grünwalder übrigens noch heute überzeugt sind. Auch Gauting, das römische Bratananium, wäre mit seinen Wirtshäusern, Spaß-Thermen und florierenden Wirtschaftsbetrieben ein guter Kandidat gewesen.

Wer sich ein eher rustikales München gewünscht hätte, hätte dagegen

ORTSNAME (DATUM)
Name und Jahr der ersten Nennung von heutigen Münchner Stadtteilen

Steinzeit
Aus der Zeit bis 1800 v. Chr. gibt es einige wenige Funde, unter anderem von Hockergräbern in Berg am Laim, Pasing, Moosach und Sendling.

Bronzezeit
Zwischen 1800 und 800 v. Chr. waren offenbar die Ufer von Isar und Würm immer wieder besiedelt. Davon zeugen Funde von Gräbern und Bronzebarren, unter anderem im Luitpoldpark und in Harlaching.

Keltenzeit
Die Kelten haben mit ihren Viereckschanzen sichtbare Spuren zurückgelassen. Die bekannteste liegt in der Aubinger Lohe, weitere gab es wohl in Langwied, Perlach und Feldmoching.

Römerzeit
Reste römischer Güter wurden in Aubing, Englschalking und Denning gefunden. Außerdem führten zwei Fernstraßen über die Isar.

Bajuwaren/frühes Mittelalter
Aus dem 6. bis 8. Jahrhundert gibt es eine Vielzahl von Reihengräbern aus bajuwarischer Zeit. Die Siedlungsschwerpunkte lagen wieder an den Flussufern (Pasing, Sendling, Harlaching, Au, Giesing), aber auch in Feldmoching.

Auf den Spuren der ersten Münchner

Seit der Steinzeit haben Menschen auf dem heutigen Stadtgebiet gesiedelt – allerdings nicht im jetzigen Zentrum. Die ersten Handelswege führten von Süden und Norden entlang der Isar und der Würm. Also lebten dort die Ur-Münchner an sicheren Plätzen auf den Hochufern. Im Frühmittelalter entstanden an solchen Orten auch die Keimzellen für die heutigen Stadtteile. Die Karte zeigt nur eine kleine Auswahl wichtiger Fund- und Siedlungsorte vor 1158.

Denning favorisiert. Der Stadtteil im Osten Münchens kann, wie auch Aubing, immerhin auf einen Gutshof (eine villa rustica) nebst Badegebäude verweisen. Dass Letzteres, gelegen am heutigen Platz der deutschen Einheit, im Jahr 233 von marodierenden Alemannen niedergebrannt wurde, kann, wer mag, als pfiffigen Einfall der Muse Klio interpretieren. Von deutscher Einheit war 233 halt ebenso wenig die Rede wie von München.

Die vindelikischen Kelten, die in den Jahrhunderten vor den Römern durch die Schotterebene streiften, hätten ganz eigene Prioritäten gesetzt. Ihr München, hätten sie es denn gründen wollen, wäre möglicherweise in der Aubinger Lohe entstanden. Dort können Sonntagsspaziergänger noch immer auf die Reste keltischer Viereckschanzen stoßen – oder, was mangels Wegweisern leider der Normalfall ist, haarscharf dran vorbeistolpern.

Diese Viereckschanzen, da war die archäologische Forschung sich lange Zeit ziemlich sicher, waren Kultplätze der Kelten. Weiß gewandete Druiden mit wallenden Rauschebärten schnitten dort Misteln und Eichenzweige mit goldenen Sicheln und opferten ihren vielen Göttern. Schade nur, dass es vermutlich ganz anders war und die Viereckschanzen wohl nur üppig ausgestattete Bauernhöfe und die mysteriösen Opferschächte profane Brunnen waren. Die schöne Götter-Mystik ist mittlerweile dank wissenschaftlicher Erkenntnis beim Teufel. Diesen vermuteten die alten Aubinger übrigens merkwürdigerweise in der Aubinger Lohe und nannten deshalb einen kreisrunden mittelalterlichen Turmhügel dort den Teufelsberg – vielleicht eine späte, unterbewusste Reminiszenz an die heidnischen Urväter.

Ein anderer Berg hatte es den ganz frühen Kelten der Hallstattzeit (800 bis 500 vor Christus) angetan. Diese, weniger demokratisch organisiert als ihre Nachfahren zwei, drei Jahrhunderte später, bauten großzügige Fürstensitze. Dort protzten Wirtschaftsmagnaten mit ihren Erfolgen in einer keltisch globalisierten Welt. Griechische Vasen? Her damit! Wein aus Südfrankreich? Kein Problem! Lehmziegelmauern in orientalischer Manier? Aber sicher, immer hochgezogen, auch wenn sie der nächste nordalpine Platzregen wieder davonspülte.

Auf dem Kyberg am Hachinger Bach erhob sich solch eine frühkapitalistische Villa. Dort, wo heute unter anderem das Oberhachinger Rathaus steht. Erst im Herbst 2007 kamen wieder Überreste der frühen Kelten auf dem Kyberg ans Tageslicht, deren Ausgrabung den dringend notwendigen Ausbau einer Schule verzögert. Was wäre das für ein schönes München auf dem Kyberg geworden. Außerdem könnte es jetzt schon den 2500. Geburtstag feiern.

Flüchtlinge und Zugereiste

Noch früher geht's dann aber nicht? Ein bisschen Troja gefällig? Nicht die Ausstellung in der Antikensammlung. Sondern so richtig: Troja statt München. Eine vergleichbare bronzezeitliche und also mehr als 3000 Jahre alte Stadt hat der am Hasenbergl praktizierende Arzt Manfred Moosauer an der Amper nahe Kranzberg ausgemacht. Münchner Stadtgebiet ist das nicht mehr, aber dafür ziemlich spektakulär. Jahrelang ist Moosauer deshalb belächelt und angefeindet worden.

Jüngst jedoch hat ein Team der Universität Frankfurt bei Kranzberg gegraben. Und in der Archäologischen Staatssammlung prangen Moosauers mykenisch beeinflusste Gold- und Bernsteinfunde gleich neben dem bronzezeitlichen Hortfund aus dem Luitpoldpark. Aus dieser Zeit gibt es auch Funde aus Sendling, Harlaching und anderen Orten des heutigen Stadtgebiets. Womöglich durchzog damals schon ein Handelsweg in Nord-Süd-Richtung die Schotterebene, vielleicht mit dem Kranzberg als Ziel.

Waren aber die Ur-Bayern und Ur-Münchner nicht Bajuwaren? Die müssen doch auch irgendwann in die Schotterebene gekommen sein, um die bayerischen Dörfer zu gründen – so lernten das doch die Kinder früher im Heimat- und Sachkundeunterricht. Die moderne Archäologie und Frühmittelalterforschung lehrt freilich etwas ganz anderes.

Offenbar wanderte im fünften Jahrhundert ein germanischer Stamm aus Böhmen in die von der Völkerwanderung schon arg gebeutelte frühere römische Provinz Rätien ein. Hier aber vermischte er sich mit den Einheimischen: zurückgebliebenen Römern, alteingesessenen Kelten, fußkranken Alemannen und vielen mehr. Gemeinsam bildeten sie den späteren Stamm der Baiern.

Und so war wohl, wie im 21. Jahrhundert, schon 1500 Jahre zuvor die Münchner Gesellschaft eine zusammengewürfelte aus Flüchtlingen, Zug'roasten und Alteingesessenen. Sie beackerten das Land und gründeten Dörfer, deren Namen bis heute mit -ing enden. Und viele lebten in überraschendem Wohlstand. Die Schickeria des achten Jahrhunderts bestand aus den reichen Familien der Großbauern Sentilo, Paso, Swapo, Manzo und Truhter, deren Weiler im Codex der Freisinger Traditionen und in den Urkundenbüchern der Klöster erstmals genannt wurden. Sie sind die Urväter aller Sendlinger, Pasinger, Schwabinger, Menzinger und Truderinger. Und ihre Orte wären wohl besser geeignet gewesen als das Gelände um den Petersberg, mal eine Großstadt zu werden.

Das gilt vor allem auch für Kirchheim und Aschheim, die zumindest vorübergehend wichtige Handelszentren an der alten nördlichen Römerstraße waren. Das belegen die wertvollen Funde an der Aschheimer Kirche. Hier trafen sich bayerische Geistliche zu einer Kirchensynode, hier fand um 760 der heilige Emmeram zumindest vorübergehend seine letzte Ruhe, nachdem ihn Schergen eines eifersüchtigen und herrschsüchtigen Herzogs beim heutigen Kleinhelfendorf gemeuchelt hatten. Und auch die Station des Fährmanns an der Isar, im Jahr 750 ad Feringas genannt, das heutige Oberföhring, hätte mit ein bisschen Glück einmal Wirtschaftsmetropole werden können.

Doch die Geschichte, genauer gesagt Heinrich der Löwe, wollte es anders. Und so wurde aus einer unbedeutenden Mönchsklause in der Mitte eines Jahrtausende alten Siedlungs- und Kulturraums das neue Zentrum. Im 20. Jahrhundert schluckte es seine viel älteren Brüder, die ihre Eigenständigkeit verloren, sich aber ihren Stolz bewahrten.

Christian Krügel/ Martin Bernstein

Schuhwerk der grauen Vorzeit

Die nicht ganz ernst gemeinte „Sandale des Ur-Mönchs"

Niemand wird behaupten, dies seien besonders prachtvolle Exponate, sieht man von der hübschen Schachtel ab. Doch die ist leider nur zum Aufbewahren da. Diese Reste uralten Schuhwerks aus dem Peterskirchhof sind am Anfang der Dauerausstellung zur Münchner Geschichte im Stadtmuseum zu sehen. Die Stadthistoriker widerlegen so das Vorurteil, sie seien bierernste Gesellen, die nur Zahlen und Scherben im Kopf hätten. Die Sohlentrümmer ungewissen, bestimmt aber nicht aus der grauen Vorzeit Münchens herrührenden Datums sind ein ironisches Zitat der Überlieferung, vor der Stadtgründung 1158 habe bereits eine Mönchssiedlung bestanden, auf die auch der Name München zurückgehe.

Thomas Weidner vom Stadtmuseum schreibt: „Als die alten Kirchhöfe Münchens am Ende des 18. Jahrhunderts aufgelassen wurden, kamen einige Grabbeigaben zum Vorschein, die ein unbekannter Sammler aufbewahrt hat. Die Überreste einer Schuhsohle versah er mit dem Hinweis: ‚Von den Sandalen eines Mönchs aus der Augustiner-Gruft in München.' Mit einer den exakten Wissenschaften fernen, vielleicht aber nicht weniger erhellenden Selbstironie könnte man von den einzig erhaltenen Zeugnissen des Münchner Urmönchs sprechen (lat. monachus monacensis monacensis)."

„Sandalen eines Mönchs …", schrieb der unbekannte Finder im 18. Jahrhundert an diese Bruchstücke alter Schuhe. Sie stammen aus einem aufgelassenen Kirchhof – aber gewiss nicht von Mönchen, die bereits vor der Stadtgründung 1158 entlang der Isar unterwegs waren.

Heinrich der Löwe, Herzog in Bayern, erbaut über die Isar bei München eine Brücke, und legt den Grund zur künftigen Residenzstadt Bayerns 1158.

Phantasievolle Erfindung: Heinrich der Löwe besichtigt den Brückenbau über die Isar und legt den Grundstein für München (Holzstich um 1850).

Die Pranken des Löwen

„Sein Gesetz war er selbst“: Warum der finstere Herzog Heinrich 1158 den Markt bei „Munichen“ bauen lässt

Die Reiter kommen schnell heran, vielleicht im Morgengrauen, das erhöht den Schockeffekt. Sie sind schwer bewaffnet, Streiter des Löwen. Sie tragen lange Kettenhemden und, wenn sie besser gestellt sind, den typischen, reich verzierten Topfhelm mit Sehschlitzen. Die Schilde sind noch sehr groß und schwer, die Schwerter lang. Schwert und Speer zu führen, ist das Privileg der Ritter, der Kämpfer, des waffentragenden Standes und seines Gefolges. Auch Bogenschützen dürften dabei sein. Und die Männer, vor denen die Föhringer Burg jetzt im Frühnebel auftaucht, sind entschlossen, diese Waffen einzusetzen.

Das Ziel ist die alte Anlage am Hochufer, welche die lange hölzerne Brücke über die Föhringer Isarauen schützt; aber mehr als eine befestigte, weitläufige Mautstation wird das nicht gewesen sein. Noch heute weist der Name *Alte Schanze* auf die Burg hin, welche die Angreifer an diesem Tag des Jahres 1157 ohne Mühe überrennen. Die Quellen berichten nichts von Kämpfen oder von Toten; gut möglich, dass sich die Handvoll Brückenwächter angesichts des gepanzerten Haufens ohnehin lieber davonmacht, als sich das Haupt spalten zu lassen – was nach allem, das über Heinrich zu hören ist, ihr wahrscheinlichstes Los wäre. Die Eroberer leisten nun ganze Arbeit: Die Mautburg, die Brücke, alle Gebäude im Umkreis gehen in Flammen auf.

So ungefähr muss sich der Untergang Föhrings zugetragen haben. Und dieser Gewaltakt ist die eigentliche Geburtsstunde der Stadt München, deren Gründung da bereits beschlossene Sache ist. Heinrich der Löwe hatte Föhring dem Erdboden gleichmachen lassen aus dem schlichten Grund, weil der einträgliche Salzhandel mit Markt- und Zollrecht dort entlang verlief, und zwar auf dem Gebiet des Bischofs Otto von Freising. Das Ziel des Herzogs: Die Salz-Route zu verlegen und einen eigenen Markt zu bauen – München. Gerade drei Jahre ist es her, dass der junge Stauferkaiser Friedrich I., genannt Barbarossa, sich mit dem mächtigen Welfengeschlecht ausgesöhnt und Heinrich, Herzog von Sachsen, auch noch Bayern gegeben hat.

Größe und Grausamkeit

Heinrich, der Streitbare, ein kluger Gewaltmensch, Erster unter den deutschen Fürsten – nach dem Kaiser, der nach mittelalterlichem Selbstverständnis Nachfolger der römischen Imperatoren und Schirmherr der Christenheit ist. Doch Zweiter zu sein, das liegt nicht in den Genen des Löwen. 1129 wurde er als Sohn des hochfahrenden Heinrichs des Stolzen geboren – und schon vom Vater sagte man, es habe keinen Großen des Reichs gegeben, den er nicht beleidigte. Heinrichs prunkvolle Residenz in Braunschweig gleicht in der ganzen Pracht ihrer romanischen Formen und Farben den Pfalzen des Kaisers; an Heinrichs Hof steht die große Löwenfigur, möglicherweise ein Geschenk aus Byzanz an einen Mann, der in der Provinz lebt, aber Weltpolitik betreibt. Heinrich ist ein ebenbürtiger Gegenspieler des Kaisers. Auch bei Barbarossa liegen Größe und Grausamkeit, Ritterlichkeit und Rohheit nahe beieinander, an Kaltblütigkeit und Eigennutz ist ihm der Welfe sogar überlegen. Das Talent aber, Menschen jenseits der schieren Macht an sich zu binden und zu begeistern, besitzt er nicht. Deswegen wird er Friedrich, den er auf dem Italienzug 1176 im Stich lässt und damit tödlich herausfordert, am Ende unterliegen.

Doch die Tage, an denen die Ritter des Kaisers den greisen, geächteten, gebannten Heinrich wie einen Hund durch seine Länder jagen werden, sind 1157 noch sehr fern. Der Löwe reizt seine Möglichkeiten bis zum Äußersten aus. Aber er geht nicht zu weit. Loyalität schwört er leicht. Doch sind ihm Schwüre nicht mehr als Mittel zum Zweck und jederzeit widerrufbar. Er hat ein verfeinertes Gespür für die Reaktionen und Spielräume seiner Gegner, und seine Pranken schlagen jäh und brutal zu, wenn er Schwachstellen sieht. Und schon steht der Bischof ohne den einträglichen Markt Föhring da.

Otto ist eigentlich nicht der Mann, mit dem man sich anlegen sollte: Geschichtsschreiber über die Gesta Friderici imperatoris, die Taten Friedrichs, Bewunderer und enger Vertrauter des Staufers, mächtiger Regionalherr in Freising; weit ragen ab 1159 die Doppeltürme des Doms in den Himmel, zum Ruhm der Kirche und des Bischofs zugleich. Ein Jahr zuvor, auf dem Reichstag zu Augsburg 1158, klagt der überrumpelte Freisinger den finsteren Heinrich an.

Friedrich Barbarossa ist nicht zu beneiden. Er kann den treuen Otto schlecht dem Löwen zum Fraß vorwerfen. Aber diesen und seine Panzerreiter braucht er für den Italienfeldzug, auf dem er dem Papst im eskalierenden Konflikt der zwei Gewalten zeigen will, wo der Hammer hängt, nämlich nicht in Rom. Im Augsburger Schied, datiert vom 14. Juni 1158, gelingt Friedrich ein beinahe salomonischer Täter-Opfer-Ausgleich: „Der Markt, der bisher zu Föhringen abgehalten wurde, die Zollbrücke und die Münze, werden dort künftig nicht mehr bestehen. Als Ersatz dafür hat unser Vetter Herzog Heinrich, consanguineus noster Henricus dux, der Kirche von Freising ein Drittel des gesamten Einkommens aus seinem Marktzoll zu München übertragen.“ Das Dokument ist erhalten und erwähnt erstmals den Namen der Neugründung: „Munichen“.

Der Täter ist davongekommen; seine Strafe, eben das Drittel der Einkünfte aus Zoll, Markt und Münze, trägt er leicht. Es sind, wie man mit heutigen Begriffen merkantiler Macht sagen würde, „Peanuts“ für den Welfenherrscher, dem ein Tatzenhieb genügt hatte, um eine der wichtigsten Handelsstraßen Süddeutschlands in seine Gewalt zu bekommen.

Munichen, der kleine Marktort, ist in den ersten Jahren nicht mehr als ein hastig mit Erdwällen umgebener Flecken. Die Salzstraße führt mitten hindurch, entlang der heutigen Fußgängerzone. Freilich, der Herzog lässt die Stadt sehr bald ummauern. Man weiß nie, ob die rachsüchtigen Freisinger es ihm nicht mit gleicher Münze heimzahlen wollen. In einer Urkunde des Klosters Schäftlarn von 1173 werden als Zeugen mehrere Persönlichkeiten „de Munichen“ aufgeführt, unter ihnen Ortolf, qui preest muro – „Ortolf, welcher der Mauer vorsteht“, das mag

Friedrich Barbarossa belehnt Heinrich den Löwen (stehend rechts mit Schwert) mit Bayern. Links im Bild kniet Heinrich Jasomirgott, neuer Herzog von Österreich. Nach einem Gemälde von Karl von Blaas aus dem 19. Jahrhundert.

sich bereits auf eine steinerne Befestigung beziehen.

Die Stadt ist noch recht klein, vom westlichen bis zum östlichen Tor gerade mal 400 Meter breit. Aber von diesem bescheidenen Maß sind die meisten Städte des Hochmittelalters, jener Zeit, in der das urbane Leben erst wieder langsam erwacht. An ihrem breitesten Durchmesser reicht sie vom Altheimer Eck – das alte Dorf Altheim liegt außerhalb der Mauern – nordöstlich hinüber bis zum Alten Hof, der bereits als wehrhafte Burg mit Bergfried, Graben und Zinnen ausgebaut ist.

Um 1195, als der Löwe hochbetagt stirbt, ist die Stadt jedenfalls von einer Steinmauer umgeben. Graben und starke Türme schützen die fünf Stadttore, ob die Umwallung weitere Türme besaß, ist ungewiss, aber denkbar. Arabische und byzantinische Vorbilder, geprägt auf den Kreuzzügen, beeinflussen den Festungsbau im Abendland – dort lernt man flankierende Türme zu errichten, von denen aus Angreifern mit Pfeilen und Armbrustbolzen heimgeleuchtet werden kann.

Ein phantasievolles Bild aus dem 19. Jahrhundert zeigt den Herzog zu Besuch bei den Steinmetzen, wie er die Arbeiten an der Isarbrücke beaufsichtigt. Viel wahrscheinlicher ist freilich, dass er niemals einen Fuß dorthin gesetzt hat. Gegen Regensburg und Augsburg ist München ein Nest – noch. Dort, in den traditionsreichen, auf die Römer zurückgehenden Städten seines Territoriums, ist Heinrich mehrfach zu finden. Aber keine Quelle weiß von einem Besuch in München.

1180 stürzt Heinrich; auf Betreiben Friedrichs setzt ihn der Gelnhausener Reichstag als Herzog ab. Er hat die Grenzen seiner Macht nicht erkannt, dies umso weniger, je mehr sie ins Märchenhafte wuchs. In seiner Heinrich-Biographie schreibt Paul Barz: „Sein Gesetz war er selbst. Einen anderen Maßstab gab es nicht.“ Er erkannte den überlegenen Gegenspieler nicht, der Friedrich, der kluge alte Kaiser, am Ende war. Und als das Brüllen des Löwen verstummte, war das große Zeitalter der Welfen vorüber. Die Zeit seiner Gründung an der Isar hatte eben erst begonnen.

Joachim Käppner

Ein Knochen zu viel

Das angebliche Schlüsselbein Heinrichs des Löwen

Das Ausstellungsstück aus der Dauerausstellung zur Münchner Stadtgeschichte trägt den unvergesslichen Namen: „Angebliches Schlüsselbein Herzog Heinrichs des Löwen. Undatiert."

Ausstellungsmacher Thomas Weidner schreibt dazu: „Der Knochen wurde in den Jahren um 1820 als das ‚linke Schlüsselbein von Heinrich dem Löwen' ausgewiesen. Er war im Besitz König Ludwigs I. von Bayern, der sich über die Wittelsbacher Hausgeschichte hinaus auch für die mittelalterliche Entstehung seiner Residenzstadt interessierte. Das vermeintliche Zeugnis des Stadtgründers wurde wie die Reliquie eines Heiligen konserviert.

Herzog Heinrich der Löwe liegt im Braunschweiger Dom begraben. Als man die Gruft 1935 zu einer nationalsozialistischen Weihestätte umbaute, wurde der Sarkophag geöffnet und ein vollständig erhaltenes Skelett freigelegt. Deutlicher vielleicht als erforderlich war die Bestimmung des Münchner Knochens damit zur Legende geworden."

Er war einer zu viel.

Gehandelt wie eine Reliquie – und falsch wie so viele Reliquien: das vermeintliche Schlüsselbein des Stadtgründers.

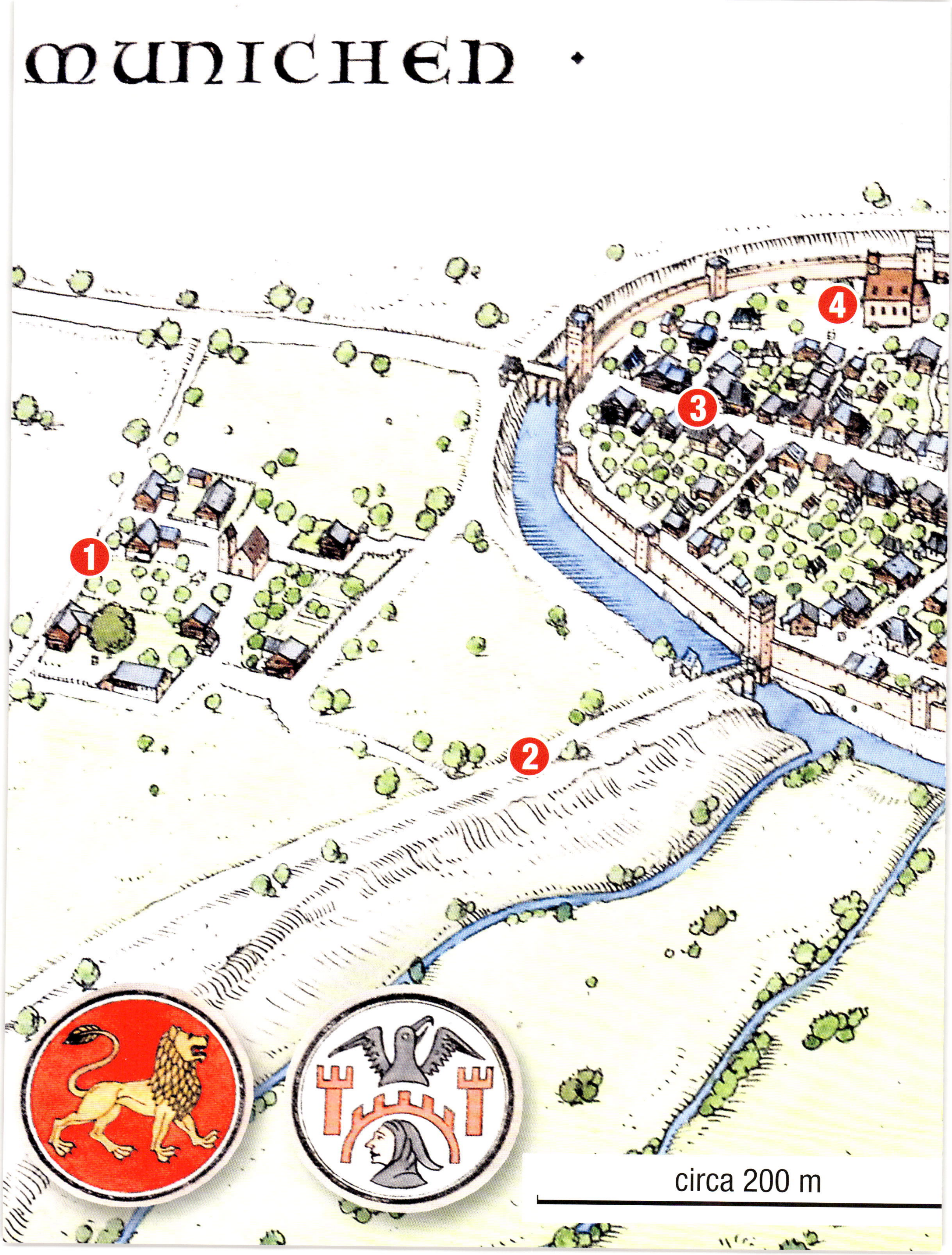
MUNICHEN ·
1
2
3
4
circa 200 m

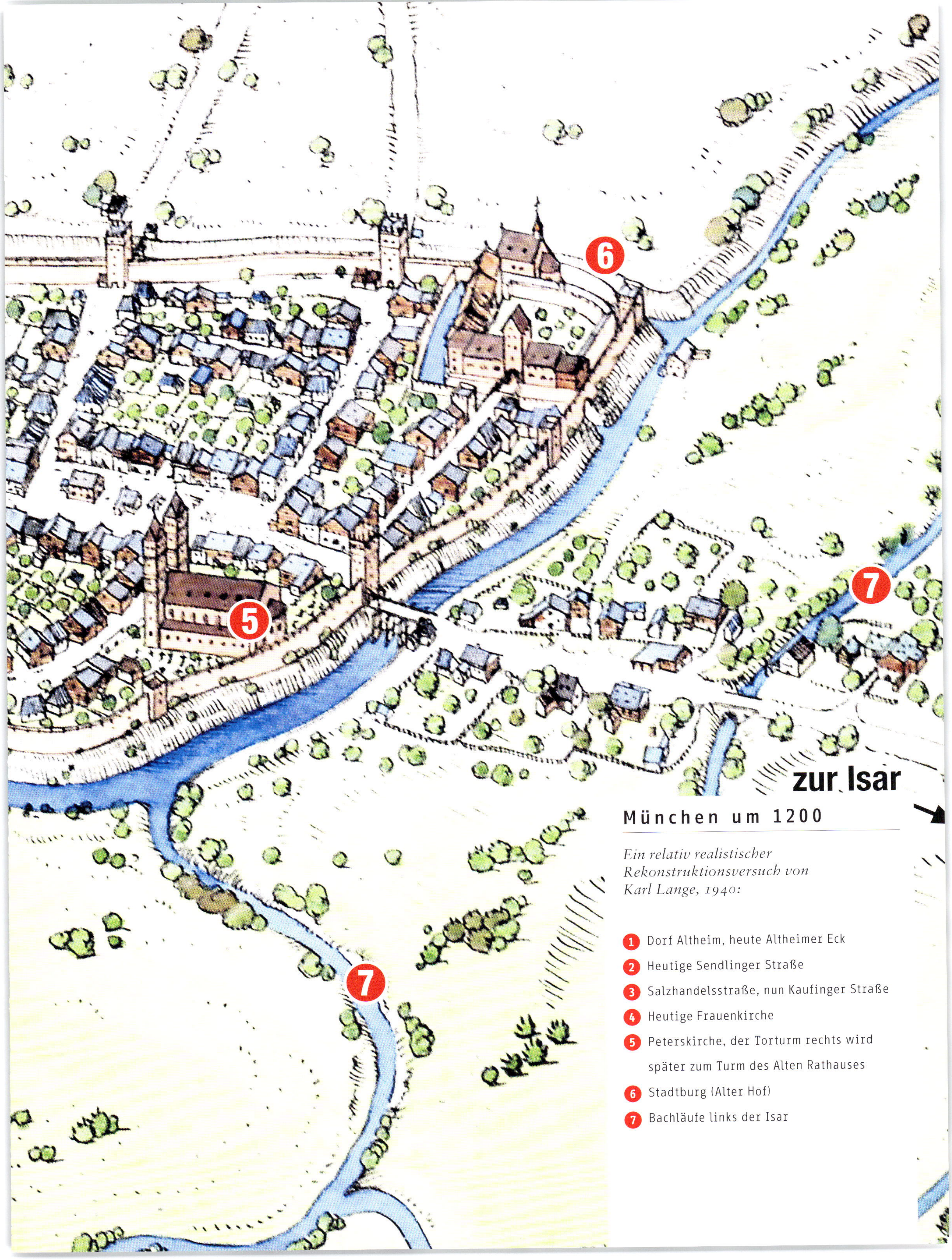

München um 1200

Ein relativ realistischer Rekonstruktionsversuch von Karl Lange, 1940:

1. Dorf Altheim, heute Altheimer Eck
2. Heutige Sendlinger Straße
3. Salzhandelsstraße, nun Kaufinger Straße
4. Heutige Frauenkirche
5. Peterskirche, der Torturm rechts wird später zum Turm des Alten Rathauses
6. Stadtburg (Alter Hof)
7. Bachläufe links der Isar

Ludwig IV. als milder, weiser Herrscher: So stellte sich im 15. Jahrhundert der Schöpfer der Grabplatte im Dom den Wittelsbacher auf dem Kaiserthron vor.

Im Abglanz des Kaisers

Der letzte Ritter: Ludwig der Bayer rückt München für 33 Jahre ins Zentrum deutscher Geschichte

Die Kinder im Alten Hof lauschen gespannt: „... da packt der Affe das Baby, schwingt sich aus dem Fenster und klettert mit dem Buben auf die Spitze dieses Turms". Furchtsam blicken die Kleinen den Erker mit dem grünen Spitzdach empor, ehe der Stadtführer weitererzählt. „Das ganze Gesinde und der Herzog versammelten sich im Hof und beteten für das Baby, doch der Affe genoss eine Weile die Aussicht, kletterte dann langsam das Dach hinunter und legte das Kind wieder in die Wiege ... und aus dem Baby wurde Ludwig der Bayer, ein großer Ritter und ein großer Kaiser." Die Kinder schauen voller Bewunderung zum Denkmal empor, das vor dem Alten Hof steht.

Ja, so muss ein ritterlicher Kaiser im Mittelalter gewesen sein, denken sie sich – und dachten sich schon immer die Münchner. So zum Beispiel Ferdinand von Miller und sein Auftraggeber Matthias Pschorr, als sie 1905 für den Kaiser-Ludwig-Platz ein Monumentaldenkmal mit Ludwig als siegreichem Heerführer gegen die Habsburger entwarfen. Oder der Maler Bernhard von Neher, als er 1835 im Auftrag König Ludwigs I. ein gewaltiges Fresko an das Isartor malte: Kaiser Ludwig zieht nach der Schlacht bei Ampfing in München ein, das ihn als zweiten Stadtgründer bejubelt. Oder Kurfürst Maximilian I., als er 1622 ausgerechnet im Dom ein imperiales Prunkgrabmal für seinen Urahnen gestalten ließ, der nie aus dem kirchlichen Bann gelöst worden war.

Von kaum einem Herrscher haben sich Münchner und Wittelsbacher im Laufe der Jahrhunderte so viele Bilder gemacht und in die Stadt gestellt, wie von Kaiser Ludwig IV., genannt „der Bayer", der von 1314 bis 1347 regierte. Mit keinem anderen verbanden sie so viel Sehnsucht nach imperialer Macht wie mit dem Herzog aus München, der es geschafft hatte, sich in Deutschland und Italien durchzusetzen, mit England Bündnisse zu schließen, gegen Frankreich und die Päpste in Avignon unerbittlich zu sein. Dieser Herrscher war 1282 im Alten Hof geboren, hatte hier eine feste Residenz und machte damit München für mehr als 30 Jahre zu einem europäischen Machtzentrum.

Eine Rolle, die den stolzen Münchnern gefiel und von der sie auch nicht lassen wollten, als Ludwigs schwache Nachfahren Kaiser- und Königtum schnell verspielten. Er war der Letzte, der den alten Konflikt zwischen Kaiser und Papst noch einmal mit aller Härte austrug. Nach dem Tod des Kaisers hatten sich die Münchner drei Jahre lang geweigert, die Reichskleinodien, Kaiserkrone und Reichsapfel herauszugeben. Und als dies nicht mehr zu vermeiden war, nahmen sie zumindest die kaiserlichen Farben ins Stadtwappen auf. Aus des Imperators schwarzem Adler auf goldenem Grund wurde Schwarz-Gelb, was auch die Kutte des Münchner Kindls ziert.

Ludwig wird 1328 in Rom zum Kaiser gekrönt – von einem Bischof, nicht vom Papst: Wandbild in den Hofgarten-Arkaden von Hermann Stilke, 1829.

Die Münchner jubeln dem siegreichen Herrscher nach der Schlacht von Ampfing 1322 zu: Fresko am Isartor von Bernhard von Neher, 1835.

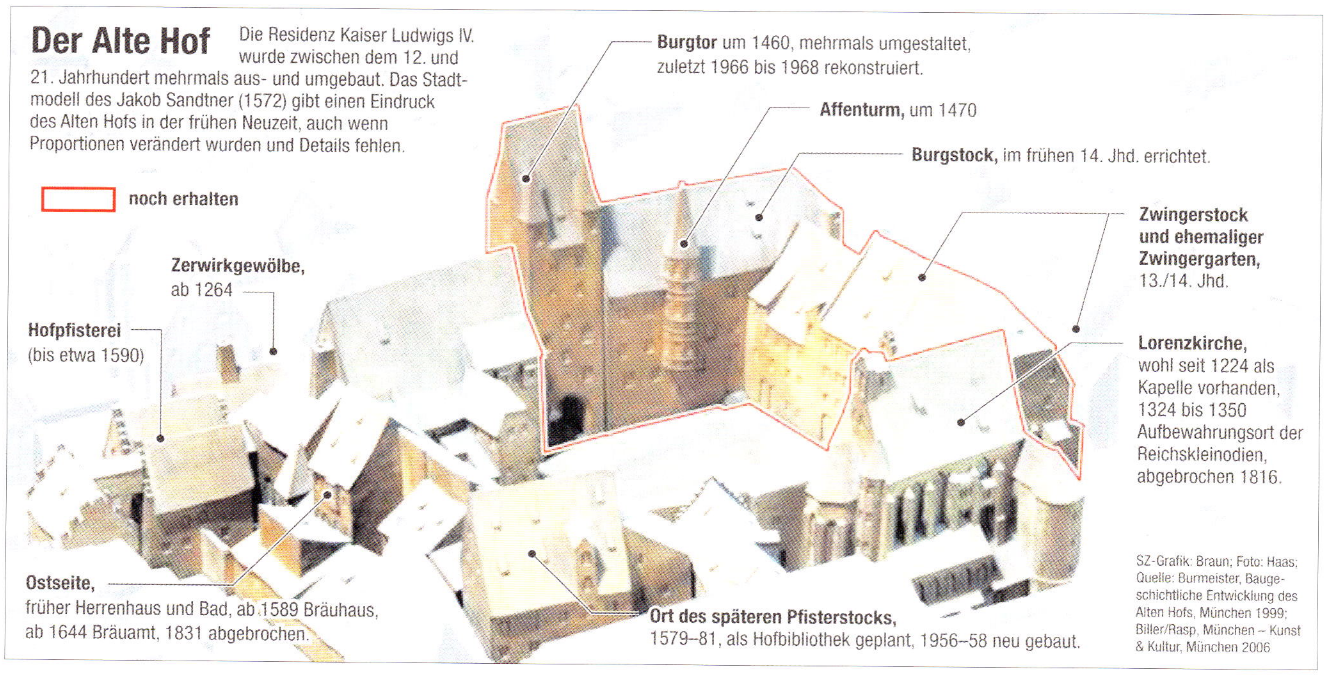

Tatsächlich sagen all die Denkmäler mehr über das Münchner Selbstverständnis als über historische Realitäten. Gerade, wenn es um Kaiser Ludwigs Verhältnis zu seiner Heimatstadt geht. Richtig ist, dass er München wichtige Privilegien gab, vor allem 1332: Damals legte er fest, „daz allez Salz, daz durch unser lant ze Beyern enhalbe Yser (Isar) vert oder get", nirgends anders niedergelegt und gehandelt werden soll „dann ze Munchen". Damit gab er der Stadt eine absolute Monopolstellung im Salzhandel – quasi das Startkapital für den rasanten ökonomischen Aufstieg.

Auch für die künftige Stadtentwicklung traf er wichtige Entscheidungen. So verfügte er 1315, dass der Schrannenplatz, der heutige Marienplatz, nicht mehr weiter bebaut, Brot und Fleisch dafür an anderen Stellen der Stadt verkauft werden sollten. Damit hatten die Bürger freie Hand beim Handel. Und natürlich profitierten sie vom Glanz des kaiserlichen Hofes und dessen Repräsentationsbedürfnissen.

Doch Ludwig war kein zweiter Stadtgründer. Die Erweiterung des Mauerrings hatte längst vor ihm begonnen, die Privilegien waren nicht Ausdruck gezielter Wirtschaftsförderung, sondern Mittel zum Zweck. Ludwig sicherte sich so die Gunst der Münchner, entließ sie aber dabei nie aus der Rolle der Untertanen. „Königliche Privilegien waren einfach die billigste Form unvermeidlicher politischer Zugeständnisse", so Richard Bauer, Leiter des Stadtarchivs.

Statt Freiheit brachte der Kaiser intellektuellen Glanz in die Stadt. Im Laufe seiner Auseinandersetzung mit Papst Johannes XXII., der Ludwigs Herrschaft nicht anerkennen wollte und ihn mit dem Kirchenbann überzog, schlossen sich dem Kaiser die Gegner des Papsttums von Avignon an. Allen voran die geistigen Führer der Franziskaner: Michael von Cesena, der mit dem Papst einen erbitterten Streit um die Armut Christi führte; Wilhelm von Ockham, ein englischer Mönch, der mit seinen Lehren Philosophen bis hin zu Wittgenstein beeinflusste; Marsilius von Padua, dessen moderne Staatstheorien jäh mit allen Traditionen des Mittelalters brachen – denn bei alldem ging es, stark vereinfacht gesagt, um erste Emanzipationsversuche des Individuums und auch des Staates von der religiösen Dominanz des zeitgenössischen Denkens.

Hinzu kam Ludwigs eigene Hofkanzlei. Die Kanzleischreiber des Kaisers verfassten bald die Hälfte aller Urkunden in Deutsch und fixierten somit die Volkssprache. Und nicht zuletzt war der kaiserliche Hof auch ein letzter Kreativraum für die mittelalterliche Lyrik: Der „Lohengrin" ist aller Wahrscheinlichkeit nach im Umfeld des Kaisers entstanden. „Verteidige Du mich mit dem Schwert, ich verteidige Dich mit der Feder", soll Wilhelm von Ockham seinem Schutzpatron gesagt haben. Falls nicht wahr, so beschreibt dieses Wort doch die Atmosphäre, die im Alten Hof und im nahen Kloster der Franziskaner geherrscht haben mag: München war für einen kurzen Moment der Geschichte Mittelpunkt des geistigen und kulturellen Lebens Deutschlands und Europas.

Und doch verblasst auch hier Ludwigs Glanz. Denn, so urteilen manche Historiker vielleicht überhart, letztlich nutzte der Kaiser die Geistesgrößen in seiner Umgebung auch nur für die eigene Propaganda und Macht. Aus dem Zirkel bei Hofe wurde nie eine Universität, wie es sie in Paris oder Bologna längst gab. München musste noch Jahrhunderte warten.

Was bleibt dann den Münchnern von ihrem Kaiser außer Denkmälern? Die Geschichte vom Affen und dem Baby auf dem Turm? Auch das nicht. Denn der Erker, der heute Affenturm genannt wird, wurde wohl erst um 1470 gebaut. Da war Kaiser Ludwig schon lange tot.

Christian Krügel

Löwen der Macht

Der Alte Hof, die mächtige Stadtburg, ist noch heute ein beeindruckendes Zeugnis der Wittelsbacher Herrschaft

Längst sind auch die letzten Baucontainer verschwunden. Die teuren Luxuswohnungen, die noblen Büros und Geschäfte sind schon seit längerem bezogen. Der Alte Hof erstrahlt in neuem Glanz. Aber nicht jeder Architekturkritiker oder Historiker hält die Ende 2006 abgeschlossene Modernisierung für gelungen.

Wird der Sitz Kaiser Ludwigs – eine Keimzelle Bayerns und der Ort, der München einen enormen Entwicklungsschub beschert hat – zum Anziehungspunkt für Einheimische und Touristen? In den Kellergewölben gibt es eine sehenswerte Ausstellung über den Alten Hof. Oder versinkt das Areal zwischen der lebhaften Hofbräuhaus-Gegend und der eleganten Maximilianstraße in eine Art Dornröschenschlaf des 21. Jahrhunderts? Eindeutige Antworten darauf gibt es noch nicht.

Dabei sollte der Alte Hof, der im Lauf seiner langen Geschichte mehrmals umgebaut wurde, zum Pflichtprogramm jedes Altstadt-Spaziergangs gehören. Denn kaum ein zweites Gebäude-Ensemble hat eine so herausragende Bedeutung für die Stadtgeschichte wie der Komplex zwischen Dienerstraße, Hofgraben und Sparkassenstraße. Mit dieser ersten Stadtburg Münchens, meint der Architekturhistoriker Enno Burmeister, verfüge die Stadt über ein Relikt aus längst vergangenen Epochen, für die sich in keiner europäischen Residenzstadt etwas Vergleichbares erhalten habe: eine frühe kaiserliche Residenz, den ersten festen Amtssitz eines deutschen Kaisers.

Bei der Gründung Münchens bildete die Burg wohl einen Teil der Stadtbefestigung. In Urkunden taucht der Alte Hof 1319 explizit erstmals als „castrum" auf. „Der Komplex, der von Gräben umzogen war, wirkte sehr abweisend", berichtet Generalkonservator Egon Johannes Greipl, der Chef des Bayerischen Landesamts für Denkmalpflege. Im Innern bildeten die Gebäudeflügel einen Hof, wohl mit Brunnen und einem starken Turm. Im 13. Jahrhundert bauten die Wittelsbacher die Festung aus. Steinerne Häuser ersetzten die Holzbauten innerhalb der Mauern. Kaiser Ludwig der Bayer errichtete im 14. Jahrhundert die Lorenzkirche mit ihren gotischen Formen. Hier bewahrte man die Reichskleinodien auf. Ein Festsaal mit der Ahnenreihe der Wittelsbacher oder die in einem Zwinger gehaltenen Löwen, die Wappentiere Bayerns, sowie der Fassadenanstrich mit dem weiß-blauen Rautenmuster zeigten den Alten Hof als Ort dynastischer und staatlicher Identität, sagt Greipl. Bis ins 15. Jahrhundert regierten die Herzöge von der Burg aus. Dann genügte sie den Anforderungen einer ständig wachsenden Hofhaltung nicht mehr.

Eine Stadttour ins Mittelalter rund um den Alten Hof stellt sich Bayerns oberster Denkmalpfleger wenig erbaulich vor: „Es war recht unbequem da draußen, die offenen Stadtbäche mit ihrem ganzen Unrat, auf den Wegen der Dreck, und gut gerochen hat es auch nicht. Unsere heutigen Metzgereien sind sterile Labors im Vergleich mit den damaligen Zuständen." Um die Kaiserresidenz entstanden Handwerksbetriebe, Gasthäuser, Mühlen oder Vorratsspeicher. Die meisten dieser Bauwerke bestanden aus Holz, nur Kirchen und das alte Rathaus waren aus Stein.

Im April 2006 machten Archäologen des Landesamts eine besondere Entdeckung. Auf dem Areal entlang des Oberangers befanden sich schon vor der Stadterweiterung im 13. Jahrhundert Handwerkshäuschen. Das kleine mittelalterliche München war eben doch größer, als man bis dahin vermutet hatte.

Alfred Dürr

Die alte Residenz als „Ehrenhumpen"

Prunkvolle Darstellung des Alten Hofs von Carl Winterhalter aus dem Jahr 1888. Zusammen mit der 1816 abgebrochenen Lorenzkirche wird das historische Bild der alten Residenz in idealisierter Form wiederhergestellt. Die Stadt München erwarb den Pokal erstaunlicherweise zu einem Zeitpunkt, als sie den fürstlichen Herrschersitzen mit dem Bau des Neuen Rathauses ein eigenes Machtzentrum entgegenstellte. Kaiser Wilhelm II. gehörte zu den ersten, denen der „Ehrenhumpen" kurz nach der Thronbesteigung im Jahr 1888 hätte gereicht werden sollen. Bei seinem zweitägigen Aufenthalt in der bayerischen Residenzstadt bedauerte der Kaiser dann aber, „weder eine Deputation empfangen noch der Einladung zum Besuch des Rathauses entsprechen" zu können. Heute steht das stolze Stück im Stadtmuseum.

Dem Himmel so nah

Wie Meister Jörg von Halspach mit den bescheidenen Mitteln seiner Zeit das gewaltige Gotteshaus errichtet

Heute würde man ihn fragen, was einem Architekten durch den Kopf geht, der das prägnanteste Bauwerk einer Stadt errichtet hat. Was, Meister Jörg, wollen Sie dem Betrachter über die ästhetische Wirkung dieser Kirche mit den beiden stattlichen Türmen hinaus an inhaltlicher Botschaft vermitteln? Wie haben Sie es geschafft, gleichzeitig ein Rathaus zu errichten, das die Münchner später das Alte nennen werden? Doch es gibt kein Interview mit Meister Jörg, keine Zeilen, die er selbst verfasst hätte. Vielleicht war er ein Mensch, der nicht viel Aufhebens um sich machte. Oder es hat einfach kein Geschichtsschreiber an die Nachwelt gedacht. So ist vom Baumeister des Münchner Doms kaum mehr geblieben als sein Maurerzeichen, ein Portrait und sein Name in verschiedenen Varianten: „Jörg von Halspach", „Jörg von Halsbach", „der Ganghofer", „Jörg von Polling".

Ein unbefriedigender Zustand, den der Archivar der Münchner Erzdiözese, Peter Pfister, so kommentiert: „Meister Jörg ist vollkommen hinter seine Bauten zurückgetreten. Er lässt diese bis auf den heutigen Tag für sich sprechen." Was allerdings die Kirche Zu Unserer Lieben Frau betrifft, so hat sie sich im Laufe ihrer 500-jährigen Geschichte viele Ausdrucksweisen angeeignet: Mal war ihr Inneres barockisiert mit grell weißen Pfeilern und Wänden und einem triumphalen Bennobogen am Eingang zum Chor, mal neugotisch purifiziert. Die Legende vom Teufelstritt, die sich um den ominösen Fußabdruck im Eingangsbereich rankt, ist wohl erst im 17. Jahrhundert entstanden – vermutlich ein Scherz der Handwerker, die den Dom neu pflasterten.

1944 wurde die Kathedrale durch Luftangriffe schwer beschädigt, in den Nachkriegsjahren nüchtern und logischerweise mit einfachen Mitteln aufgebaut. Erst mit der Renovierung von 1990 bis 1993 erhielt sie weitgehend ihr ursprüngliches Aussehen zurück.

Pure, lichte Gotik

So kann der Besucher heute die Kirchendecke sehen, wie sie der Meister wohl einfärben ließ: die Rippen im Sandsteinton, das Gewölbe im hellen Grau. Im Inneren ist kein barockes Geschnörkel zu finden, nur pure, aufragende, lichte Gotik. Das gefällt nicht jedem. Oft eilen Touristen rasch durch den Dom, weil sie die Sinnenfreude einer Asamkirche mit Engeln und Putten vermissen. Der Münchner Dom aber stammt aus einer anderen Zeit, noch Mittelalter und doch schon am Übergang zur Renaissance.

Dort, wo Meister Jörg 1468 zu bauen beginnt, steht bereits eine spätromanische Marienkirche. Die Wittelsbacher Herzöge haben sie am Rande des Viertels, das ihre Residenz umgibt, errichtet. Die Kirche Zu Unserer Lieben Frau befindet sich schon bald nach ihrer Abtrennung von der bis dahin einzigen Pfarrei Münchens, St. Peter, mit dieser in einem, wie der Kirchenhistoriker Georg Schwaiger schreibt, „edlen, zeitweilig heftigen Wettstreit". Der eskaliert im Laufe der Jahre derart, dass Bischof Nikodemus

Der Meister: Jörg von Halspach (Gemälde von Jan Polack um 1485) legte den ersten und den letzten Stein. Seine Grabtafel hängt im Dom, gleich in der Nähe des Grabes Kaiser Ludwigs des Bayern.

Ein Tempel, vor dem alles schweigt

Max Ainmiller und Moritz von Schwind: Chor der Münchner Frauenkirche mit der Trauung von Herzog Wilhelm V. und Renata von Lothringen im Jahr 1568. Öl auf Leinwand, 1854 (Bild links).

Wunderschön sieht es aus, das Gewölbe der Frauenkirche mit dem blauen Himmel und den goldenen Sternchen. Schön, aber falsch. Als das Gemälde entsteht, hat der Dom noch seine barocke Form. Die beiden Künstler Maximilian Emanuel Ainmiller und Moritz von Schwind aber malen das Innere der Frauenkirche so, wie sie es gerne hätten: neugotisch umgestaltet, „purifiziert". Der Dom soll rein werden, „ein Tempel, vor dem wieder alles schweigt". Ainmiller entfernt den barocken Bennobogen, schiebt das Grabmal Kaiser Ludwigs des Bayern im Bild zur Seite, weil es zu seiner Zeit als „heidnisches Mausoleum" verpönt ist. Der Entwurf gefällt dem Dombau-Comité so gut, dass Schwind im Jahr 1860 den Auftrag erhält, die Schauwand des Altars, das Altarretabel, tatsächlich auszuführen.

della Scala sich 1428 genötigt sieht, Verhaltensregeln aufzustellen. Punkt eins: Der Pfarrer bei Unserer Lieben Frau hat dem Dekan von St. Peter „Ehre und Gehorsam zu bezeigen in der Kirche und auf der Straße“. Ein Machtverhältnis, das sich bald ändern soll, woran die Wittelsbacher Herzöge nicht unschuldig sind.

Schon in der alten Frauenkirche haben die Wittelsbacher eine Grablege. Doch die Kirche, die de facto mehr und mehr zur Hofkirche wird, ist den Herzögen wie auch dem Bürgertum bald nicht repräsentativ genug. Schließlich haben die anderen bayerischen Residenzstädte Ingolstadt, Straubing, Landshut und Burghausen längst stattliche Großkirchen nach dem Geschmack der Zeit. Auch die Münchner wollen etwas Standesgemäßes.

Im Neubau wird denn auch das aus Rotmarmor geschaffene Hochgrab Kaiser Ludwigs des Bayern ins Zentrum rücken, mitten in den Chorbereich. Dort bleibt es bis zur Regotisierung Mitte des 19. Jahrhunderts, wandert dann in Zwischenschritten bis in den hinteren Teil der Kirche, wo das Kaisergrab heute zu finden ist – ein Museumsstück, mehr nicht.

Mit dem Kirchenneubau verbinden die Münchner insgeheim eine Hoffnung: Man will unabhängig sein vom Freisinger Bischof, liebäugelt mit einem eigenen Bischofssitz. Doch Rom lehnt eine Beschneidung der Rechte des Freisinger Bischofs ab. Kurzerhand holt Herzog Albrecht IV. daraufhin die eigens für diesen Zweck aufgehobenen freisingischen Kollegiatsstifte Schliersee und Ilmmünster nach München. Mit päpstlicher Genehmigung.

Solides Mauerwerk

Mit dem Kollegiatsstift kommt reichlich hoch dekorierter Klerus nach München, der den Gottesdiensten mehr Feierlichkeit verleiht. Zugleich bieten die Pfründe willkommene Einkünfte zur Linderung der herzöglichen Finanznot. Die Frauenkirche wird durch den Schachzug „aufgerüstet bis zur Unterkante einer Bischofskirche“, sagt Roland Götz vom Archiv des Erzbistums. Der Freisinger Bischof ist seitdem auf den Herzog extrem schlecht zu sprechen.

Die Bauausführung überlassen die Wittelsbacher dem Rat der Stadt. Der entscheidet sich für Jörg von Halspach als Baumeister, wohl, weil er die Vorgaben zu erfüllen verspricht: Schnell soll es gehen, monumental soll es werden – und zugleich nicht zu teuer. Deshalb die Ziegelbauweise. Was Solides und trotzdem günstig, weil in Eigenregie herzustellen. Die Ziegel liefern die städtischen Fabrikationsstätten in Haidhausen im „Klosterformat“: maximal 17,5 Zentimeter breit, 34 lang, 7,5 hoch. Die Ziegelbrenner lassen die Ton-Lehmmischung zunächst über den Winter ausfrieren. Dann wird die Masse zum Durchmischen kräftig getreten, in Form gebracht, getrocknet und schließlich gebrannt. Das Mauerwerk sei heute noch „extrem haltbar“, lobt Maximilian Kinseher vom Baureferat der Erzdiözese: „Die alten Ziegel sind die besten.“

Am 9. Februar 1468 legt Herzog Sigismund den Grundstein. Meister Jörg wird im Monat darauf Stadtbaumeister. Damit die alte Kirche auch während des Baus benutzt werden kann, entscheidet er sich dafür, den Neubau um die bestehende Kirche herum hochzuziehen. Im Osten und im Norden der alten Kirche wird Grund ausgehoben. In die Gruben kommen als Fundamente behauene Nagelfluhblöcke, die an der Isarleite bei Grünwald gebrochen werden. Die Arbeiter schuften im Sommer 11,5 Stunden, im Winter eine Stunde weniger. Pause gibt es eine halbe Stunde „zur Suppe“ und eine Stunde „zur Mahlzeit“.

Bereits am 1. August 1468 kann der glockenlose Nordturm der alten Kirche abgerissen werden. Ein Chronist vermerkt dazu: „Männer und Frauen, Edel und Unedel, Arm und Reich, Bürgers- und andere Frauen, Jung und Alt haben mit gieriger Müh und Arbeit andächtig alles ab von der Hofstatt geräumt und getragen in etwan zehn Tagen.“ Für den Kirchenhistoriker Schwaiger ein Indiz, „dass hinter dem Neubauprojekt die gesamte Bevölkerung stand“. Der Bau war tatsächlich ein Gemeinschaftsprojekt: ein christlicher Herrscher, eine christliche Bevölkerung, die zur Ehre Gottes, aber auch zur eigenen Machtdemonstration in ihrer Stadt eine neue Kirche errichten.

1472 ist die Vorgängerkirche abgetragen. Im Jahr darauf beginnen „Oberzimmermeister“ Heinrich von Straubing und sein Bruder Konrad mit den Vorbereitungen zum Bau des Dachstuhls. Der steht erst 1477; zuvor müssen der Zimmermeister und sein Team das Rathaus eindecken. Das Holz kommt auf Flößen über die Isar und wird an der Floßlände bearbeitet. Die Balken setzen die Arbeiter dort zunächst zusammen, sie werden markiert, wieder auseinandergenommen und zur Baustelle gefahren. Nach oben gelangt das Material per Seilwinde und einem Tretrad, das ein oder zwei Männer in Bewegung halten. Heinrich von Straubing überzieht die drei großen Schiffe der Frauenkirche mit einem Kehlbalkendachwerk, das ohne Eisenteile auskommt – eine technische Meisterleistung. Gehalten hat das Dach bis zum Zweiten Weltkrieg.

Ein Bauablass

1479 ist der Rohbau fertig, doch nun gibt es ein Problem mit der Ausstattung: Die Kassen sind leer. Die Bauherrn werden bei Papst Sixtus IV. vorstellig, bitten um einen Bauablass. Der Papst willigt ein. Drei Jahre lang erhält nun jeder, der nach München pilgert, einen Nachlass seiner zeitlichen Sündenstrafen. Vorausgesetzt, er legt in die streng bewachte Truhe „auf den chor vor des Kaysers altar", was er in einer Woche zum Lebensunterhalt braucht. Ein Drittel der Einnahmen muss zunächst zur Abwehr der Türkengefahr abgegeben werden. Am Ende liegen mehr als 15 000 rheinische Gulden in der Truhe. Der Ausbau der Kirche ist gesichert. Als Meister Jörg 1488 stirbt, ist die neue Frauenkirche fast fertig gestellt – nur 20 Jahre nach Baubeginn.

Noch aber fehlt den Türmen die Bekrönung. Warum man erst zwei Jahrzehnte später die „welschen Hauben" aufsetzt, ist nicht bekannt. Möglicherweise stammt die Idee, runde Kupferkuppeln mit vergoldeter Kugel anstelle von aus der Mode gekommenen gotischen Spitztürmen aufzusetzen, noch vom Meister selbst. Er könnte dabei den byzantinisch inspirierten Turm der Kirche Madonna dell' Orto in Venedig vor Augen gehabt haben. Das würde den Ausdruck „welsche Hauben" erklären – Welschland nannte man im Mittelalter die Region südlich der Alpen.

Vielleicht kannte Meister Jörg auch schon die 1486 erstmals erschienene Reisebeschreibung Bernhard von Breydenbachs, „Peregrinatio in terram sanctam". Darin zeigt ein Holzschnitt den Tempelberg in Jerusalem

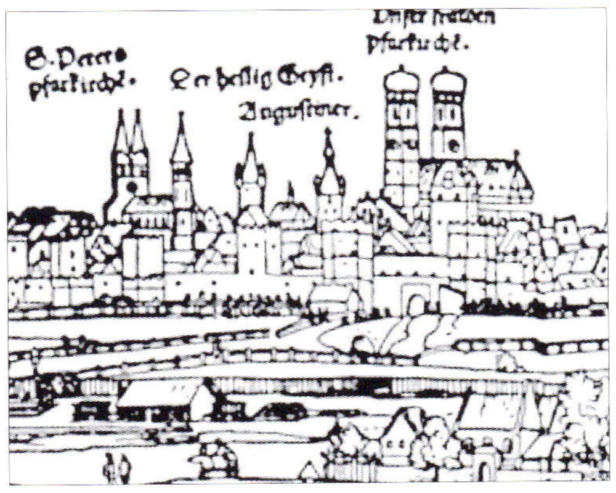

mit einem Gebäude, dessen Kuppel für die Münchner Turmhauben Pate gestanden haben mag. Breydenbach hielt das Bauwerk für den Tempel Salomons, mit dem man im Mittelalter die Vision vom himmlischen Jerusalem verband. Tatsächlich aber bildet der Holzschnitt den Felsendom ab, den Kalif Abd al-Malik Ende des siebten Jahrhunderts dort errichten ließ, wo die Himmelfahrt Mohammeds stattgefunden haben soll.

Meister Jörg erlebt weder die Hauben noch die Weihe der Kirche 1494. Er stirbt „an mantag nach sant michels tag", am 6. Oktober 1488. Auf seiner Grabtafel, die heute im Inneren des Doms hängt, steht, dass er den ersten, mittleren und letzten Stein vollführt hat. Und dass neben ihm ruht „margret sein eliche hausfrau, den got genadig sei". *Monika Maier-Albang*

Auf der Baustelle, um 1475 (Bilder links). Seilwinden ziehen die Ziegel in die schwindelerregende Höhe der Türme, der Mörtel wird über Leitern gebracht. Im Bild unten: Auf der ältesten Ansicht Münchens, aus der Schedelschen Weltchronik 1493, fehlen die Kuppeln noch; in Hans Sebald Behams Ostansicht der Stadt von 1530 (oben rechts) krönen sie schon den Bau.

Waschplatz und Trutzburg: Bachansicht an der Stadtmauer
(Karte Seite 37).

Die Festung an der Isar

Bevor es Kanonen gibt, leben die Bürger hinter ihren Bastionen in großer Sicherheit – die meisten Feinde versuchen erst gar keinen Angriff

Der Schock wirkt noch lange nach. 1453 erobern die Osmanen Konstantinopel, Hauptstadt und letzte Bastion des einst so glanzvollen christlichen Kaiserreichs von Byzanz. Elf Jahre später ziehen Kreuzfahrer durch München, und ihr Gebaren ist so rüpelhaft, dass bewaffnete Männer nötig sind, „die bei der nacht, als die Kreutzer hie waren, auf der gassen wachteten". Solche Gestalten lässt man ungern hinein, es sind wohl Söldner, die Papst Pius II. zur Rückeroberung der Kaiserstadt zusammenzieht, doch sein Tod vereitelt das Vorhaben. In den folgenden Jahren greift die Angst vor den Türken um sich, und sie ist nicht unbegründet.

Der Vormarsch der Streiter Allahs auf dem Balkan ist atemberaubend schnell, 1529 werden sie beinahe Wien einnehmen. In den Nachrichten aus der kleinen Münchner Welt spiegeln sich die gar nicht mehr so fernen Dramen deutlich wider. So zahlt die Stadtkasse im August 1479 drei Schillinge und zwei Pfennige an den Gastwirt Kuntz, denn er hat mächtig aufgetischt für die Maurer und Zimmerer, „als sy auf der stat maur sind umbgangen, die maur, geng und turm zu wesichten". Sie prüfen und verbessern wegen der Türkengefahr die Wehranlagen ihrer Stadt.

München ist im Spätmittelalter eine starke Festung, und sie erfüllt ihren Zweck – Abschreckung. Eine so gut gesicherte Stadt ist vor dem Aufkommen wirklich wirkungsvoller schwerer Kanonen – wie sie die Osmanen 1453 erstmals gegen die dreifachen Mauern von Konstantinopel einsetzen – äußerst schwer zu erobern.

Ein weit ausholender Mauerring umgibt die Wittelsbacher Residenzstadt seit dem 14. Jahrhundert, vor ihm ein tiefer Graben und freies Schussfeld für die Bogen- und Armbrustschützen, welche die Bürgerschaft im Notfall stellt. Etwa 60 vorspringende Türme schützen die Mauer, von ihnen aus lässt sich ein Hagel von Bolzen, Pfeilen und Brandgeschossen abschießen, sollte ein Mauerabschnitt akut bedroht sein. Als im 15. Jahrhundert herrenlose Söldnerhaufen, die gefährlichen rebellischen Hussiten und Kriegsknechte rivalisierender Wittelsbacher das Land unsicher machen, wird zum Schutz vor den „wilden läuff" der Zeit direkt vor die Stadtmauer eine zweite, äußere gelegt, die bereits den Einsatz archaischer Schusswaffen erlaubt.

Furchteinflößende Türme

Schwachpunkt jeder mittelalterlichen Befestigung sind die Tore, die daher besonders gesichert werden, durch Wassergraben, Zugbrücken, Fallgitter und in München durch furchteinflößende Torburgen mit mehrfach gesicherten, sehr schmalen Durchgängen.

Zwei Stadtburgen gibt es bereits: den Alten Hof, der sich von der Trutzburg langsam in eine Residenz verwandelt, an der ständig gebaut wird. Die eigentliche Bastion der Macht ist aber ab 1377 die Neuveste; eine Wasserburg von zyklopischen Ausmaßen, welche die Regenten nicht nur vor äußeren Feinden schützt, sondern auch nach innen vor den immer mal wieder aufbegehrenden Bürgern. Später wird die Neuveste völlig unter der Residenz verschwinden, nur winzige Reste sind daher erhalten.

Die Abschreckung nach außen funktioniert 1315 bereits, als König Ludwig der Bayer im Streit mit Friedrich von Habsburg den Verteidigungsfall ausruft. Doch der Gegner wagt sich gar nicht erst heran. Ernst wird es erst wieder am Montag vor Fastnacht 1403. Bei den endlosen Auseinandersetzungen der Wittelsbacher Erben will München beim Ingolstädter Landesteil bleiben. Gemeinsam ziehen die Herzöge Ernst, Wilhelm und Heinrich mit Heeresmacht vor die Stadt – und stehen vor verrammelten Toren. Ihren Zorn lassen sie nach der Sitte der Zeit am Umland aus: Die Belagerer graben das Wasser ab, nehmen die Isarbrücke ein, brennen alle Häuser, Städel und Waldungen und fünf Mühlen längs der Stadtmauer nieder. Am 2. Mai gelangen Angreifer auf die Mauer beim Schiffertor, das Isartor wird von innen geöffnet – ohne Hilfe aus der kriegsmüden Stadt hätten die Herzöge sich den Weg nicht erzwingen können. Wenige Tage später versöhnen sie sich denn auch mit der Bürgerschaft. Die Doppelmauer schützt die Stadt bis 1618. Sie wiegt sie in trügerischer Sicherheit, denn moderner Artillerie halten die müden alten Gemäuer nicht mehr stand. Erst mit Beginn des Dreißigjährigen Krieges wird der gewaltige Wallring um München gelegt, zu spät, um die Schweden 1632 an der Einnahme der Stadt zu hindern.

Von der Pracht der alten Festung, deren Türme bunt bemalt und mit Fahnen geschmückt waren, ist fast nichts erhalten außer den im 19. Jahrhundert umgestalteten Toren. Das schönste, das Isartor, rettete um 1830 ausgerechnet der bauwütige König Ludwig I., als er die Münchner rügte: „Ich kann nicht genug sagen, wie leid es mir thäte, wenn etwas von diesem Thore niedergerissen würde. München hat ohnehin wenig Altes mehr aufzuweisen."

Joachim Käppner

Geborgen im Schutz der Tore und Türme

Diese Ansicht, die leicht nach Westen gedrehte Karte von Tobias Volckmer, ist der erste Stadtplan Münchens. Er entstand 1613 und war die Grundlage für die spätere Umwallung der mittelalterlichen Stadt, mit der diese vor der modernen Artillerie geschützt werden sollte. Die Bilder der Torburgen stammen meist aus dem frühen 19. Jahrhundert und zeigen den Zustand vor dem Abriss der Befestigungen.

1. Doppelte Ringmauer
2. Frauenkirche
3. Residenz
4. Marienplatz

Am Stadtgraben

Sendlinger Tor

Isartor

Am heutigen Viktualienmarkt

Angertor

Den Raubrittern aufs Haupt geschlagen

Die Hauptschützengesellschaft hat eine ruhmreiche Tradition – im Mittelalter streiten die Zünfte auf dem Schlachtfeld

Wenn heutzutage das Gespräch auf das Phänomen Schützenverein kommt, wird gern das Klischee von bewaffneten Zechern in feucht-fröhlicher Runde zitiert, sofern nicht Kenner der Materie mit Namen wie Gottfried Kustermann oder Sonja Pfeilschifter aufwarten, die als zigfache Welt- und Europameister im Schießen mit Präzisionsfeuerwaffen den Ruhm der Sportstadt München beträchtlich mehrten. Die beiden Spitzensportler gehören der „Königlich privilegierten Hauptschützengesellschaft München" an, und wer meint, dieser Klub sei, wie viele Sportvereine, ein Kind des 19. Jahrhunderts, der zielt gewaltig daneben. Im Sommer 2006 feierten die Hauptschützen ihr 600-jähriges Bestehen. Es waren Stachelschützen – Stacheln sind die Bolzen der Armbrust –, die im Jahr 1406 ihre Zielsicherheit erstmals in der neu errichteteten Schießstatt vor dem Neuhauser Tor, dem heutigen Karlstor, erprobten. Um Goldmedaillen oder WM-Tickets ging es damals beileibe nicht; der Zweck der Schießübungen war letztlich ein militärischer.

Schon vor der Gründung Münchens waren die Bürger vieler Städte in deutschen Landen verpflichtet, eine Waffe zu besitzen und an Wehrübungen teilzunehmen. Allgegenwärtig war die Gefahr, die innerhalb der Stadtmauern gehorteten Reichtümer würden Eroberer oder Raubritter anlocken, denen man nicht wehrlos gegenüberstehen wollte. Es versteht sich von selbst, dass auch die Münchner die Notwendigkeit erkannten, ihre junge und noch kleine Stadt gegen derlei Attacken zu wappnen. Zwar ist nicht belegt, wann in München erstmals ein Pfeil aus der Armbrust flog, doch immerhin geht aus Aufzeichnungen über Waffenankäufe und Waffenbestände zweifelsfrei hervor, dass die Stadt zu Beginn des 14. Jahrhunderts über Armbrustschützen verfügte. Wer in München Bürger werden wollte, musste außer den Aufnahmegebühren „ein guets neues" Armbrust abgeben. Die Bewaffnung der Söldner bezahlte man aus der Stadtkasse. Die Stadt beschäftigte sogar einen eigenen Armbrustschnitzer, der einer alten Rechnung zufolge ein halbes Pfund Pfennige pro Armbrust einsackte. Auch auswärts kaufte man Waffen ein, so beispielsweise 6000 Pfeile im Jahr 1331 oder sechs Jahre später 75 Armbrüste. Zu dieser Zeit versahen 29 Stadtschützen den nächtlichen Wachdienst an den Toren und der Isarbrücke. Bei Gefahr eilten die waffenfähigen Bürger zur Verstärkung herbei. Als deren Elite galten die „Armbruster". Das waren Schützen, die eine eigene Waffe hatten und die sich regelmäßig zu Schießübungen trafen, was in Friedenszeiten nicht ohne allerlei Lustbarkeiten ablief und bei Schützenfesten ins Opulente getrieben wurde. Besonders hohes Ansehen genoss die „Münchner Armbrust- und Stachelschützen-Bruderschaft", die vermutlich von Ordensgeistlichen gegründet worden war.

Die adligen und geistlichen Herrn waren übrigens alles andere als begeistert, als sich die Städter im 12. und 13. Jahrhundert mit sehr effektiven Kampfgeräten ausrüsteten und schlagkräftige militärische Einheiten bildeten. Die erlauchten Herren hätten sie lieber wehrlos und damit ihrer Willkür ausgeliefert gesehen. So wird berichtet, dass im Jahr 1346 ein Raubritter namens Wildenwarter zurückgeschlagen wurde, als er Mordbrenner nach München schickte. Die Münchner fühlten sich sogar so stark, einen Feldzug in die Gegend von Rosenheim zu unternehmen, um den Raubrittern gehörig aufs Haupt zu schlagen – was offenbar gelang.

Zuvor allerdings, und zwar 1322, hatten die Münchner Kämpfer unter dem späteren Kaiser Ludwig dem Bayern auf sich aufmerksam gemacht. Als Ludwig mit Friedrich dem Schönen um den Thron stritt, waren es die Münchner Zünfte, die die Schlacht bei Mühldorf zugunsten ihres Fürs-

ten und Königs entschieden. Besonders hervorgetan haben sich dabei die Bewaffneten der Münchner Bäckerbruderschaft. Zum Dank verlieh ihr Ludwig ein Wappen, das neben der Breze den königlichen Adler zeigt.

Gegen Ende des Mittelalters kamen die Feuerwaffen in Gebrauch, deren fürchterliche Wirkung das Kriegswesen revolutionierte. Auch der Münchner Magistrat machte sich daran, ein Arsenal schwerer Kanonen aufzubauen, deren größte „Die Stachlerin" genannt wurde, ein Monstrum, das dreieinhalb Zentner schwere Kugeln schoss. Bald gelangten die ersten Handbüchsen ins städtische Waffenlager, anfangs noch umständlich zu bedienende und unpräzise Schießeisen. Das sollte sich ändern. Spätestens im 16. Jahrhundert verfügten die Krieger über Handfeuerwaffen, die der Armbrust überlegen waren. Im Mai 1632, mitten im Dreißigjährigen Krieg, halfen den Münchnern aber weder Kanonen noch Musketen, als die Truppen des Schwedenkönigs Gustav Adolf vor der Stadt standen. Da die neuen Befestigungsanlagen unvollständig waren, ergab man sich kampflos der feindlichen Übermacht. Kriegsruhm erwarben die Münchner Schützen damals nicht; dafür blieb ihnen der Heldentod erspart und der Stadt die Zerstörung. *Wolfgang Görl*

Links unten: Kraft, Geschick sowie eine ruhige Hand benötigten die Armbrustschützen – diese hier im Figurenmaßstab 1:72 entstammen allerdings einer Spielzeugfabrik.

Die Spitze des Aborts

Nur die demolierte Spitze hat sich durch die Zeiten im Stadtmuseum erhalten: Das Fausttürmchen war Teil der Stadtmauer und stand in der Nähe des Sendlinger Tors. Im „Sandtnermodell" ist der Turm zusammen mit dem Haus des Münchner Henkers dargestellt. Er diente als Abort für die Wachmannschaften beim Wehrgang und wurde 1873 abgebrochen. Der Name bezieht sich auf die Turmspitze, in der man die Form einer geballten Faust erkennen wollte. Der Sage nach erinnert sie an einen verräterischen Ratsherrn, der lebendig in den Turm eingemauert wurde.

Die Fausttürmchen-Spitze.

Ein mittelalterliches Haus und seine Geschichte

Versuch einer Annäherung

Die Himmelsleiter

Aus einer Abfalldeponie des 16. Jahrhunderts:
ein Weinglas, eine dreifüßige Schüssel, Hechtgebisse
und Flusskrebsschalen

Nussschalen und Fruchtkerne –
ein Fund aus dem 16. Jahrhundert

Gekocht wird über offenem Feuer
in der Rauchkuchl

Im Hof werden Schweine
wie diese gehalten

Nur die Wände im Lager sind gemauert

Im Morast der Straßen

Wie die Menschen leben: zwischen Wirtshäusern, Himmelsleitern und Bergen von Unrat

Die Sonne hat den Horizont noch nicht erreicht. Trotzdem leuchtet München an diesem frühen Morgen lichterloh. Gerade hat der erste Hahnenschrei die Menschen in der Stadt aus dem Schlaf geweckt. Die Frauen, die sich nun aus ihren Betten erheben und wie jeden Morgen in den Küchen das Feuer anschüren wollen, um die Wohnstatt wenigstens ein bisschen wärmer zu bekommen, entdecken Grauenvolles: Es brennt im Angerkloster. Menschen schreien, stürmen aus ihren Häusern, doch mehr als 30 von ihnen können sich nicht mehr retten.

Man schreibt den 13. Februar 1327. Es ist ein schwarzer Tag in der Stadtgeschichte, bleibt doch am Abend nur wenig von München übrig. Vom Kloster ausgehend, greifen die Flammen auf den Chor und die Kirche von St. Peter über, legen einen Teil der Burg und mindestens ein Drittel der ganzen Stadt in Schutt und Asche. Auch die Siedlung im Tal wird nicht verschont. Und doch könnte dieser Brand – neben den vielen Zuzügen und der Verbannung mancher Gewerbe wie der Gerber und Färber aus der Innenstadt – ein Auslöser sein für ein nach den damaligen Maßstäben wohl gigantisches Neubauprojekt vor den Toren der Stadt, eben im Tal.

Dort steht zehn Jahre später als Folge der Stadterweiterung das Isartor. Eine neue Siedlung wird an der für die Stadt so wichtigen Ost-West-Verbindung gebaut. Wer hierher zieht, will von dieser Handelsstraße profitieren. Von den Durchreisenden, von den Gütern, von der gesamten Umgebung. Eines der Häuser, mit dessen Bau um etwa 1340 begonnen wurde, existiert dort noch, in der Sterneckerstraße 2. Das Bier- und Oktoberfestmuseum ist heute darin untergebracht. Es ist ein Haus, an dessen Baugeschichte sich das Alltagsleben der Menschen im Mittelalter ablesen lässt.

Beschwerlich muss es gewesen sein, dieses Leben. Die meisten Wohnungen bestehen nur aus einer Wohnstube, einer Schlafkammer und einer Rauchkuchl. Beheizbar sind die Räume noch nicht. Lediglich ein wenig Wärme dringt aus der vom Ruß schwarz gefärbten Küche in die umliegenden Zimmer. Schon aus diesem Grund ist anzunehmen, dass die Wohnstube nur wenig genutzt wird, dass sie bei den Bürgern und Kaufleuten der Stadt, also der besseren Gesellschaft, eher eine Art Statussymbol ist als ein Raum, in dem man am Sonntagnachmittag nach dem Kirchgang und dem Mittagessen gemütlich beisammensitzt oder gar Gäste empfängt.

Der Schweine-Kontrolleur

Das Leben ist in erster Linie geprägt von Arbeit, die bei Sonnenaufgang beginnt und meist erst bei Sonnenuntergang endet – wobei allerdings die Zeit, will man den einschlägigen Schriften trauen, anders gemessen wird als heute: Ein Tag besteht zwar aus zwölf Stunden, die jedoch, je nach Sommer oder Winter, mal länger, mal kürzer dauern. Nach Einbruch der Dunkelheit findet zuhause nur mehr wenig Leben statt, weil jede Form der Beleuchtung, ob Kerzen oder Fackeln, so teuer ist, dass die Menschen meistens darauf verzichten. Nur aus den Trinkstuben, die es in dieser Zeit bereits gibt, dringt schwach das Licht. Rund um das Haus in der Sterneckerstraße muss es viele Kneipen und Gasthäuser gegeben haben, denn Fremde wie zahlungskräftige Einheimische wollen verköstigt sein. Mit Wein, Bier, Speisen.

Das Haus in der Sterneckerstraße zeigt sich im 14. Jahrhundert jedoch noch nicht in seiner heute sichtbaren Form. Vielmehr ist es ein wesentlich schmäleres Gebäude, das aber verhältnismäßig große Lagerräume im Erdgeschoss besitzt. Für Historiker, Bauforscher und Archäologen sind sie der Hinweis darauf, dass die Erbauer und Eigentümer wohl Handelsleute gewesen sein müssen, die viel Platz für ihre Waren brauchten – und Sicherheit. Denn das Mauerwerk in diesem Teil des Gebäudes besteht aus Stein, genauer: aus Ziegeln, die sich schichtweise mit zementierten, wesentlich einfacher zu beschaffenden Isarkieseln abwechseln. Doch welches Gut schützt dieses so teure Mauerwerk?

Vielleicht sind es Waren, wie sie später auch der 1456 gestorbene Krämer Heinrich Lerer führt: Südfrüchte, Zucker, Pfeffer, Galgant, Ingwer, Heringe, Getreide, Salz, aber auch Korallen, Perlmuttkreuze oder Eisenwaren. Lerer ist ein Mann, in dessen Geschäft die gesamte „kleinbürgerliche Welt" ein- und ausgeht, wie Fridolin Solleder in seinem Buch „München im Mittelalter" schreibt. Die Kartenmacherin, die Kornmesserin, Klosterfrauen, die Frau Apotheker, Handwerker, Köchinnen und Mägde führt er als Kundinnen an. Sie schnallen sich vermutlich eine Art Holzplateau-Sohle unter ihr Schuhwerk, um sich vor Dreck und Morast auf den Straßen zu schützen. Denn eine funktionierende Abfallentsorgung gibt es noch nicht. Es ist üblich, Speisereste, Tierkadaver und Stalldung einfach auf die Straße zu kippen. Bis weit ins 16. Jahrhundert gibt es in den Häusern keine Toiletten. Die Menschen verrichten ihre Notdurft auf der Straße oder in Häusernischen, was Ratten anlockt und Epidemien wie die Pest auslöst. Doch zu dieser Zeit weiß man das noch nicht. Es türmt sich der Müll allüberall, Schweine und Hunde wühlen darin herum.

Überhaupt die Schweine. Das mittelalterliche München besitzt eine ausgedehnte Zucht davon, viele der Einwohner halten sich die Tiere in den Innenhöfen ihrer Häuser und verfüttern auch dort an sie Abfall. 1475 wird dem Rat die Zahl der Schweine zu viel: Er verbietet deren Haltung in der Innenstadt komplett und beschränkt sie auch in der äußeren Stadt auf wenige Exemplare pro Halter. Um zu kontrollieren, ob das Verbot eingehalten wird, schafft der Rat sogar ein neues Amt: den „Sau-Eintuer", der bis 1546 nachzuweisen ist.

Auch im Haus an der Sterneckerstraße, das bis über das 16. Jahrhundert hinaus sukzessive erweitert wird, könnten im Innenhof Schweine gelebt haben. Aber auch einen hauseigenen Brunnen halten Bauforscher und Historiker dort für möglich, nachgewiesen ist er jedoch nicht. Gesichert ist hingegen, dass es über den Lagerräumen zunächst nur ein einziges Stockwerk gibt, in dem die Eigner leben. Im Gegensatz zum Erdgeschoss ist es aus billigem Holz beziehungsweise Fachwerk erbaut. Die Einrichtung der Räume – Wohnstube, Schlafkammer und Rauchküche – ist zu dieser Zeit spärlich: Bett, Tisch, Stuhl, Truhe Schrank, ein paar Krüge, Messer, Tonschüsseln mit drei Beinen zum Kochen über dem offenen Feuer, ein paar Löffel. Gabeln gibt es zu dieser Zeit nicht, gegessen wird mit den Fingern. Die Speisen sind meist einfach, als Grundnahrungsmittel gilt Roggen. Streng geachtet werden jedoch die Fastengebote. Zumindest für das 16. Jahrhundert ist anhand von Abfallresten der damaligen Ratstrinkstube belegt, dass auch Flusskrebse, Hecht und Austern auf den Tisch kommen – jedenfalls bei denjenigen, die es sich leisten können, auswärts zu essen.

Vielleicht gehören auch die Bewohner des Hauses an der Sterneckerstraße dazu, immerhin haben sie es in der Zwischenzeit zu einigem Wohlstand gebracht. Sie leisten sich jedenfalls einen Komplettumbau, der ihnen eine neue Einnahmequelle beschert: Das Haus besteht nun aus zehn Wohnungen, die sie vermieten. Zu erreichen sind die Räume über die so genannte „Himmelsleiter", die noch heute zu sehen ist. Thomas Mann wird später in den „Buddenbrooks" eine derartige Treppe beschreiben: „... ein ganz merkwürdiges, altes Haus, mit einer schmalen Treppe, die gleich hinter der Haustür schnurgerade und ohne Absatz und Biegung wie eine Himmelsleiter in den ersten Stock hinanführte, woselbst man erst nach beiden Seiten über den Korridor zurückschreitend zu den nach vorn gelegenen Zimmern gelangte."

Astrid Becker

Dieses Modell einer klassischen Münchner „Herberge" (Stadtmuseum) wurde Anfang des 20. Jahrhunderts im Schulunterricht verwendet.

Wo die Haderlumpen hausen

So mögen sie ausgesehen haben, die „Herbergen", die seit dem 17. Jahrhundert im Schwemmbereich der Isar, vor allem in den Vorstädten Au, Giesing und Haidhausen entstanden sind: Der Begriff „Herberge" steht in München für eine in jedem Wortsinn eigentümliche Bauweise, in der einfache Holzhütten in mehrere Wohnungen parzelliert waren. Diese Bauart blieb über Jahrhunderte nahezu unverändert. Die nicht unterkellerten, also stets feuchten Anwesen setzten sich bei einer jeweiligen Wohnfläche von mitunter nur 15 Quadratmetern aus bis zu sieben selbständigen Herbergen zusammen. Ein gemeinsames Treppenhaus gab es nicht – jede Einheit verfügte über einen eigenen Zugang, der über oft abenteuerliche Treppenvorbauten und Galerien erreicht wurde. In den verschachtelten Kleinhäusern lebte die von den Stadtmauern ausgeschlossene Unterschicht der Kleingewerbler, Tagelöhner oder auch „Haderlumper", wie man Leute nannte, die für die Auer Papiermühle Stoffreste sammelten.

Verfolgt, verfemt und immer wieder zurückgeholt

Die Juden in München bleiben im Mittelalter am Rande der Stadtgesellschaft, bis sie 1442 vertrieben werden

Vielleicht war es hier, direkt hinter dem Rathaus, wo ein Ahornbaum seine kahlen Äste in die Luft reckt. Oder dort, ein paar Meter weiter Richtung Westen, wo aus einem Schacht der U-Bahn verbrauchte Luft herausgeblasen wird. Ungefähr auf halber Höhe zwischen den beiden U-Bahn-Eingängen am Marienhof, wo Passanten heute den Weg vom Dallmayr-Haus zum Dom nehmen, haben sich vor 627 Jahren Münchens Juden zum Gebet versammelt. Bei Grabungen des Landesamts für Denkmalpflege entdeckten Archäologen 1989 ein kleines Mauerstück der ersten Synagoge Münchens.

Das Gelände, das heute mitten in der Stadt liegt, gehörte damals gewissermaßen zum Außenbezirk Münchens. Nördlich der Judengasse, einer Parallelstraße zur bereits existierenden Landschaftstraße, verlief die Stadtmauer. Hier hatten sich gegen Ende des 14. Jahrhunderts die meisten Münchner Juden niedergelassen. Viele waren es nicht; Historiker tippen auf zeitweise nur 7, aber niemals mehr als 25 Haushalte.

Kein Wunder: Denn auch im Mittelalter wurden die Juden immer wieder Opfer des Rassenhasses der ansässigen Stadtbürger. Sie wurden verfolgt und vertrieben – oder ermordet. Eine der ersten Erwähnungen Münchner Juden ist zugleich ein Dokument des Grauens. Am 12. Oktober 1285 starben 67 Juden – manche Quellen berichten sogar von 180 – in einem schrecklichen Feuer. Das Nürnberger Memorbuch listet die Namen der getöteten Münchner Juden zur Erinnerung auf. Es war vermutlich ein aufgewiegelter Mob, der die Menschen in die Enge getrieben hatte. Der Betsaal, in den sich die Juden vor den wütenden Massen flüchteten, ging in Flammen auf. Man hatte einem von ihnen vorgeworfen, er habe einen christlichen Knaben ermordet und dessen Blut für rituelle Zwecke verwendet – unter diesem Vorwand war es auch anderswo zu Verfolgungen gekommen.

Die Juden nannten von 1380 an eine Synagoge ihr Eigen und richteten ein Hospital ein. Doch zur Stadtgesellschaft gehörten sie nicht: Sie verwehrte ihnen die Bürgerrechte. Fischern war es verboten, ihre Ware in jüdische Haushalte zu liefern. Es gab einen „Judenmaler“, der jüdische Wohnungen anstrich, sowie einen „Judenschreiber“, der Urkunden für sie fertigte. Weil Juden die Ausübung von Kunst- und Handwerksberufen sowie der Handel mit Waren verboten war, betätigten sich viele als Geldverleiher.

Für die Fürsten nämlich bildeten sie zunächst einmal eine gar nicht schlecht sprudelnde Einnahmequelle, weil sie sich den Schutz des Staates erkaufen mussten. Um 1293 flossen 150 Pfund Münchner Pfennige in die fürstlichen Kassen, 1340 waren es noch 60 Pfund – beides recht ansehnliche Beträge. Im Gegenzug wurde den Juden Schutz bei der Ausübung ihrer Religion versprochen und die Erlaubnis erteilt, ihre eigenen Angelegenheiten intern zu regeln.

1349, als die Pest in der Bevölkerung wütete, verdächtigte man die Juden erneut: Sie hätten die Brunnen vergiftet und trügen deshalb die Schuld an den vielen Opfern. In ganz Oberbayern wurden die Juden vertrieben – nur um drei Jahre später wieder zurückgeholt zu werden.

1439 tauchten in den Finanzunterlagen zum letzten Mal jüdische Steuerzahler auf. Überall im Reich wurden die Juden nun vertrieben, in München geschah das 1442. Bald hieß die Judengasse Gruftgasse, das Synagogengebäude schenkte Herzog Albrecht III., der aus seinem Antisemitismus nie einen Hehl gemacht hatte, seinem Leibarzt Johannes Hartlieb, der es in eine Marienkapelle umwandelte. Erst rund 300 Jahre später sollte sich in München wieder eine jüdische Gemeinde entwickeln. *Christina Warta*

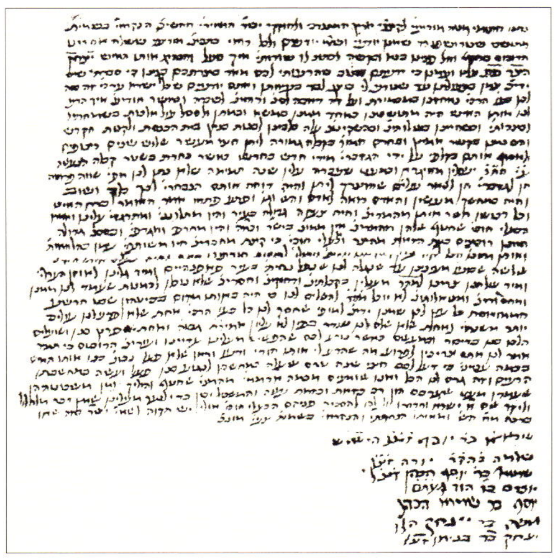

Ein Brief, der alle anging: Der jüdische Pfandleiher Isaak Zarfati war mit Pfändern der herzoglichen Familie nach Straßburg geflohen. In einem Schreiben an die dortige jüdische Gemeinde bitten die Münchner, Zarfati zu ergreifen. Denn als Zarfatis Flucht in München bekannt wurde, wandte sich die öffentliche Stimmung gegen alle Juden.

Die Schutzmantel-Madonna der Familie Sänftl in der Frauenkirche (Jan Polack): Unter dem Schirm der Jungfrau versammeln sich der Klerus und die Münchner Bürgerschaft.

„Hochweise Herren“: Die Bürger greifen nach der Macht

Seit dem 13. Jahrhundert bestimmen reiche Patrizier und ehrgeizige Aufsteiger die Geschicke der Stadt

In einer lateinisch verfassten Urkunde von 1286, die einen Rechtsstreit zwischen dem Kloster Dietramszell und dem Münchner Heiliggeistspital schlichtet, nennen sich die zwölf Aussteller: „nos consules civitatis Monacensis“ („wir, die Konsuln der Stadt München“). So tritt der Stadtrat mit einem sehr gewichtigen Titel ins Licht der Geschichte. Gemeint ist aber keine größenwahnsinnige Bezugnahme auf das einst mit Königsmacht ausgestattete altrömische Konsulat. Das Wort bezog sich auf die städtischen Funktionsträger in den oberitalienischen Handelsmetropolen, wo die Bürgerschaft sehr selbständig und unabhängig war. Schon gut ein halbes Jahrhundert vorher sind in München gemeinsam mit dem Stadtrichter agierende Bürger in einer Urkunde hervorgehoben, doch die Entscheidungen trafen nicht sie, das war noch immer Sache des stadtherrlichen Richters. Jetzt aber, 1286, haben sie diese Unterordnung unter das fürstliche Richteramt abgestreift.

Wer aber waren diese Ratsbürger, die 1286 als „consules“ aufscheinen?

An der Spitze Münchens standen seit dem 12. Jahrhundert herrschaftliche Funktionsträger, die entweder als grundbesitzende Edelfreie im noch jungen Stadtleben ihre Durchsetzungskraft unter Beweis stellten oder als unfreie (herzogliche oder bischöfliche) Ministeriale in München amtieren mussten. Die Häuser der sozial Bessergestellten lagen meist direkt am Haupthandelsplatz der Stadt, dem heutigen Marienplatz. Denn diese hervorgehobene Bevölkerungsschicht suchte die Nähe des Warenumschlags, der Münze und des Gerichtshauses.

Von ihrer Führungsrolle machten sie hemmungslos Gebrauch: Sie allein berieten den Stadtherrn, den Wittelsbacher Herzog, in den Angelegenheiten der Bürgerschaft und kümmerten sich um die fürstlichen Nutzungen aus dem Handelsaufkommen und der Stadtsteuer. Die Geldwirtschaft brachte ihnen größere Vorteile als die Landwirtschaft, weshalb sie mit der Zeit selbst zu Kaufleuten wurden und den in München besonders einträglichen Salz- und Weingroßhandel in ihre Hand brachten. Der Stadtherr war in der Regel nur am gleichmäßigen Eingang der Steuer und anderer Einnahmen interessiert, weshalb er zeitaufwändige und kostspielige Aufgaben an diesen Personenkreis delegierte. Die mit ihm kooperierende reiche Oberschicht garantierte den prompten Vollzug seines Willens.

Netzwerke des Geldes

Sie sorgte für den Wohlstand der Stadt, machte sich mittels der in der Stadt erzielten Einkünfte den Land- und Hofadel gefügig und brachte auch den notorisch geldhungrigen Stadtherrn in finanzielle Abhängigkeit. Die „consules“ von 1286 sind allesamt dieser Oberschicht zuzurechnen. In späteren Jahrhunderten begegnen wir diesen Eliten unter dem Begriff der „Geschlechter“ oder der „Patrizier“. Ihre Namen leben meist nur noch in Münchner Straßennamen weiter – Katzmair, Dichtl, Ridler, Schluder, Püttrich, Gollier, Pötschner.

Seit dem Ende des 13. Jahrhunderts machten Aufsteiger aus dem Kleinhandel und aus produktiven Gewerbezweigen dieser Führungsebene schwer zu schaffen. Sie drängten auf Beteiligung an der Macht. Die Oberschicht legte sich freilich nicht lange mit den ehrgeizigen Kräften an, sondern integrierte sie durch kluge Heiratspolitik in den eigenen Stand und korrumpierte politische Drängler durch scheibchenweise Beteiligung am Stadtregiment. Neben dem „Inneren Rat“, der sich aus den Angehörigen der „Geschlechter“ zusammensetzte, gab es daher bald einen „Äußeren Rat“, der den kapitalstarken Mittelstand repräsentierte. Beide Gremien arbeiteten eng zusammen.

Eine Etage unterhalb dieses Netzwerkes von Geld und Einfluss standen die Handwerker, die zunächst nur zu parieren hatten. Ihr Lebensraum waren die Areale der Stadterweiterungen nach 1200 und 1260, insbesondere die unterhalb der Altstadtterrasse gelegenen, von Isararmen durchzogenen und deshalb überschwemmungsgefährdeten Straßen des Angers und des Tals. Sie nannten sich die „Gemein“ (im Dialekt: „Gmoa“) und waren zufrieden, wenn sie auf dem Rathaus durch die „hochweisen“ Herren des Patriziats bei städtischen Problemen zugezogen wurden.

Sie konnten aber auch bösartig reagieren, wenn man sie überging. Da sie im 13. Jahrhundert innerhalb der gesamten Bürgerschaft die Mehrheit stellten und obendrein für den Fall der Stadtverteidigung an den Waffen geübt waren, musste man ihre spontanen Zusammenrottungen fürchten. Gerade deshalb wurden sie von der Stadtspitze unter Kontrolle gehalten, doch nützten sie jede noch so geringe Schwäche ihrer städtischen „Obrigkeit“ aus, um sich wirkungsvoll in Szene zu setzen und mittels ihrer Berufsgenossenschaften (Zünfte und durch machtvolle Gemeindeversammlungen im selbst einberufenen „Großen

Rat“ Druck auf den Stadtrat auszuüben. Ihre natürlichen Verbündeten waren die zahlreichen unselbständigen Handarbeiter, die Gesellen und die Knechte. Viele davon galten als „Habenichtse“, ein Begriff, der sich von ihrer finanziellen Selbsteinschätzung („Habnit“) bei der jährlichen Steuerveranlagung ableitete.

Ende des 14. Jahrhunderts kam es nicht nur zu kriegerischen Auseinandersetzungen zwischen der Münchner und der Ingolstädter Herzogslinie, sondern auch zu einem heftigen Streit innerhalb der Münchner Oberschicht, in den am Ende die „Gemein“ hineingezogen wurde. Bei dieser Gelegenheit gelang es den kleinen Leuten, dem Patriziat vorübergehend das Stadtregiment zu entwinden: Stadtschlüssel, Sturmglocke und Stadtbanner mussten an die Vertreter des Handwerks ausgeliefert werden. 1403 wurde diese „Bürgerrevolution“ durch Herzogsmacht beendet, doch wurde nun eine Aufteilung der Macht festgeschrieben. Dabei konnten die Vertreter des Handwerks nur noch eine gewisse Mitsprache bei der städtischen Finanzverwaltung durchsetzen. Innerer und Äußerer Rat bildeten mit 12 beziehungsweise 24 Angehörigen die oberste Entscheidungsebene, der ein Ausschuss von 36 Vertretern der „Gemein“ als schwächliches Kontroll-Organ zur Seite stand. Bewohner, die unter einem bestimmten Steuersatz blieben, unterstanden dem Schutz der Stadt, konnten sich aber nicht zur „Gemein“ zählen und hatten im Prinzip keinerlei politischen Einfluss. Die im städtischen Archiv hinterlegte Urkunde von 1403 (der „Wahlbrief“) galt fortan als das Grundmuster der Selbstverwaltung und als Basis der internen städtischen Machtbalance.

Die wichtigsten Ämter der Stadt lagen anfänglich bei den „Rednern“ von Rat und „Gemein“; aus ihrer Tätigkeit entwickelten sich die Funktionen der Bürgermeister. Dem Redneramt an Bedeutung gleichgestellt war das Amt des Kämmerers, der die Finanzverwaltung der Stadt regelte. Daneben wurde die Verantwortung für die städtischen Aufgaben und Pflichten – etwa Rechtswahrung, Steuerwesen, Bauangelegenheiten, Einhaltung von Hygienevorschriften – unter die Angehörigen des Inneren und des Äußeren Rats verteilt. Hierbei zeigte sich schon in Ansätzen die heute noch übliche Referatseinteilung der Stadtverwaltung.

Gemeinsam verkörperten die Repräsentanten der in Rat und „Gemein“ vertretenen sozialen Schichten die Stadt München als eine vom Herzog autorisierte eigenständige Rechtspersönlichkeit. Vornehmste Pflicht der Stadträte war die nach dem Wahlakt feierlich beschworene Treue gegenüber dem Stadtherrn, danach erst kam die Sorge um das Wohlergehen der Bürgerschaft. Vorrang hatte der Wohlstand der Patrizier und Großhändler, danach kam die Befriedung der wegen Konkurrenzdruck und Nahrungssorgen ständig gegeneinander agierenden Handwerkerzünfte, und man kümmerte sich natürlich auch um die Justiz. Die Stadt München verfügte sogar über den „Blutbann“. Dies bedeutete, dass der inzwischen nicht mehr vom Herzog, sondern von der Stadt ausgewählte und angestellte Stadtrichter Hinrichtungen vornehmen und Leibesstrafen vollziehen lassen durfte.

Einen Sonderstatus besaßen die Fremden, die in der Stadt zu tun hatten und in ihrem geschäftlichen Umgang mit Münchnern einem eigenen „Gastrecht“ unterstanden. Die außerhalb des direkten kommunalen Rechtskreises stehenden Stadtbewohner wurden im Lauf der Jahrhunderte sogar zur Mehrheit der Stadtbevölkerung.

Richard Bauer

Silberlöffel für die Ratsherrn

Am Ratssilber einer Stadt lässt sich die Bedeutung erkennen, die der kommunalen Repräsentation beigemessen wurde. Für München haben sich zwei Serien von silberbeschlagenen und teilweise vergoldeten Löffeln erhalten. Die jeweilige Stückzahl verweist auf die Ratsgremien. Sie zählten 12 Mitglieder im Inneren Rat und 24 Mitglieder im Äußeren Rat. Die Speisen wurden in mundgerechte Stücke vorgeschnitten und mit Löffeln gegessen – oder gleich aus der Hand. Der Gebrauch von Messer und Gabel war vor dem 18. Jahrhundert in München nicht bekannt. Neben den Silberlöffeln, die „aus allerlei verbotener Münz gemacht worden“ waren, also aus Falschgeld, sind zwei spätgotische Becher und vier in Augsburg hergestellte „Salzfassel“ überliefert. In einem Verzeichnis aus dem Jahr 1584 sind auch Pokale, Becher, Trinkgeschirr und ein Dolch genannt. War schon der Münchner Silberschatz der Vergangenheit insgesamt überschaubar, so bleibt es erstaunlich, dass sich die Stadt auch im 19. Jahrhunderts kein monumentales Prunksilber leistete.

Löffel aus dem Silberschatz der Stadt München.

Weinhändler, Schlossbesitzer und Stifter

Die Katzmairs gehören im 15. Jahrhundert zu den angesehensten und einflussreichsten Familien der Stadt

Die meisten Besucher im Rathaus schenken der Holzfigur vor dem Büro des dritten Bürgermeisters wenig Beachtung. Kein Wunder, schließlich hängt der Ratsherr Jörg Katzmair, nach dessen Familie eine Straße im Westend – wenn auch in veränderter Schreibung – benannt ist, in einem dunklen Gang. Im Arm hält die Figur eine schwere Chronik, auf der Brust trägt sie eine Amtskette. Ihr Mantel scheint aus feinstem Material mit Pelzbesatz gearbeitet zu sein – das Idealbild des reichen Patriziers, wie es im 19. Jahrhundert beliebt war.

Wer sich mit der Münchner Geschichte im Spätmittelalter beschäftigt, stößt immer wieder auf das Geschlecht der Katzmair, die seit 1318 in der Stadt nachweisbar sind. Mit Martin Katzmair stellte die Familie wohl erstmals ein Mitglied des Äußeren Rats, als Kämmerer und „Pfleger des Salzes" hatte er hohe Ämter inne. Wie aus den Steuerbüchern hervorgeht, befand sich das Haus seiner Nachkommen seit 1368 in der Kaufingerstraße 36 – eine feine Adresse. Ihre Blütezeit erlebte die Familie unter Georg (Jörg) Katzmair. Von ihm stammt die für die Geschichte der städtischen Unruhen von 1397 bis 1403 überaus bedeutsame Chronik. Wiederholt war Katzmair, der unter anderem mit Wein handelte, Mitglied des Inneren Rats.

Dokumentiert ist, dass Herzog Heinrich von Bayern-Landshut im Januar 1407 im Gasthaus von Jörg Katzmair wohnte und „unserem wirth zu Munchen" anschließend 164 Pfund und 36 Pfennige schuldete. Auch sein Sohn Martin blieb ein einflussreicher Ratsherr. In seiner Funktion als Bürgermeister musste er manchmal harte Entscheidungen treffen. Wegen der prekären Finanzlage der Stadt strich er im Mai 1431 die freie Verköstigung nach der Fronleichnamsprozession – was in den Quellen als „Geiermahl" verzeichnet ist, weil sich die Münchner wie die Geier darauf stürzten. Katzmair selbst war auf solche Gaben kaum angewiesen, er konnte 1446 ein Schloss auf der Wörthsee-Insel erwerben; die Familie besaß eine eigene Kapelle in der Frauenkirche neben dem Südturm. Am 3. August 1476 stiftete er, längst ein Greis und um sein Seelenheil besorgt, ein Haus in der heutigen Maffeistraße 18 für „sieben bis zehn geistliche Jungfrauen".

Nach seinem Tod begann der Niedergang der Familie, die nun mehr durch interne Streitigkeiten im Rat für Aufsehen sorgte. 1523 mussten die Nachkommen das Haus in der Kaufingerstraße verkaufen, die wohltätige Katzmair-Stiftung löste sich auf, die Spuren verlieren sich – das Ende einer stolzen Münchner Familientradition.

Christian Mayer

Idealfigur eines Münchner Ratsherrn und Bürgermeisters: Jörg Katzmair.

Die Verhaftung der schönen Badertochter Agnes Bernauer – eine phantasievolle Darstellung aus späterer Zeit.

Der Herzog und die Zarteste der Frauen

Für Jahrhunderte dient die Blutenburg den Wittelsbachern als Jagdschloss – und bietet Geliebten wie Agnes Bernauer Unterschlupf

Es entbehrt nicht einer gewissen Ironie, wenn im alten Gemäuer von Schloss Menzing heute Rittersagen erzählt werden, Schlossgespenster wie Hui Buh ihr Unwesen treiben und natürlich der gute Harry Potter seine Zaubertricks zeigt. Das Reich der Phantasie lockt jedes Jahr 35 000 Kinder an. Für die Internationale Jugendbibliothek, die hier seit 1983 untergebracht ist, könnte es wohl keine prächtigere Kulisse geben als die Blutenburg. Noch immer wirkt die alle Regeln der Geometrie ignorierende Schlossanlage an der Würm wie ein Relikt aus ferner Vergangenheit – vor allem in einer Stadt wie München, die im 19. Jahrhundert ihr altes Gesicht radikal verändert und ihr mittelalterliches Erbe abgestoßen hat.

Dass die Blutenburg in weiten Teilen so aussieht wie vor 500 Jahren, liegt an ihrer relativen Abgeschiedenheit. Einst war es von München bis Menzing eine Tagesreise. Die Wälder rund um die Blutenburg galten als ideales Jagdrevier – da lag es nahe, dass sich die Landesherren vor den Toren der Stadt eine angemessene Unterkunft bauten. Die Ursprünge der Burg reichen bis in die Zeit um 1200 zurück. Doch erst unter dem späteren Herzog Albrecht III. begann hier eine rege Bautätigkeit: Die Blyutenburg oder Pluedenberg, wie sie in zeitgenössischen Quellen heißt, bestand neben den Mauern aus einem Herrenhaus, einem Torturm und dem heute noch vorhandenen Wirtschaftsgebäude.

Zu den Leidenschaften des Herzogs Albrecht zählten neben der Jagd auch die „zarten Frauen". Das war in seinen Kreisen vielleicht nicht weiter erwähnenswert, hätte der junge Albrecht nicht Agnes Bernauer, eine Badertochter aus Augsburg, geheiratet – eine skandalöse Verbindung, die unstandesgemäßer nicht sein konnte. Noch heute steht der Name der schönen Braut beispielhaft für die unüberwindlichen Standesgrenzen jener Zeit. Man sagt, dass sie so hübsch gewesen sei, „wann sie roten Wein getrunken hett, so hett man ihr den Wein in der Kehl hiab sehen gehn", schreibt um 1500 der Historiker Veit Arnpeck in der Bayerischen Chronik.

Der Staatsraison geopfert

Am Münchner Hof konnte sich das Paar kaum sehen lassen. Die Blutenburg bot Schutz vor neugierigen Blicken und Anfeindungen. Albrecht war bemüht, seiner Agnes so manchen Vorteil zu verschaffen. Vom 7. Januar 1433 datiert eine Urkunde, die den Verkauf eines halben Hofs und einer Hofstatt in Untermenzing an die Bernauerin dokumentiert. Der Pfarrer zu Aubing und die Kirchpröbste zu Laim fungierten wahrscheinlich als Mittelsleute für Albrecht, der seine Frau finanziell absichern wollte. Das dramatische Ende der Liebesgeschichte spielt übrigens nicht in der Blutenburg, sondern in Straubing, wo Albrechts Vater, Herzog Ernst, die Bernauerin 1436 in der Donau ertränken ließ – ein Blutopfer aus Staatsraison.

Ein halbes Jahrhundert nach dieser Tragödie ließ Albrechts Sohn die Schlosskapelle bauen – und setzte sich damit selbst ein Denkmal, indem er sie nach dem heiligen Sigismund benannte. Der bayerische Herzog Sigismund hatte sich 1467 von der Regentschaft zurückgezogen. Er überließ die Politik lieber seinen ehrgeizigen Brüdern und widmete sich fortan der Frömmigkeit und dem Vergnügen. Der Historiker Friedrich Prinz hat für den Privatmann launige Worte gefunden: „In seinen Schlössern Blutenburg, Dachau, Grünwald und Starnberg lebte er dolce vita, dort war's ihm – wie wiederum der zeitgenössische Chronist Veit Arnpeck schreibt – wohl mit schönen Frauen und mit weißen Tauben, Pfauen, Schweinchen, Vögeln und allerlei seltsamen Tierlein, auch mit Saitenspiel."

Von den Schweinchen und dem Saitenspiel ist nichts geblieben. Dafür aber können sich die Besucher ein originalgetreues Bild von der Kapelle machen, in der Sigismund betete. Der Blutenburger Altar, gewidmet dem Mysterium der Heiligsten Dreifaltigkeit, stammt aus der Werkstatt des in München damals führenden Malers Jan Polack. Der Hochaltar zeigt bei geöffnetem Zustand das eher ungewöhnliche Motiv des Gnadenstuhls: Gottvater, ein freundlicher Herr mit grauem Bart, hält den geopferten Sohn in seinen Armen, die Taube symbolisiert den Heiligen Geist. Die Taufe Jesu und die Marienkrönung ergänzen das Bildprogramm, während die beiden Seitenaltäre einen triumphalen Christus als Weltenherrscher und die Krönung der Gottesmutter Maria in Szene setzen.

Mehr als ein halbes Jahrtausend hat dieses gotische Gesamtkunstwerk die Zeiten überdauert; jeden Freitagabend feiern die Menzinger in der Kapelle Gottesdienst. Verehrt werden vor allem die Blutenburger Apostel, die dem Bildhauer Erasmus Grasser zugeordnet werden. In einem Fall ging die Liebe zur Kunst allerdings etwas weit: In der Nacht zum 21. Januar 1971 drangen Diebe in die Kirche ein und stahlen die hochgeschätzte Blutenburger Madonna, das Herzstück der Kapelle. Erst ein paar Wochen später konnte der Münchner Polizeipräsident nach einer spektakulären Lösegeldforderung die berühmte Madonna stolz präsentieren – die ziemlich ungeschickt agierenden Kunstdiebe endeten im Gefängnis. Pikanterweise geriet damals der beliebte Volksschauspieler Walter Sedlmayr in Verdacht, Drahtzieher des Diebstahls gewesen zu sein. Einer der Täter, ein Zufallsbekannter Sedlmayrs, hatte das verschnürte Paket mit der Holzplastik bei ihm deponiert. Um ein Haar hätte der Blutenburger Krimi auch das Ende seiner Karriere bedeutet, obwohl der legendäre Schauspieler nach einer Woche in U-Haft beteuerte: „I bin doch koa Madonnenfetischist."

Für die Besucher hat der Raub bis heute Konsequenzen: Die Kapelle ist mit einer Alarmanlage gesichert, der Zutritt mit einem Seil versperrt. Ein Schritt zu viel in Richtung Altar, und es klingelt direkt bei der Kripo.

Als Wohnanlage der Wittelsbacher hatte die Blutenburg spätestens im 17. Jahrhundert ausgedient. Mit dem Ausbau von Schloss Schleißheim geriet die Hofmark Menzing ins Abseits, und später zog es die Wittelsbacher eher nach Nymphenburg. Das Hofbauamt von Herzog Maximilian I. stellte immer wieder fest, wie marode die Burg doch sei. Das altersschwache Schloss wechselte mehrmals die Besitzer, Teile der Burg wurden abgebrochen und die Mauern und die vier Türme um ein Stockwerk kürzer gemacht.

Die Blutenburg war zwar nicht mehr en vogue, aber gelegentlich wohnten hier noch Favoritinnen der Kurfürsten. Im 19. Jahrhundert wurde das Schloss als Staatsgut dann an Privatleute verpachtet und in ein Ausflugslokal umgewandelt, das bis heute in der Schlossschänke weiterexistiert. Ein letztes Mal kam prominenter Besuch, als Lola Montez, die Geliebte von König Ludwig I., nach ihrer Vertreibung aus München hier 1847 ein Versteck fand – die Sage will es, dass die Flüchtige todesmutig dem Wirt des Schankbetriebs mit vorgehaltener Pistole entgegentrat. Danach war die Zeit der Blutenburg als Liebesnest vorbei, Teile des Inventars wurden verkauft. Zuletzt fanden hier die Schwestern des Dritten Ordens einen Alterswohnsitz, bevor auch sie 1976 umziehen mussten. Das Leben im Schloss war einfach zu teuer.

Wenn heutzutage Kinder und Jugendliche die Bibliothek nutzen, dann finden sie nicht nur Berge von Büchern, sondern gleich ein ganzes Schloss, das viele spannende Geschichten erzählen kann. Insofern ist die Blutenburg ein Glücksfall für die Münchner – und ein Erbe, das sorgsam gepflegt werden muss.

Christian Mayer

Einst herzogliches Liebesnest, heute Jugendbibliothek: Schloss Blutenburg.

Die Schlacht am Rosenheimer Platz

Gegen Ende des Mittelalters machen sich die Münchner sehr erfolgreich auf, die lästigen Ritterburgen in Trümmer zu schießen

Hunde bellen wild, der Boden bebt, in den Ohren dröhnt es: Den Donnerschlag der schweren Kanonen hören die Münchner noch in der Stadt. Dabei stehen die Geschütze weit draußen, rechts der Isar. Wo heute der Rosenheimer Platz liegt, erhebt sich im Juni 1530 eine Burg mit Bastionen und vier Türmen, ein trutziges Bollwerk, bewacht von hundert Schwerbewaffneten. Doch „mit ungeheurem Krachen entluden sich alle Geschütze auf einmal", schreibt ein Beobachter später. Die Burg fällt auseinander, und auf ihren verkokelten Trümmern entspinnt sich nun ein Handgemenge zwischen Angreifern und Verteidigern, bei dem erbittert und blutig um jeden Meter Schutt ... Aufhören! Genug!, werden kundige Lokalhistoriker nun rufen, das weiß doch jeder, dass auf dem Rosenheimer Platz nie und nimmer eine Burg stand! Und das stimmt auch fast, aber eben nur: fast.

Einige Tage lang, im sonnigen Juni 1530, stand sie doch, rasch errichtet aus Gebälk, Steinen und Leinwand – und die Schlacht um den Rosenheimer Platz ist der Höhepunkt einer kaiserlichen Visite, ein, dem Geschmack der Zeit gemäßes, militantes Open-Air-Festival zu Ehren seiner Majestät Karls V. in der Wittelsbacher Residenzstadt. Da man damals schon überzeugt war, dass in Bayern alles besser ist, auch und vor allem in Angelegenheiten der Sicherheit und Ordnung, hat der Herzog eine beeindruckende Artillerie aufgefahren.

Doch leider, vor der Ehrentribüne vergessen sich die Komparsen in höchst beklagenswerter Weise. Beim Kampf um die Burg schlagen die Kontrahenten derart grobschlächtig drein, dass es acht Tote gibt. Beschämt bestattet man sie, unbemerkt von Karl V., im Morgengrauen auf dem Salvatorfriedhof. Es ist ein betrüblicher Grabgesang, ein Epitaph nicht nur auf die acht Männer, sondern auch auf ein Zeitalter. Burgen fallen, die Ära des Rittertums ist vorüber. Und damit im Grunde auch das Mittelalter selbst. Aufständische Bauern, aufstrebende Städte, mächtige Landesherrn haben den Herrschaften auf ihren Burgen den Garaus gemacht; mit neuen Waffen, neuen Ansprüchen, neuem Recht wie dem Allgemeinen Landfrieden. Rittertum wird nun zur Mode. Aber eine Lebensform ist es nicht mehr.

Mit eiserner Faust

So geht es auch rund um München zu. Schon vor Gründung der Stadt 1158 hat es zahlreiche Burgen im Umkreis gegeben, simple Verschanzungen des Frühmittelalters zumeist, Wohntürme, Holz- und Erdbastionen, Fliehburgen gegen die schnellen Reiter der Ungarn, gegen Räuber und übelwollende Nachbarn. Auf der Grünwalder Schanze, noch im Gelände erkennbar, lag einst eine, später wieder genutzte, Römerfestung. In Pasing, nun im Klostergarten des Instituts der Englischen Fräulein, steht ein steinerner Wohnturm, man sieht noch heute die vom Wassergraben geschützte Erhebung.

„Richtige" Burgen, solche aus Stein mit Türmen und Zinnen, gibt es erst im Hoch- und Spätmittelalter, und zwar in München selbst und vor allem im Isartal. Der Alte Hof und die Neuveste innerhalb der Stadt sind abschreckende Festungen – mit dem Zweck, Feinde draußen, die zur Aufsässigkeit neigenden Münchner in Demut und die Wittelsbacher an der Macht zu halten.

Problematischer sind aus Sicht der Stadt die Feudalburgen der Ritterfamilien. Drohend liegen sie über dem Isartal mit seinen Handelswegen, 50, 60 Meter über dem Fluss. Ihre Bewohner leben nach eigenen Regeln, wechseln die Partei in vielen Fehden und sind immer gern dabei, den Münchner Kaufleuten Geld abzupressen, wenn nötig mit eiserner Faust, was ausgesprochen wörtlich gemeint ist. Eine Burg bedeutet für ihre Besitzer: Freiheit. Freiheit vor fremder Gewalt. Freiheit aber auch vor dem Recht, so rudimentär es sein mag, Freiheit davor, sich einen fremden Willen aufzwingen zu lassen. Etwa vor dem Willen der Münchner nach Frieden vor den Toren.

Vor Einführung der Artillerie sind diese Burgen schwer zu erobern. So scheitert 1398 ein Münchner Feldzug gegen die Feste Grünwald, die nicht zuletzt deshalb bis heute eine der am besten erhaltenen spätmittelalterlichen Burgen Bayerns ist. In den Wittelsbacher Erbfolgekriegen steht München auf Seiten Herzog Ludwigs. Das gegnerische Grünwald, durch seine Lage und entschlossene Verteidiger geschützt, hat Glück. Die Macht der Stadt ist schon groß, ihr Aufgebot weit größer als das der ländlichen Gegner. Aber die Burg, eigentlich ein Jagdschloss, hält stand. Die befestigten Plätze Pfaffenhofen und Dachau jedoch, auf der Seite des Gegenherzogs Ernst, fallen unter dem Ansturm, wie dessen Partei nicht ohne Larmoyanz vorbringt: „Da klaget mein herr zu den von München, am ersten: sy hieten im sein schlos abgewunnen und sein Land verderbt."

Wie es beim Burgenbrechen zugeht, ist besser von der Erstürmung Baierbrunns 1421 überliefert. Der Ingolstädter Herzog Ludwig, München in tiefer Abneigung verbunden, hat sie einer verwahrlosten Raubritterfamilie abgekauft, nutzt das Gemäuer aber zum selben Zweck. Es liegt nah an der Stadt, zu nah. Der Rat entschließt sich zum Handeln. Ganz modern verkündet die Kommune eine Art Ausschreibung für Büchsen- und Pulvermeister und für die Versorgung der gepanzerten Haufen, die sie in Marsch zu setzen gedenkt, um denen in Baierbrunn zu zeigen, wo der Hammer hängt.

Im März 1421 bricht eine beeindruckende, wenn auch langsame Kolonne auf. Aber Zeit spielt keine Rolle. Die Münchner ziehen auf der Höhe links der Isar gen Süden. „Schwere Kaltblüter zogen die Kanonen auf Vollholzscheiben vorwärts, die großen Bombarden hob man mittels Flaschenzügen auf Wägen“, schreibt der Historiker Michael Weithmann, der Tross führt „Brot, Kraut, Schmalz, Geräuchertes, Stockfisch, Bier und eine schier unglaubliche Menge von Wein (Wasser galt als ungesund) mit“. Nichts wird Baierbrunn noch retten.

Es ist einer der frühesten Fälle, bei denen die neuen Pulverwaffen eine Burg zuschanden schießen. Die Geschosse schlagen fauchend in die alten Mauern ein, bald zeigen sich Risse. Die Burg hat dem nichts entgegenzusetzen. Ihre gefährdete Seite zur Isarhöhe hin wird in zweiwöchigem Bombardement „gäntzlich zerprochn“. Die Besatzung gibt wohl einfach auf, und die Münchner verwüsten die Anlage gründlich, „actum zu Ostern 1421“. Heute erinnert nichts mehr an sie – außer, so Weithmann, „das dramatische Phantasiebild der in Flammen stehenden Burg auf dem Baierbrunner Maibaum“.

Joachim Käppner

1530 auf der östlichen Isarseite: Zum Empfang Kaiser Karls V. in München zerschießen Kanoniere eine Burg aus Holz und Stoff. Das Schauspiel zu Ehren des Gasts spiegelt auch das Ende der Ritterzeit wider.

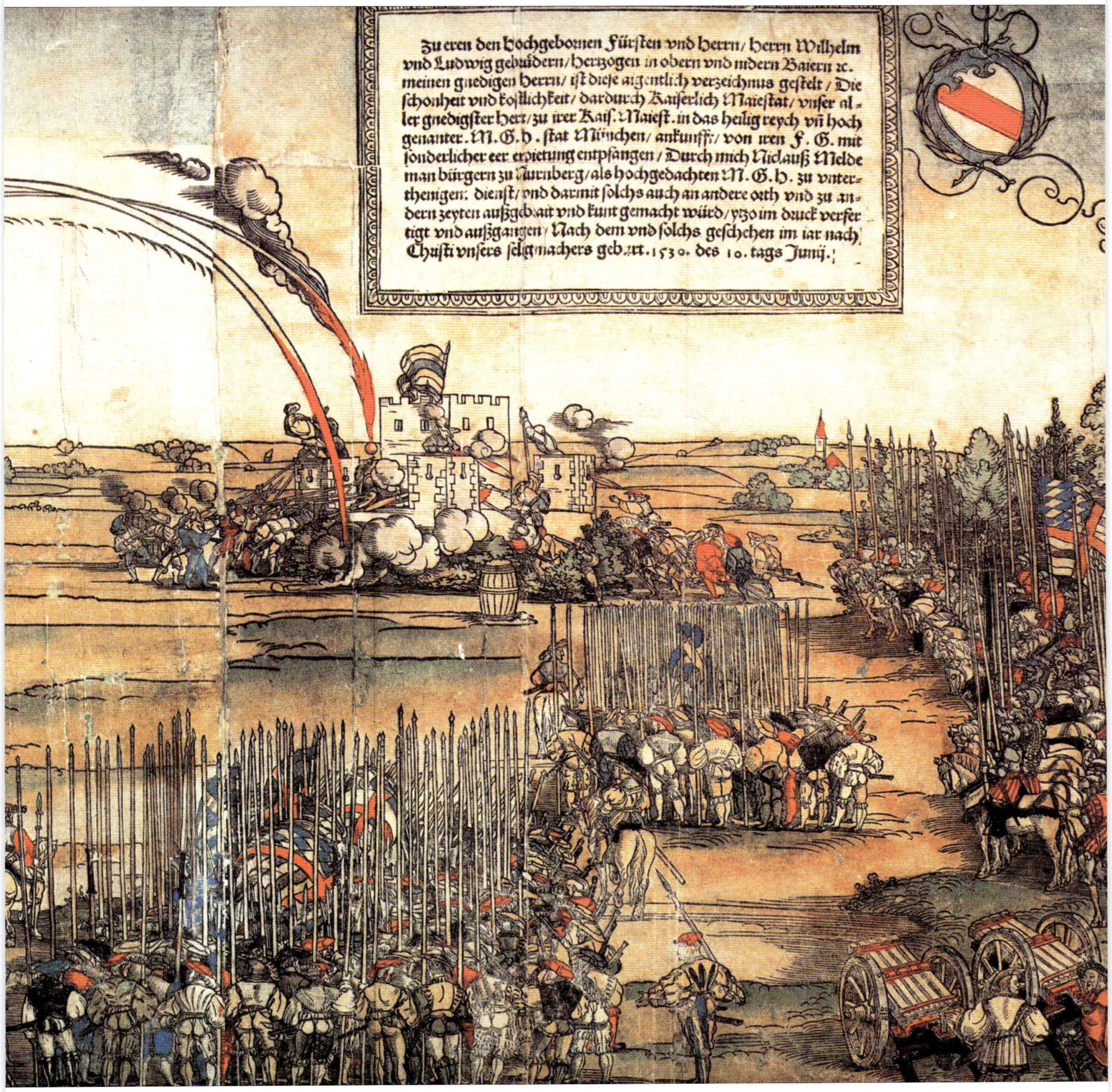
Zu eren den hochgebornen Fürsten vnd herrn/ herrn Wilhelm
vnd Ludwig gebrüdern/ Hertzogen in obern vnd nidern Baiern ꝛc.
meinen gnedigen herrn/ ist diese aigentlich verzeichnus gestelt/ Die
schonheit vnd kostlichkeit/ dardurch Kaiserlich Maiestat/ vnser al-
ler gnedigster herr/ zu irer Kais. Maiest. in das heilig reych vñ hoch
genanter. M. G. h. stat München/ ankunfft/ von iren F. G. mit
sonderlicher eer erpietung entpfangen/ Durch mich Niclauß Melde
man bürgern zu Nurnberg/ als hochgedachten M. G. h. zu vnter-
thenigen dienst/ vnd darmit solchs auch an andere orth vnd zu an-
dern zeyten außgebrait vnd kunt gemacht würd/ yzo im druck verfer
tigt vnd außgangen/ Nach dem vnd solchs geschehen im iar nach
Christi vnsers seligmachers geburt. 1530. des 10. tags Junij.

Mittelalterliche Eleganz:
Der Hochzeiter.

Das Geheimnis der zehn Morisken

1480 kassiert Erasmus Grasser ein Vermögen für seine Tänzer – aber hat er alle Figuren geliefert?

Vielleicht war er einfach zu jung. Zu frech. Zu gut. Die Zunft der Maler, Schnitzer, Seidennäher und Glaser jedenfalls wollte ihn nicht in ihren Reihen haben, diesen „Asem schnizer". Und so schrieben sie einen Brief an den Rat der Stadt, wohl im Jahr 1475, in dem sie darum bitten, Erasmus Grasser die Niederlassung als Holzschnitzermeister nicht zu erlauben, weil er ein „unfriedlicher, verworrener und arglistiger Knecht" sei. Den Rat scheint die Eingabe kaum beeindruckt zu haben: Wenig später erhielt Grasser den Auftrag, für den neuen Tanzsaal der Stadt – heute der Saal im Alten Rathaus – jene Figuren zu schaffen, die zu den wertvollsten Kunstwerken in Münchner Besitz zählen: die zehn Morisken-Tänzer.

Wenig ist bekannt über den Schnitzer. Anzunehmen ist, dass er, als er sich um den Meistertitel bewarb, Gesellenzeit und Wanderschaft hinter sich hatte und dass er wohl schon mindestens zwei Jahre in München lebte – dann wäre er, als er den Morisken-Auftrag erhielt, Ende 20 gewesen. 150 Pfund und vier Schilling bekam er dafür, eine so enorme Summe, dass Kunsthistoriker nicht müde werden zu erwähnen, er hätte dafür eine Herde Schafe von mehr als 1000 Tieren kaufen können.

Mitte des 15. Jahrhunderts betrieb die Münchner Bürgerschaft drei große Baustellen. Da war der zweite Ring der Stadtmauer, die Frauenkirche sowie das Rathaus. Der Tanzsaal im ersten Obergeschoss, 31 Meter lang, 17 Meter breit, ist ein Beispiel für das – gelinde gesagt – zwiespältige Verhältnis der Münchner Bürger zu ihrem Stadtherrn, dem Herzog.

Kein Zweifel, die stolzesten Jahre der mittelalterlichen Bürgerstadt sind vorbei. Die Münchner bauen sich einen Saal – und gestalten ihn als Apotheose des Herrscherhauses: Kann es eine eindeutigere Unterwerfungsgeste geben? An der Decke des Tonnengewölbes prangte das Wappen Ludwigs des Bayern, des ersten Kaisers, den die Wittelsbacher stellten. Dazu kamen die Wappen der Pfalzgrafen bei Rhein, das Bayerische Rautenwappen, andere Herzogswappen und – immerhin zweimal – das Münchner Stadtwappen mit dem Mönch. An den Längsseiten des Saals zog sich, zum Abschluss des Tonnengewölbes, ein Fries, das die Länder des Heiligen Römischen Reiches Deutscher Nation zeigte, und nicht nur das: Es fanden sich auch Phantasiewappen darunter von Ländern, die es überhaupt nicht gibt. Für die Menschen des Mittelalters war diese Bildsprache völlig eindeutig; sie ließ nur eine Deutung zu: Die Wittelsbacher sind die größten.

Der Wappenfries war gegliedert durch geschnitzte Blattranken-Stäbe, die in regelmäßigen Abständen in das Gewölbe aufstiegen. Wo immer diese den Fries verließen, blieb ein Feld frei – dort fanden sich kleine Konsolen, auf denen die Morisken-Figuren standen, fünf auf jeder Seite. Und damit beginnt eines der großen ungelösten Rätsel der Münchner Kunstgeschichte.

Denn dass die Figuren von Erasmus Grasser stammen, ist belegt durch ein Dokument, durch einen Eintrag in das Stadtkammerbuch vom 14. August 1480. Dort wird notiert, „maister Erasem" habe für „16 pilden maruschka tanntz" besagtes Honorar von 150 Pfund und vier Schilling erhalten. Aber warum 16? Wo sind die fehlenden sechs Figuren geblieben?

Die meisten kunsthistorischen Werke, die sich mit den Morisken beschäftigen, gehen mehr oder weniger selbstverständlich davon aus, dass es wirklich 16 Figuren gab und dass 6 davon eben irgendwie verschollen sind – was kein Wunder wäre in einer Zeit, zu der niemand daran dachte, Kunst zu sammeln: Im Mittelalter gab es keine Skrupel, etwa bei einer Renovierung des Saals das alte Geraffel einfach wegzuschmeißen.

Aber wenn die sechs mysteriösen Figuren wirklich zunächst im Saal gestanden wären und später einer Sanierung zum Opfer fielen – müsste es dann darüber nicht einen Beleg geben? Die Beauftragung eines Handwerkers, einen Beschluss des Rates, eine Abrechnung in den Büchern? Nichts davon findet sich. Auf der ältesten erhaltenen Darstellung des Saales, einem Kupferstich von Nikolaus Solis aus dem Jahr 1568, sind die Morisken an den Längsseiten deutlich zu erken-

Eine extravagante Hutmode zeichnet den Mann mit der „wagenradartigen Krempe" aus.

nen. Die Schmalseite hingegen ist von Fenstern durchbrochen; nichts deutet darauf hin, dass dort Platz für weitere Figuren gewesen sein könnte.

Könnte es sein, dass alle Forscher die Zahl in dem Kammerbucheintrag falsch gelesen haben? Oder dass der erste sie verkehrt las und alle anderen inkorrekt von ihm abgeschrieben haben? Ein Verdacht, den Thomas Eser vom Germanischen Nationalmuseum in Nürnberg mit einem einzigen Blick auf das Faksimile der alten Schrift ausräumen kann: „Eindeutig eine 16." Eher könnte Eser sich noch vorstellen, dass dem Schreiber seinerzeit ein Hör- oder Schreibfehler unterlaufen ist.

Oder war Erasmus Grasser ein Krimineller? Hat er, vielleicht zusammen mit einem Ratsmitglied, die Stadt um das Honorar für sechs Figuren betrogen? Unwahrscheinlich, meint Kunsthistoriker Eser: „Abrechnungsbetrug ist aus dieser Zeit in keinem einzigen Fall bekannt." Und wenn ein Patrizier zusammen mit dem Bildhauer einen Betrug eingefädelt hätte, um die Figuren für sich zu behalten? „Dann hätte er sie ja herzeigen wollen, um mit ihnen Staat zu machen. Kunst für sich alleine im stillen Kämmerlein zu betrachten – das gab es damals nicht." Außerdem: Erasmus Grasser war jung und relativ neu in der Stadt. Hätte sich wirklich eine der alteingesessenen Patrizierfamilien darauf eingelassen, mit ihm krumme Geschäfte zu machen?

Dennoch bleibt einiges merkwürdig an dem Rätsel um die Phantom-Morisken. Die Kunsthistorie nimmt an, dass die Zusammenstellung einer Morisken-Gruppe bestimmten Regeln folgte, einem so genannten Kanon. Das bedeutet: Einige Figuren müssen immer dabei sein, andere wechseln. Weil der Moriskentanz das Buhlen um eine Frau symbolisiert, ist deren Darstellung normalerweise obligatorisch. Ebenso finden sich auf allen Darstellungen die Figur des Narren und die des Musikanten. Doch in Grassers Zyklus fehlen alle drei. Warum sollte er zunächst Figuren schaffen, die nicht unbedingt hätten dabei sein müssen? Und warum verzichtet er auf die Darstellung der Notwendigen?

Bei allen Gegenargumenten bleibt am Ende doch nur ein einziger logischer Schluss: Die sechs angeblich verschollenen Morisken hat es nie gegeben. Thomas Eser vermutet, dass im Lauf der Planung des Saals umdisponiert wurde: Zunächst seien 16 Figuren bei Grasser bestellt worden, hinterher wurden nur noch 10 benötigt, der Auftrag wurde – eventuell mündlich – abgeändert, ohne dass die Änderung irgendwo festgehalten worden wäre. Und der Schreiber, der am 14. August 1480 die Bezahlung der Rechnung quittierte, wusste davon nichts und bezog sich auf die erste Vereinbarung. Erasmus Grasser hatte im Übrigen zu diesem Zeitpunkt sein Zerwürfnis mit den Schnitzer-Kollegen längst beigelegt: Im selben Jahr wurde er zum Vorsteher der Zunft gewählt. 1518 starb er als einer der reichsten Bürger der Stadt.

Der Bauer (großes Bild), das Schneiderlein, der Orientale und der Mohr (kleine Bilder, v. l.): Vier von zehn Moriskentänzern des Erasmus Grasser aus dem Münchner Stadtmuseum, geschaffen vor mehr als 500 Jahren.

Dass München in den Moriskentänzern ein unvergleichlich wertvolles Beispiel gotischer Schnitzkunst besitzt, das war den Bürgern lange Zeit nicht bewusst. Dabei stellt Grassers Werk zugleich einen Höhe- und einen Endpunkt dar. Höhepunkt, weil selten zuvor Figuren von so hoher Expressivität, von so naturnaher Gestik, von so eleganter und zugleich komischer Virtuosität geschaffen worden waren – ermöglicht auch dadurch, dass bayerische Holzschnitzer das relativ weiche Lindenholz bevorzugten. Und Endpunkt, weil zu jener Zeit schon kräftig die neue italienische Steinbildhauerei nach Norden drängte – der Adel und andere reiche Leute wollten Marmor um sich herum haben, nicht mehr wurmstichige Holzmännchen.

Länger als 400 Jahre blieben die Grasserschen Morisken im Rathaussaal ungestört und wenig beachtet. Erst 1836 kam Bewegung in die Sache: Da erhielt der Bildhauer Ludwig von Schwanthaler von Ludwig I. den Auftrag, einige seiner Wittelsbacher Ahnen in Bronze zu gießen; die Statuen sollten im Thronsaal der Residenz stehen.

Die ersten Modelle gefielen so gut, dass weitere Statuen im Saal des alten Rathauses aufgestellt werden sollten – Könige und Herzöge im Saal der Bürger, ein schönes Beispiel für die Tradition bürgerlicher Herrscher-Verehrung durch die Münchner Jahrhunderte. Schwanthaler fertigte die Statuen unentgeltlich, erhielt aber zum Dank vier der alten Morisken. An ihnen war er so sehr interessiert, dass er sie alsbald nach Italien verkaufte, an den Conte Palavicini-Barrocco. Das nun war dem Magistrat überhaupt nicht recht; er bemühte sich jahrzehntelang um einen Rückkauf, der dann auch gelang: 1887 wurde die Stadt um 8000 Franc ärmer und um vier Moriskentänzer reicher, die ihr sowieso gehört hatten.

Zu Beginn des 20. Jahrhunderts entdeckte Deutschland seine gotische Vergangenheit neu – und damit auch die Morisken. 1928 wurden die Originale aus dem Rathaussaal entfernt, durch Kopien ersetzt, in den Werkstätten des Bayerischen Nationalmuseums restauriert und schließlich dem Stadtmuseum übereignet, wo sie bis heute zu sehen sind. Nun, sozusagen sichtbar geworden, entwickelten sie sich zu einem Wahrzeichen der Stadt: Sie wurden auf Faschingsorden und auf Maßkrugdeckel geprägt, kopiert und als Ehrenpreise überreicht, in zahllosen Nachahmungen unterschiedlicher Qualität für Touristen angeboten.

Adolf Hitler, so überliefert es eine Fotografie von 1934, ließ in sein Wohnzimmer im Berghof auf dem Obersalzberg einen skurrilen Herrgottswinkel einbauen, in dem aber kein Kruzifix hing: Stattdessen verrenkte sich ein nachgeahmter Zauberer aus dem Grasser-Zyklus, und tatsächlich hat jemand Blümchen davorgestellt. 1942 schrieb der Schriftsteller Richard Billinger ein heute zu Recht vergessenes „festliches Weihespiel" über das Leben Erasmus Grassers. Es wurde im alten Rathaussaal uraufgeführt und, so sagt es die damalige Presse, positiv aufgenommen – auch wegen des wilden Tanzes einer Morisken-Truppe.

Das Münchner Stadtmuseum zeigt die Morisken seit dem 850. Stadtgeburtstag in einer Neuaufstellung, die zum Teil auch die ursprüngliche Raumsituation im Saal des alten Rathauses simuliert. Somit wären die Morisken, der Bräutigam, der Mohr, der Zaddelrock, der Frauenhut und all ihre Kollegen, dahin zurückgekehrt, wo sie mehr als 400 Jahre ihre Ruhe hatten: Über den Bürgern, auf sie herabblickend, die Gliedmaßen grotesk-elegant verschränkt. Es sind, daran gibt es nichts zu rütteln, 10, nicht 16 – leider.

Stephan Handel

Der Münchner Marco Polo

Vom christlichen Kreuzfahrer zum Kundschafter der Tataren: Hans Schiltbergers abenteuerliche und sehr unfreiwillige Orientreise

Abenteuerlicher könnte die Geschichte kaum sein: Hans Schiltberger, ein Ritterknappe „aus der Stadt Muenchen in Paiern", fällt 1396 auf einem Kreuzzug in die Hände von „Türcken und Tataren", wird Mitglied der Leibgarde des Sultans und erlebt Abenteuer zwischen Anatolien, Samarkand und Sibirien. Als fast 50-Jähriger kehrt er aus dem Orient zurück in seine Heimatstadt und verfasst einen Reisebericht, der als Handschrift in der Monacensia aufbewahrt wird. Seine phantastischen und spannenden Erzählungen schildern die Muslime vorurteilsfrei und repräsentieren das früheste Beispiel bayerisch-türkischer Bekanntschaft.

Eine „Wunderbarliche imd kurtzweilige Historie, wie Hans der Schiltberger, einer aus München, von den Türken gefangen, in die Heidenschafft geführet und wieder ist heimkommen", nannte der Reisende sein Volksbuch. Für Historiker sind seine Erinnerungen unschätzbare Quellen zur Geschichte des Osmanischen Reiches, Zentralasiens und zu den Sitten der Steppenvölker.

Schiltberger berichtet, wie er als 14-jähriger Knappe seinem Herrn, dem Rittersmann Lienhart von Reicharting, zum Kreuzzug „wider die Heiden" folgt. Die Osmanen erschrecken die christliche Welt, das alte christliche Kaiserreich von Byzanz steht vor dem Fall. Ein Grund für viele der geharnischten Kreuzfahrer dürfte gewesen sein, dass die Teilnahme mit einem Ablass sämtlicher Sünden verbunden war. Das Geschlecht derer von Schiltberg kam aus dem gleichnamigen Ort bei Aichach, hatte sich aber in München niedergelassen.

Vom Sammelplatz Regensburg wälzt sich der Heerzug nach Wien und dann nach Ungarn. Entlang der Donau dringen die allerchristlichsten Streiter ins Gebiet des osmanischen Großherrn ein und plündern sämtliche Städte, gleich ob christlich oder muslimisch. Bei Nikopolis am bulgarischen Donauufer aber werden sie vom türkischen Sultan Bayazit erwartet, der nicht umsonst den Beinamen Yildirim, „der Blitzstrahl", trägt. Das europäische Kreuzheer erleidet vor allem wegen seiner Disziplinlosigkeit eine furchtbare Niederlage, Tausende fallen oder ertrinken auf der Flucht in der Donau, darunter auch der schwer gepanzerte Ritter von Reicharting.

Abbildung aus der „Schiltberger-Chronik" mit Darstellung der Türkenschlacht (um 1430).

Glück im Unglück hat der Knappe, der im Kampf drei Hieb- und Stichwunden davongetragen hat. Als „Bartloser" wird er im Strafgericht verschont und unter die Kriegsgefangenen eingereiht. Und am Sultanshof in den türkischen Residenzstädten Edirne und Bursa macht er eine steile Karriere. Zuerst wird er Page, dann Leibgardist. Als Waffenträger hatte er sich in der Schlacht von Nikopolis bewährt, was die Janitscharen, die türkische Kriegerkaste – seine früheren Gegner und jetzigen Gönner –, sicher nicht vergessen haben. Schiltberger bewegt sich im direkten Umfeld des muslimischen Herrschers, dürfte sogar eine Art Vertrauensposten besessen haben. Und wie hielt er's mit der Religion? Dass er Christ ist – und bleibt –, war seinem Fortkommen nicht hinderlich.

Nur einmal scheint es zu einem Zerwürfnis mit seinen Herren gekommen zu sein. Doch der darauf erfolgte Fluchtversuch Schiltbergers mit 60 anderen endet mit einem erstaunlich zivilisierten Vergleich: Gegen den Schwur, den Sultan nie mehr zu verlassen, erhält er nicht nur seinen Posten zurück; der Herrscher „mehrte sogar den Sold"! Das heißt, der bayerische Streiter war längst kein Gefangener mehr, sondern ein besoldetes Mitglied des Hofes.

Bald heißt es den Schwur einzulösen, denn 1402 bedroht Timur Lenk (Timur der Lahme), der gefürchtete Khan der Tataren und Mongolen, das Osmanische Reich. Bei Ankara kommt es zur größten Schlacht des Mittelalters. Timur, der sich als „Geißel Gottes" versteht, siegt. Bayazit und sein gesamter Hofstaat – einschließlich des Leibwächters Hans Schiltberger – geraten in tatarische Gefangenschaft. Der schon betagte Bayazit stirbt, doch unser 22-jähriger Münchner wechselt nur den

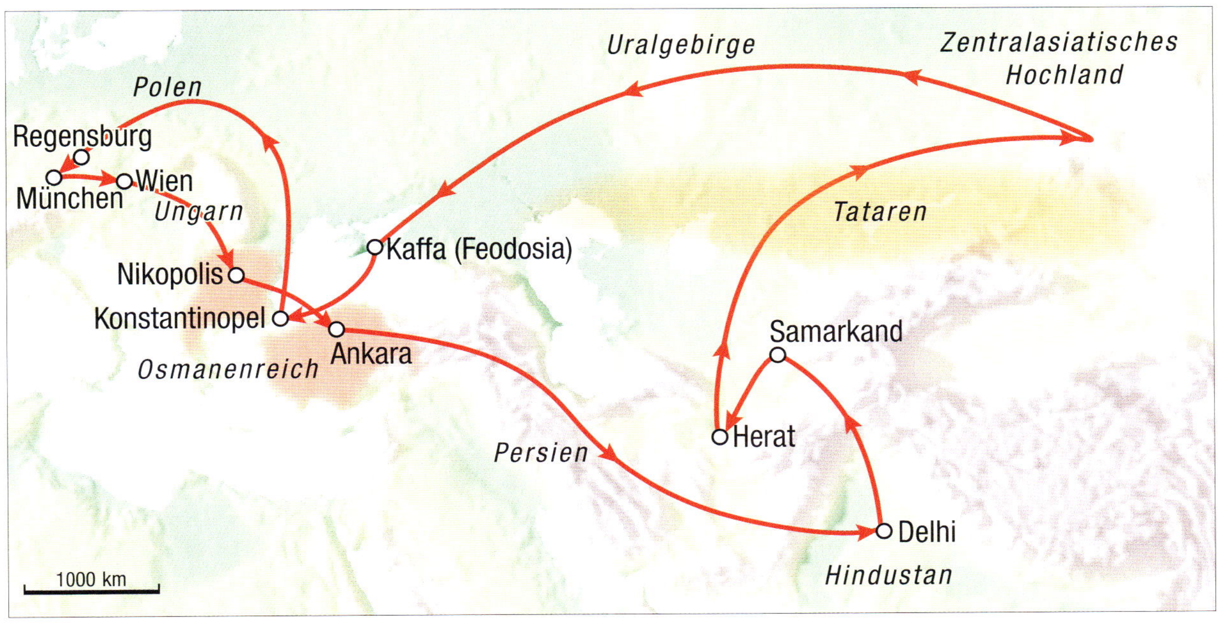

München–Samarkand und zurück: die Reiseroute von Hans Schiltberger.

Oberherrn. Lakonisch schreibt er: „Und da ward ich von dem Temurlin gefangen und blieb bei ihm und ritt mit ihm." Auch die Tataren übernahmen christliche Söldner und fremde Fachleute in ihre Heere. Schiltberger schildert die Kriegszüge Timurs nach „Klein-Indien" (Hindustan), Kriegselefanten vor Delhi und die Rüstungen zum „großen Krieg mit Kattay" (China). Doch 1405 stirbt der Khan in Samarkand nach einem Streit mit seiner Lieblingsfrau; sein Reich birst auseinander.

Schiltberger, bereits gut türkisch, persisch und auch arabisch sprechend, tritt in der Folgezeit in den Dienst mehrerer Herrscher. Zuerst begleitet er Schah Roch, Timurs ältesten Sohn, nach Chorassan, in den Nordosten Irans und lässt sich mit ihm in Herat (heute Afghanistan) nieder. Dort hört er von den Suruafa-Tieren, „einem Hirschen gleich, mit vier Klafter langem Hals, vorn hohe Füss und hinten kurze": Giraffen, die als exotisches Geschenk in den Palast des Schahs kamen. Der Bayer – kaum mehr als solcher zu erkennen – wirkt als Kundschafter, bereist Armenien und Georgien und beobachtet die Riten des östlichen Christentums. Nach 1410 begibt er sich in das Gefolge „eines tatarischen Königssohnes" und zieht mit „in die weite Tatarei", ins zentralasiatische Hochland. Zwar schmückt er seine Erzählung mit Bergen aus Eisen, Schlangen und grausamen Jungfrauen aus, doch sachlich sind seine Darstellungen über das Leben der Nomaden in ihren Filzzelten, über den Wechsel der Weideplätze und ihre Herden von Pferden und Kamelen.

Irgendwann in den nächsten 15 Jahren, die er im Altai-Gebiet verbringt, gelangt er zum „zween Monate" entfernten Uralgebirge und betritt ein Land Sibir „am Ende des Erdreichs". Wilde Leute, „haarig an dem ganzen Leib" (fellbekleidet) wohnten dort und unbekanntes Getier wie „gehörnte Rösser" (Rentiere) und „Hunde, die Schlitten über den Schnee zogen". Hat er Sibirien entdeckt? 46-jährig kommt er nach Kaffa, einer genuesischen Kolonie auf der Krim. Eine Galeere bringt ihn 1426 ins byzantinische Konstantinopel, wo ihm der Kaiser eine Audienz gewährt. Und im nächsten Jahr reist Hans Schiltberger heim, nach Regensburg und von da nach München.

Als welterfahrenem Mann überträgt ihm Herzog Albrecht III. das hohe Amt des Kämmerers. Schiltbergers Dienstort war der Alte Hof in München. Seinen Wohnsitz nimmt er in Gut Hollern bei Lohhof. Um 1430 schreibt er seine Erlebnisse in der „Wunderbarlichen Historie" nieder, ein Werk von erstaunlicher Toleranz.

Kein böses Wort befindet sich darin über seine Gebieter, über Sultan Bayazit, Timur Lenk oder die Mongolenfürsten. Den Islam stellt er unbefangen dar und betont eher die Gemeinsamkeiten der Religionen. Auch eine Familie hat er noch gegründet, seine Nachfahren führten einen Türkenkopf mit Turban im Wappen und waren sich bis zu ihrem Aussterben im letzten Jahrhundert ihrer Herkunft vom „Türkenfahrer" Hans Schiltberger wohl bewusst.

Michael Weithmann

*Von Seuchen und Krieg:
Zwar erholt sich der Handel im
15. Jahrhundert, neue Marktplätze,
wie der auf einem Gemälde von
Franz Quaglio abgebildete Holzmarkt
am Sendlinger Tor, entstehen
jedoch erst später.*

Mord und Totschlag wegen der horrenden Steuer

Weil die Bürger den Ratgeber der Wittelsbacher enthaupten, zwingen die Herzöge die Stadt zur Buße, zum Bau einer Burg und zu noch höheren Zahlungen

Die Männer sind wütend. Ziemlich wütend sogar. Gerade eben war der Fronbote wieder einmal von Haus zu Haus gegangen, um jeden einzelnen Bewohner der Stadt aufzufordern, „dass er steure, denn man sitz' an der Steuer". Was konkret bedeutet: Die Münchner haben sich umgehend bei den eigens dafür bestellten Steuereinnehmern einzufinden und ihren Anteil am Stadt- und Landeshaushalt auszuhändigen. Schlimm genug. Doch was sich die Herzöge Stephan, Friedrich und Johann jetzt, im endenden 14. Jahrhundert, einfallen lassen, geht entschieden zu weit: Sie belegen Wein, Vieh und andere Handelswaren mit einem Preisaufschlag, dem „Ungeld", wie es die Menschen in dieser Zeit nennen. Und das alles nur, um ihre eigenen Schulden zu tilgen und weiterhin aufwändig Hof zu halten.

Vielleicht hecken die Männer ihren Plan auf einem der nahezu täglich abgehaltenen Märkte auf dem heutigen Marienplatz aus, während ihre Frauen Getreide, Wein, Fisch oder auch Fleisch und Gemüse kaufen. Oder sie treffen sich in einer der vielen Trinkstuben. Wie auch immer: Sie beschließen einen Mord. So berichtet zumindest der Augsburger Chronist Burkhard Zink, dass die Bewohner der Stadt den Ratsherren und reichen Tuchhändler Johann Impler bezichtigt hätten, sie mit der „Ungeld"-Idee an die Herzöge verraten zu haben. Sie stürmen sein Haus, nehmen den Mann gefangen und schlagen ihm den Kopf ab.

Eine Tat, die die Münchner schwer büßen sollen. Denn die Wittelsbacher verlassen in ihrem Zorn über die Enthauptung ihres Ratgebers die Stadt und lassen sie belagern. Die Münchner können dem nicht standhalten und müssen sich ergeben. Hundert der vornehmsten Bürger gehen gen Dachau und bitten um Gnade. Als die Herzöge daraufhin nach München zurückkehren, zieht die gesamte männliche Bevölkerung vor das Neuhauser Tor, wirft sich vor den Landesherren auf die Knie – und verpflichtet sich erneut zu zahlen: 6000 Gulden an die Herzöge und 2000 Gulden an die Räte. Zudem verzichten sie auf weitere 2000 Gulden, die aus einer herzöglichen Schuldverschreibung stammen. Genau diese Summe scheint 1385 Einzug in die Stadtchronik zu finden – von einer Notsteuer ist dort die Rede, die von den Münchnern mit ihrer Zustimmung erhoben wird.

Doch es gibt noch etwas, was die Herzöge als Buße von den Stadtbewohnern fordern: den Bau einer neuen Burg, der „Neuveste", der späteren Residenz. Der Alte Hof ist ihnen nicht mehr sicher genug, weil er über keinen freien Fluchtweg verfügt. Zu dieser Zeit stehen die Herzöge aber bereits schwer bei den Bewohnern der Stadt in der Kreide: Allein Herzog Johann hat Schulden in der Höhe von insgesamt 150 000 Goldgulden. Zudem scheint er eine Menge an Rechnungen nicht bezahlt zu haben. Lieferanten und Handwerker tauchen in den Schuldbüchern als Gläubiger auf: Schmiede, Kürschner, Tuchscherer, Bader, Sattler. Aber auch die Stadt springt immer wieder ein, um die Landesfürsten aus ihrer finanziellen Misere zu befreien – mit fatalen Folgen: Ende des 14. Jahrhunderts ist die Kasse komplett leer. Als der damalige Stadtkämmerer Hans Pütrich abtritt, ist nicht einmal genug Geld da, um das in diesen Fällen sonst übliche Kammermahl auszurichten.

Dabei kann München zu dieser Zeit nach wie vor hohe Einnahmen verbu-

Münchner Gerber, um 1600, anonym

Der Salzstein des Stadtmusems erinnert an das lukrativste Handelsgut im München der frühen Neuzeit.

Das Geschäft mit dem Salz

München verdankt seine Entstehung dem Handel mit Salz. Von den Salinen in Reichenhall verlief der hoch besteuerte Transportweg westwärts in die Region oberhalb des Bodensees, dem welfischen Stammland Herzog Heinrichs des Löwen. Die Knotenpunkte lagen an den mit einträglichen Zöllen zu überbrückenden Flüssen. Deshalb gründete Heinrich der Löwe den Markt München als einen neuen Übergang der Isar. Vom Geschäft mit dem Salz profitierte später auch die Stadt. Unter Kaiser Ludwig dem Bayern wurden ihr im Jahr 1332 eigene Handelsprivilegien bestätigt. Es entstanden die für Spediteure attraktiven Salzstadel, die München zu einem florierenden Umschlagplatz machten. Die Einnahmen entsprachen in gewisser Weise den heutigen Gewerbesteuern. Die Rechte der Münchner Kaufleute wurden in der Zeit um 1600 stark beschnitten, als der Handel durch neue Salzämter im Sinne der Bayerischen Herzöge monopolisiert wurde. Danach stiegen die Lebenskosten in der Stadt erheblich. Die sprichwörtlich „gesalzenen Preise" erinnern noch an die alte Münchner Tradition.

chen – aus dem Salzhandel und aus den Steuern. Die Stadt gilt spätestens seit Einführung einer fünfprozentigen Vermögenssteuer im Jahre 1385 (die ab 1390 für das gesamte Herzogtum übernommen wird) als die am höchsten besteuerte im ganzen deutschen Süden. Doch diese Einkünfte decken die Ausgaben der Landesfürsten nicht. Der Rat muss sich etwas einfallen lassen, um an Geld zu kommen. Wieder einmal geht dies auf Kosten der Bevölkerung: So werden von 1394 an Säumniszuschläge auf nicht oder zu spät gezahlte Steuern nicht einmal denjenigen erlassen, die unverschuldet in Not geraten sind.

Es ist also eine sehr schwierige Zeit für die Bewohner der Stadt. Das Geld verliert an Wert, die Preise für Lebensmittel und Handelsgüter auf den Märkten steigen nahezu permanent, obwohl es in München längst eine Reihe von Satzungen gibt, die Preise wie Löhne genau vorschreiben. So hatte der Rat bereits um 1300 bestimmt, dass die Maß besten Welsch- oder Tiroler Weins vier Pfennige kostet, Elsässer-, Neckar-, österreichischer und bayerischer Wein bester Qualität hingegen darf nicht für mehr als zwei Pfennige ausgeschenkt werden. Auch den Schankpreis für Bier legen die Mitglieder des Rats fest: bei Gräußing, einer Art Weißbier, beträgt er 48 Pfennig pro Eimer, bei gewöhnlichem Bier 20 Pfennig – drei Maß Bier kosten demnach einen Pfennig. Für zwei Pfund schönstes Rindfleisch dürfen die Händler zu dieser Zeit nicht mehr als einen Pfennig verlangen.

Zum Vergleich: Ein Steinmetz- oder Zimmerergeselle bekommt 1320 im Winter zwei Pfennige als Tageslohn, im Sommer sind es vier Pfennige. Dreißig Jahre später beträgt der Tageslohn von Mähern acht Pfennige, von Rechern vier Pfennige. Um 1400, zur Zeit der großen Finanzkrise, erhält der Maurermeister für einen Tag Arbeit zehn Pfennige, der Erdarbeiter drei Pfennige. Wieder einmal, 1403, verordnen die Herzöge ein Ungeld, das zur Hälfte ihnen und zur anderen Hälfte der Stadt zugute kommen soll. Auch wenn es zunächst nur vier Jahre erhoben werden soll, wandelt sich der landesherrliche Notzoll im Laufe des 15. Jahrhunderts zur dauerhaften landesherrlich-städtischen Verkaufsabgabe. Dieses neue „Ungeld" ist jedoch vornehmlich als Weinverbrauchssteuer zu verstehen. Bier wird damit nicht belegt, Branntwein erst von 1497 an. Zur Zahlung der neuen Steuer ist jedermann verpflichtet, wenngleich er sie auch in Naturalien erledigen kann.

Die Stadt will derweil die Wirtschaft wieder ankurbeln, was ihr jedoch erst in der zweiten Hälfte des 15. Jahrhunderts glücken sollte. Zunächst verliert sie 1404 für zwei Jahre das Salzniederlagerecht, baut jedoch nach Ablauf der Frist den ersten öffentlichen Salzstadel. 1487 sollte sie insgesamt vier davon besitzen. Ein kluger Schachzug, denn der Handel mit dem kostbaren Gut floriert und bringt von 1450 an der Stadtkasse jährliche Überschüsse von mehreren tausend Pfund Pfennige ein.

Nicht nur Lebensmittel werden damit konserviert, auch Handwerker wie Gerber und Lederer brauchen Salz, um ihre Gerbmittel herzustellen. Die Herzöge schöpfen weiterhin Geld der Stadt ab, schaffen aber auch Ausgleich: So veranlassen sie den Bau neuer Gebirgswege, um den Handel mit Italien zu beleben. Zudem erwirken sie Zollvergünstigungen: für die Münchner Kaufleute auf der Frankfurter Messe, aber auch für fremde Händler in München. Die Stadt selbst investiert in eigene Hausindustrien: Sie errichtet Ziegelwerke, führt die Barchentweberei zur Produktion von billigem Tuch ein, baut die Wasserversorgung aus.

Sie erholt sich langsam – und nur vorübergehend. Denn schon bald, mit Beginn des 16. Jahrhunderts, sollen München und seine Bewohner unter neuen Krisen leiden. *Astrid Becker*

Das Haus der „gemeinen Dochterlein“

Mitten in der christlichen Stadt, im Angerviertel, liegt ein Bordell, wegen dem es 1498 sogar zum Aufstand der Handwerkerburschen kommt

Hans Rosenbusch war verzweifelt. Trotz aller medizinischer Erfahrung wusste sich der Münchner Stadtarzt diesmal keinen Rat. Also schrieb er in sein Salbenbuch: „Die bösen Blattern aus Frankreich, die man heißt mala napoli, haben regiert im Jahr 1496. Es hat kein Arzt mögen erkennen, was es für eine Krankheit war.“ Hans Rosenbusch ahnte nichts Gutes, denn die „bösen Blattern“, heute Syphilis genannt, waren im Jahr zuvor im Heer des französischen Königs Karl VIII. bei der Belagerung Neapels ausgebrochen, hatten sich in Windeseile in Europa ausgebreitet und schließlich auch München erreicht. Schon bald muss der Stadtarzt gemerkt haben, dass die Geschlechtskrankheit nicht nur tödlich ist, sondern auch für erhebliche soziale Spannungen sorgen könnte. Denn es war wohl kein Zufall, dass die Blattern vor allem die Handwerksburschen befielen, die regelmäßig Verkehr im Frauenhaus an der Ecke Roßmarkt/Mühlgasse hatten. Auch die Gesellen stellten da bald einen Zusammenhang her und beschlossen, die Krankheit auf ihre Weise zu bekämpfen. 1498 versuchten sie das Haus zu stürmen und den „Frauenmeister“, den Aufseher über die „gemeinen Dochterlein“ in dem Bordell, zu erschlagen. „46 Tage und Nächte mussten 35 Gewappnete das Frauenhaus bewachen. 20 Pfund kostete es die Stadt, die Ruhe wiederherzustellen“, so der Münchner Historiker Michael Schattenhofer. Der erste Syphilis-Aufstand wurde mit Mühe niedergeschlagen, bei einem zweiten,

Im Jahre 1900 gab es das frühere Freudenhaus (im Vordergrund) am Roßmarkt noch.

1507, gelang es einigen Gesellen, das Haus zu erstürmen. Auch sie wurden aber schließlich niedergerungen und eingesperrt.

Der Rat der Stadt hatte ein doppeltes Interesse, Ausschreitungen gegen das Haus zu verhindern. Zum einen musste natürlich die öffentliche Ordnung aufrechterhalten werden. Zum anderen war das Frauenhaus eine städtische Einrichtung, die auch der kommunalen Verwaltung unterstand. Und der Frauenmeister oder Frauenwirt war kein selbsternannter Zuhälter, sondern ein öffentlich Bediensteter, der einen Diensteid ablegen und sich verpflichten musste, die Dirnen und das Haus ordentlich zu versorgen, Recht und Ordnung aufrechtzuerhalten und der Stadt einen Zins abzugeben, seit 1450 60 Pfennig jede Woche. Er selbst bekam von jeder Dirne pro Kunde zwei Pfennig, musste dafür aber Wohnung und Verpflegung stellen. Außerdem musste er sich um standesgemäße Kleidung und natürlich die Gesundheit der Prostituierten kümmern.

Wie kam es aber, dass das mittelalterliche München ein eigenes Bordell betrieb? Bis 1433 war Prostitution nur in der übelsten Spelunke der Stadt, dem Haus des Henkers im Angerviertel, möglich. Dort kam es wegen wüsten Gelagen und Glücksspiel immer wieder zu Mord und Totschlag. Die Herzöge Ernst und Wilhelm griffen durch, wiesen die Stadt an, ein „Frauenhaus" für die gemeinen Dochterlein zu bauen, damit diese in der Stadt bleiben und dadurch „viel ybels an frawen und junckfrawen unterstanden" werde. Offenbar befürchteten die Herrscher eine Art Triebstau bei den jungen Männern der Stadt, sodass sie um das Wohl der Bürgerstöchter fürchten mussten. Tatsächlich sahen sich die Messerschmiede 1450 auch genötigt, in ihrer Ordnung festzuschreiben, dass die Gesellen zumindest nicht täglich im Frauenhaus liegen sollten. Ein städtisches Bordell, wie das in München, das 1437 öffnete, gab es übrigens in den meisten mittelalterlichen Städten. Geistliche, Verheiratete und Juden durften das Frauenhaus nicht besuchen.

Trotz der städtischen Auflagen war es sicherlich keine erotische Wohlfühl-Oase. Es lag im Angerviertel, also im mittelalterlichen „Glasscherbenviertel" der Stadt, neben Henkerhaus und Abdeckereien. 1437 wurde eine Prostituierte namens Ällen dort ermordet. Die Dirnen standen in der sozialen Hierarchie ganz unten, auch wenn sie jedes Jahr zur Jakobi-Dult ein eigenes „Hurenlaufen" zum Gaudium der Münchner veranstalten durften.

Als sich im 16. Jahrhundert mit Reformation und Gegenreformation die Moralvorstellungen änderten, ging die Zeit des städtischen Bordells zu Ende. Die letzten Aufzeichnungen über die Dirnen des Frauenhauses stammen von 1595. Das Haus wurde später als Totengräberwohnung und Krankenhaus genutzt. Erst 1902 musste es dem Bau der Hauptfeuerwache weichen. *Christian Krügel*

Prostitution unter städtischer Aufsicht war im Mittelalter nicht ungewöhnlich, wie die abbildungsfreudige Darstellung belegt.

Beeindruckende, um 1570 aber bereits veraltete Bastionen zeigt die Kopie des Sandtner-Modells im Stadtmuseum: Blick durchs Neuhauser Tor (am Stachus) nach Osten bis zum Schönen Turm, links die Frauenkirche, rechts im Hintergrund die Peterskirche.

Die Schönheit an der Isar

Ein Holzmodell der Stadt erlaubt eine Zeitreise in das ferne Jahr 1570

Das Alte Rathaus, zugleich Torturm der ersten Stadtmauer.

„Diese Stadt behauptet unter den deutschen Fürstenstädten an Schönheit die erste Stelle", heißt es Mitte des 16. Jahrhunderts in einer Beschreibung. Wer wollte dem widersprechen, damals wie heute?

Interessanterweise hat die Stadt diesen Ruf bereits gehabt, als Kriterien wie Schönheit noch als sehr nachrangig galten. Wichtig war in der frühen Neuzeit: War die Stadt gut befestigt? Waren ihre Bürger arm oder reich? War sie sicher oder voller verdächtiger Gestalten? Bei München war das damals schon etwas anders.

1493, an der Schwelle vom Mittelalter zur frühen Neuzeit, schreibt Hartmut Schedel in seiner berühmten Weltchronik: „München ist vnter der fürsten stetten in teutschen landen hochberümbt vun in bayerland die namhaftigst." Die reiche Residenzstadt der Wittelsbacher, an einem wichtigen Handelsweg gelegen und Heimat bedeutender Märkte, hatte da ihren alten Konkurrenten wie Ingolstadt den Rang längst abgelaufen. Prächtige Kirchen, stattliche Bürgerhäuser und, durchaus gleich den heutigen Zuständen, eine sehr einkehrfreudige Bevölkerung spiegelten den hohen Wohlstand des Standortes wider. München war das Zentrum des kulturellen und politischen Lebens, seit die Wittelsbacher 1505 ihre endlosen Teilungsfehden beigelegt hatten.

Zum Ruhm seiner Lande und natürlich ihres Herrschers ließ Herzog Albrecht V. schließlich den Straubinger Drechslermeister Jakob Sandtner fünf Holzmodelle seiner Städte München, Straubing, Landshut, Ingolstadt und Burghausen schnitzen, getreu im Maßstab wie im Detail. So etwas hatte es bis dahin noch nicht gegeben. Das Mittelalter dachte mehr in Symbolik als in Gegenständlichkeit, erst seit Albrecht Dürers Zeit wachsen Freude und Möglichkeit, die Dinge darzustellen, wie man sie gesehen hat.

Ob Sandtner, über den auch sonst kaum etwas bekannt ist, die fünf Städte tatsächlich vermessen hat, weiß man heute leider nicht; es spricht aber einiges dafür, da die Modelle sehr exakt sind. Nur die großen Achsen wie die quer durch München führende Kaufinger Straße hat er verbreitert, um dem Betrachter die Orientierung zu erleichtern.

Und so steht es seit 1570 vor uns: München, Straße für Straße, Tor um Tor, eine Stadt, deren Größe und tatsächliche Pracht noch aus dem Modell deutlich wird. Die fünf Originale sind im Bayerischen Nationalmuseum zu finden, das Stadtmuseum aber besitzt eine aufs Doppelte vergrößerte Kopie von 1930, der nur Sandtners fein geschnitzte Bäume in den Stadtgärten fehlen.

Die Stadt München hat ihr Abbild 1930 größer gestaltet, weil sie ganz andere Zwecke verfolgte als einst der

Bild unten: Ansicht der Stadt von Osten, späterer Rekonstruktionsversuch in Anlehnung an das Holzmodell von 1570. Vorne das wuchtige Isartor, die doppelte Stadtmauer und der mit Wasser gefüllte Graben.

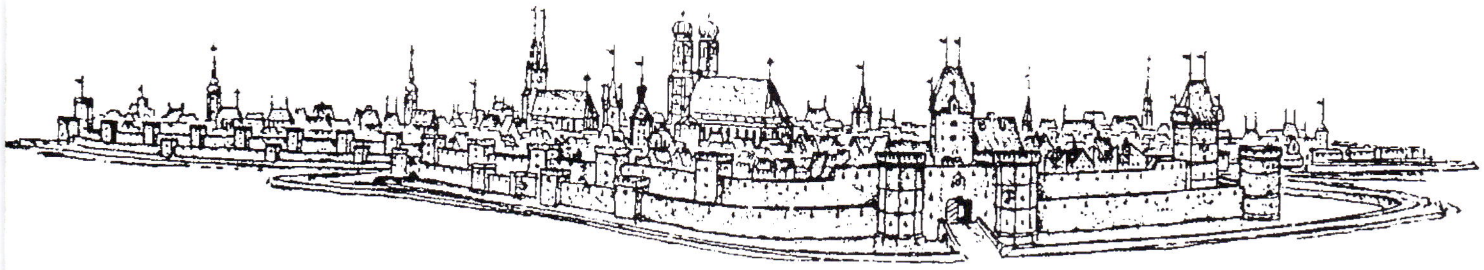

Herzog Albrecht. Thomas Weidner vom Stadtmuseum schreibt über dessen Modell: „Es war eine eindrucksvolle Demonstration seiner soeben erst konsolidierten Souveränität." Der Wittelsbacher wollte mit den fünf Holzmodellen seine Gäste beeindrucken, aber nicht nur sie: Seht her, das alles ist mir untertänig! Auch die Bürger der fünf großen Städte, an manche überlieferten Freiheiten gewöhnt, sollten die Botschaft verstehen: Eure Zeit ist vorbei. Die Macht liegt nun beim Landesherrn. 1930 dagegen appellierten die Stadtväter an ihre Bürger und deren Lokalpatriotismus: Münchner, schaut auf eure Stadt! So stolz war sie einst, so stolz ist sie noch heute.

Deutlich ist in der Mitte des Modells noch der Verlauf der ersten Stadtmauer aus dem späten zwölften Jahrhundert zu erkennen, über die München seither um ein Mehrfaches hinausgewachsen war. Die Stadt wird von der gewaltigen Doppelmauer des 15. Jahrhunderts scharf begrenzt, einer wuchtigen Befestigung von indes ständig sinkendem Wert. Nur 60 Jahre später, bei der Einnahme durch die Schweden, wird sich zeigen, dass sie keinen Schutz gegen moderne Feuerwaffen mehr bietet.

Die Residenz hat noch längst nicht die heutige Form, sie ist eher feste Burg der Wittelsbacher denn Lustschloss, so sehr den Lüsten darin gewiss gefrönt wurde. Integriert in die Stadtmauer, gehört noch ein Teil der Neuveste aus dem 14. Jahrhundert dazu, die einst den Sitz des Stadtherrn, des Herzogs, gegen jäh aufwallende Rebellionen seiner Untertanen schützen sollte. Es beginnt aber 1570 bereits der Bau des Antiquariums.

Der Marienplatz ist als Markt bereits Mittelpunkt der Stadt, die sich, wie heute, an der West-Ost-Achse zwi-

*Im Nordosten:
Eckturm der Neuveste an der Wittelsbacher Residenz.*

schen Stachus (Neuhauser Tor) und dem Isartor orientiert. Ein Münchner des Jahres 2007, den es per Zeitreise wie in der schönen alten TV-Serie „Time Tunnel" in seine Stadt von 1570 verschlagen würde, fände sich leicht zurecht: Frauenkirche, Altes Rathaus, das Sendlinger Tor, alles ist schon da, und er würde leicht feststellen, dass es im Tal rauer zugeht als in den feineren Gassen des Stadtkerns, wie heute. Nur festes Schuhwerk bräuchte er. Noch immer lagen die Straßen voller Schmutz und Unrat, hygienische Kenntnisse waren rar. Dem Betrachter des Modells bleiben die entsprechenden Gerüche freundlicherweise erspart – obwohl ihre Simulation ein interessanter museumspädagogischer Ansatz wäre. *Joachim Käppner*

Oben: Festliches Turnier auf dem heutigen Marienplatz 1568.
Bild unten: Dieselbe Ansicht im Modell, vorne die St. Peterskirche.

Ein Lobspruch

Zum Reimen herrlich: Wie sich ein Kärntner Besucher um 1620 in die Stadt verliebte

Wie sah München um 1620 aus? Der Kärntner Thomas Greil schildert in seinem „Lobspruch" eine wohlhabende, sehr katholische Residenzstadt, in der es sich die Bewohner gutgehen lassen.

Da ich nun in die Statt thet kommen,
hab ich von einem Burger vernommen,
der selb mir alles saget fein,
was in der ganzen Statt thet sein.

Sprach: es ist ein schön katholische Statt,
zwölf schöne Kirchen es darinnen hat.
So hat's der Thürm insonderheit
zwen, seind dick, groß, man sicht sie weit.

Nun ist aber ein Thurm darunter,
an dem kan einer sehen Wunder.
Den Maister soll man billig loben.
Spitzig ist er unten und oben,
rührt weder Erd noch Himmel an,
thut dannoch unbeweglich stahn.

Sammt den zwölf Kirchen, noch darbey,
siehet man auch fünf Klöster frey,
zwey Mönch-, drei Frauenklöster darneben.

Er sagt mir auch da wohl besunnen,
die Statt hab 36 Schöpfbrunnen,
welche da frey seind alle Tag,
darvon Jedermann schöpfen mag.

Auch sieht man in der Statt rinnen
Tag und Nacht achtzehn Röhrbrünnen.
Ein schöner Brunnen darunter, wißt,
aus allen andern der schönste ist,
zu oberst ein Ritter schön und jung
thut mit seinem Roß einen Sprung,
aus seinem Helm springen gar hoch
siebzehn Röhren, daß einer mag zählen noch.

Herum auch die Heidengötter sitzen,
bis alle Wasser von sich spritzen.
Aber in einer Summ' allein
Hat der Brunn 152 Röhrlein,
Ihr Durchlaucht Herzog Ferdinand
hat ihn machen lassen zur Hand.

Im Gehen sagt er mir auch dorten,
die Statt München hab siben Porten,
erstlich vier große Hauptthor allein,
und darzu drei kleine Thörlein.

Zwo Ringmauern seind umb die Statt,
zwischen denen es ein Zwinger hat,
darinn man alle Jahr pflegt zu gohn
in Fronleichnamsprocession.

An den zwo Ringmauern thut man sehen
der Thürm ein hundert und achtzehen.
Die Isar rinnt hin für der Statt,
des die Burgerschaft großen Nutzen hat.

Dieses Wasser treibt für und für
dreyzehn Mühlen, das sag ich dir,
darzu auch fünf Schiffmühlen rund,
drey Hämmer klopfen schier all Stund
Kupfer; auch vil ander Sachen
thut man auf diesen Hämmern machen.

In der Statt ist viel zu bekummen
was Eins will haben in einer Summen,
dann es ist so ein weite Statt,
die siben und fünfzig große Gassen hat,
darinn man kann zu allen Zeiten
mit Lust fahren und auch reiten.

Deren andern wären zu zeigen an
gar vil, die ich nit all nennen kan.
Auch kan ich dir sagen, daß's in der Statt
zweiundvierzig Weinhäuser hat,
vierzehn thun der Methschenken sein
die das süße Trank sieden fein,

dazu zwen und siebenzig Bierbräuer,
die sieden gut Bier, wie fort auch heuer.

Dazu auch zweiundsechzig Becken,
die backen gut Brod, Semel und Wecken.
Vergessen hätt' ich schier noch eins,
welches denn noch auch ist kein kleins,
daß's da zwölf offne Bad thut han,
darinn man sich kan putzen lan.

Darumb sag ich zu aller Zeit,
welcher da herumb zeucht so weit,
der soll zu München auch einkehren,
da wird er gehalten in guten Ehren.

Aus: Georg J. Wolf, „Das Kurfürstliche München 1620–1800", München 1930

Der heilige Georg, geschaffen von Münchner und Augsburger Goldschmieden gegen Ende des 16. Jahrhunderts. Die Statuette gilt als das wertvollste Kleinod der Schatzkammer in der Residenz.

Gesamtansicht von 1586

München im Jahre 1586, gesehen vom rechten Isarufer aus, etwa von der Höhe des heutigen Maximilianeums. Die kolorierte Radierung des aus Antwerpen stammenden Malers Georg Hoefnagel gehört zu den wichtigsten Bilddokumenten über das frühe München. Es zeigt, sogar vor Alpenpanorama, die ummauerte Stadt mit ihren Dächern und Türmen, die Ansiedlungen vor den Toren und die vom Isartor zur Flussbrücke hinunterführende Handelsstraße (linker Bildrand).

Der Übergang ist durch einen Turm geschützt. Markant im Zentrum ist die Frauenkirche mit den Kuppeltürmen zu sehen. Die Au ist am linken Bildrand mit einigen Häusern dargestellt. Bemerkenswert ist der Verlauf der Isar, die ungezügelt durch die Landschaft mäandert. Die Stadt hält respektvollen Abstand vom Fluss, der bei Hochwasser schwere Verwüstungen anrichten konnte. Die Ansicht ist 42 mal 54,5 Zentimeter groß und erschien Ende des 17. Jahrhunderts in der „Beschreibung und Contractur der vornembsten Stätt der Welt“, einem sechsbändigen Stadtatlas.

In vielen Schritten entwickelte sich die Residenz aus einer kleinen, 1385 erbauten Wasserburg. Bis 1918 war sie der Wohn- und Regierungssitz der Wittelsbacher Herrscher. Das um 1570 errichtete Antiquarium gilt als einer der bedeutendsten Renaissance-Räume in Deutschland.

Von der Trutzburg zum Stadtschloss

Kunst und Pracht: Die Residenz verkörpert ein neues Verständnis herrschaftlicher Hofhaltung

Ein schreckliches Bild der Zerstörung nach den Luftangriffen gegen Ende des Zweiten Weltkriegs: Die Residenz, Münchens historisch und künstlerisch bedeutendster Denkmalkomplex, ist ein Trümmerfeld, eine Ruine. Der Hof zwischen dem Gebäudetrakt mit dem Herkulessaal und dem Bauteil mit dem Cuvilliés-Theater ist durch den Einschlag der Sprengbomben aufgewühlt. Doch aus der Katastrophe erwächst eine einmalige Chance. Inmitten des Schutts stoßen die Fachleute auf höchst bemerkenswerte Zeugnisse aus vergangener Zeit.

Nachdem die Kasemattengewölbe freigelegt sind, erkundet man die relativ gut erhaltenen Überreste einer mittelalterlichen Wasserburg. Die Neuveste war der bauliche Vorläufer der Residenz. Später entwickelte sich an dieser Stelle und in vielen Schritten das Stadtschloss der bayerischen Herzöge, Kurfürsten und Könige. Die prächtige Residenz war seit dem späten Mittelalter bis zum Jahr 1918 Herrschersitz der Wittelsbacher.

„Wir haben als Erste nach über 300 Jahren diesen Kellerraum betreten und setzten unsere Spuren in den von vermoderten Holzteilen überzogenen Fußboden", berichtet Otto Meitinger, der für den Wiederaufbau der Residenz verantwortlich war. Der Raum diente offensichtlich als eine Art Schatzkammer und wies noch Schießscharten auf: „Gefunden haben wir aber leider nichts mehr." Man spürt, wie sehr Meitinger diese Szene auch jetzt noch bewegt. Der Architekt, Denkmalpfleger, Hochschullehrer und Münchner Ehrenbürger untersuchte gewissermaßen als Nebenprodukt die bis dahin weitgehend im Dunkeln liegende Geschichte der Neuveste und schrieb darüber seine Doktorarbeit: „Vor der Zerstörung und nach dem Wiederaufbau wären diese Forschungen nicht mehr möglich gewesen."

Ein neuer Zeitgeist

Bis in das 16. Jahrhundert hinein war noch der Alte Hof, der sich zwischen der Dienerstraße, dem Hofgraben und der Sparkassenstraße befindet, der Sitz der Münchner Herzöge. Die wachsende Stadt umschloss diese Burg immer mehr. Wegen der Spannungen zwischen der Bürgerschaft und den Herrschenden war diese Situation eine Gefahr für die Herzöge. Daher musste die Stadt einwilligen, dass sich die Landesherren auf dem Stadtgebiet eine feste Burg erbauten. Dies war die Neuveste, die ein Tor nach außen hatte. So konnte man ungehindert von irgendwelchen Störungen – auch aus der eigenen Stadt – aus- und einreiten. Wie der Alte Hof an der Nord-Ost-Ecke des ersten Mauerrings gelegen hatte, befand sich nun die Neuveste ebenfalls an der Nord-Ost-Ecke der zweiten Stadtbefestigung.

Drei Herzöge sind es, die ein Jahrhundert lang zwischen protestantischen Fürsten und Habsburger Kaisern taktieren: Albrecht V. (1528–1579), Wilhelm V. (1548–1626) und Maximilian I. (1573–1651). Unter Albrecht profitiert die Stadt von der bisweilen an Verschwendungssucht grenzenden Repräsentationslust. Wilhelm V., ein Freund prächtiger Ritterturniere, setzt den Lebenswandel seines Vaters fort und hinterlässt seinem Sohn Maximilian 1597 einen Schuldenberg von 300 000 Gulden. Maximilian I. regiert als Asket und Absolutist und verschafft seinem Land 1623 die Kurwürde.

Unter ihnen verlor die Neuveste endgültig ihren Charakter als Trutzburg. Die Waffentechnik mit den Kanonen und anderen neuen Kriegsgeräten machte solche Anlagen weitgehend überflüssig. Man verabschiedete sich aus dem Alten Hof und zog damit aus der Enge der mittelalterlichen Bautrakte in ein geräumiges Domizil ein. Auch das Bild des Herrschers wandelte sich. Er ist nicht mehr nur der Richter, Kriegsherr oder Friedensstifter wie im Mittelalter. „Der Hof ist in der Renaissance ein Ort von Bildung, Kunst und Repräsentation, der kultivierten Lebensführung. Ein eigener Kosmos, in dem man jetzt vom Dichter und Musiker bis zum Hofnarren alles findet", sagt Egon Johannes Greipl, der oberste Denkmalpfleger Bayerns. Er residiert mit seinem Amt am Hofgraben, in der Alten Münze, gleich neben dem Alten Hof.

Die Münze, dieses eindrucksvolle Bauwerk mit seinem von offenen Arkaden gesäumten Hof, war auch Ausdruck des neuen Zeitgeistes. Sie entstand 1567 anstelle mittelalterlicher Häuser, hinter der nördlichen Stadtmauer. Hier waren anfangs die Stallungen für die edlen Pferde, Wohnungen für Hofbeamte, aber auch die Kunstkammer des Herzogs und möglicherweise eine Bibliothek. Es war der erste Museumsbau Münchens, denn wer sich interessierte, konnte hier die Schätze bewundern. Östlich der Neuveste, auf dem Areal des heutigen Marstallplatzes, wurde ein kunstvoller Hofgarten angelegt. Zeitgenössische Berichte rühmen seine einmalige Schönheit. Im Mittelalter hatte man für exotische Zierpflanzen

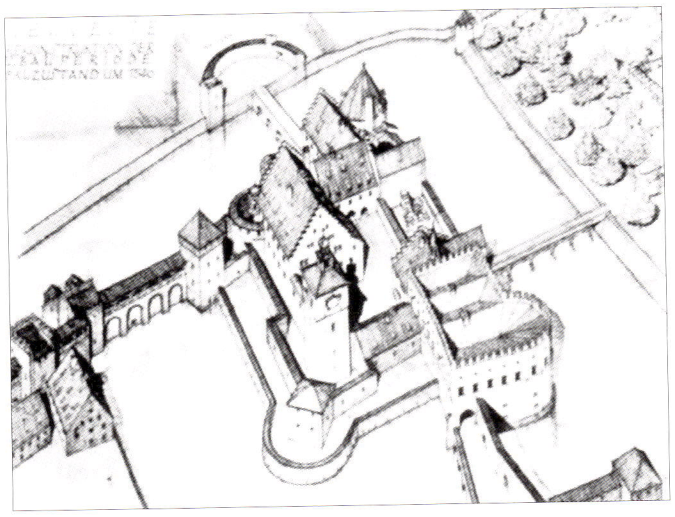

Das Bild zeigt eine Rekonstruktion der Neuveste um 1540. Rechts neben dem Wassergraben ist der frühere Hofgarten auf dem Areal des heutigen Marstallplatzes.

nicht viel übrig. In den Gärten wurde meist nur angepflanzt, was man dann in der Küche verwerten konnte.

Es war der humanistisch gebildete Herzog Albrecht V., der Mitte des 16. Jahrhunderts mit seinen Neubauten auf Grundstücke außerhalb der Neuveste übergriff. Die Furcht vor den Bürgern hielt sich jetzt wohl in Grenzen. Als Erstes ließ er im aufgelassenen Befestigungsgraben zwischen der Burg und der Stadt eine Art Sporthalle errichten. Einen Ballsaal, in dem man sich dem in Mode gekommenen Federball-Spiel widmete.

Dieses Gebäude befand sich an der Stelle des heutigen Eingangsbereichs zum Cuvilliés-Theater. Das zweischiffige Kellergeschoss des Ballsaals mit seinen über gemauerten Rundsäulen gespannten mächtigen Kreuzgewölben ist noch erhalten, aber nicht für die Öffentlichkeit zugänglich. Schade eigentlich, denn man könnte es weiter nutzen. Nicht für sportliche Ertüchtigungen, sondern etwa für gastronomische Zwecke. Meitinger würde eine solche Öffnung begrüßen.

Als zweites Projekt außerhalb der Burg entstand mit dem mächtigen Komplex des Antiquariums der wohl schönste Renaissancesaal in Deutschland. Abgesehen von den unterirdischen Überresten der Neuveste und dem Keller des Ballsaals ist das Antiquarium der älteste noch stehende Bauteil der Residenz. Er war, sagt Meitinger, die eigentliche Keimzelle der Residenz, von der aus weitergebaut wurde. Die Residenz sei also nicht unmittelbar aus der mittelalterlichen Neuveste hervorgegangen. Der galerieartige Raum des Antiquariums war zunächst weitgehend schmucklos. Hier stellte Albrecht V. seine umfangreiche Antikensammlung aus.

Handwerker im „Aquarium“

Damals habe es ein besonderes Konzept für den Museumsbau gegeben, meint Meitinger. Das Gebäude selbst war Bestandteil der Kunst: „Heute würden einem die Haare zu Berge stehen, wenn man so die Werke inszenieren würde.“ Die Skulpturen gehörten gewissermaßen zur Innenarchitektur. Von den Originalfiguren verwendete man nur die Köpfe und setzte sie auf Einheitsbüsten. Die anderen Teile habe man beseitigt.

Im Krieg war das Antiquarium mit seiner beachtlichen Länge von 66 Metern schwer getroffen worden. Fünf der 17 Gewölbeachsen waren eingestürzt. Ein Hauptziel beim Wiederaufbau war es, den ursprünglichen Raumeindruck herzustellen und nicht unbedingt alle Details zu rekonstruieren. Ein Glücksfall, was man in den 1920er Jahren bei Ausbesserungsarbeiten entdeckte: Unter den Holztafelbildern befanden sich die originalen Deckengemälde des 16. Jahrhunderts, die die Tugenden darstellten. Allerdings derart freizügig, dass man in der Zeit der Gegenreformation mit ihrer strengen Religionsauffassung Anstoß daran nahm. Man verdeckte sie mit anderen Darstellungen. Diese Holztafelbilder konnten vor den Luftangriffen in Sicherheit gebracht werden und ersetzten später die fast vollständig zerstörten ursprünglichen Deckengemälde.

Anekdoten um den Wiederaufbau der Residenz und um die Ausgrabungen bei der Neuveste machen noch immer die Runde. Meitinger erzählt, wie zum Beispiel ein kleiner Handwerksbetrieb beharrlich Rechnungen für Renovierungen im „Aquarium“ geschickt habe. Als man freundlich, aber bestimmt darauf hinwies, dass es sich um das „Antiquarium“ handele, lautete der Betreff im nächsten Beleg: „Für Arbeiten im Antiaquarium“.

Und dann war da noch die Sache mit den übriggebliebenen Zeugnissen der Neuveste. Gefunden hat man, wie beschrieben, in den Gewölben der Schutz- und Schatzkammer nichts, was irgendwie wertvoll gewesen wäre. Allerdings grub man im Umfeld der Forschungsstelle mehrere hundert Jahre alte Hühnerknochen aus. Offensichtlich hatten die Wachsoldaten der Neuveste die Reste ihres Essens in den Burggraben geworfen.

Alfred Dürr

Ein leidenschaftlicher Kunstsammler: Herzog Albrecht V.

Kurtze Erzöhlung vnd Fürbildung der vbelthatten/welche
von Sechs personen/als einem Mann/seinem Eheweib/zweyen jrer beiden Söhnen/vnd zweyen anderen
Jhren Gesellen/begangen/was massen sie auch/an dem 29. Tag deß Monats Julij/in dem 1600. Jar/in der Fürstlichen
Hauptstatt München/von dem Leben zum Tod gebracht worden / den Bösen zu einem Schröcken/den Frommen
aber zur Wahrnung/ für die Augen gestellt.

„Schröcklich und erbärmlich ist es anzuhören" – so beginnt der Begleittext des Sonderdruckes, den ein Augsburger Verleger im Jahr 1600 herausgegeben hat. Der Einblattdruck zeigt den angeblichen Teufelspakt, die Marter und die Hinrichtung der Familie Pappenheimer. Im Stil der Zeit sollte das Blatt der Abschreckung „landschädlicher Leute" dienen.

Nach wochenlanger Folter im Münchner Falkenturm wird die Familie Pämb, bekannt als Pappenheimer, am 29. Juli 1600 vor das Rathaus gebracht. Mit Gluteisen reißt man den „Malefikanten" tiefe Wunden in die Arme und aus dem entblößten Oberkörper. Anna Pämb muss das Martyrium ihres Mannes und ihrer Söhne mitansehen.

Danach schneidet der Scharfrichter ihr die Brüste ab – eine Strafe, die nicht nur besonders brutal war, sondern auch entehrenden Charakter hatte.

Die geschundenen Verurteilten werden auf offene Karren gestoßen. Auf den ersten Anna und ihre Söhne Gumpprecht und Michel, auf den anderen Paulus Pappenheimer sowie die anderen Verurteilten Ulrich Schölz und Georg Schmälzl. Sie sitzen auf Brettern, die man am Wagen festgenagelt hat. Zwei Geistliche sowie städtische und herzogliche Amtleute mit Gewehren begleiten die Verurteilten. Am Neuhauser Tor, dem heutigen Karlstor, macht der Zug Halt, lässt die „Malefikanten" aussteigen. Sie sollen beten unter dem Holzkreuz an der Torwand.

Die Fahrt geht weiter auf den Galgenberg im Westen außerhalb der Stadt. Einer der Amtmänner hat sich Anna Pämbs Jüngsten aufs Pferd geholt. „Schaut's! Jetzt bringt man meinen Vater!", ruft Hannsl Pämb, als die Schergen Paulus Pappenheimer heranschleppen. Mit einem Rad bricht man ihm die Arme, den anderen Männern ergeht es ebenso. Als „Rädelsführer" wird Paulus Pappenheimer von einem Spieß durchbohrt, bevor man ihn mit den anderen ins Feuer wirft. Frauen dürfen nicht gerädert werden, aber bei lebendigem Leibe verbrannt schon.

Das Martyrium der Anna Pämb

Folter an Kindern, räuberische Inquisitoren: Die Wahnwelt religiöser Gewalt fordert auch in München Opfer. Ein Hexenprozess

Die Frau, die sie mit Luzifer bekannt macht, begegnet der Anna Pämb im Armenhaus von Kehlheim. Eine Hexe ist sie wohl, die nur aussieht wie eine alte Bäuerin. Sie überredet die Anna Pämb, mit ihr einen nächtlichen Ausflug zu unternehmen. Die Pämbin willigt ein, aus lauter Fürwitz und Mutwillen, wie das Vernehmungsprotokoll sie zitiert. Man trifft sich am Abend, die Hexe hat zwei Ofengabeln dabei, darauf streut sie ein Pulver. Nicht irgendeines. Das Pulver ist aus abgehackten, getrockneten Händen ungetaufter Kinder gemahlen. Nun setzen sich die Frauen rittlings auf die Gabeln, sagen einen Zauberspruch auf – und los geht der Flug durch die kühle Nacht hin zu einem Hof, wo sich die Frauen zuerst mit Wein volllaufen lassen, dann den Hausknecht betäuben und vergewaltigen. Neun Tage später erscheint Luzifer persönlich der Anna Pämb, überredet sie zum Beischlaf. Damit ist es endgültig um die Frau geschehen: Sie hat den Pakt mit dem Teufel besiegelt.

Wie oft man Anna Pämb tief unten im Gewölbe des Münchner Falkenturms gefoltert hat, bevor ihr diese Geschichte einfiel, ist nicht bekannt. Es gibt nur Aufzeichnungen über die Qualen, die ihr Mann, ihre beiden erwachsenen Söhne und ihr Jüngster, der zehnjährige Hannsl, im zentralen fürstlichen Kriminalgefängnis durchleiden müssen. Die Erwachsenen zieht Meister Georg – der Verwalter des Turms und Eisenmeister – an den Armen in die Höhe, nachdem er Gewichte an den Füßen befestigt hat. Dem Sohn Michel, der sich als besonders verstockt erweist, hält er zudem eine Fackel unter die Achseln. Den Kleinen peitscht er aus. Und doch streiten alle ab, dass die Mutter eine Hexe sei. Also nimmt sich Meister Georg am 28. April 1600 der Anna Pämb selbst an. Nur eine Frage hat der für das Verhör zuständige Doctor Johann Simon Wangereck auf die Liste gesetzt: Wie sie in die Hexerei geraten sei? Das „Ob" steht gar nicht zur Debatte.

In Niederbayern war die Familie Pämb, die in manchen Quellen auch Gämperle heißt, in die Fänge der Obrigkeit geraten. Landfahrer waren sie, die sich im Sommer als Glasarbeiter, im Winter als Heimlich-Gemach-Räumer verdingten. In Nürnberg nannten sie Leute, die die Sickergruben reicherer Herrschaften ausleerten, Pappenheimer – unter diesem Namen ist die Familie Gämperle-Pämb in die Geschichte eingegangen. Dem Prekariat würde man die Pappenheimer heute zuordnen, ungeschützte Arbeitende, Niemande halt. Verhaftet wegen eines alltäglichen Falls: Jemand hatte die Familie des Diebstahls bezichtigt. Doch plötzlich interessiert sich der Herzog für die Geschichte. Die Familie wird von Nürnberg in die Residenzstadt München gekarrt – eignet sie sich doch für einen Schauprozess, mit dem der Herzog alle Straßenräuber, Mörder, Brandschatzer in seinem Land ein für

Ergreifung, Marter und Ende der Familie Pappenheimer in einer Darstellung aus dem Jahr 1600, die zum Zwecke der Abschreckung das Schicksal der Familie Pämb in grausigen Details darstellt: „Schröcklich und erbärmlich ist es anzuhören."

Zaubersalbengebräu und Ausritt auf dem Bock: So stellte sich der Künstler 1571 den Hexenalltag vor.

alle Mal abschrecken will, wie Michael Kunze in seinem sehr lesenswerten Buch „Straße ins Feuer" aufzeigt.

Landstreichertum und Diebstahl hätten als Anklagepunkte allerdings nicht genügt, um die Verhandlung an den Hof ziehen zu können. Erst der Vorwurf der Hexerei macht es möglich. Zwar haben die Kommissare nichts Belastendes gefunden, als sie den Hof umackern ließen, auf dem sich die Familie zuletzt aufgehalten hatte. Keine einzige Kinderhand. Doch spricht nicht gerade das gegen die Pämbin? Schließlich geschieht jede Hexerei im Geheimen. Teufelspakt, Buhlschaft mit dem Bösen Feind, Hexenflug, Hexentanz gesteht natürlich niemand freiwillig. Erst die Folter, die peinliche Befragung, bringt die Wahrheit ans Licht. Deshalb wird das Kind zuerst verhört, das furchtsame und schwächste Glied.

Pest, Hagel, Rattenplage

Hänsel Pämb muss sein Hemd ablegen, wird mit Ruten so lange geschlagen, bis er dem Doctor Wangereck erzählt, was der von ihm hören will. Dass er bei seinen Brüdern sieben abgeschnittene Kinderhände gesehen habe. Dass die Brüder selbst das daraus hergestellte Pulver in einer Semmel gegessen hätten und seitdem morden müssten.

Die Zuhörer wird diese wilde Geschichte kaum erstaunt haben. Man weiß ja, für was alles Hexen gemahlene Kinderhände verwendeten: Die Hände leuchteten Dieben im Dunkeln, schützten sie vor Entdeckung. Wie überhaupt die Welt voller Dämonen ist, guter Geister ebenso wie ruheloser, die die Gräber Verstorbener umschweben.

Mit Weihwasser und Drudenfuß erwehrt man sich ihrer. Und die Münchner erzählen sich, der schwarze Fleck an der Stadtmauer rühre daher, dass der Scharfrichter Hexen dank eines Bannes dazu verdammt hat, bei ihren nächtlichen Ausfahrten ans Sendlinger Tor zu stoßen.

Diesen Hexenglauben gab es schon lange. Die Pappenheimer aber hatten das Pech, in eine Zeit hineingeboren zu sein, in der die Hexenverfolgung in Bayern ihren Höhepunkt erreichte: die Jahre zwischen 1586 und 1631. Was es im angeblich dunklen Mittelalter erst sehr spät gegeben hat, wird nun, im Zeitalter der Religionskriege, zur kollektiven Psychose: der Hexen- und Ketzerwahn. Nach einem größeren Hexenprozess in Schongau hatte der Herzögliche Hofrat in München begonnen, weitere Prozesse an sich zu ziehen. Im Jahr 1590 wurde erstmals eine umfassende Hexenprozessordnung verfasst. In der Folge steigen die Prozesse rapide an. Der Bonner Historiker Wolfgang Behringer schätzt die Zahl der in Bayern getöteten „Hexen" auf bis zu 1500. Nachweisen lassen sich von 1300 bis 1800 rund 900 Hinrichtungen. Drei Viertel aller Opfer allerdings sterben in den 45 Jahren des ausgehenden 16. und beginnenden 17. Jahrhunderts.

In ganz Deutschland brennen Scheiterhaufen. Die konfessionelle Spaltung hat die Gesellschaft in ihren Grundfesten erschüttert. Endzeitstimmung greift um sich. Calvinisten, Lutheraner, Katholiken verfolgen in diesen Jahren Hexen nach gleicher Logik: Hungersnot, Missernte, Pest, Rattenplage, Hagel, Viehseuchen – kurz all das, was die Menschen drückt, sind nach zeitgenössischer Interpretation gerechte Strafe Gottes für das Lotterleben der Menschen. Die Hexen gelten dabei als direkte Verursacher der göttlichen Plagen. Gleichzeitig ist die Hexenpest selbst Strafe Gottes, der durch die Sünde der Hexerei wiederum in seiner Ehre verletzt wird. Eine heillose Verstrickung.

In Bayern reagieren die Fürsten mit exemplarischer Frömmigkeit und extremer Härte. Wilhelm V., „der Fromme", hebt Maria als Gegenspielerin der Hexen auf die Altäre. Hier die Reinheit, dort die ewige Verdammnis. Seinen Sohn Maximilian, der 1597 die Regentschaft übernimmt und schon als 17-jähriger Prinz einem Hexenprozess beiwohnt, hat der Vater beizeiten auf den Kampf gegen das Hexenunwesen eingeschworen. Zeige nur ja kein falsches Mitgefühl mit den Unholden, Sohn! Die Obrigkeit kämpft an zwei Fronten: Um die Ehre Gottes zu retten, müssen die Hexen ausgemerzt werden. Gleichzeitig überziehen Vater und Sohn ihre Untertanen mit Sittendekreten. Verboten sind kurze Röcke, enge Hosen, „entblößte" Busen, Fensterln, Tanzen, Kartenspiel, Sonnwendfeuer, „Juchezen" in Wirtshäusern sowie übermäßiger Aufwand bei Taufen oder Hochzeiten. Das Dekret von 1593 lautet: Mandat wider alle weltliche Freud.

Einher geht, wie Behringer es ausdrückt, eine „Brutalisierung der Strafjustiz". Konnten sich die Menschen früher oft noch erfolgreich mit einer Verleumdungsklage gegen Denunziation wehren, sitzen jetzt in den Gerichten übereifrige Hexenverfolger, die mit kirchlichen Scharfmachern wie dem Würzburger Bischof Julius Echter von Mespelbrunn oder dem Trierer Weihbischof Peter Binsfeld in engem Kontakt stehen. Selbst bei Landstreicherei, Diebstahl oder Ehebruch wird plötzlich nach dem Henker gerufen. Und man geht dazu über, die Hinrichtungen „theatralisch vor großem Publikum zu inszenieren", wie Behringer schreibt. So auch bei den Pappenheimern. Die gestehen unter der Folter so ziemlich alles, was sich an Kriminalfällen im Laufe von 20 Jahren in Niederbayern ereignet hat. Am Ende wird ihnen hundertfacher Mord, Opferstockraub und das Abfackeln mehrerer Dörfer zur Last gelegt.

„Auf böse Weiber achten"

Trotz des Münchner Schauprozesses aber wird die Stadt nicht zu einer Hochburg der Hexenverfolgung. Während es in Eichstätt, Würzburg und Bamberg zu regelrechten Exzessen kommt, hält sich der Rat der Stadt München zurück. So wie ein halbes Jahrhundert zuvor bei der Verfolgung der lutherischen „Ketzer". Wilhelm V. beklagt mehrfach fehlenden Eifer, schreibt 1596 an den Rat, man soll fleißiger auf böse Weiber achten, die die Kindlein verzaubern. Der Rat lässt die Mahnung abprallen, kann aber auch nicht verhindern, dass „Hexen" von außerhalb nach München gebracht und hier verurteilt werden. Doch je intensiver die Hexenverfolgung um sich greift, umso lauter wird auch die Stimme der Gegner. Der Jesuit Friedrich Spee veröffentlicht 1631 anonym seine Schrift „Cautio criminalis", ein Plädoyer gegen die Verfolgung. Verunsichert hat die Verfolger wohl auch die Verurteilung des „Wemdinger Hexenrichters" Sattler. Verfolgungsgegner wiesen ihm nach, dass er Aussagen fingiert hatte, um sich am Vermögen der Hinterbliebenen zu bereichern. Der Richter selbst wird 1613 geköpft – mit Zustimmung Herzog Maximilians. Schlagartig endet die Verfolgung mit dem Einmarsch der Schweden in Bayern 1632 – man hat jetzt andere Sorgen. Doch noch bis ins 18. Jahrhundert finden Hexenprozesse statt. In München wird 1721 mit der Hofstallknechtstochter Dellinger die letzte „Hexe" verbrannt.

Für die Familie Pappenheimer endet die wochenlange Folter am 29. Juli 1600. Man bringt Vater, Mutter, Kinder und zwei weitere Männer – ebenso Unschuldige, die lediglich Kontakt mit der Familie hatten – zum Richtplatz am Galgenberg auf Höhe der heutigen Hackerbrücke. Auf dem Weg quält man die Erwachsenen mit glühenden Zangen, Anna Pämb schneidet man beide Brüste ab. Auf dem Richtplatz werden die fünf Männer gerädert, der Vater danach noch gepfählt und mit einem Spieß durchstochen. Dann sterben die Männer und Anna Pämb auf dem Scheiterhaufen. Ihr Jüngster muss die Hinrichtung seiner Eltern und Brüder mit ansehen. Vier Monate später wird auch Hannsl Pämb bei lebendigem Leib verbrannt.

Monika Maier-Albang

Hexenritt bei Nacht – Holzstich aus dem Jahr 1870.

Die Fassade von Sankt Michael ist ein politisches Kampfprogramm: Der wahre, katholische Glaube, verkörpert durch die Wittelsbacher, unterwirft seine Feinde, der heilige Michael bezwingt den Teufel.

Wider den Vater aller Sünde

Im 16. Jahrhundert verstehen sich die Wittelsbacher als Vorkämpfer gegen den Protestantismus – und gehen äußerst grausam vor

Er kann einfach nicht an sich halten, der Ambrosi Lossenhammer. Es ist der Gründonnerstag des Jahres 1527, in der Münchner Frauenkirche predigt Magister Konrad Schaider über das „allerheiligste Altarsakrament". Plötzlich springt der Messerschmied Lossenhammer auf, brüllt in die versammelte Menge einige Worte, die Umstehende später so zu Protokoll geben: „Gott der allmechtig sey in disem broth nit!" Die Zuhörer trauen ihren Ohren nicht. Zweifelt da jemand öffentlich die Lehre von der Transsubstantiation an, der Verwandlung von Brot und Wein in den Leib und das Blut Christi? Welch ketzerischer Frevel! Lutherei! Man lässt den Messerschmied aus der Kirche schleppen, viermal wird er gefoltert. Schließlich schwört er ab und bittet um Gnade. Sie wird gewährt. Ambrosi Lossenhammer entgeht dem Scheiterhaufen – er wird stattdessen zum Tod durch das Schwert verurteilt. Vermerkt ist in der Stadtkasse noch, dass seine schwangere Witwe nach der Hinrichtung dreimal Hilfsgeld bekommt.

1521, sechs Jahre vor Lossenhammers Hinrichtung, verhängt der Papst den Bann über Luther. Deshalb lautet die herzögliche Anklage im Falle Lossenhammers auch auf Aufruhr. Schon 1523 war als erster lutherischer Märtyer in Bayern der erst kürzlich nach München zugereiste Bäckergeselle Frauenhofer enthauptet worden. Angeblich hatte er öffentlich Maria geschmäht. Auch er wird wegen versuchter Rebellion verurteilt. Allerdings geht die Obrigkeit nicht gegen alle Anhänger der neuen Lehre mit gleicher Härte vor. Gesellen und Handwerker, das einfache Volk, müssen mit drakonischen Strafen rechnen.

Als aber der Münchner Ratsbürger und Großkaufmann Bernhard Tichtl im Wirtshaus mit einem Professor der juristischen Fakultät zu Ingolstadt über Luthers Lehren in Streit gerät, muss er vorübergehend im Falkenturm einsitzen, dem Staatsgefängnis in München. Am Ende kommt er mit einer Geldbuße davon.

„Des Papst und Türken Mord"

Man kann nicht behaupten, dass die Münchner in Scharen zur neuen Lehre überlaufen. Einige wenige sind es zunächst, die sich für Luthers Schriften interessieren, die Hans Schobser, einer der ersten Buchdrucker in München, bereits seit 1519 herausgibt. Bald wird ihm das Pflaster hier zu heiß, und er geht dazu über, Druckort und Drucker geheim zu halten. Im Februar 1522, als in München gerade die Pest wütet, treffen sich die gemeinsam regierenden Brüder Wilhelm IV. und Ludwig X. außerhalb der Stadt, auf dem Jagdschloss Grünwald – „des Luthers sach" betreffend. Einen Monat später, es ist ein Aschermittwoch, wird per herzöglichem Religionsmandat jede lutherische Neuerung unter Strafe gestellt: der Beginn der Gegenreformation in Bayern.

Der Aufruhr ist zunächst im Keim erstickt. Erst nach 1560 wagt der Landadel einen neuen Vorstoß. Die „Kelchbewegung" findet immer mehr Anhänger, auch bei der Münchner Stadtgesellschaft. In einigen Orten außerhalb Münchens ist der Empfang der Sakramente in beiderlei Gestalt seit 1564 erlaubt, „Neugläubige" nehmen dazu beschwerliche Tagesreisen ins Umland auf sich. Herzog Albrecht V. setzt sich anfangs sogar beim Papst für die Kelchbewegung ein. Doch nach einer protestantischen Adelsverschwörung ist es vorbei mit seiner Protestantenfreundlichkeit. Wer von den Neugläubigen nicht freiwillig auswandert, wird ins Exil geschickt.

Das Klima in der Stadt wird rauer. Als ein Kreis von Gesellen Gottesdienste stört, belässt die Stadt es bei Ermahnungen. Doch der Herzog fordert hartes Durchgreifen. In der Augustinerkirche an der Neuhauser Straße – dem Ort, an dem Luther möglicherweise auf seiner Romreise 1511 übernachtet hat – provozieren die Gesellen mit evangelischen Liedern: „Erhalt uns, Herr, bei deinem Wort und steur (im Sinne von: verhindere die mörderischen Untaten) des Papst und Türken Mord, die Jesum Christum, deinen Sohn, wollen stürzen von deinem Thron."

Herzog Albrecht ordnet daraufhin über den Rat hinweg die Verhaftung von elf Personen an, Handwerker zumeist, die in München als Zugroaste leben. Auch sie werden ausgewiesen. Und es ist kein Zufall, dass sich kurze Zeit später ausgerechnet in der Augustinerkirche die ersten vier Jesuiten-Padres niederlassen. 1559 werden sie als Träger der Gegenreformation nach München geholt. Als der Orden wächst, errichtet Wilhelm V. ihm 1583 an der Neuhauser Straße ein palastartiges Kolleg samt der dem heiligen Michael geweihten Kirche. Der Hof präsentiert sich mit dem Bau als Verteidiger des rechten Glaubens. 50 Bürgerhäuser müssen weichen, St. Michael entsteht als Bollwerk gegen die „Ketzerei". Über dem Hauptportal ringt der Erzengel mit Satan, dem Vater aller Häresien. Die Schaufassade lässt keinen Zweifel daran, wer siegen wird. *Monika Maier-Albang*

ISER

Der Löwe aus Mitternacht

1632 zieht Schwedenkönig Gustav Adolf in die Stadt ein. München erkauft sich Salva Guarda, die Schonung, durch atemberaubend hohe Kontributionen. Bayerns Kurfürst hat sich wie üblich aus dem Staub gemacht. Zeitgenössischer Stich von Matthäus Merian.

Gerettet! Zum Dank für die Befreiung aus schwedischer Gefangenschaft stiften die Münchner Geiseln 1635 eine Votivtafel, auf der sie selbst als fromme Huldiger der Gottesmutter zu sehen sind. Das Ölbild des Malers Matthias Kager hängt noch heute in der Kirche St. Maria in Ramersdorf.

Der schwedische Löwe greift nach München

Notgedrungen beugt sich München 1632 der Übermacht – und zahlt dafür einen hohen Preis

Über allem thront die Gottesmutter mit dem Kind. Die Heilige Jungfrau hat geholfen, gelobt seist du, Maria. 40 Männer blicken hinauf zu ihr, in Demut, in Dankbarkeit. Die Herren links, 21 sind es, gehören dem geistlichen Stand an: Jesuiten, Kapuziner, Franziskaner, Zisterzienser und andere. Gute Christen, mithin katholischen Glaubens, und nicht etwa Lutherische. Die nämlich, die Protestanten, waren die Feinde, ein vom rechten Glauben abgefallener Haufen. Umso irritierender die Mode der 19 Herrschaften rechts, die mit ihrer weißen Halskrause glatt als protestantische Geistliche durchgehen könnten. Doch auch sie sind dem Papst treu ergeben, wenngleich das Band nach Rom lockerer geflochten ist. Es sind weltliche Herren, honorable Münchner Persönlichkeiten: der Bierbräu Georg Starnberger, der Eisenhändler Johann Aindorfer, der Metschenk Ludwig Reitter, ja sogar Mitglieder des Inneren und des Äußeren Rats.

Sie alle danken Maria, der „Beschützerin der Unschuldigen". Wofür, das steht auf der Inschrift unter dem Bild: „Vierzig Geiseln fallen Dir zu Füßen, die aus Erbarmnis des leidigen Unterganges, so der Churfl. Hauptstadt München Gustavus Adolphus, der Schweden-König, Ao. 1632 angedrohet, sich für das Vaterland aufgeopfert, die liebe Freiheit in die Schantz geschlagen, in das Elend hinausgezogen und drei ganze Jahre weniger 2 Monate, als arm Gefangene darin ganz mühseelig versaßen."

Den Herren ist es offenbar dreckig gegangen. Nimmt man es allerdings genau, dann hatten vier der Abgebildeten keinen Grund, Dankgebete gen Himmel zu senden. Die Unglücklichen, darunter der Eisenhändler Aindorfer, waren in Geiselhaft gestorben. Der Künstler aber hat ihren Tod ignoriert, vermutlich weil auf seinem Bild nicht ausgerechnet jene fehlen sollten, die das größte Opfer gebracht haben. Zwei andere wiederum hat er nicht mit einem Porträt beehrt. Tatsächlich waren es 42 Männer, die der Magistrat und die Geistlichkeit der Gewalt des Schwedenkönigs ausgeliefert hatten. Doch den Franziskanermönch Blasius Rechpacher und den Handelsmann Martin Valpichler sucht man vergeblich auf dem Gemälde. Ja, wenn der Maler auf seiner Holztafel noch Platz für die Hölle gehabt hätte, dann wären die beiden vermutlich zu sehen: schmorend auf glühendem Rost, gepeinigt und gepiesackt von tausend Teufeln. Was Folter und Höllenqualen betrifft, hatten die zeitgenössischen Künstler genug irdisches Anschauungsmaterial. Jede erdenkliche Grausamkeit war im Dreißigjährigen Krieg an Menschen erprobt worden.

Hölle auf Erden

Das Gemälde hängt in der Kirche St. Maria in Ramersdorf. Es ist eine Arbeit des um 1575 in München geborenen Malers und Kupferstechers Matthias Kager. Dieser hatte nach Lehrjahren in Italien seine Kunst am Hof des Bayerischen Herzogs Maximilian I. ausgeübt, ehe es ihn nach Augsburg verschlug, wo er unter anderem den Goldenen Saal des Rathauses dekorierte.

Ausgerechnet Augsburg! Das ist die Stadt, in der die Münchner Geiseln schlimmste Demütigungen ertragen mussten. Kager war wohl nicht unter denen, welche die armen Teufel in der schwäbischen Reichsstadt als „Schelmen, Diebe, Mausköpf, Rädlführer und Galgenvögel" beschimpften. Hätten sonst die Überlebenden just ihn, den Augsburger Stadtmaler, mit dem Votivbild beauftragt, das zu stiften sie vor ihrer Befreiung gelobt hatten? Es war eine der letzten Arbeiten Kagers. Die Wallfahrt nach Ramersdorf, wohin die Geretteten am 19. April 1635 das Votivbild trugen, erlebte er nicht mehr.

Oben also die himmlischen Heerscharen, unten die ehrfürchtigen Honoratioren; und im Hintergrund die Silhouette Münchens, die Frauentürme, St. Peter, die Stadtmauer. Davor aber die Zelte. Ein gewaltiges Heerlager. Es sind die Schweden, die Truppen Gustav Adolfs. Die ersten Reiter waren am Morgen des 15. Mai 1632 vor dem Neuhauser Tor erschienen, wo es zu einem Schusswechsel kam, den die Münchner aber rasch einstellten. Den schwedischen König zu reizen, erschien nicht ratsam, denn in Kürze, das ahnte man, würde die Stadt seiner Willkür ausgeliefert sein. Die Bauern, die in die Stadt geflohen waren, konnten ein Lied davon singen. Die Soldaten hatten Dörfer abgefackelt, Vieh geraubt, Frauen vergewaltigt, die Männer gefoltert, und schließlich alle umgebracht, auch die Kinder. Das war keineswegs nur eine Spezialität der Schweden. So machten es alle. Ob die Feldherren Wallenstein, Tilly, Mansfeld oder eben Gustav Adolf hießen – ihre Truppen entfachten die Hölle. Selbst wenn es die Untertanen der Verbündeten waren, so mordeten sie doch und verzehrten das Geraubte.

Neu war in dieser Phase des Krieges nur, dass nun auch die bayerische Bevölkerung und mithin die Münchner mit dem Schlimmsten rechnen mussten. Wie hätten Männer wie der Bierbräu Starnberger oder der Metschenk Reitter ahnen sollen, dass es eines Tages auch sie betreffen würde, was am 23. Mai 1618 in Prag begann? Damals hatten Mitglieder der protestantischen Stände Böhmens die kaiserlichen Statthalter Martinitz und Slawata samt ihrem Sekretär aus einem Fenster der Prager Burg geworfen. Das war nichts anderes als eine Revolution. Die Böhmen wollten sich der Vorherrschaft des Kaiserhauses Habsburg entziehen. Sie erklärten ihren König, den gegenreformatorisch gesinnten Ferdinand, für abgesetzt und wählten den protestantischen Kurfürsten Friedrich V. von der Pfalz auf den Thron.

Max macht mobil

München, im Jahr 1618: Herzog Maximilian I., ein kühl kalkulierender, der katholischen Sache inbrünstig verschriebener Herrscher, regiert Bayern seit mehr als 20 Jahren. Zur Feier seiner Majestät hat er die Residenz zu einem „herrlichen Wundergebäu“ (so ein Zeitgenosse) aufmöbeln lassen, dem Volk aber verordnet er eine christkatholisch fromme Lebensführung, was so weit geht, dass man nach Ostern zur Kontrolle alle Beichtzettel einsammelt. Vor allem aber steht Maximilian an der Spitze der katholischen Liga, die sich 1609 gegen die Union der protestantischen Reichsfürsten formiert hatte. Jetzt, nach dem Prager Fenstersturz, sieht er sich zum Eingreifen gezwungen. Es wird Krieg geben, da gibt es kaum Zweifel, und es gibt gar keinen mehr, als die katholischen Reichsfürsten im Dezember 1619 beschließen, ein Heer gegen die aufständischen Böhmen zu mobilisieren.

Aber darf Maximilian sicher sein, dass der Krieg nur im gar nicht so fernen Böhmen toben werde? Das kann er nicht, und das ist er auch nicht. Für den Krieg aber wäre München schlecht gewappnet. Die Befestigungsanlagen sind veraltet, weshalb der Landesherr seit Jahren mit mäßigem Erfolg versucht, den störrischen Magistrat zum Ausbau der Verteidigungswälle zu bewegen. Ende 1618 macht Maximilian Dampf. Er lässt Pläne erstellen, Kosten errechnen, und ein Jahr später beginnen die Schanzarbeiten. Die Stadt stellt 200 Männer und 300 Frauen bereit – nicht genug für die gigantische Anlage aus Mauern, Wällen und Gräben. Zusätzlich werden Straftäter, Bettler und Landstreicher zwangsverpflichtet. Nach vier, fünf Jahren reißt der Schlendrian ein, schließlich finden die Kämpfe woanders statt. Am 8. November 1620 hatte das kaiserlich-katholische Heer unter Maximilian die Böhmen in der Schlacht am Weißen Berg besiegt und den Pfälzer Friedrich vom Königsthron verjagt. Maximilians Feldherr Tilly wandte sich gen Norden, wohin es bald auch die verbündeten Kaiserlichen zog, angeführt von Wallenstein, dessen Stern immer heller leuchtete. Maximilian fuhr derweil seinen Lohn ein: Kaiser Ferdinand II. stattete ihn mit der pfälzischen Kurwürde aus, die der geächtete Friedrich verloren hatte.

Als Gustav Adolf auf Seiten der Protestanten in das Kriegsgetümmel eingreift, wendet sich das Blatt. Bei Rain am Lech tritt Tilly dem schwedischen König ein letztes Mal entgegen. Am 14. April 1632 beginnt das Dauerfeuer des überlegenen Heers Gustav Adolfs. Am nächsten Tag sind Bayerns Truppen geschlagen, ihr Kommandeur Tilly, getroffen von einer Kugel, stirbt 14 Tage nach der Schlacht. Das gut befestigte Ingolstadt widersteht der schwedischen Belagerung. Aber da ist ja noch München, die Residenzstadt des feindlichen Kurfürsten Maximilian. Deren Wallgürtel ist nicht mal zur Hälfte fertig. Das weiß Gustav Adolf. Und ebenso weiß er, dass die städtische Bürgerwehr keine Chance gegen seine kriegserprobte Söldnertruppe hätte. Auch die Münchner machen sich keine Illusionen. Der Kurfürst weilt fern bei seiner Armee, die Kurfürstin und ihr Schwager, Herzog Albrecht, machen sich aus dem Staub, nicht ohne die Schatzkammer in Sicherheit zu bringen. Jedem ist klar: Gustav Adolf, „der Löwe aus Mitternacht“, braucht nur noch zuzuschnappen. Was, wenn er seine Drohung wahrmachte, München das büßen zu lassen, was im Vorjahr in Magdeburg geschah? Am 20. Mai 1631 hatten Tillys Söldner die Stadt erobert und in grausamster Weise gewütet. Etwa 20 000 Menschen waren dem Massaker zum Opfer gefallen. Die Stadt wurde vollständig niedergebrannt. Ob die schwedischen oder bayerischen Söldner das Feuer gelegt hatten, war Gegenstand des nachfolgenden Propagandakriegs.

42 Münchner als Pfand

Mitte Mai schlagen die Schweden in Freising ihr Lager auf. Nach einigem Hin und Her empfängt Gustav Adolf eine Münchner Delegation, darunter die Bürgermeister Friedrich Ligsalz und Ferdinand Barth, die um Gnade bitten. Der König lässt sich insofern erweichen, als er seinen Großmut mit Geld aufwiegen lässt. 400 000 Reichstaler fordert der Schwede; andernfalls würde er seiner Soldateska freien Lauf lassen.

Am 17. Mai 1632 zieht Gustav Adolf mit drei Regimentern feierlich in München ein. Er bezieht Quartier in der Residenz, die Maximilian gewiss nicht für ihn so prachtvoll ausgestattet hat. Der größte Teil der Truppen lagert vor der Stadt und verwüstet die Umgebung. Die Münchner kommen vergleichsweise glimpflich davon. Der König pocht auf Disziplin; Eigentum und Leben der Bürger dürfen nicht angetastet werden. Drei seiner Soldaten lässt er an den Galgen knüpfen, weil sie in der Stadt geplündert haben. Ein Zeitzeuge, der Abt von Andechs, schreibt über Gustav Adolfs Besatzungsregime: „Denn alles, Leben, Eigentum und Ehre, war unter Ihm sicherer als selbst unter der churfürstlichen Garnison." Und der Eroberer ist begeistert von seiner Beute. Sie sei, sagt Gustav Adolf über das in ärmlicher Umgebung liegende München, „ein goldener Sattel auf dürrer Mähre".

Ein vergiftetes Kompliment, enthält es doch die Botschaft, dass etwas zu holen sei. Wenigstens gelingt es den Münchnern, die Kontribution auf 300 000 Reichstaler herunterzuhandeln. Unverzüglich klopfen die städtischen Geldsammler an jede Tür, auch Witwen, Knechte und Mägde müssen die letzten Habseligkeiten opfern; den Wohlhabenden knöpft man Geld, edles Geschirr und den Familienschmuck ab. Doch es reicht bei weitem nicht, zumal die städtischen Kassen infolge von Kriegskosten und Schanzarbeiten leer sind. Kaum ein Drittel der Summe kommt zusammen. Die Angst geht um in der Stadt. Man weiß nur zu gut, wie es Magdeburg erging.

Doch am 7. Juni 1632 ziehen die schwedischen Truppen ab. Wallenstein ist wieder auf dem Kriegspfad, man wird anderswo gebraucht. Für das ausstehende Geld verlangt Gustav Adolf ein Pfand: 22 weltliche und 22 geistliche Geiseln. Zwei der Ausgewählten erkranken, die übrigen 42 werden nach Augsburg gebracht, wo sie der Pöbel übel empfängt. Zwei Monate später rücken die Münchner nochmals 73 000 Reichstaler heraus, die der Kurfürst spendiert hat. Den Schweden genügt das nicht. Es folgt ein nervtötendes Gefeilsche, und als eine der Geiseln, Martin Valpichler, trotz Eides von einer Verhandlungsmission nicht zurückkehrt, scheint das Leben der übrigen keinen Pfifferling wert zu sein. Sie werden misshandelt, zeitweise in Eisen geschlagen. Verzweifelte Rettungsversuche: Man einigt sich mit den Schweden, die Schulden mit Salz zu begleichen. Doch nur eine verschwindend geringe Menge an Salzscheiben gelangt in den Kriegswirren nach Augsburg.

Am 6. September 1634 bringen die kaiserlichen Truppen den Schweden bei Nördlingen eine empfindliche Niederlage bei. Im März des folgenden Jahres kapituliert Augsburg vor den kaiserlich-bayerischen Belagerern. Die Geiseln sind frei. Unter ihnen der Franziskaner Rechpacher, der alles andere als glücklich gewesen sein dürfte. Er war mittlerweile zum Luthertum übergetreten.

Das also war der Frevel, mit dem Rechpacher die Ehre verwirkt hatte, auf Kagers Votivbild zu erscheinen. Dem wortbrüchigen Valpichler erging es ebenso. In München aber hatte man andere Sorgen. Dort grassierte die Pest, die im Frühjahr 1635 nur allmählich abflaute. 7000 Münchner, etwa ein Drittel der Bevölkerung, fielen der Seuche zum Opfer.

Wolfgang Görl

Drache des Bösen: Die Schrecken des Dreißigjährigen Krieges symbolisiert dieses Monster, das auf einem zeitgenössischen Flugblatt dargestellt ist.

Die Räuber sind in der Stadt

Ein Gemälde von 1634 zeigt den Schrannenplatz, den späteren Marienplatz, als Ort des prallen Lebens und als Treffpunkt der umherziehenden Soldaten

So sah der Markt zu München, der heutige Marienplatz, in den Zeiten des Dreißigjährigen Krieges aus. Die Nordseite, dort, wo man gegen Ende des 19. Jahrhunderts das Neue Rathaus errichtete, begrenzte ein „Unter den Bögen" genanntes Ensemble attraktiver Gebäude. Das kleine Haus in der Mitte diente als Wache für die kurfürstliche Polizei, die unter Maximilian I. ein unerbittliches und gewiss nicht populäres Organ zur Aufrechterhaltung der Disziplin war. Später hat Maximilian auf dem der kommunalen Hoheit unterstehenden Platz die Mariensäule errichten lassen, mit der er unmissverständlich demonstrierte, dass die Herrschaft der Wittelsbacher Dynastie unter dem Patronat der Gottesmutter steht.

Wer das Bild, das mit der Jahreszahl 1634 datiert ist, gemalt hat, weiß man nicht. Was der Künstler zeigt, hat sich mit Sicherheit nicht in einem bestimmten, datierbaren Moment abgespielt. Vielmehr komponiert er ein Tableau aus verschiedenen Szenen, die vermutlich den Zeitgenossen vertraute Sinnsprüche darstellen. Welche, lässt sich kaum sagen. Zu kühn wäre wahrscheinlich die Deutung, der Mann, der vor der kurfürstlichen Wachstube hockt und kackt, begehe eine krasse Form der Majestätsbeleidigung. Spinnt man das Garn weiter, dürfte man denselben als künftigen Schicksalsgenossen des am Galgen hängenden Mannes betrachten.

Fragwürdig ist die Annahme, bei den Soldaten, die sich in bunter Vielfalt auf dem Platz tummeln,

handle es sich um die schwedischen Besatzer von 1632. Eher sind hier die kaiserlichen Truppen zu sehen, die nach dem Abzug der Schweden in die Stadt einrückten und, wiewohl katholische Verbündete, keineswegs vor Raufereien und Raubzügen zurückschreckten. Ein Trupp von 4000 Spaniern, die aus Furcht vor einem erneuten schwedischen Angriff im Juli 1634 nach München verlegt worden waren, schleppte die Pest ein, die verheerende Folgen zeitigte. Davon erzählt der Maler allerdings nichts. Die Menschen hätten sich auch gehütet, nach Ausbruch der Seuche massenhaft den Marktplatz zu bevölkern. Die Fässer und prallen Getreidesäcke belegen zudem, dass es dem Künstler keineswegs um die Darstellung materieller Not ging.

Wolfgang Görl

Der Markt während des Dreißigjährigen Krieges: Ein Bild aus dem Fundus des Münchner Stadtmuseums, datiert 1634 – der Künstler ist unbekannt.

Das Gesicht des Krieges

Bestie Mensch: Noch kurz vor dem Frieden erlebt das Umland die Hölle – München bleibt verschont

Der 5. Oktober des Jahres 1648 ist ein ruhiger Herbsttag. Er ist nebelverhangen und gerade gut für eine Jagdpartie. Willkommene Abwechslung für die Herren Offiziere. Seit einem Monat kampiert der gefürchtete schwedische General Carl Gustav Wrangel mit seinen 4000 Soldaten im Markt Dachau. Jahrelang hat der General auf deutschen Kriegsschauplätzen gekämpft, zuletzt hat er sich vor den gerade wieder einmal vereinten bayerisch-kaiserlichen Truppen unter Octavio Piccolomini zurückziehen müssen. Da muss ein wenig Vergnügen doch erlaubt sein, glaubt Wrangel. Er lässt aufsitzen und reitet zur Hirschjagd in die Waldgebiete zwischen Dachau und München. Nicht ahnend, dass er selbst die Beute sein soll.

Denn die bayerischen Truppen haben Wind vom Ausritt der Schweden bekommen. Im heutigen Kapuzinerhölzl fällt der kurfürstliche Reitergeneral Jan van Werth über die völlig überrumpelten Schweden her. Am Ende liegen Hunderte schwedische Kavalleristen tot im Moor. 1000 Pferde haben die Bayern erbeutet, wertvolles Essgeschirr und Wrangels goldenen Degen. Dem Feldherrn gelingt die Flucht. Ausgerechnet ein fliehender Hirsch weist dem derangierten General den Weg aus den heimtückischen Sümpfen im Dachauer Moos.

Das „Gefecht von Dachau" ist die letzte Schlacht des Dreißigjährigen Kriegs. Wenige Tage nach dem Gemetzel im Moos wird in Osnabrück und Münster der Westfälische Frieden unterzeichnet. Wrangel, der sich zusammen mit seinem französischen Kollegen Turenne nach Feuchtwangen zurückgezogen hat, tobt und zertritt seinen Hut: Er wird keine Gelegenheit mehr zur Revanche für die Schmach von Dachau bekommen. Die Zeit der Warlords ist vorbei. Die Bevölkerung des Münchner Umlands atmet auf – wenn sie noch Kraft dazu hat.

Wehrlos war sie 16 Jahre lang dem Durchzug mal der schwedischen, mal der kaiserlichen Soldateska ausgeliefert gewesen. Wehrlos? Nicht ganz. Im Hof des Münchner Stadtmuseums erinnert der Schwedenstein an General Horn, der 1632 nahe Putzbrunn vom Leben zum Tod befördert worden sein soll. Hatten Bauern einen ihrer Peiniger zur Strecke gebracht? Im einen oder anderen Fall ist das überliefert. So weiß man, dass am 26. Mai 1632 die wackeren Oberländer bei Dietramszell über die Schweden herfielen, die gerade schwer beladen mit Beute aus Tölz abrückten. Nur eben: An wen immer der Schwedenstein erinnert – General Gustav Carl Horn war es nicht. Er erfreute sich noch 16 Jahre nach seinem angeblichen Tod bester Gesundheit und starb erst neun Jahre später.

Dennoch illustriert das Beispiel Putzbrunn auf eindrucksvolle Weise, welchen Preis das Umland für die Schonung Münchens durch die schwedische Armee zu zahlen hatte. Als König Gustav Adolf 1630 zur Rettung der protestantischen Sache in Norddeutschland landet, befehligt er die disziplinierteste Armee seiner Zeit – eingeschworen auf ihn, den „Löwen aus Mitternacht", auf die Sache des Glaubens, in Furcht vor dem Herrn im Himmel und einem drakonischen Strafregiment auf Erden. 1648 sind die Schweden fast noch berüchtigter als ihre Gegner für moralische Verwahrlosung und Grausamkeit. Sie plündern, brandschatzen, vergewaltigen. Und machen dabei gute Geschäfte.

Was die Schweden bei ihrem ersten Vorstoß nach Oberbayern im Jahr 1632 den Putzbrunnern, Ismaningern, Gautingern wegnehmen, können diese – sofern sie überlebt haben – am anderen Ende der Stadt München zurückkaufen. Das schwedische Heerlager vor dem Neuhauser Tor ist der große Umschlagplatz für Beutegut. Manch Münchner Bürger trägt Hehlerware aus dem Umland für wenig Geld heim. Ein Zeitgenosse: „Untertags, da haben die schwedischen Soldaten allerlei Sachen in die Stadt zu verkaufen gebracht, große Mengen von Rindern, viele Rosse, noch mehr Schweine, Weiberschleier, allerlei Leinwand, Flachs und Garn, Hafer, zinnene Schüsseln und Kannen, gar viel Kupfergeschirr, gestohlene Kelche, Wachsstöcke ... Welches alles um den geringsten Wert von dieser Stadt Inwohnern ist aufgekauft worden."

Verlierer sind immer die Menschen in den Dörfern. Denn nach dem ersten Schwedeneinfall 1632 kommen die Spanier und die Kroaten von der kaiserlichen Konkurrenz. Nicht weniger, oft sogar noch mehr gefürchtet,

Schwedengräuel:

Links: Zeitgenössisches Bild barbarischer Übergriffe durch Soldaten im Dreißigjährigen Krieg. Vorne rechts eine Darstellung des „Schwedentrunks", bei dem dem Opfer durch einen Trichter Flüssigkeit eingeflößt wurde, bis sein Bauch platzte.

wie der Andechser Abt Maurus Friesenegger in seinem Tagebuch für das Jahr 1633 notiert: Die Kroaten waren den Bauern wegen ihrer Räuberei „mehr als die Schweden verhasst". Dass kaiserliche Truppen durch gut katholisches Land ziehen, das sie eigentlich von den protestantischen Eindringlingen befreien sollen, hindert sie nicht am Plündern. Der Krieg ist schon lange keine Glaubenssache mehr. Er ernährt seine Kinder. Und er lässt die Menschen im Münchner Umland verhungern.

Unwetter, Missernten, Mäuseplagen und die vermutlich von den Spaniern eingeschleppte Pest tun ein Übriges: 1634 sterben von 500 Einwohnern in Eching am Ammersee 310, in Wackersberg bei Tölz überleben gerade einmal fünf Familien. Im Landgericht Dachau sinkt zwischen 1611 und 1640 die Bevölkerungszahl um mehr als die Hälfte. Niemand in Bayern denkt daran, dass es noch schlimmer kommen könnte. Doch das tut es.

Erding, dreimal zerstört

1646 bis 1648 kehren Franzosen, Schweden, Kaiserliche und mit ihnen der Krieg nach Oberbayern zurück. Die inzwischen völlig entwurzelte Soldateska wütet grausamer denn je. Die Stadt Erding, bereits dreimal ausgeplündert und zweimal niedergebrannt, wird zum dritten Mal ein Raub der Flammen. Abt Maurus Friesenegger sitzt auf seinem heiligen Berg Andechs und verzweifelt an der Menschheit: „Seitdem die Kaiserlichen eingerückt und hauptsächlich den Distrikt zwischen der Isar und dem Lech besetzt halten, wünscht Jedermann die noch besseren Schweden ... Ohne Unterschied des Alters und des Geschlechts banden sie die Menschen, entblößten sie ganz und schändeten die einen zu Tode und die anderen jagten sie bei kalter Herbstzeit ganz nackend von sich. Solche Bestien macht der anhaltende Krieg aus den Menschen."

Und München? 1632 hat sich die Stadt durch ungeheure Tribute vor der Brandschatzung bewahrt; nun, 1646, geht Entsetzen um: Die Schweden kommen zurück. Allerdings haben die Münchner etwas, was sie 14 Jahre zuvor nicht besaßen: einen modernen Festungswall, zyklopische Bastionen rund um die müden alten Stadtmauern, Feuerstände für schwere Kanonen, tiefe Wallgräben, ein

Brennende Dörfer: Die Grafik zeigt die Leiden der Region München.

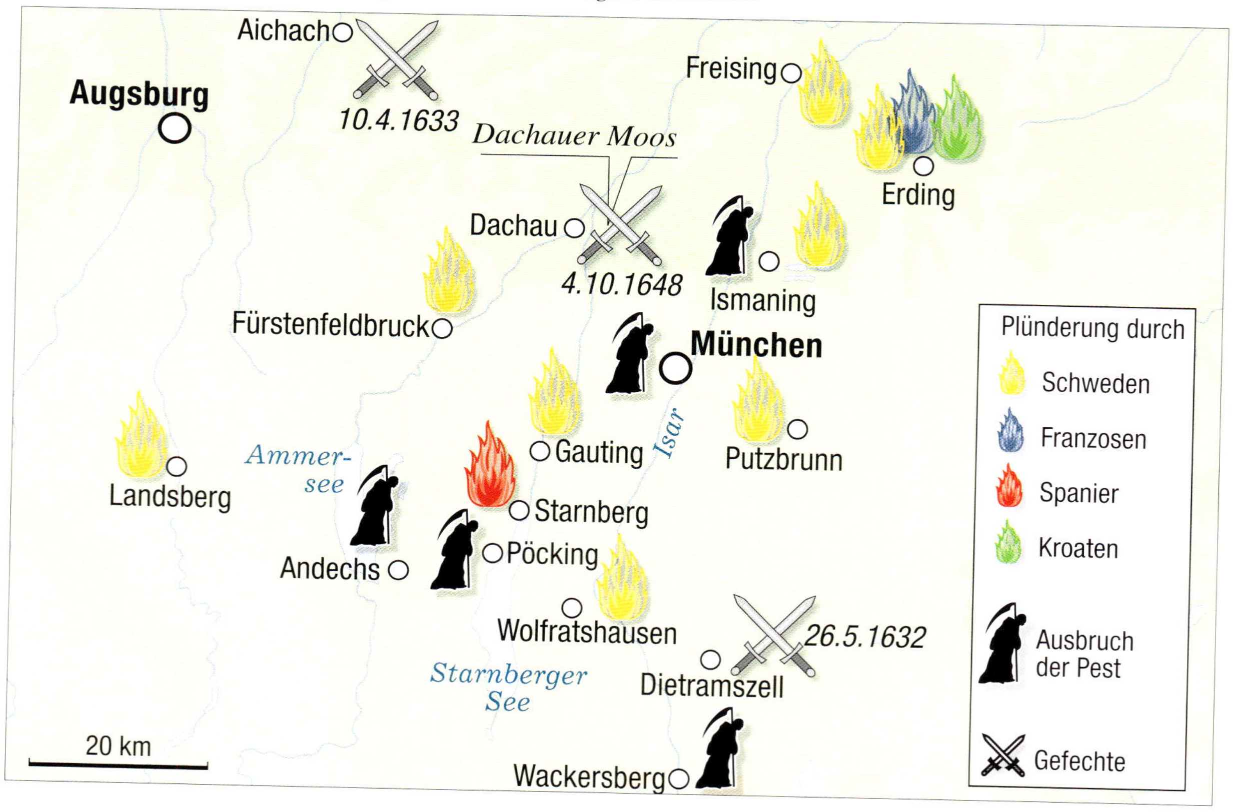

durchdachtes System von Schanzen, an deren schrägen Böschungen die Kugeln des Gegners abprallen und von denen aus jeder Winkel des Vorfelds unter Feuer zu nehmen ist. 1632 war die Festung noch nicht fertig gewesen, anders als damals ist die Stadt jetzt abwehrbereit.

Aber nur bedingt. Beim Nahen des Feindes ergreift Kurfürst Maximilian I., allerchristlichster Ritter des Katholizismus, wie 1632 eilends die Flucht. Man sagt, dass die Kurfürstin weinend den Reisewagen bestiegen habe und in laute Klagen gegen ihren Bruder, den Erzherzog Wilhelm Leopold, Generalissimus der kaiserlichen Armee, „ausgebrochen seie, daß er es seie, aus dessen feindseligen Gemüte gegen baiern es geschehe, daß baiern nochmal den Feinden zu teil werde“. Die Flucht hindert Maximilian nicht daran, seinen lieben Untertanen keine Feigheit vor dem Feind zu gestatten. Mehr als der Ruin seines Landes scheinen ihn, in sicherer Entfernung, sittliche Beklemmungen zu beschäftigen. Ausführlich erörtert er die Frage, ob eine Jesusfigur der Kapuziner zu viel Fleisch zeige (nein) oder ob die voreheliche Sinnenfreude der Landeskinder der Weg zur Verdammnis sei (ja).

Grausame Tage. Schon verwüsten Wrangels Kriegsknechte das Umland, Flüchtlinge strömen zur Festung. Man kann die menschlichen Dramen nur noch ahnen, man kennt sie aus dem 20. Jahrhundert: Der Zug der Pferdewagen, von den Straßen abgedrängt, die braucht das Militär, weinende Kinder und Mütter, und das alles vor den Wällen, den Toren und Türmen der Stadt.

Eine Reiterpatrouille im Dreißigjährigen Krieg. Gemälde von Werner Schuch (1843–1918).

Am 15. September preschen feindliche Reiter über die Isar. Die Wälle starren nun vor Waffen, noch einmal werden die Bewohner und die Soldaten des Kurfürsten die Schweden nicht in ihre Stadt hineinlassen. Der Rat hat es abgelehnt, die Stadt zu verlassen. Dann sind die Schweden da.

Ihre Reiter sind von den Wällen aus zu sehen. Im Umland brennen die Bauernhöfe, Rauch steigt zum Himmel. Die Feinde fouragieren entlang der Isar, und wehe dem, der ihnen jetzt noch in die Hände fällt. Aber der große Angriff bleibt aus: Zu stark sind die Bastionen, zu ungewiss die Aussichten, sie zu stürmen, zu sicher schwere Verluste. Es ist das einzige Mal, dass das Festungswerk ernsthaft geprüft wird – und besteht.

Der Krieg zieht sich hin. Im März 1648 flieht Abt Friesenegger von Andechs nach München. Er will Frauen und Kinder, Mitpatres und natürlich sich selbst in Sicherheit bringen. Auf Höhe Sendling, schon ist die Stadt zu sehen, greifen streunende Freibeuter den kleinen Wagenzug an. Doch die Männer schießen zurück, zwei Räuber liegen in ihrem Blut, die übrigen fliehen, nehmen aber acht Pferde mit. Anderntags, berichtet Friesenegger, war die Stadt „voll Geschrei von unserer Bataille und unserm Sieg, wobei wir uns von unsern Schrecken erholten“.

Noch immer ist München voller Flüchtlinge. Friesenegger: „Es war eine schaudernde Confusion und Lamentation und in allen Gassen und vor den Toren, ein fürchterliches Gedränge von Mensch und Viehe, wobei die Reichen ihre Reichtümer auf geladenen Wägen hinaus und die Armen ihre Armut auf blutenden Rücken hinein schleppten.“ Bei den Reichen handelte es sich auch um den Kurfürsten und seinen Hofstaat: Aus Angst vor Wrangel gehen sie erneut stiften, diesmal ins sichere Salzburg. Zuvor aber hat Maximilian den Abt verhören lassen, da er die Stadt in übermäßigen Schrecken versetzt habe. So wenig, schreibt Friesenegger erschüttert, „wußte und glaubte man in der Stadt, was auf dem Lande geschah.“

Martin Bernstein / Joachim Käppner

„Die Hand des Herrn liegt hart auf Dir“

Nie zuvor hat ein gewaltsamer Konflikt die Region so hart getroffen – ein anonymes Klagelied von 1648 über Elend und Ruin des Landes

Kein Jahrhundert war ohne Krieg gewesen, und meist waren es zahllose kleine und regionale Kämpfe, welche im Mittelalter und dann in der frühen Neuzeit die Bewohner des Deutschen Reiches peinigten. Dennoch war das 16. Jahrhundert eines des Aufschwungs gewesen, das 17. aber sollte Zerstörungen in nie gekanntem Ausmaß bringen. Der Dreißigjährige Krieg 1618 bis 1648 kostete Millionen Menschenleben, er entvölkerte ganze Landschaften und vor allem in seiner Schlussphase auch Teile Bayerns. Es entstand nun im Reich eine eigene Form der Lyrik, anklagende, die eigenen Fürsten nicht schonende Epen wie „Die Tränen des Vaterlandes Anno 1636“ von Andreas Gryphius: „Wir sind doch nunmehr ganz, ja mehr denn ganz verheeret! / Der frechen Völker Schar, die rasende Posaun / Das vom Blut fette Schwert, die donnernde Kartaun, / Hat aller Schweiß und Fleiß und Vorrat aufgezehret.“

Trostlos klingt in einem anonymen Gedicht das Schicksal Bayerns, dessen Herrscher sich als Vorkämpfer des Glaubens aufgespielt hatte. Erst nach dem Krieg sind auch wieder leise Hoffnungen zu spüren.

Joachim Käppner

Bayerisch Klaglied.

(Komponiert 1648, anonym)

O Bayrn, du liebes vatterlandt,
du machst mir tausent schmerzen,
dein ellendt und betriebter standt,
der geht mir tief zu Herzen.

Die hand des herren liegt hart auf dir,
die noth hat dich umbfangen,
das Urtheil nach des feindts begehr,
ist wider dich ergangen.

Von allen lieben freinden drein
bist maistenthailß verlassen,
und mueßt ein raub und wohnung sein
derjennen, die dich hassen.

Ach, wie vil arm unschuldtig leith,
viel wittiben und waisen,
die mießen in der bitterkheit,
im ellendt umher raisen.

In hunger und khumer bis in tod,
es ist nit auszusprechen,
wer wissen hat umb dise noth,
dem soll das herz zerbrechen.

Wie manich schene pläz und orth
haben schon ihren rest empfangen
und seyen da durch prandt und mord
unschuldig untergangen.

Das liebe traidt und täglich prodt
thuet nach der sichel schreyen,
wolt gern der armen hungersnoth
ergegnen und erfreyen.

Der schnitter aber in der flucht
darf sich mit drumb bewerben,
entzwischen mueß die edle frucht
dort auf dem veldt verderben.

Das wird man erst aufs jar hinan,
wan sich der sam soll sparen,
wann man nit wider bauen khan,
ellendtiglich erfahren.

Herr Jesu Christ sieh du darein,
und thue unß baldt erlösen,
biß dahin würdt khein mittel sein,
daß wür khünden genesen.

Denn die unß sollten defendirn
und ihre waffen brauchen,
die thuen villmehrers milinirn,
uns selbsten außzurauchen.

Verschon, o Herr, und hilf zur stundt,
laß unß nit gar verderben,
wilst dan, daß alles geh zu grundt,
so laß uns seelig sterben.

Und gib uns für das zeitlich gueth,
darauf nit vill zu zihlen,
was dorthen ewig freyen thuet,
alles nach deinem willen.

Diß gsang zu seiner zeit erdacht
mit thrauren und mit schmerzen
hat manich nasses aug gemacht
und vill betriebte herzen.
Dem componisten diser vers
ist hauß und hof verbrunen,
darumb mit schmerz hat ers
ohn ursach nit ersunnen.

Gott will ihm geben glickh und gnadt,
zu dem er sein verthrauen,
daß er mit dessen hilf und rhat
ein anders khündte bauen.

Kriegsende und Hoffnung

Der Jesuit Johann Jacob Balde, bekannt als der „deutsche Horaz", sah Bayern wieder erstehen. In einer seiner ursprünglich lateinischen Oden besingt er den Wiederaufstieg Münchens nach dem Krieg.

Die Flamme sank und wohlbehalten
doppeln die Städte den Glanz, gefällig
mit neuer und ehrwürdig mit alter Pracht.
Voran die deutsche Roma.

Zermalmtes steigt gefesteter empor vom Grund und
stolzer. Es rücken die engen Straßen,
die neuen Herde weiter und weiter hin ins Feld,

Und uns're Tempel, wie angestrahlt vom
Himmelsschimmer und von Festschmuck,
leuchten empor mit getürmten Kuppeln.

Der Tod reitet übers Land: Wo eben noch Felder blühten und Menschen lebten, herrschen nun die Gräuel der Verwüstung.

Die Theatinerkirche und das später abgerissene Schwabinger Tor, hier auf einem Ölbild von Joseph Carl Cogels, 1814.

Pracht und Predigt

Was auswärtige Besucher sehen und erleben

Als Reiseziel war München schon immer attraktiv, auch in der 2. Hälfte des 17. Jahrhunderts kamen zahlreiche Fremde, die über die kurfürstliche Residenzstadt schrieben. Hier Auszüge aus zwei zeitgenössischen Reiseberichten.

Der weitgereiste Gelehrte Gottfried Wilhelm Leibniz kam 1688 nach München.

Aus einem französischen Tagebuch eines unbekannten Verfassers, 22. Juli 1661 (Bestand der Staatsbibliothek): „Wir betraten München um 10 Uhr. Am Tor müssen erst der Eintritt und die Namen der ankommenden Fremden dem Landesherrn gemeldet werden. Dadurch wartet man lange vor dem Tore, ohne eintreten zu können, was äußerst unbequem und anderswo, sei es in Italien oder in Deutschland, auch wenig gebräuchlich ist.

Die Messe habe ich bei den Augustinern gehört, die Kirche ist ziemlich hübsch. Dann ging ich durch die Stadt spazieren und fand die Straßen breit, schön und gut gepflastert. Die Häuser sind mit Malereien verziert und verschieden, bald hoch, bald nieder. Der große Platz ist von schönen Wohnungen umgeben, auf der einen Seite befinden sich Arkaden, unter denen man geschützt herumgehen kann.

Diesen Tag besuchte ich auch das Haus und die Kirche der Jesuiten, es ist eines der schönsten Klöster, die man sehen kann. Die Mönche sind achtzehn an der Zahl. Sie haben keine Pensionäre, was in Deutschland sehr gebräuchlich ist, aber sie haben gut 1400 oder 1500 externe Schüler.

Montag, den 25. Juli, Fest des heiligen Jakob. Wir sahen an diesem Tag den prachtvollen Palast des Kurfürsten von Bayern, der mehrere von Appartements ganz umschlossene Höfe umfasst. Der Haupthof ist von vier großen Vesten umgeben, die von außen bemalt sind. Nichtsdestoweniger reicht das Äußere bei weitem nicht an die Großartigkeit seines Inneren hin. Die Gemächer, die für den Kaiser, für den Fall, dass er nach München käme, bestimmt sind, sind geradezu überraschend, und ich glaube nicht, dass man in Deutschland, ja selbst in Frankreich und Italien, ihresgleichen sieht.

Außerhalb des Palastes sah ich eine Reitbahn, die zu Ringelstechen, Turnieren und anderen Ritterspielen dient. Der Kurfürst und die Kurfürstin leben sehr zurückgezogen. Die Tracht an diesem Hofe ist sehr unkleidsam. Sie lassen sich nur sehr selten sehen und man kann selbst die Höfe des Palastes nicht ohne Erlaubnis betreten."

Aus einem Bericht des Philosophen Gottfried Wilhelm Leibniz, 1688: „Am Samstag vor Ostern sah ich die Frau Kurfürstin mit der Prinzessin von Bayern und allen Damen des Hofes zu Fuß durch einen großen Teil der Stadt gehen, um die heiligen Gräber zu besuchen, die in den Hauptkirchen von München ausgestellt waren. Ich hörte eine kleine Predigt, die ihnen ein Jesuitenpater hielt, als sie die Kirche dieses Ordens betreten hatten. Ich weiß nicht, ob er um den Damen zu schmeicheln oder aus anderen Gründen die Qualen weniger betonte und die Liebe desto mehr hervorhob. Am zweiten Ostertag ist es Sitte, dass der Prediger eine kleine Erzählung vorträgt, die man Ostermährle nennt. Die der Jesuiten war einem zum Zwecke des Lachens geschriebenen deutschen Buch entnommen, das Simplicissimus heißt, und das sich sehr dem Geist Francions nähert; man hatte es allerdings etwas verändert."

München Ende des 17. Jahrhunderts

1. Wassergraben
2. Neue Stadtbefestigung
3. Alte Stadtmauer (am Angertor)
4. Karlstor (Stachus)
5. Jesuitenkolleg/Sankt-Michaelskirche
6. Frauenkirche
7. Theatinerkirche
8. Kurfürstliche Residenz
9. Hofgarten
10. Markt (heutiger Marienplatz)
11. Alter Peter
12. Isartor
13. Isarläufe

Gemälde von Karl Lange

Im schönen Schein der Tyrannei

Nach dem Frieden von 1648: München blüht erneut auf – aber auch auf Kosten der Bürger und ihrer überlieferten Freiheiten

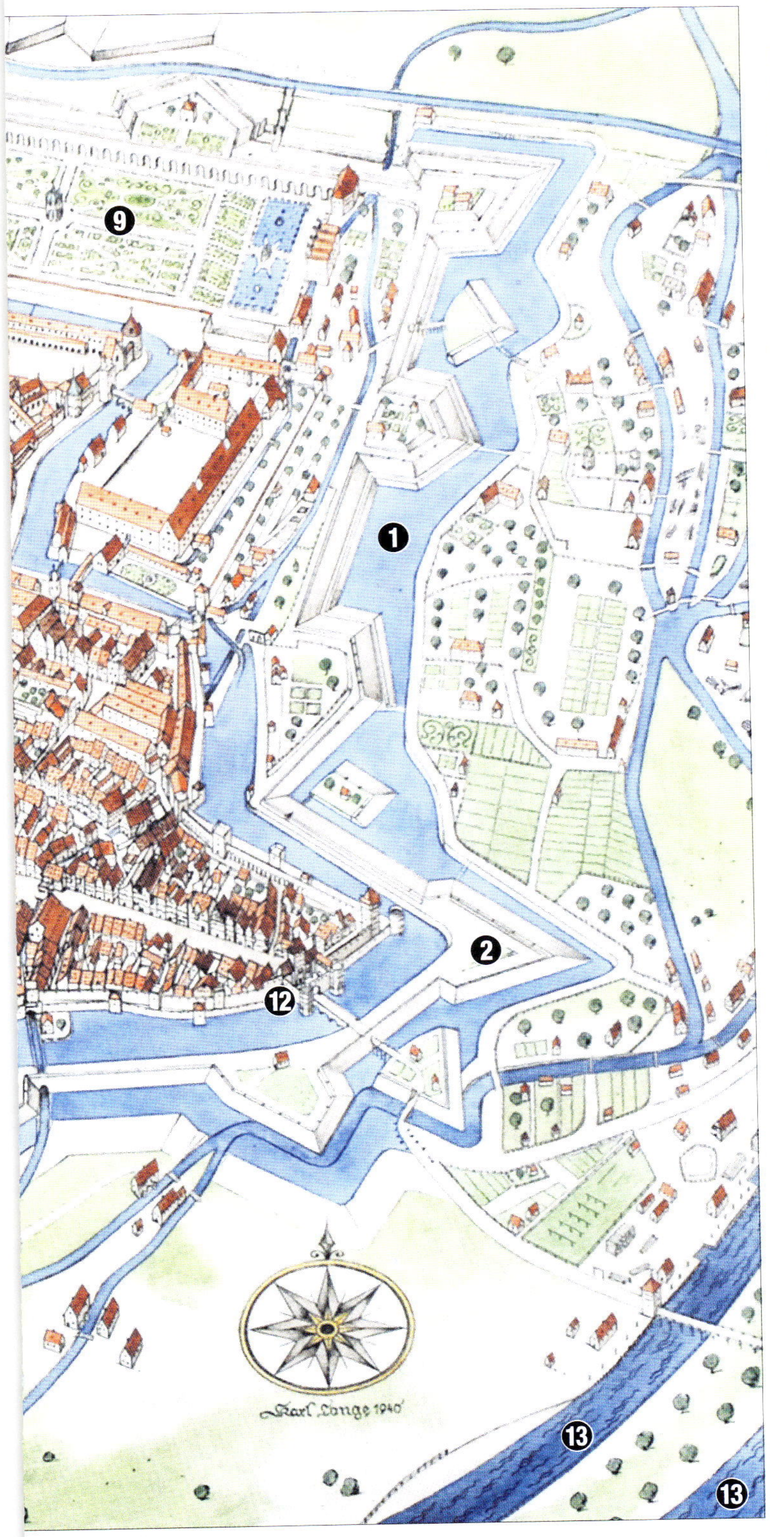

Der Dreißigjährige Krieg ist vorbei, auch in München, das von militärischen Verheerungen verschont geblieben ist, hat er tiefe Spuren hinterlassen. Zum einen, weil sich die Stadt unter Kurfürst Maximilian I. in eine hoheitliche Bastion verwandelt hat. Zum anderen hat die Bürgerschaft mit existenziellen Problemen zu kämpfen. Nur noch 15 000 Münchner leben um 1650 in der Stadt, ein Viertel weniger als zu Beginn des Krieges. „Tyrannisch reglementiert und bei Bedarf sogar exemplarisch bestraft, waren Bürgermeister und Stadträte nur noch mechanisch funktionierende Vollzugsgehilfen der fürstlichen Willensbildung. Der Bürger empfand sich als Statist auf höfischer Bühne; man applaudierte, illuminierte, paradierte, parierte – und resignierte", schreibt Richard Bauer in seiner „Geschichte Münchens".

Das Zeitalter des Absolutismus ist angebrochen, und in Bayern regiert seit 1651 ein friedliebender Kurfürst. Unter Kurfürst Ferdinand Maria gedeiht das höfische Leben. Italienische Architekten, Künstler, Musiker und Schauspieler zieht es in die Residenzstadt, nicht zuletzt weil mit Henriette Adelaide eine kunstsinnige Kurfürstin aus Savoyen-Piemont stilprägend wirkt – der prächtige Turiner Hof gilt nun als Vorbild. Die Theatinerkirche entsteht, ein Triumph des italienischen Barock in München. Am Salvatorplatz baut Ferdinand Maria das erste freistehende Opernhaus Deutschlands, indem er den alten Haberkasten, also das Kornhaus, zu einem Barocktheater umgestaltet. Während vor den Stadttoren gegen Ende des 17. Jahrhunderts prächtige Gärten und Schlösser gebaut werden, rücken die Bürger dichter zusammen; Hausbesitzer stocken ihre Gebäude auf. Der Adel residiert bevorzugt in der Nähe der Residenz, im noblen Kreuzviertel.

Allmählich wächst die Stadt über sich und den alten Burgfrieden hinaus, in der Au entsteht eine erste Tuchfabrik. Eine Geschichte des Wachstums, die im 18. Jahrhundert weitergeht, als Hofkammer und Stadt erbittert um Grundstücke und Stadtgrenzen streiten. *Christian Mayer*

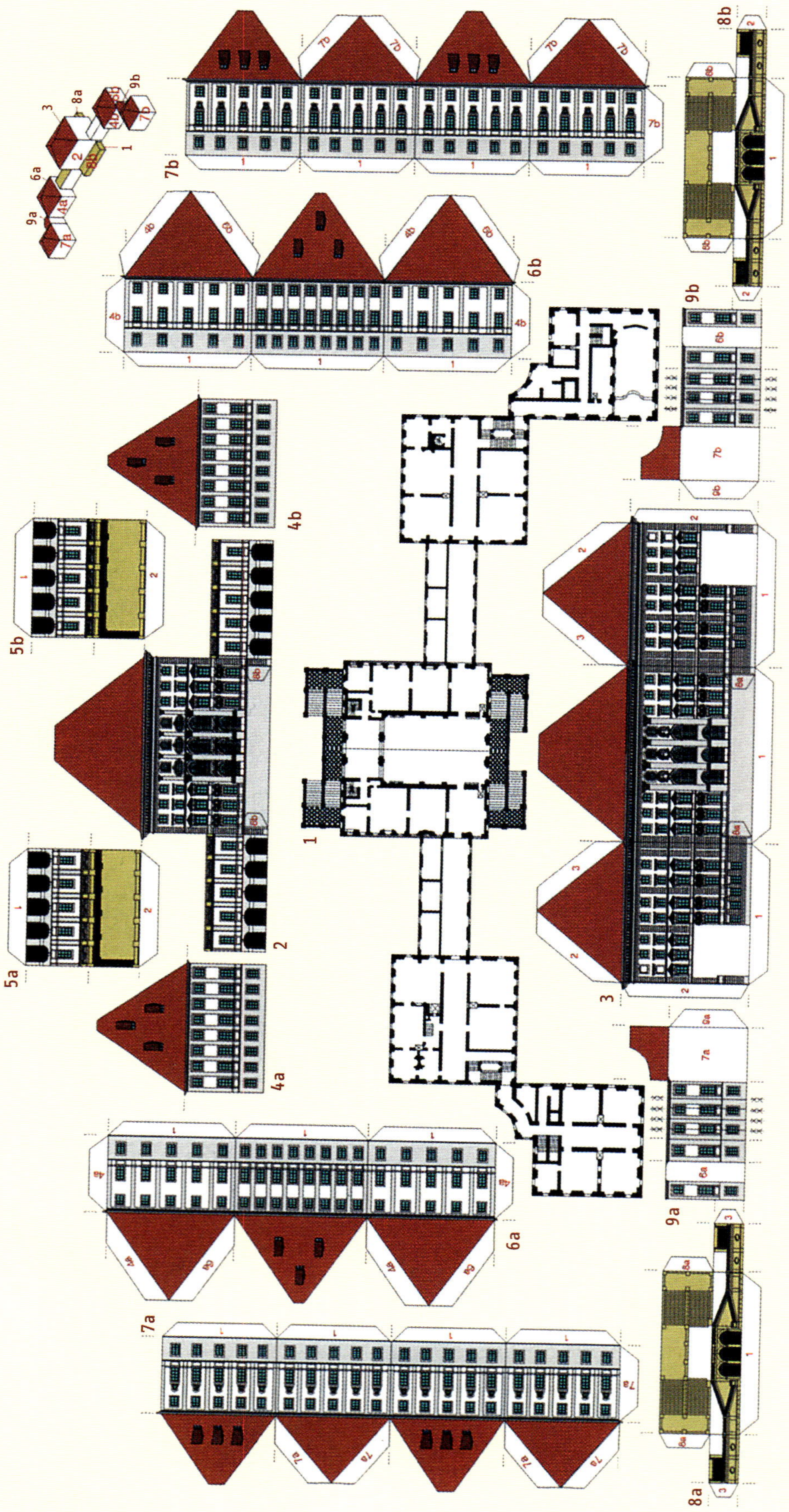

Schloss Nymphenburg leicht gemacht

Der prächtige Bau der Wittelsbacher vor den Toren der Stadt als Papiermodell. Den Bastelbogen im Original gibt es unter www.berlinerluft.org.

Im Garten der Lustbarkeiten

„Einige sahen vieles, niemand sah alles“:
Die barocke Wunderwelt vor den Toren der Stadt

Was für eine Lust zu leben! Und was für ein prächtiges Bild, das sich dem Besucher dieser weitläufigen Parkanlage eröffnet. Ein langgestrecktes Schloss, am Ende eines langen Kanals gelegen, dient gewissermaßen als Einfallstor zu sommerlichen Vergnügungen aller Art: Jagdpartien in den nahegelegenen Wäldern, Ausflüge in venezianischen Gondeln auf den künstlichen Gewässern, Empfänge am Badenburger See, wo sich die Hofgesellschaft in den warmen Monaten zum Tee oder auf eine Limonade trifft. Wer will, kann sich draußen auch dem Jeu de Passe widmen, eine Art frühneuzeitliches Minigolf, das mit Elfenbeinkugeln gespielt wird. Es lebt sich schön in der Sommerresidenz der Bayerischen Kurfürsten – ein schier endloser Garten, bevölkert von Müßiggängern, die stets nach der neuesten Mode gekleidet sind. Und immer wieder ist es der homo ludens, der sich in Nymphenburg der Jagd, dem guten Essen, der Musik und anderen Lustbarkeiten hingibt.

Gemessen an der heutigen Dimension der Anlage sind die Anfänge eher bescheiden. Kurfürst Ferdinand Maria macht seiner Gemahlin Henriette Adelaide von Savoyen ein Geschenk, das sich bald zu einer Dauerbaustelle entwickelt: Überglücklich, dass ihm die Kurfürstin den erhofften Kurprinzen geschenkt hat, erwirbt er 1663 die Schwaige Kemnat, zwei Wegstunden von München entfernt. Geplant ist ein *Lusthaus*, das noch längst nicht die späteren Umfänge erahnen lässt. Ein Kupferstich von 1701 zeigt einen einfachen Pavillon, Wirtschaftsgebäude, eine kleine Kirche und einen streng geometrischen Garten im Renaissance-Stil. „Borgo delle ninfe“ nennt die Fürstin ihr Domizil – eine italienische Villa mitten im Grünen.

Noch heute können sich die Besucher ein Bild von den ursprünglichen Gemächern machen. Kastellan Albrecht Vorherr, der das Schlossmuseum verwaltet, führt sachkundig durch die früher strikt privaten Räume. Die Wände im Audienzzimmer der Kurfürstin sind mit rotem Damast bespannt und mit barocken Deckengemälden versehen; an den Wänden präsentieren sich die Gründer. Das Doppelbildnis des Kurfürstenpaares zeigt einen melancholischen Herrscher in erstarrter Pose. Mantel und Perücke erinnern an die Staatsporträts König Ludwigs XIV. von Frankreich, während seine Gattin Adelaide, mit entblößten Schultern, deutlich mehr Lebensfreude ausstrahlt.

Süchtig nach Ruhm

Nach dem Tod Adelaides 1676 ruhen die Bauarbeiten in Nymphenburg. Erst unter ihrem Sohn Max Emanuel geht der Ausbau weiter. Der Blaue Kurfürst hat in jungen Jahren auf europäischen Kriegsschauplätzen Ruhm erlangt. Sehnsüchtig und rastlos strebt er nach der Königswürde, keiner Auseinandersetzung geht er aus dem Weg, und immer wieder gerät er dabei ins Straucheln. Max Emanuel baut sich Schlösser, die eines Kaisers würdig wären; in seiner Hauptstadt bleibt er dagegen nahezu untätig. Außer in Nymphenburg will er sich auch noch in Schleißheim verwirklichen: ein spätbarockes Prunk-Ensemble, das zur gleichen Zeit in die Breite wächst und nicht minder gigantisch ausfällt. Geld spielt dabei keine Rolle, es wird einfach ausgegeben, bis die bayerischen Staatsfinanzen am Ende seiner Regierungszeit vor dem Kollaps stehen. 26 Millionen Gulden betragen die Schulden, eine unvorstellbare Summe. Dafür können sich die Nachfolger über eine Sommerresidenz freuen, die ihresgleichen sucht.

Nymphenburg ist keine Gartenstadt aus einem Guss, sondern ein Beweis dafür, wie rasch sich die Mode in der Architektur verändert. Mit Enrico Zuccalli, Giovanni Antonio Viscardi und Joseph Effner sind bedeutende Baumeister an der Gestaltung der Flügelbauten beteiligt; Schlösser in den Niederlanden dienen zunächst als Vorlage. Bei den Gartenanlagen ist Frankreich das große Vorbild. Zwangsläufig hat Max Emanuel französische Lebensart kennenlernen müssen – während seiner Zeit als Flüchtling am Hof von Versailles, als ihn die Habsburger aus München vertrieben hatten. Fontaineurs aus der Schule von André Le Nôtre zeichnen für Wasseranlagen und Brunnen verantwortlich: Kunstwerke, die alle Sinne erfreuen.

Aus Paris lässt der Schlossherr seine private Schönheitsgalerie importieren. Es sind Damen, die dem ungeduldigen Kurfürsten die lange Wartezeit versüßt haben dürften: Eine Duchesse des Berry, eine Mademoiselle de Clermont, eine Princesse de Conti, Tochter des Sonnenkönigs – Max Emanuel liebt neben dem Kriegshandwerk die elegante Damenwelt. Ein Hobby, das ihn mit dem späteren König Ludwig I. verbindet, dessen Schönheitsgalerie im Schloss Besucher aus aller Welt heute noch für die Wittelsbacher Dynastie einnimmt.

Im 18. Jahrhundert wächst Nymphenburg endgültig zum Vergnügungspark heran, das Adels-Karussell dreht sich immer weiter. Jedes Jahr im Frühling bricht die vornehme Gesellschaft von der Münchner Residenz gen Westen auf. Eine Parade der Kutschen, die man sich nicht bunt genug vorstellen kann. In seiner Blütezeit dürfte die Zahl der Dienstboten, Köche, Gärtner, Zimmermädchen und Stallburschen in die Tausende gegangen sein, einmal abgesehen von den Arbeitern und Flößern, die immer neues Baumaterial auf den Nebenarmen der Würm heranschaffen mussten.

Schon damals gilt das Schloss als Sehenswürdigkeit, die allerdings nur einem exklusiven Kreis offensteht. Bürgerstöchter können am Hof zwar Karriere machen, allerdings nur bis zum Rang einer Leinwandbewahrerin oder einer Silberspülerin.

Ein Kurfürst, der seiner Frau Nymphenburg schenkte: Ferdinand Maria.

Neugierige Besucher ohne höfische Verbindungen, die das Wunder von Nymphenburg erleben wollen, bezahlen viel Geld für Reiseführer, um sich Zutritt zu verschaffen – eine frühe Form des Tourismus, bevor Kurfürst Karl Theodor 1792 den Nymphenburger Park für die Allgemeinheit öffnet.

Die Historikerin Michaela Völkel hat sich mit dem Thema der Schlossbesichtigungen in der Frühen Neuzeit beschäftigt: „Die meisten Bittsteller übergaben ihre Gesuche in einem der Vorzimmer, Gesandte wurden im Audienzgemach empfangen, eine Einladung in das dahinterliegende Kabinett galt als besondere Auszeichnung. Im Rahmen eines zeremonienellen Besuchs war ein Großteil der Raumausstattung und damit ein beträchtlicher Teil fürstlicher Repräsentation folglich nur für wenige Augen bestimmt. Viele sahen einiges, einige sahen vieles, niemand sah alles."

Kurfürst Max Emanuel und seine Nachfolger Karl Albrecht und Max III. Joseph lassen keine Gelegenheit aus, das Nymphenburger Schloss und

seinen Garten weiter zu veredeln – man baut, was gerade en vogue ist in der Adelswelt, und wer etwas auf sich hält, bezieht Quartier im Rondell vor dem Schloss oder in den Kavalierswohnungen. Äußerst beliebt sind Exotica: In der Badenburg erfrischt man sich im Hochsommer in einem türkischen Ambiente; als kaiserlicher Befehlshaber in Ungarn hat Max Emanuel die Annehmlichkeiten der Badehäuser kennengelernt. Die Pagodenburg wartet mit einem chinesischen Salon auf – ein Triumph der Lack- und Kachelmalerei des 18. Jahrhunderts.

Eigentümlich wirkt die Magdalenenklause, eine künstliche Ruine aus den letzten Lebensjahren Max Emanuels – religiöse Besinnung und Einkehr scheint in den zellenartigen Wohnräumen eher möglich zu sein als bei Hofe. Und einzigartig die Amalienburg mit dem Spiegelsaal: ein Rokoko-Juwel der Kurfürstin Maria Amalia, erbaut von François de Cuvilliés und überreichlich ausgeschmückt von Johann Baptist Zimmermann.

Die bayerischen Herrscher haben sich immer wohlgefühlt in ihrem Nymphenburg; bis zum heutigen Tag hat der Chef des Hauses Wittelsbach, Herzog Franz, in einem Seitengebäude seinen Wohnsitz. Das ganze Bildprogramm göttlicher Unterhaltung schwebt über den Besuchern, wenn sie den Festsaal im Hauptschloss betreten.

Eine kunstsinnige Schlossbesitzerin, die sich nach Italien sehnte: Kurfürstin Henriette Adelaide.

Der schon betagte Johann Baptist Zimmermann hat das Deckengemälde 1755 bis 1757 konzipiert: ein heidnischer Barockhimmel, der den lichtdurchfluteten Raum krönt. Sonnengott Apoll taucht aus der Morgenröte empor; Merkur bildet als Gott des Handels und des Friedens den Mittelpunkt; Blumengöttin Flora lässt sich von Nymphen bekränzen. Die Musik, die Musen, die Jagd, der Wein, alles bildet hier eine harmonische Einheit, nur Chronos erinnert daran, dass alles irdische Glück vergänglich ist. Sogar der Kriegsgott Mars lehnt sich entspannt zurück – Kurfürst Max III. Joseph lässt sich hier als Friedensfürst feiern.

Schöner kann man den Glanz des Nymphenburger Gesamtkunstwerks gar nicht zusammenfassen.

Christian Mayer

Ein Gesamtkunstwerk, zwei Wegstunden von München entfernt: Schon im 18. Jahrhundert ist Nymphenburg eine Sehenswürdigkeit. Gemalt von Joseph Stephan, 1762.

Die Belögerüng Wien von Türggen
16 83

Kleiner Prinz, großer Verlierer

Zwischen Triumph und Tragödie: Max Emanuel ist ein entschlossener Hasardeur, dessen Abenteuer München teuer zu stehen kommen

Der Knabe soll etwas Besonderes werden. Auf ihm ruhen die verwegenen Hoffnungen seiner Mutter, aber auch der Kaiser in Wien und der französische König betrachten den kleinen Prinzen als Schlüsselfigur im Machtspiel der europäischen Dynastien. Als er geboren wird, am 11. Juli 1662, zelebriert der Münchner Hof ein grandioses Fest; Feuerwerkskünstler jagen vielfarbig funkelnde Wunderblumen in den Himmel. Alle sollen wissen: Uns ist ein Kind geboren. Endlich ist er da, der Thronfolger, den Kurfürst Ferdinand Maria und Henriette Adelaide so lange ersehnt hatten und für dessen glückliche Ankunft auf Erden sie dem Himmel versprachen, ein frommes Werk zu tun: den Bau der Theatinerkirche St. Kajetan.

Überhaupt Henriette Adelaide: Die glutvolle Savoyerin umspinnt das Kind mit ihren Blütenträumen, von denen sie als Enkelin des Franzosenkönigs Heinrich IV., des großen Henri Quatre, erfüllt ist, und die nie recht gedeihen wollten an der Seite ihres jeglichen politischen Abenteuern abholden Gatten. Max Emanuel, so heißt der Knabe, soll dem Haus Wittelsbach wieder jene Größe verleihen, auf die man in der direkten Nachfolge von Kaiser Ludwig dem Bayern ohnehin Anspruch zu haben glaubt.

„Da ging es allgemach an ein Scharmutzieren." So beschreibt ein zeitgenössischer Chronist den Beginn der Türkenschlacht vor Wien. Der polnische König Jan III. Sobieski (vorne) führt die siegreiche Entsatzarmee, zu der auch die bayerischen Truppen unter Max Emanuel gehören. Das Gemälde von Franz Geffels befindet sich im Heeresgeschichtlichen Museum in Wien.

Armes Kind

In seiner Wiege liegt ein Sack voll hochgesteckter Erwartungen. Max Emanuel wird alles daransetzen, sie zu erfüllen. Er wird ein gefeierter Feldherr werden, ein barocker Heros samt den dazu notwendigen amourösen Ausschweifungen. Er wird sein Land ins Unglück stürzen, Zehntausende Untertanen auf dem Schlachtfeld opfern, einen gigantischen Schuldenberg hinterlassen, den abzutragen mehr als hundert Jahre dauert. Er hat gute Karten und wird alles verspielen.

Doch zunächst muss der Zögling die übliche Prinzendressur über sich ergehen lassen. Der Marquis de Beauveau weiht ihn in die Staats- und Kriegskunst ein, auch zweckdienliche Galanterien hat der kleine Kavalier zu lernen, zudem stehen Naturwissenschaften, Poesie, Musik und Moraltheologie auf dem Programm. Man schärft den Blick für die Bedeutung seiner erlauchten Familie, die man den Sippen der Habsburger, Bourbonen oder Oranier als zumindest ebenbürtig erachtet. Das alles geschieht in einer Epoche des Friedens, in der sich Bayern unter der besonnenen Politik Ferdinand Marias von den Verwüstungen des Dreißigjährigen Kriegs erholt.

Als der Vater stirbt und Max Emanuel 1680 die Regierung übernimmt, ändert sich der Stil schlagartig. Erstmal bringt er die Armee auf Trab, die er zu einer effizienten Truppe nach französischem Muster formt. An Geld fehlt es nicht, Ferdinand Maria hat einen großen Staatsschatz hinterlassen. Wer aber über Reichtum und Soldaten verfügt, ist auch für Kaiser Leopold I. und Frankreichs Ludwig XIV., den aggressiven Sonnenkönig, interessant. Von beiden wird Max Emanuel umgarnt. Er entscheidet sich für Habsburg. Der Kaiser hat zweierlei zu bieten: zum einen die Chance, Kriegsruhm gegen die vorrückenden Türken zu erwerben, zum anderen eine Tochter, die zwar nicht schön ist, aber Erbansprüche auf die spanische Krone hat.

Im Mai 1683 erzittert die Christenheit: Unter dem Großwesir Kara Mustafa sind die Türken mit 250 000 Mann aufgebrochen, um Wien zu erobern. Am 14. Juli steht die osmanische Armee vor den Befestigungsanlagen der Stadt. Der Kaiser hat sich davongemacht, es beginnt eine monatelange Belagerung mit täglichen Scharmützeln, Grabenkämpfen und Bombardements. Im Sommer marschiert Max Emanuel mit seinem Heer Richtung Wien. Anfang September vereinigen sich die bayerischen Truppen mit den Armeen der Verbündeten. Den Oberbefehl hat der polnische König Johann III. Sobieski. Am Morgen des 12. September wirft sich das 80 000 Mann starke Entsatzheer auf die türkischen Belagerer. Mittendrin der Heißsporn Max Emanuel. An der Spitze der bayerischen Reiterei dringt er in das Feindeslager ein, seine Infanterie durchbricht gemeinsam mit den Sachsen das türkische Zentrum. Im Sturm der alliierten Fürstenarmeen geht die Ordnung des osmanischen Heeres rasch verloren. Die „gottesunwürdigen Bösewichter" (so ein Zeitgenosse) ergreifen „die schändliche Flucht".

Nach dem Triumph bleibt Max Emanuel an der Seite des Kaisers, der in den folgenden Jahren die Türken in

Ungarn angreift. Der Kurfürst mehrt seinen Kriegsruhm bei der Rückeroberung der Städte Buda und Ofen sowie der siegreichen Schlacht vor Mohács. Nebenbei erobert er die Kaisertochter Maria Antonia, die er 1685 heiratet. Eine bündnispolitische Ehe, mehr nicht. Zum Kriegshelden europäischen Formats wird er im Jahr 1688 in Belgrad. Nachdem er sich den Oberbefehl über das kaiserliche Heer mit Drohungen ertrotzt hat, greift er im September die von den Türken gehaltene Stadt an. Wieder ein Sieg. Max Emanuel, der Blaue Kurfürst, der Liebling der Götter, lässt sich feiern: „Europa, freu dich! / Empfange sanftiglich / den jungen Helden!"

Als Siegesgabe präsentiert er seinem Schwiegervater, dem Kaiser, den Totenschädel des Großwesirs Kara Mustafa, den der Sultan nach dem Desaster von Wien 1683 hatte erdrosseln lassen. Den Preis für des Kurfürsten Ruhm haben andere bezahlt: 30 000 bayerische Soldaten ließen ihr Leben, sein Volk muss 20 Millionen Gulden Kriegskosten aufbringen – unermesslich für ein Land, dessen Bewohner in Not und Elend leben.

In München hält es Max Emanuel selten lange aus. Seine Gemahlin Maria Antonia lässt ihn kalt, ansonsten ist kaum ein Weib vor ihm sicher. „Wenn er sich wenigstens mit Frauen von Stand begnügt hätte!", notiert eine Zeitgenossin, die berühmte Lieselotte von der Pfalz. Was das Militärische betrifft, mischt er im Pfälzer Erbfolgekrieg mit, ohne sonderlichen Ruhm zu ernten. Immerhin bewirkt sein Engagement, dass ihn der spanische König Karl II. zum Generalstatthalter der Niederlande ernennt.

Max Emanuel „ist durch und durch Fürst, das heißt, schwach in der Lebensweise und verderbt in den Sitten". So charakterisiert der Erzbischof von Cambrai den Kurfürsten – hier auf einem Gemälde von Joseph Vivien.

Im März 1692 zieht er feierlich in Brüssel ein, natürlich ohne seine Gattin. Maria Antonia zieht sich verletzt nach Wien zurück, wo im Oktober 1692 ihr Sohn Joseph Ferdinand auf die Welt kommt. Die Mutter stirbt wenige Wochen später im Kindbett. Am kaiserlichen Hof ist man über Max Emanuels Verhalten empört.

Böses Erwachen

Erst recht schockiert ist der Kaiser, als König Karl II. von Spanien den kleinen Bayerischen Kurprinzen Josef Ferdinand ohne Rücksicht auf andere Abmachungen zum Universalerben einsetzt. Max Emanuel hingegen schwebt im siebten Himmel: sein Sohn als Herrscher über Spanien, Mailand, Neapel, Sizilien, die Niederlande und die beiden Indien – ein Reich, in dem die Sonne nicht untergeht. Am 6. Februar 1699 aber versinkt alle Hoffnung.

Josef Ferdinand, der designierte Erbe des spanischen Weltreichs, stirbt im Alter von sechs Jahren. Der Königspalast zu Madrid: ein Luftschloss. Jetzt streiten Österreich und Frankreich um das Erbe. Max Emanuel erliegt der Werbung Ludwigs XIV., schlägt sich auf die französische Seite, von der er großzügigen Lohn, vielleicht gar ein Königtum erhofft. Am 13. August 1704 trifft die bayerisch-französische Armee bei Höchstädt auf die kaiserlichen und englischen Truppen des Prinzen Eugen und des Herzogs von Marlborough, eines Urahns von Winston Churchill. Der Blaue Kurfürst wird vernichtend geschlagen und flüchtet. Über ihn wird die Reichsacht verhängt, Bayern mit dem Verlust der Kurwürde bestraft. Das Land ist in der Hand des Kaisers, der es ausplündert und 1705 den Aufstand der geknechteten Bevölkerung gnadenlos niederschlagen lässt.

Nach Friedensschluss und der Wiedererlangung der Kurwürde zieht Max Emanuel, so der Stadtchronist, „am 10. April 1715 um 11 Uhr in der Nacht in aller Stille durch das Neuhauser Tor in München ein". Freudensbekundungen sind verboten. Doch bald wird wieder gefeiert. Was noch folgt, beschreibt Münchens Stadtarchiv-Direktor Richard Bauer so: Der „in seinem Selbstwertgefühl ungekränkte Max Emanuel ließ sich von Künstlern und Poeten weiter als Türkensieger und militärisches Genie feiern und setzte bis zu seinem Lebensende 1726 die gewohnte Verschwendungssucht fort". *Wolfgang Görl*

Beim süßen Klang der Viola d'amore

Am Hofe umschmeichelt, den Gläubigern als saumseliger Schuldner verhasst: Paul Alletsee, Meister der Musik und der Lustbarkeiten

Paul Alletsee, geboren am 26. August 1684 als Sohn einer Fischerfamilie in Waltenhofen, ist einer der begabtesten Lauten- und Geigenbauer seiner Zeit. Am Münchner Hof weiß man ihn zu schätzen: Welcher Wohlklang entfleucht seinen Instrumenten, wenn die Hofkapelle die neuesten Kompositionen anstimmt! Da können die Kavaliere aufs Anmutigste die Damen umgarnen, die umso leichter dahinschmelzen, je süßer die Geigen klingen.

Und dann noch der Kurfürst Max Emanuel! Der lässt keine Gelegenheit aus, die Reichtümer des Landes für Lustbarkeiten von höchster Raffinesse zu verpulvern. Zum Spiel der Viola d'amore geben sich erlauchte Herren ihren Phantasien von Macht und Größe hin, die besonders prächtig gedeihen, wenn geistige Getränke und festliche Klänge Wirkung tun. Belebend steigt das alkoholisch-musikalische Gebräu in den Kopf; den hat man doch nicht nur der langlockigen Allongeperücken wegen.

Paul Alletsee lebt gut davon, und er lebt noch besser, weil sein Talent, Rechnungen zu ignorieren, mindestens ebenso ausgeprägt ist wie seine Kunstfertigkeit im Instrumentenbau. Sobald Alletsees Name ins Gespräch kommt, raufen sich Münchens Bäcker, Metzger, Mehlhändler, Kutscher und Holztandler die Haare. „Der schon wieder!"

Wenn Alletsee ein Rindfleisch ersteht, wenn er Brot kauft oder durch die Stadt kutschiert, lässt er erstmal anschreiben. Auch in Aibling und Augsburg hat er Schulden, aber dass ihm diese den Schlaf rauben, lässt sich nicht belegen – geschweige denn, dass er sie zu begleichen beabsichtigt. Wer bei Alletsee als Geselle arbeitet, muss sich auf Hunger- und Durststrecken einstellen. Den Lohn zu zahlen, versäumt er häufig in seiner ungezwungen lockeren Art.

Warum sollte er in solchen Dingen penibler sein als die blaublütigen Herrscher, die es beim Schuldendienst auch nicht so genau nehmen? Pampig werden sie nur, wenn man ihren eigenen Forderungen nicht in Windeseile nachkommt. Doch selbst dabei lässt sich Alletsee nicht aus der Ruhe bringen. Eine ausgeprägte Zahlungsmoral in Steuerangelegenheiten ist ihm eher fremd – schließlich hat er eine Familie zu ernähren. Wahrscheinlich wünschen ihn seine Gläubiger irgendwann zur Hölle, vielleicht mit dem Hintergedanken, sich in diesem Fall an der Erbmasse schadlos zu halten. Sie werden sich noch wundern.

Wann es Alletsee, der seine Gesellenjahre in Italien und wahrscheinlich auch in Österreich verbracht hat, nach München verschlägt, ist nicht ganz klar. Wenn er klug war, hat er sich in den Jahren um 1705 von der Stadt ferngehalten, denn dort war man übel dran, seitdem Max Emanuel es für gut befunden hatte, im Spanischen Erbfolgekrieg mitzuraufen. Des Kurfürsten politische Abenteuer brachten München die kaiserliche Besatzung ein, gegen die aufzumucken die Bürger auch dann nicht wagten, als am Weihnachtsabend 1705 eine Bauernarmee zur Befreiung anrückte. Man duckte sich hinter den Stadtmauern, während die Bauern, die bereits kapituliert hatten, von den Kaiserlichen massakriert wurden. Was Alletsee zu dieser Zeit treibt, ist nicht überliefert. Gesichert ist nach den Forschungen des Musikwissenschaftlers Josef Focht, dass er von 1714 an in München wirkt. Alletsee hatte die Werkstatt seines mutmaßlichen Lehrmeisters Rudolph Höß in der Sendlinger Gasse übernommen, der vor den unsicheren Verhältnissen in München nach Augsburg entwichen war.

Nach dem Abzug der Besatzer kehrt auch Max Emanuel 1715 in seine Residenzstadt zurück, wo er, als wäre nichts geschehen, die pompöse Inszenie-

Eine Viola d'amore von Paul Alletsee aus der Instrumentensammlung des Stadtmuseums.

rung seiner barocken Herrlichkeit aufs Neue betreibt. Endlich darf der Hof wieder standesgemäß auf den Putz hauen. Man ergibt sich dem Reiz der schönen Künste, wohnt Schäferspielen in Schloss Schleißheim bei, arrangiert Seeschlachten auf dem Nymphenburger Kanal, grandiose Feuerwerke zaubern den fürstlichen Glorienschein in den Nachthimmel – und immer spielt Musik dazu.

Was Wunder, dass Meister Alletsee, der erstklassige Instrumente baut, gut ins Geschäft kommt, zumal Musik für Streicher schwer in Mode ist. Der Mann mag in finanziellen Dingen ein Lump sein, das Handwerk versteht er wie kaum ein anderer. Er baut beinahe alles, was sich zupfen oder streichen lässt, und noch heute zählen seine Violoncelli, Gamben und Violen d'amore zu den gefragtesten Exemplaren ihrer Gattung. Dabei trifft es sich gut, dass in der Phase der finalen Prachtentfaltung Max Emanuels die bis dato sparsam besetzte Hofkapelle zu einem Orchester nach Pariser Vorbild erweitert wird. Alletsee werkelt mit ungeheurem Fleiß, um die Nachfrage zu befriedigen. Weit mehr als hundert Instrumente entstammen nachweislich seiner Werkstatt.

Als im Oktober 1722 die Vermählung des Wittelsbacher-Prinzen Karl Albrecht mit der Kaisertochter Maria Amalia Josepha von Habsburg in verschwenderischer Manier zelebriert wird, klingeln bei Alletsee erneut die Kassen. Allein die Produktion der Opern „Adelaide" von Pietro Torri und „I veri amici", von Tomaso Albioni, die man zu Ehren des Brautpaares gibt, verschlingt 200 000 Gulden. Einiges fällt da auch für Alletsee ab, der die Musiker mit neuen Instrumenten ausgestattet hat.

Auch der Ehebund des Meisters mit der Witwe Maria Anna Riglin, die er nach dem Tod seiner ersten Frau heiratet, ist eine lukrative Angelegenheit, denn die geschäftstüchtige Witwe bringt neben mehreren Kindern ein kleines Vermögen mit. Umso erstaunlicher, dass sich der Mann zu fragwürdigen Nebengeschäften gezwungen sieht.

Ganz besonders übel verfährt er mit seinem Patenkind Johann Caspar Ganspeckh. Den jungen Musikus hatte Max Emanuel zu einem Praktikum bei der Pariser Hofkapelle nach Versailles geschickt, um ihn „in der Music perfect" zu machen. Ganspeckh liefert etliche Instrumente nach München, wo sie Alletsee reparieren soll. Gewissenhafter Handwerker, der er nun mal ist, erledigt er die Reparatur – und verkauft die guten Stücke an andere Musikliebhaber. Ganspeckh schreibt einen ellenlangen Forderungskatalog: „Waß ich meine Herrn Vattern, Paullus Alletsee: Hof Lautten, Und Geigenmacher in München geliehen, in Paarem gelt, Versätz außlässen, und waß er von meinen Instrumenten habe, wie volgt." Unter vielen anderen ist die Rede von einem „violet", das „widrumben unsichtbar wordten", oder von einer wertvollen Laute, von welcher Ganspeckh „auch nichts mehr gesehen" hat. Entschädigt wird er offenbar nicht.

Paul Alletsee stirbt am 21. September 1733 in München im Alter von 49 Jahren. Er hinterlässt Schulden in Höhe von 1032 Gulden – das entspricht 18 Jahreslöhnen eines Geigenbauer-Gesellen. Niemand möchte eine derart prekäre Erbschaft antreten. Alletsees Witwe bietet dessen letzten Gesellen Johann Andreas Kämbl die Ehe an, die dieser dankend ablehnt. Was folgt, ist ein mit üblen Finessen ausgetragener Streit, in dem auch andere Geigenbauer sowie zwei Töchter Alletsees aus erster

Ehe mitmischen. Doch das ist eine andere Geschichte.

Von schöner Symbolik aber ist ein Vorfall, den der Stadtchronist just am Todestag des begnadeten Schuldenmachers vermerkt: „1733 September 21, Montag: Ein Augsburger Leinwandhändler hat von der kürzlich von Augsburg nach München gezogenen Opern-Truppe (‚Operisten-Bande') noch eine Schuld von 1700 Gulden zu bekommen. Wenn sie nicht zur Zahlung zu bewegen ist, soll man ihr in München wenigstens sämtliche Effekten und Kleider abnehmen und dem Gläubiger überlassen (Kurfürstlicher Befehl)."

Wolfgang Görl

Die Grafik zeigt das Feuerwerk zur Hochzeit des Prinzen Karl Albrecht mit Maria Amalia 1722.

Der legendäre Schmied von Kochel erstürmt den Roten Turm – ein Gemälde Franz von Defreggers aus dem Jahr 1881.

Das Massaker am Sendlinger Berg

1100 Bauern, die München von den Kaiserlichen befreien wollten, werden gnadenlos hingemetzelt

Schnee liegt auf den Feldern im Oberland, Schnee, in den sich die Abdrücke groben Schuhwerks einprägen, sternförmig auf Hohenschäftlarn zulaufend. Es sind die Spuren einer großen Schar zum Kampf entschlossener Männer. Einige tragen Feuerwaffen, veraltete Büchsen zumeist, die Übrigen führen Spieße, Hellebarden, Morgensterne, Sensen, Mistgabeln oder angespitzte Stangen mit sich. Etwa 300 sitzen zu Pferd, doch sind ihre Rösser ebenso wenig kampferprobt wie sie selbst. Kaum einer hat das Kriegshandwerk gelernt. Sie sind Bauernsöhne, Knechte, Kuhhirten, Schreiber, Flößer oder Handwerker – die Jüngsten 12, der Älteste 80 Jahre alt.

Es ist der Tag vor der Christnacht, der 23. Dezember 1705. Heilige Zeiten – vielleicht sind deshalb so viele zu Hause geblieben. Man zählt 2769 Mann, eigentlich hatten die Anführer mit 20 000 gerechnet. Was nun? Soll man sie wieder heimschicken, dorthin, wo sie hergekommen sind? Zurück in die Landgerichte Aibling, Tölz, Rosenheim, Starnberg und Wolfratshausen, in die Klostergerichte Benediktbeuern und Tegernsee, in die Grafschaften Hohenwaldeck und Valley, in die Hofmarken Beuerberg, Dietramszell, Eurasburg, Hohenburg, Reichersbeuern und Sachsenkam?

Lagebesprechung im Kloster Schäftlarn: Es entbrennt ein Streit über die Frage, ob die kleine Streitmacht in der Lage sei, die mit kaiserlichen Besatzungstruppen gefüllte Stadt München zu erobern. Als Scharfmacher fungieren der Münchner Weinwirt Johann Jäger und der Jurastudent Anton Passauer, die nach heftigem Palaver den Kommandanten der Schützen, den Iffeldorfer Hofmarksjäger Adam Schöttl, auf ihre Seite ziehen und per Gewaltandrohung den Abmarsch erzwingen. Wer aber soll den Trupp anführen? Wieder kriegt man sich in die Haare. Als der bayerische Hauptmann Matthias Mayer auftaucht, wird er solange bedrängt und bedroht, bis er das Kommando übernimmt. Seine Warnung, der Coup sei zum Scheitern verurteilt, schlagen Schöttl und Jäger in den Wind. Am folgenden Tag, dem 24. Dezember, bricht der Heerhaufen auf Richtung München.

Zangenangriff auf München

Seit Mai ist die Stadt in der Hand der kaiserlichen Truppen, während der Bayerische Kurfürst Max Emanuel im Exil den Fortgang der Dinge abwartet. Der ehrgeizige Barockpotentat hatte sich in himmelhohe Gefilde geträumt, als der kinderlose König Karl II. von Spanien Max Emanuels Sohn Joseph Ferdinand zum Universalerben erkoren hatte. Das Haus Wittelsbach auf dem spanischen Thron – was für Aussichten! Doch dann stirbt Joseph Ferdinand mit sechs Jahren. Nichts ist es mit der Königskrone.

Als nach dem Tod Karls II. der französische König Ludwig XIV. sowie Kaiser Leopold I. jeweils Erbansprüche für ihr Haus anmelden, gerät die Ordnung der europäischen Dynastien aus den Fugen. Im Mai 1701 bricht der „Spanische Erbfolgekrieg" aus. Max Emanuel schlägt sich auf die Seite Frankreichs. Doch am 13. August 1704 wird die bayerisch-französische Armee von den Alliierten unter Prinz Eugen und dem Herzog von Marlborough bei Höchstädt vernichtend geschlagen. Die kaiserlichen Truppen besetzen Bayern, mit katastrophalen Folgen. Das Land wird ausgeplündert, Männer werden zum Kriegsdienst gezwungen, die Steuern drastisch erhöht. Auf dem Land wütet die Soldateska.

Im östlichen Bayern kommt es zum Aufruhr, die „Kurbayerische Landesdefension" unter dem Pfarrkirchner Gerichtsschreiber Plinganser nimmt Burghausen, Braunau und Schärding ein. Man knüpft Kontakte zu Gesinnungsgenossen in München und dem Oberland. Der ehemalige Bayerische Kriegskommissar Matthias Ägidius Fuchs entwickelt den Plan für einen Zangenangriff auf München. In Steinhöring schlägt die Armee der Unterländer, etwa 16 000 Mann, ihr Hauptquartier auf. Ungefähr zur selben Zeit versuchen in München die Weinwirte Johann Jäger und Johann Georg Küttler, der Bierbrauer Georg Hallmaier und einige andere eine Verschwörung anzuzetteln. Sie sagen zu, den Aufständischen die Stadttore zu öffnen.

Weihnachten scheint ein guter Termin zu sein. Wer denkt da schon an einen Angriff? Doch wohl niemand. Genau das ist die Chance. Am Heiligen Abend gegen 19.30 Uhr erreicht der Oberländer Rebellentrupp Solln. Dort kommt es zu einem Scharmützel mit einer kaiserlichen Kavalleriepatrouille, die nach dem Verlust zweier Männer nach München flieht. Vorbei die Hoffnung auf den Überraschungsangriff. Hauptmann Mayer befiehlt den Rückzug und wird wegen Feigheit abgesetzt. Derweil nutzen viele die Dunkelheit, um sich davonzustehlen. Auch der Starnberger Pflegskommissar Johann Josef Öttlinger geht stif-

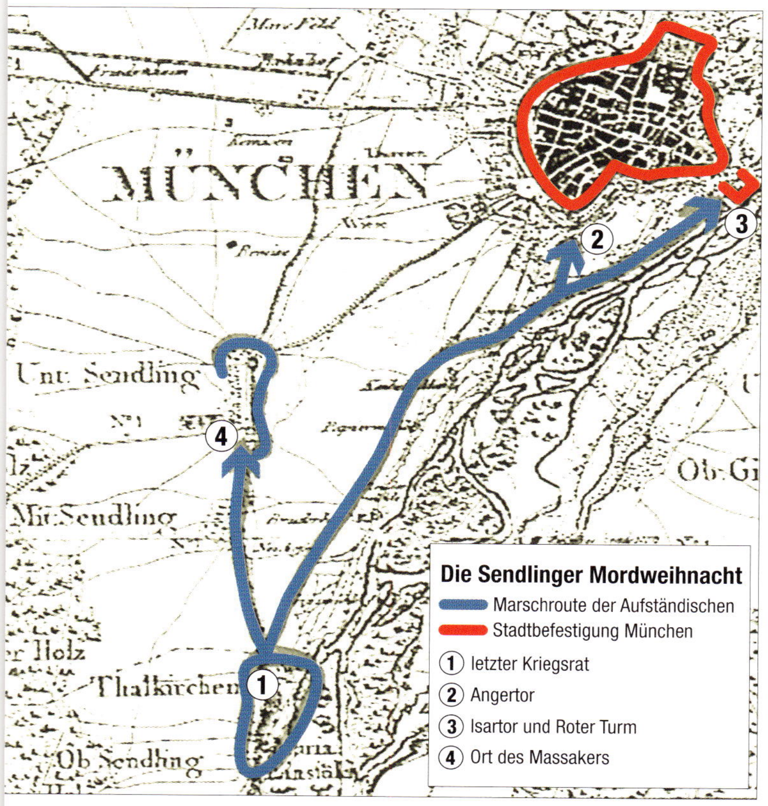

ten, und zwar nach München, wo er der kaiserlichen Administration die Angriffspläne verrät.

Es sind höchstens noch 2200 Mann, die gegen 22 Uhr Thalkirchen erreichen. Nach dem obligatorischen Streit der Anführer beschließt man, in drei Abteilungen vorzurücken. Um Mitternacht geht es los. Ein 700 Mann starker Trupp besetzt Sendling, wo man beim dortigen Großwirt das Hauptquartier aufschlägt. Die zweite Abteilung pirscht sich an den „Roten Turm" heran, der etwa 250 Meter vor den Isartorbefestigungen steht. Die kaiserlichen Turmwächter fliehen in die Stadt. Gegen ein Uhr besetzen 50 Schützen den Turm und eröffnen mit zwei erbeuteten Kanonen das Feuer. Die restlichen Truppen gehen nahe dem Isar- und dem Kosttor sowie beim Angertor am Glockenbach in Stellung.

Warten, gespannte Erregung. Wo bleibt das verabredete Raketenzeichen aus der Stadt? Wann öffnen sich die Tore? Nichts passiert. Um vier Uhr greifen die Schützen das Isartor an. Im Feuer der Verteidiger müssen sie sich zurückziehen, etliche bleiben tot oder verwundet liegen. Der Angriff stockt, die Kommandeure sind ratlos. Gegen sieben Uhr erscheint auf der Gasteiger Höhe die Kavallerie des kaiserlichen Oberst von Eckh. Kurze Zeit später folgt die Infanterie des Generalwachtmeisters Georg Friedrich Freiherr von Kriechbaum. Nur die verbündeten Unterländer bleiben aus. Die militärische Lage der Aufständischen ist aussichtslos. Die meisten ihrer Anführer geben Fersengeld, ohne sich um die Mannschaften zu kümmern.

Unterdessen stürmen zwei Kompanien des Regiments Janus von Eberstädt aus dem Isartor und machen sich mit aufgepflanzten Bajonetten über die Angreifer her. Auch Eckhs Kavallerie stürzt sich auf die Bauern. Diese räumen den Turm, rennen in alle Richtungen. Etwa 400 Flüchtige metzelt die Kaiserliche Reiterei nieder. Die Abteilung am Glockenbach leistet kaum Gegenwehr. Doch die Soldaten kennen kein Pardon. 200 Oberländer werden abgeschlachtet, die Überlebenden fliehen nach Sendling.

Es ist zehn Uhr morgens am Weihnachtstag. Sendling ist umzingelt von den Truppen des Freiherrn von Kriechbaum und des kaiserlichen Stadtkommandanten Oberst de Wendt. 2000 Infanteristen, 650 Kavalleristen, vier Feldgeschütze gegen eine Schar desperater Bauern. Nur Hauptmann Mayer, der nun wieder das Kommando hat, sowie die Leutnants Johann Clanze und Johann Georg Aberle sind bei ihnen geblieben. Mayer lässt „Chamade" schlagen, das Trommelzeichen für die Kapitulation. Er schickt einen Kurier, der um Gnade fleht. Dann verlassen die aufständischen Offiziere das Dorf und bitten erneut um Schonung der Eingeschlossenen. Kriechbaum fordert sie auf, die Waffen fallen zu lassen und niederzuknien. Einer nach dem anderen kriecht aus seinem Versteck hervor, insgesamt 800 unbewaffnete Männer.

Sie drängen sich auf ein Feld, viele haben einen Rosenkranz in der Hand. Als Erste stürzen sich die kaiserlichen Reiter auf die Wehrlosen. Ihnen folgt die Infanterie. Panik bricht aus. Die Soldaten hauen, stechen und schießen auf alles, was sich bewegt. Im Chaos gelingt es einigen, dem Massaker zu entkommen. Die übrigen verbluten auf dem Feld, in der Kirche, in den Ställen, in die sie geflüchtet sind. Ihre Kleider, ihre Habseligkeiten rauben die Soldaten. Die Beute wird in der Stadt verkauft. Dort beeilt sich der Magistrat, der kaiserlichen Verwaltung die „allerunderthenigste treue devotion" der Bürgerschaft zu bekunden.

Etwa 1100 Männer sind tot. Weil das Abschlachten eines Gegners, der kapituliert hat, keineswegs dem militärischen Komment entspricht, rechtfertigt sich Generalwachtmeister von Kriechbaum mit der Behauptung, seine Soldaten hätten den Befehlen nicht mehr gehorcht. Das hindert ihn nicht, im selben Stil fortzufahren. Am 8. Januar 1706 metzeln Kriechbaums Truppen bei Aidenbach 2000 aufständische Bauern nieder – getreu dem Vorsatz, den der kaiserliche Oberst de Wendt eine Woche zuvor seinem Kriegsherren Prinz Eugen mitgeteilt hat: „Ich lasse alles massakrieren, was mir unter die Hände kommt."

Wolfgang Görl

Menschenjagd im Kloster

Ein schlechtes Pflaster für Revolutionen: Nur wenige Münchner Bürger stehen auf Seiten der rebellischen Bauern – und teilen deren Los

Sie waren hinter Küttler her. Hinter Johann Georg Küttler, 31 Jahre alt, Ehemann der Maria Elisabeth, der Witwe des Ratsmitglieds Caspar Höck, die ihm sieben Kinder mit in die Ehe gebracht hatte. Johann Küttler war ein wohlhabender Bürger, sein Haus im Tal war mit neun Gulden und vier Schilling im Steuerbuch angelegt, und in diesem Jahr, 1705, hatte er den zweieinhalbfachen Steuerbetrag entrichten müssen, mehr als 24 Gulden, weil die Einquartierung der kaiserlichen Truppen in der Stadt so immense Kosten verursachte. Aber danach fragte jetzt keiner mehr. Jetzt war Johann Küttler nur noch ein flüchtiger Rebell. Und die Soldaten, die am Abend des ersten Weihnachtstages am Tor des Franziskanerklosters läuteten (da, wo heute das Nationaltheater steht), verstanden keinen Spaß.

Der ganze, verwinkelte Klosterkomplex war von Soldaten umstellt, und als Bruder Michael Pletz endlich das Tor öffnete, da drängten sie herein und tobten schreiend und fluchend durch die Gänge und Treppenhäuser. Bruder Pletz aber huschte heimlich ins hintere Krankenzimmer, wo Küttler, der Bierbrauer Hallmaier und der Hofkoch Engelhart sich versteckten. „Ich sprach ihnen eilfertig zu, zu fliehen“, berichtete Pletz, „und sie folgten mir in grosser Ängstigkeit.“

Der kaiserliche Administrator Graf Seeau drohte inzwischen dem Pater Guardian, er werde die Mönche davonjagen und das Kloster in einen Steinhaufen verwandeln lassen, wenn sie den Küttler nicht herausgäben. Pater Guardian antwortete, da müsse er erst den Bischof in Freising fragen, und Graf Seeau ließ sich zu dem Versprechen herab, er werde den Küttler nicht mitnehmen, wenn der Bischof es nicht gestatte. Also musste Bruder Pletz den Küttler herbeischaffen, und er wurde im Antonigastzimmer unter Arrest gestellt und zwei Soldaten mit blankem Degen vor der Tür postiert. Am nächsten Morgen verschaffte sich der wackere Bruder Pletz Zutritt zu dem Gefangenen: „Ich fragte ihn, ob er nichts nötig sei. Er gab mir aber weiter keine Antwort, als dass er mir ein Büschel kleiner Schlüssel und eine silberne Sackuhr gab, was alles ich seiner Frau zustellte. Dann fragte er um seinen Rock, an dem silberne Knöpfe waren, die auf 80 und mehr Gulden geschätzt wurden; dieser war aber in dem nächtlichen Tumult von den Kaiserlichen gestohlen worden.“

Ein Weinwirt aus Bad Tölz

Um zehn erschien der Platzmajor mit einer bewaffneten Truppe, und nahm den Küttler mit, Bischof hin oder her. Als der Bischof denen, die ihr Wort so schimpflich gebrochen hatten, mit der Exkommunikation drohte, da wurde er, berichtet Bruder Pletz, „nur verlacht, mit dazu gesetzter grober und schimpflicher Bedrohung, dass man intentioniert sei, den Bischof feindlich zu traktieren, wenn er sich eines solchen unterfangen sollte“.

Während Küttler im Kloster Zuflucht suchte, lagen auf dem Feld vor Sendling an die tausend Bauern in ihrem Blut. „Nachmittags wurden über 600 Blessierte in die Stadt hereingebracht, und sind pro terrore lang auf deren Gassen liegen gelassen worden, bis man sie auf die Spitäler verteilt hat“, berichtete Bürgermeister Maximilian von Vacchiery. Der Aufstand der Oberländer gegen die habsburgische Besatzungsmacht hatte in einem Fiasko geendet. Und einer der Gründe, vielleicht der Hauptgrund, lag in naivem Patriotismus, gepaart mit grandioser Selbstüberschätzung und der völligen Verkennung der Realität bei wenigen wohlhabenden Münchner Bürgern: Dem Weinwirt Johann Jäger, seinem Berufskollegen Georg Küttler, dem Eisenhändler Sebastian Senser, dem Kanzleischreiber Ignaz Haid. Sie glaubten, sie könnten die Münchner zur Revolte aufstacheln. Aber die Münchner wollten sich nicht aufstacheln lassen. Die Münchner hatten sich ganz gut arrangiert mit der kaiserlichen Administration. Sie wollten ihre Ruhe haben. München war noch nie ein gutes Pflaster für Revolutionen.

Warum der Anzinger Postmeister Franz Kaspar Hierner ausgerechnet zu Johann Jäger kam, um die Unterstützung der Münchner Bürgerschaft für den Aufstand zu gewinnen, wissen wir nicht. Vielleicht, weil Jäger aus Bad Tölz stammte. Sein Vater war der älteste Bürgermeister dort, sein Bruder, wie er selbst, Weinwirt – Johann Jäger hatte also gute Beziehungen ins Oberland. Er hatte in München zuerst als Kellner gearbeitet, hatte 1691 die Wirtstochter Anna Maria Ponger geheiratet und mit ihr sechs Kinder gezeugt. 1702 wurde er in den Äußeren Rat aufgenommen – auf Empfehlung des Kurfürsten Max Emanuel höchstselbst. Vielleicht rührte daher Jägers besondere Anhänglichkeit an seinen in den Niederlanden weilenden Landesherrn – jedenfalls, berichtet der Chronist Ernst von Destouches, sei der Weinwirt unendlich schmerzlich berührt gewesen von den Gerüchten, die Prinzen – also die Söhne des Kurfürsten – sollten aus München entfernt werden.

Dass Jäger den Georg Küttler in seine Umsturzpläne einweihte, ist leicht nachvollziehbar. Jäger war Trauzeuge bei Küttlers Hochzeit mit der siebenfachen Mutter Maria Höck. Auch mit dem Eisenhändler Sebastian Senser (er hatte sein Geschäft an der Ecke Sendlinger Gasse/Färbergraben) war Jäger gut bekannt. Beide waren Mitglieder im Äußeren Stadtrat, der Vertretung der Gewerbetreibenden. Senser war vom Rat mit der Aufsicht über die Stadttore beauftragt, er verwahrte die Schlüssel – ein wichtiger Mann also für jede Verschwörung.

Die älteste Darstellung des Massakers: eine Votivtafel von 1707, gestiftet von Teilnehmern des Aufstands aus Tegernsee und Egern.

Senser lieferte Pulver, Blei und einige Handgranaten für die anrückenden Bauern, und er hätte den „Vaterlandsverteidigern" (Destouches) eigentlich die Stadttore öffnen und zum Signal zwei Raketen abfeuern sollen.

Als ihn aber am Heiligen Abend die Nachricht vom Anrücken der Bauern erreichte und in der Sendlingergasse ein starkes Reiten und Fahren einsetzte, da verließ ihn der Mut. „Er stand auf, schaute zum Kammerfenster hinaus, legte sich aber gleich wieder nieder, denn er begehrte nichts zu tun", heißt es in seinem Vernehmungsprotokoll.

Auch Johann Jäger selbst verabschiedete sich auf unrühmliche Weise vom Schlachtfeld. Er war der eifrigste Antreiber gewesen. Er hatte den Schreiber Ignaz Haid, der häufig in seiner Weinwirtschaft in der Engen Gasse, der heutigen Löwengrube, verkehrte, dazu veranlasst, ein Manifest zu verfassen, das zur Vertreibung der Besatzungstruppen aufrief. Er hatte die Bauern angefeuert, als die wenigen militärisch sachkundigen Offiziere zur Umkehr mahnten. Als aber der Generalwachtmeister von Kriechbaum mit 2000 Infanteristen aus dem Sendlinger Tor marschiert kam, da versteckte sich der Jägerwirt in einem Bett im Sendlinger Wirtshaus und erzählte den Soldaten, die das Gasthaus durchsuchten, er sei ein Bauer aus Mittenwald und liege seit zwei Tagen krank im Bett. Die Soldaten stahlen ihm seine Kleider, ließen ihn aber sonst unbehelligt.

Als das Gemetzel vorbei war, flüchtete er zu Fuß bis nach Apfeldorf bei Landsberg. Dort wurde er zwei Wochen später entdeckt und in den Falkenturm, das Münchner Stadtgefängnis gebracht, wo auch seine Mitverschwörer Küttler und Senser saßen. Küttler und Senser wurden am 29. Januar 1706 zum Tod durch das Schwert verurteilt und noch am selben Tag auf dem Marktplatz – dem heutigen Marienplatz – öffentlich enthauptet. Küttlers Leichnam wurde gevierteilt; die vier Teile wurden an den vier Ausfallstraßen aufgehängt und der Kopf auf den Isarturm gesteckt – dort, wo die Bauern zuerst in die Stadt eindringen wollten.

Am 17. März erlitt Johann Jäger, 38 Jahre alt, das gleiche Schicksal, und wieder, so beschreibt es der Chronist Ernst von Destouches, „sah die Stadt München das traurige, das empörende Schauspiel, dass einer ihrer besten Bürger und Ratsherrn, dass einer der edelsten bayerischen Patrioten in grausamer Weise vom Leben zum Tode gerichtet wurde."

Hans Holzhaider

Der Engel und der Sensenmann, Leben und Sterben: Im geheimnisvollen Dämmer der Asam-Kirche, St. Johann Nepomuk in München, bekommen die Figuren eine ganz eigentümliche Lebendigkeit.

Die Überwindung der Schwerkraft

Kompositionen im Himmel: Die Brüder Asam prägen von München aus die Entwicklung der Kunst in ganz Süddeutschland

Die Asams – sie gehören zu den bedeutendsten Künstlern, die mit der Stadt München in Verbindung gebracht werden, doch keiner der Familie ist wirklich in München geboren. Hans Georg Asam, der Vater der berühmten Söhne – er wurde 1649 in Rott am Inn geboren – hat, als er die Tochter des Münchner Miniaturenmalers Niklas Prugger heiratete, zwar in München Fuß fassen können. Aber eine Werkstatt als Maler konnte er hier nie eröffnen, weil die örtliche Malerzunft seine Ausbildung nicht anerkannt hat. Er durfte innerhalb der Stadt also auch keine Aufträge annehmen, musste sich darum auf dem Land verdingen und kam so als Freskant in Klöster, die um 1670/80 herum ihre Kirche im festlichen Barockstil umbauen oder gar ein ganz neues Gotteshaus errichten ließen.

In den beiden Klostergemeinden, in denen er als Deckenmaler jeweils über Jahre hinweg tätig war, sind dann seine beiden Söhne geboren: Cosmas Damian 1686 in Benediktbeuren und Egid Quirin 1692 in Tegernsee. Der Abt von Tegernsee war es auch, der den beiden Asam-Söhnen einen Studienaufenthalt in Italien ermöglicht hat. In Rom, der Welthauptstadt des Barock, haben die Brüder gierig die Eindrücke gesammelt, die sie brauchten, um zuhause die Architektur, die Malerei und die Bildhauerei in neuartigen Gesamtkunstwerken miteinander zu verschmelzen. Vor allem die extravaganten Bauten, mit denen die beiden Konkurrenten Bernini und Borromini in Rom gegeneinander angetreten waren, aber auch das gigantische Deckenfresko, das Andrea Pozzo in der Kirche S. Ignazio gemalt hatte, beeindruckten die jungen Deutschen nachhaltig. Als dann Cosmas Damian im Jahr 1713 auf dem Capitolsplatz für ein Papstgemälde gar den begehrten ersten Preis der berühmten Accademia di San Luca überreicht bekam, musste das kunstgesättigte Rom zugeben, dass im fernen Bayern eine Begabung herangewachsen war, die imstande war, römische Traditionen kreativ weiterzuentwickeln.

Farbige Geschichten

In Deutschland hatten die Asam-Brüder bei ihren ersten Aufträgen in der Provinz freilich noch den Boden zu bereiten für ihre hochfliegenden, römisch inspirierten Ideen. In den Kirchen von Ensdorf und Amberg waren die für Fresken reservierten Einzelfelder an den Decken noch so eng bemessen und von solch dicken weißen Stuckgirlanden umrahmt, dass Cosmas Damian als Maler nur eine ungefähre Andeutung seiner Möglichkeiten geben konnte. Doch schon bei seinem ersten größeren Auftrag in München im Jahr 1715 bewies er seine Sonderklasse. In der von Viscardi errichteten Dreifaltigkeitskirche (Pacellistraße) hat er es geschafft, der Wölbung der Kuppel und den vier zwischen den Fenstern tief herunterlaufenden Wandpartien eine überzeugend einheitliche, von der Erde bis hinauf in den Himmel sich entwickelnde Komposition einzubeschreiben.

Doch die entscheidenden Schritte an die Spitze der süddeutschen Barockkunst taten die Brüder außerhalb Münchens. Cosmas Damian zeigte mit den herrlich klar komponierten Fresken an den gewaltigen Gewölben der Basilika Weingarten 1718/20, dass er wie kein anderer deutscher Maler seiner Generation bekannte Geschichten frisch und farbig zu erzählen und riesige Flächen logisch zu gliedern verstand. Auch im höfischen Genre setzte er mit seinen Götterdarstellungen in den Schlössern von Schleißheim, Bruchsal, Mannheim, Alteglofsheim und Ettlingen das Maß, an dem sich seine Schüler, Konkurrenten und Nachfolger messen mussten.

Egid Quirin Asam – er hatte sich auf die Bildhauerei und den Stuck spezialisiert – entwickelte an der Seite seines älteren Bruders einen Stil der Festlichkeit, der in seiner räumeöffnenden gestischen Dynamik, aber auch in der Farbenglut der Stuckornamente und im strahlenden Weiß der Figuren die italienischen Vorbilder weit hinter sich ließ. In den Domen von Freising und Innsbruck, in Aldersbach, Fürstenfeldbruck, Einsiedeln, Osterhofen und Straubing verbinden sich die Leistungen der beiden Brüder zu einer begeisternden Einheit. Leider ist die Kirche, die in München von dieser inspirierten Ausstattungskunst zeugen könnte, die St.-Anna-Kirche im Lehel, im Krieg untergegangen und heute nur noch in einer ungefähren Nachschöpfung zu erleben.

Ihre bildnerische Schöpferkraft haben die beiden Brüder am umfassendsten in jenen Bauten entfalten können, in denen sie nicht nur als Ausstatter tätig waren, sondern auch die Architektur entworfen hatten. Cosmas Damians glorioser Beitrag zur Weltarchitektur ist die 1716 begonnene Klosterkirche von Weltenburg mit der irreal schwebenden Decke über dem Kirchen-Oval und dem überwältigenden theatralischen Auftritt des Heiligen Georg, der aus

Die beiden Brüder, wie sie sich selber gesehen haben: links Egid Quirin, der Bildhauer, mit einer Skulptur, rechts Cosmas Damian mit dem Pinsel.

dem strahlenden Licht des Altarraums ins dunkle Kirchenschiff auf den Besucher zureitet. Egid Quirins erstaunliche Raumschöpfung ist die Kirche im niederbayerischen Rohr mit ihrem von der Seite belichteten, prachtvoll ausgestatteten Chorraum. Dort hat der Bildhauer 1723 die Himmelfahrt Mariens mit überlebensgroßen weißen Figuren als ein elementares Ur-Ereignis, als die wunderbare Überwindung der irdischen Schwerkraft dargestellt.

Beide Künstler hatten damals schon ihren festen Wohnsitz in München, doch zum Erwerb eines eigenen Grundstücks reichte es erst ein wenig später. 1724 kaufte Cosmas Damian, der 1720 das elterliche Haus in der Theatinerstraße übernommen hatte, ein zusätzliches Grundstück in Thalkirchen am Fuß des Isartalhangs. Dort errichtete er nach eigenen Plänen das Schlösschen Maria Einsiedel, ein Land- und Lusthaus mit einer nach beiden Seiten sich öffnenden zentralen Halle im Obergeschoss, die man als eine Art Atelier-Salon interpretieren könnte. Der Bruder steuerte außerdem eine kleine Kapelle bei. Leider ist auch dieses originelle Maler-Refugium mit seiner illusionistischen Fassadenmalerei – sie täuschte ein reiches skulpturales Programm vor – nur noch in einer andeutenden Nachschöpfung (ohne Kapelle) zu betrachten.

Blicke ins blanke Nichts

Das private Gesamtkunstwerk des tiefgläubigen Junggesellen Egid Quirin in München aber hat alle Kriege ohne tiefgreifende Schäden überstanden. Zwischen 1729 und 1733 erwarb Egid Quirin nacheinander vier benachbarte schmale Grundstücke an der Sendlinger Straße. Die beiden südlichen Wohnhäuser baute er zu seinem Künstlerdomizil um und stattete die Fassade mit einem plastischen Programm von höchstem mythologischen und geistlichen Anspruch aus. In der extrem schmalen Lücke zwischen dem zweiten und dem vierten Haus errichtete er, quasi als öffentlich zugängliche Hauskapelle, die St. Johann-Nepomuk-Kirche, auf deren Altar er durch ein Fenster von seinem Schlafzimmer aus herunterschauen konnte. Das nördlich anschließende Haus aber stellte er dem Priester zur Verfügung.

In den engen finsteren Schacht zwischen den Wohnhäusern der Sendlinger Straße eine Kirche hineinzubauen, war eine geradezu phantastische Kühnheit. Daniel Liebeskind hat im Jüdischen Museum in Berlin einen solchen steilen Schacht als das blanke Nichts, als leeren Schreckensraum, als Hallraum der Geschichte ausgestellt; Egid Quirin Asam aber modellierte mit Hilfe seines Bruders ein geradezu magisches Raumkunstwerk, eine der bedeutendsten bildplastischen Kompositionen aller Zeiten, in die klaffende Schlucht hinein. Er rhythmisierte den viel zu langen, engen und hohen Raum, der nur von den Enden her Licht empfängt, indem er drei ovale Rundräume hintereinanderschaltete, eine allseits umlaufende Empore einzog, also die Höhe halbierte und die obere Hohlkehle so weit herunterzog, dass die Decke elegant darüber zu schweben scheint.

Eine geradezu naturhafte Verräumlichung des Anstiegs hinauf zum Licht ist Egid Quirin im Chorraum gelungen: unten in mystischem Dämmer der Altar mit dem Sarkophag des Titelheiligen; darüber auf der Empore, vom Seitenlicht fein modelliert, der zweite Altar mit den farbigen Stuckmarmorsäulen und dem Baldachin; und oben, durch ein Fenster von hinten kraftvoll ins Licht gesetzt, die Figuren der Dreifaltigkeit, über denen vier schwebende Engel mit ihren Flügelspitzen die Taube des Heiligen Geistes ins Licht heben. Erhabener und schöner kann man die christliche Lehre mit plastischen Mitteln wohl kaum in Bilder übersetzen.

Gottfried Knapp

Das Geisterschloss von Schleißheim

Die schöne Anlage nördlich der Stadt kündet von den hochfahrenden Illusionen und der Verschwendungssucht ihrer Erbauer

Es ist ein hübsches Motiv für die Fotografen: Elegante Damen in Abendroben und mit funkelnden Pretiosen über dem Dekolleté haben sich in der Gartenanlage des illuminierten Schlosses drapiert und plaudern angeregt über den vergangenen Urlaub. Grau melierte, hochmögende Herren aus Politik und Wirtschaft diskutieren über Sinn und Unsinn der Steuergesetze und erörtern die aktuelle Börsenlage, während Kellner im Frack Champagner und erlesene Häppchen reichen. Wenn der Parlamentspräsident zum Sommerempfang des Bayerischen Landtags ins Schloss Schleißheim lädt, treffen die Mächtigen des Freistaats und Münchens feine Gesellschaft zusammen, um sich gegenseitig ihre Reverenz zu erweisen.

Glanz und Gloria im Dachauer Moos: So ähnlich – wenn auch mit anderen Protagonisten – muss es gewesen sein, als Kurfürst Max Emanuel in der pompösen Residenz des Absolutismus Gesellschaften gab und rauschende Feste feierte. Hochgeborene Exzellenzen verneigten sich vor weiß gepuderten Edeldamen in prächtigen Korsagen zum Menuett, Kriegsstrategen schwadronierten über den jüngsten Feldzug, während galante Chevaliers – natürlich unter dem Siegel der Verschwiegenheit – ihre Eroberungen in der Damenwelt zum Besten gaben. Die Dienerschaft trug unterdessen köstliche Speisen auf, bis sich die festlichen Tafeln bogen. Der Kurfürst hatte ein großes Faible für Prunk und Verschwendung – und eine Vorliebe für den Schleißheimer Sommersitz seines Vaters Ferdinand Maria. Schon wenige Jahre nach seinem Regierungsantritt im Jahr 1680 ließ Max Emanuel einen Kilometer östlich vom Renaissancebau seines Vaters das Gartenschloss Lustheim errichten, in dem er häufig auch Jagdgesellschaften gab. Offenbar schwebte Max Emanuel schon früh eine opulent angelegte Schloss- und Gartenanlage vor, als dessen Abschluss Lustheim geplant war. Das kurz nach Vollendung des Gartenschlosses in Angriff genommene, großzügige Kanalsystem, in das Nymphenburg und Dachau miteinbezogen wurden und das Isar und Würm mit Wasser speisten, ist ebenfalls ein Indiz dafür.

Max Emanuels Baulust war kaum zu bremsen; seine Siege gegen die Türken und seine hochfliegenden politischen Pläne (er wollte sogar Kaiser werden) beflügelten ihn zu ehrgeizigen Prestigeprojekten. Selbst in seinen schwersten Jahren, nach der vernichtenden Niederlage von Höchstädt im Spanischen Erbfolgekrieg, bezeichnete der Kurfürst das Planen von Bauwerken als seine einzige Freude. 1701 legte Max Emanuel den Grundstein für das neue Schloss Schleißheim, das als Anlage mit vier Flügeln geplant war; das alte Schloss sollte den

Barockes Lebensgefühl

Hofkünstler waren durch besondere Privilegien von den Beschränkungen der städtischen Zunftordnungen befreit. Als Unternehmer bestimmten sie die Zahl ihrer Mitarbeiter selbst, was die Kapazität und künstlerische Qualität ihrer Werkstätten begünstigte. Die bedeutendsten Künstler des Münchner Rokoko waren im Besitz eines „Hofprivilegs“. Weit über die Stadtgrenzen hinaus haben als Bildhauer besonders Johann Baptist Straub (1704–1784) und Ignaz Günther (1725–1775) einen der produktivsten und bedeutendsten Abschnitte der Münchner Kunstgeschichte geprägt. Ihre zauberhaften Schöpfungen werden bis heute aber auch als Zeugnisse eines unbeschwerten „Lebensgefühls“ verstanden, das manch einem als besonders münchnerisch erscheint.

Wie man es im Barock liebte: Putto von Ignaz Günther

Westtrakt bilden. Der Rohbau des neuen Ostflügels war weitgehend fertig, als der Spanische Erbfolgekrieg die Arbeiten jäh unterbrach. Max Emanuel flüchtete zunächst ins Exil in die Niederlande, später nach Frankreich, in das Land seines großen Verbündeten Ludwigs XIV. Nach dem 1714 geschlossenen Frieden von Rastatt kehrte er 1715 aus dem Pariser Exil zurück. Mit den Bauplänen für das neue, als großer Wurf angelegte Schloss war ursprünglich der Baumeister Henrico Zuccalli beauftragt worden, der schon das Gartenschloss Lustheim errichtet hatte. Jetzt übertrug Max Emanuel dem in Paris ausgebildeten Joseph Effner, Sohn des Dachauer Hofgärtners, das ehrgeizige Projekt „Neues Lust- und Residenz-Gebäu zu Schleißheimb“. Die vom Kurfürsten gewünschten Ausbaupläne blieben allerdings weitgehend Makulatur; der neue Hofbaumeister veränderte vielmehr durch den Einbau von Treppen und Korridoren die Raumaufteilung und schuf besonders durch seinen grandiosen Innenausbau Raumkunst von europäischem Rang.

Herrliche Stuckarbeiten und Deckenfreskos zieren die Säle des Schlosses, wo auch riesige Gemälde und Gobelins hängen, die Szenen aus den Türkenkriegen oder dem Spanischen Erbfolgekrieg zeigen. Max Emanuel war ein leidenschaftlicher Kunstliebhaber, wie viele andere Potentaten benutzte er dieses Medium zu seiner Verherrlichung. Die Bilder des Kurfürsten waren der Grundstock für die Gemäldesammlung der Wittelsbacher, die im 19. Jahrhundert in Schleißheim aufbewahrt wurde. Heute ist hier die Staatsgalerie Europäischer Barockmalerei der Bayerischen Staatsgemäldesammlungen untergebracht, die Werke aller großen Schulen dieser Kunstepoche und der Spätrenaissance präsentiert, Schloss Lustheim ist eine Dépendance des Bayerischen Nationalmuseums, in der die Meißener Porzellansammlung Ernst Schneider zu sehen ist.

Als Kurfürst Max Emanuel 1726 starb, war der Komplex noch nicht vollendet, der Hauptbau jedoch weitgehend fertig gestellt. Schon Ende des 18. Jahrhunderts wurde

das Schloss nur noch sporadisch bewohnt, die große Zeit Schleißheims war vorbei. Heute erfüllen nicht nur Ausstellungen oder Empfänge wie der des Bayerischen Landtags das Gemäuer hin und wieder mit Leben, auch Konzerte finden regelmäßig in Schleißheim statt. Wer wie einst Max Emanuel prunkvolles Ambiente bevorzugt, kann etwa den Fest- oder den Gartensaal für eine Privatfeier mieten – die Schlösser- und Seenverwaltung nimmt Anfragen gerne entgegen. Doch im Prinzip ist Schleißheim seit 200 Jahren ein Geisterschloss. Dass der verblichene Kurfürst in seinen Prunksälen noch als Gespenst herumspukt, dürfte allerdings nur Legende sein.

Robert Stocker

Kurz war die Zeit, in der Schleißheim als Ort von allerlei Lustbarkeiten galt. Schon Ende des 18. Jahrhunderts senkte sich Stille über das nach 1701 erbaute Neue Schloss, hier in einer Darstellung von Joseph Stephan aus dem Jahr 1762.

Mord und Brandschatzung im Lehel 1742: Von dem alten Ölgemälde aus dem 18. Jahrhundert blieb nur ein Glasplatten-Negativ von 1929. Das Originalbild wurde im Zweiten Weltkrieg Opfer eines Luftangriffs.

Narren des Glücks

Die Gräuel der Verwüstung: Wieder einmal bezahlt München einen hohen Preis für die politischen Abenteuer seiner Kurfürsten

Es ist ein altes Bild, schwarz-weiß mit milchigen Konturen, die Vorkriegsfotografie eines Ölgemäldes aus dem 18. Jahrhundert. Das Original verbrannte im Feuersturm der alliierten Luftangriffe, was nicht ohne bittere Ironie ist. Denn was es zeigte, war eine Heimsuchung, die den Zeitgenossen nicht weniger biblisch erschien als der Angriff der „Fliegenden Festungen" den Münchnern zwei Jahrhunderte später. Die Panduren im Dienste Maria Theresias kommen über die Bewohner der eben noch so friedlichen Münchner Lande wie die leibhaftigen Reiter der Apokalypse. Das Bild zeigt ihre Taten detailgetreu im Vordergrund. Das Grauen: Für die Menschen, die es wenig später betrachteten, war der Effekt wie für die Nachgeborenen die Bilder aus dem amerikanischen Foltergefängnis Abu Ghraib, nur dass der Irak weit fort ist und der Krieg damals sehr nah war.

Kurfürst Karl Albrecht hat ihn ohne Not auf seine Lande herabbeschworen. Bayern ist nur eine Mittelmacht, er aber will Kaiser des Reichs sein, ruhmbedeckt wie zur Ritterzeit Ludwig der Bayer, der Imperator aus München. Das Kaisertum aber haben die Habsburger in Wien. Doch als diese im Mannesstamm aussterben und nur Maria Theresia als Kronprätendentin übrig bleibt, lässt sich der Bayer von Frankreich verlocken und meldet uralte dynastische Ansprüche an. Tatsächlich wird er in Frankfurt gekrönt, eine peinliche Farce. Österreichs Erzherzogin Maria Theresia greift zu den Waffen. Karl Albrecht schreibt übellaunig in sein Tagebuch: „So stellte ich Narr des Glücks einen Kaiser vor und tat, als ob ich Frankfurt zu meiner Residenz gewählt hatte, weil es in der Mitte des Reiches liegt, in Wahrheit aber war ich ein Verbannter, der keine Heimat hatte, da mein Land vom Feind besetzt war."

Wieder einmal. Wie 1632 von den Schweden, wie schon 1705 von den Österreichern. Wieder hat ein Regent Bayerns seine Macht und Möglichkeiten maßlos überschätzt, sich als Vorbild ebenso wie als Vormacht der deutschen Lande begriffen und erst beim Donnern der Kanonen verstanden, dass er keines von beidem ist. Wieder ist ein Kurfürst eilig ausgerückt, als der Feind sich der Stadt nähert, und verschwendet keinen Gedanken an deren keineswegs aussichtslose Verteidigung. Wieder einmal ergibt sich die schwer befestigte Residenz München den Eroberern. Und wieder einmal sind es seine Landeskinder, die den Furor des Krieges erleiden müssen, während ihr Beherrscher in sicherer Entfernung lamentiert.

Im Mai 1742 stehen die Österreicher vor München, zum zweiten Mal übrigens schon in diesem Krieg. Der Pandurenoberst Franziskus von der Trenck bringt seine Männer mit einer Behelfsbrücke über die Isar; nur ein paar tapfere Stadtschützen feuern auf sie, und sie schießen gut. Leichen treiben im Fluss, aber von der Isarhöhe feuern sechs Kanonen auf die Verteidiger am Ufer. Sie müssen zurück. Die Österreicher besetzen den Brückenturm am linken Flussufer, den 1705 die aufständischen Bauern gestürmt haben, bevor ihr Schicksal besiegelt wurde. Den Vorstoß der Panduren ins unbefestigte Lehel können die Münchner nicht aufhalten. Trenck berichtet von seiner Rache: „Acht Jäger (Schützen) aus München, die uns so grossen Schaden gemacht, überfiel ich und ließ sie alle niedersäbeln."

Das Schicksal des Lehel, der Vorstadt mit ihren Wohngebäuden, Mühlen und Manufakturen: Brennende Häuser, Gefolterte, Niedergemetzelte, Vergewaltigte, Kinder, die Schutz bei ihrer Mutter suchen, aber

Gräueltaten im Münchner Umland: Zu oft zieht die maßlose Politik der Kurfürsten Bayern in den Krieg – und die Bevölkerung leidet schwer.

nicht finden werden, all das zeigt das alte Bild, wenn man genau hinsieht. Es ist ein Massaker.

In der Chronik des Paters Hartl heißt es: „Dem Schlößlwirt Hueber seyn sie gleich anfangs in Haus und seinem Eheweib an den hals gefallen. Nachdem aber ihr Mann dazu gekommen, haben sie ihr einen hieb am leib versetzt und geld begehrt und ihm auf verweigern einen schuss in leib versetzt, alsdann zu stücken verhauet, das haus angezindet und ihne halb verbrennt."

Und München, die starke Stadt? Sie fällt trotz ihrer Wälle. Der Kurfürst hat sie nicht zur Verteidigung vorbereitet. Es fehlt den Bewohnern nicht an Mut, es fehlt an Männern und Waffen. Freiwillige schießen vom Isartor aus auf das anrückende österreichische Heer, so effektiv, „dass der Feind unmöglich zu reüssieren vermochte". Dessen Kommandant, Baron von Bärenklau, schickt einen Gesandten mit der Androhung, dass er im Weigerungsfall beide Lustschlösser Nymphenburg und Schleißheim von den Husaren in Brand stecken lassen werde. In München beraten Magistrat, Kirchenmänner und Adel. Eine Wahl haben sie nicht. Überall versuchen Bärenklaus Soldaten auf den hohen Wall zu klimmen, es sind zu viele und der eigenen zu wenige. Man verzichtet auf „desparate Widersetzung".

Obwohl sich die Stadt General von Bärenklau ergibt, verheeren die Panduren und andere Soldaten das Umland, wie eine weitere Chronik berichtet: „In der nacht haben die Banduren draussen des Collegii Waschhaus und sehr ville häuser aufm Lehel und in der Refier herum außgeblindert, alle Thüren, Trüchen und Kästen eingehauen und verwüstet." Die Leichen der Toten, heißt es in einer weiteren Chronik, „und die biß auf den Todt blessierten Persohnen, nebst villen Cleinen Kinder, haben sie Lebendtig ins Feuer geworffen, andere Lebendtig mit hendt und Füessen an die Haußthueren genagelt und erschossen, und in Summa ärger als die Vandalen gehauset."

Nach der Verwüstung des Lehel lässt es sich Trenck wohl ergehen: „Ich bekam mein Quartier bei einem berühmten und reichen kauffmann und Bürger, welcher mir meine Portionen täglich nebst der Tafel mit 10 fl. bezahlen musste, die ich aber, da er eine recht hübsche Tochter hatte, die mich aber nicht anhören wollte, ausser Haus anwenden musste."

Das Kriegsglück wogt hin und her. Die Österreicher ziehen im Oktober auf Befehl Maria Theresias ab; Bärenklau, so wird berichtet, gerät darüber so in Zorn, daß er in seinem Quartier im Jesuitenkolleg „die Tafelgläser hinter den Ofen wirft und sich wie ein Rasender gebärdet". Doch sie kommen 1743 ein drittes Mal; wieder Besetzung, Einquartierung, Ausplünderung, Kontributionen.

Maria Theresia ist nahe daran, Bayern ganz dem Habsburger Reich zuzuschlagen. Nur die preußischen Waffen halten sie davon ab. Friedrich der Große will keine Stärkung seiner Hauptgegnerin hinnehmen. Aber den Kaisertitel erhält Maria Theresias Mann, Franz I. Und so kehrt Karl Albrecht Ende Oktober 1744 in seine geschundene Residenzstadt zurück; Kurfürst und gefallener Kaiser, ein gescheiterter Held von Preußens Gnaden. In Nymphenburg empfängt er die Abgesandten der Stadt zum Handkuss, am 16. Oktober reitet er in die Stadt ein. Bald trifft auch der Kronprinz ein, „und alles war in einer Freud, und dauerte das schießen und vivat geschrey die ganze nacht." Vielleicht hat der alte Narr nun, als alles vorbei war, doch noch so etwas wie Glück gespürt. Zwei Monate später stirbt er. *Joachim Käppner*

Trencks Feinde: „Eure Reytherei hat nicht viel zu bedeuten", spottete er über Preußens Husaren.

„Es sind Leute aus der Rüstkammer der Hölle"

Ein Zopf und sechs Pistolen: Der berüchtigte Franziskus Freiherr von der Trenck, Zerstörer des Lehel, und seine Panduren

„Nun seynd widerum ville Banduren angekommen, abscheulich wüste leuth, dergleichen das Land noch niemals gesehen. Es muß notwendig eine andere höll under der erd in Ungarn seyn, aus welcher solche förchterlichen Menschen herfür kommen. Sie haben ganz geschorne Köpf, ausser einen langen Haar-Zopf hinden tragend ganz schwarzbraune Angesichter, schwarzen langen bard, lange rothe Mäntel wie Rossdecken, mit einer spitzigen Capuzen, darin sie den Kopf verhillen, einen langen Säbel, lange Flinten oder einen spies aufm Pferdt. Die zu fuß haben an der seithen 2, zu zeiten auch 4 pistollen samt einem langen messer."

Es sind die Panduren des Franziskus Freiherrn von der Trenck, die 1742 ihr Quartier im Garten des Bürgermeisters von Schönberg aufschlagen. Den Münchnern erscheinen die Reiter wie Sendboten des Satans, „es seynd Leuthe aus der höllischen Rist-Kammer herrührend", schreibt der Pater Antonius Hartl in seinem Bericht „Oesterreichische Rauberey in Bayern anno 1742".

Die Panduren sind eine Elitetruppe der österreichischen Kavallerie und zugleich eine verschworene Gemeinschaft, die keinen Wertekodex kennt außer dem eigenen Vorteil: „Sie schonen auch den Teufel selber nicht, man siehet Mord und Tod in ihrem Angesicht." So heißt es in einem Gedicht über die Spur der Verwüstung, die von der Trenck 1742 im österreichischen Erbfolgekrieg durch Bayern bis nach München zieht. Seine Panduren stammen zumeist aus dem wilden Grenzland der Habsburger Monarchie gegen das zurückweichende osmanische Reich. Die meisten sind aus Ungarn. Unerschrocken, grausam, im Sattel aufgewachsen. Gemeinsam bilden sie ein irreguläres Korps, das in scharfem Kontrast zu den uniformierten Liniensoldaten steht, die in der Schlacht aufeinander zumarschieren müssen und mörderische Salven aus ihren Musketen abfeuern.

Trenck gilt seinen Feinden als die häßlichste aller Seelen. Geboren 1710 und ein Vetter des berühmten preußischen Offiziers und Abenteurers Friedrich Freiherr von der Trenck, führt Franziskus schon früh ein wildes Söldnerleben, das ihn bis in die Steppen der Krimtataren führt. Er bewundert sie dafür, „daß diese alle Winter dieses Einfallen tendieren", bei Eis und Schnee Plünderungszüge nach Russland wagen. 1740, zu Beginn des Ersten Schlesischen Krieges, erwärmt sich Königin Maria Theresia in Wien für den Unhold. Männer wie ihn kann sie brauchen in dieser großen Machtprobe zwischen den Mächten Österreich und Preußen: „So offerierte ich Ihro Majestät zur Bekräftigung meiner Treue 1000 Panduren mit gewehr un Montur auf meine Unkosten." Beim Feldzug gegen das unglückliche Bayern sind seine Reiter stets vorn dabei. Das feste Straubing schlägt sie zurück, doch Kirchen, Klöster, Kleinstädte brennen. Das Kloster Niederaltaich notiert das Schicksal eines Kaplans, von dem Panduren Geld fordern: „Weil er keines hatte, haben sie ihn gestoßen, geschlagen, aller Kleider beraubt und so auf den Hof hinausgejagt"; und da hat er noch Glück. In Cham plündern und vergewaltigen die Panduren, wer von den Bürgern dem Feinde in den Weg gerät, muss über die Klinge springen.

Trenck schreibt in seinen Erinnerungen (deren Echtheit umstritten ist): „Weil wir in des Feindes Lande waren, war, was wir nur mit dem geringsten Vorwand taten, recht." Er irrt. 1747 wird ihm der Prozess gemacht, offiziell wegen seiner Verbrechen, in Wahrheit aber wegen des Neids vieler Offiziere auf den Haudegen. Kaiserin Maria Theresia hebt das Todesurteil auf, 1749 stirbt er in Haft auf der Festung Spielberg.

Seine Spießgesellen widmen ihm einen Nachruf: „Wer führt uns nun, sprecht wer? Nur er war würdig, er allein, Panduren-Obrister zu sein. Und nach ihm keiner mehr."

Joachim Käppner

„Er thut Euch in das Reich der Todten schicken": Bild eines Panduren.

Gassen voller Lärm und Geschrei

Arm neben Reich, Bettler vor Adelspalästen, wohlhabende Wirte und verwöhnte Kurtisanen: In der Residenzstadt leben die Schichten eng beieinander

Im alten München zählen sie zum Straßenbild: die fahrenden Händler. Nicht alles, was der tägliche Bedarf verlangt, ist gleich auf dem Markt zu haben. Die Marketender verkaufen Bier, Lebensmittel (wobei der Münchner schon im 18. Jahrhundert beide Begriffe gern gleichsetzt) und allerlei Haushaltswaren. Der Schriftsteller Lorenz von Westenrieder schreibt 1782: „Viele, die Viktualien und andere Haushaltsbedürfnisse betreffende Dinge werden von den Verkäufern in den Gassen herumgetragen und ausgeschrien, wobei zu merken ist, daß jede Art dieser Leute einen eignen, bestimmten zum Lautrufen bequemen Fall und Ton ihrer Stimme habe.“

München, Ende des 18. Jahrhunderts, ist im Alltag eine widersprüchliche Stadt. Längst sind die Mauern zu eng, wohnt Reichtum neben bitterer Armut, behagliche Bürgerlichkeit neben dem Protz der adeligen Neureichen. Das könnte an heute erinnern, wo die ..., aber lassen wir das. Viele kleine Handwerker leben am Rande des Existenzminimums. Andererseits nehmen Wissenschaft und Kunst einen reichen Aufschwung, zählt die Stadt zu den begehrtesten des Landes; was zur Folge hat, dass die Mieten ins Astronomische steigen. Das wiederum erinnert an heute, wo die Makler geschmacklose Cityjeeps fahren und ... Aber lassen wir das.

Joachim Käppner

Volksleben und Brauchtum: In diesem Bild („Münchner Local Straßen Concert“, einer kolorierten Lithographie von Gustav Kraus, 1836) sind Straßenhändler zu sehen, unter ihnen Lumpensammler, Kutschfahrer, Kaminkehrer, Stiefelputzer, Sänftenträger, verarmte Grafiker (rechts unten); die gibt es noch immer. Leider auch die Straßenfiedler wie den ganz oben links, der gerade die Bassgeige quält.

Der Eierbauer

Ein derbes Gesicht, gezeichnet vom Leben und den Jahren; knochige Hände mit tiefschwarzen Fingernägeln.
Ein alter Mann in schlichtem rotbraunem Gewand, wahrscheinlich einem früheren Soldatenrock, aber nicht abgerissen und zerlumpt. Er trägt auch einen Ring und eine wärmende Pelzkappe: der Eierbauer. Es ist die Zeit, in der die Stadtgesellschaft die Alten entdeckt, als Objekt der öffentlichen Fürsorge ebenso wie der Künste. 1790, gegen Ende der Kurfürstenzeit, malt ein unbekannter Maler dieses Ölbild; im selben Jahr wird in München das Armenhaus eröffnet. München, das ist ja nicht nur Schleißheim, Residenz, Klöster, Bürgerstolz; in den engen Straßen der Stadt drängen sich auch Bettler, Tagelöhner und Gescheiterte, und wer überhaupt alt geworden ist von ihnen, ist auf Spenden und Almosen angewiesen.

Es ist fraglich, heißt es in dem schönen, vom Stadtmuseum herausgegebenen Bildband „Der blau gestreifte Reiter", ob „mit diesem Bildnis eine bestimme Person gemeint oder ob es sich um die typisierte Darstellung eines fliegenden Händlers vom Land handelt". Eier sind noch Ende des 18. Jahrhunderts eines der wichtigsten Grundnahrungsmittel. Pro Kopf verzehren Münchens Bürger 150 Stück pro Jahr. Man kauft sie auf dem Geflügelmarkt vor dem Rathaus oder von fliegenden Händlern aus dem Umland, die mit ihren Körben in die Stadt kommen. Im Stil wirkt das Gemälde schlichter als es der Zeit eigentlich entspricht; die Münchner Malerei, so wiederum „Der blau gestreifte Reiter", orientiert sich an niederländischen Vorbildern des 17. Jahrhunderts, an die der Gemalte tatsächlich stark erinnert. Eierbauern hat es in den Städten seit dem Mittelalter gegeben, Albrecht Dürer hat die ersten Darstellungen von ihnen gemalt; sie verschwinden aus dem Stadtbild erst, als München im 19. Jahrhundert weit über die alten Mauern hinauswächst und eine völlig neue Gestalt annimmt.

Joachim Käppner

Caroline von Spreti, Mätresse

Sie muss Eindruck gemacht haben auf den jungen Kurprinzen, und auf späteren Gemälden spürt man etwas von Zartheit und schüchterner Eleganz. Caroline Freiin von Ingenheim, genannt Carlotta, diente als Hofdame bei Therese Kunigunde, der zweiten Gattin von Kurfürst Max Emanuel. Erst 15 Jahre ist die Tochter aus adligem Hause alt, sie dient am Münchner Hof, weil den Eltern das Geld für eine standesgemäße Erziehung fehlt.

Karl Albrecht, der Sohn des Kurfürsten, ist von der schönen Caroline fasziniert, und die Umworbene fühlt sich geschmeichelt, obwohl der Thronfolger gerade erst geheiratet hat – die Erzherzogin Maria Amalie von Österreich, die ihm sieben Kinder schenken wird. Am 4. Oktober 1723 bringt die Hofdame einen Sohn zur Welt.
Was an sich nicht weiter erwähnenswert wäre, Karl Albrecht, ein etwas schwerblütiger, melancholisch wirkender Prinz, hat zahlreiche Affären. Doch gerade dieser Sohn genießt Privilegien, sein Vater bringt ihm Beachtung, vielleicht Zuneigung entgegen. Franz Ludwig, der spätere Graf von Holnstein, kommt in München zu Titel, Ehren und Besitz: Karl Albrecht schenkt ihm ein prächtiges Palais und beauftragt François de Cuvilliés mit dem Bau in der Prangerstraße (heute Sitz des Erzbischofs). Seiner Geliebten hat Karl Theodor bereits ein Geschenk gemacht, das man als Abfindung interpretieren darf: Sie erhält ebenfalls ein Palais, gleich neben dem Holnstein-Palais – damals die beste Wohngegend in der Stadt.

Nach dem Ende der Liaison darf die Ex-Mätresse den Grafen Hieronymus von Spreti heiraten – einen angesehenen Adligen. Caroline bekommt noch 14 Kinder, von denen die ersten vier bald nach der Geburt sterben.

Der Wohnsitz der schönen Caroline ist heute noch zu bewundern, in der Kardinal-Faulhaber-Straße 6. Nach einem entbehrungsreichen Leben stirbt sie im Mai 1749. Ihre Grabplatte befindet sich in der Kirche Mariä Geburt in Unterweilbach bei Dachau.

Christian Mayer

Johann Georg Lori, Akademie-Gründer

Zu Beginn ist er nur ein Wirtssohn aus dem Pfaffenwinkel, ein Zögling der Jesuiten, später immerhin ein Student der Rechte an der Würzburger Universität. Johann Georg Lori ist ein einfacher Junge aus der Mittelschicht – allerdings einer, dessen Arbeitseifer nicht zu bremsen ist. Leidenschaftlich gerne wühlt er sich in Archivgewölben durch alte Handschriften, er sammelt, ordnet und veröffentlicht. Und seine Gegner wären froh, wenn sich Lori mit der Zusammenstellung dicker Folianten bereits verausgaben würde.

Doch dem ist nicht so. Johann Georg Lori, 1723 geboren, ist nicht nur ein begeisterter Historiker und Jurist, sondern auch ein Aufklärer durch und durch. Es drängt den rastlosen Arbeiter nach Erkenntnis, nach Wahrheit in der Wissenschaft. Schon damals verkörpert Lori den Typus eines Netzwerkers: Als Hofrat des Münz- und Bergwerkskollegiums pflegt er seine Kontakte zu den gelehrten Kreisen in und außerhalb Bayerns. Längst hegt er Pläne für eine unabhängige Gelehrtengesellschaft.

Am 12. Oktober 1758 ist es soweit: Die „Bayerische Gelehrte Gesellschaft" wird von Lori und seinen Mitstreitern ins Leben gerufen, zunächst in aller Stille. Denn Lori hofft nicht nur auf die Genehmigung des Kurfürsten Max III. Joseph, sondern auch auf dessen finanzielle Unterstützung. Bayerns Gelehrtenverein, der Forschung und dem wissenschaftlichen Fortschritt verschrieben, soll keinen privaten, sondern einen staatlichen Charakter bekommen. Loris Vorhaben gelingt: 1759 wird die Gesellschaft anerkannt und in „Churbayerische Akademie der Wissenschaften" umbenannt. Die kurfürstliche Anerkennung ist ein Triumph für die Streiter der Aufklärung. Die Akademie steht unter staatlichem Schutz, wird sogar von ihm finanziert, und bleibt doch unabhängig. Obwohl man den Protestanten 1759 in München noch keine Bürgerrechte zugesteht, sind 19 der 88 Akademiemitglieder Protestanten. Christina Warta

Ein Epitaph für Joseph Clement

Friedlich schlummert der Kleine, auf rotem Samt und auf den Vogelbauer gelehnt; ein schönes, dank des amüsierten Zuges um die Lippen des Jungen fast heiteres Gemälde, wenn man es nicht zu deuten versteht; tut man es, ist es ein Bild tiefer Trauer, der Trauer um ein geliebtes Kind, das für immer die Augen schloss und niemals zurückkommen wird. Bei dem Bild aus dem Besitz des Münchner Stadtmuseums handelt es sich um ein Porträt, oder besser, um einen Epitaph für Joseph Clement Theodor Heinrich Erasmus, verstorben im Alter von nicht ganz zwei Jahren im Mai 1775.

Das Hemd, ach, es ist sein Totenhemdchen, der Stoffballen in seiner rechten Hand der Lutscher, den er nicht mehr brauchen wird. Der Singvogel symbolisiert eine weinende, um ihr Kind klagende Frau. Noch immer ist die Kindersterblichkeit so hoch wie Kenntnis um und Möglichkeit zur Hygiene gering. Dabei sind die Eltern von sehr hohem Stande, Maria Theresia und Johann Caspar Graf Basselet von La Rosée: Der Graf hat es zum Bayerischen Kämmerer und Ober-Appellations-Gerichtspräsidenten gebracht. Das Paar behält nur vier von vielen Kindern, alle anderen sterben früh, viel zu früh wie Joseph Clement. Die üblichen Allegorien des Todes, wie ein Schädel, fehlen hier; es ist ganz offenbar ein Bild, das das Kind zeigt, wie es gewesen ist, und damit die Erinnerung an Joseph Clement wach hält. Das immerhin ist dem trauernden Vater, der das Gemälde beim Hofmaler Johann Georg Edlinger hat anfertigen lassen, am Ende gelungen. Adieu, kleiner Graf.

Joachim Käppner

Barbara Edlinger, Frau des Hofmalers

Wenn die passionierte Malerin Annette von Soettingen ihren Ehemann Franz Münchinger dirigistisch in Pose rückt, um der Nachwelt ein Bild zu hinterlassen, das mehr Würde hat, als er selbst wahrhaben will („Meine Frau geht heut in die Oper – ich nicht"), dann schildert die grandiose Eröffnungsszene des „Monaco Franze" eine Situation, die sich mit vertauschten Rollen und 200 Jahre zuvor im Haushalt des Münchner Porträtmalers Edlinger ähnlich zugetragen haben könnte. Mindestens dreimal saß ihm die eigene Frau Modell, so auch zu ihrem 50. Geburtstag am 18. Februar 1794. Über dem Hauskleid mit dem reich gefältelten Kragen trug sie zu diesem Anlass einen Pelzmantel, dazu eine Haube aus gepunkteter Gaze, über die ein kleiner schwarzer Schleier gelegt ist.

Maria Anna Barbara Welser (1744–1822) ist, wie sie einmal sagte, die Tochter eines „Münchner Musketiers". Sie stammt also aus dem Stand der Soldaten, deren meist unfreiwillige Familienplanung stets Unheil stiftet in der bürgerlichen Welt. So gesehen ist es eine gute Partie, als Barbara Welser 1774 den aus Graz zugewanderten Kunstmaler Johann Georg Edlinger heiratet. Er wird bald kurfürstlicher Hofmaler und zum meist-beschäftigten Porträtisten der Münchner Gesellschaft. Von Edlinger sind rund 300 Porträts bekannt.

Die Edlingers leben mit ihren sechs Kindern bescheiden in der Keuzgasse, wohin es jeden zog, der ein Porträt von sich wünschte: „Dabei saß man in einer Kammer, deren Fenster auf der Südseite lagen, und Frau Edlinger kochte in demselben Raum und gab, wenn ihr Gemahl sich nicht weiter verwußte, durch Einrede und Beirat ihre kritische Meinung ab." Das kann auch Johann Maximilian Graf von Preysing zu Hohenaschau bezeugen, der rund siebzig Mal vor Edlinger gesessen hat, ohne dass das Bildnis je gelang. Die Nase des Grafen sei zu groß geraten, soll Barbara Edlinger ihrem Mann zugerufen haben, während sie Suppennudeln schnitt.

Thomas Weidner

Franz Joseph Albert, Adler-Wirt

Man nennt ihn den „gelehrten Weinwirt". Offenbar ist Franz Joseph Albert ein Mann mit Esprit, der auch den Vortrefflichsten seiner Gäste ein anregender Gesprächspartner sein kann. Wer nimmt da nicht alles Quartier in seinem Gasthof „Zum Schwarzen Adler"? Der Venezianer Bernardo Bellotto alias Canaletto zum Beispiel. Im Januar 1761 logiert der Hofmaler Augusts des Starken in Alberts Nobelherberge. Auch Goethe nächtigt 1786 auf der Reise nach Italien im „Schwarzen Adler", allerdings unter dem Namen Jean Philipp Moeller – der Geheimrat will inkognito bleiben, weil er sich aus Weimar davongestohlen hat. Und dann ist da noch Mozart: Der quartiert sich im September 1777 bei Albert ein. Dem 21-jährigen Genie ist das Haus bestens vertraut, hatte er doch zwei Jahre zuvor im Tanzsaal des „Schwarzen Adlers" mit dem Klaviervirtuosen Ignaz von Beecke um die Wette gespielt.

Franz Joseph Albert, geboren 1726, entstammt einer Münchner Stadtmusikantenfamilie. Im Jahr 1755 erwirbt er das Anwesen Kaufingergasse 23 und eröffnet dort den „Schwarzen Adler". Als so genannter Weingastgeber, der, anders als die Weinzapfler, auch Speisen und Quartier anbieten darf, gehört er zu den angesehensten Handelsleuten der Stadt. Den „Schwarzen Adler" baut er zu einem Haus für höchste Ansprüche aus: Es gibt einen prächtigen Tanzsaal, 38 Gästezimmer sowie Stallungen für 24 Pferde und eine Remise für 40 Kutschen.

Als Albert hört, dass Mozart mit seiner Bewerbung um eine Hofkomponistenstelle beim Kurfürsten Max III. Joseph abgeblitzt ist, trommelt er Münchens vermögende Bürger zusammen. Man bildet eine Art Sponsorenclub, der Mozart monatlich 50 Gulden zahlen würde, wenn er in München bliebe. Der Komponist ist nicht abgeneigt. Aber da ist noch der gestrenge Leopold Mozart, unter dessen Fuchtel der Filius steht. Leopold Mozart sagt nein – und bringt Albert um die Chance, als der Mann in die Geschichte einzugehen, der Mozart für München gewonnen hat.

Wolfgang Görl

„Die Bayern sind rohe Kinder der Natur"

Grausame Justiz, starke Männer, anmutige Frauenzimmer und ein einsichtiger Kurfürst: München im 18. Jahrhundert

Die „Beschreibung der Haupt- und Residenzstadt München (im gegenwärtigen Zustande) vom Profeßor Westenrieder" gilt als erste selbständige Stadtbeschreibung Münchens – und ist bis heute eine der lebendigsten. Teils Historiker, teils Reiseführer, teils Volkskundler, interessiert sich Lorenz von Westenrieder für die Architektur der Frauenstiftskirche ebenso wie für die Preise auf dem Viktualienmarkt und den „Karakter der Eingebornen". 1748 in München geboren, erhielt der von den Jesuiten ausgebildete Kornhändlerssohn die Priesterweihe, wurde aber als Lehrer, Schriftsteller und Historiker zu einer der bedeutendsten Figuren der Aufklärung in Bayern. Als Sekretär der Historischen Klasse der Kurfürstlichen Akademie der Wissenschaft verfasste er Standardwerke über die Bayerische Geschichte. Seine politischen Posten als Chefzensor und Direktor über das deutsche und lateinische Schulwesen verlor er, als der Chefminister Maximilian von Montgelas das Land zu Beginn des 19. Jahrhunderts radikal reformierte. Westenrieder wurde 1808 geadelt. Er starb 1829 in seiner Wohnung in der Kaufinger Straße 78. Auszüge aus seinem Werk:

„Für die öffentliche Sicherheit ist auf das vollkommenste gesorgt, und man hat kaum ein Beyspiel, daß auf den Straßen jemand verletzt worden. Die Patrollen schaffen (nach unserm Ausdruck) in den Bräuhäußern zweymal ab, und wen selbe nach zehn Uhr daselbst noch findet, wird nach der Hauptwache geführt, und da bis den andern Morgen behalten, wo er sodann eine Geldstrafe entrichten muß.

So rufen auch (gewöhnlich von zehn Uhr angefangen) alle Wachen jeden Wandrer an; und wer sich auf einer Rauferey, oder anderem Muthwillen betretten läßt, wird sofort nach der Hauptwache geführt."

„Alle Strafgerichte, und vor allem die peinlichen, werden bey verschlossnen Zimmern gehalten. Wird jemand peinlich eingezogen, und ist er eines Verbrechens in dem von den Gesätzen bestimmten Grad verdächtigt: so schreitet man mit ihm zur Tortur, deren es verschiedene Arten und Stufen gibt, von denen einige, z.B. die ehma-

Links oben: Xaver Nachtmann, „Der alte Bockkeller", vor 1831. Hier gab es Bockbier und die Freuden des Rauschs, denn der „Keller" (errichtet 1589) am Alten Hof war als erstes Hofbräuhaus ein äußerst beliebter Ort. Sein Abriss 1831 wurde sehr bedauert.

Links unten: Die „Alte Schießstätte", um 1756. An der „Zielstatt" nahe des heutigen Hauptbahnhofs übten einst die städtischen Armbrustschützen. Das Schlösschen, erbaut von 1701 an, bietet den Gewehrschützen nun ein feierfreundliches Ambiente.

Rechts: Ohne Titel, 1738, anonym. Die Armen hungern, der Kurfürst spielt Doge: Ferdinand Maria ließ sich 1664 nach venezianischem Vorbild das Prachtschiff „Bucentaur" für Hoffeste auf dem Starnberger See erbauen. 1758 wurde es abgewrackt.

Joseph Stephan: Schrannenplatz, um 1760. Das Bild zeigt den heutigen Marienplatz mit glatten, nicht mehr mittelalterlich kleinteiligen Fassaden.

lige Folter, außer Uebung kommen zu wollen scheint. Die gewöhnlichste Art besteht in Ausspannung der Glieder, und in Streichen mit Gärten, welches zu drey verschiednen Malen wiederholt wird. Nachdem man den gesätzmäßig Verdächtigen auf alle mögliche Weise zu bereden sucht, daß er bekennen soll, und jener darauf verharret, daß er schon wirklich die Wahrheit gesagt habe: so führt man ihn in die Torturkammer, deren Wände ganz schwarz, und um und um mit Lichtern behängt sind. Wo der Angeklagte sein Auge hinwendet, erblickt er peinliche Werkzeuge. Man kleidet ihn aus, legt ihm das Torturhemd, das auf dem Rücken geöffnet ist, an, wirft ihn auf eine Bank, und bindet ihm mit die Händ und Füsse so schmerzlich an den Füssen der Bank an, daß schon dieser Anfang für eine Art von schwerer Tortur gehalten wird. (...)

Nachdem er wieder hergerichtet ist, ergreift ihn der Nachrichter um die Mitte, und setzt, oder wirft ihn auf ein Bret, oder Stuhl, aus welchem eisene Spitze herausgehen, und ihm in das Fleisch dringen. – Wenn er nun wieder zu denken vermag, so setzt man ihn auf eine Bank, auf welcher er, gebunden, das erste- und zweytemal die gesetzte Anzahl von Streichen erhielt; dann befestigt man an jedem Daume, und jeder große Zehe kreuzweise eine Schnur, und durch die Hölung der Arme, welche auf dem Rücken zurückgezogen sind, stecket man eine Walze voll von eisenen Spitzen. Die geringste Bewegung verursacht in diesem Zustand unsägliche Schmerzen. Von Zeit zu Zeit zieht oder schnellt der Nachrichter die Schnur, welches den ganzen Körper erschüttert. In dieser Stellung versetzt man ihm nun die letzten, gewöhnlich sechszig bis siebenzig Streiche. Bey jeder Tortur ist ein Medikus zugegen, welchem aufgetragen ist, den Richtern anzuzeigen, ob ein Körper im Stand sey, ohne tödtliche Gefahr die Tortur auf einen gewissen Grad auszuhalten. Vielen kostet dieselbe, wie leicht zu erachten, dem ungeachtet das Leben."

„Wenn der Eingebohrne jemand verachtet, so vergleicht er ihn solchen Gegenständen, an denen er etwas Kleines, Schimpfliches, und Verachtungswürdiges zu bemerken glaubt; er nennt ihn einen dummen Esel, ein Schwein, einen faulen Bären, ein altes Roß, einen Tagdieb, ein altes Kalb, oder Kalm, ein altes Weib. Auch bedient er sich einer Menge einzelner Wörter, deren Bedeutung größtenteils sehr alt ist. z.B. Tropf, Stax, Limmel, Hachel, Schroln, grober Knopf, Lienl, Faci, Zolch, Dummkopf, voller Zapf, u.s.w. (...) Wer also auf diese Art beschimpft wird, ist bürgerlich gezwungen, den andern zu verklagen, und von ihm Genugthuung zu fordern. Was ein Frauenzimmer im Zorn sagt, und schreyt, wird glücklicher Weise nicht im geringsten geachtet, noch jemals für schimpflich genommen. Die Huren und Maitraißen nennt man: Schlagerinnen, Peitschen, Fetzen, Schindermatzen, Schindluder. – Im heftigen Zorn schelten einige mit dem Wort: Sakra! wozu sie zuweilen das

Tausend- oder Himmelkreuztausend zu setzen pflegen. Wenn sie jemand verwünschen, so sagen sie: Der Teufel soll dich holen!"

„Da schlägt er gleich zu"

Aus den Beobachtungen, die der Aufklärer Friedrich Nicolai (1733–1811) über München niedergelegt hat:

„Wenn man aus dem großen Getümmel von Wien kommt, so fällt es auf, daß in München alles sehr viel stiller, auf den Gassen mehr Raum, in den Häusern nicht so viel Unruhe von Hin- und Hergehen und von Besuchern ist. Man sieht in Bayern viel Personen von untersetzter Statur, große, starke, breitschultrige Personen. Es sind verschiedene Ursachen, warum die Bayern härter beurteilt werden als andere Nationen. Das äußerlich Rauhe dieses Charakters nimmt beim ersten Anblick nicht für sie ein. Dazu kommt, daß die Bayern in der Tat wenig Prätensionen machen, und dies macht, daß man manche gute Seiten an ihnen weniger bemerkt. Die Bayern sind rohe Kinder der Natur, unverwöhnt, voll Trieb, voll Kräfte, die nur recht geleitet zu werden bedürfen.

Ob der Münchner einem gleich trotzig und keck in die Augen sieht, so wird er doch einem Fremden nicht leicht eine billige Hilfe versagen, zum Beispiel ihn auf der Gasse zurechtweisen, und allenfalls eine ziemliche Strecke mitgehen, damit dieser sich nicht verirre. Man muß sich aber hüten, ihn böse zu machen, zum Beispiel nicht etwa Bayern verachten, oder an der Wirksamkeit seines Gnadenbildes zweifeln, denn da schlägt er gleich mit Fäusten zu.

Er hat noch etliche Volksfeierlichkeiten, dergleichen manchen anderen Ländern auch zu wünschen wären. Außerdem ist nebst den Wallfahrten sein größtes Vergnügen der Bierkrug und die Unterhaltung im Wirtshause. Er schwatzt dabei sehr viel und oft sehr frei, seine Rede ist mit den gröbsten Ausdrücken untermengt, und dergleichen sind beim Trunke oft sogar Freundschaftsbezeugungen unter vertrauten Bekannten. Ich habe indessen verschiedentlich bemerkt, daß nicht allein beständig viel Kraft in den Gedanken, und oft eine Art von plumpem Witze und Laune, ja auch derbe Satire unterläuft, sondern daß zuweilen Züge gesunder Vernunft in solchen Gesprächen ganz gemeiner Leute hervorstachen.

Der Umgang beider Geschlechter ist ziemlich frei. Die ungeheure Anzahl unehelicher Kinder ist der offenbarste Beweis davon. Das weibliche Geschlecht in München ist schön. Die Stubenmädchen, die schön sind, minaudieren nicht weniger, aber auf ganze Art, als die sächsischen und die wienerischen. Es ist etwas Ruhiges, Katholisches, etwas Herziges, Bayerisches in ihren kleinen Manieren. Es scheint, die Wirte studieren darauf, schöne Kellnerinnen zu haben. Diese gehen zierlich in Miedern mit silbernen Ketten, sehen, gegen andere Länder, ziemlich modest aus, sind aber dabei sehr gesprächig gegen den Fremden."

Oben links: Jakob Peter Horemans: „Münchner Metzgerfamilie", 1755, oder: „Gruppenbild um einen Kalbskopf". Im Bild ein Metzgerpaar beim Wein, man hat es zu etwas gebracht. Horemans Hauptinteresse scheint indes der jungen Magd zu gelten.

Oben rechts: Schulszene, um 1780, anonym. Kleine und große, raufende und brave Schüler, die Lehrerin mit Stock. Die Kinder lernten wenig in den Schulen des 18. Jahrhunderts, viele mussten arbeiten und bekamen gar keinen Unterricht.

Links: „Das Kaffeestündchen", ebenfalls von Horemans, 1772. Der Amsterdamer Maler (1700–1776) stammt aus der niederländischen Schule und lebte in München, er liebte hintergründige Alltagsszenen wie hier über das Modegetränk Kaffee.

Lob des bayerischen Frauenzimmers
Aus dem Werk des Hofpoeten Matthias Etenhueber (1720–1782):

Unter allen schönen Sachen,
Welche Bayern kostbar machen,
Stehn die Jungfern obenan.
Wer mit den entfernten Schönen
Unsre Töchter will verhöhnen,
Überschreitet weit die Bahn.
Ich will sie zwar nicht vergöttern,
Ihnen legt die Schmeichelei
In verliebten Dichter-Blättern
Keinen falschen Lobspruch bei.

Will man schene Kinder sehen,
So den tollen Schein verschmähen,
O! so kommt nach München hin.
Alles ist da auserlesen,
Da ist kein gezwung'nes Wesen,
Weder Stolz noch Eigensinn.
Die sie sehen, die sie kennen,
Werden ihre Seltenheit
Schön und ungezwungen nennen,
Weil sie sonder Eitelkeit.

Wenn sie in die Kirche treten,
Ist das Herze voller Beten,
Voller Andacht das Gesicht.
Und es scheinen aller Augen
Trost und Lehren einzusaugen,
Die der Kanzelredner spricht.
Und aus diesen kann man ziehen,
Daß in dieser Stadt allein
Alle Jungfern sich bemühen,
Engel auf der Welt zu sein.

Pflegen sie den Mannspersonen
In Gesellschaft beizuwohnen,
Sind sie alles Tadels frei,
Nicht zu trotzig, nicht zu höhnisch,
Nicht zu klug und aberwöhnisch,
Nicht zu keck und allzu scheu.
Dem, wenn er sich will beweiben,
Solch ein Kind im Schoße ruht,
Dieser muß gesegnet bleiben,
Denn er wählt wahrhaftig gut.

Hungersnot im Jahre 1772
Nach der Darstellung bei Joseph Felix von Lipowsky: „Max Joseph III." (1833)

Der kalte, regenvolle Sommer des Jahres 1769 hatte einen schädlichen Einfluß auf das Gedeihen der Feldfrüchte. Aber noch ungleich mißlicher fielen die Ernten in den Jahren 1770 und 1771 aus, der Brotmangel wurde immer fühlbarer, und der Wucher fand einen großen Spielraum. Mit Palliativen und Mandaten suchte man zu helfen, besonders aber dem guten Maximilian Joseph die allgemeine Not zu verbergen, den Hunger, der die armen Leute schon zwang, von Gras und Wurzeln sich zu nähren oder auf Raub und Diebstahl auszugehen. Um den Kurfürsten zu täuschen, war man bedacht, die Residenzstadt mit Getreide möglichst zu versorgen; so geschah es, daß das Getreide nicht auf dem Lande belassen, sondern nach München abgeführt worden ist.

Aber nicht in die Länge konnte des Volkes Not dem Kurfürsten verborgen bleiben. Als er, wie gewöhnlich, an einem Samstag nach der Herzogspitalkirche gefahren ist, sah er vor mehreren Bäckerläden ein Volksgedränge. Er fragte den ihm gegenübersitzenden Kämmerer um die Ursache dieses Auflaufes. Da dieser eben antworten wollte, war von hungrigen Leuten sein Wagen schon zahlreich umrungen, welche um Hilfe flehend riefen: „Barmherzigkeit! Hilfe! gnädigster Herr! retten Sie uns und unsere Kinder vor dem Hungertode, denn wir haben kein Brot zu essen." Diese traurige Szene erschütterte den guten Fürsten, und Tränen traten ihm in die Augen. „Nein! Kinder, nein! Ihr sollt nicht Hungers sterben!" rief er mit beklommener Brust.

Der Kurfürst gab Befehl, daß die Minister, dann eine landschaftliche Deputation zu einer Konferenz sich versammeln und unfehlbar erscheinen sollen. Nach langen Debatten wurde man einig, aus Holland ein Anlehen von 700 000 Gulden zum Getreideankauf sich zu verschaffen. Endlich ließ der Kurfürst durch ein Patent verkünden, daß in seinen Wildfuhren alles sich zu zahlreich vorfindende Wild, als Schweine, Hirschen, Rehe usw. geschossen und das Pfund Fleisch um 3 Kreuzer den Armen verkauft werden soll, damit auch die ärmere Menschenklasse sich hiervon wohlfeiler ernähren möge. Endlich gedeihte im Jahre 1772 wieder das Getreide und die Teuerung, dann der Mangel schwanden.

Johann Baptist Strobl in seinem „Pantheon" der kleinen Leute. Der den Idealen der französischen Revolution verpflichtete Mann erklärt den Kindern, dass auch die Angehörigen unterer Stände achtenswert sind.

Eine Bildergalerie mit sozialem Sprengstoff

Für Johann Baptist Strobls „Pantheon" der kleinen Leute interessiert sich auch die Polizei außerordentlich

Ein älterer Mann sitzt leger an einem Tisch, auf dem Bücher liegen. Obenauf steht das ungerahmte Porträt eines alten, ärmlich wirkenden Mannes. Eine Schar Kinder verschiedenen Alters ist gekommen, gemeinsam mit ihm dieses Bildnis zu betrachten. Der Dargestellte scheint den Knaben bekannt zu sein, denn zwei deuten auf ihn, während einer das Bild ganz aus der Nähe betrachtet. Auch die Gemälde im Hintergrund zeigen Porträts alter Menschen.

Kann es sich bei dieser Szene um Waisenhausdirektor Pöppel (gestorben 1763) und seine Zöglinge handeln? Jahrzehntelang war das vermutet worden, doch bei genauerer Betrachtung konnte diese Interpretation des 1897 ins Stadtmuseum gekommenen Gemäldes nicht befriedigen. Weder passten Kleidung der Figuren und Ambiente zu einer Szene aus der Mitte des 18. Jahrhunderts, noch entsprach die dargestellte Räumlichkeit der Situation des 1742 in der Au errichteten Waisenhauses. Und auch die zahlreichen Bildnisse im Hintergrund zeigten keineswegs Leute, die im Stande gewesen wären, Pöppels Unternehmen zu unterstützen; in einem Waisenhaus würde aber nur eine Galerie der Wohltäter Sinn machen. Da das den Kindern präsentierte Bild bekanntermaßen von dem Münchner Maler Johann Georg Edlinger stammt und dieser zahlreiche Bilder alter Menschen gemalt hat, konnte das Rätsel nur mit Hilfe der dargestellten Porträtgalerie gelöst werden.

Auf der Suche nach nennenswerten Privatsammlungen in München helfen Aufzeichnungen des Hofkammerrats Joseph Hazzi weiter. Er beschrieb 1803 „eine ausgesuchte Bildersammlung ganz im großen Geschmack von den besten Meistern, und einen Bildersaal, wie man ihn in keiner Gallerie findet, von mehr als 200 Porträts von Gelehrten, verdienter und merkwürdiger Männer Baierns, meistens von dem berühmten Hofmaler Etlinger gemalt". Diese Sammlung gehörte Johann Baptist Strobl (1748–1805), einem Buchhändler und Verleger.

Als Sohn eines Aichacher Schäfflermeisters geboren, hatte Strobl etwas Jura und Theologie studiert und war schließlich Lehrer geworden. Um 1777 kam er nach München und unterrichtete zunächst am Münchner Gymnasium. Er scheint ein guter Pädagoge gewesen zu sein. In einer Beurteilung heißt es über ihn: „Seine Schüler bildet und unterrichtet er vortrefflich, er kennt auch alle Vortheile, die Kinder durch Liebe und Vorstellung fürs Gute einzunehmen." Dennoch scheint der Schuldienst Strobl nicht befriedigt zu haben. 1777 erwarb er eine Münchner Verlagsbuch-

Die im Verlag Strobl erschienene Rede „Von der Achtung, die man dem gemeinen Manne schuldig ist" von Carl von Eckartshausen. Der Titel des Buchs ist auch programmatisch für Strobls Gemäldegalerie, die aus Porträts von Menschen der Unterschicht bestand.

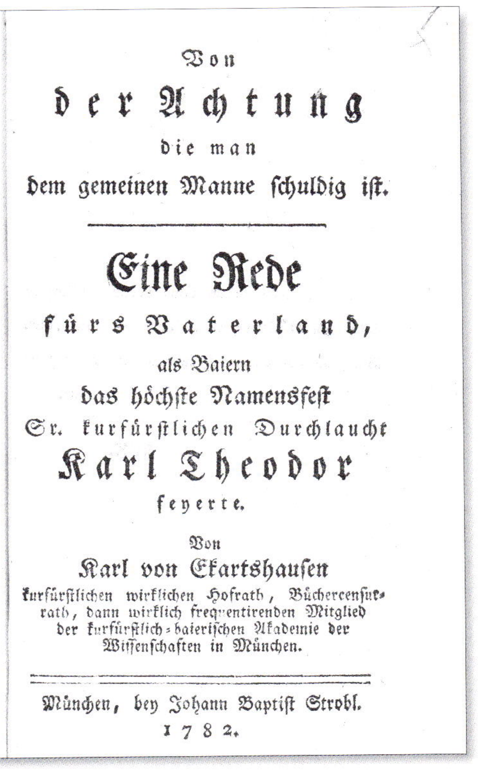

Von
der Achtung
die man
dem gemeinen Manne schuldig ist.

Eine Rede
fürs Vaterland,
als Baiern
das höchste Namensfest
Sr. kurfürstlichen Durchlaucht
Karl Theodor
feyerte.

Von
Karl von Ekartshausen
kurfürstlichen wirklichen Hofrath, Büchercensurrath, dann wirklich frequentirenden Mitglied der kurfürstlich-baierischen Akademie der Wissenschaften in München.

München, bey Johann Baptist Strobl.
1782.

handlung und beendete seine Lehrerlaufbahn.

Strobls Laden, zunächst in der Rosengasse gelegen, avancierte schnell zur wichtigsten Buchhandlung in der Stadt. Er selbst wurde zu einer zentralen Figur des literarischen und politischen Lebens in München, verlegte er doch die Publikationen der wichtigsten Schriftsteller der Bayerischen Aufklärung. Seine Verlagswerke umfassten historische, geistliche und landwirtschaftliche Themen ebenso wie Kinder- und Schulbücher.

Strobl war im persönlichen Umgang kein einfacher Mensch. Er galt als zornig und aufbrausend, war ständig in Streitigkeiten verwickelt. Als Geschäftsmann war er von einiger Skrupellosigkeit, er schreckte auch vor Raubdrucken nicht zurück. Ein Neider sagte ihm nach, er sei „Freund der Aufklärung, zwar nicht aus Überzeugung, denn dazu ist der Mann nicht fähig, aber aus Eigennutz".

„Mäßigen Sie sich!"

Nachdem Strobl für kurze Zeit selbst Mitglied des von Adam Weishaupt gegründeten Illuminatenordens gewesen war, zählte er schon bald zu dessen Feinden. Tatkräftig unterstützte er nun die bayerisch-patriotisch Gesinnten um Joseph Utzschneider und Joseph Hazzi. Ihr Ziel war es, den Einfluss der Illuminaten zu bekämpfen, für die Befreiung der Bauern von der Leibeigenschaft einzutreten und vor allem die Pläne des Kurfürsten Karl Theodor zu vereiteln, der Bayern an Österreich vertauschen wollte.

Der für Österreich in München arbeitende Polizeispitzel Johann Michael Armbruster beobachtete die Aktivitäten der Patrioten-Partei sowie Strobls Beteiligung daran genau. 1801 berichtet er: „Durch die Buchhandlung des Professors Strobel – die in München öffentlich die Patrioten-Buchhandlung heißt – kommen unvermerkt die älteren und neueren Flugschriften dieser Fraktion in Umlauf." Tatsächlich fanden sich bei einer vom Stadtkommandanten Felix Joseph von Lipowsky angeordneten Razzia Flugblätter in Strobls Laden: „In der Tiefe des Gewölbes nahm ich nun die befraglichen Schriften in vier Ballen aufgethürmt gewahr. Der Buchhändler Strobl wollte die Schriften nicht forttragen lassen, berufend sich auf französisch, republikanischen Schutz, unter dem wir nun stünden, dann auf die in der französischen Constutition begründete Preßfreiheit; allein ich sagte ihm: Herr! mäßigen Sie sich!"

Strobl kam zwar in Untersuchungshaft, eine Untersuchung der Vorgänge wurde jedoch niedergeschlagen. Offenbar verfügte er über einflussreiche Freunde. Auch ein Tagebucheintrag des französischen Generals Clerambault lässt keine Zweifel an Strobls Gesinnung. Er nennt ihn einen „der rasendsten Volksaufwiegler, den man sehen konnte, und der, während die Franzosen 1796 und 1800 in Bayern standen, sein Möglichstes tat, daß das Land republikanisch werde". Weiter heißt es: „Er war es, der all die skandalösen Schriften gedruckt hat, die man gegen Fürst und Regierung schrieb. Wenn er eine Revolution hätte anzetteln können, hätte er die Besessenheit eines zweiten Robespierre gehabt."

Doch nicht nur mit Druckwerken, auch mit Gemälden agitierte Strobl für die Ideale der französischen Revolution. In seiner Privatwohnung trug er eine enorme Sammlung von Porträts zusammen. Ungerahmt hingen hier Bildnisse bedeutender Zeitgenossen neben denen einfacher, meist sehr alter Menschen. Polizeikommissär Armbruster erkannte den ideologischen Zusammenhang mit der von ihm beschriebenen Münchner Patriotenpartei sofort: „Vorzüglich suchten sie Advocaten, Oekonomen, Landbeamte, Schullehrer und die sogenannten Bauern-Könige an sich zu ziehen. Um die Letzteren in's Feuer zu hetzen, ließ Strobel die Bildnisse einiger derselben mahlen und in seinem Pantheon merkwürdiger Bauern aufstellen."

War schon die Tatsache verdächtig, dass sich ein Buchhändler, also ein Angehöriger des Handwerkerstandes, eine Privatgalerie anlegte und damit eine bisher höfische Gepflogenheit übernahm, so schätzte Armbruster Strobls politische Absichten völlig richtig ein: Strobl verstand sein „Pantheon" der kleinen Leute als sozialkritisches Bekenntnis!

Die Bildnisse der Stroblschen Sammlung stammten in der Hauptsache von dem Porträtmaler Johann Georg Edlinger (1741–1819). Hatte er bis 1800 zumeist Adlige und betuchte Münchner Bürger gemalt, so saßen ihm nun häufig alte Menschen Modell, die durch harte Arbeit und langes Leben gezeichnet waren. Edlinger mochte solche Modelle, denn ihn interessierte vorrangig die Physiognomie eines Menschen. Zugleich zeigte er eine besondere Vorliebe für die Darstellung von Angehörigen unterer Stände.

Die Farbe missfällt

Die öffentliche Kritik machte dem einst geschätzten Porträtisten nun eine zunehmend brauntonige Palette zum Vorwurf: „Sein Kolorit ist zwar spielend, aber etwas schmutzig, und der Auftrag seiner Farben sehr stark; deshalb gelingen seinem Pinsel nur alte Männer- und Frauenköpfe." Edlinger, so hieß es, hole sich mangels höfischer Aufträge seine Modelle aus Armenhäusern und verkaufe die Bilder für wenig Geld. Mag sein, dass diese Einschätzung stimmt und Strobl die ohne Auftrag entstandenen Gemälde billig erwerben konnte. Ebenso gut könnte es aber auch sein, dass er die Armenhäusler-Porträts gezielt bestellte.

Strobls Bildergalerie war weit mehr als nur eine Sammlung „merkwürdiger" Personen. Sie verfolgte ein egalitäres Konzept gemäß den Idealen der französischen Revolution. Maßgebend für die Aufnahme einer Person waren nicht Herkunft und Stand, sondern deren persönliche, konkrete Leistung oder auch die Erfahrung eines langen Lebens. So wurde es möglich, dass der Gürtler Zimmermann, der von 1776 bis 1779 als Matrose an James Cooks letzter Südsee-Expedition teilgenommen hatte, Strobls einstiger Aichacher Schullehrer und ein hochbetagter Holzhauer neben Mitgliedern der Akademie der Wissenschaften und Staatsmännern erschienen.

Im Dienst der Aufklärung

Strobls Bildersammlung war jedermann zugänglich, sie war auch in Reiseführern erwähnt. Armbrusters Hinweis, das „Pantheon merkwürdiger Bauern" sei „schlau kalkuliert" und habe große Wirkung, beweist, dass Strobl seine Galerie ganz offen für seine politischen Ziele einsetzte. Ganz besonders am Herzen lag dem ehemaligen Lehrer die kommende Generation. Mit Lorenz von Westenrieder war er der Meinung, „die Aufklärung kann unmöglich von selbst noch unaufgeklärten Aeltern, kann unmöglich durch bloßen häuslichen Unterricht geschehen; sie muß bey Kindern anfangen, und von diesen sich, so viel noch möglich, auf ältere Menschen verbreiten".

Das Gemälde zeigt genau diese Situation: Strobl versucht in seinem „Pantheon" im Sinne der französischen Revolution auf Kinder einzuwirken – für Gleichheit der Stände und Achtung des „gemeinen Mannes". Fast ist man versucht, von früher museumspädagogischer Arbeit zu sprechen. Als väterlicher Freund erklärt er den teils barfüßigen, mithin armen, teils wohlgekleideten, also aus gut situierten Verhältnissen stammenden Buben, dass auch der bisher als unterprivilegiert angesehene soziale Stand bildwürdig und achtenswert ist. Staunend und zugleich andächtig besehen die Knaben das Bildnis des 94-jährigen Holzhauers Graf. *Brigitte Huber*

Deutschlands „bester Porträtmaler"

Johann Georg Edlinger, geboren 1741 in Graz, ist nach Meinung seines Zeitgenossen Lorenz von Westenrieder der „unstreitig beste Porträtmaler in Deutschland". Seine Karriere beginnt er als Gehilfe eines Grazer Kirchenmalers, später arbeitet er in Wien, bis es ihn nach München verschlägt. 1781 ernennt ihn Kurfürst Karl Theodor zum Hofmaler. Doch Edlinger malt nicht nur erlauchte Köpfe. Er entwickelt eine Vorliebe für Menschen, die nicht auf der Sonnenseite stehen. Seine Porträts einfacher Leute werden zum Mittelpunkt der Galerie Johann Baptist Strobls. Das hier abgebildete Selbstporträt Edlingers stammt aus der Sammlung des Stadtmuseums.

„Dieses lästige Ungeziefer schwärmte aller Orten umher"

Wer im 18. Jahrhundert arm oder krank ist, muss häufig betteln gehen – die Obrigkeit erhebt drakonische Strafen

Elisabetha Weiberin ist 16 Jahre alt, ein Findelkind. Wäre sie gesund, könnte sie als Magd oder Dienerin arbeiten, doch sie ist Epileptikerin. Deshalb bettelt Elisabetha, bis die Polizei sie aufgreift. Das Verhörprotokoll aus dem späten 18. Jahrhundert legt nahe, dass sie Glück hat: Sie wird nicht mit Schlägen oder der Einweisung ins Arbeitshaus bestraft, sondern nur ermahnt, nicht weiter zu betteln. Catharina Mayrin trifft es härter: Die 28-Jährige ist „vorübergehend" krank – für die Obrigkeit kein Grund, sich dem „liederlichen Gesinde" auf dem Bettel anzuschließen. Strafe: Zehn Schläge mit der Karbatsche.

Die Gesetze sehen noch andere Strafen für Bettler vor: Kurfürst Maximilian III. Joseph verordnet 1751 zur Durchsetzung des Bettelverbots, „ausländischen" Bettlern ein „B" auf die Haut zu brennen und sie auszuweisen. Wird ein Gebrandmarkter abermals beim Betteln aufgegriffen, droht ihm die Todesstrafe. Eine Verordnung von 1775 bekräftigt Heiratsbeschränkungen für Arme, um zu vermeiden, „durch Heirathen die Zahl der Armen noch mehr vergrössern zu lassen". Pfarrer müssen mit Geldstrafen rechnen, wenn sie „unangesessene" Personen dennoch trauen.

Lange Zeit gibt es eine klare Arbeitsteilung in der Armutsbekämpfung: Der Staat sorgt für Gesetze und Strafverfolgung, die Kirchen, karitative Vereine und Privatpersonen helfen mit Almosen. Wer nicht zum Adel oder Bürgertum zählt, kein zünftiger Handwerker oder freier Bauer ist, gehört nach zeitgenössischem Sprachgebrauch zu den „übrigen Volksklassen". Tagelöhner, verarmte Handwerker, Landstreicher, Witwen, Alte, Kranke und die zuwandernde besitzlose Landbevölkerung bilden eine Unterschicht, die am Existenzminimum lebt, häufig hungert und bei der geringsten Teuerung, bei saisonaler Arbeitslosigkeit, Schwangerschaft, Bränden oder Plünderungen aufs Betteln angewiesen ist. Als Brau- oder Backknechte, Lampenputzer, Schuhflicker, als Wäscherin oder Köchin können sie etwas Geld verdienen, doch für mehr als ein Leben von der Hand in den Mund reicht es nicht.

Während Alte und Schwerkranke von der Gesellschaft als Versorgungsfälle akzeptiert werden, gelten „Arbeitsunwillige" als Kriminelle und Faulenzer. Selbst der Reformer Benjamin Thompson, auch bekannt als Graf Rumford, schimpft die bettelnden Armen „gefährliche Schmarotzer" und schreibt 1797: „Dieses lästige Ungeziefer schwärmte aller Orten umher und ihre Unverschämtheit und lärmendes Ungestüm war nicht nur ohne Gränzen, sondern sie nahmen auch zu teuflischen Künsten und abscheulichen Verbrechen ihre Zuflucht."

Arbeit gilt Rumford als Allheilmittel gegen Armut, und so trifft er im Zuge der von ihm initiierten Militärreform 1790 eine erste Maßnahme zur Verstaatlichung der Armenfürsorge und stiftet das Arbeitshaus in der Au. Um die Spannungen zwischen zünftigen Handwerkern in der Stadt

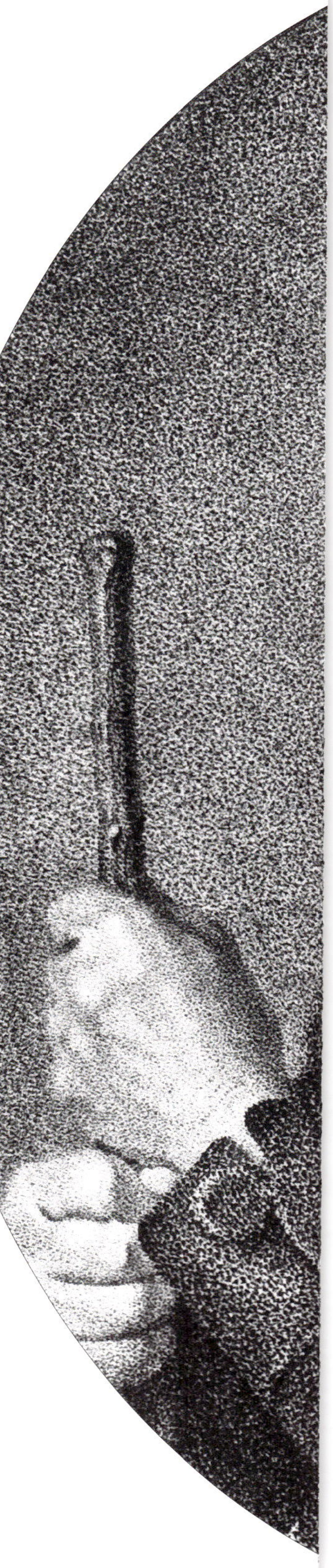

Porträt eines alten Mannes: Kupferstich nach einem Gemälde von Johann Georg Edlinger aus der Sammlung Johann Baptist Strobls.

und den billiger arbeitenden „Pfuschern" in den Vorstädten nicht weiter zu befeuern, soll das Arbeitshaus nur für die Armee produzieren. Am Neujahrstag 1790, kurz vor der Eröffnung des Hauses, beginnt in München eine großangelegte Razzia. Polizei und *Rumorknechte* nehmen mehr als 2000 Bettler fest, 230 von ihnen werden in das Arbeitshaus gebracht. Dort werkeln sie als Uniformnäher, Spinner und Lederverarbeiter. Doch Rumford besteht darauf, dass in der Anstalt keine Züchtigung oder andere Zwangsmaßnahmen angewandt werden. Vielmehr hofft er, durch Belohnungen wie Lob oder Kleidung Anreize zu schaffen. Schließlich sollen sich die Armen – besonders die Kinder, die ebenfalls im Arbeitshaus beschäftigt sind – nicht nur etwas Geld verdienen, sondern zur Arbeitsdisziplin erzogen werden.

In seiner Blütezeit beschäftigt das Arbeitshaus 700 bis 800 Arme, außerdem wird hier die Rumford-Suppe ausgegeben – ein Eintopf aus Wasser, Sauerbier, geriebenen Kartoffeln, Brot, Perlgraupen und Erbsen, der bald in ganz Europa bei Armenspeisungen verteilt wird. Ein Arbeitshaus ohne Zwangscharakter – das ist in Bayern eine einmalige Einrichtung. Zudem wirft das Haus Gewinne ab und gilt schnell weit über die Stadtgrenzen hinaus als vorbildliche Einrichtung. Doch schon nach neun Jahren wird das Rumfordhaus aufgelöst und die Armen werden ihrem Schicksal überlassen. Grund ist die Zahlungsunfähigkeit des Militärs.

Erst 1805 wird mit der Einführung der Armensteuer ein weiterer Schritt hin zur Zentralisierung der Armenfürsorge gemacht, doch eine komplizierte Bürokratie und der chronische Geldmangel des Staats bedeuten für die Armen kaum eine Verbesserung ihrer Lage. Von den Privilegien der Stadt können die armen Vorstädte östlich der Isar erst nach ihrer Eingemeindung 1854 profitieren.

Silke Lode

A. FARRADESCHE
IMPRIMEUR – ÉDITEUR
456
28, Rue Amelot, 28
PARIS

„Ich würde München gewiss Ehre machen"

Wolfgang Amadeus Mozart kommt insgesamt achtmal nach München, aber seine Bewerbung als Hofmusiker scheitert jedesmal, weil es keine freie Stelle gibt

„Es ist keine vacatur da." Der Satz des Kurfürsten Max III. Joseph, gesprochen am 30. September 1777, löst bei Münchens Musikfreunden noch heute Kopfschütteln aus. Wie kann man nur so blöd sein! Wie viel besser stünde München da, hätte der Kurfürst gesagt: „Nun ja, es ist keine vacatur da, aber für Sie geruhe ich eine Ausnahme zu machen." Das wäre die passende Antwort gewesen, denn der Mann, der seinerzeit vergeblich um einen Posten bei Hof bat, war ein 21-jähriger Komponist aus Salzburg, der zur Entfaltung seines Genies gerade ein geeignetes Terrain suchte. Sein Name: Wolfgang Amadeus Mozart.

München und Mozart – das ist die Geschichte einer unglücklichen Beziehung. Sie beginnt, als Mozart knapp sechs Jahre alt ist. Am 12. Januar 1762 bricht der „kleine Hexenmeister" mit den Eltern und der zwölfjährigen Schwester Maria Anna von Salzburg nach München auf. Die Fahrt mit der Postkutsche dauert etwa 22 Stunden, die Familie übernachtet in Wasserburg. In München bleibt man drei Wochen, und es gelingt dem Vater, seine beiden Wunderkinder dem Kurfürsten zu präsentieren. Was Wolfgang Amadé und Nannerl vor Max III. Joseph gespielt haben, ist nicht überliefert. Ein Zeitgenosse notiert, die beiden hätten „Erstaunen und Bewunderung" erregt.

Eineinhalb Jahre später, im Juni 1763, trifft Leopold Mozart mit seinen Jungvirtuosen erneut in München ein. Der Aufenthalt steht am Beginn der dreieinhalbjährigen Konzertreise durch Europa, die den Mythos vom göttlichen Kind begründet, das die Welt bezaubert. Die Mozarts fahren zum Schloss Nymphenburg, wo der kurfürstliche Hof den Sommer verlebt. Jetzt gilt es, vorgelassen zu werden. Aber wie? Vater Mozart versucht es mit einem Trick. Er spaziert mit seinen Kindern auffällig im Park herum. Tatsächlich erbarmt sich der Pfalzgraf Friedrich Michael des merkwürdigen Trios. Er verwickelt Leopold Mozart in ein Gespräch, dessen Verlauf dieser so schildert: „Ob der Churfürst wuste, daß wir hier wären. Wir sagten nein; Er schickte gleich einen neben ihm stehenden Cavaglier zum Churfürsten um ihm zu sagen, ob er die Kinder nicht hören wollte? (...) In der That kam gleich darauf ein Laufer, der uns meldete, daß wir um 8 Uhr bey der Musik erscheinen sollten."

Bis dahin nutzt man die Zeit, die Schlossanlage zu besichtigen. Nannerl notiert im Tagebuch: „Zu münchen habe ich gesehen das ninfenburg, das schlosse und den garten und die vier schlosser, nemlig amalienburg, badenburg, bagotenburg und die ermitage." Am Abend spielt Wolfgang vor dem Kurfürsten ein Violinkonzert und improvisiert auf dem Klavier. „Der Wolferl machte seine Sache gut", schreibt der Vater. Ein paar Tage später musiziert Nannerl am Hof. Der Kurfürst, der sich zunächst knickrig zeigte, spendiert 100

Das Wunderkind Wolfgang Amadeus Mozart (Bild links) wird in Versailles der Madame de Pompadour vorgestellt. Das Foto oben zeigt das Haus „Sonneck" in der Münchner Burgstraße, wo Mozart die Oper „Idomeneo" vollendete.

Dies Bildnis ist bezaubernd schön

Der Herr im grünen Frack ist Mozart. Das behaupten die Experten der Berliner Gemäldegalerie, in deren Besitz sich das Porträt befindet. Das Bild sei 1790 bei Mozarts letztem Aufenthalt in München entstanden.

„Von wegen", sagt Richard Bauer, der Direktor des Münchner Stadtarchivs. Bei dem grünbefrackten Herrn handle es sich um den Münchner Kaufmann und Stadtrat Joseph Anton Steiner. Das Einzige, worüber München und Berlin in dieser Sache nicht streiten, ist der Name des Malers: Johann Georg Edlinger. Ihm gebührt höchstes Lob für das Kunststück, einen Menschen so zu malen, dass er in München Stadtrat, in Berlin aber Mozart ist.

Gulden. Am 22. Juni fährt die Familie weiter nach Augsburg.

Im November 1766 gastieren die Mozarts wieder in München. Während der großen Tournee haben sie ordentlich Kasse gemacht, weshalb man sich den exquisiten Gasthof „Zum Goldenen Hirschen" als Quartier leisten kann. Wolfgang gilt jetzt als „das größte Wunder, dessen sich Europa rühmen kann" (so ein Plakat in London), und das möchte sich auch der Kurfürst nicht entgehen lassen. Der Vater platzt fast vor Stolz: „Wir wurden gnädigst empfangen. Der Wolfgangl muste gleich ein Stück auf der Tafl componieren, davon ihm S. Durchlaucht den Anfang oder idea von ein paar Takten vorsang, er muste es auch bey Höchstdenselben nach der Tafel im Cabinett Spielen."

Mozart ist knapp 19 Jahre alt, als er, inzwischen Hofkapellmeister in Salzburg, am 14. Januar 1775 aus München euphorisch seiner Mutter schreibt: „Gottlob! Meine opera ist gestern als den 13ten in scena gangen; und so gut ausgefallen, daß ich der Mama den lärmen ohnmöglich beschreiben kann(...) Nach einer jeden Aria war alzeit ein erschrökliches gerös mit glatschen, und viva Maestro schreyn." Das Publikum bejubelte die komische Oper „La finta giardiniera" („Die Gärtnerin aus Liebe"), die im Salvatortheater uraufgeführt wurde. Um die Premiere vorzubereiten, waren Vater und Sohn Mozart am 7. Dezember 1774 nach München gereist. Dort leidet der Komponist erstmal an Zahnweh, auch die Proben ziehen sich lange hin, so dass die Uraufführung verschoben werden muss.

Die Begeisterung über die Oper ist wohl nicht so groß, wie sie Mozart der Mutter schildert. Nach der dritten Vorstellung verschwindet sie vom Spielplan. Dessen ungeachtet amüsieren sich Vater und Sohn auf Maskenbällen. Nebenbei lässt sich der junge Maestro noch auf ein Klavierduell mit dem Virtuosen Ignaz von Beecke ein. Schauplatz des Wettstreits ist der Gasthof „Zum Schwarzen Adler“.

September 1777: Wieder ist Mozart in München. Begleitet von der Mutter sucht er einen lukrativen Posten an einem Fürstenhof. In Mannheim, Paris, egal wo. Im Salzburg des Erzbischofs Hieronymus Colloredo hält er es nicht mehr aus. Mozart lässt seine Kontakte spielen, um ein Treffen mit dem Kurfürsten zu arrangieren. Am Morgen des 30. September kommt es in der Residenz zur entscheidenden Begegnung. Noch am selben Tag verfasst er einen Bericht für den Vater. Demnach ist Mozart so selbstbewusst wie diplomatisch vorgegangen: „Ich bin im stand in einem jeden hofe zu dienen. Mein einziger Wunsch ist aber Euer Churfürstlichen Durchlaucht zu dienen.“ Darauf der Kurfürst: „Ja mein liebes kind, es ist keine vacatur da. mir ist leid. wen nur ein vacatur da wäre.“ Mozart bleibt hartnäckig: „Ich versicher Eur Durchlaucht; ich würde München gewis Ehre machen.“ Der Kurfürst: „Ja das nutz alles nicht. Es ist keine vacatur da.“

„Es ist noch zu früh“

In der Tat gab es in der Hofmusik keine freie Stelle. Doch Max III. hätte den Komponisten auch aus der Kabinettskasse bezahlen können, wie das zuweilen bei berühmten Sängern geschah. Aber er wollte nicht. Warum? Weil er ein Banause war? Aber der Kurfürst war musikalisch durchaus bewandert. Er versuchte sich selbst als Komponist, wenngleich in althergebrachter Weise. Vielleicht war ihm Mozart schlichtweg zu modern. Andererseits hat der Kurfürst einem Fürsprecher Mozarts wissen lassen: „Ietzt ist es noch zu früh, er soll gehn, nach italien reisen, sich berühmt machen. ich versage ihm nichts, aber iezt ist es noch zu früh.“

In Wirklichkeit ist die Tür für immer zugeschlagen. Vergebens die Bemühungen des Weinwirts Franz Joseph Albert, mit anderen Gönnern einen Fonds zu gründen, um Mozart in München zu halten. Der gestrenge Papa legt sein Veto ein: „Daß du allein in München leben köntest, hat seine Richtigkeit: allein was würde dir dieses für eine Ehre machen, wie würde der Erzbischof darüber spotten. das kannst du aller Ort, nicht nur in München. Man muß sich nicht so klein machen und nicht so hinwerfen.“

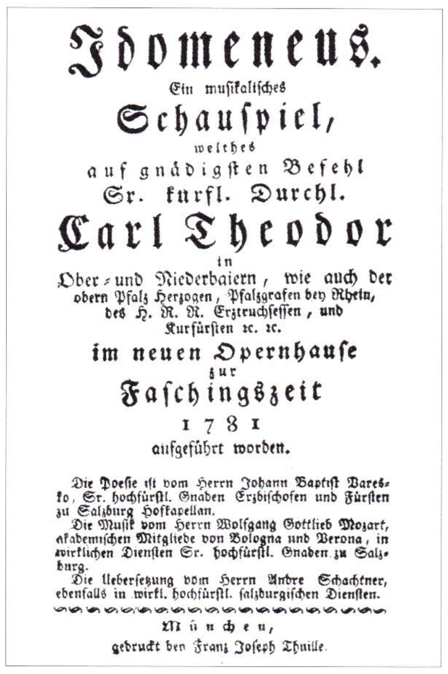

Idomeneus.
Ein musikalisches
Schauspiel,
welches
auf gnädigsten Befehl
Sr. kurfl. Durchl.
Carl Theodor
in
Ober- und Niederbaiern, wie auch der
obern Pfalz Herzogen, Pfalzgrafen bey Rhein,
des H. R. R. Erztruchsessen, und
Kurfürsten ꝛc. ꝛc.
im neuen Opernhause
zur
Faschingszeit
1781
aufgeführt worden.

Die Poesie ist vom Herrn Johann Baptist Varesko, Sr. hochfürstl. Gnaden Erzbischofen und Fürsten zu Salzburg Hofkapellan.
Die Musik vom Herrn Wolfgang Gottlieb Mozart, akademischen Mitgliede von Bologna und Verona, in wirklichen Diensten Sr. hochfürstl. Gnaden zu Salzburg.
Die Uebersetzung vom Herrn Andre Schachtner, ebenfalls in wirkl. hochfürstl. salzburgischen Diensten.

München,
gedruckt bey Franz Joseph Thuille.

Ein musikalisches Schauspiel: Das Textbuch der Münchner Uraufführung der Oper „Idomeneo“ blieb erhalten.

Trotzdem zieht es Mozart wieder nach München. „Hier bin ich gern“, schreibt er einmal seinem Vater. Als er am Weihnachtstag des Jahres 1778 von Paris kommend eintrifft, findet er eine neue Lage vor. Sie ist entmutigend. Max III. lebt nicht mehr, sein Nachfolger Karl Theodor aus der pfälzischen Linie der Wittelsbacher hat aus Mannheim sein eigenes Orchester mitgebracht. Man braucht Mozart nicht. Wenigstens versüßt ihm seine aus Augsburg herbeigeeilte Cousine Maria Anna Thekla den Aufenthalt – das „Bäsle“, mit dem er einst eine erotisch aufgeladene Korrespondenz unterhielt.

Am 29. Januar 1781 erlebt München noch einmal die Uraufführung einer Mozart-Oper. Man gibt „Idomeneo“, diesmal im Neuen Opernhaus in der Residenz. Den Auftrag, für die Karnevalssaison eine Oper zu schreiben, verdankt Mozart vermutlich der Gräfin Josepha von Paumgarten, einer extravaganten Schönheit, die als kurfürstliche Mätresse ihre Wünsche durchzusetzen weiß. Der Maestro logiert in einem Haus in der Burgstraße, wo er das noch unvollendete Werk fertigstellt. Bei den Proben in der Residenz hört der Kurfürst im Nebenzimmer diskret mit; nach dem ersten Akt, berichtet Mozart, ruft er „überlaut Bravo“. Dennoch ist der Erfolg mäßig. Die *Münchner Staats-, gelehrten und vermischten Nachrichten* loben das Bühnenbild, über den Komponisten verliert das Blatt kein Wort. Von zwei weiteren Vorstellungen weiß man nur, weil ein im Theater verlorener schwarzer Muff sowie ein Seidenbeutel per Zeitungsannonce gesucht werden. Mozart stürzt sich nach der Premiere in den Münchner Karneval: „ich dachte mir, wo kömmst du hin! – nach Salzburg! mithin must du dich letzen.“

Im Herbst 1790 weilt Mozart ein letztes Mal in München. Zuvor hat er in Frankfurt, wo Leopold II. zum Kaiser gekrönt wurde, ein Konzert gegeben, um seine knappe Kasse aufzubessern. Der erhoffte Geldsegen blieb aus. Karl Theodor lädt den kaiserlich-königlichen Kammerkompositeur Mozart ein, an einer festlichen Hofakademie zu Ehren des Königs Ferdinand IV. von Neapel mitzuwirken. Überhaupt macht man „viel Gereiß um mich“. Der freundliche Empfang entschädigt Mozart für den Frankfurter Fehlschlag. Er kündigt an, im folgenden Jahr wiederzukommen. Nach ein paar Tagen verabschiedet er sich. Er wird München nie wiedersehen.

Wolfgang Görl

Eine Geschichte der verpassten Chancen

München lässt große Komponisten ziehen, setzt aber in der Oper und im Cuvilliés-Theater dennoch musikalische Akzente

Die Rakete startet weit weg von München – nicht Wien war Mitte des 18. Jahrhunderts der Mittelpunkt der größten musikalischen Innovation, nicht Salzburg, nicht Paris, und die Bayerische Fürstenstadt schon gleich gar nicht – von Mannheim ging die Sensation aus, und sie hieß „Mannheimer Rakete“: Ein gewaltiges Orchester-Crescendo, ein Anschwellen der Lautstärke, unerhört, denn bis dahin, den ganzen Barock hindurch, gab es nur laut oder leise, ohne Abstufungen und ohne Übergang.

Um 1750 war die Mannheimer Schule von Johann Stamitz gegründet worden, womit der Barock tatsächlich ein Ende fand: Im gleichen Jahr starb Johann Sebastian Bach. Stamitz und seine Mitstreiter erfanden nicht nur die „Rakete“, sie legten die Grundlagen für die Sonatenhauptsatzform, die grundlegende Kompositionsform der Klassik, der klassischen Symphonie.

Da sollte sich München doch freuen, dass 1777 ein Pfälzer Kurfürst von Bayern wird: Max III. stirbt, mit ihm endet die bayerische Linie der Wittelsbacher – und so wird Karl Theodor Herr in Bayern. 1778 verlegt er seinen Hof hierher. Und er bringt sein eigenes Orchester mit.

Bühnenprospekt zu Kaspar Kerlls Oper „Amor della patria“ im Salvator-Theater, Stich von Matthias Küsell, 1665.

Gefeiert und später schmählich behandelt: Orlando di Lasso.

Das Musikleben der Stadt spielt sich hauptsächlich am Hof ab – und am Opernhaus am Salvatorplatz, das 1651 gebaut worden war und mit „La ninfa ritrosa“ eröffnet wurde, dem poetischen Hirtengedicht eines unbekannten Verfassers. Kurfürst Ferdinand Maria und seine Frau Adelaide waren kunstsinnige Menschen; 55 hauptberufliche Sänger und Musiker beschäftigte das Opernhaus als festes Ensemble. 1681 wurde die erste Oper in deutscher Sprache aufgeführt, „Lisimen und Calliste“. Angeblich jedoch sollen die Hofdamen darüber eher die Nase gerümpft haben.

Dennoch: Diese Zeit war eine hohe im Münchner Musikleben, das länger als ein halbes Jahrhundert nicht sonderlich von sich reden gemacht hatte. 1557 war Orlando di Lasso nach Bayern gekommen, zunächst als Tenorist, später als Hofkapellmeister – der Musiker und Komponist war weltberühmt und mit ihm sein Orchester. Die Ära endete schmählich: 1592 verfügte Wilhelm V. die Verkleinerung der Hofkapelle auf 17 Musiker – der Bau der Michaelskirche hatte Bayern an den Rand des Staatsbankrotts gebracht. Als Orlando di Lasso 1594 starb, stand sein Name auf der Liste der zu entlassenden Musiker, mit dem lapidaren Beisatz: „Ist bereits gestorben“.

Bis zu Ferdinand Maria und Adelaide lag das Münchner Musikleben mehr oder weniger brach. Danach jedoch folgten ruhmreiche Jahre: Von 1704 bis 1742 lebt Evaristo Felice dall'Abaco in München und zeichnet für einen Höhepunkt der Instrumentalmusik. Von 1715 bis 1722 ist Jacques Loeillet Mitglied der Hofkapelle; er spielt dort die Oboe, doch sein Name hat bis heute als der eines großen Komponisten einen guten Klang. Durch die Jahrhunderte wirkten zahllose große Musiker in der Stadt, bis hin zu Richard Strauss, der von 1894 bis 1898 Hofkapellmeister war.

Und dennoch ist die Münchner Musikgeschichte auch eine Geschichte der verpassten Chancen: Für Mozart war keine Stelle frei, und 1811 versäumt die Stadt die Gelegenheit, Carl Maria von Weber unter Vertrag zu nehmen, jenen Weber, der zehn Jahre später den „Freischütz“ komponieren wird.

Das „Comoedie-Hauß“ am Salvatorplatz, gleich neben dem Friedhof, wird Mitte des 18. Jahrhunderts baufällig – deshalb beauftragt Max III. Joseph den Architekten François de Cuvilliés, in die Residenz ein Theater einzubauen, das bis heute den Namen seines Erbauers trägt. Dort wird 1781 Mozarts „Idomeneo“ uraufgeführt. In der Architektur spiegelt sich die Einteilung der Gesellschaft: Die Kurfürstenloge als Mittelpunkt des Raums, die Logen im ersten Rang, in denen der Hochadel saß, der zweite und dritte Rang, schon weniger verziert, für den niederen Adel und die Hofbeamten. Das Parterre schließlich war für den Stadtadel vorgesehen. Das Theater am Salvatorplatz wird noch einige Zeit zur Aufführung von Schauspielen genutzt.

Münchner Musikgeschichte – ein Auf und Ab durch die Jahrhunderte, geprägt durch den jeweils mehr oder weniger ausgeprägten Kunstsinn des gerade Herrschenden. Heute beherbergt die Stadt mindestens drei Orchester von Weltruf, und bezeichnend könnte sein, dass nur eines davon ein städtisches ist, die Philharmoniker, während das Staatsorchester vom Freistaat getragen wird, das Symphonieorchester des Bayerischen Rundfunks von der Sendeanstalt. Die Münchner Symphoniker, das Gärtnerplatz-Orchester, das Rundfunkorchester, kleiner Bruder der BR-Symphoniker – München ist musikalisch hervorragend versorgt. Und manchmal zünden sogar Raketen. *Stephan Handel*

Oberes Bild: An der Unteren Lände beim Wirtshaus „Zum Grünen Baum" im Lehel (vor 1767 von Joseph Stephan gemalt) legten die Flöße aus dem Oberland an. Mit seinen Mühlen war das Lehel Münchens erstes Industriegebiet. Stadtfremde Arbeiter mussten jedoch jenseits der Isar hausen.

Unteres Bild: Von der Stadt aus blickte der Kupferstecher Michael Wening 1701 über die Isar auf das „Gericht Au negst München". Links ragen die Gebäudeflügel der „Churfürstlichen Fabrica" aus dem Gewimmel der Herbergen, rechts die Türme der Maria-Hilf-Kirche und des Paulaner-Klosters.

Die Not und der Stolz von der Au

Die Vorstadt rechts der Isar ist Standort einer Fabrik und Heim derer, die in der Stadt gebraucht, doch nicht geduldet werden

Es ist ein für die Zeit stattliches Unternehmen. Ein mehrflügeliger Bau, vier Stockwerke hoch, wächst in den späten siebziger Jahren des 17. Jahrhunderts am Auerbach: neben dem Kloster der Paulaner ein paar hundert Meter flussaufwärts der größte Bau, den die Münchner sehen, wenn sie auf die andere Seite der Isar blicken. Bis zu 2000 Menschen arbeiten seit 1680 in der „Churfürstlichen Fabrica Woll-Werck-Hauß in der Au". Eine „Waidt- und Schönfärberey" gibt es hier, eine „Blauerey", eine „Spinnerey", Tuchpressen, Tuchscherer, Tuchwalker, eine „Holländische Tuchmacherey auß Spanischer Wolle" und „Inländische Tuch und Zeigmacher".

„Diese Fabrike war einst eine beträchtliche Nahrungsquelle für die Einwohner der Au", schreibt der Historiker Lorenz Westenrieder 100 Jahre später, „indem viele hundert mit Wollspinnen, Stricken etc. von da ihren Unterhalt bezogen." Sie produzieren vor allem jene blauen Uniformstoffe, die Kurfürst Max II. Emanuel den Infanterieregimentern seines stehenden Heeres verordnet hat. In den Türkenkriegen trägt der Herrscher einen Rock derselben Farbe – daher sein Beiname „Blauer Kurfürst" –, und er bringt aus den in Ungarn tobenden Schlachten noch jemanden zurück in die Au: 140 kriegsgefangene „Türcken" schuften bald als Zwangsarbeiter in der Fabrica, „gute und zuverlässige Arbeiter", wie die Fabrikleitung protestierend vermerkt, als ein Dolmetscher ein paar der Türken abzuwerben versucht.

Wer will, kann die Textilfabrik des Kurfürsten als frühes Beispiel für die Ansiedlung von Großindustrie im Umkreis der Residenz- und Handelsstadt München sehen. Vor allem aber steht sie und ihr Standort in der Au für die Art, wie die Stadt über Jahrhunderte mit jenen Einrichtungen, Gewerben und vor allem Menschen umging, die sie einerseits für Prosperität und Wachstum brauchte, andererseits aber nicht innerhalb der Stadtmauern dulden wollte.

Fürstliche Porzellanfabrik

Es war keine pure Laune des Hofes, den Großbetrieb ans andere Ufer der Isar zu stellen. In der Au gab es längst, was so ein Unternehmen benötigte: Fließwasser und arbeitsbereite Menschen. Auf dem von Bächen durchzogenen Überschwemmungsgebiet der Isar gab es wohl schon im Mittelalter ein Fischerdorf. Münchner Adelige und Patrizier legten hier Lustgärten an. Im 16. Jahrhundert beginnt Herzog Wilhelm IV. mit dem Bau des Jagdschlösschens Neudeck, von dem er die sich bis Grünwald erstreckenden höfischen Jagdgebiete durchstreift. In der herzoglichen Falknerei (an der heutigen Falkenstraße) werden Jagdfalken gezüchtet und abgerichtet. Eigens angelegte Teiche nahe Neudeck, von Fischknechten im Winter eisfrei gehalten, versorgen den Münchner Hof mit Frischfisch. Und im Auerbach waschen Wäscherinnen die höfische Wäsche und hängen sie auf dem Wäscheanger daneben zum Trocknen auf. Neudeck wird auch Geburtsort eines weltbekannten Betriebes: In dem ehemaligen Lustschloss entstehen 1747 die ersten Labors der „Churfürstlichen Porcaillan-Fabrique", die ein paar Jahre später nach Nymphenburg umziehen und Nymphenburger Porzellan in alle Welt verkaufen wird.

Vor allem aber liefert der Auerbach die für die vorindustrielle Produktion nötige Energie. Bereits im 14. Jahrhundert erwähnen Urkunden die ersten Mühlen. Sie treiben Eisen- und Kupferhämmer, auch die Klingenhämmer und Schleifsteine der Waffenschmiede. Es gibt Kornmühlen, Ölmühlen, Gipsmühlen, so zahlreich, dass der Bach heute Auer Mühlbach heißt. Am bekanntesten werden die Papiermühlen, deren älteste wohl ein Münchner Bürger namens Peter Perkofer Mitte des 14. Jahrhunderts betreibt. Zur landesherrlichen Betriebsgenehmigung einer „papirmul" gehört die Erlaubnis, Lumpensammler auszuschicken. Die Haderlumper aus der Au sammeln „Lumpen, Hadern und Fetzen" aus dem ganzen Oberland, als Recycling-Rohstoffe für die Stampfe der Auer Mühle.

Doch die Menschen, die sich seit dem 16. Jahrhundert und verstärkt nach dem Ende des Dreißigjährigen Krieges im 17. Jahrhundert in der Au ansiedeln, lockt vor allem etwas anderes: die florierende Residenzstadt München und deren Arbeitsmöglichkeiten. Für Großbaustellen wie den Neubau der Michaelskirche, den Ausbau der Residenz und die Erweiterung der Stadtmauer brauchen die Münchner Hunderte von Arbeitern. Innerhalb des eigenen Burgfriedens wollen die Patrizier aber diese Leute nicht sehen, ebensowenig die Tagelöhner, Knechte und Dienstboten, auf deren Arbeitskraft Münchens Geschäfte gründen. Nachts bleibt das Auer Tor, das am Gasteig die Isarbrücke sicherte, allen Stadtfremden verschlossen. Auch ausgebildete Handwerker, die den Alteingesessenen Konkurrenz hätten machen können, müssen auf Druck der Zünfte draußen bleiben. Wer sich das teure Münchner Bürgerrecht nicht leisten kann oder darf, muss vor den Mauern der Stadt siedeln – in Vorstädten wie eben der Au.

So kommt hier ein Volk zusammen, das die bessergestellten Münchner mit Misstrauen betrachten. „Der Au Mißgesinnte", kolportiert der königliche Hofrat und Arzt Josef Freudenberger in seiner „Geschichte der Au" 1913, „erzählten die boshafte Anekdote, der Scharfrichter von Wien hätte die Au für eine große Stadt gehalten, weil er so viele aus der Au zum Köpfen bekomme." Allerdings weiß auch Freudenberger von den sozialen Ursachen, die diesen Ruf der Auer begründen.

Auch hierfür steht beispielhaft die weitere Entwicklung von Max Emanuels Fabrica. In dem Staatsbetrieb herrschen Misswirtschaft und Korruption. Das kurfürstliche Kriegszahlamt zahlt oft unpünktlich oder gar nicht für die gelieferten Uniformen, aus den Unternehmenskassen holt sich der Hof jährlich 12 000 Gulden für den Bau von Schloss Schleißheim. 1720 ist die Fabrica pleite. Auch Privatunternehmer scheitern mit ihren Versuchen, die Tuchfabriken rentierlich zu machen. Das hatte Folgen: „Waren schon nach dem jedesmaligen Versagen der verschiedenen Betriebe zahlreiche Arbeiter erwerbslos zurückgeblieben, von denen nicht gar manche, sondern viele in ihrer Not sich die Bedürfnisse des Lebens abseits vom gebotenen Wege verschafften", schreibt Freudenberger.

Sie leben in „ungestalteten, in der größten Unordnung angehäuften Häusern", bemerkte 1837 der Geschichtsschreiber Anselm Martin. Das sind vor allem die so genannten Herbergen, also Häuser, in denen, ähnlich wie bei heutigen Eigentumswohnungen, einzelne Stockwerke, Wohnungen oder Zimmer verkauft werden. Anders als die bloße Miete schützt das Eigentum die Bewohner vor der Ausweisung durch die Behörden – und eine kleine Kammer kostet nur den Bruchteil des Preises eines ganzen Hauses. Oft hausen jedoch ganze Familien in solchen Zimmern, zum Ärger der Ordnungsbehörden, die beklagen, „dass in den verborgenen und entlegenen Schlupfwinkeln das lüderliche Gesindel gar leicht seinen Unterhalt findet". Eine Fremdenpolizei versucht den Zuzug mit „unvermuteten Visitationen" und Hausdurchsuchungen zu begrenzen: „Müssig sich herumtreibende auswärtige Dirnen und Burschen sind fortzuschaffen und wenn sie trotzdem wieder vagierend betroffen werden, körperlich zu züchtigen."

Vor allem im Winter tritt unter den Dächern der Herbergshäuser „die bitterste Noth ein", beobachtet Adolph von Schaden 1835, „man bettelt, borgt, hungert und schlachtet fette Hunde, die man sich auf höchst wohlfeile Art zu verschaffen weiß". Zwei Hauptuntugenden unterstellt der Chronist den Auern, „nämlich zu einem unbegränzten Leichtsinne und zum übermäßigen Trinken". Selbst dem „solideren Auer der ärmeren Klasse" sei es „ein durchaus nicht zu überwindendes Bedürfnis, sich je zuweilen en canaille zu betrinken". Und „unter den Jungfrauen der Au" entdeckt Schaden „viele etwas lockere".

Die soziale Spaltung, die München und die Au trennt, führt sie im 19. Jahrhundert wieder zusammen. 1818 wird die Au eigenständige Stadt mit „magistratischer Verfassung dritter Klasse" – und wächst zur zehntgrößten Kommune Bayerns heran. Noch älter als das Auer Stadtrecht ist aber der Vorschlag, München und die Vorstadt zu vereinen. Doch der Versuchung, die Au unter das Regiment der Münchner Polizei zu stellen, steht im Münchner Magistrat stets die Befürchtung entgegen, eigenes Steuergeld rechts der Isar versinken zu sehen, für Unterhalt und Beleuchtung der heruntergekommenen Straßen und der vielen Brücken, für die Sicherung der Fluss- und Bachufer, vor allem aber für die Versorgung der Kranken, Siechen und Waisen. So beziehen bedürftige Auer in manchen Jahren 14 000 Gulden aus dem vom Landesherrn 1790 eingerichteten Armeninstitut, in das die Vorstadt jedoch nur 4000 Gulden einzahlt – zum Ärger des Münchner Magistrats, der die Armenkasse verwaltet. Auch die Münchner Krankenhäuser bleiben auf Behandlungskosten sitzen, wenn arme Auer die für sie als Nicht-Münchner geltenden 36 Kreuzer Kostgeld nicht bezahlen können.

Vor allem aber versuchen die Zünfte, die Konkurrenz von jenseits der Isar von den Münchner Märkten fernzuhalten. „Was sollen Schuhmacher und Schneider in einer Gemeinde mit 7000 Köpfen, von denen zwei Drittel im Sommer mit bloßen Füßen gehen und sich in Lumpen kleiden", bemerkt ein Magistratsgutachten despektierlich über die ungeliebten Nachbarn. Erst eine Bierkeller-Revolte treibt die Vereinigung voran. Im Revolutionsjahr 1848 treffen sich gut 600 Auer im Radlwirt und beschließen eine Resolution an die „Edle Bürgerschaft, teuren Freunde und Brüder" in München: „Eine Stadt, eine Gemeinde vereinige beide Bevölkerungen, die teure Mutter nehme die lang getrennte Tochter mit liebenden Armen auf, damit fortan kein Zankapfel mehr bestehe zwischen den Genossen des einen Vaterlandes."

Sechs Jahre ziehen sich die Verhandlungen hin, bis 1854 die damals 10 840 Auer mit ihren Nachbarn aus Haidhausen und Giesing nach München eingemeindet werden. „Seine Majestät der König haben die Vereinigung der Gemeinden Au, Giesing und Haidhausen mit der Reichshaupt- und Residenzstadt München vom 1. Oktober laufenden Jahres anfangend und gleichzeitig zu genehmigen geruht, daß jene drei Gemeinden die Benennung Vorstadt Au, Vorstadt Giesing und Vorstadt Haidhausen führen", heißt es im königlichen Erlass. Die Vorstädter sind endlich Münchner geworden.

Jan Bielicki

Mit dem Floß nach Wien, mit der Kutsche nach Salzburg

Die Isar ist ein wichtiger Transportweg – bis im 19. Jahrhundert die Eisenbahn ihren Siegeszug antritt

Der Boden unter den Füßen schwankt. Er ist ein Spielball der Strömung, die ihn durch eine grünwuchernde Flusslandschaft trägt. Jubel, fröhliches Kreischen, wenn das Floß am Kraftwerk Mühltal die 350 Meter lange Rutsche hinabsaust. Floßfahrten auf der Isar sind heute ein Gaudium für Touristen und Belegschaften beim Betriebsausflug. Wenn das Gefährt an der Floßlände in Thalkirchen anlegt, haben manche Teilnehmer ein Bad im Fluss hinter sich, etliche Bierfässer sind geleert, und für den nächsten Morgen erwartet die Flussfahrer ein gewaltiger Kater.

Ende des 18. Jahrhunderts waren Floßfahrten auf der Isar harte Knochenarbeit; dennoch waren die Männer, die dieses Handwerk ausübten, oft heitere Gesellen, die sich in den Schänken am Ufer gern ein Bier genehmigten. Der Fluss, seit jeher für den Salzhandel und die Entwicklung Münchens von größter Bedeutung, war der schnellste Transportweg für einen der wichtigsten Rohstoffe jener Zeit: Holz, das auf den Flößen vom Oberland in die Stadt verfrachtet wurde.

Seit 1623 fuhr von der „Unteren Lände", aus deren Landhaus die Wirtschaft „Zum Grünen Baum" hervorging, wöchentlich ein fahrplanmäßiges Floß („Ordinarifloß") bis nach Wien. Für drei Gulden konnte man in sechs bis neun Tagen auf dem Wasserweg über Freising, Landshut, Passau in die kaiserliche Metropole gelangen. Wer die Reise in der am Floß aufgezimmerten Schutzhütte absolvieren wollte, musste das Doppelte bezahlen.

Wichtige Droschkenrouten führten von München nach Salzburg und Augsburg. Die Fahrten in der Kutsche dauerten manchmal mehrere Tage und waren auf den holprigen Wegen strapaziös. Weil die Stadttore im Winter um neun Uhr, im Sommer um zehn Uhr geschlossen wurden, kamen Reisende zu späterer Stunde nur beim so genannten Einlass in die Stadt. Und der hatte seinen Preis: „Für jede Person sechs Kreuzer, und für jedes Thier, Pferd, oder Hund muss eben so viel erlegt werden", berichtet der Historiker Lorenz von Westenrieder 1782.

Robert Stocker

Modell eines Isarfloßes

Tölzer Bier für München

Im Jahr 1159 verleiht der Andechser Graf Berthold III. den Flößern das Zunftrecht, stiftet die Zunftfahne, die den Schutzpatron St. Nikolaus zeigt, und legt fest, dass kein Ungelernter das Handwerk betreiben dürfe. Ferner gilt: „Ein jeder Flößer soll sich des Fluchens und des Gotteslästerns enthalten." So steht es in den Wolfratshauser Zunftregeln. Manchmal aber sind Flüche unvermeidlich, zumal dann, wenn die wertvolle Fracht bedroht ist. Das Bier aus Tölz zum Beispiel, das den Münchnern über manche Durststrecke hinweghilft. Im Jahr 1782 bringen die Flößer 8730 Eimer Tölzer Bier nach München. Das Geschäft floriert, und die Flößer verdienen im Sommer in der Regel genug Geld, um halbwegs über den Winter zu kommen.

Mitte des 19. Jahrhunderts erreichen jährlich 6000 bis 9000 Flöße München, beladen mit Holz, Marmor, Gips, Lebensmitteln und Passagieren. Im Rekordjahr 1864 zählt man mehr als 11 000 Flöße – an der soeben eröffneten Thalkirchner Lände müssen die Flößer oft acht Tage warten.

Er meinte es gut, kam aber schlecht an: Der pfalz-bayerische Kurfürst Karl Theodor (1724–1799), hier auf einem Gemälde von Pompeo Girolamo aus dem Jahr 1775.

„Nun sind Deine guten Tage vorüber“

In Mannheim ahnt der künftige pfalzbayerische Kurfürst, dass ihn in München Ärger erwartet

Am 12. Februar 1799 wird der 74-jährige Kurfürst Karl Theodor beim abendlichen Kartenspiel vom Schlag getroffen. Er schwebt zwischen Leben und Tod; eine bleierne Ungewissheit legt sich über Stadt und Land. Der Münchner Professor Lorenz von Westenrieder schreibt ins Tagebuch: „Den 16. Hornung, welches ein Samstag war, wurde Vormittag der Churfürst für merklich besser ausgegeben, aber um halb zwei Uhr befiel ihn ein wiederholter Schlag und er griff in die letzten Züge (...) Endlich ein Viertel und sechs Minuten nach drey Uhr verschied Carl Theodor (...) In diesem Augenblick fühlte ich mit Wehmut für den Verschiedenen; er war zwar ein schlimmer Regent, aber doch auch ein Mensch, und seine bösen Rathgeber und höllischen Mannheimer tragen wahrlich auch einen großen, vielleicht den größten Theil der Sünden, die er wider uns Baiern begangen hat. Man läutete bey den Theatinern, und die ganze Stadt fieng endlich an, frey zu athmen.“

Tatsächlich: Die meisten Münchner empfinden Erleichterung über den allerhöchsten Todesfall, ja Freude, was man die in der Stadt lebenden Pfälzer spüren lässt. Nicht ohne Genugtuung fährt Westenrieder fort: „Am freudigsten ging es heute in den Wirthshäusern zu. Man hatte nur eine Gesinnung und man zerstieß sich taumelnd die Gläser in den Händen um selbe recht zu bekräftigen. Den Mannheimern, die man überlaut honneckte, war anders zumuth. Die meisten verdienten's nicht besser, und sie haben uns seit 1779 arg genug mitgespielt.“

Das Stimmungsbild von 1799 kontrastiert auffallend mit der Tatsache, dass der pfalzbayerische Kurfürst Karl Theodor einer der gebildetsten und kunstsinnigsten Fürsten des 18. Jahrhunderts war. Vor seinem Regierungsantritt in Bayern, an der Jahreswende 1777/78, hatte er die kurpfälzische Residenzstadt Mannheim zu einem europäischen Musensitz und zu einem Zentrum der deutschen Aufklärung gemacht. Jedermann war 1778 überzeugt, dass man Bayern zu seinem neuen Herrscher nur gratulieren könne und dass München eine glückliche Entwicklung bevorstehe. Nur Karl Theodor selbst schien am Silvestertag 1777 den Ärger vorauszuahnen. „Nun sind Deine guten Tage vorüber“, soll er geäußert haben, als man ihm die Nachricht vom Tod des letzten altbayerischen Wittelsbachers Max III. Joseph überbrachte.

Widersetzliche Untertanen

Der Sympathieverlust tritt spätestens 1779 ein, als durch den Vertrag von Teschen offenkundig wird, dass Karl Theodor eine Teilokkupation Bayerns durch Österreich zu akzeptieren geneigt ist. Noch mehr wird ihm angekreidet, dass er die von der Wiener Hofburg vorgeschlagene Vertauschung des eben ererbten Territoriums an das Haus Habsburg-Lothringen ins Auge fasst. Als Tauschobjekt sind die österreichischen Niederlande (das heutige Belgien) vorgesehen, das man Karl Theodor mit einer burgundischen Königskrone vergolden will.

Jedoch versagt die wittelsbachische Linie Zweibrücken-Birkenfeld, die wegen der Kinderlosigkeit von Karl Theodors Gattin Elisabeth Augusta als Erbin des pfalzbayerischen Länderkonglomerats gilt, die reichsrechtlich notwendige Zustimmung zum Ländertausch. Mehr noch: Sie ermuntert die politische Oberschicht in München zu konspirativem Widerstand. Gefördert vom preußischen König Friedrich dem Großen gelingt es der Zweibrückener Politik, die bayerische Tauschangelegenheit zu einem europäischen Problem zu machen und den pfalzbayerischen Kurfürsten als wortbrüchigen und korrumpierbaren Monarchen zu brandmarken. Der patriotische Oppositionsgeist in Bayern ergreift vor allem die Intelligenz – erstmals entwickelt sich ein von Fürst und Dynastie unabhängiges bayerisches Nationalgefühl. Man betrachtet den Kurfürsten wie das Oberhaupt einer Besatzungsmacht.

Umgekehrt fühlt sich Karl Theodor angesichts der Widersetzlichkeit seiner neuen Untertanen bald wie im Exil. Der weltkluge Friedensfürst sieht sich in die Rolle eines misstrauischen Machthabers versetzt. In einem Klima zunehmender Gereiztheit ist es schwer, die beabsichtigte Reformpolitik durchzusetzen. Auf die letzten zehn Jahre der Regierung Karl Theodors fallen zudem die Schatten der Französischen Revolution. In der Abwehr der politischen Infiltration, deren republikanische und demokratische Parolen man unter dem Schlagwort „Jakobinismus“ zusammenfasst, verstrickt sich die Münchner Regierung in ein kleinliches Überwachungssystem.

Andererseits tut Karl Theodor in München sein Bestes, um kulturelle Impulse zu geben: Er gründet die jedermann zugängliche Bildergalerie am Hofgarten, gewährt freien Zutritt zur Hofbibliothek, lässt den Hofgarten und den Nymphenburger Schlosspark für die Bevölkerung öffnen. Der fürstliche Philanthrop hat

Kraftbrühe im Stadtmuseum

Benjamin Thompson alias Graf Rumford war mit seinen Konzepten gegen Armut und Arbeitslosigkeit ein Vorreiter des modernen social engineering. Bekannt ist heute noch die „Rumford'sche Suppe", eine vor allem aus Graupen zubereitete Kraftbrühe. Erstmals wurde sie im Zeughaus verabreicht, dem heutigen Stadtmuseum. Bei der Vorbereitung der Ausstellung zur Münchner Stadtgeschichte kam ein unveröffentlichter Plan von 1798 zum Vorschein. Darauf ist eine Küche mit Herdsystem eingezeichnet, dazu die Aufschrift: „Behältniss unter dem grossen Getreid=Kasten auf dem Anger, wo gegenwartig die Rumfordische Suppe gekocht wird." Die Armenspeisung kennzeichnet den Übergang von der Almosenpraxis zur staatlich gesteuerten Wohlfahrt.

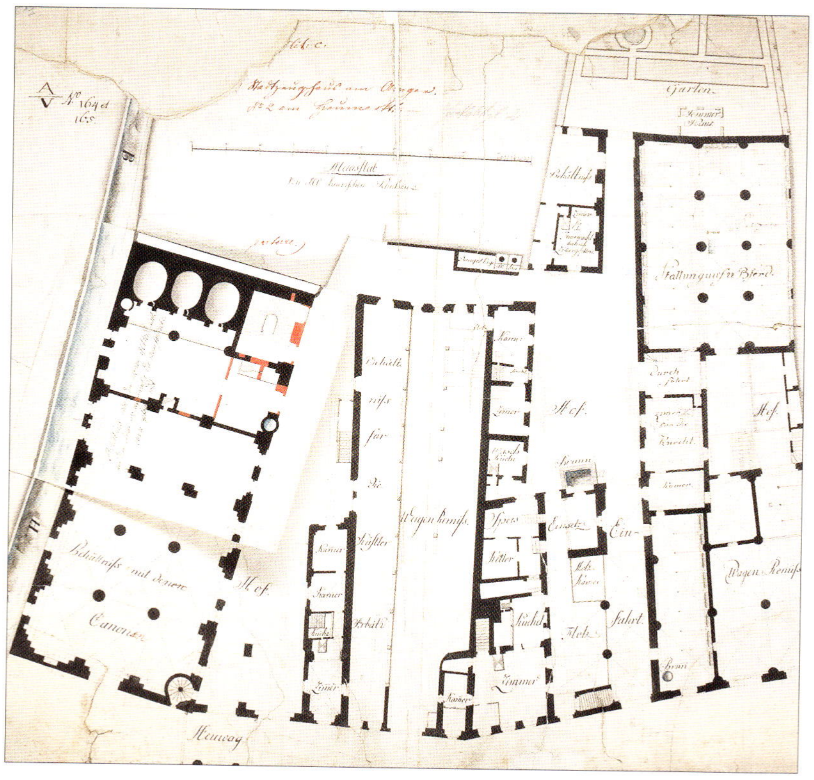

auch große Pläne, um das Erscheinungsbild seiner neuen Residenzstadt zu heben. München ist um 1780 ein verwinkeltes Städtchen, bei dem nicht die Residenz das Zentrum bildet, sondern ein Marktplatz mit einer allwöchentlichen Bauernschranne. Entsprechend bestimmen, anders als in Mannheim, nicht der Hof und sein nobles Selbstverständnis, sondern eine aus dem Mittelalter überkommene Stadtverfassung mit kleinkarierter Alltagskontrolle und ständigem Zunftneid Takt und Tenor des bürgerschaftlichen Horizonts; religiöse Toleranz gilt als Sünde und alle Fremden von Reputation werden prinzipiell als Lutheraner eingestuft, denen man besser aus dem Weg geht.

Da Karl Theodor bei seinem Umzug nach München den Pfälzer Hofstaat mit ungefähr 3000 Personen mitbringt, verbessern sich zunächst die Verdienstmöglichkeiten der Bürger; andererseits verstärkt sich der Zuzug von Gewerbetreibenden, da das lokale Zunfthandwerk den wachsenden Bedarf bald nicht mehr decken kann. Das größere Angebot führt da und dort zum Preisverfall, weshalb das Münchner Handwerk die „Mannheimer" für die Schmälerung ihres Einkommens verantwortlich macht. Auch der verstärkte Zuzug von Juden wird von manchem als Katastrophe betrachtet. Schon 1790 kann man in München an einem Geschäft die Tafel lesen: „Hier wird sich der Eintritt der Juden verbethen."

1788 kulminiert das Zerwürfnis zwischen Karl Theodor und den Münchnern. Im Zusammenhang mit einer von der Bevölkerung geforderten Getreidesperre kommt es zu offenem Widerstand gegen die Staatsgewalt, und die aufgebrachte Menge macht Anstalten, die Residenztore aufzusprengen. Karl Theodor verlegt daraufhin für ein halbes Jahr seine Residenz nach Mannheim – eine Entscheidung, die die Münchner an ihrem Lebensnerv, dem Warenabsatz und den Mieteinnahmen, trifft. Schnell kommen sie wieder zur Raison und begrüßen den zurückkehrenden Kurfürsten mit lautem Vivat und eifrigen Treuebekenntnissen.

Karl Theodors Mannheimer Aufenthalt leitet einen weitreichenden politischen Kurswechsel ein: Die österreichfreundliche Fraktion bei Hof wird 1789 zurückgedrängt, und das bayerisch-belgische Tauschprojekt gilt vorerst als abgesagt. Das schwach ausgeprägte Selbstbewusstsein Pfalzbayerns soll durch Reformen gehoben werden, wobei mit einer Heeresreform der Anfang gemacht wird. Garant dafür ist der Generalmajor und Generalleibadjutant Karl Theodors, der geborene Amerikaner Benjamin Thompson, der sich seit 1792

Maskenball in der alten Reitschule, die Karl Theodor in einen „Feenpalast" verwandelte.

Reichsgraf Rumford nennen darf. Thompson ist nicht nur ein erfahrener Militär und zugleich ein in den Naturwissenschaften bewanderter Mann, er steht auch in geheimer Verbindung mit England und soll im Auftrag Londons Einfluss auf die bayerische Außen- und Innenpolitik nehmen. Die mit der Militärreform zusammenhängenden Maßnahmen Thompsons haben großen Einfluss auf die Entwicklung Münchens. Am 21. Februar 1789 erlässt der Kurfürst ein Dekret, demzufolge alle pfalzbayerischen Haupt- und Garnisonsstädte Militärgärten anlegen müssen. Diese Gärten sollen nicht nur die Garnison durch selbstgezogenes Obst und Gemüse ernähren, sondern auch „als ein ordentlicher Spaziergang sowohl für das Civile als Militaire" dienen.

Was München betrifft, so stößt die am 20. Juni 1789 angeordnete Anlage auf Unverständnis und krasse Ablehnung. Anlass dafür ist das harsche Vorgehen der kurfürstlichen Sonderkommission zum Erwerb der Grundstücke vor dem Schwabinger Tor. Sie übt auf die Eigentümer großen Druck aus und droht mit Enteignungsverfahren. Der Ärger in der Stadt ist umso größer, als sich herausstellt, dass die fraglichen Grundstücke gar nicht für den Militärgarten verwendet werden. Der entsteht unterhalb der Altstadtterrasse auf einem breiten Geländestreifen westlich des Schwabinger Bachs und reicht von der heutigen Prinzregentenstraße bis zur Veterinärstraße.

Am 13. August 1789 verfügt Karl Theodor, „den hiesigen Hirsch-Anger zur allgemeinen Ergözung für dero Residenzstadt München herstellen zu lassen und diese schöne Anlage der Natur dem Publikum in ihren Erholungs-Stunden nicht länger vorzuenthalten". Mit planerischer Unterstützung des Schwetzinger Hofgärtners Friedrich Ludwig Sckell entsteht – als zivile Ergänzung des Militärgartens – der Englische Garten, der damals noch Theodors-Park heißt. Die Münchner bleiben gegenüber dieser Manifestation fürstlicher Zuneigung in der Reserve; häufig werden neugepflanzte Bäumchen absichtlich zerstört. Das mit dem Garten in Mode gekommene Spazierengehen gilt den altbayerischen Partikularisten als Neuerung der ungeliebten „Mannheimer" und wird streng als „öffentlicher Müßiggang" getadelt.

Ein Jahr nach der Französischen Revolution kommt es zu einer Kraftprobe zwischen Thompson und dem Magistrat, in deren Verlauf der Stadtrat eine Broschüre herausgibt, in der anklingt, dass anderswo ganze Nationen in Aufruhr seien und neue Gesetze und neue Regierungen erzwängen. Diese für die Zeitumstände allzu deutliche Sprache fasst Karl Theodor als Revolutionsdrohung auf. Jetzt hat er einen Anlass, ein Exempel zu statuieren: Der gesamte Innere und Äußere Rat wird vor eine kurfürstliche Spezialkommission gezogen und einzeln verhört. Um die Stadtspitze noch mehr zu erniedrigen, werden die meisten Räte wegen der inkriminierten Broschüre des Majestätsverbrechens als überführt betrachtet, worauf die mit Amtsverlust bestraften Magistratsmitglieder in der Herzog-Max-Burg vor einem Bild Karl Theodors und einem leeren Thronsessel nacheinander kniefällig Abbitte leisten müssen.

Die unglückliche 22-jährige Verbindung Karl Theodors mit der Stadt München kann nicht einseitig dem Kurfürsten angelastet werden. Auch die Münchner haben zu deren Scheitern beigetragen. Als rechte Trotzköpfe, Querulanten und Krämerseelen haben sie alles getan, um den ihnen zugedachten Reform- und Zivilisationsschub zu hintertreiben.

Richard Bauer

Der Mann, der München das Korsett aufschnürte

Hofgartenintendant Ludwig von Sckell entwirft die Maxvorstadt und schafft Platz zur Erweiterung der Stadt

3000 Menschen hatte Karl Theodor aus Mannheim mitgebracht – seinen Hofstaat, der in München untergebracht und verköstigt werden musste. Das war jedoch sicher nicht der einzige Grund, warum der Kurfürst am 2. Juni 1795 dekretierte, „daß München fortan keine Festung mehr sein könne“: Die Stadtmauern waren lange schon ein zu enges Korsett für das wachsende Gemeinwesen. Als Erstes wurde die große Bastion vor dem Neuhauser Tor abgetragen – es entstand das, was heute Stachus-Rondell heißt, sein eigentlicher Name Karlsplatz stammt vom Kurfürsten. Doch das war erst der Anfang.

Der eigentliche Beginn systematischer Stadtplanung in München liegt gut zehn Jahre später – und ist mit einem Namen verbunden: 1803 war Friedrich Ludwig von Sckell, der zuvor schon den Englischen Garten gestaltet hatte, nach München gekommen. Nun wurde Sckell Hofgartenintendant sowie einer der einflussreichsten Stadtgestalter.

1807 weist die Regierung von König Max I. Joseph die Baukommission an, „Kenner von diesem Geschäft“ durch „freundschaftlichen Aufruf“ zum Entwurf einer neuen Vorstadt einzuladen. 17 Entwürfe werden eingereicht – darunter einer „von Se. Hochheit dem Kronprinzen“: Der spätere König Ludwig I. zeigt schon in jungen Jahren Interesse an der Stadtentwicklung. Die ganze Angelegenheit war wohl nicht von der heute bei Ausschreibungen so wichtigen Geheimhaltung getragen – vielmehr dürften die Ideengeber sich gegenseitig befruchtet haben, und auch der Entwurf Friedrich von Sckells wurde durch Anregungen aus anderen Projekten weiterentwickelt.

Das Revolutionäre an Sckells Plan: Das gesamte Areal zwischen der Nymphenburger Landstraße (ungefähr die heutige Brienner Straße), dem Hofgarten und der Schönfeldstraße wurde in Parzellen aufgeteilt, 230 auf 190 Meter, zwischen denen die Straßen verliefen, die sich stets im rechten Winkel kreuzten. Die Bebauung wurde zunächst nicht vorgegeben, sondern den jeweiligen Bauherren überlassen – allerdings mit strengen Regeln: Die Architekten sollten „wenigst noch die Herstellung eines Stockwerks über 1. Stiege“ vorsehen, vor den Häusern sollten Vorgärten liegen, begrenzt durch einen Staketenzaun, der sie einsehbar lässt, so dass eine durchgehende Grünanlage entstand. Wirtschaftsgebäude hatten hinter den Wohnhäusern zu liegen.

Da war noch nichts zu sehen von der heutigen Mietsbebauung in der Maxvorstadt – ein Villenviertel sollte entstehen für begüterte Hofbeamte und den Adel selbst. Etwas davon hat sich bis heute am Karolinenplatz erhalten. Die Residenz erhielt zudem neue Zentralität: In der Befestigung lag sie eher am Rande; nun hatte sie in der Brienner Straße eine repräsentative Auffahrt, zudem in der Abfolge Königsplatz – Karolinenplatz – Stiglmaierplatz und der daran anschlie-

Der von Friedrich Ludwig von Sckell (links bei der Inspektion der Wege) angelegte Englische Garten: Partie am Apollotempel (1838 abgebrochen).

ßenden Nymphenburger Straße eine direkte Verbindung zum Nymphenburger Schloss.

Nun hatte München Luft zum Atmen, nun konnte es wachsen und sich ausdehnen – erst Friedrich Ludwig von Sckell, der 1823 im Alter von 72 Jahren starb, hatte der Stadt das Korsett aufgeschnürt. Sein Konzept der Öffnung nach Westen hatte jedoch nicht lange Bestand. Als Ludwig I. im Jahr 1825 König wurde, hatte er Bedarf an eigenen Bauten zur Mehrung und Erhaltung seines Ruhms. Seine Bauherren Klenze und Gärtner verordneten der Stadt die Ausdehnung nach Norden, mit der Ludwigstraße, dem Siegestor und der letztendlichen Anbindung Schwabings. In dessen Schatten steht die Maxvorstadt bis heute, obwohl vieles, was Schwabing zugeschlagen wird, rund um die Schellingstraße zuhause ist: Der „Alte Simpl", berühmte Künstlerkneipe – Maxvorstadt. Der legendäre Schelling-Salon – Maxvorstadt. Und die Akademie der bildenden Künste steht zwar ziemlich genau auf der Grenze zwischen Maxvorstadt und Schwabing, doch sie blickt nach Süden und weiß also, wo sie hingehört. Vor allem aber ist die Maxvorstadt der Beginn systematischer Stadtplanung in München – und nicht nur ein eingemeindetes Bauerndorf.

Stephan Handel

Nach dem Sieg gegen die Österreicher bei Ulm zieht Napoleon am 24. Oktober 1805 in München ein. Der Maler Taunay setzt den Kaiser auf ein Pferd, in Wahrheit kommt er mit der Kutsche.

Am 8. September 1796 schießen die Franzosen den ganzen Tag auf die Stadt. Mehrere Dutzend Häuser brennen ab, auch der Rote Turm steht in Flammen und muss später abgebrochen werden. Das Gemälde von Johann Jakob Dorner d. J. zeigt das Inferno.

Lichtgestalt und Hassfigur

Die Münchner feiern den Franzosenkaiser zunächst als Befreier – später marschieren sie jubelnd gegen ihn

Eigentlich sollte ja der Nikolaus kommen, doch statt seiner harrt ganz München am Abend des 5. Dezember 1805 der Ankunft einer durchaus attraktiveren Person. Kurz vor sieben Uhr rollt endlich, flankiert von einer Reitergarde, der Reisewagen der französischen Kaiserin Joséphine in die Stadt herein. Die Straßen und Gassen sind ihr zu Ehren beleuchtet, aber leider fährt ein nasser Wind in die Laternen und macht der Illumination schnell den Garaus. Vielleicht interpretiert der eine oder andere Zaungast das unruhige Flackern der Lichter sogar als Sinnbild für die eigene Existenz. Denn die Bürger schwanken zwischen Hoffnung und Resignation, und daran sind die Franzosen nicht unschuldig. „Wenn mit der Glocke geschället wurde, erschrack man und wenn man das Schreyen eines Franzosen hörte, so wusste man nicht mehr, wohin man aus Beklemmung sich wenden sollte", schreibt der Chronist Lorenz von Westenrieder. Die Soldateska beunruhigt die Bevölkerung, einmal rücken österreichische Truppen in die Stadt ein, dann wieder französische.

Schon seit Jahren taktieren die Bayern zwischen den rivalisierenden Großmächten Österreich und Frankreich und kämpfen um ihr Überleben. Sie sind in dieser Zeit in wechselnden Allianzen in sieben Kriege verstrickt, ihre Schaukelpolitik ist riskant. Auch die Hauptstadt München kommt nicht zur Ruhe, schon zehn Jahre vorher hatten die Franzosen Häuser und Türme in Brand gesteckt. Die Bevölkerung muss am laufenden Band Truppendurchzüge, Kontributionen und Einquartierungen erdulden.

Der Franzosenkaiser Napoleon hat für die Misere freilich keinen Blick. An Joséphine schreibt er: „Bleibe in München, zerstreue Dich; das ist nicht schwer, wenn man so viele nette Menschen um sich hat, und das in einem so schönen Land." Einige Wochen vor Joséphines Ankunft, gleich nach dem Sieg gegen die Österreicher bei Ulm, ließ er sich am 24. Oktober 1805 in München als Befreier feiern. Der Maler Nicolas Antoine Taunay hielt seinen Einzug in einem bemerkenswerten Bild fest. Er setzte den Kaiser auf ein sich dramatisch bäumendes Pferd, in Wirklichkeit aber hockte Napoleon in einer sechsspännigen Kutsche.

Eine Totenmaske Napoleons. Sie stammt aus dem Besitz des Hofmalers Wilhelm von Kaulbach und wurde dem Kaiser von einem englischen Gefängnisarzt auf St. Helena abgenommen. Zu besichtigen ist die Maske im Münchner Stadtmuseum.

Fünf Wochen später, am 2. Dezember 1805, besiegt Napoleon in der Dreikaiserschlacht bei Austerlitz die Österreicher und Russen vernichtend. Auch bayerische Truppen stehen an seiner Seite, denn Bayern ist kurz vorher nach dramatischen Verhandlungen auf die Seite der Franzosen gewechselt. Und sofort profitiert es davon. Im Vertrag zu Brünn wird Österreichs Macht gestutzt, dafür erhält Bayern unter anderem Tirol. Und nicht zuletzt akzeptiert Österreich die von Napoleon gewünschte Erhebung des Kurfürstentums Pfalz-Bayern zum Königreich. Danach geht alles sehr schnell. Schon an Silvester 1805 trifft der Franzosenkaiser abermals in München ein. Diesmal kommt er nicht als Eroberer, sondern gleichsam als Königsbäcker – als solchen stellt ihn jedenfalls eine zeitgenössische Karikatur dar. Das geschundene Bayern steht plötzlich vor einer großen Zäsur – schon am nächsten Tag soll es zum Königreich erhoben werden.

Bereits auf der Mittagshöhe des Neujahrstags zieht der Landesherold durch Münchens Straßen und verkündet, dass der Kurfürst Max Joseph nun König ist. Der Akt der Erhebung in der Residenz hat nur wenige Minuten gedauert. Napoleon hätte zwar gern eine Krönung gesehen, und ursprünglich plante wohl auch Max Joseph eine. Krönungsinsignien und Krönungsornat waren ja bereits in Paris bestellt, wurden aber nie gebraucht. Kein einziger der sechs bayerischen Könige wurde gekrönt.

Trotzdem schwappt eine Welle der Hochstimmung durch die Stadt. Nach dem Zeugnis Westenrieders läuten nachmittags von drei bis vier Uhr sämtliche Kirchenglocken, dazu krachen 200 Kanonenschüsse. Doch gleich danach verfliegt die gute Stimmung der Münchner schon wieder. Abermals sind französische Truppen im Anmarsch, es drohen neuerliche Einquartierungen. Die Münchner halten die Franzosen für roh, anmaßend und ungezogen. „Es giengen schon mehrere mit bedecktem Kopf durch unsre Kirchen und an eine Verbeugung bey der Consecration ist gar nicht zu denken", konstatiert Westenrieder.

Napoleon und Joséphine sind aber nicht nur als Königsmacher nach München gekommen. Der Kaiser verlangt die Verheiratung seines Stiefsohns Eugène de Beauharnais mit der ältesten Tochter des bayerischen Königs, Auguste Amalie. Da hilft alles Sträuben nichts. Sowohl König Max I. Joseph als auch sein leitender Minister Maximilian von Montgelas sehen ein, dass die Staatsräson diese erzwungene Verbindung erfordert. Nach der Hochzeit bricht das Kaiserpaar am 17. Januar wieder nach Paris auf. Schon eine halbe Stunde nach ihrer Abreise rücken Tausende französische Soldaten in München ein und müssen zum Schrecken der Bevölkerung unverzüglich einquartiert werden. Sie agieren mit großem Getöse – „als wären wilde Thiere aus einem Thiergarten entkommen".

1809 taucht Napoleon noch einmal in München auf. In mehreren Schlachten hat er vorher mit bayerischer Hilfe die Österreicher zurückgeschlagen. Am 20. Oktober steigt er in Nymphenburg ab, reist aber schon am nächsten Tag wieder ab. Vielleicht ahnte er, dass sich das Blatt bald wenden würde. Im Schicksalsjahr 1812 zwingt er das bayerische Heer, mit ihm nach Russland zu ziehen. Der Feldzug endet in einer Katastrophe: Von den 30 000 bayerischen Soldaten kehren nur wenige zurück. Die Bayern wollen mit Napoleon nichts mehr zu tun haben und schlagen sich auf die Seite der Alliierten. Als König Max I. Joseph am 28. Oktober 1813 die allgemeine Landesbewaffnung gegen die Franzosen verkündet, stürmen Lehrer und Schüler des Münchner Wilhelmsgymnasiums zu den Waffen und marschieren jubelnd in die Schlacht gegen Napoleon. Gleich an mehreren Tagen erklingt in den Münchner Kirchen das Te Deum zum Dank für die Befreiung aus dem französischen Joch.

Aus Wut über den Verrat des Bayernkönigs schwört Napoleon Rache: „Nein, keinen Frieden, ehe ich nicht München in einen Aschenhaufen verwandelt habe." Nur, er kommt nicht mehr dazu, München zu zerstören. Am 6. April 1814 dankt Napoleon ab, im Jahr 1821 stirbt er als Verbannter auf der abgelegenen Insel Sankt Helena.

Hans Kratzer

Auguste Amalie und Eugène – zwangsweise verheiratet, glücklich vereint

Die von Napoleon erzwungene Ehe verläuft entgegen allen Erwartungen harmonisch

Erst wollte sie fliehen. Dann versuchte man, sie mit Kleidern nach dem neuesten Pariser Chic zu bestechen. Dabei war es längst zu spät für ihr Entkommen, und so sagte sie „Ja". Am 13. Januar 1806 heiratet die Prinzessin Auguste Amalie in der Residenz den Vizekönig Italiens, Eugène de Beauharnais. Die 17-jährige Frau fügt sich in diese Verbindung, weil sie den politischen Strippenziehern, die sie eingefädelt haben, nichts entgegenzusetzen hat. Die gehören zu den mächtigsten Männern Europas: der französische Kaiser Napoleon, dessen Außenminister Talleyrand, Auguste Amalies Vater, Bayerns Kurfürst Max Joseph, sowie dessen Minister Montgelas.

Die Geschichte von Auguste und Eugène erzählt von einer Zeit, in der das Private politisch war, mehr als zu anderen Zeiten. Napoleon Bonaparte war bekannt dafür, Macht nicht allein durch Politik und Feldzüge, sondern auch durch ausgeklügelte Eheschließungen zu erwerben. Eugène war Napoleons Stiefsohn, ein Kind der Kaiserin Joséphine aus erster Ehe. Die schöne Auguste dagegen entstammte dem Hause Wittelsbach, einer der ersten Dynastien in Europa. Mit dieser eleganten Verbindung zum europäischen Hochadel wollte Napoleon nicht nur seinem Stief- und bald schon Adoptivsohn beste Verwandtschaft vermitteln, sondern auch sich selbst. Sein Angebot konnten die Bayern nicht ablehnen: die Ausdehnung des Kurfürstentums sowie die Krone für Kurfürst Max Joseph.

Das Opfer dieses weltpolitischen Arrangements war Auguste Amalie. Sie musste die Verlobung mit dem Erbprinzen von Baden lösen und stattdessen einen Mann ehelichen, den sie erstens nicht kannte und zweitens auch nicht heiraten wollte. Die ersten Tage des Jahres 1806, als Napoleons Heiratsbefehl in der Residenz bekannt geworden war, müssen reich gewesen sein an Familiendramen. Auguste beklagte tränenreich die „Schande", zu der man sie zwinge, und fiel in langanhaltende Ohnmachten.

Auch Kurfürstin Karoline, Augustes Mutter, äußerte sich entschieden gegen diese Vermählung, Bruder Ludwig lehnte Napoleon ohnehin ab. Der Vater brachte es nicht fertig, den Brief, in dem er seine Tochter um die Einwilligung zur Heirat bittet, selbst zu überbringen. Stattdessen erkrankte der weichherzige Kurfürst und schickte seinen Sohn mit dem Schreiben vor. Ludwig war unterdessen gedämmert, dass auch er von jener Ehe profitieren würde, die er zunächst so harsch verdammt hatte. Er würde künftig Kronprinz sein – und eines Tages König. Ludwig überbrachte der Schwester das Papier. Und diese notierte: „Wenn also die Ruhe meines geliebten Vaters und das Glück des ganzen Volkes davon abhängt, so opfere ich mich, so grausam auch mein Geschick sein möge."

Ein begabter Soldat und dazu ein Mann von Welt: Eugène de Beauharnais, Stiefsohn Napoleons und Ehemann der schönen bayerischen Prinzessin Auguste Amalie.

Zwei Tage vor der Hochzeit lernte Auguste ihren künftigen Gemahl kennen. Der war eben aus Mailand angereist: ein gutaussehender junger Mann, der sich angeblich rührend um seine aufgewühlte Braut bemühte. Es geschah, was alle gehofft hatten und keiner erwartet: Die Prinzessin beruhigte sich, manche Quellen berichten gar davon, dass sie sich Hals über Kopf in Eugène verliebte. Die Zuneigung beruht auf Gegenseitigkeit, aus der Zwangsehe wird am Ende tatsächlich noch eine Liebesheirat.

In Mailand wurde das Paar von der italienischen Bevölkerung begeistert empfangen, in den folgenden Jahren brachte Auguste Amalie sechs Kinder zur Welt. Als Vizekönig Italiens führte Eugène de Beauharnais vor allem die Anweisungen Napoleons aus, dem er treu ergeben war: Er kontrollierte, berichtete, repräsentierte das Königshaus. Doch er verfügte auch über militärische Talente, war an mehreren Feldzügen Napoleons beteiligt und kommandierte 1812 ein Korps der Großen Armee in Russland.

Kein Wunder also, dass mit Napoleon auch Auguste und Eugène ihre Macht verloren. König Maximilian holte seine Tochter und ihre Familie zurück und ernannte seinen Schwiegersohn 1817 zum Herzog von Leuchtenberg und Fürsten von Eichstätt – ein magerer Ersatz für den verlorenen Einfluss in Italien. Auf dem Wiener Kongress bekam Eugène fünf Millionen Francs für seine Verluste in Italien zugesprochen. Das Paar beauftragte Leo von Klenze mit dem Bau eines standesgemäßen Palais, als Sommerresidenz diente das Schloss in Ismaning. Hinter der prachtvollen Fassade des „Leuchtenbergpalais" am Odeonsplatz fanden nicht nur 253 Zimmer Platz, sondern auch ein Theater, ein Museum, eine Bildergalerie, ein Tanz- und ein Speisesaal. Heute hat in diesen Mauern das Bayerische Finanzministerium seinen Sitz.

Doch Eugène de Beauharnais blieben nur noch wenige Jahre, um sein Leben zu genießen. Besondere Aufmerksamkeit widmete er, sehr zum Unmut seiner Gattin, zunehmend anderen Frauen. „Bin ich denn ein so unbedeutendes Geschöpf?", beschwert sich Auguste in ihrem Tagebuch. Dennoch ist sie niedergeschmettert, als Eugène 1824, mit nur 42 Jahren, nach mehreren Schlaganfällen stirbt. Fortan widmet sich Auguste ihren Kindern, später kümmert sich die ehrgeizige Mutter um vielversprechende Ehepartner – was ihr auch gelingt. 1851 stirbt auch sie. Napoleon soll eines Tages bemerkt haben, dass die Heirat zwischen Auguste und Eugène „ein Erfolg war, vergleichbar mit dem Sieg von Austerlitz". Eine Art Schlacht war sie auf jeden Fall.

Christina Warta

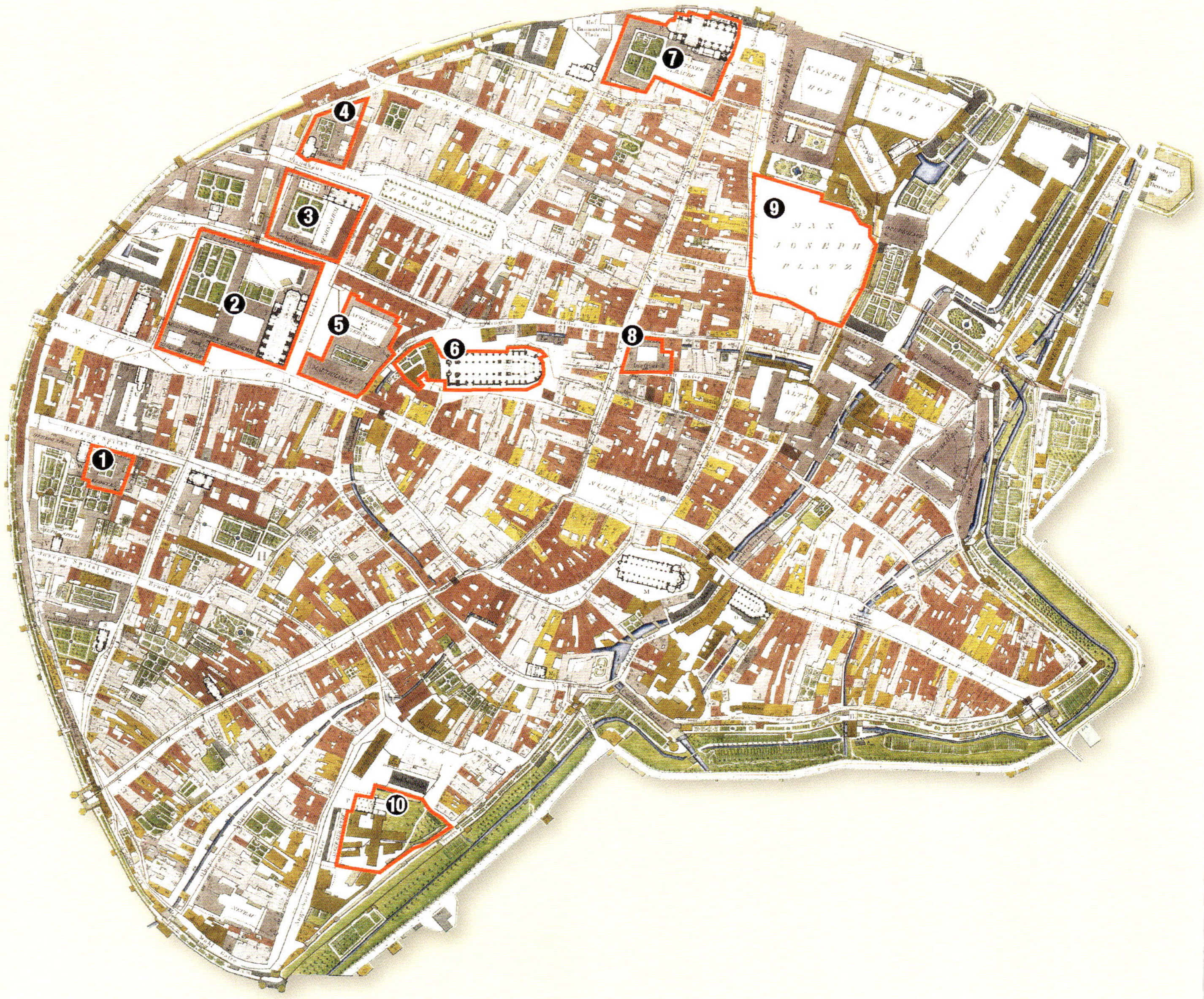

Die Säkularisierung ab 1801

❶ Servitinnen-Kloster, 1803 aufgehoben, seit 1826 wieder Kloster der Servitinnen

❷ Jesuitenkolleg: Kirche von 1773 an Hofkirche, 1808 aufgehoben, heute St. Michael in Staatsbesitz und von den Jesuiten betreut. Früher: Sitz der Akademie der Wissenschaften, Hofbibliothek, Universität
Heute: Landesbodenkreditanstalt, Statistisches Landesamt

❸ Kloster der Karmeliten, aufgehoben 1802, danach Ludwigsgymnasium mit Schulkirche; Kirche wird nach dem 2. Weltkrieg zum Ausstellungsraum umgewandelt
Heute: Archiv des Erzbistums und Dienststellen des Ordinariats

❹ Kloster der Karmelitinnen mit Dreifaltigkeitskirche, Kloster aufgehoben 1802, danach Pfandhaus und Hundesteueramt
Heute: Dienststellen des Ordinariats, Bayerischer Kunstgewerbeverein

❺ Kloster der Augustiner, aufgehoben 1803
Kirche wird zunächst Mauthalle, heute Jagd- und Fischereimuseum. Abbruch des Klosters 1911
Heute: Polizeipräsidium

❻ Pfarrhof des Stifts „Unserer Lieben Frau" geht 1803 in Staatsbesitz über. 1821: Frauenkirche wird Dom, Pfarrhof Sitz des Ordinariats

❼ Kloster der Theatiner, aufgehoben 1801. Die Theatinerkirche ist heute Staatsbesitz und wird von den Dominikanern betreut.
Das ehemalige Kloster ist Sitz des Kultusministeriums

❽ Kloster der Englischen Fräulein, aufgehoben 1808, ab 1826 Polizeipräsidium, heute Marienhof

❾ Kloster der Franziskaner und zwei kleinere Franziskanerinnen-Klöster, aufgehoben 1802 und sofort abgerissen, heute Max-Joseph-Platz

❿ Kloster der Klarissinnen St. Jakob am Anger, aufgehoben 1803, seit 1843 Sitz der Armen Schulschwestern von Unserer Lieben Frau

Raub im Namen des Fortschritts

Er führt das Wort Reformen im Mund und hat das Geld im Sinn: Wie Kurfürst Max Joseph den Klosterbesitz in der Stadt versilbert

Der Aufhebungskommissar Graf Philip von Arco erscheint am 6. Februar 1802 am Tor der Franziskaner von St. Anton, dem ältesten Kloster Münchens. Als Erstes lässt er sich auflisten, wer hier lebt: 30 Patres, 3 Kleriker, 14 Laienbrüder. Sie verköstigen, hält Arco fest, täglich eine unbestimmte Menge von Armen in der Stadt. Doch mit der kostenlosen Klostersuppe wird es nun ein Ende haben. Man darf die Armen nicht zu sehr verwöhnen, findet der Kurfürst. Denn es verdirbt die Menschen, wenn sie „sich sorglos dem kommenden Tag überlassen". Künftig können sie ihre Suppe im Polizeihaus abholen, gegen Geld. Und die verhassten Bettelbrüder, die im Volk den Müßiggang befördern, schickt der Fürst in die Wüste – nach Ingolstadt. Von kurfürstlichen Reitern bewacht, verlassen die Franziskaner vor Morgengrauen die Stadt. Ein unwürdiges Ende, nach 600 Jahren in München.

Seit einiger Zeit schon haben Kurfürst Max Joseph und sein Reformminister Montgelas die Zerschlagung der Orden vorbereitet. Man hat den fürstbischöflich-freisingischen Kommissar Joseph Darchinger stets bei Hof vorgelassen, hat ihm versichert: Ihre Sorgen sind unbegründet, werter Stiftspfarrer Darchinger! Und plötzlich, es ist September 1801, muss Darchinger feststellen, dass die Realpolitik des freundlichen, umgänglichen Kurfürsten und seines Ministers ganz anders aussieht. Die Säkularisation hat Bayern erreicht. Nach außen hin verkauft der Fürst die Enteignungen als Reformen: Aufklärung, Reinheit der Lehre – „alles vorgeschobene Gründe", sagt Richard Bauer vom Stadtarchiv. In Wahrheit gibt es nur das eine Ziel: sich Geld und Grund der Klöster einzuverleiben.

Nach der Niederlage Österreichs gegen Napoleon muss das Heilige Römische Reich 1801 nicht nur die linksrheinischen Besitzungen abtreten. Auch auf Bayern kommen sechs Millionen Franken an Kriegskontribution zu. Kirchen und Klöstern wird der neunte Teil davon aufgebürdet. Kurfürst Max Joseph verhehlt seine Abneigung gegen die Klöster nicht. Vor allem die Bettelorden beschimpft er wüst; die Franziskaner, so befindet der Kurfürst, „stinken in der Stadt die Kranken an und impestieren denselben noch die wenige Luft mit ihrem Schweißgestank". Immer wieder werden Bürger beim Kurfürsten wegen der Mönche vorstellig, geben Bittgesuche bei seiner protestantischen Frau Karoline ab. Die ist hilfsbereit, kann aber nichts ausrichten. Und der Magistrat gibt die Parole aus: Mischt euch nicht ein! *Monika Maier-Albang*

1802 sieht es noch aus, als würde das Augustinerkloster glimpflich davonkommen: Sämtliche Augustiner aus Bayern müssen nach München umziehen. 1803 aber wird auch dieses „Zentralkloster" aufgehoben – für „Staatszwecke". Altäre und Kirchengeräte werden versteigert, die Augustinerkirche wird zur Mauthalle. Das Ölgemälde von Carl Friedrich Werner ist heute im Besitz des Stadtmuseums.

Ein Münchner Michel und die schöne Karoline

Der eine ist Weinwirt, die andere immerhin Gattin des Kurfürsten – beide will man in der Residenzstadt nicht haben, weil sie Protestanten sind

Es gibt kein Bild von Johann Balthasar Michel. Nur ein übermannshohes Grab auf dem Alten Südlichen Friedhof. Wir dürfen uns Michel wohl vorstellen als einen gewieften, tatkräftigen Geschäftsmann. Und normalerweise hätte der Rat der Stadt München sicher nichts dagegen gehabt, dass ein aus Mannheim stammender Großunternehmer, der mit Wein, Pferden und Geld handelt, in München expandiert und eine frei gewordene Weinwirtschaft übernimmt. Doch Johann Balthasar Michel hat einen Makel: Er ist Protestant.

Es ist der Juli des Jahres 1801. Seit Monaten liegt der Magistrat im Clinch mit Michel. Der ist kein Vorkämpfer für Religionsfreiheit. Er möchte nichts anderes, als die „Weingastgebergerechtigkeit" von Franz Rasp und seiner Frau erwerben und ob der guten Lage an der Burggasse ordentlich verdienen. Für die Übernahme braucht er das Bürgerrecht. Der Magistrat aber ziert sich. Zum Ärger des Kurfürsten Max Joseph. Der hatte schon im November 1800 das Amberger Dekret erlassen, demzufolge der Erwerb von Grund und Boden, die Erlangung des Bürgerrechts und der Zugang zu Zünften in seinem Reich nicht mehr an die Zugehörigkeit zur katholischen Religion gebunden sein soll. Ein Bruch mit einer jahrhundertealten Tradition. Das Aufbegehren des Magistrats mag er daher als Affront empfunden haben, dementsprechend harsch setzt der Kurfürst Michels Einbürgerung durch. Am 29. Juli 1801 lässt Max Joseph den Magistrat ultimativ wissen: „Nach reiflicher Überlegung und mit der Gewissheit, dass das Recht auf meiner Seite ist, befehle ich hiermit meinem Stadtmagistrat, spätestens bis morgen abend um sechs Uhr, dem Handelsmann Michel von Mannheim das Bürgerrecht zu ertei-len, widrigenfalls ich mich genötigt sehen würde, die strengsten Mittel zu ergreifen."

Die Drohung wirkt. Am 30. Juli wird Michel als der erste offizielle protestantische Bürger Münchens „gnädig und großgünstig" von der Stadt aufgenommen. 470 Gulden löhnt er für das Bürgerrecht, ein stattlicher Betrag. Michel hatte sein Vermögen mit 6000 Gulden angegeben; nach dieser Summe berechnete der Magistrat die Gebühren für die Einbürgerung. Zwei Jahre später kauft Michel dem verarmten Reichsfreiherrn Franz Anton von Pilgram für 48 740 Gulden ein Haus in der Rosengasse ab. „Entweder hat er in der Zwischenzeit horrend verdient, oder er hat sich vorher verrechnet", sagt die Münchner Historikerin Inge Kuller.

Der Kurfürst, der Michels Einbürgerung betrieben hat, hat seinen reformeifrigen Minister Graf Montgelas zur Seite. Doch Max Joseph handelt nicht nur aus politischen Erwägungen. Sein Interesse ist ein – vermutlich doppeltes – privates. Gerüchte kursieren, dass der Prinz selbst Schulden bei Michel hat. Was sicher eine Rolle spielt, ist die Tatsache, dass des Kurfürsten zweite Ehefrau Protestantin ist. Als Friederike Wilhelmine Karoline, Prinzessin von Baden, mit 23 Jahren ihren 20 Jahre älteren Ehemann heiratet, lässt sie sich im Ehevertrag Glaubensfreiheit zusichern. Mit Karoline kommt ihr Kabinettsprediger Ludwig Friedrich Schmidt nach München. Er feiert am 12. Mai 1799 für den Hofstaat in Schloss Nymphenburg den ersten öffentlichen evangelischen Gottesdienst. Bald wird, weil das Schloss zu kalt ist, das frühere Ballhaus der Residenz für die Gottesdienste geöffnet. Alle Bürger dürfen kommen, und es wimmelt nur so in der Residenz. Von 900 Gästen wird berichtet, wobei die meisten wohl nur neugierig sind auf den „Ketzergottesdienst".

Königin Karoline
von Bayern um 1806.

Die schweigende Orgel

Allerdings dauert es nicht lang, bis das Bayerische Religionsedikt, das Protestanten und Katholiken die gleichen Rechte zusichert, Wirkung zeigt. 1803 gibt es bereits mehr als 800 Protestanten in München – bei insgesamt etwa 45 000 Einwohnern. Als 1833 im Beisein Karolines an der Sonnenstraße die erste evangelische Kirche Münchens geweiht wird – St. Matthäus –, ist die Gemeinde stark gewachsen. 6000 von rund 77 000 Einwohnern sind Protestanten. Entspannt ist das Zusammenleben der Konfessionen aber noch lange nicht.

Als Karoline 1841 stirbt, wird ihr Sarg nach St. Kajetan, in die heutige Theatinerkirche, gebracht. Doch der Trauerzug steht vor verschlossenen Türen. Kabinettsprediger Schmidt muss die Trauerrede „auf offener Straße, in der unfreundlichsten Witterung" halten. Keine Kerze brennt, kein Chor singt, die Orgel schweigt.

Der katholische Klerus ist auf Anweisung des Erzbischofs in Straßenkleidung und ohne Amtsinsignien erschienen – ein Zeichen der Geringschätzung, die den regierenden König Ludwig tief verletzt. Als ein Jahr später noch das einbalsamierte Herz Karolines beigesetzt werden soll, droht er der katholischen Geistlichkeit: „Diesmal werden sie ihre Chorröcke gewiss anziehen. Oder ich ziehe sie ihnen an."

Der König mag zürnen. Doch so leicht geben die Katholischen nicht klein bei. Und so erhält auch die protestantische Frau Ludwigs I., Königin Therese, noch ein Begräbnis zweiter Klasse, als sie 1857 an der Cholera stirbt. In der Gruft der Benediktinerabtei St. Bonfiaz soll Therese von Bayern die letzte Ruhestätte finden. Der König selbst hatte das Kloster 1835 gestiftet, um dem während der Säkularisation brachial beendeten geistlichen Klosterleben wieder Schwung zu verleihen. Ludwig holt die Benediktiner, einen bis dahin nur auf dem Land ansässigen Orden, zur Seelsorge in die Stadt. Und trotzdem darf Therese nicht einmal als Tote über die Schwelle des katholischen Gotteshauses. Also schlägt man Stufen aus dem Mauerwerk. So muss der Sarg nicht über das Hauptportal gebracht, sondern kann direkt in die Gruft gelegt werden. Damit das Ordinariat genehmigt, dass ihr Leichnam aus der Gruft der Theatinerkirche nach St. Bonifaz verlegt wird, bietet der König an, die Überführung „in aller Stille und ohne jede Begräbnisfeier und jeden kirchlichen Ritus" vorzunehmen. Zwei Meter unter ihrem Mann findet Therese ihr Grab. Ludwig I. war dies als „passliche Lage für Mann und Frau" erschienen. Erst 2002 hat das Haus Wittelsbach Therese nach oben geholt. Heute liegt sie auf Augenhöhe mit ihrem katholischen Mann.

Monika Maier-Albang

Die schöne Katharina: König Ludwig I. war 1841 bei ihrem Anblick sofort so verzückt, dass er sie für seine Schönheiten-Galerie malen ließ. Katharina Botsaris, Tochter eines griechischen Freiheitskämpfers, verkehrte zeitweilig am Münchner Hof.

Ein Münchner im Elysium

Zwei Könige und ein General: Wie der Wittelsbacher Otto I. Herrscher von Griechenland wird und eine große Enttäuschung erlebt

Als der Abgesandte König Ludwigs beim Präsidenten der griechischen Republik eintrifft, ist er doch etwas erstaunt über den Empfang. Oder vielmehr: dessen Ausbleiben. Die provisorische Regierung sitzt in einem alten Wehrturm auf der Insel Ägina, beschützt von einigen düsteren Gestalten. Der Präsident halte Siesta, knurren sie, man möge sich gedulden. Da steht Karl Wilhelm von Heideck nun in einem besseren Piratennest, um sich ein Häuflein bayerischer Offiziere in ihren prächtigen Uniformen, wie exotische Tiere bestaunt von den Einheimischen. Schließlich lässt man sie vor. Durch dunkle Gänge geht es hinauf zum Präsidenten, der sich gähnend entschuldigt. Er habe die Verbündeten aus München leider für jene „Offiziere eines amerikanischen Schiffes gehalten, die ihn immer mit Rechnungen und Forderungen behelligten", wegen der Freibeuterei seiner Untertanen nämlich.

Freiherr Karl Friedrich von Heideck ist ein nachsichtiger Mann und noch dazu ein Meister des höflichen Understatements. Er legt Präsident Zaimis freundlich dar, dass die bayerische Militärmission der Ausbildung dienen und „den Zweck erreichen sollte, Auge und Ohr des griechischen Soldaten für das Kommando des Chefs empfänglich zu machen". Wie das Gespräch weitergeht, schreibt er in seinem Bericht *Die Bayerische Philhellenenfahrt*: „Während der Rede des Präsidenten, dem ich auf einige Schritte gegenübersaß, bemerkte ich eine ungeheure Laus, die auf dem stahlgrünen Tuche seiner mit lichtgrauem Pelzwerk verbrämten Jacke hinaufkroch. Ohne sich im geringsten zu genieren, gab er dem Tier mit dem Mittelfinger seiner rechten Hand einen Schneller."

Der Mann aus München ist gekommen, das Land des Leonidas mit der Seele zu suchen. Er findet Ungeziefer, Räuberbanden, tapfere, aber völlig disziplinlose Freiheitskämpfer und ein zerstörtes Land, dessen Einwohner dem klassischen Erbe mit bemerkenswertem Gleichmut begegnen. In Ägina wohnt er „nahe dem Tempel der Hekate, auf dessen mächtigen Grundfesten noch zwei Trümmer einer Säule standen, von denen seither eine umgeworfen und zu Waschtrögen verarbeitet worden ist".

Der dichtende Monarch

Oberstleutnant von Heideck, geboren 1787, Veteran der Befreiungskriege gegen Napoleon, Vertrauter des bayerischen Königs Ludwig I., ist bei seinem Besuch im griechischen Kampfgebiet 1826 auf gefährlichem Terrain, nicht nur wegen des andauernden Krieges. Denn nichts kommt den Mächtigen in Europa ungelegener als der verzweifelte Freiheitskampf der Griechen gegen das türkische Joch, das sie seit dem Fall des Byzantinischen Reiches 1453 erdulden. In Europa ist auf die Befreiungskriege die dumpfe Restauration der Monarchien gefolgt; Freiheit ist ein Wort, das einen gefährlichen Beiklang von Umsturz hat.

Und doch ist es eine erwachende Welt. Was in fernen Ländern geschieht, lässt die Menschen nicht mehr gleichgültig; und wer der Freiheit in Griechenland zujubelt, spürt ihr Fehlen im eigenen Land nur umso schmerzlicher. Die Zeit ist bereits vorbei, in der Johann Wolfgang von Goethe einen Bürger im „Faust" sagen lässt: „Nichts Bessers weiß ich mir an Sonn- und Feiertagen / Als ein Gespräch von Krieg und Kriegsgeschrei, / Wenn hinten, weit, in der Türkei, / Die Völker aufeinander schlagen. / Man steht am Fenster, trinkt sein Gläschen aus / Und sieht den Fluß hinab die bunten Schiffe gleiten; / Dann kehrt man abends froh nach Haus, / Und segnet Fried und Friedenszeiten."

Zurück in die Antike

Der Bildhauer Phidias (ca. 485–425 v. Chr.) war einer der bedeutendsten Künstler des Altertums. Das Standbild Johann Nepomuk Hallers wurde an der Fassade der Münchner Glyptothek aufgestellt. König Ludwig I. eröffnete das Museum für seine Sammlung antiker Skulpturen im Jahr 1830. Phidias hatte viele seiner Werke für Perikles geschaffen: Und so wie Perikles Athen in ein vermeintlich Goldenes Zeitalter geführt hatte, so wollte der König von Bayern nun als „Perikles der Jetzt-Zeit" ins Bewusstsein der Untertanen treten.

Griechenfreund und bayerischer Offizier: Freiherr Karl von Heideck (1787 bis 1861). Aus einem Gemälde von Georg E. Opitz, um 1830.

Und in der Münchner Residenz ist es der König selbst, der für die Waffen der Hellenen schwärmt: „Du der edlern Menschheit treue Wiege, hochbegabtes Hellas, siege, siege!“ In seinem Arbeitszimmer steht eine Büste Homers, des Dichters der Ilias und der Odyssee, an welchen der König mitunter Worte richtet: „Freue Dich, alter Homer, denn frei ist nun wieder Dein Hellas, nicht mehr liest der Sklav', einzig der Freie Dich nun!“

Die Dichtkunst des Monarchen mag erkennbare Grenzen besitzen, seine Verse sind aber ein erstrangiges Politikum. Nichts scheut die Restauration mehr als Veränderung. Aber Ludwig schreibt: „Habet mit dem Volk Erbarmen, dem Ihr verdankt das Licht!“

In München ruft der Philologe Friedrich Thiersch vom Griechenhilfsverein 1821 auf, eine „griechische Legion“ zu bilden, eine Freischärlertruppe unter dem Banner der Freiheit also. Österreichs Erzkanzler Metternich, die graue Eminenz der Restauration, tobt in Wien über die „neue Probe des Wahnsinns, welcher die Köpfe der meisten deutschen Gelehrten ergriffen hat“. Nur wenige Intellektuelle werden nicht vom vagen Glücksgefühl des Philhellenismus mitgetragen, wie der einsame Stänkerer Ernst Friedrich Wiegand, ein evangelischer Geistlicher, der dem typischen Hellasfreund unterstellt: „Er hat, sagt man, eine Sparr in seinem trüben Kopf zu viel und für die Griechen zu viel Gefühl.“

Doch so sprechen Reaktionäre. In München treffen sich die hellsten Köpfe im Griechenhilfsverein, darunter der Hofbankier, der Bürgermeister Klar und der Architekt Leo Klenze, dessen hellenische Phantasien am Königsplatz bald das Stadtbild prägen werden. Und der König hat schon 1826 Offiziere um den alten Kämpen Heideck in den Krieg entsandt.

Der Freiherr ist ein bemerkenswerter Mann, gleichgültig gegenüber den engen Konventionen seiner Zeit. Er heiratet zum Entsetzen seines Standes eine arme Gärtnerstochter, behandelt seine Soldaten wie Brüder und betrachtet die Griechen nach der ersten Verblüffung mit Fairness und kritischer Sympathie. Zu seinen Freunden gehört der alte Piratenadmiral Miaulis, dessen „gutes treuherziges Gesicht mit den freundlichen Augen Zutrauen und Ehrfucht erweckt“. 1827 nimmt Heideck an harten Gefechten teil, auch an einer Entlastungsoffensive auf das belagerte Athen, die an der Disziplinlosigkeit seiner Verbände scheitert.

Als aber der Krieg vorüber und das Land 1830 frei ist, schlägt die Stunde Ottos, eines Sohns Ludwigs I.; der Wittelsbacher, Freund der Griechen, nutzt die Chance zu internationaler Reputation, als nach der Ermordung des griechischen Ministerpräsidenten Kapodistrias 1831 ein westeuropäischer Regent für Griechenland gesucht wird, der nicht aus Russland, Frankreich und England, den aufeinander eifersüchtigen Schutzmächten, stammt. Und so verfallen sie auf den Jüngling aus der Mittelmacht Bayern, wo man sich ohnehin seit Heinrich dem Löwen zu Höherem berufen fühlt. „Wen Nachruhm begeistert, wer von der Göttlichkeit des Berufs durchdrungen ist, Beglücker, ja geradezu Schöpfer eines Volkes zu werden, den wird der Stunden Jammer nicht abschrecken“, schreibt Heideck an König Ludwig.

Otto ist ein gutaussehender junger Mann, gerade 17 Jahre alt, mit wilden Haaren und einem fast weiblichen Mund. Irgendwie wirkt er mehr wie ein junger Schwärmer, dem die Uniform nicht recht sitzt. Leider wird es sich mit seinem Königtum nicht anders verhalten.

Auf den Stufen der Residenz nimmt er Abschied von der Heimat. Mit 3500 bayerischen Soldaten, die den Kern der künftigen griechischen Armee bilden sollen, reist Otto nach Süden. Die antikisierende Ottosäule im Süden der Stadt erinnert bis heute an seinen Reiseweg. Die britische Fregatte „Madagascar“ bringt ihn nach Nauplia, wo er am 6. Februar 1833 feierlich empfangen wird – Nauplia, dessen Gouverneur 1829 kein anderer war als der Freiherr von Heideck. Die Bewohner waren von seiner im Lande unüblichen Praxis, die Steuereinnahmen tatsächlich zur Säuberung der Stadt, zum Bau einer Kanalisation und von Straßen zu verwenden, so überrascht, dass ein Fort der Festung nach ihm benannt wird.

Begehrlich und eitel

Welch ein Bild: Die Münchner in ihren Gardeuniformen im flirrenden Licht des Argolischen Golfs, eine bunte Volksmenge vor sich, hinter dem Burgberg steigt von den alliierten Segelschiffen der Rauch der Salutschüsse auf; man könnte darin auch Freudenschüsse darüber sehen, endlich einen Dummen gefunden zu haben, dem man das griechische Problem überlassen kann (Bild Seite 176/177).

Es hätte eines titanischen Charakters bedurft, um den Herrscher und sein Volk einander finden zu lassen. Otto besitzt ihn nicht, daran ändert nichts, dass Heideck, der Landeskenner, die ersten Jahre in Athen das Militärwesen leitet. Der König ist voll gutem Willen, doch hat seine Liebe das falsche Objekt; sein Griechenlandbild ist das des Philhellenen, fast scheint es, als habe er ein Elysium erwartet, in dem Perikles und Leonidas persönlich Otto, dem Retter, danken würden. Stattdessen sind da, zum Beispiel, die Maniaten, Helden der Türkenkriege, stolze Bergfürsten des Peleponnes und wenig gewillt, nur wegen eines verträumten Bayern von ihren Fehden und Räubereien abzulassen. Otto schickt Soldaten, welche die alten Wohntürme stürmen und sprengen; junge Bayern, die mit den Thermopylen im Herzen gekommen sind und sich nun in einem Brigantenkrieg wiederfinden. Nicht wenige sterben, an Wunden, schlechter Versorgung und Krankheiten. Die Griechen haben nicht einen mörderischen Freiheitskrieg ausgefochten, um nun die Staffage für einen land- und weltfremden Despoten zu liefern. Otto sieht Undank und Insubordination, wo er Einfühlungsvermögen gebraucht hätte. Von sich selbst sagt er in einem Brief an den Vater: „Da mich der Schöpfer mit ziemlich scharfem Verstand begabt hat, so weiß ich häufig, worauf es ankommt." Während Ludwig I. in München Leo von Klenze das „Isar-Athen" errichten lässt, träumt der Sohn im echten Athen von Byzanz und sich schon auf den verwaisten Kaiserthron von Konstantinopel.

Gewiss, manches erreicht er. Die Verwaltung tut dem Land gut, große Bauten entstehen wie die Athener Universität, das antike Erbe wird gesichert (und geräubert), und seine Träume leben in Klenzes großartigen Plänen für eine Rekonstruktion der Akropolis fort. Doch soweit kommt es nicht. 1862 zwingt ein Aufstand Otto zur Abdankung. Britische Kriegsschiffe holen ihn und Königin Amalie heraus, verbittert reist er heim nach München. Und der Freiherr von Heideck? Er kehrt 1835 nach München zurück und stirbt 1861. Und wer weiß, vielleicht hat er nicht nur an seine griechischen Freunde gedacht, als er einmal schrieb: „Die Grundfehler ihres Charakters sind Leichtsinn, Begehrlichkeit und Eitelkeit."

Joachim Käppner

Oben: „Erinnerungen aus Griechenland" hat der junge bayerische Soldat Adalbert Marc (1815–1874) gezeichnet. Festnahme eines Verdächtigen. Mitte: Die Unterkunft des Unterleutnants Ludwig Köllnberger (1811–1892). Der Sohn eines Philhellenen kam 1833 mit Otto nach Griechenland. Unten: Scharfes Gefecht mit Aufständischen. Aquarell von Adalbert Marc, um 1835.

„Einzug König Ottos von Griechenland in Nauplia“

König Otto, auf schwarzem Rappen in der Bildmitte, zieht am 6. Februar 1833 in Nauplia ein, seinem ersten Regierungssitz in Griechenland. Der Reiter mit dem weißen Pferd hinter ihm ist Generalmajor Karl von Heideck. Im Hintergrund ist die Festung von Nauplia zu sehen, das stärkste Bollwerk des jungen Staates. Kriegsschiffe der Schutzmächte schießen Salut, erkennbar an den Wolken von Pulverdampf. Bayerns König Ludwig I. kaufte das Bild 1835 dem Münchner Maler Peter von Hess ab, zu dessen Hauptwerken es zählt. Hess malte viele Motive aus Griechenland. Heute hängt das Gemälde in der Neuen Pinakothek.

König, Künstler, Knauser

Sein Gehrock ist schäbig und seine Hofküche die schlechteste Europas – und doch ist er der Schöpfer des neuen München: die vielen Facetten Ludwigs I.

Jene Münchner, die Stadtgeschichte als Biergeschichte verstehen, sehen in König Ludwig I. vorrangig den Erfinder des Oktoberfests – übrigens eine verwegene These, an der nur insofern etwas dran ist, als Ludwig, damals noch Kronzprinz, am 12. Oktober 1810 die Prinzessin Therese von Sachsen-Hildburghausen heiratete, was man fünf Tage später mit einem Pferderennen feierte. Natürlich floss dabei auch Bier, und erst recht im Folgejahr, als man das Rennen wiederholte, angereichert mit einem Landwirtschaftsfest. Von da an gab es kein Zurück mehr, die populäre Sause musste alljährlich stattfinden, wobei die Pferde zugunsten des Bieres zunehmend ins Hintertreffen gerieten. Was aber Ludwigs Verdienste um die Wiesn betrifft, so liegen sie in der Hauptsache darin, dass er geheiratet hat. Weitaus größer, ja kaum zu überschätzen sind die Meriten, die er als Schöpfer „Isar-Athens" erworben hat. Es war Ludwig I., der München in eine Kunststadt von europäischem Rang verwandelt hat, getreu seinem Diktum: „Ich werde aus München eine Stadt machen, die jeder kennen muss, der Deutschland kennen will."

Im Jahr 1840, in der Blütezeit der Regentschaft Ludwigs I., trifft der Schweizer Schriftsteller Gottfried Keller in München ein. Kurz nach seiner Ankunft schreibt er der Mutter: „Kommt man aber mit den Leuten in Berührung, so sind sie höflich und gefällig, nur die Weibsbilder von der bürgerlichen Klasse sind ungemein roh. Sie fluchen und schimpfen wie bei uns die Stallknechte und sitzen alle Abend in der Kneipe und saufen Bier."

Kronzprinz Ludwig (mit ausgestrecktem Arm) empfängt zwei neue Weinflaschen in der Spanischen Schänke in Rom; Gemälde von Franz Catel, 1824.

Griechische Giebelfelder

Doch während seines zweijährigen Aufenthalts sammelt Keller noch ganz andere Eindrücke, die in seinen 1854 erschienenen Bildungsroman „Der grüne Heinrich" eingehen: „Die Sonne näherte sich bei der Ankunft in der großen Hauptstadt, dem Reiseziele Heinrichs, schon ihrem Untergange und vergoldete mit ihren letzten Strahlen die weite Ebene samt der Stadt mit ihren Steinmassen und Baumwipfeln (...) Da glühten im letzten Abendscheine griechische Giebelfelder und gotische Türme; Säulen der verschiedensten Art tauchten ihre geschmückten Häupter noch in den Rosenglanz, helle gegossene Bilder, funkelneu, schimmerten aus dem Helldunkel der Dämmerung (...) Steinbilder ragten in langen Reihen von hohen Zinnen in die Luft, Königsburgen, Paläste, Theater, Kirchen bildeten große Gruppen zusammen, Gebäude von allen möglichen Bauarten, alle gleich neu, sah man hier vereinigt, während dort alte geschwärzte Kuppeln, Rat- und Bürgerhäuser einen schroffen Gegensatz machten."

In diesem Ton geht es weiter. München leuchtet – schon fünfzig Jahre vor Thomas Mann. Dessen Sohn wiederum, der Historiker Golo Mann, zitiert 1986 in seinem Essay über Ludwig I. ausführlich Gottfried Kellers hymnische München-Prosa, um am Ende festzustellen: „Wie anders, wenn der Grüne Heinrich anstatt im Mai 1840, sagen wir im Mai 1810 in die Stadt gekommen wäre."

Tja, dann hätte der junge Mann nur alte geschwärzte Kuppeln und Bürgerhäuser vorgefunden, nicht aber funkelneue griechische Giebelfelder, Säulen und Paläste. Das, was seit Mitte des 19. Jahrhunderts München leuchten lässt, verdankt die Stadt im Wesentlichen Ludwig I. Dass dieser Monarch, zermürbt von der Lola-Montez-Affäre und den Krisen des Vormärz, 1848 von sich aus den Thron räumt, mag man als Scheitern werten, auch als persönliche Tragödie. Doch Ludwigs Wirken allein aus der Perspektive eines bizarren Endes zu betrachten, würde nicht nur sein politisches Werk in ein falsches Licht rücken; verstellt wäre auch der Blick auf eine außergewöhnliche Persönlichkeit, zu deren kompliziertem Wesen eine jeglicher Courtoisie abholde Ruppigkeit ebenso gehört wie der geschmackssichere Feinsinn des Originalgenies. Nimmt man ihn, den Schöpfer des neuen Münchens, als Künstler, dann gilt, was er selbst bei der Grundsteinlegung der Neuen Pinakothek gesagt hat: „Des Staatsmanns Werke werden längst vergangen sein, wenn die des ausgezeichneten Künstlers noch erhebend erfreuen."

Als Ludwig am 25. August 1786 in Straßburg geboren wird, spricht nichts, aber auch gar nichts dafür, dass der Knabe eines Tages Bayerns König sein würde. Vater Max Joseph, Spross der zweitrangigen Wittelsbacher-Linie Zweibrücken-Birkenfeld, dient zu dieser Zeit dem französischen König, und zwar als Kommandant des in Straßburg stationierten Regiments Royal Alsace. Immerhin, König Lud-

König Ludwig I. begutachtet Skulpturen, Gemälde und Zeichnungen, die ihm die Künstler zu Füßen legen. Die Ölskizze Wilhelm von Kaulbachs gehört zu einem 19-teiligen Zyklus, der 1848 bis 1854 im Auftrag Ludwigs I. entstand. Die Bilder waren Vorlagen für die Fresken an der Fassade der Neuen Pinakothek.

wig XVI., mit Max Joseph und dessen Gemahlin Auguste Wilhelmine Maria von Hessen-Darmstadt gut befreundet, wird der Taufpate des Neugeborenen und verleiht ihm den Rang eines Obersten mit 12 000 Livres jährlich. In München regiert Kurfürst Karl Theodor, der allerdings unter dem Makel leidet, keine legitimen Kinder und somit Erben des pfalzbayerischen Ländersammelsuriums zu haben.

Die gemächlichen Tage in Straßburg sind vorüber, als im Juli 1789 in Paris die Revolution ausbricht. Max Joseph und seine Familie müssen fliehen, es folgt ein unstetes Herumvagabundieren, diktiert vom Verlauf der Koalitionskriege. Der junge Ludwig wird von den Blattern befallen, deren Narben sein Gesicht auf Dauer verunzieren. Ludwig XVI., der Taufpate, verliert den Kopf auf der Guillotine; ein gewisser Napoleon Bonaparte arbeitet sich sukzessive empor zur Spitze des revolutionären Frankreichs. Im vergleichsweise ruhigen München stirbt 1799 der ungeliebte Kurfürst Karl Theodor. Und siehe da: Am 20. Februar zieht Ludwigs Vater als Kurfürst Max IV. Joseph feierlich in die Stadt ein. Und es kommt noch besser: Weil sich Max IV. rechtzeitig auf die Seite Napoleons schlägt, wird Bayern nach dem Sieg des Empereurs über Österreich im Jahr 1806 Königreich. Ludwig ist jetzt Kronprinz.

Anders als sein Vater hat Ludwig einen regelrechten Rochus auf die Franzosen. Napoleon, als dessen Gast er sechs Monate lang in den Tuilerien residiert, ist ihm zuwider. Er notiert: „Napoleon tritt, hat es getan und wird weiter die allerheiligsten Rechte aller mit Füßen treten und niemals aufhören, dies zu tun, wenn er eine günstige Gelegenheit findet (...) Und trotzdem weiß dieser Mann mich manchmal für ihn zu begeistern. Aber nur für Augenblicke.“ Montgelas, den Franzosenfreund und mächtigen Minister seines Vaters, hasst er natürlich auch. Später, noch als Kronprinz, gelingt es ihm, Montgelas' Demission zu erwirken. Politik im Geiste aufklärerischer Vernunft ist Ludwigs Sache nicht. Eher umweht ihn der Geist der Romantik, für dessen Drall ins fromm Katholische er durchaus empfänglich ist, zumindest solange die Kirche ihm nicht politisch in die Quere kommt. Und er versteht sich als deutscher Patriot. Dabei pflegt er eine Art Gesinnungsorthographie, nach der deutsch zu teutsch wird und Deutschland zu Teutschland. „Sie sind nun verhallt, die herrlichen Siege der Teutschen“, dichtet er. Gleichwohl ist er kein Vorkämpfer des Nationalstaats, im Gegenteil. Ludwig pocht auf Bayerns Souveränität. „Wir wollen Teutsche sein und Bayern bleiben.“

Freuden der Kaschemmen

Natürlich schwingt da die Sorge mit, das junge Königreich, in dem sich Altbayern, Franken und Pfälzer zusammenraufen müssen, könne leicht wieder auseinanderfallen. Deshalb der Kult um Geschichte; um Tradition; um Heimatliebe. Schon bald nach seiner Thronbesteigung – der Vater stirbt am 13. Oktober 1825 – verfügt Ludwig, dass die heimischen Gymnasiasten die Historie Bayerns noch vor der deutschen und der europäischen Geschichte zu lernen haben. Der bayerische Patriotismus dient ihm als ideologischer Kitt, der

die heterogene Masse zusammenhält. Das ist schlau ausgedacht und zeitigt Erfolg. „Dass es hier", schreibt Benno Hubensteiner in seiner *Bayerischen Geschichte*, „im Südostwinkel des Reiches gelang, ein Stammesvolk in ein Staatsvolk umzuformen, ja dass dieser bayerische Staatsgedanke nicht Lesebuchphrase blieb, sondern blutvolles Leben wurde, bleibt eine Tat, die in der deutschen Geschichte des 19. Jahrhunderts einzig dasteht".

Ludwig ist ein Arbeitstier, ein Workaholic. Wen es seinerzeit frühmorgens in die Nähe der Residenz verschlägt, der kann Gift darauf nehmen, dort ein Lichtlein brennen zu sehen. Schon um halb fünf Uhr sitzt der König am Schreibtisch und widmet sich den Staatsgeschäften. Er ist vertieft ins Aktenstudium, reißt alles an sich, kümmert sich um jeden Schmarrn. Er sucht die Baustellen auf und erteilt vom Gerüst aus Befehle, was ihm den Titel „der Oberpolier" einbringt. Zu Dienstbeginn haben seine Minister die Anweisungen auf dem Tisch, dazu den Vermerk: „gleich", „unverweilt", „heute noch", „unverzüglich", „schleunig". Ludwig steht immer unter Strom. Er lässt die Klöster wiederherstellen, fördert die Benediktiner, für die er in München die Abtei St. Bonifaz stiftet. Vor allem aber holt er die Universität in die Stadt. Der akademische Geist soll im Zentrum wirken, nicht im provinziellen Landshut.

Zu Beginn seiner Regierungszeit gilt er als Liberaler, dem man zutraut, das Volk an der Gesetzgebung zu beteiligen und eine freie Presse zu dulden. Aber das legt sich nach den ersten fünf Jahren seiner Regentschaft. Später lässt er die Zensur wüten, es gibt Gefängnisstrafen für unbotmäßige Publizisten, und er leistet sich den erzreaktionären Karl von Abel als Minister. Berüchtigt ist der König für seine Knausrigkeit. Zwar ist er zu einer sparsamen Haushaltsführung gezwungen, weil sein Vater einen Schuldenberg von ruinösem Ausmaß hinterlassen hat, aber Ludwig kultiviert sein Knickertum ins Ridiküle. Er geht im schäbigen Rock auf die Straße, zeitweise versagt er sich einen Kammerdiener: „Anziehen kann ich mich selber und ausziehen lasse ich mich nicht." Soldaten, die aus dem Militärdienst entlassen sind, müssen sich das Geld für die Heimreise erbetteln. Seine Hofküche gilt als die schlechteste unter ihresgleichen in Europa.

Ein Pfennigfuchser, ein Pedant, ein Mensch mit schlechten Manieren, die infolge seiner Schwerhörigkeit noch besonders schroff ausfallen. Aber dann die andere Seite: Ludwig, der Künstler, der Bohemien. Schon als Prinz treibt er sich in Rom herum,

Ludwig als Kronprinz in altdeutscher Tracht, Gemälde von Joseph Stieler.

Ludwig im Königsornat, Gemälde von Joseph Stieler.

macht mit seinen Maler- und Dichterfreunden in zweifelhaften Kaschemmen die Nacht zum Tag, dabei Wein und Weib inbegriffen. Er kauft Bilder und Statuen, und wenn sich die Chance bietet, ein antikes Meisterwerk wie den Barberinischen Faun zu erwerben, dann lässt er nicht locker, bis er ihn hat. Klenze wird ihm die angemessenen Gefäße für seine Kunstschätze bauen. In einem Brief an seinen Berater Dillis klagt er: „Als Stiefkind wird bei uns die Kunst behandelt, ich höre sie, die gehaltlosen Reden, was braucht man Künstler zu sein für das Militär, das Landbauwesen. Als wenn Kunst nicht in allem sein sollte: so lang dies nicht ist, sind wir immer noch zum Teil Barbaren."

Ludwig lernt Italienisch, die „Sprache der Liebe", und er lernt Spanisch, um den „Don Quichote" und die Dramen Calderóns im Original zu lesen. Schillers Drama „Don Carlos" übersetzt er ins Spanische.

Römische Elegien

Und er dichtet – „weder gut noch schlecht", wie Golo Mann befindet. Sein Innenminister, der Dichter Eduard von Schenk, greift dabei korrigierend ein. Manches lässt sich durchaus lesen, etwa jene Zeilen aus Ludwigs Römischen Elegien: „Öde verlangt der Geist; wo irdische Leere sich findet, / Bildet die Seele allein ihren Gedanken ein Reich: / Wo es von Menschen verlassen in einsamer Ruhe verweilet, / Über gewesener Macht schwebt in Gedanken der Geist." Dass Heinrich Heine sich über die königliche Lyrik lustig macht, hat nicht nur künstlerische Gründe: Heine hatte sich 1828/29 um eine außerordentliche Professorenstelle an der Münchner Universität beworben, was Ludwig, den Einflüsterungen der erzkatholischen Eiferer um Joseph Görres und Ignaz von Döllinger erliegend, nach längerem Zögern abgelehnt hat. Der beleidigte Heine rächt sich mit ironischen Lobgesängen: „Herr Ludwig ist ein großer Poet, / Und singt er, so stürzt Apollo / Vor ihm auf die Kniee und bittet und fleht: / Halt ein, ich werde sonst toll, o!"

Ludwig I. in einer Bildskizze von Wilhelm von Kaulbach.

Der alte Ludwig, Fotografie von Franz Hanfstaengl 1854.

Vielleicht ist es nicht verfehlt, in der widersprüchlichen Natur Ludwigs die auseinanderdriftenden Strömungen seiner Zeit zu sehen. Längst hat die Wissenschaft die einst als göttliche Schöpfung verstandene Natur entzaubert, längst ist die starre Ordnung der aristokratischen Welt hinfällig geworden; kaum sichtbar hingegen das Neue, das Andere. Das kalte Licht der Vernunft genügt Seelen wie jener Ludwigs kaum, und so stillen sie ihre Sehnsucht nach dem Wunderbaren in der Kunst und notfalls im Katholizismus. Und doch ist der König kein weltabgewandter Schwärmer wie sein Enkel Ludwig II. Seine Geistesgegenwart, sein Esprit machen ihn sogar für den alten Geheimrat Goethe interessant, der, nachdem ihn Ludwig 1827 in Weimar besucht hat, dem Kanzler Müller zu verstehen gibt: „Es ist mir unschätzbar, den König gesehen zu haben, denn nun erst kann ich mir dieses merkwürdige, vielbewegliche Individuum auf dem Throne allmählich erklären und konstruieren. In derselben Zeit zu leben und diese Individualität, die mit aller Energie ihres Willens so mächtig auf die Zeitgestaltung einwirkt, nicht durchschaut zu haben, würde unersetzlicher Verlust gewesen sein."

Über Ludwigs Staatsbaukunst spottet nicht nur Heine, auch viele Münchner sehen darin mehr Spinnerei als erhabene Größe. Trotzdem gelingt des Königs Plan, mittels Kunst und monumentaler Architektur die Stadt so aufzumöbeln, dass sie neben den europäischen Metropolen bestehen kann. Mögen andere mächtiger sein – München besticht als Sitz der Musen und der Wissenschaft. Wenn aber nicht alles täuscht, steckt hinter dem politischen Kalkül tatsächlich so etwas wie die Liebe zur Kunst. Andernfalls hätte Ludwig seine Abdankung mit ähnlichen Worten begleiten können, wie sie dem letzten sächsischen König Friedrich August III. nachgesagt werden: „Macht doch Eiern Dreck alleene!" Ludwig aber kümmert sich bis zuletzt um seine Münchner Projekte – „als beurlaubter Stadtbaurat", wie er schreibt.

Wolfgang Görl

Die Taten Ludwigs und seines Meisters: Verklärendes Bild seiner Bautätigkeit (oben), unten Leo von Klenzes Präsentationsgemälde für die Propyläen am Königsplatz (1848). In der Stadt, die auf Druck des Königs weite Teile der Neubauten bezahlen muss, ist die Begeisterung gebremst: „Überall Glanz und nichts als Glänze, meine Herren, erdrücken das Volk!“, ruft ein Abgeordneter in der Ständeversammlung. Genutzt hat es nichts.

„Ich, der König, bin die Kunst“

Der Baumeister Leo von Klenze ist ein Universalgenie – und erregt schließlich den Neid seines Auftraggebers

Leo von Klenze, Hofintendant (1784–1864): Der Baumeister verehrte die Antike und gab der Stadt ihr klassizistisches Gepräge.

Es ist nicht leicht, mit Egomanen zu arbeiten; es ist noch schwerer, wenn sie Geld und Befehlsgewalt haben. Beides besaß Ludwig I. ohne jeden Zweifel. Er ließ Menschen fallen, die im besten Glauben handelten, doch nur seinen Willen zu erfüllen, und er tat es aus Gründen, die nur er selbst verstand. So erging es auch dem Multitalent des frühen 19. Jahrhunderts: Unter dem Kronprinzen und späteren König Ludwig I. prägte Leo von Klenze (1784 bis 1864) wie kein Zweiter das Stadtbild. Das Konzept der Ludwigstraße, die monumentalen Plätze und Bauten – sie stellen heute das dar, was man das „typische München“ nennt. Klenze gilt als einer der bedeutendsten und vielseitigsten deutschen Baumeister. Denn er wirkte nicht nur als Architekt, sondern auch als Maler, Schriftsteller, Philosoph, Bauforscher, Innenausstatter und Organisator des bayerischen Bauwesens.

Geboren wurde Klenze in der Gemeinde Schladen im Landkreis Wolfenbüttel. Nach Anfangsjahren am Hof in Kassel kam er 1816 nach München und wurde Hofbauintendant. „Das Spannungsverhältnis zwischen Kunst und Hof, zwischen Klenzes Ideal einer modernen Wiedergeburt der griechischen Architektur und den wechselnden architektonischen Wünschen Ludwigs beherrschte die Arbeiten der folgenden Jahrzehnte“, so der Münchner Architekturhistoriker Winfried Nerdinger. Da Klenze von 1816 bis 1827 nahezu alle Bauaufträge Ludwigs erhalten habe, habe es nicht ausbleiben können, dass er von allen Seiten angefeindet und beneidet wurde.

Im Mittelpunkt des Schaffens standen der umfangreiche Ausbau der Residenz, die Glyptothek am Königsplatz, das erste Skulpturenmuseum, und die Alte Pinakothek in der Maxvorstadt, die erste Gemäldegalerie in Deutschland. Das brachte ihm auch internationalen Ruhm ein und den Auftrag für die Neue Eremitage in St. Petersburg. Auch in Athen wirkte Klenze und kümmerte sich um die Restaurierung der Akropolis. Er schuf weiterhin die Walhalla bei Regensburg und die Befreiungshalle in Kelheim.

Der König ließ aber auch andere Denkmäler errichten, wie zum Beispiel den Obelisken am Karolinenplatz. Er soll an die 1812 im Russlandfeldzug Napoleons umgekommenen bayerischen Soldaten erinnern. Auch der Rundtempel Monopteros im Englischen Garten stammt von Klenze. Das kleine Monument zum Andenken an Kurfürst Karl Theodor steht auf einem künstlichen Hügel aus dem Schutt der Anlagen am Max-Joseph-Platz, dem Schwabinger Tor an der einstigen Stadtbefestigung und dem Karlstor.

Und der König? Missmutig blickte er auf den Erfolg des Umjubelten; und wenn er den Münchner Bürgern, die über die Baukosten jammerten, zurief: „Ich leide keinen Widerspruch!“, dann galt dies auch für Klenze. Ein „Baumeister von Talent, nicht von Genie“ sei der, grummelte der König, der wiederum von sich sagte: „Ich, der König, bin die Kunst in München.“ 1826 verlangte er von Johann Martin von Wagner, seinem Kunstagenten in Rom, ihm einen „tüchtigen Architekten“ zu nennen, „der mit Klenze in die Schranke treten kann, mit einem, welcher dieß nicht könnte wäre nicht gedient“. Dieser Mann war Friedrich von Gärtner (1782 bis 1847), des Königs neuer Liebling. 1832 löste dieser Klenze endgültig beim Ausbau der Ludwigstraße ab, da er Ludwig („Schleunig! Unverweilt!“) den zügigeren Zeitplan versprach. Staatsbibliothek, Universität, Siegestor und Feldherrnhalle stammen weitgehend von ihm. Kein Wunder, dass sich die beiden Herren spinnefeind waren.

Am Ende obsiegte aber doch der alte Klenze. Gärtner starb früh, und Klenzes späte Werke zahlte der König noch im Ruhestand aus eigener Tasche. In München baute Klenze vor allem noch die Propyläen, das schönste und vollendetste Gebäude des „Isar-Athens“. 1863 betraten der alte, abgedankte König und sein alter Künstler gemeinsam und allein die Ruhmeshalle. Ludwig rief unter Tränen: „Klenze, so schön, so schön habe ich mir den Bau nicht geträumt!“

Alfred Dürr/Joachim Käppner

Sie polarisierte, provozierte und teilte auch schnell mal schallende Ohrfeigen aus. In München spazierte Lola Montez häufig rauchend durch die Straßen, die Aufnahme mit Zigarette entstand 1852 in Boston.

Ach, Lolitta

1848 begehren die deutschen Bürger auf – in München freilich gegen die Mätresse des Königs

Als der König am Mittag Nachricht von dem aufgebrachten Mob vor dem Rottmannschen Kaffeehaus bekommt, zögert er nicht eine Minute. Hastig streift er eine Lodenjacke über den schwarzen Gesellschaftsanzug, verlässt die mittägliche Tanzveranstaltung in der Residenz und macht sich zu Fuß auf zu seiner „Lolitta". Ludwig weiß, wie aufbrausend Lola Montez sein kann, und fürchtet gerade deshalb um ihr Leben. In ihrem Stadtpalais in der Barer Straße 7, das er ihr geschenkt hat, fleht er sie an: „Du verlässt das Haus nicht, versprich' es mir." Ludwig eilt zurück, um einen Empfang zu leiten, und seine Frau Therese und die Gäste erleben einen völlig verstörten Monarchen. Der österreichische Gesandte schreibt am Abend des 9. Februar 1848 in seinem Bericht an den Staatskanzler Fürst Metternich von Ludwigs „leichenblassen, verzerrten Gesichtszügen". Der bayerische König ahnt offenbar, welch dramatische Entwicklung der Tag noch nehmen wird. Er soll Recht behalten.

Lola wäre nicht Lola, wenn sie jetzt klein beigäbe. Kaum ist Ludwig aus ihrer Villa verschwunden, eilt sie durch die Theatinerstraße in Richtung Kaffeehaus Rottmann, in das sich einige Studenten geflüchtet haben. Sie will das ihr treu dienende Korps Alemannia keinesfalls im Stich lassen. Die Alemannen werden vom Rest der Studenten wegen ihrer offen zur Schau getragenen Sympathie für Lola Montez gehasst. Sie nennen sie spöttisch „Lolamannen". Als Lola hocherhobenen Hauptes auf den Odeonsplatz schreitet, setzt lautes Gebrüll ein. Erst pariert sie in bekannter Manier Beleidigungen und Drohungen mit den übelsten Beschimpfungen ihrerseits, doch bald schon prasseln Pferdeäpfel auf sie nieder, Männer rempeln sie an. Ihr gelingt es gerade noch, sich in die Theatinerkirche zu flüchten. Lola hat Glück. Berittene Gendarmen eskortieren sie zur Residenz. Ludwig lässt alle Eingänge verriegeln und von Truppen umstellen.

Sie soll sich schleichen!

Der König kocht vor Wut. Jetzt sollte die Bande ihn kennenlernen. Er holt ein Dekret aus der Schublade, das er wegen der andauernden Feindseligkeiten zwischen den Alemannen und dem Gros der Studentenschaft schon hatte vorbereiten lassen: Die Universität muss für zwei Semester schließen. Studenten, die keinen ständigen Wohnsitz in München haben, müssen die Stadt binnen 48 Stunden verlassen. Aber Ludwig unterschätzt die Situation. Zu lange schon haben sich die konservativen Münchner über die Liaison mit der in ihren Augen arroganten, selbstsüchtigen und skandalösen Tänzerin erbost.

Zwar versucht Rektor Friedrich von Thiersch die Studenten am nächsten Morgen zu besänftigen, doch der friedliche Protestzug durch die Straßen zum Amtssitz des Kulturministers Fürst von Oettingen-Wallerstein wird von Gendarmen auseinandergetrieben. Als einen Studenten ein Gewehrkolben trifft und er bewusstlos zu Boden geht, verbreitet sich die Nachricht von dem angeblich getöteten Mann wie ein Lauffeuer. Jetzt hat die Geschichte auch noch einen Märtyrer.

Am Nachmittag versammelt sich der Magistrat der Stadt im Rathaus, um die vom König verfügte Schließung der Universität zu besprechen. Zur gleichen Zeit drängen an die tausend Bürger in den großen, mittelalterlichen Saal. Sie protestieren gegen das Dekret, weil sie wirtschaftliche Einbußen befürchten – die Hochschule bringt jährlich mehr als eine halbe Million Gulden in die Stadt. So kommt es zur überraschenden Verbindung von Stadtbürgertum und Studentenschaft. Ihre Forderung ist unmissverständlich: Die Universität muss geöffnet bleiben, und Lola Montez soll sich „schleichen".

Man einigt sich schnell mit dem Magistrat: Eine Deputation soll den König ersuchen, sein Dekret zurückzunehmen. Die Bürger lassen sich auch nicht vom Zweiten Bürgermeister Kaspar von Steinsdorf davon abbringen, zum Max-Joseph-Platz mitzumarschieren. Erst auf inständiges Bitten von Prinz Luitpold und seiner Frau Augusta empfängt Ludwig die Delegation, reagiert aber unwirsch. „Kommt eine Deputation bittlich zu dem König mit 2000 Mann im Rücken? Ich habe die Verfügung, die Universität zu schließen, wohl überlegt und lasse sie mir nicht abtrotzen", herrscht er die Delegation an und wird schließlich noch deutlicher: „Das Leben können Sie mir nehmen, aber nicht meinen Willen."

Die Stimmung wird immer feindseliger, doch Lola ist in Feierlaune. Während sie den Champagner für ihre Alemannen kaltstellt, verkündet Innenminister Franz von Berks im Rathaus, dass Ludwig die Uni zum Sommersemester wieder öffnen will. Den Bürgern reicht das nicht. „Wir werden nicht eher ruhen, bis Lola Montez die Stadt verlassen hat!" Ludwig, am späten Abend von seinem Innenminister über die dramatischen Ereignisse informiert, schreibt sofort an Lola: „Ich bitte dich inständig: Wenn du mich je geliebt hast, dann fahre für einen Tag fort. Ich habe nicht um mich, sondern um dich Angst. Wenn wegen dir Blut vergossen wird, wird sich der Hass enorm steigern."

Doch Lola bleibt

Ludwigs Vorahnungen sollten sich bewahrheiten. Bürgermeister Steinsdorf berichtet Berks am Morgen des 11. Februar, dass es zum Sturm auf die Barer Straße kommen wird, wenn die Bürger nicht bis 9 Uhr Nachricht bekämen, dass die Studenten bleiben dürfen und Lola verschwinden müsse. Im Bayerischen Hof verschwört sich der Reichsrat gegen Ludwig und will den Kronprinzen auf den Thron heben. Kriegsminister Heinrich von der Mark teilt dem König mit, dass er sich auf der Stelle erschießen werde, falls er ihm den Befehl erteile, die Armee zur Verteidigung Lolas (die vielen als Hure gilt) einzusetzen. In der eilig einberufenen Sitzung des Ministerrats überzeugt Berks den König, dass es nur einen Ausweg gibt: die Bestrafung der Studenten zurückzunehmen. Ludwig stimmt zähneknirschend zu. Lolas Ausweisung lehnt er ab.

Was er nicht weiß: Der Stadtkommandant General von der Kunft hat etwa zur selben Zeit im Rathaus unter dem Jubel der Bürger verkündet, dass Lola Montez binnen einer Stunde die Stadt verlassen müsse. Das wollen sich die Münchner nicht entgehen lassen. Im Nu ist die Barer Straße voller Menschen aller sozialen Schichten. Plötzlich stürmt Lola mit einer Pistole aus dem Haus und schreit: „Hier bin ich, tötet mich, wenn ihr es wagt!"

Nach einer Schrecksekunde hagelt es Steine. Lolas Kutscher spannt die pechschwarzen Pferde an, Bedienstete schieben die tobende Tänzerin in die Kutsche – sie prescht davon. Der Mob hält inne, dann bricht Jubel los. Lola ist weg! Wenig später trifft der König zu Fuß ein. Im Tumult trifft ihn ein Stein am Arm, Soldaten kommen ihm zu Hilfe. „Ohne eine Deputation zu empfangen und ohne Tumult vor meiner Residenz habe ich heute die Wiedereröffnung der Universität angeordnet", verkündet er. „Vivat! Heil unserm König!", tönt es aus der Menge. Die Münchner bleiben dem Monarchen treu. Er aber trauert um seine Lolitta.

16 Monate zuvor, im Oktober 1846, war die 25-jährige Elizabeth Rosanna Gilbert, irischer Herkunft, mit ihrem Schoßhund Zampa nach München gekommen. Hätte ein Weissager an Ludwigs Hofe vorausgesagt, in welch fataler Weise sich der damals 60-Jährige in die Tänzerin mit dem südländischen Namen Lola Montez – sie gab sich zeit ihres Lebens als Spanierin aus – verlieben wird, er wäre wohl aus der Residenz gejagt worden. Den König stört auch der zweifelhafte Ruf der Lebedame nicht (in Berlin hatte sie einen Polizisten mit ihrer Reitpeitsche geschlagen, und in Paris war sie in einen Prozess um ein Duell verwickelt). Nein, er ist entzückt von ihrer Schönheit und der Exotik, die von der Tänzerin am Hoftheater ausgeht. Bald beginnt er, in sein Notizbuch flammende Liebesgedichte auf Spanisch zu schreiben: „Yo te quiero con mi vida (...) Ich liebe dich mit meinem Leben, meinen Augen, meiner Seele, meinem Körper, meinem Herzen, meinem ganzen Ich. Schwarzes Haar, blaue Augen, anmutige Gestalt." Der König verfällt ihr.

Den Münchnern bleibt Ludwigs neue Leidenschaft nicht verborgen. Bald macht das Gerücht die Runde, sie wolle den König für die Freimaurer gewinnen. Doch ihr Einfluss auf Ludwigs politische Ausrichtung ist zunächst gering. Lola schafft es dennoch, binnen kürzester Zeit den Volkszorn auf sich zu ziehen. Sie bezeichnet sich selbst öffentlich als Mätresse des Königs, und der gewährt ihr monatlich ein Gehalt von 10 000 Gulden – fast das Doppelte, was ein Minister bekommt. Nächtliche Herrenbesuche, ihre Prasserei und ihre öffentlichen Wutausbrüche sorgen immer wieder für Skandale – Ludwig aber sieht in dem wachsenden Widerstand gegen sie nur Neid, Eifersucht und Intrigen. An Mahnern und warnenden Stimmen aus des Königs Umfeld mangelt

Lolas letzte Lulle

Als Lola Montez am 11. Februar 1848 aus der Stadt gejagt wurde, war Maximilian Graf von Arco-Zinneberg (1811–1885) dabei. Er erhaschte den Stummel der wohl letzten Zigarette, die Lola Montez in München geraucht hat. Der Trophäenjäger verwahrte seine Trouvaille, heute im Stadtmuseum, in einer Dose aus Schildpatt und schrieb mit mikroskopischer Schrift auf die Zigarettenspitze: „Spanische Cigarre von Lola Montez, aus ihrem Hause als Erinnerung genommen."

es nicht. Nur in wenigen Momenten zweifelt er an Lolas Rechtschaffenheit und lässt sich doch immer wieder von ihr um den Finger wickeln. Als ihn seine Schwester Charlotte Auguste, die Witwe des österreichischen Kaisers Franz, inständig bittet, an sein Land und seine Untertanen zu denken und Lolas Hand loszulassen, ja sie, wenn nötig, mit viel Geld zu füllen, antwortet Ludwig schroff: „Jeder kümmere sich um das, was ihn angeht, und man sollte mich zu sehr kennen, um überzeugt zu sein, dass ich Einmischung in meine Angelegenheiten nicht dulde."

Der königlich-bayerische Liebeswahn beschäftigt auch die Höfe Europas. Fürst Metternich ist von Anfang an besorgt, auch wenn sein österreichischer Gesandter im Frühjahr 1847 die Angelegenheit als noch nicht monarchiezersetzend einstuft. „Eine politische Aufregung habe ich bei der Volksmasse in Bayern nicht wahrgenommen, und nur der Lolahass, bigottische Hetzereien oder die Bierpreise scheinen die Handhaben zur Bewegung des gemeinen Volkes in Bayern zu sein." Anfang 1848, in den deutschen Landen steht die bürgerliche Revolution gegen die Fürstenthrone bevor, liest sich der Bericht an Metternich weit dramatischer. „Alles, was hier täglich vorgeht, sieht wohl einer schlechten Farce ähnlich. Aber, wenn man bedenkt, wie an allen Ecken und Enden Europas dunkle Wetter aufsteigen und die Throne wanken, so macht die königliche Posse, die man hier in idyllischer Sorglosigkeit spielt, einen fast wahrhaft tragischen Eindruck. Zudem wird die Stimmung hier immer schlechter und durchdringt die obersten, wie die untersten Schichten."

Das hat gute Gründe: Veranlasst die vom König betriebene Einbürgerung Lolas, die nicht einmal einen Pass besitzt, im Februar 1847 die Regierung Karl von Abel geschlossen zum Rücktritt und führt zu ersten Demonstrationen gegen die persona non grata, so sind die Münchner völlig fassungslos, als Ludwig seine Geliebte an seinem 61. Geburtstag zur Gräfin von Landsfeld erhebt. Wenige Tage zuvor macht der preußische Außenminister bei einem Besuch in München eine bemerkenswerte Äußerung: „Diese Verknüpfung von Regierungssystem und Verliebtheit in eine vagabundierende Grazie, das ist eine neue Erscheinung; und damit zu bestehen ist ebenso unmöglich wie mit Sonetten in heutiger Zeit zu regieren."

Der entscheidende Moment: Prinz Karl, der Bruder des Königs, besänftigt die wütende Menge und verspricht Reformen. Zuvor hatten die Bürger das Zeughaus gestürmt.

Erstmals gibt es eine breite Front aus Adeligen, Bürgern, Studenten und einfachen Münchnern, die sich die königliche Willkür nicht mehr gefallen lassen. Man erinnert sich an das uralte, lange Zeit ausgelöschte Selbstbestimmungsrecht der Kommune. Nach Lolas Flucht – sie schleicht sich als Mann verkleidet wieder in die Stadt, wird aber dann von der Blutenburg aus unter Polizeibegleitung in Pasing in den Zug nach Lindau gesetzt und setzt in die Schweiz über – kehrt trügerische Ruhe in München ein.

Ende Februar erreichen die Stadt die Nachrichten vom Bürgerkrieg in Paris. Die drei Tage währenden Barrikadenkämpfe werden zu einem Fanal für die deutschen Kleinstaaten. Revolutionäre Umtriebe gibt es besonders in Berlin und Baden, in der bayerischen Hauptstadt rumort es daraufhin. „Die Politik bemeisterte sich aller Schichten der Einwohnerschaft; vor ihr trat alles in den Hintergrund", berichtet der Münchner Stadtchronist.

Anfang März kommt es zu Demonstrationen, in denen erstmals Parolen wie „Freie Republik", „Zu den Waffen" und „Macht's den Franzosen nach" auftauchen. Am 3. März unterzeichnen im Rathaussaal 15 000 Münchner, also etwa 30 Prozent der Einwohner, eine an den König gerichtete Adresse und fordern Reformen. Das Rathaus ist jetzt der politische Mittelpunkt der Einwohnerschaft. Der Druck auf den König steigt. Ludwig spielt auf Zeit, will den Landtag, wie gefordert, einberufen, doch die Ereignisse überschlagen sich. Die im Rathaus versammelten Münchner machen sich am 4. März auf zum Zeughaus und plündern das städtische Waffenarsenal. Bürger, Künstler, Studenten,

Handwerker und Dienstboten ziehen mit Schwertern, Hellebarden und Morgensternen zum Dultplatz (heute Maximilians- und Lenbachplatz), der vom Militär besetzt ist. Doch Ludwig verzichtet auf Blutvergießen. Sein Bruder, Prinz Karl, beschwichtigt die Aufständischen und versichert ihnen, dass ihre Forderungen akzeptiert würden. Das Volk legt die Waffen nieder.

„Die Wünsche meines Volkes haben in Meinem Herzen jederzeit vollen Wiederhall gefunden." Mit der königlichen Proklamation vom 6. März 1848 erkennt Ludwig die Forderungen der Münchner nach verfassungsmäßiger Verantwortlichkeit der Minister, Pressefreiheit, Reform der Ständewahlordnung und der Gerichtsbarkeit an. Sie kommt seiner Kapitulation gleich. Doch letztlich ist es Lola, die sein Schicksal besiegelt. Als in den Folgetagen Gerüchte kursieren, sie halte sich heimlich in München auf, gibt es wieder Aufstände. Am 17. März entzieht der neue Innenminister Gottlieb von Thon-Dittmer Lola Montez das Bayerische Indigenat, ihre Einbürgerung. Ludwig muss die Maßregel nachträglich gutheißen. Dem König, der immer noch im eifrigen Briefwechsel mit seiner Geliebten steht, bricht das sein Herz. Er notiert in sein Tagebuch: „Da war's mir unausstehlich, länger auf dem Thron zu sein."

Am Morgen des 20. März 1848 verkündet ein in der ganzen Stadt angeschlagenes „Königliches Patent" Ludwigs Rücktritt vom Thron und die Nachfolge seines Sohnes Maximilian: „Bayern! Eine neue Richtung hat begonnen, eine andere als in der Verfassungs-Urkunde enthaltene, in welcher ich nun im 23. Jahr geherrscht."

Michael Ruhland

Als lüsterner Faun dargestellt, setzt der König Lola die Krone auf. Amor hält das Wappen der Gräfin von Landsfeld.

„Doch um die Krone bleibe ich gebracht"

Hätt' ich doch nie und nimmer Dich gesehen!
Für die gegeben ich mein letztes Blut,
Durchdrangest mich mit namenlosen Wehen,
Du meines Lebens glühendste Liebesglut!
Ich stellte trotzend allen mich entgegen,
Vertrauend Deinem liebenden Gefühl,
Ließ, unerschüttert, mich durch nichts bewegen
Im restlos auf mich stürmenden Gewühl.
Was immerhin ich mich gesträubt zu glauben –
Daß Du mich hintergingst, ist dennoch wahr;
Die Zuversicht auf Dich
Konnt nichts mir rauben,
Doch endlich sehe Deine Schuld ich klar.
Mit einem Königreiche wollt'st Du schalten,
Und brüstest Dich, die Herrscherin wärst Du,
Erheben über alles wollt'st Du walten,
Dem Niedrigen gekehrtet immer zu.
(...)
Der Jahre langer Traum ist nun verschwunden,
In einer Öde bin ich jetzt erwacht,
Vorüber ist, was ich gefühlt, empfunden,
Doch um die Krone bleibe ich gebracht.

Ludwig an Lola Montez, 22. Januar 1849

„Mir ist Jeder recht, wenn er nur ein Mann ist"

Lolas Vaterunser – die zeitgenössische Satire eines anonymen Autors

„**Vater unser**, an den ich mein Leben lang nicht geglaubt habe, der du bist in einem gewissen Himmel oder wie er heißt, der Ort, mir ist Alles recht. Meinetwegen werde sogar geheiligt dein Name, mir ist ja Jeder gut und recht, wenn er nur zu mir hält!

Zukomme mir dein Reich, wenn darunter verstanden sind meine geschliffenen Diamanten, meine Geldsäcke und meine ungeschliffenen Alemannen. Gern laß ich all das Geld und Gut, was ich noch nicht hab', ich werd schon schauen, wie ich die Andern draußen aussäckle, denn an List, Betrug und Unverschämtheit fehlt's mir nicht! Dein Wille geschehe, wenn du meine Feinde vernichten willst, wenn du ihnen statt der Freiheit den blauen Teufel hinaufsetzest. Und todtschießen können sie mich vorläufig nicht, weil ich, wie du weißt, verdammt kugelfest bin und eine kuriose Ladung ertragen kann, denn ich bin mit dem Teufel im Bund! Gieb mir heute einen braunen und morgen einen blonden, übermorgen einen schwarzen Alemannen oder meinetwegen einen Haiducken, mir ist Jeder recht, wenn er nur ein Mann ist! Gieb mir Champagner und Trüffelpasteten, Fasan und was er Guts und Theures giebt, ich kann viel Speis und Trank vertragen, ich blas dir den ganzen Himmel voll spanischer Zigarren! Gieb aber meinen Feinden Hunger und Noth oder hartes Brod, was brauchen sie mehr, schlag drein mit Donner und Blitz, wenn ich jetzt nimmer selber drein hauen kann mit Fäusten, denn umsonst laß ich mich nicht hetzen, wie ein wildes Thier!

Vergieb mir alle meine Schulden, in dem Maaß, wie ich nicht vergieb meinen Schuldnern, ich wollt', ich wär noch zweimal so viel schuldig! Vergieb mir, daß ich nicht die Treue des bayerischen Volkes in den Grundvesten erschüttert habe, für mein Leben gern hätt' ichs gethan, denn nichts ist mir zuwiderer, als daß ich etwa in der Ferne sehen muß, daß sie ihren König wieder aus vollem Herzen lieben, wie vorher! Führe mich nicht in Versuchung, wieder in das Land herein zu kommen, denn wenn ich auch kugelfest bin, sie könnten mich packen, in einen Käfig setzen und für 6 kr. Entré sehen lassen! Also mach nun, daß ich jetzt gut davon fahr, denn mir fangt an, verteufelt zu schwindeln. Amen!"

Die Gräfin inspirierte die Karikaturisten: Hier ihre Flucht in die Schweiz.

Gespenster, Melancholiker, Gassenhunde

Vom Abtritt zur Wäsche – das Stadtleben ist streng geregelt. Aus der Polizeiverordnung von 1836

München blüht auf in der ersten Hälfte des 19. Jahrhunderts; doch das Leben in der Stadt bleibt im gesellschaftlich erstarrten Klima nach Napoleon streng geregelt und überwacht. Manches freilich, wie Falschparken zu großer Kutschen, üble Straßenmusik und nervende Gassenhunde, wirkt schon durchaus vertraut.

Abtritte
dürfen im Sommer nie vor 11 Uhr, und im Winter nie vor 10 Uhr des Nachts gereinigt werden.

Almosen
Keinem, weder einheimischen, noch fremden Bettler, soll mehr ein Almosen bei den Häusern und auf Straßen gereicht werden.

Aufenthaltsanzeige
der Studirenden während der Herbstferien. Sämmtliche Einwohner, bei welchen Studirende während der Herbstferien wohnen, haben hierüber ungesäumt der Polizei-Direktion Anzeige zu machen.

Aufschriften
Öffentliche sind, ehe sie ausgehängt werden, der Polizei-Direktion zur Genehmigung vorzulegen.

Betten
In den Hauptstädten des Königreichs dürfen keine Betten zum Sonnen auf die Straßen gestellt werden.

Blaue Montage
Blaue Montage zu machen, sollen die Meister den Gesellen nicht gestatten.

Chaisen
sollen vor den Bräuhäusern nicht zu lange stehen bleiben, sondern unverzüglich in die Remisen gebracht werden.

Dungführen
Die Dungwägen in Städten sind so mit Brettern zu versichern, daß auf den Gassen unterwegs kein Mist abfallen kann. Nasser Dünger darf im Sommer nur bis 8 Uhr, der trockene Dünger zu jeder Stunde, jedoch nur gegen Vorzeigung eines Polizei-Zettels zu den Thoren hinausgeführt werden.

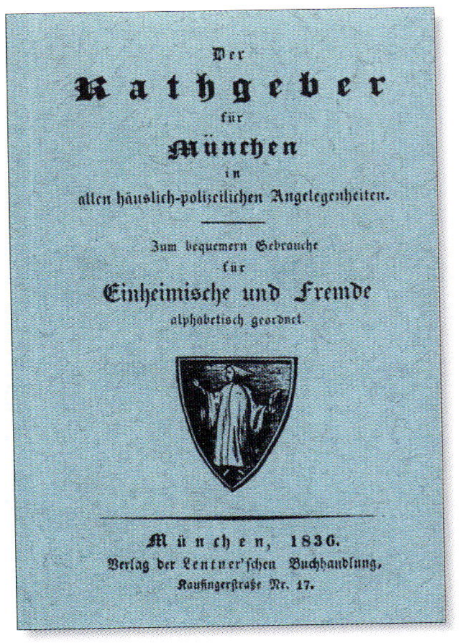
Der
Rathgeber
für
München
in
allen häuslich-polizeilichen Angelegenheiten.
Zum bequemern Gebrauche
für
Einheimische und Fremde
alphabetisch geordnet.
München, 1836.
Verlag der Lentner'schen Buchhandlung,
Kaufingerstraße Nr. 17.

„Rathgeber für München in allen häuslich-polizeilichen Angelegenheiten", 1836.

Links: Mondnacht auf Schwaneck. 1845 lässt sich der Bildhauer Ludwig von Schwanthaler auf dem linken Isarhochufer eine romantische Burg erbauen. Max E. Ainmiller, 1852

Flüssigkeiten
aus den Häusern auf die Strassen zu schütten ist verboten. Wird Jemand durch Gießen auf der Gasse beschädigt, so hat der Hausinhaber an den Einwohner den Schaden zu vergüten.

Hausmiethe
Wird man in dem gemietheten Hause durch Gespenster beunruhigt, so gibt dies hinlängliche Ursache, noch vor der Zeit von der Pacht abzutreten; die Geisterfurcht muß jedoch durch eidliche oder andere glaubwürdige Erfahrung bewiesen werden.

Hunde
Zur Nachtzeit sollen die ausgesperrten bellenden Hunde in die Wohnung der Eigenthümer geschafft, und falls diese nicht bekannt, eingefangen werden.

Kaufläden
Die Handels, und Verkaufsläden dürfen an Sonn- und Feiertagen nur in den Morgenstunden von 6 bis 8 Uhr und in den Mittagstunden von 11 bis 2 Uhr zum Kauf und Verkauf geöffnet werden; ausser diesen Stunden aber mit Ausnahme der offen zu haltenden Bäckerläden, Baderstuben und Apotheken, sämmtliche Läden bei Strafe geschlossen seyn.

Kellertüren
Offene Kellerthüren dürfen nirgends geduldet werden.

Kinder (deren Bestrafung)
Kinder, welche vor zurückgelegtem 8ten Jahre ein Verbrechen begehen, sind der häußlichen Züchtigung ihrer Vorgesetzten zu überlassen, jedoch vorbehaltlich der Mitwirkung und Aufsicht der Obrigkeit. Kinder unter 8 Jahren sind gegen allen Strafen entschuldigt.

Kinder (deren Misshandlung)
Wenn rohe Eltern ihre eigenen oder Stiefkinder auf eine, ihr zartes Alter schädliche oder zerstörende Weise mißhandeln, so ist die Polizei berechtigt, mit ihrem Schutze in Mitte zu treten, die Eltern in die Schranken der Mäßigung zu verweisen, auch wohl die Kinder, wenn ihnen Lebensgefahr droht, auf die Polizei zur Besorgung einer anderweiten Unterkunft bringen zu lassen.

Melancholische Personen
In hohem Grade melancholische Personen sollen der besondern Aufsicht ihrer Angehörigen empfohlen, und bei einer auffallenden Vernachläßigung dieser Aufsicht nach Hause geschafft werden.

Musik
Musik zu Nachtzeit soll auf der Gasse oder in den Häusern ohne Erlaub der Polizei und Stadtkommandanten nicht gemacht werden.

Reiten,
das schnelle, besonders in engen Gassen ist bei 30 Kr. Strafe verboten.

Schiessen
ist sowohl in den Häusern, als auf den Gassen durchaus verboten.

Schlachten
Das Vieschlachten zur eigenen hausnothdurft steht jedermann frei.

Tabakrauchen
in Scheunen, Stallungen, Schupfen oder auf Heuböden, und überhaupt an feuergefährlichen Orten ist bei 1 Reichsthaler Strafe verboten.

Wäsche
darf an Brücken-Geländern und öffentlichen Plätzen zum trocknen nicht aufgehängt werden.

(Quelle: Bayerische Staatsbibliothek)

Links, von oben:
Nächtliche Patrouille am Angertor: Nur ein Seitenturm der einst mächtigen Befestigung steht noch, 1871 wird auch er dem Stadtausbau geopfert. Gemälde von Friedrich Eibner, vor 1870.

Schöner wohnen in der Isarvorstadt: Das heutige Szeneviertel an der Müller- und Holzstraße ist mit Gartenhäusern locker bebaut. Um 1850, anonym.

Wo Armut herrscht: Alte Herbergshäuschen in der Au, die noch 1954 standen, als Georg Triller das Bild malte.

Oben:
Innenhof am Rindermarkt: Solche Höfe mit umlaufenden Galerien sind typisch für die Alt-Münchner Bürgerhäuser – heute aber, so wie leider auch dieser, meist längst verschwunden. Gemälde von Peter Ellmer, 1836.

Selbstfeier einer Epoche: Silvesterparty der Gesellschaft „Zur fröhlichen Harmonie“ 1858, anlässlich des 700. Münchner Stadtgeburtstags. Ölbild von Carl Fr. Moritz Müller.

„Die Zeit ist aus den Windeln aufgestanden“

König Max II. ist wankelmütig und konservativ – doch die Stadt verändert sich während seiner Regentschaft so schnell wie nie zuvor

Eine bewegte Zeit. Wenn an dem einen Tag das Münchner Leben vor sich hinplätschert, kann am nächsten ein kleiner Bürgerkrieg ausbrechen, um bald darauf in den üblichen Trott zu münden. Mit einer guten Latrinenparole lässt sich ein hübscher Krawall anzetteln. Voilà: „Jetzt haben sie den Königsschatz zur Montez gebracht!“ Flugs rottet sich Pöbel zusammen, und Handwerksburschen zertrümmern das Rathaustor. Von diesem Vorfall berichtet Josephine Kaulbach ihrem Mann, dem Maler Wilhelm: „Bei uns in München geht es wieder toll zu“, schreibt sie im August 1848 nach Berlin. Das Volk will sehen, ob „die Juwelen des Staates“ noch in der Residenz liegen. Tags darauf lässt Maximilian II. verkünden, die Schatzkammer stehe ab sofort jedermann zur Besichtigung offen. Es gibt leichtere Aufgaben, als König von Bayern zu sein in einer solchen Zeit.

Max, 36 Jahre alt, sitzt gerade mal fünf Monate auf dem Thron. Unter dem Druck der Revolution hat er seine Selbstherrlichkeit aufgegeben. Dieses Joch erdrückt sogar den Pluralis Majestatis: „Unser Wahlspruch“, sagt Max in seiner Proklamation und meint nicht mehr nur sich selbst, sondern auch das Volk, „sei Freiheit und Gesetzmäßigkeit.“ In seinen Memoiren wird er später jedoch notieren, dass er die 48er-Reformen nur unter Zwang geduldet habe.

„Die Zeit ist aus den Windeln aufgestanden, der Bart des Mannes ist ihr über Nacht gewachsen“, verkündet ein Publizist. Es herrscht Pressefreiheit. In München schießen Zeitungen mit Titeln wie *Gradaus* und *Es muß Tag werden* aus dem Boden. Die *Münchner Neuesten Nachrichten*, das Vorläufer-Organ der *Süddeutschen Zeitung*, werden im April 1848 auf Flugblätter gedruckt. Als das „Weltblatt ganz großen Stils“, wie der Historiker Michael Doeberl zu Beginn des vergangenen Jahrhunderts festhält, gilt aber die *Augsburger Allgemeine*, ein Intelligenzblatt, das der gemeine Münchner weder versteht noch bezahlen kann.

Der gemeine Münchner ist in aller Regel ein Zugezogener. Bei nicht einmal einem Fünftel der männlichen Bewohner, die 1844 registriert sind, handelt es sich um Einheimische. 70 Prozent der Münchner kommen aus Bayerns Provinz, der Rest aus anderen Ländern. Durch Migration wächst die Residenzstadt allein zwischen 1810 und 1850 von vierzig- auf knapp hunderttausend Einwohner. Die meisten Zugezogenen erhalten kein Bürgerrecht, ohne Sondergenehmigung dürfen sie nicht einmal heiraten. Kein Wunder, dass die Hälfte der 3500 Neugeborenen aus unehelichen Verbindungen stammt, obwohl fast alle Mütter und Väter katholisch sind. Die Armut nimmt zu.

Bürgermeister Jakob Bauer vermerkt 1850, die Zahl der Armen habe sich „in den letzten Jahren beinahe um den zehnten Theil erhöht“. Über die Bettlerei führt der Polizeidirektor Klage. Nach seiner Beobachtung hat der „Unfug des Häuser- und Straßen-Bettels dahier in einer höchst belästigenden Weise überhand genommen“. Wenn Bettler von der Polizei erwischt werden, müssen sie mit der Abschiebung in ihre Heimat rechnen. Allein in den 1840er Jahren muss die klamme Stadt den stattlichen Betrag von 14 844 Gulden für den Abtransport von Bettlern entrichten. König Max II. macht die soziale Frage zum Politikum: Mit seinem Privatvermögen wirkt er dem „eigentlichen Proletariat in Ursprung und Folgen“ entgegen und ruft den St. Johannisverein für

Maximilian II. (um 1860) und die Illusionen: „Unser Wahlspruch sei Freiheit und Gesetzmäßigkeit.“

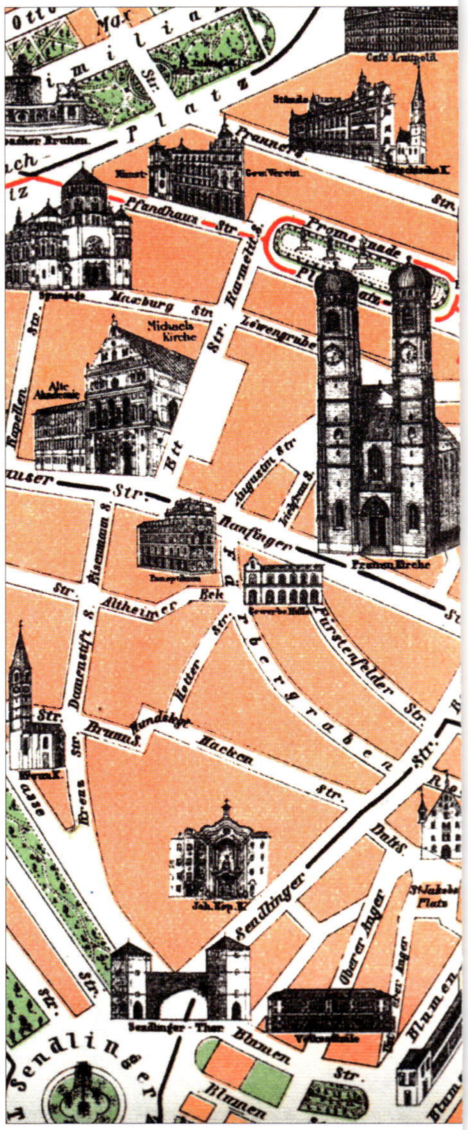

freiwillige Armenpflege ins Leben. Seine Frau wird zur ersten Charity-Lady Bayerns.

Marie, das Hohenzollern-Prinzesschen aus Berlin, ist eine umstrittene Person unter Historikern. Max ist schwer betört, am Tag der Verlobung schmachtet er sie in Versform als „Engel auf dem Erdenrunde" sowie als „holde Rosen-Königin" an. Einige Jahre später fallen seine Ergüsse nicht mehr ganz so charmant aus, er schreibt Marie: „Bitte, iß nicht zu viel, damit Du Deine schöne Taille nicht verlierst." Während ihr nun die einen Historiker jeglichen Intellekt abzusprechen geneigt sind, verweisen andere auf ihr Interesse für den Dichter Friedrich Hebbel ebenso wie auf ihre stattliche Bibliothek.

Hebbel bringt in München 1852 „Agnes Bernauer" zur Uraufführung, drei Jahre später wird Richard Wagners „Thannhäuser" zum ersten Mal gespielt – und fällt durch. In der Theaterwelt hat München Renommée. Wobei die Szene in der Stadt selbst disparat ist. Werden am Hoftheater Shakespeare und Hebbel gespielt, stehen auf der Bühne am Gärtnerplatz Komödien wie „Almenrausch und Edelweiß" und „Die Huberbäuerin" auf dem Programm. In diesem Gegensatz spiegelt sich das Problem, das die Münchner mit ihrem König haben. Sie nehmen ihm nicht übel, dass er selbst nur nach der Schrift redet, wohl aber regen sie sich darüber auf, dass er ihnen „Nordlichter" vor die Nase setzt. Ludwig I. hat mit dem Skandal um Lola Montez ihrem Schamgefühl zugesetzt, jetzt kommt Max mit seinen protestantischen Fremdlingen daher. Die Eindringlinge gründen eine Fremdenkolonie, Neu-München. Der Hoftheater-Intendant Franz von Dinglstedt, ein für frivoles Auftreten bekannter Hesse, höhnt: „Gastfreundschaft gegen Fremde, entgegenkommende Höflichkeit im geselligen Verkehr, freiwillige Teilnahme an wissenschaftlichen oder künstlerischen Bestrebungen, Versuchen, Neuerungen, all diese Eigenschaften liegen bekanntlich nicht im angeborenen Stammcharakter des Altbayern." Im Jahr 1857 entlässt ihn der König. Auch von Wilhelm Doenniges trennt er sich. Doenniges, Schüler des großen Historikers Leopold Ranke, war einst der geisteswissenschaftliche Mentor des Kronprinzen und all die Jahre engster Vertrauter des Königs. Max hat keine politische Entscheidung gefällt, die Doenniges nicht billigte.

Zermürbende Volkslieder

Der König ist ein wankelmütiger Geselle. Der Professorentitel wäre ihm lieber als die Krone. Entscheidungen fallen ihm schwer, für jede Kleinigkeit bestellt er Gutachten. Über die Förderung der Landestrachten zum Beispiel. Im Bestreben, seinem Reich eine führende Rolle unter den deutschen Mittelstaaten zu sichern, setzt er auf die „Hebung des bayerischen Nationalbewußtseins". Max ist der erste Wittelsbacher, der sich in Tracht abbilden lässt. Darüber hinaus fördert er die Mundartforschung und lässt Volkslied-Hefte herausgeben. Mindestens einmal bereut er die Bayerntum-Propaganda: Als er zu einer privaten Bergtour nach Bayrischzell reist, blasen schon bei der Ankunft Musikkapellen, und beim Anstieg begleiten ihn Hunderte Männer und Frauen, die immerzu singen. Ein Volkslied nach dem anderen. Beim Abstieg dasselbe. Max ist der Verzweiflung nahe, aber was will er machen.

Als Quälgeister sind die Sänger noch angenehm im Vergleich zu den politischen Aufwieglern in München, die der Reaktion im Wege stehen. Max schränkt die Pressefreiheit wieder ein. Der einzige Turnverein der Stadt wird 1850 als „Anstalt moralischer Verpestung" polizeilich verboten. Erst zehn Jahre später dürfen die Turner ihren Verein neu gründen. Der Klub wird später unter dem Namen TSV München von 1860 Ruhm ernten.

Als Max II. am 10. März 1864 stirbt, schildert der Dramatiker Julius Grosse seinen Mangel an Popularität. Demnach war Max ein „Herrscher, der von seinem Volke nicht nach Gebühr geschätzt worden ist, allerdings nicht ganz ohne seine Schuld". Als Bauherr hat er sich in seiner Hauptstadt nicht annähernd so großzügig verewigt wie sein Vater. Weit über München hinaus beachtet werden sein mondäner Glaspalast, errichtet nach dem Vorbild des Londoner Crystal Palace und 1931 abgebrannt, und die Großhesselo-

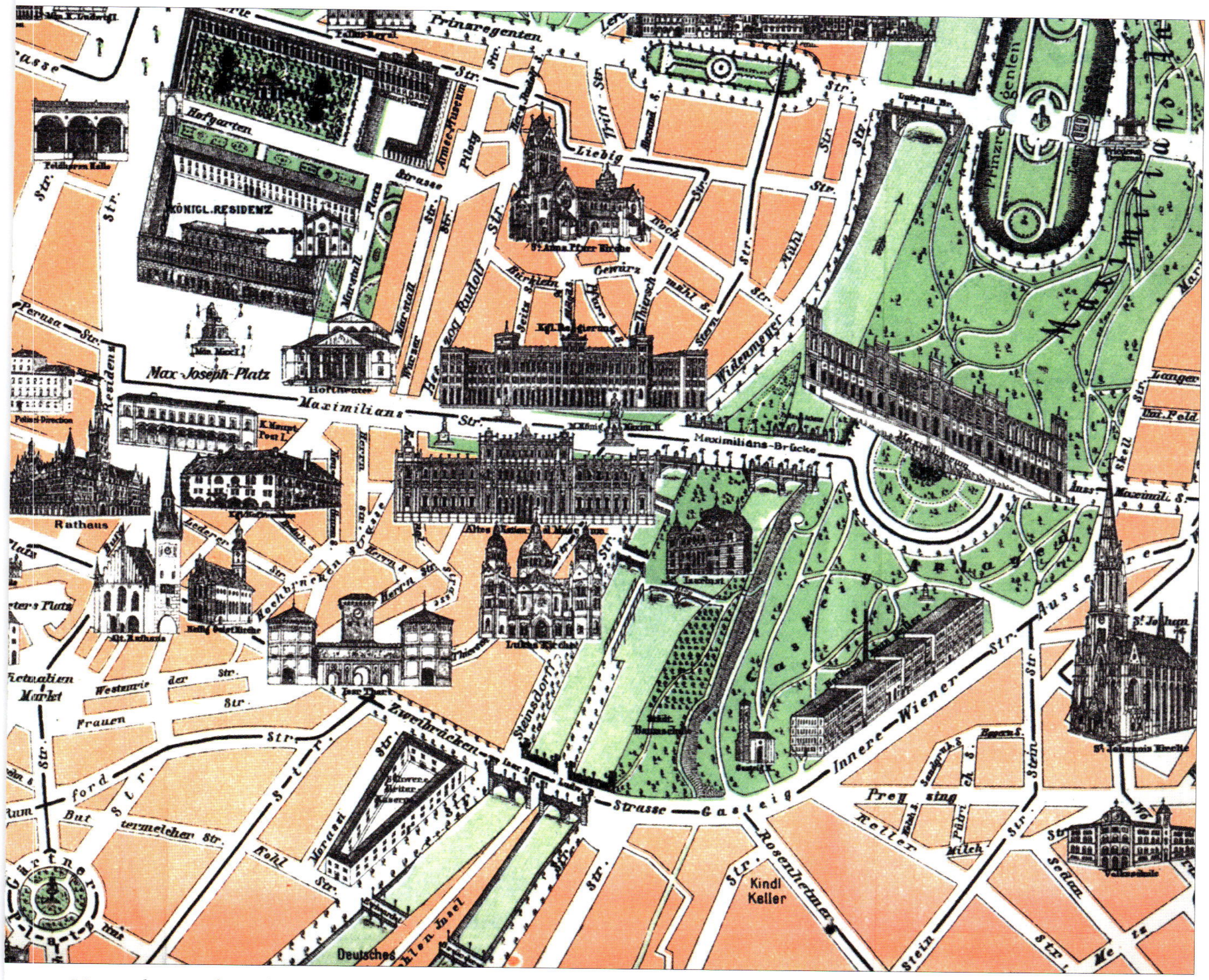

Maximilianstraße und Maximilianeum (rechts), nach Max II. benannt, prägen das Stadtbild noch immer. Ausschnitt aus dem Plan „München – Monumental" der Lodenfabrik Joh. Gg. Frey (um 1900), das rote Quadrat links markiert die Lage des bis heute bestehenden Traditionshauses.

her Brücke. Was München heute noch ziert, sind Maximilianstraße und Maximilianeum, als architektonisches Gesamtkunstwerk geschaffen von Friedrich Bürklein. Wo heute das Völkerkundemuseum eingerichtet ist, hat Max seinem Volk „zu Ehr' und Vorbild" ein Bayerisches Nationalmuseum (jetzt in der Prinzregentenstraße) gebaut. Schon als Kronprinz hatte er eine Anstalt zur Förderung „talentvoller bayerischer Jünglinge" geplant: Der prächtigste Bau seiner Regierungszeit ist zweifellos das Maximilianeum auf dem östlichen Isarufer.

Die Staatsstipendiaten sollen auf die „Lösung der höheren Aufgaben des Staatsdienstes" vorbereitet werden und dem Wissenschaftsstandort München zum Ruhme gereichen. Max beschert der Stadt auf dem Gebiet der Wissenschaft ein Maß an Exklusivität, wie es Ludwig durch Baumaßnahmen erreichte. Für seine Universität engagiert Max die besten Männer, die er bekommen kann. Die meisten kommen aus dem Norden: der Chemiker Justus von Liebig, der Staatsrechtslehrer Johann Caspar Bluntschli, der spätere Literatur-Nobelpreisträger Paul Heyse und viele andere.

Bei den Münchnern aber wächst, geschürt durch die Presse, der Sozialneid: Liebig soll 5000 Gulden Jahresgehalt ausgehandelt haben. Die Empörung über die hohe Summe ist groß, aber Mitte der 1850er Jahre lässt sich mit solchen Gerüchten kein Tumult mehr auslösen. Polizei und Verwaltung haben die Lage im Griff. Beim letzten größeren Krawall im Jahr 1848 hat das Volk gegen den Bierpreis protestiert. Zeitgenössischen Berichten ist zu entnehmen, dass den Münchnern ein extremer Bierdurst eigen ist.

Rudolf Neumaier

Wo der Finessensepperl umgeht

„Hier wird geschmachtet, geseufzt, getändelt und geliebäugelt“: Das Café Tambosi, von einem italienischen Wirt gegründet, ist der Treff der Schicken und Schönen

Sie hatten schon immer einen etwas schillernden Ruf, die italienischen Münchner oder die münchnerischen Italiener – wie auch immer. Das bayerische Monaco, der Mythos von der sonnigsten deutschen Metropole, wäre ohne die Einwanderer aus dem Süden nicht denkbar. Zu Beginn sind es vor allem Kaffeehaus-Betreiber, die unter den Wittelsbachern zu Geld und Ansehen kommen: Familien wie die Ruffini, Pistorini, Mazzari, Maffei, Morassi, Sardi, Dall'Armi oder auch der Hofzuckerbäcker Claudius Surat.

Es ist ein Gastronom aus Trient, der sich in der Residenzstadt der bayerischen Könige ein Denkmal setzt. Luigi Tambosi, geboren 1768, übernimmt im November 1810 die bereits bestehende Kaffeeschänke am Schwabinger Tor, hervorgegangen aus einem Laden, in dem der Lotteriekollekteur Giovanni Pietro Sardi einst Limonade und Schokolade verkaufen durfte – ein hohes Privileg angesichts der höfischen Nachbarschaft. Jener Luigi Tambosi erweist sich als äußerst geschäftstüchtig: Er versteht es, die Münchner Gesellschaft anzulocken, er umgarnt Höflinge, Universitätsprofessoren, Künstler und feine Damen. Der Standort für sein Lokal könnte kaum besser sein, schließlich gilt der Hofgarten als „Sammelplatz der städtischen Eleganz“, wie ein Stadtschreiber nicht ohne Ironie bemerkt: „Hier wird an Sonn- und Feiertagen jeder neue Putz zur Schau getragen; hier ist der offene Markt der Reize; hier wird geschmachtet, geseufzt, getändelt und geliebäugelt.“

Luigi Tambosi selbst liebäugelt vor allem mit der Erweiterung seiner Gastronomie. 1822 wird das alte Lokal abgerissen; am Hofgarten entsteht nach den Plänen Leo von Klenzes das imposante Bazargebäude. Seit 1831 hat hier auch der Verein der „Tambosianer“ seinen Sitz, wie die Haus-Chronik sehr ausführlich berichtet: Insgesamt 113 meist adelige Offiziere der bayerischen Armee trafen sich regelmäßig im Nebenkabinett, Billardstöcke und Tabakspfeifen durften dabei nicht fehlen – sogar Kronprinz Max gab sich in dieser Männerrunde die Ehre.

Bis zum Ende der Monarchie verkehren Münchner Originale im ältesten Kaffeehaus der Stadt: der Fliegende Buchhändler Herbst, der den „wissensdurstigen Hofgartenbesuchern“ seine Werke anbietet. Oder der Prangerl, ein bekannter Hofnarr des Königs, der „Schlager und Selbsterdichtetes“ vorträgt. Populär ist der Ewige Hochzeiter oder auch Finessensepperl, der sich jeder Dame mit seinem Standardsatz vorstellt: „Grüaß di Gott, Nani!“

Jahrzehntelang ist das Lokal eine Institution. Kajetan und Alois Tambosi, die beiden Söhne des Gründers, führen das Kaffeehaus erfolgreich weiter. Nach 1871 verliert es deutlich an Glanz, die Besitzer wechseln häufig, bis es in den zwanziger Jahren des vergangenen Jahrhunderts als Café Annast eine Renaissance erlebt. Im Ballsaal, im Casino und auf der Terrasse amüsieren sich die Stammgäste; Künstler wie Karl Valentin, Liesl Karlstadt, Gerd Fröbe und Balli Prell treten auf der Bühne im ersten Stock auf. Die heutigen Besitzer, Andrea und Frank Waldecker, haben aber ganz gut daran getan, den alten Namen Tambosi am sonnigsten Platz von München wieder aufleben zu lassen. *Christian Mayer*

Das Tambosi am Odeonsplatz, die Neuhauser Straße und der Viktualienmarkt (von oben), fotografiert um 1860. Karl Valentin hat die seinerzeit modernen Doppelbilder mit Leidenschaft gesammelt. Die Stereoskop-Fotografie erlaubte es dem Betrachter, die Bilder in einem Panorama-Guckkasten mit räumlicher Tiefe zu betrachten.

Ludwigstrasse

Neuhauserstrasse

Viktualienmarkt

Der Verkannte: Carl Spitzweg

Es ist wahrhaftig der „glückliche Winkel", den der Maler Carl Spitzweg (1808 bis 1885) nach eigenem Bekunden in seinem geliebten München gefunden hat. Das gilt auch für seine Wohnung, die der junge Künstler 1833 in der Dienergasse 9, ganz oben, 4. Stock, bezieht. Er schreibt an seinen Bruder Eduard: „Ich muß es theuer genug bezahlen, aber das Zimmer ist's werth. Die Aussicht ist prächtig – die Frauenthürme zu meinen Füßen, ringsum eine unabsehbare Gebirgskette von Hausdächern, auf denen Kamine und Dachfenster wie Schlösser und Ruinen ... Schau ich in die Tiefe, in den schwindelnden Schlund, so sehe ich ein Marionettentheater aufgeschlagen, Kutscherl und Rösserl, Viecherl und Menscherl spazieren graphitätisch durcheinander."

Es ist nicht der Maler selbst und auch nicht seine Wohnung, die Spitzwegs Bild „Die Dachstube" (um 1850, mit Blick auf den Alten Peter) zeigt; aber inspiriert von seiner Junggesellenbehausung ist das Werk gewiss. Der Münchner, dessen Werke für seine Detailliebe überraschend kleinformatig sind, ist einer der großen Verkannten seiner Epoche. Spitzweg gilt vielen noch immer als Verkörperung des weltflüchtigen, betulichen Biedermeier, als Chronist genau jener Gesellschaftsform, die gerade er doch so heiter, so witzig und, ja, auch so schonungslos karikiert hat. Gähnende Schildwachen, tolpatschige Sonntagsjäger, die runden Mägden nachschielenden Stützen der guten Gesellschaft, die gelehrten Bücherwürmer – keiner hat das Pompöse und auch Lächerliche des Bürgertums oder des Militärs gezeigt wie Spitzweg. Das haben nur nicht so viele gemerkt, weil er, trotz allem, einen liebenden Blick auf die friedliche Ära des Biedermeier warf – als ahne er, wie unwiderruflich deren Zeit ablief.

Joachim Käppner

Links: Carl Spitzweg, Die Dachstube, um 1850.

Rechts: Selbstbildnis, um 1840.

Der Linsenschärfer: Joseph von Fraunhofer

Es geschieht in der Thiereckgasse: jenes schreckliche Unglück, das Joseph von Fraunhofer am 21. Juli 1801 fast das Leben kostet. Zwei Hinterhäuser stürzen ein und begraben den Spiegelschleiferlehrling in der Werkstatt. Fünf Stunden später wird der 14-Jährige aus den Trümmern geborgen. Und weil Kurfürst Max Joseph besorgt an die Unglücksstätte geeilt ist, wird aus dem dramatischen Ereignis für Fraunhofer am Ende ein karriereförderndes. Denn der Kurfürst beschenkt ihn großzügig, außerdem macht der junge Mann die Bekanntschaft mit dem Unternehmer Joseph von Utzschneider. Schnell erkennt der die Begabungen des Jungen. Der Waise, der nicht einmal die Feiertagsschule hat besuchen dürfen und sich die wissenschaftlichen Grundlagen der Optik im Selbststudium beigebracht hat, geht nun zur Schule. Schon bald regt Utzschneider seinen Wechsel in die Werkstatt des Konstrukteurs Georg von Reichenbach an. Fraunhofers Aufstieg dort ist rasant: 1814 arbeitet er bereits als Leiter im optischen Institut in Benediktbeuern. Fraunhofer entwickelt neue Glassorten und verbessert die optischen Geräte. Schon bald sind viele Sternwarten in Europa mit seinen Fernrohren ausgestattet, „Fraunhofer" wird gar als Synonym für ein Fernglas benutzt, die Qualität der von ihm entwickelten Geräte setzt Maßstäbe. Fraunhofer gilt als genialer Wissenschaftler, und so nimmt ihn die Bayerische Akademie der Wissenschaften 1817 doch in ihre Reihen auf – endlich, denn Standesdünkel haben zuvor verhindert, dass man den Mann ohne höhere Schulbildung und Akademikerweihen akzeptiert. Schon 1826, im Alter von nur 39 Jahren, stirbt Joseph von Fraunhofer an Tuberkulose.

Christina Warta

Joseph von Fraunhofer, anonym, um 1817.

Der Aufsässige: Jakob von Bauer

Sein stolzer Titel, dem auch die schwarze Amtstracht mit Degen und goldener Kette entspricht, lautet „Rechtskundiger Erster Bürgermeister der Haupt- und Residenzstadt München". Jakob von Bauer (1787–1854) ist der Dritte, der dieses Amt, das dem heutigen Oberbürgermeister entspricht, tragen darf. Nach Franz Paul Edler von Mittermayer und Joseph von Teng wählen die 36 Gemeindebevollmächtigten 1838 den damals 51-jährigen Juristen an die Stadtspitze.

Mit politischer Macht ist die Würde kaum verbunden. Das königliche Gemeinde-Edikt von 1818, das bis 1869 Gültigkeit hatte, stellt die Residenzstadt ausdrücklich unter „die besondere Curatel und Aufsicht des Staates" und lässt den Bürgermeistern und Magistraten kaum Raum zu eigenständigen Entscheidungen. Der Erste Bürgermeister ist unter diesen Einschränkungen kaum mehr als oberster Verwaltungsbeamter der Stadt. Der in der Oberpfalz geborene Bauer hat denn auch vor seiner Wahl Karriere in der Staatsverwaltung gemacht. Als Repräsentant der Stadt vertritt er dann aber Münchens Interessen auch gegen die königliche Obrigkeit. Sein Buch über die „Grundzüge der Verfassung und Vermögensverwaltung der Gemeinde München" lässt die Staatsregierung verbieten. Bauer hatte darin beschrieben, wie sehr die Prachtbauten Ludwigs I. die Gemeindekassen belasteten. Der König ist nicht erfreut, verweigert dem Bürgermeister eine längst gebilligte Gehaltszulage und mobbt ihn öffentlich. Noch 1853 – da hatten die revoltierenden Münchner ihren König längst zur Abdankung gezwungen – erregt sich die Staatsregierung über den „Geist der Renitenz, welcher bei anderen Gelegenheiten dem Dr. von Bauer schon gerügt werden mußte". Jakob von Bauer stirbt 1854 in Bad Reichenhall.

Jan Bielicki

Bürgermeister Dr. Jakob von Bauer. Lithographie von C. Grünwedel, 1838

Der Aufsteiger: Ludwig von Schwanthaler

Die Enthüllung seines imposantesten Werkes bleibt dem Bildhauer verwehrt. Als König Maximilian II. die 18 Meter hohe und fast 90 Tonnen schwere Kolossalstatue Bavaria im Jahr 1850 einweiht, ist Ludwig von Schwanthaler schon fast zwei Jahre tot – hingerafft im Alter von 46 Jahren von einer Arthritis. Seinen Aufstieg als Künstler verdankt er zum guten Teil König Ludwig I. Den ersten Auftrag aus der Residenz erhält Schwanthaler mit 22 Jahren – er soll einen Reliefzyklus mit Motiven aus der antiken Mythologie für einen Tafelaufsatz gestalten. Ludwig, damals noch Kronprinz, ist begeistert von der Schönheit der aus den Händen des jungen Bildhauers erwachsenen Götter- und Heroenwelt. Kaum inthronisiert, stattet er Schwanthaler 1826 mit einem Stipendium aus und schickt ihn nach Rom in die Werkstatt des dänischen Meisters Bertel Thorvaldsen.

Schwanthaler perfektioniert sein Können schnell. Zurück in München, bekommt er vom Hof einen Großauftrag: den Bacchus-Fries für den neuen Palast an der Ludwigstraße. Der junge Künstler erweckt eine mythologische Welt zum Leben, wie sie die Residenzstadt so noch nicht gesehen hat. Kraftstrotzende Kentauren küssen betörende Mänaden, nackte Nymphen tanzen keck mit Bacchanten, und spärlich bekleidete Grazien huldigen dem Weingott.

1832 bis 1834 weilt Schwanthaler nochmals in Rom, dann ist seine Karriere nicht mehr zu bremsen. Er gestaltet die Giebelfelder der Glyptothek, schafft die Statuen Tilly und Wrede für die Feldherrnhalle, liefert das Gipsmodell für die 34 Siegesgöttinnen der Befreiungshalle in Kelheim. 1837 beauftragt ihn König Ludwig mit dem Entwurf der Bavaria – es sollte die größte Bronzeplastik seit dem Koloss von Rhodos und Neros Monument in Rom werden. Schwanthaler wagt das schier Unmögliche und schafft ein Gipsmodell in Originalgröße. 1844 gießt Ferdinand von Miller den Kopf der Statue aus Bronze. Ludwig ist entzückt und erhebt Schwanthaler in den Ritterstand.

Michael Ruhland

Der junge Schwanthaler, Stahlstich 19. Jahrhundert.

„Wer ko, der ko“: Franz Xaver Krenkl

Als Franz Xaver Krenkl im April 1860 mit 79 Jahren stirbt, kursieren in München bald etliche Broschüren mit so genannten Krenkliaden – Anekdoten und Schmonzetten, die sich um den derben Humor des Rosshändlers und Lohnkutschers drehen. Einige dieser Geschichten sind wahr, manche phantasievoll ausgeschmückt, andere schlichtweg Fabeln. Zu welcher Kategorie seine berühmteste Anekdote zählt, lässt sich nicht mit letzter Sicherheit sagen. Eines Tages, so heißt es, überholt Krenkl mit seinem Sechsspänner verbotenerweise die Equipage König Ludwigs I., und als der erzürnte Monarch den Fiaker zurechtweist, antwortet dieser: „Majestät, wer ko, der ko.“

Zuzutrauen wäre eine solche Respektlosigkeit dem Manne allemal. Er ist, wie es in einem Nachruf heißt, ein „Edelstein in rauher Schale“. Krenkl, geboren 1780 als Kind eines Landshuter Uhrmachers, erlernt das Bäckerhandwerk und taucht 1806 in München auf. Erstmals aufhorchen lässt er beim Pferderennen, das man 1810 zur Hochzeit von Prinz Ludwig mit Prinzessin Therese von Sachsen-Hildburghausen veranstaltet: Das Pferd des Rennmeisters Krenkl – der „Rennmeister“ ist der Besitzer, geritten wird das Ross vom „Rennbuam“ – belegt den dritten Platz. Ein Jahr später galoppiert sein Pferd als Sieger durchs Ziel, viele Triumphe folgen. Überhaupt ist Krenkl ein Pferdenarr, der einen schwunghaften Handel mit Rössern betreibt. Auch seine Lohnkutscherei floriert bestens. Krenkls Kutschen fahren bis nach Triest, was nicht wenige Münchner nutzen, um von dort per Schiff ins Griechenland König Ottos I. zu reisen. Und als München 1854 von der Cholera heimgesucht wird, stellt Krenkl als Einziger Wagen und Pferde zur Verfügung, um die Toten auf die Friedhöfe zu fahren. Sein grobschlächtiges Benehmen schadet ihm nicht. Im Gegenteil, er gilt als Inkarnation des münchnerischen Wesens, und selbst die besseren Herrschaften sind amüsiert, wenn Krenkl in immer neuen Variationen den Götz zitiert.

Wolfgang Görl

Nur zu Pferd ein Gentleman: der Rosshändler Franz Xaver Krenkl.

Auf den Zinnen der Phantasie

Franz von Pocci (1807 bis 1876) – Spätromantiker, Casperlgraf, Universaltalent einer versinkenden Epoche

„Die Zeit des Ritterthums nahm ihren Anfang, und der Bund mit Ludwig Schwanthaler, den ich in früheren Jahren sah, weil mein Vater mit seinen Eltern gut bekannt, gestaltete sich bis zum innigsten freundschaftlichen Verhältnisse bis an das leider allzu frühe Ende des herrlichen, wundersamen Meisters."

So schreibt Franz Graf Pocci über Ludwig Schwanthaler, den Münchner Bildhauer und Schöpfer der Bavaria. Es ist das Zeitalter grandioser wie beunruhigender technischer Fortschritte; aber die beiden Jugendfreunde zeichnen Ritter und Ruinen um die Wette. „An Festlichkeiten und sonstigem Hallo fehlte es nicht, und es ward sattsam getrunken. Ganze Abende in Helm und Harnisch", notiert Pocci über die Geselligkeiten der jungen Herren um 1822. Noch als reifer Mann und Hofmusikintendant Maximilians II. wird er schreiben: „Und hätt ich auch an hundert Händ, mit Burgen käm ich nie zu End!"

Franz Graf Pocci hat die sozialen Niederungen niemals wirklich kennengelernt; auch wenn die adelige Familie zeitweilig in einer wenig standesgemäßen Etagenwohnung am Promenadeplatz residieren muss. Fabricius Graf von Pocci (1766 bis 1844) ist einer von vielen Italienern, die bella figura am kurfürstlichen Hof machten. Er hat es zum Generalleutnant der bayerischen Armee gebracht, und wenngleich deren Einsatz auf französischer Seite eine gewisse Peinlichkeit war, so trägt er doch stolz das Kreuz der Ehrenlegion, mit dem ihn Napoleon persönlich auszeichnen ließ.

Im jungen Pocci, geboren 1807, lebt der väterliche Kampfgeist nur in schwärmerischer Form fort. Er selbst wird später von sich sagen, „dass ich stets auf romantischem Flügelrosse durch die Lüfte schwebte". Er ist von einem ungeheuren – durch Melancholien trüb gespiegelten – Schaffensdrang und das Münchner Universaltalent seiner Zeit. Dichter, Komponist, Zeichner, Dramatiker, Hofbeamter unter drei Königen: Ludwig I., Max II., Ludwig II. Politisch am bedeutsamsten ist er als Karikaturist und Satiriker. Oft richten sich die feinsinnigen Sottisen gegen die Künstlerfreunde (und sich selbst als Monsieur le Maigre, den Mageren). So malt er 1860 ein Wettrennen der Dichterfürsten, bei dem die von Max II. ob ihrer überlegenen Umgangsformen so geförderten Zugereisten vorn liegen; hintendrein hetzt der Altbayer Franz von Kobell und schreit: „Gscheckate Luada! Laßt's mi aa mit!"

„Teutscher Sinn"

Sein Freund und Biograf, der Schriftsteller Hyacinth Holland: „Seine Hauptkraft lag in den Burgen, welche unter seinem Stift sich mit zauberhafter Schnelligkeit aufbauten. Es war eine Lust, ihm zuzusehen, wie er jedes Gemach mit den Einfällen seiner Phantasie füllte." Der Zauber der Vergangenheit ist freilich politisch unterlegt. Schon unter Ludwig I. gilt die Hinwendung vor allem zum Mittelalter auch dem Ziel, dem neuen, um Franken und Schwaben stark vergrößerten Königreich Bayern eine gemeinsame Identität zu geben. Poccis Jugendfreund, der Kronprinz und spätere Maximilian II., hat ihm 1830 geschrieben: „Sie kennen die Gedanken, welche mein Herz durchglühen, jede andere Lust in mir verdunkeln, nehmlich den teutschen Sinn, den Nationalgeist zu wecken ...". Der alte Traum der Wittelsbacher: An Bayerns Wesen soll Deutschland genesen. Das ist das Element, in dem Poccis Kunst blüht.

„Mit Burgen käm' ich nie zu End!": Poccis Traumwelt war das Mittelalter mit Ritterspielen und Minnesang.

Treffend schreibt Hans Maier in seinem sehr schönen Eröffnungsaufsatz zum Katalog der Pocci-Ausstellung, die 2007 in der Bayerischen Staatsbibliothek zu sehen war: „Er war zuallererst ein Künstler, ein Artist, ein Mann von tänzerischem Schwung – ein letzter Repräsentant jener altehrwürdigen Monarchie, die ringsherum schon von so viel Neuem – Parlamentarismus, Industrie, Presse, freie Künste – umgeben war."

Es dürfte nicht leicht sein, eine liebenswertere Figur am Münchner Hof zu finden als den Grafen. Er ist heiter, aufrichtig, gescheit, ein guter Ehemann und Vater, seine Verbindung mit der schönen und geistig ebenbürtigen Reichsgräfin Albertine von Marschall ist eine Liebesehe. Im Sommer wohnen die beiden mit den Kindern am Starnberger See, im Schloss Ammerland, umgeben von Zeichenfedern, Stiften, Paletten, Musikblättern.

In Erinnerung ist der Rastlose aber vor allem als Casperlgraf geblieben, als Erfinder des Kasperltheaters für Kinder. Den Kasperl gab es schon zuvor, freilich in nicht jugendfreier Attitüde; auf dem Jahrmarkt sind seine obszönen Späße und die blutrünstigen Handlungen ein Renner. 1858 schreibt der Gründer des Mario-

Franz von Pocci, gemalt von Joseph Stieler im Jahr 1843.

nettentheaters, Joseph Leonhard Schmid, irritiert an Pocci, wie „ich auf Dulten die Policinellbuden von Kindern umlagert und sich an diesen die Rohheit der Jugend befördernden Hanswurstiaden ergötzen sah“. Der Casperl Larifari, Poccis Schöpfung, wird das Gegenstück: kindgerecht und für Erwachsene wegen mancherlei Anspielungen auf die Gesellschaft nett anzusehen. „Ich weiß nit“, schreit der Casperl angesichts von Ungewohntem aller Art, „werd ich gescheit? Oder werd ich dumm?“

Traumwelten, Weltfluchten. Franz Graf von Pocci, der gute Mensch von München, schaut herab von den Zinnen der Phantasie, die sich immer deutlicher unterscheidet von der Realität seiner Zeit; von den Armenquartieren jenseits der Isar, wo sich Familien in winzigen Herbergshäuschen zusammendrängen, wo die gefallenen Mädchen als Dirnen die nächtlichen Straßen bevölkern, die Fabriken wachsen und mit ihnen die Zahl der Entwurzelten, die in der großen Stadt eine bessere Zukunft suchen und oft niemals finden. Pocci aber dichtet:

„Vor dem Fenster der Sennora
Harrt der Ritter liebeskrank
Und erwartet zitherspielend
Seiner Dame Minnedank.
Sieh, da zeigt sich dicht verschleiert
Die Duenna; aus dem Topf
Gießt dem schmachtenden Hidalgo
Sie Enttäuschung auf den Kopf
Also geht es der Romantik,
Statt Verständnis wird ihr Hohn,
Wie der liebeskranke Ritter
Spott empfing als Minnelohn.“

Fröhliche Zweideutigkeit: Wenn der Spätromantiker Pocci über der Romantik den Nachttopf ausgießen lässt, dann ist sie eine tragikomische Figur. Die Zeiten werden härter, die lange Friedensperiode nach 1815 geht 1866 zu Ende, als Preußen im Krieg mit Österreich die Vorherrschaft in Deutschland für sich entscheidet.

Die Zeit der glücklichen Winkel läuft ab. Pocci spürt dies, voller Unwillen. Nationalistische Turnvereine karikiert er als Schafe, die kraft- und willenlos von der Reckstange baumeln. Die monumentale Historienmalerei, die in München vor allem Carl Theodor von Piloty (1826 bis 1886) verkörpert, Schöpfer etwa des deutschtümelnden Werks „Thusnelda im Triumphzug des Germanicus“, beschimpft er 1872 als „geschmacklose, total unschöne Werke, abgeschmackte Trivialitäten in pomadiertem Vortrage“. Pocci jubelt dem Sieg über Frankreich 1871 zu, denn er ist Patriot – aber er sorgt sich vor jenem neuen Geist, der sich als Liebe zum Vaterland ausgibt und doch so wenig Liebe in sich trägt. Und König Ludwig II.? Er ist dem brutalen Einbruch der neuen Ära in keiner Weise gewachsen. Franz Graf Pocci, ausgerechnet er, Schöpfer so vieler gezeichneter Luftschlösser, die das Gemüt des Regenten erfreuen, wird über Ludwig II., den armen, überforderten, in seine Traumburgen flüchtenden König, am Ende schreiben: „Ein Kind bliebst Du, das auf dem Throne ist.“

Joachim Käppner

„Der Blick des Volkes besudelt meine Schlösser"

König Ludwig II. hat wenig übrig für seine Untertanen – nach seinem legendenumrankten Tod wird er dennoch zum Mythos

Stell einen Besen hin, und sie wählen ihn, wenn er nur von der CSU ist. Stell einen König hin, und sie bewundern ihn, solange er Ludwig der Zweite heißt und der Märchenkönig ist. Hat er irgend etwas für München, für Bayern getan? Schulden gemacht, den Staatshaushalt ruiniert, sein Volk verachtet. Neuschwanstein hat er gebaut und gesagt: „Der Blick des Volkes besudelt meine Schlösser." Dass Ludwig II. immer noch als Idealbild eines Königs dasteht, hat nichts mit dem zu tun, was er geleistet hat – aber sehr viel mit einer Sehnsucht, welche die Münchner bis heute nicht loslässt: dem Wunsch nach dem guten Herrscher.

Bezeichnend, dass die Kini-Verehrung erst lange nach Ludwigs Zeit begann, wenn auch sein mysteriöser Tod im Starnberger See für eine gewisse Mythisierung verantwortlich war. 1922 schrieb der Historiker Georg Jacob Wolf sein Buch „König Ludwig II. und seine Welt", in dem er den Kini als Kulturmenschen, als echte Majestät, weit über den Niederungen des gemeinen Volkes darstellte – das Werk traf auf fruchtbaren Boden, denn ein Gottesgnadentum, ein Souverän von höherer Macht schien verlockend im zerstrittenen Weimarer Parteienstaat.

18 Jahre war Ludwig erst, als er König wurde, weil sein Vater Maximilian überraschend starb. Die Bürger Münchens und Bayerns schienen zunächst gewillt, dem jungen Regenten ihre Zuneigung zu schenken – doch der tat wenig, um sich diese zu verdienen: Er stattete den von ihm verehrten Richard Wagner fürstlich aus, schenkte ihm ein Palais an der Brienner Straße, wollte ihm ein eigenes Opernhaus bauen, ungefähr dort, wo heute der Friedensengel steht. Bezahlen sollen hätten das die Münchner, und als sie sich weigerten, war der König beleidigt. Es bedurfte einer Rücktrittsdrohung seines Ministers Ludwig von der Pfordten, um ihn zum Einlenken zu bringen: Wagner musste die Stadt verlassen und schrieb später, der König habe „Widerwillen gegen ernstliche Beschäftigung mit Staatsinteresse", außerdem seien ihm „die Familie, der ganze Hof widerwärtig, das Armee- und Soldatenwesen verhasst, der Adel lächerlich, die Volksmasse verächtlich".

Ludwig zog sich noch mehr zurück. Als der Polizeidirektor schrieb, es sei „wünschenswert", dass sich der König öfter in der Stadt sehen lasse, wurde er strafversetzt. Und Friedrich von Ziegler, Kabinettschef von 1876 an, schrieb: „Nach Ablauf des Hohenschwangauer Winteraufenthalts nach München zurückzukehren, war für Seine Majestät immer fürchterlich, entsetzlich. (...) In München angekommen, verließen Seine Majestät mehrere Tage die Zimmer der Residenz nicht und klagten über Unwohlsein und Kongestionen. Seine Majestät ergingen sich in Ausdrücken des tiefsten Hasses gegen die Stadt München. Oft musste ich hören, wie schön es wäre, wenn man das verfluchte Nest an allen Ecken anzünden könnte."

Die Psychologie weiß: Wer jemanden liebt, obwohl er gehasst wird, der hasst sich selbst. Bedeutet das, dass die Bayern sich selbst hassen, weil sie Ludwig lieben, der sie so offensichtlich verachtete? Nach seinem Tod wurden Neuschwanstein, Linderhof und all die anderen Bauten für die Bevölkerung geöffnet – eigentlich, um den Leuten klarzumachen, wie Ludwigs geistige Verfassung gegen Ende war. Doch das Gegenteil trat ein. Die Menschen waren begeistert von der nachgemachten Gotik Neuschwansteins. Es begann die Wiedergeburt des Kini als Popstar.

„Natürlich brauchen wir keinen König", sagen die Königstreuen, „aber schöner wär's." Was wäre schöner? Ein entrückter Herrscher, der sein Volk verachtet? Der den Staatshaushalt ruiniert? Der kein Interesse hat an dem Amt, das ihm qua Geburt zugewachsen ist, und der in geistige Umnachtung hinüberdämmert?

Ein alter Spruch in Niederbayern geht so: „Wir wählen CSU, da wissen wir wenigstens, von wem wir beschissen werden." Für den Kini könnte das genauso gelten. *Stephan Handel*

Kulisse für einen Märchenkönig: Um 1880 malte Rudolf Wenig das Ölbild mit Ludwigs nächtlicher Schlittenfahrt.

Alles hat seine Zeit

Es wäre arg übertrieben, den Romantiker und Monarchisten Pocci zum Demokraten zu stilisieren. Das war er nicht, das Aufbegehren der Bürger für Freiheit und Einheit 1848 empfand er gar als „republikanischen Gifthauch". Dennoch spießten seine gezeichneten Satiren, ersten Comics gleich, die unübersehbaren Missstände des königlichen Regimes auf, vor allem durch die symbolhafte Figur des „Staatshämorrhoidarius". Unter der Polizeizensur der Biedermeierzeit war dies durchaus gewagt, weshalb die Zeichnungen, die ab 1845 in den „Fliegenden Blättern" erschienen, bei den Lesern höchst beliebt waren. Joachim Käppner

9 Uhr. Der Staatshämorrhoidarius geht auf's Bureau.

9 1/2 Uhr. Er liest die Zeitung. „Aha! der ganze Notenwechsel zwischen der Schweiz und Österreich, da wart' ich schon lang drauf."

10 Uhr. Herr Federmaier bringt den Einlauf.

10 1/2 Uhr. „Daß man aber gar keine Federn vom linken Flügel mehr kriegt."

11 Uhr. „Jetzt haben's schon zwei mit polizeiwidrigen Hüten gefangt. Ich bin begierig, wie viel sie den Vormittag noch zusammenbringen."

11 ½ Uhr. „Hm, hm, hm, erst 11 ½ Uhr."

11 ¾ Uhr. „Herr Federmaier, ich habe einen wichtigen Geschäftsgang zu machen und komme diesen Vormittag nicht mehr auf's Bureau."

12 Uhr. „Gibt's jetzt wirklich so viel zu thun?" Staatshämorrhoidarius: „Na und ob!"

1 Uhr. „Jetzt geh' ich zu Tisch. Alles hat seine Zeit."

Die rastlose Thätigkeit, die aufopfernde Berufstreue kann dem umsichtigen Blicke der höchsten Behörden nicht entgehen. Der Staatshämorrhoidarius wird eines Morgens vom Bureau weg zum Minister berufen.

Monachias aufmüpfige Kinder

In Carl Theodor von Pilotys Gemälde „Die Geschichte Münchens“ (1879) sind Brauer und Bäcker wichtiger als Könige

Es ist eine Frechheit von jener raffinierten Sorte, die für jedermann sichtbar ist, aber kaum bestraft werden kann. Mithin schlau ausgedacht, und überdies grandios in Szene gesetzt auf mehr als 60 Quadratmetern. Carl Theodor von Piloty, der berühmteste Historienmaler seiner Zeit, hat das gewaltige Bild gemalt – notfalls also kann der Münchner Magistrat hinter dem prominenten Künstler in Deckung gehen. Aber das ist gar nicht nötig, denn was in München passiert, interessiert König Ludwig II. herzlich wenig, und schon gar nicht kratzt den weltflüchtigen Monarchen, welche Provokationen das städtische Bürgertum gerade mal wieder ausheckt. Bereits die Errichtung des Neuen Rathauses just auf dem Platz, auf dem bis dahin die Regierung von Oberbayern residierte, ist eine mehr als deutliche Demonstration bürgerlichen Selbstbewusstseins, das sich im ersten Bauabschnitt auch noch insofern feiert, als an der Fassade Bürgertugenden wie Gewerbefleiß und Häuslichkeit in allegorischer Gestalt prangen. Und nun, im Juli 1879, hängt man dieses Monumentalgemälde in den neuen Sitzungssaal der Gemeindebevollmächtigten: ein Affront!

Was aber ist so gewagt an dem Bild? Die künstlerische Form? Die ist eher konventionell. Pilotys „Monachia“ – offiziell heißt das Gemälde „Die Geschichte Münchens“ – ist formal alles andere als kühne Avantgardekunst, die den Geschmack der Zeitgenossen überfordert. Im Grunde handelt es sich um traditionelle Konfektionsware, allerdings meisterhaft gearbeitet und konzeptionell großen Vorbildern wie Raffaels „Schule von Athen“ oder dem 1872 entstandenen Gemälde „Antwerpia im Kreis ihrer Künstler“ von Nicaise De Keyser verpflichtet. Nein, es ist etwas anderes, das den Mitgliedern und Freunden des seit 1180 regierenden Hauses Wittelsbach Anlass böte, sich zu echauffieren. Piloty hat eine Art Symposion gemalt, zu dem Münchner Persönlichkeiten aus sieben Jahrhunderten im monacensischen Elysium zusammenkommen. Da hätten doch die Herzöge, Kurfürsten und Könige Anspruch auf einen Platz in der vordersten Reihe gehabt. Wo aber ste-

Seit 2004 hängt Carl Theodor von Pilotys „Monachia“, restauriert von Experten des Lenbachhauses, wieder an seinem angestammten

hen sie? Entrückt unter düsteren Arkaden. Die erlauchten Herrscher von Ludwig dem Kelheimer über Rudolf dem Stammler bis hin zu Kaiser Karl VII. – abkommandiert in die Kulisse, degradiert zu Bausteinen der Architekturstaffage.

Brauer und Flößer

Das Bild ist, will man es in Schlagworten sagen, ein Manifest des aufstrebenden Bürgertums. Monachia, die Personifikation Münchens, grüßt von der Treppe herab die herausragenden Söhne und Töchter der Stadt. Den Brauereibesitzer Joseph Pschorr etwa, der feist und selbstbewusst neben der Allegorie der Fruchtbarkeit posiert, den hopfenbekränzten Zinnkrug wie eine Trophäe präsentierend. Ihm gegenüber, im Rücken der Isar-Allegorie, ein schnauzbärtiger Flößer, einer der Söhne der Altmünchner Flößerdynastie Heiß. Und diese vierschrötigen Gesellen sollen mit einem Mal wichtiger sein als Kaiser Ludwig der Bayer oder der gestrenge Kurfürst Maximilian, die unter den finsteren Bögen wie Gespenster in die Runde blicken? Das ist kühn, wenn nicht gar dreist. Immerhin ist Bayern noch Königreich und München die stolze Residenz der Wittelsbacher. Aber deren Kraft und Herrlichkeit zu glorifizieren, ist der Künstler offenbar nicht geneigt. Stattdessen geraten Patrizier, Gelehrte, Erfinder, Bierbrauer, Flößer, Tuchmacher oder Bäckerburschen ins Blickfeld. Da ist was im Busch, da drängen Gestalten hervor, die bisher allenfalls als gesichts- und geschichtslose Untertanen wahrgenommen wurden. Jahrhundertelang von aristokratischen Herrschern gedeckelt und gedemütigt, wittert die bürgerliche Gesellschaft Münchens Morgenluft.

Es wäre verfehlt, den republikanischen Geist des Bildes allein dem Maler Piloty zuzuschreiben. Der hatte schließlich einen Auftraggeber: den Münchner Magistrat. Dessen Mitglieder, wie überhaupt die gesamte Kunststadt München, sind entsetzt, als sich im Jahr 1869 die Nachricht verbreitet, der hochberühmte Professor Piloty habe einen Ruf nach Berlin erhalten, um dort die Leitung der Akademie zu übernehmen. Das ist eine Schreckensbotschaft. Was soll aus München werden, wenn dieser weltweit gefeierte Künstler das Weite sucht – noch dazu Richtung Berlin. Um die drohende Blamage abzuwenden, wendet sich der Magistrat mit einer Petition an die Staatsmacht. Als das zuständige Ministerium nichts zuwege bringt, schicken die Münchner Gemeindekollegien eine Delegation ins Haus des Meisters. Bücklinge, Bitten. Professor Piloty ist geschmeichelt. Hellhörig aber wird er bei der Mitteilung, dass ihm „die Ausführung eines größeren Wandgemäldes in dem neuen Rathaus am Marienplatz in Aussicht gestellt werden solle“. Das klingt verheißungsvoll und erweicht schließlich Pilotys Künstlerherz. Der Meister bleibt.

Platz im Sitzungssaal des Rathauses. 1952 hatte man das als „Historienschinken“ denunzierte Bild abgehängt.

Es dauert allerdings drei Jahre, bis die Sache richtig in Schwung kommt. 1872 ist der Bau des neuen Rathauses so weit gediehen, dass man an die Dekoration der Räume denken darf. Fünf Jahre zuvor war der Grundstein für das Gebäude gelegt worden, dem der Grazer Architekt Georg Hauberrisser eine Fassade im neugotischen Stil verpasst hat. Piloty soll nun für den Sitzungssaal ein Ölgemälde schaffen, in dem die ansonsten in den Hintergrund gedrängte bürgerliche Tradition Münchens so imposant wie möglich zur Geltung kommt.

Von den Fesseln befreit

Die Zeit dafür ist reif: Lange genug stand die Münchner Bürgerschaft unter der Fuchtel des Hauses Wittelsbach, weshalb das bürgerliche Selbstbewusstsein weniger ausgeprägt war als jenes in freien Reichsstädten wie etwa Augsburg oder Nürnberg. Zudem hatte Montgelas im Jahr 1808 sämtliche Gemeinden unter Staatskuratel gestellt, was nichts anderes bedeutete, als dass die bürgerschaftliche Verwaltung von den Regierungsinstanzen kontrolliert und gegebenenfalls gegängelt wurde. Nur mühsam hatten die Städte und Landgemeinden in den folgenden Jahrzehnten die fürsorgliche Belagerung lockern können, und erst die Gemeindeordnung von 1869 gab den Kommunen wieder Spielraum für eigenverantwortliches Handeln. München wiederum mauserte sich zur Großstadt, die Einwohnerzahl war zwischen 1818 und 1860 von 50 000 auf 130 000 gestiegen. Schon deshalb trachtete die Bürgerschaft zunehmend danach, die Stadt nach ihrem Gusto zu gestalten, zumal sich die Wittelsbacher als Bauherren so gut wie verabschiedet hatten.

Den neuen Bürgerstolz angemessen in Szene zu setzen, ist jetzt die Aufgabe Pilotys. Aber wie? Die Idee, ein bestimmtes historisches Ereignis darzustellen, wird rasch verworfen, weil man kein passendes findet. Piloty schlägt vor, die „hervorragendsten Männer aus dem Schoße des Bürgerstandes in ihrer charakteristischen Tracht, mit Benützung der vorhandenen Portraits" auf der Leinwand zu vereinen. Der Vorschlag gefällt, nicht zuletzt deshalb, weil vielen Ratsherren der Künstlerumzug von 1858 noch in guter Erinnerung ist. Damals, man feierte den 700. Jahrestag der Stadtgründung, paradierten Gestalten aus längst vergangenen Zeiten durch die Straßen, so als wären sie wiederauferstanden aus den Gräbern – eine grandiose Maskerade, die großen Beifall fand. Vorneweg stolzierte die Monachia, eine ebenso mütterliche wie mythische Gestalt, welche Glanz und Glorie der Stadtgeschichte aufs Prächtigste verkörperte. Was Wunder, dass sich der gebürtige Münchner Piloty dieser Figur entsinnt. Sie ist geradezu geschaffen, seinem Bildprogramm die erwünschte mythologische Note zu verleihen. Monachia und die Versammlung hervorragendster Männer – im Wesentlichen steht das Gemälde. Piloty muss es nur noch malen. Das dauert bis zum März 1879.

Bis dahin erfährt das Konzept noch eine bedeutsame Abwandlung. Auf Anregung des Magistrats sollen nicht nur „Männer aus dem Schooße des Bürgerstands" in Erscheinung treten, sondern generell maßgebliche Persönlichkeiten der „verschiedensten Berufskreise und Lebensstellungen". Damit öffnet sich eine Hintertür, durch die nun doch vereinzelte Mitglieder des Hofadels, Offiziere, die landesherrliche Beamtenschaft sowie der Klerus in Monachias Pantheon gelangen. Diese Standes- und Berufsklassen waren vor dem 19. Jahrhundert rechtlich dem Landesherren oder der Kirche unterstellt, keinesfalls aber der städtischen Gerichtsbarkeit. Überhaupt besaß bis zur Revolution 1918 nur ein sehr kleiner, durch höheres Steueraufkommen und kostspieligen Bürgerrechtserwerb definierter Teil der Einwohner das Recht, an der Wahl der Stadtvertretung teilzunehmen.

Piloty aber ignoriert alle Standes- und Gesellschaftsunterschiede. Seine 128 Unsterblichen, so verschieden sie sein mögen, sind vor allem eines: Münchner. Oder, mit den Worten des Stadtarchiv-Direktors Richard Bauer: „München war aufgrund dieses Gemäldes plötzlich nicht mehr das München eines privilegierten, organisierten und exklusiv agierenden Bürgerstandes, es war vielmehr das historische Phänomen einer in jeder beliebigen Zeitebene von allen Ortsansässigen verkörperten, vielschichtigen und doch egalitären Interessen- und Ideenwelt (...) Die dominierende Symbolfigur der Monachia und ihre handverlesene Entourage aus sieben Jahrhunderten verkörpern damit erstmals die kulturelle Einheit Münchens."

Rolle rückwärts

Doch München wäre nicht München, hätte man nicht einige Jahre später wieder die Rolle rückwärts vollzogen. Zur Feier des 100. Geburtstags von König Ludwig I. beauftragt die Stadt den Maler Wilhelm Lindenschmidt mit einem Fresko für den kleinen Sitzungssaal. Und was malt Lindenschmidt? Die Monachia, wie sie demütig vor dem Monarchen kniet. Eine veritable Unterwerfungsgeste, die nur noch übertroffen wird vom Geist der Devotion, der im Skulpturenschmuck des 1905 vollendeten letzten Bauabschnitts des Neuen Rathauses fröhliche Urständ feiert: Mehr als 40 Kurfürsten, Herzöge und Könige demonstrieren an der Fassade die historische Abhängigkeit der Stadt von Fürstengunst und Fürstenwillen.

Wolfgang Görl

Die Wohltätige: Hailwich, die Wadlerin (um 1300)

Zu den wenigen Frauen auf dem Monachia-Gemälde gehört eine mildtätige Dame namens Hailwich. Sie ist mit dem Händler Burkhard Wadler verheiratet und heißt folglich „die Wadlerin". Das Paar opfert große Summen für wohltätige Zwecke. Eine Urkunde vom 12. Juli 1318 belegt, dass die Wadlers dem Heiliggeistspital 63 Pfund Münchner Pfennige stifteten. Ferner lässt das Paar einmal jährlich Brezen an die Armen verteilen. Daraus wird ein Brauch, den man bis 1801 pflegt. Weil hungrige Münchner einen Reiter, der nicht genug Brezen dabei hat, vom Pferd reißen, verbietet die Polizei das wohltätige Spektakel.

Der Tüchtige: Heinrich III. Barth (ca. 1380–1432)

Die Patrizierfamilie Barth war jahrhundertelang eine der einflussreichsten der Stadt. Piloty hat vier Mitglieder der Sippe auf seinem Monachia-Bild porträtiert, darunter Heinrich III. Barth. Dieser ist Kaufmann, offenbar ein sehr tüchtiger, denn es gelingt ihm, den Familienbesitz durch Erwerbungen im Gebiet des Landgerichts Wolfratshausen zu erweitern. Um 1400 bekleidet Heinrich III. diverse öffentliche Ämter, unter anderem das des Bürgermeisters. Ferner ist er Großhändler für Wein und Salz. Die Barths leben nachweisbar seit dem 13. Jahrhundert in München, das letzte Mitglied der Familie stirbt im Jahr 1935.

Der Mutige: ein unbekannter Tuchmacher (um 1420)

Der kräftige Mann, der keine bestimmte historische Figur ist, fungiert in Pilotys Gemälde als Denkmal des unbekannten Münchner Tuchmachers. Die Zunft der Tuchmacher zeichnet sich in der Schlacht von Alling am 22. September 1422 durch besondere Tapferkeit aus. Seit Jahrzehnten hatten sich die Wittelsbacher Herzogslinien bereits befehdet, als im Herbst des Jahres 1422 Herzog Ludwig von Bayern-Ingolstadt mit seinen Truppen vor München auftaucht, der Stadt seiner feindlichen Vettern. Dass die Münchner Herzöge Ernst und Wilhelm aus der Schlacht als Sieger hervorgehen, wird vor allem der Kampfkraft der tapferen Tuchmacher zugeschrieben.

Der Siegreiche: Kaspar III. Winzerer (ca. 1465–1542)

Die Armbrust-Schützengilde „Winzerer Fähndl" trägt noch heute seinen Namen: Kaspar III. Winzerer, Spross einer reichen Tölzer Familie, ist einer der begabtesten Kriegsherren seiner Zeit. König Maximilian I., der spätere Kaiser, zeichnet Winzerer nach dessen Sieg über die Böhmen 1504 mit dem Titel „miles auratus" (Goldener Ritter) aus. Er dient Herzog Wilhelm IV. nicht nur als Heerführer, sondern auch als Diplomat in Ungarn. Dabei gerät er in den Verdacht der Illoyalität und fällt zeitweise in Ungnade. Die Umstände seines Todes sind mysteriös. Angeblich stirbt er bei einem Turnier an den Folgen eines Lanzenstichs.

Der Farbenzauberer: Peter Candid (um 1548–1628)

Der Maler und Grafiker Peter Candid, geboren als Pieter de Witte in Brügge, kommt nach Lehr- und Meisterjahren in Italien 1586 an den Münchner Hof Herzog Wilhelms V. Zunächst mit Altarbildern, unter anderem für St. Michael, betraut, wirkt Peter Candid nach dem Regierungsantritt Maximilians I. an der Ausgestaltung der Residenz, insbesondere des Kaisersaals mit. Auch das Alte Schloss Schleißheim schmückt er mit seiner prachtvollen Malerei. Als Höhepunkt seiner späten Schaffensjahre gilt der ehemalige Hochaltar der Frauenkirche. Die Darstellung der Himmelfahrt Mariä hängt heute über der Sakristeitür des Doms.

Der Tonsetzer: Johann Caspar Kerll (1627–1693)

Gegen Ende des 17. Jahrhunderts gilt er als einer der bedeutendsten Opern- und Kirchenmusikkomponisten in Europa. Johann Caspar Kerll, geboren im Vogtland, gelangt 1656 nach München, wo er bald zum Hofkapellmeister avanciert. Er gestaltet das Musikprogramm der Gottesdienste, schreibt Kammer- und Tafelmusik und hat die musikalische Leitung der Oper inne. Auch für die Jesuiten von St. Michael komponiert er. 1673 übersiedelt Kerll nach Wien. Kaiser Leopold I. ernennt ihn zum Hoforganisten. Von 1683 an ist er wieder häufig in München tätig, wo sich der Komponist kurz vor seinem Tode auch offiziell niederlässt.

Der Reformer: Wiguläus von Kreittmayr (1705–1790)

Der überaus belesene Mann, vom Kurfürsten Maximilian II. zum Geheimen Rat ernannt und in den Freiherrnstand erhoben, ist einer der wichtigsten bayerischen Rechtsgelehrten. Verdienste erwirbt er sich vor allem als Reformer des seinerzeit veralteten Rechtswesens in Bayern. 1751 legt Kreittmayr das neue Kriminalrecht vor, zwei Jahre später die reformierte Prozessordnung, im Jahr 1765 schließlich das Bayerische Landrecht, das bis zur Einführung des Bürgerlichen Gesetzbuchs in Kraft ist. Die Gerichtsverfahren sind nun erheblich kürzer, allerdings sind die Strafen noch immer so drakonisch wie in der Vergangenheit.

Der Heilkundige: Franz Xaver von Häberl (1759–1846)

Der aus bäuerlichen Verhältnissen stammende Häberl wird nach dem Medizinstudium Hospitalarzt am Krankenhaus der Barmherzigen Brüder, das damals vor dem Sendlinger Tor liegt. Nach der Säkularisation muss der Bau auf Befehl von Max I. Joseph dem Allgemeinen Krankenhaus weichen. An dessen Planung ist Häberl beteiligt. Auf seine Initiative wird 1813 ein Heizungs- und Belüftungssystem in dem Neubau installiert. Häberl leitet das Krankenhaus, das zu den modernsten in deutschen Landen zählt, bis 1828. Er wird in den Adelsstand erhoben und von Monarchen wie Zar Alexander I. oder Gustav IV. Adolf geehrt.

Der Steindrucker: Alois Senefelder (1771–1834)

Als junger Mann verdient Alois Senefelder sein Geld mit dem Schreiben von Theaterstücken. Weil sich die Verleger zurückhalten, sucht er nach einem billigen Verfahren zur Vervielfältigung. 1796/97 erfindet Senefelder die Lithografie, also den Steindruck. Einige Jahre nach seiner Entdeckung werden ihm dafür zahlreiche internationale Anerkennungen zuteil, König Ludwig I. lässt eine Büste Senefelders in der Ruhmeshalle aufstellen. Reich wird er mit seiner Erfindung aber nicht. Aufsehen erregt er 1808 mit Lithografien nach Dürers berühmten Randzeichnungen im Gebetbuch Kaiser Maximilians. Senefelder, der sein Wissen in einem Lehrbuch der Steindruckerei niederlegt, stirbt im Februar des Jahres 1834 in München.

Mary von Stuck, wie ihr Mann sie sah: elegant und heiter.

Die Welt als Villa und Vorstellung

Der Malerfürst Franz von Stuck errichtet sich ein phantastisches Traumgebäude – und eine Muse ist die Quelle seines Schaffens: Mary aus Brooklyn

Ja, es ist wahr, dass Franz von Stuck seine Gemahlin vergöttert hat, und dass er sich den antiken Himmelsherrschern so nahe fühlte, hat dabei gewiss geholfen. Die Apotheose der Mary von Stuck, Ehefrau des berühmtesten Malerfürsten im kunstverliebten München – das ist auch ein Kapitel Gesellschaftsgeschichte aus der Prinzregentenzeit. Ein Kapitel, über das wir anschaulich unterrichtet sind, denn die Angetraute war des Meisters liebstes Modell. In immer neuen Stimmungen und Posen hat der Universalkünstler seine Frau dargestellt: mal als bekränzte Römerin, mal als Muse, mal als entrückte Adelsdame.

Als er die gebürtige Amerikanerin Mary Hoose am 15. März 1897 heiratet, ist Franz Stuck bereits ein gefeierter Künstler. Als Professor an der Münchner Kunstakademie zählt er zur kulturellen Elite; die Spitzen der Gesellschaft lassen sich regelmäßig von ihm malen. Auch Prinzregent Luitpold von Bayern weiß die geheimnisvoll verdunkelte Mythenwelt des Malers zu schätzen. Mary ist eine gute Partie, eine lebenslustige Witwe, die seit der Ehe mit einem bekannten Münchner Arzt gewisse Ansprüche hat. Nur gut, dass der 1863 im kleinen Tettenweis in Niederbayern geborene Müllersohn bereits einen erlesenen Kundenkreis besitzt. Spätestens seit seinem vielgerühmten Gemälde „Der Wächter des Paradieses" ist er ein gemachter Mann. Allein das Preisgeld für die Goldmedaille bei der Glaspalast-Jahresausstellung bringt ihm 60 000 Goldmark ein. Viele lukrative Aufträge sind die Folge.

Franz Stuck als Römer beim Künstlerfest „In Arkadien"

Als Wächterin des irdischen Paradieses bewährt sich Mary Stuck. Die beiden sind ein perfektes Paar, so will es scheinen, auch wenn der zur Schweigsamkeit neigende Maler bereits eine Tochter hat, die nicht ganz zufällig ebenfalls den Namen Mary trägt. Stuck hatte kurz vor seiner Hochzeit noch ein Verhältnis mit der Bäckermeisterstochter Anna Maria Brandmeier. Das konnte in der Ehe keinesfalls verschwiegen werden: Mary und Anna Maria kannten sich gut, wie auf einem Foto aus dem Jahr 1896 zu sehen ist. Da posiert der stolze Liebhaber, dekoriert mit Gehrock, Melone und Spazierstock, Arm in Arm mit beiden engtaillierten Frauen. Lächelnd genießt er den Augenblick. Eine interessante ménage à trois deutet sich hier an, die aber keinen Bestand hat: Mary gewinnt die Oberhand. Sie steigt auf zur Künstler-Managerin – eine Agentin, die aus ihrem Franz das Beste herausholt. Sie bleibt Inspiration und Ziel seiner Kunst.

Wer zu den Spitzen der Münchner Gesellschaft gehören will, benötigt einen Wohnsitz, der sich neben all den anderen großbürgerlichen Villen jener prunksüchtigen Epoche behaupten kann. Der junge Ehemann beauftragt aber keinen großen Architekten wie sein Künstlerkollege Franz von Lenbach, der mit Gabriel von Seidl den führenden Baumeister für seine Künstlerresidenz beschäftigt. Nein, der Herr Professor scheut jeden Vergleich. Und er zeichnet lieber selbst als zeichnen zu lassen. Bis zum letzten Federstrich.

Die Villa Stuck, so wie sie sich heute nach dem Wiederaufbau und einer grundlegenden Restaurierung rechtzeitig zum 80. Todesjahr des Künstlers darstellt, ist ein Geniestreich. „Ich gedenke mir einen Palast zu bauen, der das Dagewesene in den Schatten stellen wird; die machtvollen Zentren der europäischen Kunst sollen dort mit der Gegenwart verbunden sein", beschreibt der Bauherr sein Projekt. Von Stuck stammen sämtliche Entwürfe bis in die Details: Die italienisch anmutende Fassade, die antiken Säulen, die Reliefs am Eingangsportal mit den verspielten Halbgöttern, und selbstverständlich auch die Raumaufteilung sowie die überaus reiche Inneneinrichtung dieses Hauses, das immer wieder zu Unrecht dem Jugendstil zugerechnet wird.

Die Villa Stuck ist vielmehr ein Solitär in München geblieben, eine Schatzkammer, entwickelt aus einer kühnen Vision, die sich allerdings in die ferne Vergangenheit richtet. Beinahe wähnt sich der Besucher im südländischen Landsitz eines reichen römischen Senators der Kaiserzeit.

Eine Welt für sich, das sollte diese Villa sein. Die Antike steckt hier in jedem Raum: Bronze-Krieger schwin-

Stucks Tochter Mary in der Pose einer stolzen Spanierin, ein Motiv nach Velázquez.

gen ihre Schwerter, Büsten und Vasen krönen die Nischen, ein römisches Marmorbad lädt zum Verweilen ein. Tanz und Gesang, repräsentiert von verzückten Liebespaaren, stehen sinnbildlich für die Gastlichkeit eines Hauses, das von der Hausherrin perfekt bewirtschaftet wurde. Der Privataltar des Meisters im großräumigen Atelier mit dem Bildnis „Die Sünde" erinnert auch daran, dass dieses Bauwerk fast religiösen Charakter hat: Trotz der vielen heidnischen Vorbilder ist dies ein Tempel für die Kunst, ein Tempel für den Künstler selbst, der sich nach seiner Erhebung in den Adelsstand 1906 das Wappen-Emblem eines galoppierenden Kentaur wählte. An Selbstbewusstsein fehlte es ihm offenbar nicht.

In diesem phantastischen Umfeld ist Mary die ordnende Kraft. Sie nimmt sich jetzt die Freiheit, die höchsten Kreise zum Dinner zu laden; die Wahlbayerin aus dem fernen Brooklyn findet die Rolle ihres Lebens und unterhält ihre Gäste mit eigenen Liedern. Bald gilt sie als führende Gesellschaftsdame der Prinzregentenstraße. Georg Jakob Wolf schreibt über sie in seinem 1924 erschienenen Buch *Die Münchnerin*: „Sie war eine Königin der Gesellschaft und der Feste. Sie machte großes Haus und strahlte in erlesener Schönheit und Anmut, witzig, musikalisch, überall beliebt und verehrt. Umgeben von anderen schönen Frauen wie Frieda von Kaulbach, Lolo von Lenbach, Nelly Sedlmayr (...), Lilli von Poschinger glänzte sie seit den neunziger Jahren als leuchtender Stern in den großen Münchner Salons, zumal denen der Künstlerschaft."

Die Stucks führen einen Haushalt, der sogar die finanziellen Verhältnisse eines marktbeherrschenden Malerfürsten ein wenig übersteigt. Man muss sich nur einmal die Gäste- und Menüliste für das Geburtstagsdinner des Künstlers im Jahr 1914 ansehen: Da sitzen die prominentesten Zeitgenossen am Tisch, ein Schriftsteller wie Ludwig Ganghofer, ein ehemaliger Ministerpräsident, mächtige Unternehmer und der Gründer des Deutschen Museums, Oskar von Miller. Serviert werden Kaviar, Ochsenschweifsuppe, Forellen, Rehschnitten, Langusten, Kapaun, Trüffelsalat, Pralingefrorenes, Käsetörtchen und Obst.

Als Geheimrat und Münchner Ehrenbürger genießt Stuck hohes Ansehen. Kurz vor seinem Tod 1928 wird er zum Ehrendoktor der Technischen Hochschule ernannt. Mary, die Quelle seiner Schaffenskraft, lebt nicht viel länger. Sie folgt ihm ein Jahr später ins Grab.

Christian Mayer

Vom Misthaufen auf den Olymp

Lenbach, Stuck, Kaulbach: Die prägenden Persönlichkeiten der Kunst des 19. Jahrhunderts stammen aus kleinen Verhältnissen – und bringen es zu Weltruhm

Eine gewisse Begabung vorausgesetzt, konnte es ein Künstler unter Königen und Prinzregenten im alten München weit bringen: Ludwig I. hatte einst beschlossen, aus München eine Kunststadt zu machen. Recht viel anderes war ihm dereinst bei seinem Regierungsantritt ja auch nicht übrig geblieben: Mit dem militärisch durchorganisierten Preußen im Rücken und der übermächtigen österreichischen Monarchie vor der Nase hatte Bayern wenig machtpolitischen Spielraum. Was also lag näher, als sich der kulturellen Aufrüstung zu widmen. Durch den Bau neuer Museen und Akademien war bereits Mitte des 19. Jahrhunderts eine solide Infrastruktur geschaffen, die künstlerische Talente aus ganz Europa anzog und schließlich Karrieren ermöglichte, die selbst nach heutigen Maßstäben noch immer märchenhaft anmuten.

Ende des Jahrhunderts pilgerten amerikanische Industrielle, die russische Zarenfamilie, der gesamte europäische Hochadel, Politiker, Großbürger nach München, um sich hier für viel Geld porträtieren zu lassen. Wer auf sich hielt, musste sein von Franz von Lenbach oder Friedrich August von Kaulbach auf Leinwand gebanntes Konterfei im Salon hängen haben. Die beiden waren zuständig für den repräsentativen Touch einer gehobenen Lebensführung. Daneben gab es noch einen ausgewiesenen Spezialisten für die intimeren Rückzugswinkel hochherrschaftlicher Raumfluchten. Er hieß Franz von Stuck und lieferte laszive Nacktheit. Sehr dekorativ. Sehr distinguiert, weil historisch und allegorisch verbrämt. Aber genauso teuer wie die anderen beiden. Ein Triumvirat von Malerfürsten, das München zum Ende des 19. Jahrhunderts bedingungslos beherrschte, sich mitunter bekriegte und bei aller Verschiedenheit der Temperamente und Fähigkeiten doch auch eine Menge Gemeinsamkeiten aufwies.

Alle drei waren Marketing-Genies. Offensichtlich sprachen sie die Frauen an. Sie genossen Protektion von höchsten Stellen oder wussten sie sich zu sichern. Trotzdem sind alle drei mehr oder weniger gesellschaftliche Aufsteiger, stammen aus relativ einfachen Verhältnissen und bringen es neben zahllosen anderen Auszeichnungen schließlich bis zur Erhebung in den Adelsstand als Ritter der Bayerischen Krone.

Den steinigsten Weg dorthin hatte wohl Franz, nachmaliger Ritter von Lenbach, zurückzulegen. 1836 als Sohn eines Maurermeisters in Schrobenhausen geboren, muss er sich den Weg an die Akademie in München mühevoll erkämpfen. Mit elf Jahren kommt er zu einem Bildhauer in die Lehre. Als 14-Jähriger beordert ihn der Vater wieder zurück. Er muss Mauern aufziehen und vor allem Pläne zeichnen, was ihm wenig Spass macht. Er träumt er von seiner künstlerischen Berufung.

Als er es schließlich nach mehreren Anläufen doch in die Klasse des Historienmalers und Akademiedirektors Karl von Piloty schafft, notiert ein Studienkollege mit einiger Distanz: „Ein neues Gesicht ist aufgetaucht, eine lederhäutige, bäuerische Charaktermaske. Der Bursche, dem sie gehörte, bildete das Gespräch des Ateliers. Ohne einen Pfennig Geld, die Stiefel und einen Packen Skizzen unterm Arm war er zu Fuß nach München gepilgert." Aber Piloty, so das verständnislose

Diese Karikatur hat Olaf Gulbransson 1903 gezeichnet; sie zeigt Franz von Lenbach.

Resümee, habe den Hungerleider auf „ein paar Skizzen hin sofort aufgenommen und ihm ein Stipendium erwirkt". Und Lenbach lässt nicht locker. Adelige Gönner wie der Sammler Graf Schack ermöglichen ihm im Anschluss ans Studium Reisen nach Rom, Florenz und Wien, wo er den österreichischen Malerfürsten Hans Makart kennenlernt. Eine wichtige Begegnung, denn von ihm lernt der Handwerkerbub die hohe Kunst der Intrige. Makart empfiehlt ihm den Beitritt zu Künstlervereinigungen und damit verbunden die sorgsame Beobachtung jeglicher Konkurrenz. Lenbach erweist sich in dem Punkt als gelehriger Schüler. Wilhelm Leibl, einer der wenigen, die ihm als Maler an Talent eigentlich überlegen waren, hatte keine Chance. Wo immer Lenbach seinen Einfluss geltend machen kann, hängen Leibls Bilder bei Ausstellungen so hoch, dass man sie nicht mehr sieht. Und, wie ein Zeitgenosse schreibt: „Alles was vor Lenbach kroch, zog sich zurück." Leibl war in München erledigt. Sein Kontrahent konnte absahnen. Für ein Porträt des österreichischen Kaisers Franz Joseph kassierte Lenbach beispielsweise 1873 die sagenhafte Summe von 12 000 Gulden, ein Vielfaches dessen, was ein Arbeiter in einem ganzen Jahr verdienen konnte.

Ähnlich horrende Summen nimmt nur noch Friedrich August von Kaulbach. Ihm kann Lenbach nichts entgegensetzen, schließlich stammt der 14 Jahre Jüngere aus einer Künstlerfamilie und besitzt von Haus aus erstklassige Kontakte und eine solide Bildung. Der Onkel Wilhelm war in München unter König Max II. Akademiedirektor gewesen. Die Wege sind also in gewisser Weise geebnet, und Kaulbach tauscht in seiner erfolgreichsten Zeit angeblich sogar Gemälde alter Meister wie Tizian oder Tintoretto gegen eigene Werke. Diese zieren dann natürlich standesgemäß die Wände der mondänen, 1887 erbauten Villa in der Schwabinger Gartenstraße 15 (heute Kaulbachstraße). Lenbach lässt natürlich auch bauen, übrigens vom gleichen Architekten Gabriel von Seidl, nur noch größer und teurer im Stil einer italienischen Renaissance-Villa. 1889 ist sein Palast, direkt gegenüber den Propyläen am Königsplatz bezugsfertig. Die hochwohlgeborene Kundschaft gibt sich hier wie dort die Klinke in die Hand. Aber Kaulbach wie auch Lenbach – ein Teil des Erfolgsgeheimnisses – porträtieren nicht jedermann. Sie wählen aus, auch wenn sie längst, damit es schneller geht, ihre Vorstudien mit der Kamera machen.

Das tut auch der Bauern- und Müllersohn Franz von Stuck. Er ist der jüngste im Bund der Münchner Malerfürsten – ein viriles Kraftpaket, das sich nach oben durchtankt. Um als Porträtist Karriere zu machen, ist es für ihn zu spät. Stattdessen inszeniert er sich und seine schwül-erotischen Phantasien ebenfalls in einem Palast. Aber alles dort ist selbst entworfen. Bei Stuck kauft man einen Lebensstil, während man ihn bei den beiden anderen für die Nachwelt im Bild festhalten lässt.

Drei unerhörte, durch den Reichtum der Gründerzeit begünstigte Künstlerkarrieren, die sich so wohl nur in der Kunststadt München abspielen konnten und die bis heute in den Villen dieser Künstlerfürsten dokumentiert sind.

Christoph Wiedemann

Das Lenbachhaus, zwischen 1887 und 1891 von Gabriel von Seidl erbaut.

Richard Wagners musikalische Sendung

Der Meister aus Sachsen betört den König und das Publikum, aber er bringt auch Kollegen und Bürger gegen sich auf

Als Giacomo Meyerbeer 1812 in München seine erste Oper aufführt, kann er das königliche Hoforchester nicht genug rühmen. „Das Orchester executierte die Symphonien & Ouvertüren, wie ich sie noch nie executiert hörte. Energie, Präzision, Ensemble, das Crescendo & Piano, alles dies war auf dem höchsten Grade der Vollkommenheit", schreibt er in sein Tagebuch.

Tatsächlich spielte das Hofopernorchester die musikalische Hauptrolle in München. Mit einer bis ins Jahr 1530 zurückreichenden Tradition und Berühmtheiten wie Orlando di Lasso gehörte es zu den ältesten deutschen Hoforchestern, mit 82 Musikern samt 39 Mann Vokalkapelle zu den größten. Der Import des Mannheimer Orchesters unter Kurfürst Karl Theodor, seinerzeit Europas Spitzenensemble, trug reiche Frucht. Aber Meyerbeer rühmte es schon in seiner Rolle als Sinfonieorchester, denn die Liebhaberkonzerte waren seit 1801 in Mode gekommen und führten 1811 zur Gründung der Musikalischen Akademie mit ihrer Konzertreihe.

Das war Zeichen einer neuen, bürgerlichen Musikkultur des 19. Jahrhunderts. Ihr Ort war der Redoutensaal an der Prannerstraße, wo 1801 Haydns „Schöpfung" aufgeführt wurde, oder in den neuen literarischen Zirkeln wie „Museum", „Harmonie" oder „Frohsinn", wo eifrig musiziert wurde. Das Hoftheater am Isartor nahm von 1812 bis 1825 sogar das leichtere Genre des späteren Gärtnerplatztheaters vorweg. Mit dem Bau des neuen Hof- und Nationaltheaters unter Max I. Joseph wuchs auch dem Hoforchester eine breitere Wirkung zu, denn dort gab es 2600 Plätze. 1802 hatte man das alte Franziskanerkloster mit Brauerei und Garten abgerissen, um Platz für das neue Theater zu schaffen. Am 12. Oktober 1818 wurde es mit dem Festspiel „Die Weihe" von Hofkapellmeister Ferdinand Fränzl eröffnet. „Trage er Sorge, daß ich jede Woche ein paar mal etwas zum Lachen und meine Frau etwas zum Weinen bekommt, im übrigen kann er machen was Er will", entwarf der Monarch das großzügige Programm für seinen Intendanten Graf Törring-Seefeld.

Neuer Konzertsaal

Das alte Cuvilliés-Theater trat in den Hintergrund, und nach einer Rossini-Welle von 1816 bis 1824 bemühte sich Ludwig I. um die Ablösung des italienischen Repertoires durch das deutsche. Spohr, Carl Maria von Weber, Marschner rückten auf den Spielplan. Aber ausgerechnet als der König sein „Isar-Athen" mit einem neuen Konzertsaal begründet, dem „Odeon", erbaut von Klenze, stirbt der Hofkapellmeister Peter von Winter und die Qualität des Orchesters

Szenen aus der „Lachner-Rolle", einer 12,5 Meter langen Bildbiografie des Malers Moritz von Schwind. Links ist zu sehen, wie der Lachner von Caspar Ett Musikunterricht erhält, rechts, wie er in einem Theater-Orchester mitspielt.

Liebling des Königs, aber bei vielen seiner Münchner Zeitgenossen unbeliebt: Richard Wagner.

Der Komponist und erste Bayerische Generalmusikdirektor Franz Lachner.

sinkt. Der Grundstein zum Odeon, dem frontgleichen Gegenstück des Leuchtenberg-Palais, wird am Faschingsdienstag 1826 gelegt. Das Eröffnungskonzert bestreitet das Hoforchester am 10. März 1828. Entgegen der heutigen Legende war der Saal anfangs allerdings kein Erfolg. Die *Allgemeine Musikalische Zeitung* moniert den fehlenden Zugang für die „nicht fahrenden Besucher“ und die schwierige Akustik.

Ein grandioser Erfolg war hingegen die Berufung Franz Lachners als Hofkapellmeister 1836. Der Mann aus dem schwäbischen Rain am Lech war bei Caspar Ett in der St. Michaelskirche zur Lehre gewesen, gehörte dann in Wien zum Freundeskreis von Franz Schubert und wirkte in Mannheim als Hofkapellmeister. Mit „funkelndem Auge“, energischer Präzision und geduldiger Kleinarbeit trainiert er das Hoforchester wieder in die Oberliga. Seine Beethoven-Interpretation ist berühmt, Verdi und Gounod kommen ins Programm, und 1842 präsentiert er den Münchnern erstmals Bachs Matthäuspassion.

So reifen die musikalischen Früchte, die dann ein anderer ernten sollte. Noch ahnt es der erste Bayerische Generalmusikdirektor nicht, als er 1855 Wagners „Thannhäuser“ und drei Jahre später den „Lohengrin“ aufführt. Immerhin ist der sächsische Meister davon so begeistert, dass er Anerkennungsbriefe schickt. Dann aber besteigt 1864 ein neuer König den Thron, der im Possenhofener Schloss schon als Kronprinz in den Schriften Richard Wagners gelesen hatte. Ludwig II., der bayerische Märchenkönig, entbrennt schwärmerisch für den Klangmagier, der in Wien vor dem restlosen Bankrott steht. Er flieht vor seinen Schulden nach Stuttgart, wo er die Einladung des Königs nach München erhält. Wagner kommt 1864 zu seinem Retter und Seelenfreund und wohnt nobel in der Briennerstraße 21, mit Blick auf die Propyläen. Eine musische Romanze beginnt, die nicht nur bayerische Historie ist, sondern großes Musikgeschichtstheater.

Wagner bemächtigt sich bald über Ludwigs romantische Seele aller musikalischen und fiskalischen Machtpositionen. Bereits in den Proben zum „Fliegenden Holländer“, 1864, löst er Lachner ab und dirigiert selbst. Man schätzt sich nicht. Lachner schreibt vom „Hansdampf, der nicht 8 Takte in einen logischen Zusammenhang bringen kann“, Wagner bezeichnet ihn als „vollständigen Esel und Lump“. Für die Uraufführung von „Tristan und Isolde“ am 10. Juni 1865, vor dem Wien nach 77 Proben kapituliert hatte, holt er Hans von Bülow als Dirigenten. Dessen Ehefrau Cosima bringt 1865 in München das erste Kind Wagners, Isolde, zur Welt. Bülow führt auch 1868 die „Meistersinger" zum Uraufführungserfolg. Geld fließt unaufhörlich an Wagner, zuletzt 40 000 Gulden, boshafterweise in Säcken mit Silbergeld, die Cosima in der Kutsche nach Hause karren muss. Baumeister Gottfried Semper muss ein Festspieltheater am Isar-Ufer für die Aufführung des „Rings" entwerfen.

Inzwischen aber kocht die Volksseele über. Wagner wird die Lola Montez von Ludwig II. Die Stammtische toben, im Volksboten erscheint eine wüste Attacke, das Volkstheater spielt die Parodie „Tristanderl und Süßholde", und das Kabinett droht mit Rücktritt. Minister von der Pfordten an den König: „Sie haben zu wählen zwischen der Liebe und Verehrung Ihres treuen Volkes und der Freundschaft Richard Wagners." Ludwigs „Lolus" muss schließlich Bayern verlassen. Er reist am 10. Dezember 1865 nach Bern ab und kommt nur noch zu Besuchen zurück.

Der König und der Komponist. In Anspielung an Lola Montez erhält Wagner den Beinamen „Lolus".

Franz Lachner tritt 1868 zurück. Aber nach den Uraufführungen von „Rheingold", 1869, und „Walküre", 1870, wird München unweigerlich zur Wagner-Stadt. Mit 731 Aufführungen bis 1892 nimmt Wagners Werk den einsamen Spitzenplatz ein. Und mit einem Staatskredit von 100 000 Talern und der Privatspende von 25 000 Talern wird Ludwig II. auch zum Großsponsor der Bayreuther Festspiele.

Wagners Einfluss reichte bis in die Musikpädagogik. Schon 1865 hatte er einen „Bericht über eine in München zu errichtende deutsche Musikschule" an den König verfasst. 1867 wurde das private Konservatorium in die „Königlich Bayerische Musikschule" im Odeon-Bau umgewandelt, 1874 wird daraus eine „Königliche Staatsanstalt". Dort wird Joseph Rheinberger, ein Schüler von Lachner, Inspektor und Kompositionslehrer. Wagner spottet über ihn: „Dieser Professor Rheinberger ist ein großer Künstler, der komponiert täglich von 5 bis 6 Uhr nachmittags. Ich bin nur Dilettant, ich kann nur komponieren, wenn mir etwas einfällt." Aber tatsächlich war Rheinberger eine europäische Berühmtheit, die sogar von der Londoner Musical Times 1899 als Schiedsinstanz in einer Streitfrage angerufen wird. Zu seinen Schülern zählten Humperdinck, Wolf-Ferrari, Beer-Waldbrunn und Furtwängler.

Noch einflussreicher aber wird der Cäcilianismus, eine kirchenmusikalische Reformbewegung des Historismus, die sich seit 1865 von Regensburg aus Bahn bricht. Seine Keimzelle liegt in Münchens Jesuitenkirche St. Michael. Dort setzte mit der Aufführung des „Miserere" von Gregorio Allegri 1816 die Wiederentdeckung der alten Vokalpolyphonie ein, die dann Caspar Ett und Johann Kaspar Aiblinger in ihren Werken aufgreifen. Eine Brücke zwischen Tradition und Moderne schlägt die Münchner Schule um Ludwig Thuille, einem Jugendfreund von Richard Strauss.

Strauss wird in dem Jahr, als Wagner nach München kommt, 1864, am Altheimer Eck geboren. Sein Vater, hochgerühmter Hornist im Hoforchester, ahnt nicht, dass es der Sohn mit den Münchnern genauso schwer haben wird wie Wagner. „Öder Sumpf, Biersumpf überall", sagt Strauss zu Hans von Bülow, als er 1886 bis 1889 eine dritte Kapellmeister-Stelle am Hoftheater bekleidet und seine Erfolge lieber in Weimar und Dresden feiert. Mit der Gründung des „Kaim-Orchesters" 1893 durch den Privatmann und Hofrat Franz Kaim sieht das Jahrhundert noch die Geburt der späteren Münchner Philharmoniker. Ihr erster Chef ist Hans Winderstein, ihr Domizil die Tonhalle in der Türkenstraße 5, die 1944 in Schutt und Asche sinkt. Mit ihren legendären Aufführungen der Sinfonien Anton Bruckners in Wien und München wird die Bruckner-Tradition des Orchesters begründet, und die Uraufführung von Mahlers 4. Sinfonie 1901 führt schon in die Prinzregentenzeit. Ihr Symbol ist das Prinzregententheater, dessen Bau Prinz Luitpold als eine enthusiastische Bayreuth-Kopie noch 1899 genehmigt.

Klaus Peter Richter

Damen in prächtigen Kostümen, Männer mit Zylinder oder in Tracht – das Aquarell von Ferdinand Lecke zeigt eine Redoute, die 1895 in den Münchner Zentralsälen stattfand.

Die Farben des Frohsinns

Der wachsende Wohlstand gegen Ende des 19. Jahrhunderts ermöglicht neue Lustbarkeiten

Man trinkt Bier. Man singt, kreischt und lacht, man schwenkt die Humpen und reißt Zoten; den Damen wird's schon gefallen; und wenn die Schöne mit dem grünen Hut noch ein wenig verhalten blickt, mag das am heranschleichenden Galan mit dem professoralen Habitus liegen.

„Eine Redoute in den Münchner Zentralsälen" hat Ferdinand Lecke 1895 gemalt, so prall und wirklichkeitsnah, dass der Betrachter noch heute beinahe meint, die Musik zu hören und den Tabakqualm zu riechen. Vielleicht wünscht er sich das auch nur, denn der Tabak ist ihm nunmehr vergällt, und die Live-Bands unserer Tage spielen auf, als hätten Kulturpessimisten sie eigens erfunden.

Eine Redoute war ursprünglich Privileg der obersten Schichten: ein Maskenball, begleitet von Vergnügungen aller Art wie dem sonst verbotenen Glücksspiel; mitunter auch solchen, deren Erörterung sich in diesem Rahmen verbietet. Anfangs dürfen Bürger nur maskiert teilnehmen, dem Adel steht die Verkleidung frei. Die erste Münchner Redoute, berichtet das Stadtmuseum, findet im Fasching 1716 im geheimnisvoll dekorierten Rathaussaal statt, später gibt es ein eigenes Redoutenhaus. Gegen Ende des 19. Jahrhunderts wird das Vergnügen wiederentdeckt, doch gesellt sich dem eitlen Spiel von einst derbe Belustigung bei. Die Redouten sind Höhepunkt der Faschingstage; und dass 1881 bei einem großen Feuer in Kils Kolosseum neun als Eskimos kostümierte Besucher verbrennen, tut dem Siegeszug des Faschings keinen Abbruch. 1895, dem Jahr von Leckes Gemälde, gibt es den ersten Münchner Faschingszug. Es geht, nach den Maßstäben der Epoche, freizügig zu. „Im deitschen Theeader hamms obn weniger an und aber im Kindlkeller is fon unt auf mehr zum sehgn", sagt Jozef Filser bei Ludwig Thoma.

Eine Epoche weiß zu feiern und feiert sich selbst. Das 19. Jahrhundert hat die Entdeckung der Freizeit gebracht; zuvor war diese im Wesentlichen eben Plaisir des Adels. Der freie Sonntag ist der Tag der Bürger und in wachsendem Maße sogar der Arbeiter. Sie alle schwärmen aus in die Biergärten, ins Grüne, an die Seen, die dank der Eisenbahn nunmehr leicht erreichbar sind.

Bacchantisches Treiben

Die *Münchner Neuesten Nachrichten*, Vorgängerin der *Süddeutschen Zeitung*, würdigen 1897 Pfingstausflüge und ähnliche Freizeitlustbarkeiten als „neue Erscheinung, denn erst die Besserung der Verkehrsmöglichkeit hob den Ausflugsverkehr an". Noch 50 Jahre zuvor dagegen ist an dergleichen kaum zu denken gewesen, schon „die Wanderung um die nächsten Seen, den Starnberger oder den Ammersee, von dem Tegern-, dem Schlier-, Chiem- und Königssee nicht zu reden, wurde im Leben zahllosen Münchnern niemals zur Wirklichkeit".

1900 aber spottet der *Simplicissimus* über die bis heute jedem Münchner vertraute Pein, beschwingter Stimmung hinaus in Oberbayerns Natur zu fahren, nur um dort erneut Münchner in jenen Massen zu erblicken, vor denen man doch eigens geflüchtet ist. „Der schöne schattige Waldweg" heißt eine Karikatur, die zeigt, wie zu viele Spaziergänger auf einem zu kleinen Wanderweg zu viele Radfahrer treffen, wobei jede Gruppe die jeweils andere für eine Zumutung hält (der einzige Unterschied zu den heutigen Verhältnissen ist, dass die Radfahrer damals nicht so abscheulich angezogen waren). Mit dem Zug gelangen die Ausflügler preiswert und mühelos in nahe Regionen, die zuvor nur beschwerlich erreichbar gewesen sind, etwa ins Isartal.

Deren Wirtshäuser reagieren auf die jähe Nachfrage nicht immer geschäftstüchtig, was anfangs zur Folge hat, so wieder die *Münchner Neuesten Nachrichten*, „dass in den Gaststätten nichts oder so gut wie nichts" gerichtet war und „man sich an der Schenke und in der Küche raufen musste, um überhaupt etwas zu bekommen". Das ändert sich bald. Der Rabenwirt in Pullach etwa wird zum Schauplatz legendärer Künstlerfeste, wie 1903 Marie Römermann, eine Freundin Franziska von Reventlows, berichtet: „Es ging mit der Tram und Eisenbahn bis Großhesselohe, wo uns dicke Bauernschlitten erwarteten, jeder mit vier dicken Rössern bespannt, Fackelreiter zur Seite (...) Dann: Halt! Da waren wir. Ich trete ein, sofort sind Masken um mich, die mit mir tanzen wollen. Ich fliege von einem Arm in den anderen, tanze, bis ich umfalle. Über mir Tannengewinde, bunte Fahnentücher, Lichter, rote Lichter, Kränze, sich drehende Lichterkränze, Musik, Musik, bacchantisches Treiben."

Die Freizeit ist der Spiegel des wachsenden Wohlstandes, so kärglich dieser für Lohnarbeiter und untere Schichten auch ist. Für das Stadtbürgertum, das einst die Anlage des Englischen Gartens durch Kurfürst Karl Theodor voll Ingrimm boykottierte, weil das

Mondän, mit einem Hauch von Paris: Die Flaneure im Hofgarten, wie sie der Maler Albert Weisgerber im Jahr 1911 sah.

Spazierengehen ein liederlicher Schabernack von Zugereisten sei, hat sich der Alltag noch weit deutlicher verändert. Derselbe Karl Theodor, der ungeliebte Pfälzer, dem sich die Münchner in herzlichem Undank verbunden wussten, hat 1790 den Hofgarten der Residenz für das Volk öffnen lassen. 1911 ist der grüne Garten eine der beliebtesten Flaniermeilen der Stadt, „der offene Markt der Reize", wie es in einer Beschreibung heißt: „Auf höchsten Befehl wechseln hier im Sommer die Orchester des Militärs in schönen Abendmusiken. Zuckerwerk und Näschereien werden feilgeboten." 1911 malt Albert Weisgerber, vom französischen Impressionismus beeinflusst und Mitbegründer der Neuen Sezession, das Ölbild „Im Münchner Hofgarten" wie das gutbürgerliche Gegenstück zum Bierdunst und enthemmten Geschrei der Zentralsäle: Kinder im Ausgehanzug, Windhunde, die Damen mit breitem Hut; das Zeugnis einer heiteren, der Zukunft zugewandten Welt. Vier Jahre später fällt Weisgerber in der mörderischen Schlacht von Ypern, und die Welt der frohen Farben ist nicht mehr.

Joachim Käppner

Afrika am Isarstrand

Der 1911 eröffnete Zoo wird sofort ein Publikumserfolg

Der jüngste Vorstoß der Münchner CSU, den Tierpark Hellabrunn zur Wiederaufnahme der Nilpferdhaltung zu bewegen, hat in der München-Redaktion der „Süddeutschen Zeitung" vorbehaltlose Zustimmung gefunden. Bekanntlich hat die Zooleitung ja „aus Kostengründen" die beiden Hippos Rosa und Gurbe 2002 nach Brasilien verscherbelt; wobei – aus Kostengründen, das sagt heute jeder, der jemandem etwas Schönes fortnehmen will, in diesem Fall eben das wunderbare Grunzen der Riesen im trüben Wasser vor dem Dickhäuterhaus. Dabei hatte sogar Liesl Karlstadt 1952 einem kleinen Münchner Flusspferd ihren Vornamen gegeben; und zu allen Zeiten haben solche Tierkinder die Besucher in Scharen gelockt wie heute die Eisbären Knut und Flocke.

Schon im Januar 1914 zeigt die Tierparkzeitung das Münchner Kindl, rittlings auf einem grinsenden Nilpferd hockend. Noch 1890, als viele deutsche Städte sich bereits großer Zoologischer Gärten rühmen, existiert in München nichts dergleichen – „eine Anomalie", heißt es in einem Aufruf mit dem Ziel, diesem Missstand baldigst abzuhelfen. Weil das Interesse an Exotischem aber mit den kolonialen Abenteuern des Kaiserreiches so enorm gestiegen ist, haben Tierschauen die Lücke gefüllt, vor allem das 1880 errichtete Münchner Aquarium am Färbergraben. Es gibt auch Papageien, Kaimane und ein Panoptikum, das die Königin Cleopatra „als frisch erblühte Rose" zeigt. Gern gesehen werden auch Schneewittchen, Unterwasser-Skelette und eine Hartguss-Granate. Erst 1911 wird der Münchner Zoo eröffnet, eine Anlage mit viel Platz für die Tiere und exotischen Landschaften, die dem Besucher das Erlebnis unverfälschter Natur vorspiegeln. Er ist sofort ein gewaltiger Publikumserfolg. Am Wochenende spielen Militärkapellen, Nachschub an Tieren kommt auch aus den afrikanischen Kolonien des Deutschen Reiches. Der Hamburger Zoo-Pionier Carl Hagenbeck gibt der Münchner Anlage seinen Segen („hervorragend geeignet"), aber einfach so loben lässt man sich schon damals von den Nordlichtern nicht. Im Zooführer von 1911 heißt es: „Wohl haben andere Gärten wertvolle Anregungen gegeben, namentlich der Tierpark Hagenbecks, aber München müsste nicht München sein, wenn man hier auf ein blosses Kopieren sich eingelassen hätte." Joachim Käppner

Das Titelblatt des ersten Münchner Tierparkführers.

Einer der ersten Wärter des Tierparks Hellabrunn posiert mit seinen Schützlingen vor der Kamera.

Ein Gaslaternen-anzünder in München vor dem Ersten Weltkrieg.

Das Lied vom schönen Karl

Gegen Ende des 19. Jahrhunderts verschärfen sich die sozialen Auseinandersetzungen, und die Arbeiterschaft beginnt sich zu wehren

Sie werden Kare, Lucki, Maxe oder auch Xare genannt. Und sie sind die Helden der Vorstadt, echte Männer, gut angezogen, charmant im Auftreten – nun ja, vielleicht doch ein wenig halbseiden. Die Arbeit liegt ihnen eher fern, ganz im Gegensatz zum Amüsement. Ihren Lebensunterhalt verdienen sie mit Gelegenheitsjobs, kleinen Gaunereien, Taschenspielertricks, oft auch auf Kosten ihrer Liebschaften: Kellnerinnen, Dienstmägde, Näherinnen. Ihre Freundinnen schicken sie zum „Equipagefahren" – was nichts anderes heißt, als dass sie die Frauen anhalten, „Gewerbsunzucht" zu betreiben, wie die Prostitution im 19. Jahrhundert genannt wird.

Die vermeintliche Lebenskunst der so genannten Vorstadt-Strizzis löst bei den Menschen, die unter erbärmlichen Umständen in der Au, in Haidhausen oder Giesing leben, nicht selten Bewunderung aus. Beinahe jeder Volkssänger widmet den Kleinganoven zumindest ein Couplet. Über den schönen Karl heißt es beispielsweise: „I bin von rechts der Isar her / in Giesing bin i z'Haus, / im schönsten Teil der Stadt, / da steht mein Vaterhaus. / Mei Vater war ein Maschkera, / mei Mutter in da Wasch, / mein Bruder, der fahrt Ziegelstoa, / mei Schwester Equibasch."

Dieser Karl ist keine bestimmte historische Figur, sondern ein Typus. Männer wie er treiben sich in allen Arbeitervierteln der Stadt herum. Die Volkssänger – um 1900 sind rund 800 gemeldet, die zumeist in Wirtshäusern oder Singspielhallen auftreten – zollen den Strizzis Respekt. Sind ja immerhin verwegene Gesellen, deren nicht unbedingt legaler Lebenswandel auch als Opposition gegen die Obrigkeit verstanden werden kann. Denn die „guade, oide Zeit" ist alles andere als gut. Zumindest nicht für die Mehrheit der Bewohner Münchens.

Schlechte Zeiten

Dennoch: Der jährliche Zustrom von Tausenden reißt nicht ab, nimmt nach dem Ende des deutsch-französischen Krieges 1870/71 sogar noch zu. Die Reparationszahlungen in Höhe von drei Milliarden Francs, die das unterlegene Frankreich innerhalb von drei Jahren an das Deutsche Reich zahlen muss, führen auch in München zum wirtschaftlichen Aufschwung. An den Rändern der Stadt und entlang den neuen Eisenbahnlinien entstehen Industriebetriebe, die Arbeit und Auskommen verheißen.

Die vielen Zuwanderer verkraftet die Stadt nur schwer. In den ehemaligen, mittlerweile eingemeindeten Vorstädten, den Herbergsvierteln, werden viele Anwesen noch einmal in Kleinstwohnungen unterteilt, und in den einst dörflich geprägten Stadtteilen baut man Mietshäuser und „Zinskasernen" – doch auch das reicht nicht, um die Wohnungsnot zu lindern. Die Menschen wachsen in Wohnungen von gerade mal 20 Quadratmetern auf, die sie sich mit ihrer sieben- oder gar zehnköpfigen Familie teilen müssen.

Überhaupt ein Dach über dem Kopf zu haben, ist ein großes Glück. Vielen Zuwanderern steht nur für einige Stunden am Tag ein Bett zur Verfügung – gegen das entsprechende, für sie teure Entgelt. An Wochenenden oder Feiertagen gibt es diese Schlafstellen kaum. Die Menschen, die selbst keine Wohnung haben, werden dann zu Obdachlosen.

Zumindest dieses Schicksal bleibt denjenigen erspart, die sich als Dienstboten oder Gesinde bei den besseren Herrschaften verdingen. Immerhin erhalten sie als Lohn für ihre Arbeit Kost und Logis. Doch geht die Macht ihrer Arbeitgeber laut Dienstboten- und Gesindeordnung so weit, dass sie das Personal züchtigen dürfen. Wer ohne Erlaubnis des Dienstherren das Haus am Abend verlässt, kann gerichtlich bestraft werden.

Den Tagelöhnern und Fabrikarbeitern ergeht es nicht besser. Tägliche Arbeitszeiten von zwölf Stunden oder mehr sind Ende des 19. Jahrhunderts normal. Urlaub gibt es nicht. Allenfalls langjährige Mitarbeiter, die sich um den Betrieb besonders verdient gemacht haben, dürfen drei bis vier Tage im Jahr frei nehmen. Wer aber krank wird, läuft Gefahr, seine Arbeitsstelle zu verlieren und mitsamt seiner Familie dem Ruin entgegenzutreiben. Einen neuen Job zu finden, gilt als nahezu unmöglich.

Die Liste der Sittenpolizei

Alleinstehende Frauen, die nach München kommen, haben es doppelt schwer. Ihnen fehlt der Rückhalt der Familie, oft sind sie wegen ungewollter Schwangerschaften vor ihr geflohen. Meist finden sie nur saisonweise Arbeit in den Fabriken, als Näherinnen oder auch als Kellnerinnen. Nicht selten geraten sie an die Kares und Luckis und werden aus Geldnot oder Verliebtheit zu Prostituierten.

Dennoch ist für viele der Frauen die „Unzucht" offenbar nur ein Durchgangsstadium. Die Filmemacherin und Schriftstellerin Sybille

Bei jedem Wetter müssen sie hinaus: die Trambahnschienenritzenreinigerinnen, hier auf einem Foto von Philipp Kester, aufgenommen um 1910.

Krafft belegt dies in ihrem Buch *Zucht und Unzucht. Prostitution und Sittenpolizei im München der Jahrhundertwende* mit einem Blick in die Einschreibungslisten der Sittenpolizei: Demnach lassen sich Anfang 1898 genau 265 Frauen als Prostituierte registrieren. Im Laufe des Jahres kommen 178 neue hinzu, während fast genauso viele, 172 Frauen, wieder aus der polizeilichen Kontrolle entlassen werden. Als Gründe für diese Fluktuation werden „Eintritt in ein Arbeits- oder Dienstverhältnis", „Fortzug aus München", „Verbüßung längerer Freiheitsstrafen", „Heirat", „Krankheit" und „Tod" angeführt. Man darf vermuten, dass die meisten die Registrierung scheuen und die Prostitution heimlich betreiben.

Armut, Ungerechtigkeit, Wohnungsnot, Restriktionen, permanent drohende Arbeitslosigkeit lassen den Unmut anwachsen. Ein Indiz dafür ist die steigende Streikbereitschaft der Arbeiter, die 1868 beginnt. Einen ersten Höhepunkt der Arbeitskämpfe erlebt die Stadt aber erst 20 Jahre später: 1886 mit dem großen Schäfflerstreik und 1889/90 mit insgesamt zwölf Streiks, die zwei bis vier Wochen andauern. Die Forderungen sind stets dieselben: Lohnerhöhungen und kürzere Arbeitszeit. Vom Acht-Stunden-Tag ist schon damals die Rede.

Zu dieser Zeit sind die Arbeiter bereits organisiert, wenngleich unter schwierigsten Bedingungen. Im Jahr 1869 hatte der Regensburger Schriftsetzer Leonhard Tauscher einen Verein nach dem Vorbild des sechs Jahre zuvor in Leipzig entstandenen Allgemeinen Deutschen Arbeitervereins gegründet. Im Juni 1870 formiert sich die Sozialdemokratische Arbeiterpartei Deutschlands. Ihre Hauptforderung ist ein allgemeines, gleiches, geheimes und direktes Wahl- und Stimmrecht für alle Staatsangehörigen vom 20. Lebensjahr an – auch für die Frauen. Tauscher ruft ein Wochenblatt ins Leben: *Der Proletarier.* Bald wird das Blatt vom Innenministerium als „eines der aufreizenden und gefährlichsten Presseorgane seiner Zeit" bezeichnet.

Auch die Münchner Polizei geht auf der Grundlage des 1850 von König Maximilian II. erlassenen Bayerischen Vereinsgesetzes gegen die demokratischen Bestrebungen vor. 1874 wird die sozialdemokratische Partei verboten. 31 Mitglieder werden verhaftet und zu Gefängnisstrafen verurteilt. Bis 1878, dem Jahr, in dem die Sozialistengesetze in Kraft treten, die eine noch rigidere Verfolgung der Sozialdemokraten bewirken, laufen unzählige Verfahren wegen Verstoßes gegen das Vereinsgesetz. Erst der Sturz Bismarcks 1890 bringt etwas Erleichterung für die Sache der Arbeiterbewegung. Bis dahin werden Zusammenkünfte, sogar geheime Treffen, von Polizeispitzeln unterwandert. Publikationen wie die *Süddeutsche Post* und ihr satirischer Ableger, der *Süddeutsche Postillon*, oder später die *Münchner Post* werden kurz nach der Gründung wieder verboten. 1893 zieht der erste Sozialdemokrat ins Rathaus ein: der Wirt Georg Birk.

Es gibt aber auch eine christliche Arbeiterbewegung, die sich zwar gegen die sozialistischen Ideen richtet, aber doch für soziale Gerechtigkeit eintritt. 1894 eröffnet sie das erste Volksbureau mit dem Ziel, die Beschäftigten in Rechtsfragen zu beraten. Auch die Frauen schließen sich mehr und mehr zusammen. Sie gründen Bildungsvereine und betonen dabei nach außen, keinerlei politische oder religiöse Ziele zu verfolgen. Es ist ihnen per Vereinsgesetz untersagt, am politischen Leben teilzunehmen oder entsprechende Vereinigungen zu gründen. Erst 1908 gestattet das neue Reichsvereinsgesetz auch den Frauen Versammlungs- und Vereinsfreiheit. Die Forderung der Sozialisten, kostenloses Bürgerrecht und, damit verbunden, das Wahlrecht für alle, wird erst nach dem Ersten Weltkrieg Wirklichkeit. *Astrid Becker*

Nichts wie weg!

Hungersnöte und Schikanen der Obrigkeit veranlassen viele Dorfbewohner, ihr Glück in der Stadt zu suchen

Gleich nach der Revolution von 1848 fegten die ersten Stürme der Globalisierung über das Königreich Bayern hinweg. Der wachsende Eisenbahnverkehr weckte jetzt allüberall das Fieber der Mobilität. Auf idealtypische Weise macht Ludwig Thomas Einakter *Erster Klasse* deutlich, wie die unterschiedlichen gesellschaftlichen Kreise im Bahnabteil aufeinanderprallten und sich aneinander rieben. Mochten auch die Fronten zwischen Groß- und Kleinbürgertum noch starr sein, so war der gesellschaftliche und wirtschaftliche Umbruch dennoch nicht mehr aufzuhalten.

Vor allem München lockte Mitte des 19. Jahrhunderts nicht nur Touristen an, sondern auch Menschen, die ein neues Leben beginnen wollen. Wie auf einen Knopfdruck hin setzte dort ein Bevölkerungswachstum von ungeheurer Dynamik ein. Als München 1806 zur Hauptstadt des neuen Königreichs erhoben wurde, zählte diese etwa 45 000 Einwohner. Hundert Jahre später lebten in München bereits 600 000 Menschen.

Die Statistiken legen aber auch offen, dass im späten 19. Jahrhundert nur zwei Fünftel der Bevölkerung Münchens im Stadtgebiet geboren waren, der Rest stammte von auswärts. Die Zuwanderer kamen überwiegend aus Bayern, die meisten waren in Ober- und Niederbayern zuhause, aber auch Schwaben und Oberpfälzer drängte es in die Stadt. Insgesamt fällt auf, dass sich vor allem Zuwanderer aus den katholischen Regionen Bayerns in München ansässig machten, während für die Wanderwilligen in den protestantischen Landesteilen in erster Linie Nürnberg attraktiv war.

Grundlage dieser Bevölkerungsverschiebung war der Aufschwung von Industrie, Technik und Wissenschaft unter der Regentschaft von König Maximilian II. Wer eine Arbeit suchte, hatte plötzlich eine Alternative zur Dienstbotentätigkeit in der Landwirtschaft und zur kargen Existenz als Kleinhandwerker und Tagelöhner. In den sich langsam aufblähenden Industriebezirken von München winkten Lohn und Brot für viele. „I probier's in der Stadt", lautete jetzt die Devise vieler Hungerleider draußen auf dem Land. Die Massenzuwanderung veränderte rasch die städtische Sozialstruktur. Im Jahr 1907 betrug der Anteil der Industriebeschäftigten an der Münchner Gesamtbevölkerung bereits 42 Prozent.

Die ländlichen Unterschichten hatten im 19. Jahrhundert nichts zu lachen. Der drohenden Übervölkerung der Dörfer begegnete die Obrigkeit mit Zwangsmaßnahmen. Wer nichts besaß, durfte beispielsweise nicht heiraten und bekam keine Gewerbekonzession. Missernten wie die von 1847/48 riefen zudem Hungersnöte hervor. Wer nicht vor die Hunde gehen oder aus der Enge des Dorfes ausbrechen wollte, musste abwandern. Ein signifikantes Beispiel liefert die Kellnerin Coletta, die als lediges Kind in Pöttmes geboren wurde. Weil sie damit sozial abgestempelt und vom gesellschaftlichen Aufstieg ausgeschlossen war, zog die Mutter mit ihr in die Stadt, wo sie Kaulbach 1881 als Schützenliesl in einem berühmt gewordenen Gemälde verewigte (Seite 418 unten).

Die oft als goldene Epoche Münchens verklärte Prinzregentenzeit hatte auch viele Schattenseiten. Die Stadt war dem Ansturm der Zuzügler hinten und vorne nicht gewachsen. Viele Münchner hausten in Elendsvierteln, ärmlichen Herbergen und Mietskasernen. Die Träume von einem besseren Leben zerplatzten häufig wie eine Seifenblase. Die unbedarften Neubürger vom Land wurden zu allem Überfluss in den Wirtshäusern auch noch in derben Liedern verspottet. Wie sehr sich die Stadtleute vom Land abgrenzen wollten, auch wenn sie selber von dort herstammten, zeigt das Beispiel der Bewohner des Rindermarktes, die 1886 die Umbenennung ihres Straßenzuges beantragten, schließlich hätten sie mit Rindern ja nichts mehr zu tun.

Es gibt viele literarische Zeugnisse über das Elend der Unterschichten in Stadt und Land. Eines der anrührendsten ist die Lebensgeschichte der Münchnerin Josefa Halbinger, aufgezeichnet von der Autorin Carla Maria Heim. Josefa schildert darin, wie ihr Vater eine Stelle als Hausmaurer in einem Schlossgut bekam: „Da hat er gemeint wunder was er hat." Doch die Wohnung lag über einem Saustall, die Mutter musste ihr Kind mit Malzkaffee ernähren, und wenn gar nichts mehr half, bekam es halt einen Schluck Bier. Auch Lena Christ schildert in dem Roman *Rumplhanni* das verzweifelte Bemühen um den sozialen Aufstieg. Sie erzählt die Geschichte der Magd Johanna Rumpl, die ihr Glück in der Stadt sucht. Dort findet sie eine Stelle als Küchenhilfe, macht sich an den Wirtssohn heran, der aber nichts von ihr wissen will. Schließlich gibt sie dem Werben eines Metzgergehilfen nach. Als der Wirtssohn im Krieg fällt, kann sie mit ihrem Metzger-Hans das Gasthaus kaufen. Ein solches Happy End erlebten im 19. Jahrhundert aber nur die wenigsten. *Hans Kratzer*

In Elendsvierteln endet oft der Traum vom besseren Leben, der die Dorfbewohner nach München gelockt hat. Das Bild zeigt den Kriechbaumhof in Haidhausen.

Das 1849 fertiggestellte Bahnhofsgebäude, entworfen von Friedrich Bürklein. König Ludwig I. hatte den Bau in Auftrag gegeben. Zuvor hatten in erster Linie Privatleute die Eisenbahn in München vorangebracht. Mit dem neuen Gebäude entwickelte sich München zum internationalen Verkehrsknotenpunkt. Der Bürklein-Bau wurde im Zweiten Weltkrieg weitgehend zerstört, danach entstand die noch heute stehende Halle.

Mit der Lokomotive in die Zukunft

Nach dem Bau des prächtigen Bahnhofs entwickelt sich die Stadt zum internationalen Verkehrsknotenpunkt – das Wirtschaftsleben profitiert davon

Niemand in der Stadt kann es noch leugnen. In vielen Vierteln müssen die Menschen die Fenster ihrer Wohnhäuser geschlossen lassen. Die Stadt hat sich verändert, Wände von Gebäuden sind schmutzig, wo es Gärten gibt, haben diese ihr Grün eingebüßt. Eine besonders schlimme Folge für die auch Ende des 19. Jahrhunderts schon sonnenhungrigen Münchner verzeichnen die Wetterstatistiker: Die Zahl der Nebeltage nimmt dramatisch zu, um die Jahrhundertwende liegt die Stadt spürbar öfter unter einer Dunstglocke als noch ein Jahrzehnt zuvor. Fachleute machen sich Sorgen um die Psyche der Menschen. Schließlich attestiert der Deutsche Verein für öffentliche Gesundheitspflege München, dessen Einwohner so viel auf den Status der Stadt als Ort der Künste und der Repräsentation geben, eine „Rauchplage".

Die Industrialisierung, so viel ist spätestens mit Beginn des 20. Jahrhunderts klar, hat auch in München stattgefunden und als Begleiterscheinung eine erhebliche Luftverschmutzung mitgebracht.

Nun lassen sich für diesen Prozess in der Stadt zwei Phasen ausmachen. Die erste beginnt im Jahr 1838, als die Bauarbeiten für die erste Eisenbahnlinie losgehen – von München nach Lochhausen wird sie ein Jahr später führen und somit Teil der Strecke nach Augsburg sein. Es ist dies der Anfang einer Entwicklung, die zum Bau des großen Bahnhofs am Ort des heutigen Hauptbahnhofs ein Jahrzehnt später führt. Mit den vielen Routen, die bald über diesen führen werden, entwickelt sich München zu einem Verkehrsknotenpunkt von kontinentaler Bedeutung: Die wichtigen Strecken von Norden nach Italien sowie von Paris im Westen bis Konstantinopel im Osten werden sich in München treffen. Damit hat die Stadt gute Voraussetzungen, die Dynamik zu nutzen, die in einer zweiten Phase nach 1871 das neu gegründete Deutsche Reich prägt.

Das Geld der Bauern

Zunächst aber treiben insbesondere zwei Privatleute die Entwicklung an. Der Bankier Simon von Eichthal und der Fabrikant Joseph Anton Maffei stecken hinter dem Bahnprojekt München – Lochhausen. Der Bankier finanziert einen guten Teil der Strecke, und Fabrikant Maffei hat sein ganz eigenes Kalkül: Seine Lokomotivenfabrik soll wachsen, da können Schienenwege die Nachfrage nur steigern. Er wird in den kommenden Jahren auch seinen Einfluss als Magistratsrat nutzen, um für den Bau neuer Bahnstrecken zu werben. Wie gut Maffei es versteht, durch immer weitere Produkte seiner Fabrik die Nachfrage anzuheizen, beweist er später mit dem Bau des Dampfers *Maximilian*. Der schippert von 1850 an Ausflügler auf dem Starnberger See umher. Nicht wenige dieser Ausflügler sind Münchner und kommen vor allem dann leicht an ihr Erholungsgewässer, wenn viele Züge fahren – die wiederum Maffeis Fabrik liefern kann. So steigt Maffei zum größten privaten Arbeitgeber der Stadt auf. 1847 etwa beschäftigt er in seiner Fabrik in der Hirschau 375 Arbeiter.

Der Staat lässt sich etwas Zeit, erst im Jahr 1845 erklärt Ludwig I. den Ausbau der Eisenbahn in seiner Residenzstadt zur königlichen Angelegenheit. „Ehetunlichst" soll München dann aber einen insbesondere optisch angemessenen Bahnhof erhalten – die Züge der Privatbahn halten bis dahin auf dem Marsfeld westlich der heutigen Hackerbrücke in einer wenig repräsentativen Halle aus Holz. Er beruft den Architekten Friedrich Bürklein an die Spitze des neu geschaffenen Königlichen Bauamts. Man einigt sich auf den Standort westlich des Karlsplatzes. Im Frühjahr 1848 fahren die Züge bereits planmäßig dorthin. Allerdings dauert es noch anderthalb Jahre, bis der Bau fertig ist und München ein 111 Meter langes, 29 Meter breites und 20 Meter hohes Bahnhofsgebäude hat, für das sich der Architekt von der italienischen Romanik hatte inspirieren lassen.

Den Bürgern ist dabei die Ästhetik nicht das Wichtigste. Sie denken an das Geld, das die vielen Reisenden in die Stadt bringen werden. In der bald anstehenden Debatte um den Bau einer Strecke nach Salzburg verweist denn auch ein Antragsteller im Magistrat auf die „Masse Menschen aus dem schwäbischen Kreise", die über die schon bestehende Augsburg-Verbindung die Kassen der Geschäftsleute füllten. „Dieses wird auf der Salzburgerbahn noch häufiger der Fall seyn, und gewiß kein Bauer geht aus der Stadt, ohne daß er seiner Frau wenn auch nur ein Halstüchelchen mit nach Hause bringt." Eisenbahnlobbyist Maffei trägt das Seine dazu bei, dass der Magistrat sich zu einer Investition in den Ausbau des neuen Verkehrsmittels entschließt. 50 Aktien an der privaten Eisenbahngesellschaft im Wert von 9000 Gulden sichert sich die Stadt. „Diese Bahn wird und muß München einen sehr bemerkbaren gewerblichen Vortheil bringen", heißt es zur Rechtfertigung.

Da prallen also durchaus zwei Denkweisen aufeinander: Zum einen der Anspruch des Königs, die Stadt mit einem repräsentativen Bahnhofsbau zu schmücken. Auf der anderen Seite ein Teil des Bürgertums, der bei dem neuen Verkehrsmittel doch vor allem das Geldverdienen im Sinn hat. Es ist dies ein Zwiespalt, der auch die weitere wirtschaftliche Entwicklung der Stadt bis zum Ersten Weltkrieg kennzeichnet: München ist Kunst- und Residenzstadt und soll es aus der Sicht nicht weniger Bürger auch bleiben. Und dann sind da die Geschäftstüchtigen, die in Gießwerke investieren, in Drehbänke und Fräsmaschinen und mit ihrem Erfolg erheblich zum Wohlstand und Wachstum beitragen. Nicht zu vergessen die Brauereien, die spätestens mit der Erfindung und Vermarktung der Kühltechnik durch Carl von Linde vom Jahr 1880 an Bier auf Vorrat und für den Export herstellen können und somit zu einem wichtigen Arbeitgeber werden.

Insbesondere im letzten Viertel des 19. Jahrhunderts ist es eine stets steigende Zahl von größeren Betrieben, die auch den vielen Landflüchtigen Arbeitsmöglichkeiten bieten, die freilich oft schlecht bezahlt sind und in denen die Menschen unter miserablen Bedingungen schuften müssen. Bei alldem sind es wenige wirklich große Betriebe mit 1000 und mehr Mitarbeitern, die den Wirtschaftsstandort München prägen. Maffei entsteht in dieser Größenordnung Konkurrenz durch seinen einstigen Mitarbeiter Georg Krauss; und in einem anderen Metier, der Produktion von Handschuhen, steigt die Firma Roeckl zum Großarbeitgeber auf. Der überwiegende Rest bleibt aber bei kleiner bis mittlerer Größe, und diese Struktur passt auch am besten zu dem, was das Münchner Wirtschaftsleben eigentlich ausmacht: Hat es die Stadt doch geschafft, das Image vom Ort der Künste ins neue Zeitalter hinüberzuretten – dank neuer technischer Entwicklungen insbesondere auf dem Gebiet der Drucktechnik. So erfindet Georg Meisenbach den Rasterdruck und verhilft dem Münchner Kunstdruckwesen zu erheblichem Aufschwung. Seine Firma bringt es auf diesem Gebiet zu Weltruf, ebenso der Kunstverlag Franz Hanfstaengl, der zur Herstellung seiner Kunstdrucke im Jahr 1890 immerhin 100 Arbeiter beschäftigt.

In der Kunststadt entsteht also eine ausgeprägte Kunstproduktionsindustrie, unter die auch die Herstellung von Möbeln zu zählen ist und die auch Zulieferfirmen die Existenz ermöglicht – etwa Farbenfabriken. Dazu siedelt sich die optische Industrie an. Schon seit 1855 liefert das „Optische und astronomische Institut C. A. Steinheil Söhne" Objektive und Fernrohre in alle Welt, 1883 verlegt Rodenstock seinen Sitz von Würzburg an die Isar. Bis zum Ersten Weltkrieg prägt also eine vielfältige Qualitätsindustrie die Stadt.

Dass auch die ihren Schmutz hinterlässt, belegt die Diskussion um die Rauchplage. Immerhin führt diese 1906 zu einer Polizeiverordnung „zur Verhütung von Belästigungen und Gesundheitsgefährdungen durch Rauch", eine Seltenheit in deutschen Städten, und die Verwaltung bemüht sich mit einigem Aufwand, sie auch durchzusetzen: Auf dem Turm der Peterskirche richtet sie ein Überwachungszimmer ein. Der dort stationierte Beamte soll die Schlote der Stadt nach verdächtigem Qualm begutachten und bei Verstößen zum Hörer des eigens eingebauten Telefons greifen, um den Verursacher zurechtzuweisen. *Michael Tibudd*

Im Jahr 1864 verlässt die 500. Lokomotive die Fabrik Maffei in der Hirschau. Arbeiter des Werks posieren vor der Kamera.

Professor Unrat

Der wissenschaftliche Tausendsassa Max von Pettenkofer dämmt mit seinem Hygieneprogramm die Cholera ein

Der junge Mann fällt auf. Max von Pettenkofer ist ein „schöner kräftiger Jüngling mit feurigem Auge" und „rabenschwarzem Haar". Doch mehr als sein angenehmes Äußeres machen ihn bald seine Begabung und sein Forscherdrang in München bekannt. Pettenkofer, 1818 im Donaumoos als Kind einer Bauernfamilie geboren, avanciert zu einem der bedeutendsten bayerischen Wissenschaftler. 1846, kurz vor seinem 28. Geburtstag, wird er in den Kreis der Bayerischen Akademie der Wissenschaften aufgenommen, eine von vielen Auszeichnungen in seinem langen Leben, das er 1901 mit einem Revolverschuss selbst beendet.

Pettenkofer bewährt sich beim Kampf gegen die schlimmste gesundheitliche Plage des Jahrhunderts: die Cholera. Der „blaue Tod" hatte die Stadt erstmals 1836 heimgesucht, und 18 Jahre später wieder. Die Hälfte der registrierten 4200 Kranken von 1854/55 starb. Über Ursache und Übertragung der „asiatischen Brechruhr" gab es freilich nur höchst widersprüchliche Hypothesen. Doch Problemlöser Pettenkofer will die Nuss knacken und beginnt mit umfangreichen epidemiologischen Untersuchungen.

Er besucht die Viertel, die von der Seuche besonders betroffen sind, er inspiziert Wohnungen, Aborte und Schwindgruben, er analysiert Grundwasser und Erdreich und deren Verunreinigung durch Fäkalien. Das Wasser für den Tagesbedarf holen sich die Bürger aus öffentlichen Brunnen. Pettenkofer glaubt, dass der verunreinigte Boden beim Ausbruch der Epidemie die entscheidende Rolle spiele. Doch seine Theorie ist falsch. Dass Robert Koch 1883 mit der Entdeckung des Choleraerregers die wahre Ansteckungskette findet, kann Pettenkofer nur schwer verwinden.

Dennoch führen sein Choleramodell und sein Engagement für sauberen Boden zu sensationellen Verbesserungen: Neben ersten Vorsorgemaßnahmen wie dichten Abortgruben entschließen sich die Stadtväter zum entscheidenden Schritt. Sie lassen zwischen 1858 und 1873 vom Bauingenieur Arnold von Zenetti alle Straßen mit Kanälen nach dem modernsten Stand der Technik ausstatten. Um den Dreck wegzuschwemmen, ist genügend Frischwasser nötig. So strömt bald sowohl für Trinkwasser wie zur Abwasserbeseitigung Nass von tadelloser Qualität aus den Hängen der Isar und von 1883 an aus dem Mangfallgebiet nach München.

Allmählich fasst das Fach Hygiene an den bayerischen Universitäten Fuß. Pettenkofer erhält den ersten Lehrstuhl an der Münchner Hochschule. Und mit dem 1879 eröffneten Institut an der heutigen Pettenkoferstraße macht der Forscher München weltweit zum Zentrum für Hygiene und Umwelt.

Sibylle Steinkohl

Ein Pionier der Umweltforschung: München verdankt Max von Pettenkofer die Kanalisation und eine zentrale Trinkwasserversorgung.

Thomas Theodor Heine (Plakat 1900) Druck: Vereinigte Druckereien vorm. Schön & Maison, München
Wiedergabe durch Fritz Maison, München

Eine Insel in der großen Welt

Bayerns Montmartre: In den Vorkriegsjahren entsteht eine unvergleichliche Szene aus Lebenskünstlern, Dichtern, Trinkern und „zweideutigen Mädchen"

Kandinsky, sitzend, mit Maria und Franz Marc, Bernhard Koehler, Campendonk und Thomas von Hartmann (von links).

Wenn hier von Schwabing die Rede ist, dann ist dies nur geographisch derselbe Ort, der heute unter diesem Namen firmiert. Ja doch, es gab einmal ein Schwabing ohne Ramschläden, Fastfoodlokale und besserverdienende Altbaubewohner mit Parklizenz. Und blickt man ganz weit zurück, in die Zeit um 1900, dann gleicht Schwabing der „Traumstadt Perle" in Alfred Kubins 1908 geschriebenem Roman *Die andere Seite*: ein phantastischer Ort, bevölkert von genialisch-versponnenen Menschen – und doch dem Untergang geweiht.

Für einige flüchtige Momente hatte sich die europäische Moderne in München niedergelassen. Die wilde, frivole Avantgarde, angetreten, dem Althergebrachten den Garaus zu machen, nistete sich just dort ein, wo ein altväterlicher Prinzregent residierte, der biedere Luitpold, der am liebsten auf die Jagd ging. Mit einem Mal erhob sich das ländliche Nest Schwabing zu einem Montmartre bavarois, wo Künstler mit und ohne Werk ihr Leben zum Experiment machten, misstrauisch beäugt von den Einheimischen, die sich das Maul zerrissen über die Spinner, deren Miete sie kassierten. Um Gottes Willen, an wen war man da geraten!

„Maler, Kabarettisten, verkrachte Existenzen, begabte Zuhälter, Säufer, Kokainisten und Gelegenheitskokotten, Schieber und Studenten, kunstgewerbliche Mädchen und pazifistische Dichter." So schrieb Oskar Maria Graf in seinem Roman *Wir sind Gefangene*. Eine vielversprechende Mixtur: Schwabing, notierte Wassily Kandinsky, war „eine geistige Insel in der großen Welt".

Wo anfangen? Vielleicht in der Künstlerkneipe, der Wohnstube des Bohemiens. Dort trinkt und raucht er, palavert, spielt Schach und pumpt die Leute an. Zum Beispiel im Café Stefanie an der Ecke Amalien-/Theresienstraße. Eigentlich ist dort die Maxvorstadt, aber Schwabing ist kein geographischer Ort, weiß Gott nicht. Schwabing ist „ein Zustand".

Also sprach Franziska von Reventlow, die schöne heidnische Madonna, die natürlich auch im Café Stefanie ihr zauberhaftes Wesen treibt. Erich Mühsam, der Caféhausliterat par excellence, ist da, Frank Wedekind, Max Halbe, der gefeierte Autor des Dramas *Jugend*, Roda Roda, der für den *Simplicissimus* schreibt, oder Johannes R. Becher, ein junger Dichter, der Morphium nimmt und viel, viel später Kulturminister der DDR wird. Paul Klee und Alfred Kubin hinterlassen Zeichnungen auf der Tischplatte, *Golem*-Autor Gustav Meyrink ist im Schach unschlagbar, und kurz vor dem Ersten Weltkrieg kommen der Dichter Klabund nebst Freundin Marietta di Monaco hinzu.

Isadora tanzt

Auch bei Kathi Kobus in der Türkenstraße 57 geht es hoch her. „Simplicissimus" heißt die Kneipe, so wie das von Albert Langen verlegte Satireblatt, dessen Mitarbeiter hier ein- und ausgehen. Auch sonst ist das Lokal voller echter oder gefühlter Genies, und manchmal, so der russische Symbolist Andrej Belyi, „erhoben sich Jünglinge in helleuchtenden Einreihern mit runden Rockschößen wie eine Schaumkrone, um im Ohrenlabyrinth eine Zeile zu bergen; sie erhoben ihre Gläser und baten um Ruhe und brachen in einen schrecklichen Lärm aus: – Der Prolete!"

Der Prolete ist der Dichter Ludwig Scharf, der sein klassenkämpferisches Poem *Proleta sum* deklamiert. Auf dem Tisch tanzt die Ausdruckstänzerin Isadora Duncan, sparsam bekleidet, wie manche sagen. Hausdichter ist Joachim Ringelnatz, der eigentlich Hans Bötticher heißt, Matrose war und für Bier und wenig Geld seine Verse vorträgt.

Wohin man auch kommt: Seltsame Gestalten treiben sich in Schwabing herum: „Ein fieberhaftes und furchtbar gereiztes Ich reckte sich im einsamen Größenwahn empor und bedrohte die Welt mit einem Schwall von gewaltsamen Worten. Christus imperator maximus war sein Name, und er warb todbereite Truppen zur Unterwerfung des Erdballs, (...) Armut und Keuschheit verlangte er (...) ‚Soldaten!' schloß er, am äußersten Ende seiner Kraft, mit versagender Donnerstimme: ‚Ich überliefere euch zur Plünderung – die Welt!'"

Das ist der Dichter Ludwig Derleth, wie ihn Thomas Mann in der Novelle *Beim Propheten* porträtiert – ein irrlichternder Geist, dessen „Proklamationen" tatsächlich zur Welteroberung im Zeichen des Kreuzes aufrufen. „Steilster ästhetischer Unfug", schreibt Thomas Mann vier Jahrzehnte später, aber auch Ausdruck eines fiebrig-überdrehten Lebensgefühls, das in der jungen literarischen Szene grassiert. Man experimentiert, probiert, improvisiert, wobei die Pose oft besser glückt als die Poesie.

Für literarische Happenings à la Derleth hat Thomas Mann wenig übrig. Er kommt Ostern 1894 aus Lübeck nach München, wohnt anfangs bei der Mutter und arbeitet in der Süddeutschen-Feuer-Versicherungsbank. Im Oktober 1894 erscheint seine Novelle *Gefallen* in der Zeitschrift *Die Gesellschaft*. Aber eigentlich ist er kein Caféhaus-Bohemien, der Nächte in verqualmten Kneipen durchzecht. Bei der Zeitschrift *Simplicissimus*, wo er 1899 Lektor ist, hält er's nur ein Jahr aus. Zur selben Zeit ist auch Ludwig Thoma dabei und ärgert als politischer Hauspoet unter dem Pseudonym Peter Schlemihl die Mächtigen.

Als Thomas Mann in den Vierzigern am *Doktor Faustus* arbeitet und den Spuren nachgeht, die in die Nazi-Barbarei geführt haben, erinnert er sich an Schwabing. Aber nicht Thoma fällt ihm ein, der nach 1918 antisemitische Hetzartikel im *Miesbacher Anzeiger* schreibt, sondern Derleth und seinesgleichen: Propheten eines kommenden Reichs, Anhänger dionysisch-ekstatischer Kulte, die in Urgründen nach dem Eigentlichen tasten und kosmische Energien beschwören. Neben Derleth sind das vor allem die „Kosmiker" Alfred Schuler und Ludwig Klages. Sie predigen einen elitären Ästhetizismus, der in den Kult des arisch-germanischen „Bluterbes" mündet. Ihren „Meister" Stefan George fordern sie auf, sich von jüdischen Freunden, insbesondere Karl Wolfskehl, zu trennen. Stattdessen bricht George mit Klages und Schuler. George ist ein hochtönender Dichter, die deutsche Variante des Dandy-Poeten, wie ihn Mallarmé verkörperte, der Hohe Priester des poetischen Symbolismus. „Weihenstefan" nennt ihn die Reventlow.

Kathi Kobus (links) in ihrer Kneipe „Simplicissimus", einem der Lieblingslokale der Schwabinger Bohème.

Fasching bei den Enormen

Im Kreis seiner Jünger geht es feierlich zu, man zelebriert ein erhabenes Dichter-Philosophentum. Selbst den Fasching begehen die „Enormen" (ihr Lieblingswort) im erhabenen Stil: George geht als Dante, Schuler ist die Magna Mater, die Urmutter, Wolfskehl mimt Dionysos oder Homer. Die Reventlow feiert mit, und doch macht sie sich im *Schwabinger Beobachter*, einem Privatdruck, und in dem wunderbar-witzigen Schlüsselroman *Herrn Dames Aufzeichnungen* lustig über die erlauchte Runde.

Halb Schwabing ist Franziska verfallen: Klages, Wolfskehl, Derleth, Mühsam, sogar Rilke, der ihr Gedichte widmet. Franziska Gräfin zu Reventlow ist ihrer Familie, einem Adelsgeschlecht aus Husum, entronnen, weil sie anders leben will als für eine höhere Tochter schicklich. Sie flüchtet nach München, versucht sich als Malerin, wird Schriftstellerin. Ständig fehlt's an Geld, erst recht, als ihr Sohn Rolf 1897 geboren wird. Wer der Vater ist, hat sie nie verraten.

Ausgerechnet Wedekind zählt nicht zu ihren Verehrern. Hätte doch gut gepasst: Franziska, die madonnenhafte Hetäre, und der Dichter, der sich um das gängige Tugendreglement wenig schert, und um Kaiser und Prinzregent schon gar nicht. Das bringt ihm Gefängnis wegen Majestätsbeleidigung ein und ewigen Streit mit der Zensur. Wedekind ist in Schwabing beina-

Verehrt als heidnische Madonna: Franziska Reventlow.

Die Simplicissimus-Bulldogge von Thomas Theodor Heine.

„Ich habe meine Tante geschlachtet" – singt Frank Wedekind.

he allgegenwärtig: Er ist politischer Dichter beim *Simplicissimus*, spielt im Kabarett „Die elf Scharfrichter" mit, liest in Kneipen, vergnügt sich mit Schauspielerinnen. Nur mit seinen Dramen läuft es anfangs nicht recht: Der *Erdgeist* fällt 1898 in München durch. Erst 1902, an Max Reinhardts Kleinem Theater in Berlin, wird das Stück ein Erfolg. Schließlich *Frühlings Erwachen*: Wedekind hatte das Drama um jugendliche Sexualität und prüde Moral bereits 1890/91 geschrieben. Unmöglich, es damals durch die Zensur zu bekommen. 1906 aber gelingt ihm damit der Durchbruch – wieder in Berlin, wieder in der Inszenierung von Max Reinhardt.

Als der in Moskau geborene Wassily Kandinsky 1896 zum Kunststudium in München auftaucht, beherrschen die Malerfürsten Kaulbach, Lenbach und Stuck noch immer die Szene. Auf der Höhe der Zeit aber sind sie nicht mehr. Kandinsky tut sich mit seinen Landsleuten Alexej von Jawlensky und Marianne von Werefkin zusammen, auch Gabriele Münter stößt hinzu. Er organisiert Ausstellungen mit französischen Impressionisten, man beschäftigt sich mit Gauguin und Volkskunst, sucht nach einer neuen Weise des Sehens und Malens.

Ähnlich wie Arnold Schönberg in der Musik streben die Maler um Kandinsky eine neue künstlerische Ordnung an, ein Zusammenspiel reiner Farben und Formen, in dem der Gegenstand bedeutungslos wird. Ins Programm der 1909 gegründeten Neuen Künstlervereinigung München schreiben sie: „Wir gehen aus von dem Gedanken, daß der Künstler außer den Eindrücken, die er von der äußeren Welt, der Natur erhält, fortwährend in einer inneren Welt Erlebnisse sammelt; und das Suchen nach künstlerischen Formen, welche die gegenseitige Durchdringung dieser sämtlichen Erlebnisse zum Ausdruck bringen sollen – nach Formen, die von allem Nebensächlichen befreit sein müssen, um nur das Notwendige stark zum Ausdruck zu bringen –, kurz – das Streben nach künstlerischer Synthese, dies scheint uns eine Losung, die gegenwärtig wieder immer mehr Künstler vereinigt." Nur wenige Zeitgenossen können mit ihren Bildern etwas anfangen. Der Kritiker der *Münchner Neuesten Nachrichten* beschimpft die Avantgardekünstler als „schamlose Bluffer", sofern sie nicht überhaupt „unheilbar irrsinnig" seien.

Dessen ungeachtet, schließen sich Franz Marc und August Macke der Gruppe an. Im Dezember 1911, die Vereinigung hat sich mittlerweile gespalten, zeigen Kandinsky und Marc in der Galerie Thannhauser, was sie unter neuer Malerei verstehen: Neben ihren eigenen Bildern sind dort Arbeiten von Macke, Münter, Henri Rousseau oder Albert Bloch zu sehen. Die Gruppe firmiert unter dem Namen „Der Blaue Reiter". Im Mai 1912 erscheint im Piper Verlag der gleichnamige Almanach, der, wie Franz Marc schreibt, die „feinen Verbindungsfäden mit der Gotik und den Primitiven, mit Afrika und dem großen Orient, mit der so ausdrucksstarken ursprünglichen Volkskunst und Kinderkunst, besonders mit der modernsten musikalischen Bewegung in Europa und den neuen Bühnenideen unserer Zeit" zeigt. Der Almanach wird zu einem der wichtigsten künstlerischen Programme des 20. Jahrhunderts.

Abgesang auf dem Friedhof

Dann bricht der Krieg aus. Franz Marc fällt 1916 bei Verdun; Kandinsky setzt sich in die Schweiz ab; die Reventlow hat München schon 1910 verlassen; Wedekind stirbt im März 1918, bei seiner Beerdigung geht es zu, als würde Schwabing selbst zu Grabe getragen. Der Regisseur Otto Falckenberg beschreibt die Szenerie: „Hinter den bedeutendsten Vertretern von Literatur, Theater und Kunst aus ganz Deutschland war ein bunter Schwarm von zweideutigen Mädchen und halbwüchsigen Burschen erschienen, die (...) voraus zum geöffneten Grabe sprangen, nicht anders wie ein Schar tollgewordener Böcke."

Wolfgang Görl

Schützenscheibe mit Bild der „Elefanten-Katastrophe", 1888. Das schöne Stück stammt aus dem Stadtmuseum.

Ein Elefant im Hofbräuhaus

Acht Dickhäuter flüchten vor einem Blechdrachen und lösen eine Massenhysterie aus

Am 31. Juli 1888 kommt es während des Zentenar-Festzuges entlang der Ludwigstraße zur „Elefantenkatastrophe", als die Tiere des Hamburger Zoodirektors Carl Hagenbeck durchbrennen. In seinen Memoiren überliefert er einen Augenzeugenbericht:

„Dann erblickten wir acht der prächtig geschmückten Rüsseltiere, die, geführt von Herrn Carl Hagenbeck, den orientalischen Handel darstellten. Man führte in einer Gruppe einen Riesendrachen mit, der von Zeit zu Zeit aus seinen Nüstern Feuer sprühte. Nun geschah es, daß gerade in dem Augenblick, als der Drachenwagen an der Elefantengruppe vorbeifuhr, der im Inneren des Drachens befindliche Mechaniker wieder einen Feuerregen aussprühen ließ. Da fuhr der Schrecken in die an sich gutmütigen Dickhäuter. Sie scheuten und entrissen ihren Führern. Das Geschrei der Menge war geradezu betäubend. Die Elefanten rasten an der Tribüne vorbei und nahmen ihren Weg durch die dichtgedrängten Menschenmassen zum Nationaltheater, auf dessen Stufen die Leute Kopf an Kopf standen.

Ein Münchener Kommerzienrat kletterte, als die Panik losbrach, auf den Drachen und umklammerte seinen Hals. Ein Herr im Zylinder, geschmückt mit der weiß-blauen Schleife des Festordners, versuchte einen Elefanten am Schwanz festzuhalten. In wilder Hast floh die nach Tausenden zählende Menge durch die Straßen, ohne auf die stürzenden Kinder Rücksicht zu nehmen. Das Angstgeschrei war herzzerreißend und die Verwirrung unbeschreiblich. Sehr verhängnisvoll war das Benehmen eines berittenen Gendarmen, der vor den Elefanten hersprengte und schrie: ‚Die Elefanten kommen, rettet euch!' Es war das Dümmste, was er hatte tun können.

Ein Glück war es, daß die im Zuge befindlichen Militärmusiker so geistesgegenwärtig waren, trotz des Vorfalles weiterzuspielen, was seine beruhigende Wirkung nicht verfehlte. Inzwischen nahm der Tumult an anderen Stellen seinen Fortgang. Ein dicker Herr, der infolge seiner Korpulenz sich nicht flink genug bewegen konnte, wurde von einem Elefanten derartig auf die Hühneraugen getreten, daß er zusammenbrach und weggetragen werden mußte. Anderen Leuten wurden Arme und Rippen gebrochen. Der Odeonsplatz war besät mit Stöcken, Hüten, Taschen und Kleidungsstücken.

Ein Dickhäuter interessierte sich besonders für den alten Turnierhof, der in der kurfürstlichen Zeit schon so manches merkwürdige Schauspiel gesehen hatte. Er zertrümmerte das Tor und drang in den Hof ein, worauf die entsetzten Bewohner sich auf die Dächer flüchteten. Zwei andere Tiere warfen in ihrer Angst eine Droschke um und landeten auf einem Bauplatz, wo sie trotz der vereinten Bemühungen der Feuerwehr und einer Kavallerieabteilung stundenlang nicht von der Stelle zu bewegen waren. Der vierte Elefant brach durch den morschen Fußboden eines Milchladens und fiel in den Keller.

Einer der flüchtenden Dickhäuter kam auch zum Platzl und begab sich direkt ins Hofbräuhaus, dessen Stammgästen der Rettich im Halse steckenblieb, als der riesige Gast eintretend das Tor verdunkelte. Geradenwegs ins Billardzimmer schritt der Neuankömmling, in dem zwar nie ein Billard gestanden hat, aber stets der Rahmerlmann, der Flinserlsepp, das Lokomotiverl, der berühmte Zeitungshändler mit dem langen Bart und andere Originale der damaligen Zeit hinter ihrem Maßkrug saßen. Sie taten dem Elefanten nichts, und der Elefant tat der sprachlosen Stammtischrunde nichts. Erst am späten Nachmittag gelang es den Hagenbeckschen Wärtern, alle Tiere wieder einzufangen."

Joachim Käppner

Der Ausbruch der Elefanten in einer zeitgenössischen Darstellung.

Haxentoni und die Schöngeister

Münchens erste Fußballer kicken wenig ruhmreich

Der 15. September 1899 ist für lokalpatriotische Münchner ein rabenschwarzer Tag. Man hat die Allgemeine Deutsche Sportausstellung in der Stadt, und weil das ein prima Anlass ist, für den Fußballsport zu werben, spielen die Kicker des heimischen Männerturnvereins 1879 gegen ein Team aus Karlsruhe. Das Match wird zum Debakel für die Münchner: Mit 0:10 gehen sie unter. Wenigstens ist die Presse gnädig: „Zwar verlief es so, daß immer einer am Ball war, indes die übrigen 19 – ausgenommen die Thorwächter – hinter ihm herrannten. Doch die anständige Art, wie gespielt wurde, war geeignet, jede Voreingenommenheit zu zerstören und die Sympathie des bisher abgeneigten Publikums zu erwerben."

Ein Zauberer mit dem Ball, zumindest im Fotoatelier: der Fußballpionier Anton Hübel alias Haxentoni.

Na sowas! Die Münchner haben Vorbehalte in Sachen Fußball. Tatsächlich ist die Stadt in dieser Hinsicht unterentwickelt, während man in Hannover, Berlin oder Hamburg längst in gepflegter Manier den Ball zu spielen weiß. In diesen Städten gibt es, anders als in München, größere Kolonien von Engländern, die sportliche Entwicklungshilfe leisten. Vergleichsweise spät, am 5. September 1896, gründen einige Gymnasiasten und Studenten den ersten Münchner „Verein für Rasensportarten". Er erhält den wohlklingenden Namen „Terra Pila", womit erwiesen ist, dass diese Fußballpioniere über Lateinkenntnisse verfügen. Terra bedeutet Erde und Pila Ball. Star der Truppe ist Anton Hübel, der unter dem Namen „Haxentoni" zum Schrecken der gegnerischen Torhüter avanciert. In einem Fotoatelier lässt er sich als Ballmagier ablichten, der mit beschwörendem Blick die Lederkugel anvisiert.

Was aber ist mit den ruhmreichen „Löwen" und dem erfolgsverwöhnten FC Bayern? Beide hinken erstmal hinterher. Zwar weist der Vereinsname des TSV München von 1860 bereits deutlich in die Vergangenheit, doch wurde der Klub seinerzeit als reiner Turnverein gegründet. Erst im März 1899 formieren ein paar Sportsfreunde die Fußballabteilung der Löwen. Knapp ein Jahr später, am 27. Februar 1900, sagt sich ein Spieler namens Franz John mit einigen Spießgesellen von seinem bisherigen Verein, dem MTV 1879, los und gründet den FC Bayern, der in der Saison 1901/02 gleich die Münchner Meisterschaft gewinnt.

Fußball ist in den frühen Jahren alles andere als ein Arbeitersport. Um 1900 jagen vorwiegend Akademiker und Angestellte in München dem Ball nach. In der Ersten Mannschaft des MTV 1879 spielen ein Apotheker, ein Notar, ein Filmregisseur, ein Opernsänger, ein Buchhändler sowie der spätere Direktor des Nationalmuseums Dr. Hans Buchheit. Möglicherweise sind das ein paar Schöngeister zu viel, denn bei der ersten Begegnung mit dem FC Bayern muss die MTV-Elf eine 7:1-Schlappe einstecken, ganz zu schweigen von der Blamage gegen Karlsruhe. Andererseits gehört der MTV in den Jahren vor dem Ersten Weltkrieg zu den erfolgreichsten Klubs der Stadt. 1909 gewinnen die Kicker des Männerturnvereins sogar die Oberbayerische Meisterschaft. Ebenfalls ruhmvoll ist die Geschichte des FC Wacker, gegründet 1903 unter dem Namen FC Isaria. In den Zwanzigern ist das Team eines der besten in Deutschland.

Münchens Buben entdecken rasch die Freuden des Spiels. 1910 steht in einem Bericht an die Königliche Schulkommission: „In allen Teilen der Stadt sieht man Knaben sich mit dem Fußball beschäftigen. Und fehlt der Ball, so tritt an seine Stelle ein aus Lumpen gefertigter Knäuel, ein kleiner Gummiball, ein runder Stein, eine zerbrochene Flasche usw ... Und die Folgen? Die Mütter klagen in der Schule, daß die Jungen nicht mehr nach Hause kommen und zu nichts mehr zu gebrauchen seien."

Wolfgang Görl

Unter der Fuchtel des Kaisers

Bayerns Herrscher werden zum Gespött der Satiriker

Kaiser Wilhelm II. und Prinz Ludwig von Bayern, der preußische Bramarbas, schneidig und dröhnend, und der alte bajuwarische, zur Gänze unmilitärische Tropf. „Seine Majestät erklären dem Prinzen Ludwig von Bayern anläßlich des Kaisermanövers die feindlichen Stellungen“, heißt der hämische Untertitel zu dieser Zeichnung von Olaf Gulbransson, erschienen 1900 im *Simplicissimus*. Kaum eine andere Zeitschrift der Kaiserzeit wagt solch beißenden Spott an den Herrschenden, karikiert ihre Maßlosigkeit und ihre Schwächen so schonungslos. Wie hier: Ohne falsche Milde enthüllt der Satiriker, was von den großen Wittelsbacher Träumen über Bayerns Rolle in Europa und Deutschland geblieben ist. Das Herrscherhaus, das sich seit dem Kaisertum Ludwig des Bayern im 14. Jahrhundert zu Höherem berufen fühlt, hat das Höhere leider nie erreicht; seit der Reichseinigung von 1871 sind die Könige nur noch bayerische Landespotentaten ohne echte Souveränität. Im Kriegsfall, der 1900 leider schon näher ist, als die Menschen wahrhaben wollen, sind Bayerns Soldaten dem Kaiser unterstellt.

Prinz Ludwig ist schon 67 Jahre alt, als er 1912 seinem Vater nachfolgt, dem Prinzregenten Luitpold (1821 bis 1912), sie führen die Geschäfte für Otto, den geisteskranken König. Ihn oder den Kaiser mit so spitzer Feder aufzuspießen, birgt seine Gefahren in einer Zeit, in der die Demokratie stärker wird und der Obrigkeitsstaat nicht weichen will. So definieren sich die Grenzen des Erlaubten immer wieder neu. Noch 1898 sitzen *Simplicissimus*-Zeichner Theodor Heine und der provokant dichtende Frank Wedekind in Festungshaft, weil sie in ihrem Blatt über den Kaiser gespottet haben. Wie recht sie hatten, wird sich 1914 auf furchtbare Weise zeigen.

Joachim Käppner

„Seine Majestät erklären dem Prinzen Ludwig von Bayern anläßlich des Kaisermanövers die feindlichen Stellungen“

„Ihr Kalbsköpfe“

Die geniale Anlage-Betrügerin Adele Spitzeder

„**Aus dem Gebäude** der Millionen ging ich mit nichts anderem als den Kleidern am Leibe.“ So beschreibt Adele Spitzeder in der *Geschichte meines Lebens* den Anfang vom Ende des größten Bankskandals, den Bayern im 19. Jahrhundert erlebt hat. Um halb vier Uhr morgens schon, am 12. November 1872, hatte sich eine „um ihr Geld besorgt gemachte Menge“ im Haus Nr. 9 in der Münchner Schönfeldstraße gedrängt, wo die Schauspielerin ihr ominöses Geldgeschäft betrieb. Bis vier Uhr nachmittags hatten ihre Bediensteten 180 000 Gulden gegen vorgelegte Wechsel ausbezahlt, als plötzlich 21 Polizisten aufmarschierten. Um zwölf Uhr nachts wurde Adele unter Jammern der Dienstboten abgeführt, mit Bettfreundin Rosa Ehinger und Schoßhund Daisy. Im Gefängnis hatte man ihr eine Zelle mit rotem Plüsch, Schreibtisch, Büchern und Piano eingerichtet.

Es war eine standesgemäße Verhaftung für die 40-jährige, gebürtige Berlinerin, die 1868 mit Schulden, sechs Hunden und einem schäbigen Koffer von Zürich nach München eingewandert war. Ein genialer Trick verhalf ihr zu rascher Karriere. Sie bot Leuten Im Tal für Geldeinlagen zunächst bis zu 25 Prozent Zinsen an und zahlte diese schon nach zwei Monaten bar aus. Bald drängten sich Kleinbürger und Arbeiter im Spitzenhotel Deutsches Haus, wo die Dame wohnte, um ihr Geld zu bringen. Davon wiederum zahlte sie die Zinsen – Loch auf, Loch zu.

Sie kaufte das Gasthaus Wilhelm Tell. „Das Fräulein“, das kaum lesen und schreiben konnte, unterzeichnete dort die Wechsel zwischen 13 und 14 Uhr. Im schwarzen Kleid oder Schlafrock thronte sie in einem Raum voller Heiligenbilder und rauchte Zigarren, am Hals baumelte ein brilliantenbesetztes Bischofskreuz. Täglich kamen bis 500 Leute, um die Abenteuerin flehentlich zu bitten, ihr Geld anzunehmen. Die ließ sie stundenlang warten und wurde oft ungnädig: „Kalbsköpfe, ich sage euch, dass ich keine Sicherheiten für euer altes Geld gebe.“

Schließlich besaß sie 17 Häuser, eine Gemäldesammlung, neun kostbare Schmuckstücke und vier Zeitungen, die ihr durch nicht zurückgezahltes Leihgeld zugefallen waren. Das ging drei Jahre gut. Im Oktober 1872 häuften sich die Warnungen durch Magistrat und Polizei; der Erzbischof zürnte in einem Hirtenbrief über den „Tanz ums goldene Kalb“. Dadurch aufgeschreckt, kündigten viele Gläubiger an einem einzigen Tag ihr Geld. Ihr blieben 8,1 Millionen Gulden Schulden – wovon die Einleger keinen Kreuzer zurückbekamen. Am 21. Juli 1873 wurde Adele Spitzeder zu drei Jahren Gefängnis verurteilt. *Karl Stankiewitz*

Wenn die Pferde Trauer tragen

Die Sonne weint – und für die Münchner geht, zumindest wird das so empfunden, an diesem Augusttag des Jahres 1900 eine Ära zu Ende: die der Pferdetrambahn, deren doch recht gemächliche Vehikel peu à peu durch Elektrozüge ersetzt wurden. Neun Pferdebahnlinien hatte es zu Anfang der 1890er Jahre in München gegeben, bis zu 758 Rösser versahen ihren Dienst im Dienste des frühen Nahverkehrs. Manchmal mussten auch die Fahrgäste schieben helfen – wenn selbst die an Steigungen wie dem Sendlinger Berg stationierten Zusatzpferde nicht mehr klarkamen. Ausufernd lange war die Ära der Pferdebahn übrigens nicht: Der erste Waggon war, auf Privatinitiative hin, 1876 losgerollt.

München, vom Luftschiff aus gesehen

Im Ersten Weltkrieg kommen erstmals Kampfflugzeuge zum Einsatz – gebrechliche Doppeldecker und verwundbare Luftschiffe. Es ist noch nicht die Waffe, die im Zweiten Weltkrieg Tod und Verderben bringen wird. Aber der Traum vom Fliegen fasziniert auch die Münchner vor 1914. Ein Flugobjekt über der Stadt provoziert anfangs Massenaufläufe von Schaulustigen, die in den Himmel starren.

Rudi Kleeberg, Besatzungsmitglied eines Luftschiffs, fotografierte die Stadt – im Bild die Frauenkirche und das Neue Rathaus und die im Zweiten Weltkrieg teilweise zerstörten Straßenzüge der alten Stadt – von seinem Zeppelin aus. Ab 1912 wird in Schleißheim die Flugwerft der Königlich Bayerischen Fliegertruppen errichtet.

Hier werden Einsätze geübt, Piloten, Maschinengewehrschützen und Beobachter ausgebildet. Die Kommandantur mit ihrem Turm wird später dem Deutschen Museum als Ausstellungsort dienen. Rudi Kleeberg, der nicht zum Fronteinsatz kommt, stürzt 1917 tödlich ab.

Die Utopie vom ewigen Glück

Gründerzeit, Technikbegeisterung, Fortschrittsoptimismus – das Deutsche Museum verkörpert den Glauben, alles sei machbar

Zur Grundsteinlegung im Jahre 1906 kommt Kaiser Wilhelm II. höchstpersönlich. Darunter macht Oskar von Miller es auch nicht, schließlich soll auf der alten Kohleninsel in der Isar ja ein „Deutsches Museum" entstehen. Zeitgenössische Gemälde zeigen den Regenten entschlossenen Blicks mit den Honoratioren in der Baugrube, in Paradeuniform mit Federbusch am Helm. „Meisterwerke von Naturwissenschaft und Technik" will Miller in dem Museum ausstellen, einer Arche Noah für die Spezies der Maschine sozusagen: von jeder wegweisenden Erfindung ein Exemplar. Auch der Kaiser steuert im Übrigen ein Exponat bei, auf den unbotmäßigen Wunsch Millers hin ein Schnittmodell des neuesten Linienschiffes Rheinland, im Maßstab 1:25, eine sündteure Kleinigkeit.

Technikmuseen zu gründen, kommt zu dieser Zeit schwer in Mode. Überall in Deutschland gibt es Versuche, in München allein sechs,

die aber allesamt scheitern. Und so ist es, vorsichtig gesagt, ein äußerst ambitioniertes Projekt, das sich Miller da zur Mission gemacht hat. Der erfolgreiche Ingenieur will das größte und modernste Museum seiner Art, ein Haus, das alle Techniksparten bedenkt, das historische Exponate neuesten Erfindungen gegenüberstellt. Die Vorbilder stehen nicht irgendwo, sondern in London und Paris. Und mit dem Arbeitstitel von den „Meisterwerken" schließt Miller rhetorisch schon einmal zu Höherem auf, zu den Schönen Künsten, womit er auch Motive von Standespolitik und Imagewerbung verfolgt. So spiegelt sich in der Biografie Millers und der Gründungsgeschichte des Deutschen Museums nicht nur die Ära der Technisierung in der ausgehenden Gründerzeit wider, sondern auch der wachsende Geltungsanspruch der Ingenieure.

Gute Beziehungen

1903 indes fängt Oskar von Miller mit seinen Museumsplanungen so ziemlich bei Null an: Er hat kein Geld, keine Exponate und keine Räume.

München vom Turm des Alten Peter aus gesehen, ein undatiertes Panorama des 19. Jahrhunderts: Links das Karlstor und der Hauptbahnhof, ganz im Hintergrund das Nymphenburger Schloss. In der Bildmitte die Alte Akademie und die Frauenkirche, daneben sind in einiger Entfernung Alte und Neue Pinakothek zu erkennen. Rechts die Theatinerkirche.

Ein Epitaph des alten München

Ein Rundblick vom Alten Peter im späteren 19. Jahrhundert zeigt die Türme und Dächer der in sich ruhenden, wohlhabenden, von Industrialisierung und Zersiedelung noch nicht entstellten Stadtlandschaft Münchens. Ein Bild, als sei es geschaffen zur Illustrierung des „stolzen Turms", wie die amerikanische Historikerin Barbara Tuchmann das Europa vor 1914 genannt hat – ein Turm, der zerbricht, als sich diese Welt dann selbst zerstört. In München ist sie bis heute zu besichtigen, wenn man den Südlichen Friedhof besucht, wo ein Zeitalter den Glauben an sich selbst in Stein gemeißelt hat: all die Büsten großer Brauer und Baumeister, Hofmaler und königlicher Architekten, die griechischen Kriegerhelme, mit denen bayerische Offiziere ihr Grab krönen ließen.

Der Lokalpatriot und Satiriker Joseph Ruederer beschreibt München vor dem Ersten Weltkrieg, von den Türmen des Doms aus betrachtet und bewundert: „Ich sehe die ungeheure Metamorphose meiner Vaterstadt. Wie sie sich hinausstreckte gegen alle Richtungen der Windrose mit neuen, gewaltigen Vierteln, wie sie auch zum Himmel emporwuchs mit hohen Giebeln, dem neuen Rathausthurme, dem Nationalmuseum, der Kuppel des Justizpalastes, den zahllosen Schulhäusern und auch den neuerbauten Kirchen."

Aber er hat beste Beziehungen, die er für sein Großprojekt auch weidlich nutzt. Er holt zum Beispiel Carl von Linde, den Entwickler der Kältetechnik, und Walter von Dyck, Rektor der Technischen Hochschule München, in den Museumsvorstand und bindet weitere einflussreiche Unternehmer und Forscher wie Max Planck, Wilhelm Conrad Röntgen oder Gustav Krupp von Bohlen und Halbach als Berater ein. Das Baumaterial wird weitgehend gestiftet. Dass es schließlich mehr als 22 Jahre dauert, bis das Haus an der Isar bezugsfertig ist und mit einem Festumzug durch die Stadt eröffnet werden kann, hat seine Ursache in den Zeitläuften: Der Erste Weltkrieg und die Umbrüche in Deutschland gefährden das Projekt.

Miller ist gewiss Münchens berühmtester Strippenzieher – im doppelten Sinne: Miller, der Ingenieur, baut 1884 in München das erste Elektrizitätswerk, später das leistungsstarke Walchenseekraftwerk und ist am Ausbau der Stromversorgung in Bayern beteiligt. Miller, der Technik-Euphoriker, organisiert 1882 im Münchner Glaspalast die erste Internationale Elektricitäts-Ausstellung in Deutschland, eine noch größere

In der Bildmitte unten der Viktualienmarkt und die Schrannenhalle, hinter dem Markt Richtung Isar ist das Theater am Gärtnerplatz zu sehen. Ganz hinten die Kirchtürme der Au und Giesings.

Mitgliedskarte des Deutschen Museums, das in der Kaiserzeit begonnen, aber erst 1925 fertig wird.

Schau stellt er ein paar Jahre später in Frankfurt zusammen. 1881 ist Miller auf einer vergleichbaren Veranstaltung in Paris gewesen – offenbar ein Erweckungserlebnis, das den jungen Bauingenieur dazu bringt, fortan auf die Elektrotechnik zu setzen, die damals noch am Anfang steht.

Schon die Ausstellung im Glaspalast macht Millers Methode deutlich: Er lässt die Türme der Frauenkirche mit elektrischem Licht illuminieren und Telefonkabinen aufstellen, in denen die Besucher Musikübertragungen hören können, die beispielsweise aus dem Gärtnerplatztheater übertragen werden. Er gestaltet einen künstlichen Wasserfall in der Halle; die Pumpe ist zumindest zeitweise mit Strom betrieben, der im 60 Kilometer entfernten Miesbach erzeugt wird. Die elektrische Fernübertragung über Telegrafenleitungen gilt als Pioniertat.

In der Alltagswelt von 1882 ist Technik zwar durchaus präsent, so lückenlos alle Sphären des Lebens durchdrungen wie heute hat sie noch nicht. Und doch herrscht schon damals eine Ambivalenz von Fortschrittsoptimismus und Technikangst in der Gesellschaft, schließlich hat die in Deutschland verspätete Industrialisierung auch ihre Schattenseiten. Miller inszeniert seinen Ingenieursglauben gleichsam im Geist der damals epochemachenden Weltausstellungen als einen Mix von Leistungsschau und Utopieversprechen, aber auch als einen Jahrmarkt des technischen Wissens, als Verbindung von Volksbelehrung und Volksbelustigung.

Im Sammelfieber

Genau das, erweitert um die historische Dimension sozusagen, wird Miller zum Prinzip des Deutschen Museums machen. Die Ausstellung, nach den verschiedenen Technikdisziplinen in Abteilungen gegliedert, erhebt nicht nur einen enzyklopädischen Anspruch und führt die Geschichte der Erfindungen mit aktuellen Innovationen zusammen, sie verfolgt auch ein populäres didaktisches Konzept: Sie soll staunen machen, mit Vorführungen und eigenen Versuchen eine sinnliche Erfahrung sein. Zum Museum gehören selbstverständlich ein Archiv und eine Bibliothek.

Miller beharrt bei seinen Museumsplänen außerdem auf der Verklammerung von Wissenschaft und Technik. Auch das ist für ihn zugleich ein berufspolitisches Statement: Aus Sicht von Universitätsadel und Bildungsbürgertum ist der gemeine Ingenieur eine Art akademischer Parvenue, erfinderisch zwar, aber als Wissenschaftler nicht gesellschaftsfähig. In die Funktionseliten des Kaiserreichs dringen Ingenieure kaum vor. Die ersten Polytechnischen Schulen, aus denen später die Technischen Hochschulen hervorgehen, stammen aus der ersten Hälfte des Jahrhunderts, die in München ist 1827 gegründet. Doch erst um 1900 erhalten sie das Promotionsrecht, die TH München im Jahre 1901 – ein formaler Erfolg der akademischen Aufholjagd.

Gut drei Jahre nach der Gründung kommt Miller mit seinen Exponaten provisorisch im Alten Nationalmuseum an der Maximilianstraße unter. Am 12. November 1906 wird die Ausstellung eröffnet, einen Tag vor der Grundsteinlegung für das Haus auf der Kohleninsel. In den kommenden Jahren wächst sie stetig, bezieht zusätzlich eine Dependance in der Schwere-Reiter-Kaserne auf dem Areal des heutigen Deutschen Patentamtes.

Die treibende Kraft dahinter ist Miller, ein Mann von bayerisch-barocker Statur, über die Maßen durchsetzungsfähig und gesegnet mit einem bemerkenswerten Talent für das, was man heute Fundraising nennt: Geld zu besorgen für das Wahre, Schöne und Gute. Inventarlisten über Inventarlisten lässt er für das Haus entwerfen, Wunschzettel für den Ideal-Bestand der Sammlung. Zehntausende von energischen Bettelbriefen hat Miller im Lauf der Jahre angeblich verschickt, um an die Exponate und an Geld zu kommen. Selbst seriöse Biografen attestieren ihm eine gewisse Dreistigkeit, mit der er in seinem Sammelfieber mitunter vorgeht. Zehn Jahre nach der Gründung hat er bereits knapp 40 000 Ausstellungsstücke aufgetrieben, auch wenn der Rohbau des eigentlichen Museums noch längst nicht fertig ist.

Immerhin schauen 1907 schon rund 210 000 Besucher die Ausstellung an, die Zahl steigt kontinuierlich. Heute kommen gut 1,4 Millionen jährlich – in das bestbesuchte deutsche Museum. *Martin Thurau*

Die drei von der Baustelle: Im September 1910 empfangen Oskar von Miller (links) und Bauleiter Gelius (rechts) den Flugpionier Ferdinand Graf von Zeppelin auf der künftigen Museumsinsel.

Adolf Hitler (Kreis) hört am 2. August 1914 die Kriegsproklamation auf dem Odeonsplatz: „Deutlich erkennt man die brennenden Augen: Dieser Tag befreite ihn aus der Ratlosigkeit und Vereinsamung seines Daseins", schreibt Joachim Fest in seiner Hitler-Biografie.

Im Taumel der Illusion

Bei der Mobilmachung 1914 feiern die Massen – und auf dem Odeonsplatz jubelt ein verkrachter Künstler namens Adolf Hitler

Ein paar Wochen nur, dann ist alles vorüber. Kein großer Krieg, nein, ein paar Manöver und für die Soldaten ein „kostenloser Ausflug nach Paris" – so versprach es die Regierung. Und wie überall im Deutschen Reich glaubten auch in München viele Menschen an einen schnellen Sieg, als am 31. Juli 1914 König Ludwig III. über Bayern den Ausnahmezustand verhängte. Tatsächlich sollte der Erste Weltkrieg vier Jahre dauern. Am Ende haben an die neun Millionen Menschen ihr Leben verloren, sind 21 Millionen verwundet, leben Millionen in Hunger und Elend. Und in Deutschland, Russland sowie im habsburgischen Vielvölkerstaat ist die Monarchie an ihrem Ende.

Am Anfang ist die Stimmung patriotisch aufgewühlt. Handwerker, Arbeiter, Bürgerschaft, Künstler zeichnen Kriegsanleihen und halten Burgfrieden nach innen. Gegen Ausländer aber wird gehetzt. Als eine Woche vor Kriegsbeginn, am 25. Juli 1914, der Wirt des Café Fahrig am Stachus beschließt, keine patriotischen Lieder zu spielen, weil die Stimmung ohnehin schon so aufgeheizt ist, dass er um sein Mobiliar fürchtet, erreicht er genau das Gegenteil: Die verärgerten Gäste demolieren das Café.

Der kommandierende General des Ersten Armeekorps ruft zur „Ritterlichkeit" gegenüber wehrlosen Ausländern auf. Polizeipräsident Julius Freiherr von der Heydte sieht sich gezwungen, zu Besonnenheit zu mahnen. Zugleich aber wird die Bevölkerung mit Anschlägen an Litfaßsäulen und Aushängen in Trambahnen und Zügen angehalten, Spione aufzuspüren. Die Folge: Auf den Straßen werden Menschen, die „fremdländisch" gekleidet sind, angepöbelt und angegriffen. Und als in Puchheim und Lagerlechfeld bei Augsburg Kriegsgefangenenlager entstehen, unternehmen die Münchner Ausflüge dorthin, um die Ausländer zu bestaunen.

„Berliner Kriegsgewinnler"

Bereits im zweiten Kriegsjahr zeichnet sich ab, dass der schnelle Sieg eine Illusion war. Ab März 1915 gibt es Lebensmittelkarten, der Alltag der Münchner wird immer beschwerlicher. Sie müssen Schlange stehen für Grundnahrungsmittel. Zucker, Butter, Seife, Kleidung wird rationiert. Dafür kann, wer es sich leisten möchte, auf dem Markt Eichkätzchen- und Dachsfleisch erwerben. Auf der Theresienwiese wird Gemüse angepflanzt. Um Energie zu sparen, kommt erstmals die Sommerzeit. Sogar das Färben von Ostereiern ist verboten – Sparmaßnahme. Zudem gibt es fortan nur noch Dünnbier, und dies trifft die Münchner nun wirklich arg. Noch murrt das Volk nur, schimpft auf die Berliner Zentralbehörde, die die Lebensmittelknappheit zu verantworten habe. Mit der Zeit aber machen die Münchner für die schlechte Versorgung die Bayerische Regierung verantwortlich und damit den König selbst, der immer mehr als verlängerter Arm Preußens gesehen wird.

Im Dezember 1916 versucht Ludwig III., den Volkszorn mit der Gründung des Bayerischen Kriegswucheramtes zu besänftigen. Vergebens. Die Kriegsmüdigkeit wächst. Der König wird persönlich bei Wilhelm II. vorstellig, um Rüstungsaufträge nach Bayern zu holen. 1916 beginnt Krupp mit dem Bau eines Zweigwerks in Freimann; auch die Bayerischen Flugzeugwerke und die Rapp-Motorenwerke (später BMW) werden ausgebaut. Das schafft zwar neue Arbeitsplätze, doch die Masse der Leute hat weiterhin zu wenig zum Essen. Überall in der Stadt öffnen Antiquitätengeschäfte – in der Not veräußert der Mittelstand das Tafelsilber. Aufgekauft wird es nicht selten von Touristen aus dem Norden, und die Münchner schimpfen auf die „Berliner Kriegsgewinnler". Zu all dem kommt das Gerücht auf, dass die Bayern an der Front als Kanonenfutter vorangeschickt würden. Der Groll gegen Preußen und das bayerische Königshaus wächst weiter. Und die Menschen sehnen sich nach Frieden. Diese Friedenssehnsucht jedoch bricht sich auf sehr unterschiedlichen Wegen Bahn.

Da wird das vormals so liberale München zum einen ein Zentrum der Kanzlersturzbewegung, der sogenannten Alldeutschen mit ihren extremistischen Kriegszielen, die den Rücktritt von Reichskanzler Theobald von Bethmann Hollweg fordern. In München wird 1916 der „Volksausschuss für die rasche Niederwerfung Englands" gegründet, dessen Vorsitzender Max von Gruber war, ein aus Österreich stammender Arzt, der zugleich die „Deutsche Gesellschaft für Rassenhygiene" leitete. 1917 wird er auch Leiter der Bayerischen Sektion der Deutschen Vaterlands-Partei. Zu den wichtigsten Agitatoren der Partei gehören in Bayern die Schriftsteller Ludwig Thoma und Ludwig Ganghofer. Auch der spätere Münchner Oberbürgermeister Karl Scharnagl ist aktiv im Volksausschuss. Gegen die Kanzlersturzbewegung kämpfen unter anderem die Sozialdemokraten und die Pazifisten mit der Deutschen Friedensgesellschaft. Zu deren Münchner Gruppe gehört Kurt Eisner. Sein Diskussionskreis trifft sich seit Dezember 1916 regelmäßig im Goldenen Anker in der Schillerstraße und zählt bald an die 100 Teilnehmer.

Im Januar 1918, im letzten Kriegsjahr, wird in München wie in Nürnberg in den Rüstungsbetrieben gestreikt. Die Initiative dazu geht von Kurt Eisner und der Ortsgruppe der USPD (Unabhängige Sozialdemokratische Partei) aus. Auf einer Kundgebung im Schwabinger Bräu am 31. Januar erklären sich die streikenden Arbeiter solidarisch mit den Arbeitern im Feindesland, denen sie „ihren brüderlichen Gruß" entbieten: „Wir fühlen uns mit Euch eins in dem feierlichen Entschlusse, dem Krieg des Wahnsinns und der Wahnsinnigen sofort ein Ende zu bereiten."

Eisner ruft zum Generalstreik auf und wird verhaftet. Die Regierung kommt den Arbeitern mit Sonderzulagen entgegen, verschärft aber die Überwachung. Als Ende Juli mehrmals hungrige Frauen auf dem Marienplatz demonstrieren, schirmen die Frauen die Anführerinnen des Protests ab. Die Polizei wagt nicht, dazwischenzugehen. Jeder weiß inzwischen: Der Krieg ist für Deutschland nicht zu gewinnen. Und viele der Demonstrantinnen werden ihre Männer nie wiedersehen. 13 000 Münchner sind am Ende dieses Krieges gefallen.

Monika Maier-Albang

„Deutschland über alles"

Johannes R. Becher über den Kriegsbeginn in München

Schon vom Odeonsplatz an stand alles dicht gedrängt. An der Feldherrnhalle baute sich, die Stufen empor, eine Menschenmauer auf. Tausende schwiegen erwartungsvoll in die Nacht hinein. Ganz unten, beim Siegestor, glommen zahllose Fackelpunkte.

Als wir uns zum Residenzplatz durchgezwängt hatten, der innen für den Aufmarsch der Abordnungen aller Münchener Regimenter gesperrt war, dröhnte von der Feldherrnhalle her der bayrische Defiliermarsch. Die Fenster im ersten Stock der Residenz leuchteten auf. Die Flügeltüren zum Balkon, über dessen Geländer das bayrische Wappen ausgebreitet herabhing, öffneten sich weit. Warmer leichter Wind ging. Die Pechflammen auf den Kandelabern loderten.

Das Dröhnen der Musikkapelle, von Paukenstößen und Trommelschlägen verstärkt, rückte von der Residenzstraße her näher. Die ersten Fackelreihen schwenkten nach links ab. Durch das Schmettern der Bläser und das Geprassel der Trommeln hindurch stampfte der dumpfe, gleichmäßige Takt der Paradeschritte. Die Truppenteile in Feldgrau, mit grauem Helmüberzug, bogen in den Platz ein. (...) Kommandos.

Mitten im Spiel, mit einem Ruck, setzte die Musik aus. Es war atemlos still. Es war so still, daß die Fackeln leise knisterten und daß das Weinen eines kleinen Kindes überlaut von einer Ecke des Platzes herüberdrang.

Ich hielt den Atem an. Alle hielten den Atem an. Mit allen zusammen hielt ich den Atem an. Ich wagte kaum, das Gesicht in dieser Stille seitwärts zu wenden. Eine Stille schien auf die andere zu folgen. Ich staunte, wie leblos still es auf einem menschenüberfüllten Platz sein kann. Dorthin mußte ich schauen, wohin alle schauten: zum ersten Stock der Residenz hinauf.

Ein Schatten glitt durch das Leuchten der offenen Balkontüren. Der König war an die Brüstung des Balkons vorgetreten. Ganz leise, gepreßt klang die Musikkapelle wie eine unterirdische Begleitung zu dem hochfahrenden Sturm der Menschenstimmen, die die „Wacht am Rhein" sangen. Mit ihrem ganzen aufgewühlten Gesicht sangen sie. Viele schluchzten. Frauen knieten. Auch ich hatte den Hut abgenommen. Eine unwiderstehliche Gewalt hatte ihn mir herabgerissen. Ich wußte nicht, ob ich sang oder ob ich nicht mitsang. Ich hielt wieder den Atem an, aber ich hörte mich mitsingen. Ich spürte ein Zittern von Hartinger herüber, der ebenso wie ich von einem Fuß auf den anderen trat. Auch er hatte Mühe, hier standzuhalten.

Der König sprach. Unverständliche Laute bröckelten über den Platz weg. Viele flüsterten miteinander. Der König hatte seine Rede beendet. Ein neues gewaltiges Brausen entstand: „Deutschland, Deutschland über alles!"

Aus: Johannes R. Becher, Abschied. Roman. München 1987

„Die ganze Stadt ist von der Spionitis befallen“

Das Tagebuch des Haidhauser Autors Franz-Joseph Bronner beschreibt, wie Misstrauen, Kriegshysterie und Nationalismus die Straßen beherrschen

Akribisch hat Franz-Joseph Bronner – Schriftsteller und Hausbesitzer – während des Ersten Weltkriegs Tagebuch geführt. Die unveröffentlichten Aufzeichnungen des Haidhausers, der in der Preysingstraße 16, Parterre, lebte, sind heute im Besitz des Stadtarchivs, deren Direktor Richard Bauer die in undeutlichem Sütterlin verfassten Zeilen für die *Süddeutsche Zeitung* entziffert hat. Der letzte der Bände von Bronners Kriegstagebuch, der das Kriegsende in München beschreibt, ging leider verloren. Bronners Tochter Marianne führte während des Zweiten Weltkriegs selbst ein Tagebuch.

31. Juli 1914

Vor dem neuen Polizeigebäude in der Ettstraße hatte sich eine große Menschenmenge angesammelt. „Es gibt Krieg, Krieg, er ist unabwendbar“, ging die furchtbare Kunde von Mund zu Mund und bewirkte bei den meisten im ersten Augenblick Entsetzen. Niemand hatte Lust zu arbeiten. Vor den Geschäften stehen Frauen und Männer in langen Reihen, ein solcher Andrang, dass die Geschäfte Eingangstüren sperrten. Überbesorgte wollen Mehl, Zucker vorkaufen. „Vorkaufen!“ war allgemein die Losung. Die Folge: Sofort wurde bei den Händlern im Preise aufgeschlagen.

Von Hand feinsäuberlich in altdeutscher Schrift hat Franz-Joseph Bronner seine Aufzeichnungen verfasst und mit Fotos und Postkarten angereichert.

Spionitis

Die ganze Stadt ist von der Spionitis befallen. Allüberall wittert man Verräter. Wir schritten durch die Ettstraße bei der Michaelskirche vorüber. Plötzlich hörten wir hinter uns Gejohle. Wir sahen einen Herrn herankommen, der im glattrasierten Gesicht etliche Blutstriemen hatte und dem ein paar junge Burschen folgten. Er sei ein bekannter Engländer! Der Herr hatte wohl durch Schnitt und Farbe seiner karierten Kleidung Verdacht erregt. Er ging erhobenen Hauptes, fast hochnäsig unbekümmert seines Wegs weiter. Beim Vorüberschreiten an uns meinte er, an dem er sich verächtlich zurückwandte: „Das ist doch arg, san des Gloife, i bin doch selm a Münchner.“

3. August 1914

In der Rosenheimer Straße erzählte eine Frau aus dem Volke einer Gruppe Lauschender, dass ein Offizier, der im Auto am Stachus vorüberfuhr, herausgerufen habe: Durch einen serbischen Spion seien 20 Pfund Zyankali in die städtische Wasserleitung geworfen worden. Allgemeines Entsetzen. Die Frauen getrauen sich nicht mehr, mit Wasser zu kochen. Nachmittags wurde durch öffentlichen Anschlag bekannt gemacht, dass die Sache mit der Brunnenvergiftung ein grundloses Gerücht war.

Samstag, 8. August 1914, 7. Mobilmachungstag

Die Sozialdemokraten leisten ihrer vaterländischen Pflicht widerspruchslos Folge. Auch hier kommt die Heimat- und Vaterlandsliebe zum Durchbruch, die Pflichttreue zur Besinnung. Soeben erzählte mir Oberleutnant P., der Sohn des in unserem Hause wohnenden Herrn Studienrats, dass gestern ein Bauer auf einem mit Tannenreisig geschmückten Leiterwagen – wie man ihn um diese Zeit zur Ernte benützt, seine neun Söhne, die ins Feld müssen, zur Stadt hereinge-

Kriegsbeute wird zur Schau gestellt: Vor fünf Tagen waren die Geschütze noch an der Front, am 25. August 1914 erfreuen sie die Münchner.

bracht hat. Als er sie in der Kaserne hatte, lieferte der -Bauer seine Rosse ab, verkaufte den Leiterwagen und meldete sich selbst zum Heeresdienst. „Da habts mi a!", sprach er.

Mehr Würde in der Frauenkleidung

Die Polizei hat es in den letztverwichenen Tagen nicht für nutzlos erachtet, Frauen und Fräulein, bzw. Damen und Dämchen – natürlich sind nur gewisse Modeäffinnen gemeint – sich der ernsten Zeit würdig zu erweisen und alles Auffällige in der Kleidung – Schuhe, Hüte usw. zu vermeiden. Traurig, dass ein solcher Appell an Ehre und Gewissen nötig ist. Das Publikum übt übrigens an derartigen Modetörinnen züchtigende Korrektur. Die Gäckinnen müssen sich züchtigende oder tadelnde Zurufe gefallen lassen.

Die Jugend läuft ihnen gestikulierend nach. Ich sah selbst, wie sich ein auffällig gekleidetes Dämchen, das mit seinen furchtbar engen Röcken nicht mehr recht vorwärts kam, vor halbwüchsigen Jungen in ein Haus am Altheimer Eck flüchten musste. Solche Belästigungen sind ja allerdings nicht zu billigen. Aber selbstverschuldet und begreiflich.

15. August 1914

Männer allen Alters, allen Standes ziehen aus, statt des Helmes tragen sie neue schwarze Wachstuchmützen mit großem goldenen Kreuz und statt des Waffenrockes eine dicke, braungrüne Joppe. Die ersten Verlustlisten sind in der Zeitung erschienen. Sie wurden durch Wolfs Telegrafenbüro veröffentlicht und waren auch als Separatabdruck zu kaufen. Wie man ängstlich das Blatt nach Namen von Bekannten durchfliegt.

Keine japanischen Studenten mehr

Die ziemlich zahlreichen Gelbgesichter mit ihren Schlitzaugen belebten mit eigenartigem Reiz das Bild des hiesigen Straßenpublikums. Mit ihrem fleißigen, bescheidenen, freundlichen Wesen waren sie mehr ein exotisches als ein störendes Element. Ihr plötzliches Verschwinden befremdet, sie sind wie vom Sturm verweht. Das Rätsel hat sich gelöst. Die Herrn ließen bei ihrem schnellen stillen Abschied Vorsicht walten. Japan, den wir stolz als unseren gelehrigsten Schüler bezeichneten, von dem wir Hilfe erhofften, steht im Bunde mit England. Oh deutscher Michel!

25. August 1914

Die ersten eroberten französischen Geschütze kamen um fünf Uhr Nachmittags durch die Stadt. Am Eck gegen die Kaufingerstraße hatte sich schon eine ganze Mauer von Zuschauern gebildet. Der Zug beschrieb einen Bogen um die Mariensäule und lenkte in die Weinstraße ein. Die Kanonen sahen in ihrer feldgrauen Bemalung recht unansehnlich aus. Was sich die Einbildung der Zuschauer erwartet haben mochte?

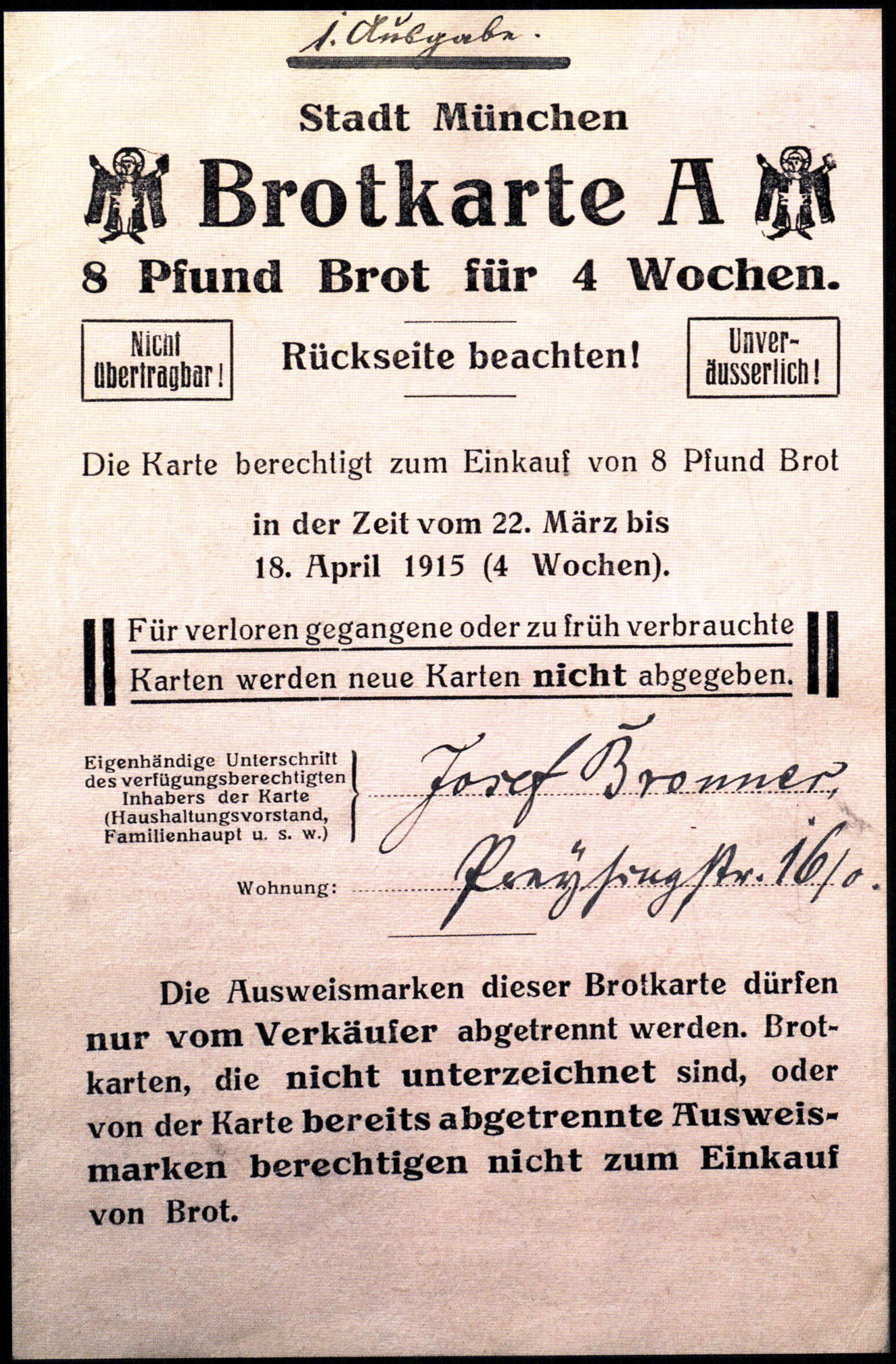

1. Ausgabe.

Stadt München

Brotkarte A

8 Pfund Brot für 4 Wochen.

Nicht übertragbar! — Rückseite beachten! — Unveräusserlich!

Die Karte berechtigt zum Einkauf von 8 Pfund Brot

in der Zeit vom 22. März bis 18. April 1915 (4 Wochen).

Für verloren gegangene oder zu früh verbrauchte Karten werden neue Karten **nicht** abgegeben.

Eigenhändige Unterschrift des verfügungsberechtigten Inhabers der Karte (Haushaltungsvorstand, Familienhaupt u. s. w.) Josef Bronner

Wohnung:

Die Ausweismarken dieser Brotkarte dürfen **nur vom Verkäufer** abgetrennt werden. Brotkarten, die **nicht unterzeichnet** sind, oder von der Karte **bereits abgetrennte Ausweismarken berechtigen nicht zum Einkauf** von Brot.

Die Münchner müssen sich an Lebenmittelmarken gewöhnen. Trotzdem werden Brot, Milch und Fleisch knapp.

Im August 1914 hat Bronner ein Foto in sein Tagebuch geklebt. Es zeigt „zum Heeresdienst eingezogene Männer und Burschen".

Schlange stehen für Brot und Mehl: Die Aufnahme entstand vermutlich 1916 am Wiener Platz in Haidhausen.

„Der Krieg soll a End ham. Wir wollen unsere Männer!“

Das Tagebuch des Franz-Joseph Bronner (II):
Wie auf Münchens Straßen die Begeisterung für den Kampf verfliegt und Hunger und Wut Platz macht

Anfang Dezember 1914

Keine Verlustlisten mehr. Seit etlichen Tagen werden „aus Gründen der Kriegsleitung“ in unseren Tageszeitungen keine Verlustlisten mehr veröffentlicht. Es ist wohl auch gut so, unsere Feinde könnten daraus wahrscheinlich Berechnungen machen. Wer sich für die Listen interessiert, findet sie am Kriegsministerium in der Ludwigstraße an den breiten Tafeln neben dem Eingang angeschlagen.

Pfingstdienstag 25. Mai 1915

Das schöne Wetter lockte uns zu einem Ausflug nach dem Gefangenenlager Puchheim bei München. Fuhren mit der Trambahn bis Pasing und gingen dann über Aubing nach Puchheim. Schon am Bahnhof dort erblickten wir die ersten Franzosen und Russen. Sie waren mit dem Verladen von Kommissbrot beschäftigt, einer Arbeit, die ihnen nicht allzu unangenehm und schwer gewesen sein dürfte. Die Franzosen, darunter etliche frische, stämmige Gestalten, die nichts von der oft beredeten Volksentartung zeigten, trugen noch die bekannten roten Hosen und langen blauen Röcke. Diese Gefangenen zeigten dem Publikum gegenüber, wenn sie einen Blick über dasselbe schweifen ließen, ein überlegenes, selbstbewusstes, hochmütiges Lächeln.

Die russischen Gefangenen machen wegen ihrer verlumpten mannigfachen Uniformen einen weniger günstigen Eindruck. Fast jeder Mann hat eine andere Montur. Das sind wohl Krieger von jener Art, von denen kürzlich in der Zeitung stand, die Leute seien mit Keulen, wie Waldmenschen, statt mit Gewehren ausgerüstet gewesen. Obwohl es strenge untersagt ist, den Gefangenen Nahrungsmittel oder Tabak zuzustellen, fällt doch neben uns in kurzen Zwischenräumen insgeheim immer wieder eine Zigarette auf den Boden. Hurtig bücken sich die vorüberziehenden Russen und haschen nach der erwünschten Beute. Auch Orangenschalen und Reste solcher klauben sie aus dem Straßenstaube auf und verzehren sie gierig. Als mein Töchterchen Marianne verwundert sich umblickt und die Frage stellt: „Woher kommen denn diese Zigaretten? Wer ist denn der stille Russenfreund?“, wird ein 14-jähriges Bürschlein in unserer Nähe betreten erröten und entfernt sich dann eiligst mit zwei Frauenzimmern.

Reichs=Fleischkarte
Königreich Bayern
Kommunalverband
München=Stadt
Gültig vom 21. Januar
bis 17. Februar 1918.
Name:
Straße:

Die Mehrheit der Münchner muss ums tägliche Überleben kämpfen und sich mit Lebensmittelmarken zufriedengeben.

Kaffeehausleben

Vom königlichen Generalkommando wurde am 5. November 1915 ein Erlass herausgegeben des Inhalts, dass es vom 8. November in München an bei Gefängnisstrafe bis zu einem Jahr verboten ist, nach 9 Uhr vormittags in Konditoreien, Kaffeehäusern, Gast-, Schank- und Speisewirtschaften sowie in Erfrischungsräumen Milch allein oder als Zusatz zu anderen Getränken zu verabfolgen. Diese Maßregel wirkte hier, wo das Kaffeehausleben nicht ganz unterentwickelt ist, im ersten Augenblick geradezu verblüffend. Kaffee ohne Milch, was nicht gar!

Die eingefleischten Kaffeehausgäste und Kaffeeschnüfflerinnen entrüsteten sich, wie sie die Verordnung durch List schön straflos umgehen könnten. Auf Rat der hart getroffenen Kaffeehausbesitzer, die schnell eine Versammlung abhielten, kam man auf den Gedanken, Milch in kleinen Medizinglasfläschchen ins Kaffeelokal selbst mitzubringen. Auf ernste Warnung der königlichen Militärbehörde, die in Kriegszeit noch weniger Spaß versteht als in der Friedenszeit, stand man aber von diesem Ansinnen ab.

Januar 1916: Frauen im öffentlichen Dienst

Was täte man heutzutage ohne die Frauen. Jetzt sehen wir erst, wie geschickt und vielseitig verwendbar sie sind und wie sie überall gern hilfreich eingreifen, wo es gilt, die große Maschine des öffentlichen Dienstes und wirtschaftlichen Lebens in Lauf und fröhlichen Schwung zu bringen. Keine Arbeit ist unseren Frauen und Mädchen zu schwer, kein Geschäft zu niedrig oder gering.

Bereits gegen Mitte des Jahres 1915 traten sie bei der Eisenbahn als Wagenputzerinnen, Wagenschmiererinnen ein. Seit Oktober 1915 sind sie bei der städtischen Straßenbahn probeweise als Schaffner angestellt, nachdem man in Augsburg, Nürnberg und noch früher in Berlin mit dem weiblichen Trambahnpersonal nicht ungünstige Erfahrungen gemacht hatte. Anfangs wurden die weiblichen Schaffner bei uns nur auf den äußeren Linien und Beiwägen verwendet, seit Neujahr 1916 tauchen sie aber allerorts auch schon im Inneren der Stadt auf. Sie erhalten bei neun Stunden Dienstzeit drei Mark 50 Tageslohnung. Ihre Uniform ist ähnlich der der männlichen Kollegen eine schwarze Wachstuchuniformmütze mit großem Schild, ein langer schwarzgrauer rauwollener Mantel, der blitzende Stahlknöpfe hat und fast bis zu den Knöcheln reicht, sodass er das Wesen, das in ihm steckt, gewissermaßen zum Neutrum macht. Auch bei der königlichen Post tauchten seit Anfang Dezember 1915 in größerer Anzahl weibliche Briefträger auf. Im Sommer sollen unsere Brieftanten eine schmucke blaue Uniformbluse erhalten.

Frühjahr 1916

Seit Monaten enthalten unsere Zeitungen an auffälliger Stelle täglich die dringende Aufforderung: „Heraus mit dem Gold!" oder „Bringt euer Gold zur Reichsbank!" Überdies bringen sie von Zeit zu Zeit aufklärende Aufsätzchen, worin dem Volke, das die Goldmünzen gern als sichersten Behelf für etwaige Zeiten schlimmster Art zurückbehält und ansammelt, auseinandergesetzt wird, warum solches nicht geschehen soll. Warum vielmehr alles Gold zur Reichsbank zur Ablieferung kommen soll. Die Lehrer und Lehrerinnen halten die Jugend fleißig an, Goldgeld, das die Eltern noch besitzen, zum Umtausch in die Schulen zu bringen, damit es durch diese an die Post, an die Sparkassen oder Bankinstitute weitergeleitet wird. Die Schüler erhalten für ihren Sammeleifer von manchen Oberlehrern sogar eigene Anerkennungsdiplome. Auch wird ihnen bei besonderen Leistungen da und dort mit einem unterrichtsfreien Tag gelohnt, was bei ihnen keinen geringen Jubel hervorrufl.

17. Juni 1916, Brotkrawall

Als am Samstag vormittags bei der städtischen Eierverkaufsstelle neben der Kuttelhalle (gemeint ist die Freibank an der heutigen Schrannenhalle) mehrere Frauen nach mehrstündigem Zuwarten mittags leer abziehen mussten, kam der Gewittersturm zum Ausbruch. Etwa nach ein Uhr zog eine Schar Weiber mit Kindern vor das Rathaus und gab dort ihrer Entrüstung öffentlichen Ausdruck. Die Frauen verlangten durch das Stadtregiment Abhilfe in ihrer Not. Nun sind aber am Samstag nachmittags die Rathauskanzleien geschlossen. Gleichwohl verweilten die Frauen auf dem Platz und erzählten jedermann von ihren Sorgen und ihrem Elend. Gegen vier Uhr war das Rathaus schon von einer wogenden Menschenmenge umgeben. Nun wurde gruppenweise eine Anzahl Leute in den Rathausdurchgang eingelassen, wo sie Anweisung erhielten, wegen des Brotmarkenzusatzes sich an die Oberlehrer ihres Bezirkes zu wenden. Dieser Erfolg ermutigte viele. Immerfort strömten neue Bedürftige dem Marienplatz zu. Eine dicke Frau mit einer Markttasche rief: „Der Krieg soll ein End haben. Ich hab drei kloane Kinder. Was san da 30 Markl für uns allesamt. Wir können nimmermehr hungern. Wenn wir nix mehr zum Fressen ham, können mir unseren Soldaten a nix mehr schicken. Der Krieg soll a End ham. Wir wollen unsere Männer!"

August 1916

Wurstwarengeschäfte haben gegenwärtig vier bis fünf Tage in der Woche geschlossen. Und wenn sie einmal offen haben, hängt nach ein- bis zweistündigem Verkauf das Schildchen an der Türe: „Ausverkauft!" Es gibt zur Zeit fast nichts als Leoni, Hartwurst und Schinken. Andere Wurstsorten

Ein Flugplatz in Miniaturformat

Feldflugplatz im Ersten Weltkrieg (1917, Modell im Deutschen Museum): Anfangs wurde die neue Waffe vor allem zur Aufklärung genutzt. Im Lauf des Krieges griffen die Luftstreitkräfte aber auch in die Kämpfe ein und bombardierten das Hinterland des Gegners. In der Flugwerft Schleißheim sind noch einige Doppeldecker zu sehen. Die dortige Fliegerfunkerschule war im Krieg eine wichtige Ausbildungsstätte, auch die Morsegeräte von damals gibt es noch.

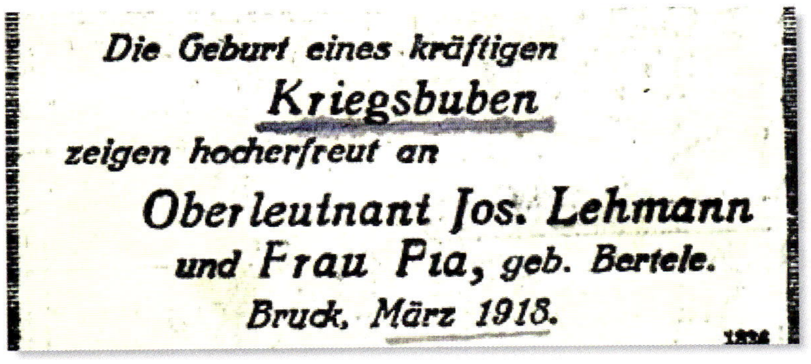

Die Geburt eines kräftigen
Kriegsbuben
zeigen hocherfreut an
Oberleutnant Jos. Lehmann
und Frau Pia, geb. Bertele.
Bruck, März 1918.

Noch 1918 freut sich die Familie von Oberleutnant Lehmann über die Geburt eines „kräftigen Kriegsbuben“.

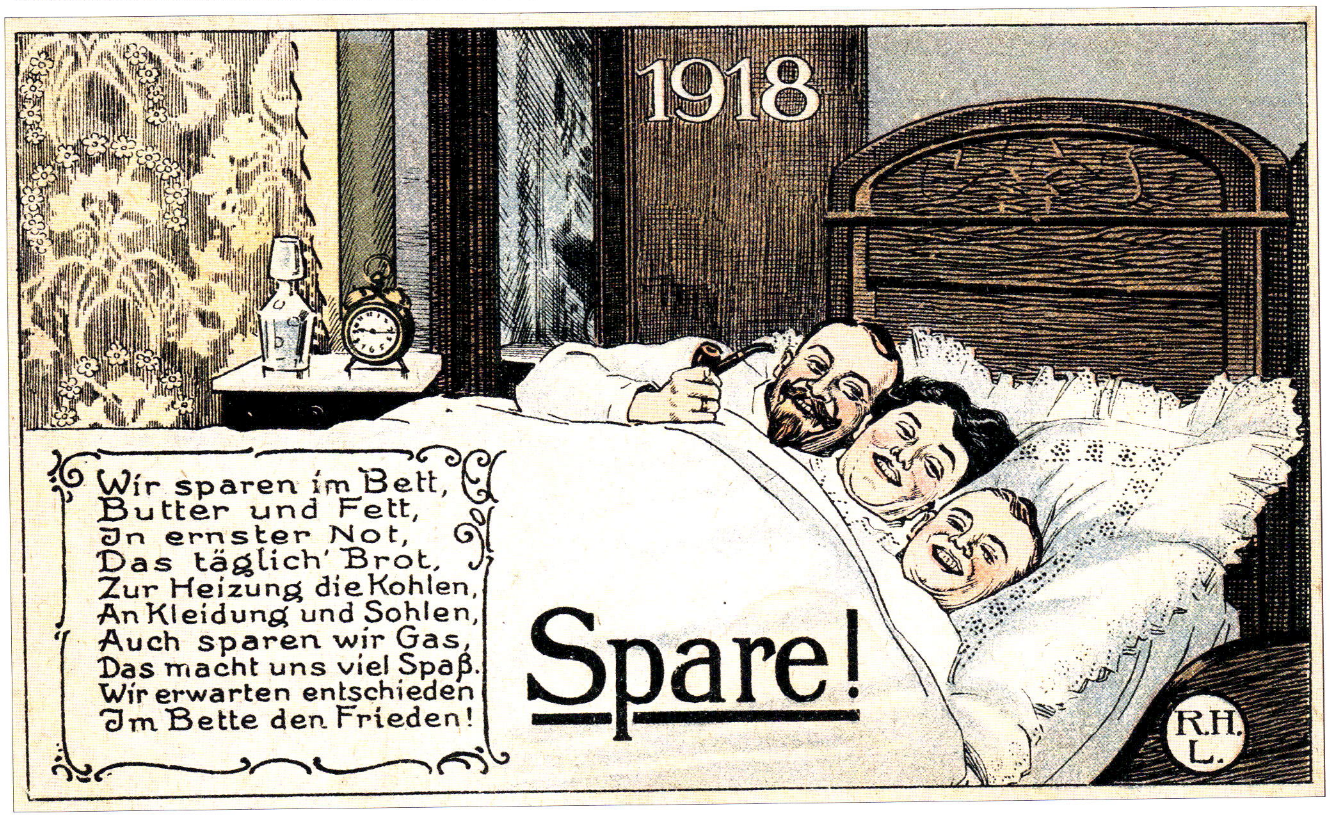

Galgenhumor: Die Menschen frieren und hungern und wünschen sich nichts sehnlicher als ein Ende des Krieges. Der Ärger bahnt sich Wege in satirischen Postkarten wie dieser.

oder billige Fleischwaren wie Leberkäs, schwarzer Presssack, Leberpresssack sind nicht zu sehen.

Ende Dezember 1916

Im Volk herrscht große Mißstimmung wegen der fortgesetzten Preissteigerung für Lebensmittel. Man schiebt die Schuld daran einer seit etlichen Wochen außerordentlichen Ausfuhr von Schlachtvieh, Butter, Eiern usw. aus Niederbayern, aus dem Allgäu und aus Mainfranken nach Norddeutschland zu und missbilligt dies. „Wir brauchen unser Sach selm, wir können ned die a no dahalten“, geht die Rede um. Mit dem „die“ sind vornehmlich die Bewohner der schönen Reichshauptstadt gemeint, wo es in der letzten Zeit zu kleinen Krawallen gekommen sein soll.

Meldedienst

Meldedienst für die älteren Jahrgänge des vaterländischen Hilfsdienstes, Geburtsjahre 1857 bis 1870. Habe meine Anmeldung beim Postamt 1 bestätigt.

Ende Januar 1917

Was wir jetzt in den Kaffeehäusern zum Trinken vorgesetzt bekommen – ojemine. Bohnenkaffee? Nein, den Ehrentitel verdient die Mischung nicht. Es ist gelbe, graue oder schwarze Brühe aus allem möglichen Ersatz, weiß Gott aus Malz oder Gerste oder Runkelrüben. Mit einem dicken mehligen Satz unten, dass schier der Löffel darin stecken bleibt.

März 1917

An den Eingangstüren des Hofbräuhauskellers ist ein Schildchen: „Wegen Biermangels am Sonntag geschlossen.“ Eine der Hauptbierquellen Münchens also versiegt. Was soll man dazu sagen?

Trauernde und Neugierige säumen die Stelle in der Promenadenstraße (heute Kardinal-Faulhaber-Straße), an der Kurt Eisner von Anton Graf von Arco auf Valley erschossen wurde.

„Die Revolution hat gesiegt“

Doch Kurt Eisner wird ermordet, die nachfolgende Räteregierung endet im Kugelhagel ihrer Feinde

München im Herbst 1918: Die Menschen sind verzweifelt. Hunger, Wohnungsnot, dazu die Angst um die Männer an der Front. Vier Jahre voller Entbehrungen haben die Münchner hinter sich – und wofür das alles? Für den von Kaiser und König verheißenen Sieg jedenfalls nicht. Dass ein Ende mit Schrecken bevorsteht, steht seit der gescheiterten deutschen Frühjahrsoffensive im Westen so gut wie fest. Dennoch Durchhalteparolen, die zu glauben immer schwerer fällt.

Ende September erklärt die Oberste Heeresleitung unter Generalfeldmarschall Hindenburg und General Ludendorff die militärische Lage für aussichtslos, nicht ohne sich selbst aus der Verantwortung zu entlassen. Mit einem Mal entdecken die Heerführer, die eben noch mit dem Segen Wilhelms II. de facto eine Militärdiktatur ausübten, ihr Herz für eine parlamentarische Reichsregierung, der man großzügig das sinkende Schiff überlässt. So ist es dem neuen Reichskanzler Prinz Max von Baden vorbehalten, am 4. Oktober ein Waffenstillstandsangebot an den US-Präsidenten Woodrow Wilson zu richten. Jetzt ist dem Dümmsten klar: Der Krieg ist verloren. Eine Schockwelle überrollt das Land. Sie unterminiert das Fundament der alten Mächte, auch das der Wittelsbacher-Dynastie. Ohnehin gilt König Ludwig III. als Handlanger des Kaisers. Eines Morgens im Oktober hängt eine tote Katze am Wittelsbacher-Palais, daran ein Zettel mit der Aufschrift: „Ludwig schaffe Ordnung hier, sonst gehts Dir wie dem Katertier.“

Am Nachmittag des 7. November 1918 versammelt sich eine gewaltige Menschenmenge auf der Theresienwiese zu einer Friedensdemonstration, zu welcher der Chef der Bayerischen SPD, Erhard Auer, sowie der Vorsitzende der Unabhängigen Sozialdemokratischen Partei (USPD), Kurt Eisner, aufgerufen haben. Was dann geschieht, schildert Oskar Maria Graf in seinem Roman *Wir sind Gefangene*: „Plötzlich schrie Felix Fechenbach in Feldgrau laut und beinahe kommandomäßig in die bewegte Menge: ‚Genossen! Unser Führer Kurt Eisner hat gesprochen. Es hat keinen Zweck mehr, viele Worte zu verlieren! Wer für die Revolution ist, uns nach! Mir nach! Marsch!‘ Und mit einem Schlage gerieten die johlenden Massen ins Vorwärtsdrängen. Wie eine kribbelige, schwarze Welle wälzten sich die tausend und abertausend Menschen hangaufwärts auf die Straße; weiter ging es im Schnellschritt, an geschlossenen Häusern und herabgezogenen Rolläden vorbei, den Kasernen zu. Wir marschierten, eingekeilt von einer dahinstürmenden Menge, fast ganz an der Spitze, kaum fünf Schritt weit entfernt von Eisner, den ich unablässig betrachtete. Er war blaß und schaute toternst drein; nichts redete er. Fast sah es aus, als hätte ihn das jähe Ereignis selbst überfallen.“

Die Demonstranten ziehen von Kaserne zu Kaserne, wo sie kaum auf Widerstand stoßen. Viele Soldaten laufen zur Revolution über. Während der Nacht gelingt es den Aufständischen, alle wichtigen öffentlichen Gebäude zu besetzen. Im Mathäser-Bräu konstituieren sich die Arbeiter- und Soldatenräte, deren Mitglieder gegen 22 Uhr zum Landtagsgebäude in der Prannerstraße marschieren. Dort wählt man Eisner zum Vorsitzenden des „Arbeiter-, Bauern- und Soldatenrats“. Danach proklamiert Eisner die Republik: „Die Bayerische Revolution hat gesiegt, sie hat den alten Plunder der Wittelsbacher-Könige hinweggefegt.“

Was aber ist mit Ludwig III., dem König? Der hatte sich nachmittags im Englischen Garten ergötzt, als wäre alles in bester Ordnung. Nach dem Diner werden zwei Minister vorstellig, die ihrer Durchlaucht empfehlen, vorübergehend die Stadt zu verlassen. Sogar der Chauffeur hat die Fronten gewechselt, weshalb sich der König in einer gemieteten Limousine nach Wildenwarth nahe der österreichischen Grenze kutschieren lässt. Als Ludwig tags darauf erfährt, dass sein Königreich inzwischen Republik ist und Soldaten ihm nachstellen, flieht er nach Österreich und später ins ungarische Exil. Weder das Münchner

Kurt Eisner, der erste Ministerpräsident der Republik.

Bürgertum noch die vermeintlich königstreue Landbevölkerung wirft sich für ihn in die Bresche. Die Monarchie hat jegliches Vertrauen verspielt.

Beruhigende Worte

Am 8. November flattern rote Fahnen an den Türmen der Frauenkirche. Eisner schlägt seinem Rivalen Auer vor, eine Koalitionsregierung zu bilden. Weniger aus Neigung als unter dem Druck der Ereignisse willigt der Sozialdemokrat ein. Auer wird Innenminister, Eisner Ministerpräsident. Der neue Kabinettschef ist keineswegs ein dogmatischer Ideologe. Der aus Berlin stammende Kurt Eisner, seit 1910 Mitarbeiter der *Münchner Post*, orientiert sich an Kants Moralphilosophie. Den Sozialismus sieht er als „ethische Notwendigkeit", woraus er folgert, dass eine gerechte Gesellschaft nicht gewaltsam, sondern mittels einer „geistigen Revolution" zu etablieren sei. In seiner Regierungserklärung versichert Eisner dem bayerischen Volk, dass es „gegen jegliche Willkür und Gewalttätigkeit den ausreichenden Schutz finden wird".

Mit seiner versöhnlichen Politik steht er bald zwischen allen Fronten. Den Linken ist er zu bürgerlich, die Sozialdemokraten betrachten ihn als idealistischen Schwärmer, das Bürgertum fürchtet Eisner als Vorboten des kommunistischen Umsturzes. Von der Presse bezieht er Prügel, linke Zeitungen dreschen ebenso auf ihn ein wie rechte. Seine Partei wiederum ist zu schwach, einen wirksamen Wahlkampf zu führen. So wird die Landtagswahl am 12. Januar für Eisner zum Debakel. Seine USPD gewinnt nur 3 der 180 Sitze, die SPD kommt auf 61 Mandate. Stärkste Kraft wird die Bayerische Volkspartei mit 66 Sitzen.

Am Morgen des 21. Februar 1919, des Tags der konstituierenden Sitzung des neuen Landtags, setzt Eisner seine Abschiedsrede auf. Gegen zehn Uhr geht er mit seinen Assistenten Felix Fechenbach und Benno Merkle und zwei Leibwächtern Richtung Prannerstraße. Von hinten nähert sich ein Mann, zieht eine Waffe und schießt Eisner in Kopf und Rücken. Der Attentäter flieht, wird aber von den Schüssen der Leibwächter niedergestreckt. Er überlebt. Für Eisner gibt es keine Rettung. Der Mörder ist ein junger Mann namens Anton Graf von Arco auf Valley. In der Gerichtsverhandlung im Januar 1920 rühmen Staatsanwalt und Richter des Grafen glühende Liebe zu Volk und Vaterland. Das Todesurteil wird flugs in eine lebenslange Festungshaft umgewandelt, die man schrittweise auf vier Jahre verkürzt. Die bayerische Justiz ist auf dem rechten Auge blind.

Der Mord an Eisner versetzt die Stadt in Aufruhr. Im Landtag schießt der Metzger Alois Lindner auf SPD-Chef Auer und verletzt ihn schwer. Die Macht übernimmt noch am selben Tag ein revolutionäres Gremium, der „Zentralrat". Dessen Mitglieder gehören der USPD, den Kommunisten und dem linken SPD-Flügel an. Sie rufen zum Generalstreik auf und verhängen eine Ausgangssperre. Auf den Straßen patrouillieren Soldaten, die Universität, eine Hochburg der Hetze gegen Eisner, wird geschlossen. Eisners Beerdigung am 26. Februar wird zur machtvollen Demonstration der Arbeiterschaft und der Linken. Hunderttausende geben dem Ermordeten das letzte Geleit.

Gegen den Widerstand der Radikalen wählt der Landtag am 17. März den Sozialdemokraten Johannes Hoffmann zum Ministerpräsidenten. Bei den revolutionären Arbeitern Münchens stößt die neue Koalitionsregierung sofort auf Ablehnung, weil man von ihr keine wirkliche sozialistische Politik erwartet. Auftrieb gibt ihnen die Nachricht, dass die ungarischen Genossen um Béla Kun

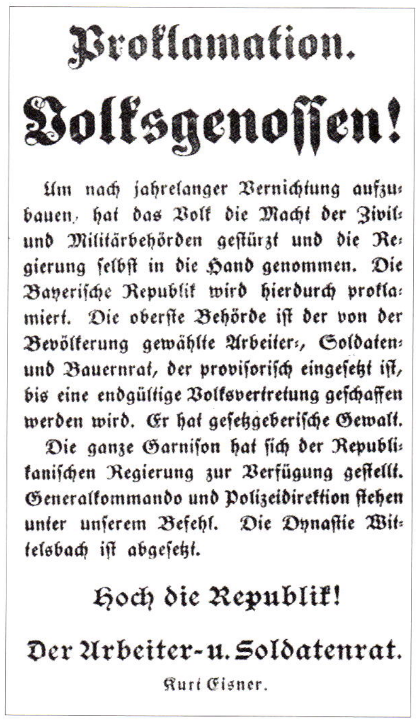

Proklamation.

Volksgenossen!

Um nach jahrelanger Vernichtung aufzubauen, hat das Volk die Macht der Zivil- und Militärbehörden gestürzt und die Regierung selbst in die Hand genommen. Die Bayerische Republik wird hierdurch proklamiert. Die oberste Behörde ist der von der Bevölkerung gewählte Arbeiter-, Soldaten- und Bauernrat, der provisorisch eingesetzt ist, bis eine endgültige Volksvertretung geschaffen werden wird. Er hat gesetzgeberische Gewalt.

Die ganze Garnison hat sich der Republikanischen Regierung zur Verfügung gestellt. Generalkommando und Polizeidirektion stehen unter unserem Befehl. Die Dynastie Wittelsbach ist abgesetzt.

Hoch die Republik!

Der Arbeiter- u. Soldatenrat.

Kurt Eisner.

Ein Plakat verkündet die Proklamation der Republik.

Banges Warten auf den Angriff der Reichstruppen und der paramilitärischen Freikorps: Rotarmisten in München im Jahr 1919.

Oben: Friedenskundgebung auf der Theresienwiese 1918 – die kriegsmüden Menschen fordern den Rücktritt des Kaisers, sofortigen Waffenstillstand und eine demokratische Verfassung. Unten: Im Zeichen des Totenkopfs – Freikorpsmitglieder fahren durch die Goethestraße. Nach Ihrem Sieg verüben die weißen Truppen ein Massaker.

am 21. März die Räterepublik proklamiert haben. In der Nacht zum 7. April beschließt der Münchner Zentralrat, angestachelt vom Literaten und Anarchisten Gustav Landauer, ebenfalls die Ausrufung der Räterepublik. Die zwölf Volksbeauftragten bilden nun faktisch eine Gegenregierung zum Kabinett Hoffmann, das sich nach Bamberg zurückzieht. Der Rückhalt der Räteregierung ist selbst in München gering, ihr Vorsitzender Ernst Niekisch tritt bereits einen Tag später zurück. Sein Nachfolger wird Ernst Toller, auch er mehr Literat als Politiker. Man hegt allerlei Sozialisierungspläne, erlässt Dekrete, die niemand beachtet. Am 13. April, dem Palmsonntag, besetzt die „Republikanische Schutztruppe", sozusagen der bewaffnete Arm der Regierung in Bamberg, das Wittelsbacher-Palais und verhaftet mehrere führende Männer der Räterepublik, darunter den anarchistischen Dichter Erich Mühsam. Den Arbeiterwehren, angeführt vom Matrosen Rudolf Egelhofer, gelingt es, die „Schutztruppe" in einem blutigen Gefecht am Bahnhof zurückzuschlagen.

Hoffnungslose Lage

Noch während der Kämpfe trommelt der Kommunist Eugen Leviné im Hofbräuhaus die „Betriebs- und Soldatenräte" zusammen, die die Macht einem „Vollzugsrat" übertragen. Leviné sowie die KPD-Genossen Max Levien und Towia Axelrod streben die „Diktatur des Proletariats" nach sowjetischem Muster an. Doch ihre Lage ist hoffnungslos. München ist von allen Lebensmittelzufuhren abgeschnitten, der Belagerungsring, den die Reichstruppen und Freikorps um die Stadt ziehen, wird immer enger. Der Reichsregierung in Berlin geht das Münchner Räte-Experiment ohnehin schon viel zu lange. Reichswehrminister Gustav Noske (SPD) schreckt nicht davor zurück, mit einem Mann wie Oberst Ritter von Epp zu paktieren, der bei der Abschlachtung der Hereros 1904 in Südwestafrika dabei war und der später als Reichsstatthalter Hitlers Karriere machen sollte. Die zweite Räteregierung wiederum ist zerstritten, Ordnung und Disziplin gehen verloren. Am 30. April lässt Egelhofer, mittlerweile Befehlshaber der Roten Armee, im Luitpold-Gymnasium sieben Mitglieder der rassistischen Thule-Gesellschaft, zwei Regierungssoldaten und einen Kunstmaler hinrichten – als Vergeltung für die Erschießung unbewaffneter Rotarmisten. Ernst Toller gelingt es, sechs weiteren Geiseln dasselbe Schicksal zu ersparen.

Am 1. Mai beginnt der Einmarsch der weißen Truppen in München. Die Rotarmisten können der überlegenen Militärmaschinerie wenig entgegensetzen. Was folgt, ist ein Massaker, eine Blutorgie der Sieger. Wer im Verdacht steht, es mit den Roten zu halten, wird niedergemetzelt. Zu den Opfern zählen auch 21 Mitglieder des katholischen Gesellenvereins St. Joseph. Gustav Landauer wird im Gefängnis Stadelheim nach einem Spießrutenlauf von der entfesselten Soldateska zu Tode getrampelt. Egelhofer wird misshandelt und ohne Gerichtsverfahren erschossen. Leviné lässt man wegen Hochverrats hinrichten.

Laut amtlicher Statistik fallen 557 Menschen dem Terror zum Opfer. In Wirklichkeit dürfte die Zahl der Toten etwa doppelt so hoch sein. Reichswehrminister Noske spricht dem Oberbefehlshaber der Militäraktion seine Anerkennung für die „umsichtige und erfolgreiche Leitung der Operation" aus. *Wolfgang Görl*

Willkür, Wirrwarr, Elend

Die Inflation lässt breite Schichten verarmen und schürt böse, folgenreiche Ressentiments

Als der Fall des Geldwertes immer schwindelerregender wird, ein US-Dollar 4,3 Billionen Mark kostet und ein Hühnerei 15 Milliarden, hinterlassen Münchner Monteure unter den Kupferpfannen des Walchenseekraftwerks ihre Erinnerungen auf einem handgeschriebenen Zettel. „Unsere derzeitige Regierung bürgerlich, Putsche alltäglich, das arbeitende Volk verarmt, trotz der hohen Löhne. Kleidung zu kaufen, für den Arbeiter illusorisch.“ Es ist der 15. November 1923, über ein Jahr Hyperinflation liegt hinter Deutschland und München, eine Erosion der Vermögen und des Vertrauens in den Staat und das Wirtschaftssystem.

Die Masse der Menschen erlebt hilflos, wie erspartes oder geerbtes Vermögen zerrinnt und einzelne Schieber, Schwarzhändler und Großkonzerne über Nacht reich werden. Soziale Wirren beherrschen die Inflationsmonate in München. Die Löhne werden oft täglich ausgezahlt, in dicken Papierbündeln. Abends in der Kneipe gönnt sich der Chor der Arbeiter etwas Zynismus: „Wir versaufen unser Oma ihr klein Häuschen, ihr klein Häuschen, und die erste und die zweite Hypothek.“

Wer tatsächlich ein Häuschen oder andere bedeutende Sachwerte besitzt, kommt einigermaßen glimpflich durch die Inflation, und auch Kreditnehmer sind in der guten Lage, dass ihre Schulden real verpuffen wie der Geldwert. Doch für Sparer, Selbständige und Lohnempfänger wird die Zeit vom Spätsommer 1922 an zum existenziell bedrohlichen Fiasko. Selbst große Teile des Münchner Mittelstandes können ihre Wohnungen im Winter wegen der explodierenden Brennstoffpreise nicht heizen, kinderreiche Arbeiterfamilien müssen häufig mit einem Zimmer auskommen, Tuberkulosefälle mehren sich. Die Löhne hinken den Preisen hinterher: Während etwa ein niederer bayerischer Staatsbeamter von Mitte November bis Dezember 1922 das 232-Fache mehr verdient, steigt der allgemeine Preisindex um das 1468-Fache an. Die Filialen der Bayerischen Vereinsbank geben Notgeld aus, Händler nehmen lieber Dollar. Ein Kino bietet Eintrittskarten zum Preis von zwei Kohlebriketts.

Gleichzeitig kommt bis Ende 1922 eine Inflationskonjunktur auf, mit billigem Fremdkapital expandieren Industriekonzerne wie Stinnes oder die Gutehoffnungshütte Oberhausen, die auch eine Münchner Fabrik aufkauft. In München werden Risse in der Gesellschaft an vielen Fronten deutlich. Arbeiter gegen Großkapitalisten, Verbraucher gegen Händler, Bauern gegen Stadtbevölkerung, Nationalkonservative gegen Juden. „Man kann sagen, dass es in unserer modernen Zivilisation außer Krieg und Revolutionen nichts gibt, das sich in seiner Tragweite mit Inflationen vergleichen lässt“, schreibt Elias Canetti. Bayerns Ministerpräsident Lerchenfeld warnt schon im Sommer 1922 vor den sozialpsychologischen Folgen der Verelendung jener „mittelständischen Masse, die von jeher als die zuverlässigste Stütze des Staates gegolten hat“.

Der Regierungspräsident von Oberbayern, Gustav von Kahr, verordnet den Bauern, Nahrungsmittel wie Gerste und Milch nach München zu liefern. Während es der ländlichen Bevölkerung bislang sogar relativ gut erging (ein Historiker berichtet von „hemmungsloser Vergnügungssucht“ auf den Dörfern und „ausschweifenden Tanzlustbarkeiten primitivester Art“), richten sich die staatlichen Preissteuerungen nun auch stärker gegen diese Gruppe.

Ein Schlemmereigesetz verbietet maßloses Essen. Nur beim Bier bleibt Bayern ausnahmsweise gnädiger, weil Bierfeste nach Meinung eines hohen Regierungsbeamten zur „Nivellierung der sozialen Gegensätze beitragen“. So

In der Haidhauser Grube

In Haidhausen rechts der Isar prägen noch nach dem Ersten Weltkrieg alte Herbergshäuschen das Stadtbild – so genannt, weil sie einst auf engstem Raum eine Vielzahl meist armer Bewohner beherbergten. Eine kleine Zahl ist bis heute erhalten geblieben. In den zwanziger Jahren des vergangenen Jahrhunderts entdecken zwar Münchner Maler wie hier Eduard Frauendorfer die pittoresken Stadtlandschaften, doch gelten sie den Stadtoberen mehr und mehr als Schandfleck. Noch immer leben in Haidhausen und vor allem in der Au viele kleine Leute, Arbeiter und Tagelöhner in äußerst prekären sozialen Verhältnissen. Die meisten der Herbergshäuser verschwinden aber erst im Bombenkrieg und durch eine lieblose Nachkriegsplanung. Auf dem Gelände des hier abgebildeten Grubenviertels steht heute die Mensa des Klinikums rechts der Isar. Im Hintergrund ist auf Frauendorfers Gemälde der heutige Max-Weber-Platz zu sehen.

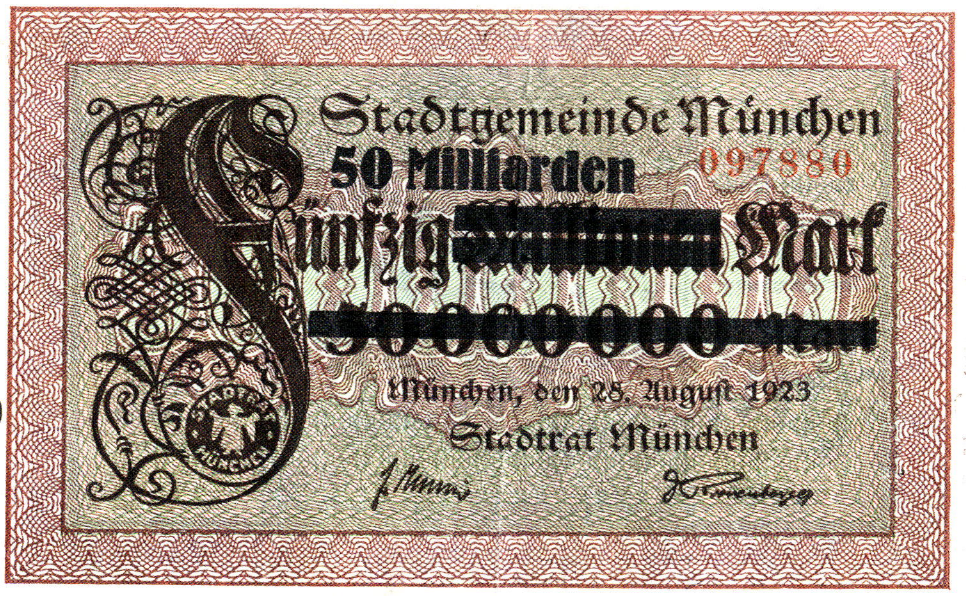

Fünfzig Milliarden Mark

Wertlose Milliarden

Ein Geldschein erzählt den Fortgang der Inflation: Anfangs hatte er einen Nennwert von 50 Millionen Mark, doch dabei blieb es nicht. Aus den Millionen wurden Milliarden, und auch diese waren nicht viel wert. Tendenzen zur Inflation hatten sich schon im Krieg gezeigt, der mit Notenpresse und Anleihen finanziert worden war. Der Wertverfall erreichte im Herbst 1922 ein derart hohes Tempo, dass fortan von einer Hyperinflation gesprochen wurde. Im Vergleich zu anderen deutschen Städten traf die Inflation München besonders hart. Überdurchschnittlich stark war der Anteil derjenigen Bevölkerungsschichten, die erheblich unter der Geldentwertung zu leiden hatten: ein ausgeprägter handwerklicher Mittelstand, ein starkes Beamtentum und eine breite Schicht von Angestellten sowie die für die Stadt so typischen Privatiers. Der hier abgebildete Geldschein stammt aus dem Archiv des Stadtmuseums.

260 000 000 000 Mark pro Maß

Die Inflation von 1920 bis 1923 – ein lebensnahes Beispiel

Der Bierpreis in München in Mark:

Juli 1920	**1,20**
Juli 1921	**>1,70**
August 1922	**14**
September 1922	**24**
Oktober 1922	**52**
November 1922	**72**
Dezember 1922	**170**
Januar 1923	**360**
Februar 1923	**740**
Juni 1923	**3200**
Juli 1923	**9000**
1. August 1923	**20 000**
11. August 1923	**70 000**
16. August 1923	**120 000**
29. August 1923	**280 000**
11. Sept.1923	**1 446 000**
19. Sept. 1923	**8 600 000**
25. Sept. 1923	**12 300 000**
6. Oktober 1923	**18 500 000**
18. Oktober 1923	**260 000 000**
26. Oktober 1923	**5 040 000 000**
16. Nov. 1923	**140 000 000 000**
19. Nov. 1923	**260 000 000 000**

findet das 100. Oktoberfest 1922 statt, wo eine Maß bereits 50 Mark kostet und ein Hendl 500 Mark.

Im Folgejahr gibt es schärfere Proteste gegen die Wiesn, weil man fürchtet, die vielen ausländischen Gäste tränken das knappe Bier weg und äßen allzu viele Hendl und Ochsen – worauf das Oktoberfest 1923 ausfällt, die Schausteller aber ersatzweise mehrere kleine Stadtteil-Gelage veranstalten. Dort kostet die Maß am 25. September 12,3 Millionen Mark, eine Woche später bereits 18,5 Millionen, obwohl die Bierpreiserhöhungen sogar staatlich gedrosselt sind.

Die Wurzeln der Hyperinflation sind politisch und liegen in Berlin. Die Reparationszahlungen, Sozialausgaben für Arbeitslose im besetzten Ruhrgebiet, sinkender Devisenzufluss – der defizitäre Reichshaushalt wird immer mehr durch Gelddruck finanziert. Die Ohnmacht gegenüber der Inflation stärkt in München separatistische Befindlichkeiten. Adolf Hitler erntet Beifall, wenn er immer wieder Wucher und „jüdischen" Kapitalismus geißelt. Die gefährliche Assoziation von Judentum und materiellem Existenzverlust verfestigt sich in den Köpfen vieler.

Die „Generalprobe für die endgültige Krise der Republik", wie der Wirtschaftshistoriker Gerald D. Feldman schreibt, ist am 15. November 1923 mit Einführung der Rentenmark zum Wechselkurs eins zu einer Billion überstanden. Dann kann in München auch die Auer Maidult, der während der Inflation fast versiegte Trödelmarkt, wieder stattfinden, als wäre nichts gewesen. „Das Jahr dreht sich im alten Kreis, Fasching, Salvatorsaison, Maibock, Maidult, Oktoberfest", beobachtet Lion Feuchtwanger: „Die Isar fließt grün und rasch wie immer, die Stadthymne plärrt vom Alten Peter und der Gemütlichkeit, die nicht aufhört. Es ist ein zähes, bäuerliches Haften, die ewige Wiederkehr des gleichen. Die Stadt will das letzte Jahrzehnt einfach nicht wahrhaben, sie hat es vergessen, sie gibt sich treuherzig, hält sich die Augen zu und will es nicht gewesen sein. Sie glaubt, das vergessen auch die anderen. Aber da irrt sie."

Jan Grossarth

Wölfische Schieber

Oskar Maria Graf über den Alltag der Geldentwertung

Der Schriftsteller Oskar Maria Graf (1894 bis 1967), der 1918 an der Bayerischen Revolution teilgenommen hat und 1933 ins Ausland flieht, beklagt das Treiben der Krisengewinnler:

Mirjams Monatsscheck langte nur noch für etliche Semmeln. Sie hatte ihr Studium aufgegeben und arbeitete als Auslandskorrespondentin in einem Büro in der Nähe. Jeden Mittag und im Laufe des Nachmittags kam sie dahergerannt und brachte einen Teil ihres Gehaltes, denn infolge des Währungszerfalles hatten die Betriebe diesen Auszahlungsmodus eingeführt. Doch die Preise stiegen und stiegen erschreckend schnell, immer rarer wurden die Esswaren in den Läden, vor denen sich schon wieder die langen Schlangen vergeblich hoffender Käufer sammelten, und jeder war der giftigste Feind seines Vordermannes. Hirn und Magen kannte nur noch das: ‚Beim Uhlfelder im Rosenthal gibt's Konserven', oder ‚In der Schleißheimer Straße soll's Zucker und Reis geben', und alles rannte in diese Richtung. Immer zahlreicher wurden die Zeitungsmeldungen von verhungernden Hausfrauen oder ganzen Familien, die sich den Gastod gegeben hatten.

Die solidesten Bürger entdeckten in ihren Wohnungen immer wieder etwas, was sich rasch zu Geld machen ließ, einen alten Zinnkrug, ein verstaubtes Kaffeeservice, einen Spazierstock mit einem Silbergriff oder schäbige porzellanene Nippsachen. Das ganze Land wurde von hurtigen, wendigen, wölfischen Schiebern verkauft. Lautlos, aber so rapide, dass all die Kleinen und ewig Zukurzgekommenen kaum noch zu sich kamen, entwickelte sich die restlose Ausplünderung der ratlosen Massen von oben her.

Der junge Oskar Maria Graf in den zwanziger Jahren.

Aus: Oskar Maria Graf, Gelächter von außen. Aus meinem Leben 1918 bis 1933. München 1980

Der Zug der Putschiste
am 9. November 192
Feldherrnhalle
Theatinerstraße
Residenz-
straße
Perusa-
straße
Marien-
platz
Tal
Isar
Bürgerbräukeller
Ludwigs-
brücke
200 m

Der Tag des Trommlers

Wie Adolf Hitler von einer verkrachten Existenz zum Anführer der völkischen Fanatiker wird – und warum er bei diesem ersten Griff nach der Macht scheitert

„Mensch, der hat a Gosch'n, den kunnt ma braucha." Schwer vorstellbar, dass mit diesen Worten der Aufstieg eines Mannes beginnt, der binnen weniger Jahre vom mittellosen Versager zum gefährlichsten Gegner der deutschen Demokratie und schließlich zum Verursacher von Krieg und Massenmord wird. Aber so ist es wohl gewesen. Der Redner, den Anton Drexler, Gründer der „Deutschen Arbeiterpartei" DAP, im September 1919 so bewundert, heißt Adolf Hitler.

Ausgerechnet München, das wenige Jahre zuvor noch eine der stolzesten und selbstbewusstesten Städte des Reiches gewesen ist, symbolisiert wie kaum eine andere, wie sehr Krieg, Revolution und Gegenrevolution das Land verändert haben. Die alte Ordnung ist fort, und die neue, doch so viel bessere, vermag das Vakuum nicht zu füllen. Und ausgerechnet München wird zum Hort der Demokratiefeinde, zum Jahrmarkt der Aggressionen, zum Tummelplatz der Unzufriedenen und moralisch Verwahrlosten, zur „Hauptstadt der Bewegung", wie Hitler den Ort seines politischen Durchbruchs später nennen lässt.

Unter dem Eindruck von Niederlage und Not entstehen immer neue Parteien, deren Aktivitäten die Reichswehr unter Kontrolle behalten will. Als deren Agent bekommt Hitler im September 1919 den Auftrag, die DAP zu beobachten, die Drexler und der Sportreporter Karl Harrer gegründet hatten. So kommt es, dass Hitler im schummrigen Hinterzimmer des Sterneckerbräus zur DAP stößt, die eher noch eine Stammtisch-Bruderschaft ist. Als dort ein Professor die Unabhängigkeit Bayerns fordert, ergreift Hitler das Wort: Bayern müsse Bestandteil des Reichs bleiben, ja, dieses retten und umwälzen. Hitlers reißender Redestrom beeindruckt Drexler, der das Talent des „Trommlers" erkennt.

Er erklärt Hitler kurzerhand zum Mitglied der DAP. Seinen Eintritt in die DAP bejubelt der später als „entscheidendsten Entschluss meines Lebens". Hitler, vor dem Krieg nur ein verkrachter Künstler, findet seine Bestimmung als Demagoge. Denn das versteht er: an niedere Instinkte zu appellieren, sich und die Zuhörer in einen rauschhaften Taumel zu sprechen. „Ich konnte reden!" schreibt er wie befreit in *Mein Kampf*.

Es ist der Durchbruch. Er geht von einer Bierhalle zur nächsten. Er wettert gegen die „Feigheit" der Reichsregierung gegenüber den Siegermächten, aber vor allem gegen die Juden, die er als „Blutegelbande" der Schieber und Wucherer bezeichnet. Schon in diesen Begriffen steckt der Keim des Vernichtungswillens. Er macht von sich reden, weil er radikaler, besessener spricht: „Wir brauchen Gewalt, um unseren Kampf durchzusetzen. Mögen sich die anderen in ihren Klubsesseln räkeln, wir wollen auf den Biertisch steigen!"

Die auf Hitlers Drängen hin in NSDAP umbenannte Partei fordert die Einziehung aller Kriegsgewinne, die Verstaatlichung von Konzernen, die Aufteilung von Großkaufhäusern an kleine Einzelhändler, geschickt vermischt sie Sozialismus und Nationalismus. Vor allem profitiert Hitler vom Unmut gegen die Republik, gegen Berlin, gegen den Zwang, den Versailler Vertrag zu erfüllen, gegen die wirtschaftliche Not, die Inflation. Während des – im Reich schnell an Massenstreiks gescheiterten – rechten Kapp-Putsches kommt es in München zu einer dramatischen Umwälzung. Im März 1920 stürzt Franz Xaver Ritter von

Links: Berittene Landespolizei auf dem Odeonsplatz unmittelbar nach der Schießerei, die dem Putsch ein Ende machte. Die aufgesessenen Polizisten treiben mit der Lanze Hitler-Anhänger von den Straßen.

Rechts: Julius Streicher, Herausgeber des „Stürmer", fordert die Menge auf dem Marienplatz auf, den Putsch zu unterstützen.

Links: Adolf Hitler 1924 während seiner Aussagen im Prozess um den Putschversuch vom 9. November 1923 – eine zeitgenössische Pressezeichnung. Rechts: Hitlers Helfer – „Bund Oberland" am Vortag des Putschs.

Epp, der mit seinem Freikorps an der Niederschlagung der Münchner Räterepublik beteiligt war, mit dem Leiter der rechtsradikalen Einwohnerwehren, Georg Escherich, und Polizeichef Ernst Pöhner die sozialdemokratische Regierung Bayerns unter Johannes Hoffmann. Sie katapultieren Gustav Ritter von Kahr in das Amt des bayerischen Ministerpräsidenten. Der Monarchist Kahr begründet den Anspruch Bayerns als „Ordnungszelle". Hitler und er sind Verbündete, vereint im Hass auf Moderne und Demokratie. Doch Hitler nimmt Kahr und dessen weißblauen Separatismus nicht ernst.

Die NSDAP wird vom Münchner Wehrkreiskommando der Reichswehr protegiert. Ernst Röhm, als Hauptmann politischer Berater im Stab von Epp und seit einiger Zeit mit Hitler befreundet, versorgt die Partei mit neuen Mitgliedern, mit Waffen und mit Geld. 1922 versammelt die NSDAP gegen die Kriegsreparationen bereits 50 000 Menschen auf dem Odeonsplatz.

Einst haben die Wittelsbacher geglaubt, Bayern stehe eine Führungsrolle als moralisches und religiöses Vorbild im Reich zu. Hitlers NSDAP ist ein ins Groteske verzerrter Nachhall dieser Träume, zu Höherem berufen zu sein. Von Bayern aus soll die verhasste Demokratie beseitigt werden. Sein prominentester Verbündeter ist Erich Ludendorff, als nahezu allmächtiger Chef der Obersten Heeresleitung einer der Hauptverantwortlichen der Niederlage vom Herbst 1918, den er geschickt den revolutionären „Novemberverbrechern" und den demokratischen Parteien in die Schuhe schiebt. Joachim Fest schreibt über die brisante Melange von Hitler-Anhängern: „Nur die Enttäuschung, die Missstimmungen waren ihnen allen gemeinsam, die unbalancierte, neurotische Bewusstseinsstruktur, die sich vom vage formulierten Programm der NSDAP ebenso wie von der lärmenden Radikalität ihrer ressentimentbestimmten Appelle angezogen und auf ihre Weise verstanden wussten."

„Wir marschieren!"

Als im Frühherbst 1923 die Reichsregierung unter Kanzler Gustav Stresemann den Ruhrkampf gegen die französischen Besatzer abbricht, fordert Hitler im Circus Krone den Marsch auf Berlin. Bayerns Regierung unter Eugen Ritter von Knilling ruft den Notstand aus. Er setzt den ehemaligen Ministerpräsidenten Kahr als Generalstaatskommissar ein. Hitler und Ludendorff versuchen, Kahr für einen Putsch auf ihre Seite zu ziehen – ebenso wie General Otto von Lossow, den Kommandeur der Reichswehreinheiten in Bayern, und Oberst Hans von Seißer, den Chef der bayerischen Landespolizei. Doch die drei lehnen ab.

Hitler aber will der Erste sein, der den Sturm losbricht – befürchtet er doch, Kahr könne die Wittelsbacher unter Kronprinz Rupprecht wieder installieren. In Windeseile mobilisiert er die SA und andere paramilitärische Einheiten. Er selbst fährt am 8. November 1923 gegen 20.15 Uhr zu einer Versammlung Kahrs im Bürgerbräukeller.

Kahr hat vor den Honoratioren der Stadt soeben mit einem Vortrag über die Übel des Marxismus begonnen, da steht Hitler in der Saaltür. Sein bewaffneter Stoßtrupp trifft ein, baut ein Maschinengewehr auf, dessen Mündung mitten ins Publikum zielt. Hitler stürmt mit einer Pistole in der Hand hinein, feuert einen Schuss in die Decke ab und schreit: „Die nationale Revolution ist ausgebrochen."

Er eröffnet Kahr, Lossow und Seißer in einem Nebenzimmer, dass er eine neue Regierung bilden wolle und jeder von ihnen solle darin ein Amt erhalten. Sollten sie sich weigern, werde er die „Verräter" und sich selbst erschießen. Die Herren zeigen sich zunächst wenig beeindruckt. Doch mit nur wenigen Worten dreht Hitler die Stimmung im

Saal. Als er sagt: „Draußen sind die Herren Kahr, Lossow, Seißer; sie ringen schwer mit dem Entschluss. Kann ich ihnen sagen, dass Sie hinter Ihnen stehen werden?", tobt die Menge: „Ja! Ja!"

Doch der Staatsstreich kommt nicht voran. Stadtkommandantur, fast alle Kasernen, Verwaltung, Polizeipräsidium bleiben Hitler versperrt. Und kaum haben die drei Herren ihre Handlungsfreiheit wieder gewonnen, koordinieren sie den Widerstand gegen die Putschisten, von denen sie sich überrumpelt fühlen. Hitler, wieder in den Bürgerbräukeller zurückgekehrt, tobt vor Wut. Es ist Ludendorff, der in den frühen Morgenstunden des 9. November 1923 die Antwort findet: „Wir marschieren!"

Dunkle Wolken hängen an diesem Tag über der Stadt, als sich die Kolonne mit rund 2000 Mann gegen Mittag vom Bürgerbräukeller in Richtung Isar bewegt. Schaulustige und Gleichgesinnte schließen sich an, schieben die Polizeikette im Tal mühelos zur Seite. Der Marienplatz ist von einer Menschenmenge gefüllt, die völkische Lieder singt. Zuvor hatte eine SA-Vorhut des Zuges den sozialdemokratischen Bürgermeister Eduard Schmid verhaftet. Julius Streicher, Herausgeber der antisemitischen Wochenzeitung *Der Stürmer* verkündet lautstark, im Deutschland Adolf Hitlers würden „jüdische Profitmacher an Laternenpfählen aufgehängt".

Auf Höhe der Feldherrnhalle treffen die Marschierer auf eine Schützenkette der Landespolizei und stürmen auf sie los. Die Polizisten eröffnen das Feuer, es kommt zu einem Schusswechsel. 14 Putschisten und 4 Polizisten werden im Kugelhagel getötet. Hitler flieht in Panik, auch wenn er später Heldengeschichten erzählt. Gegen ihn ergeht Haftbefehl, die NSDAP wird sofort verboten.

Aber es ist nicht vorbei. Kahr und die anderen Rechtsnationalen mögen Hitler als Alleinschuldigen hinstellen – doch er war ihr Mitverschwörer gegen die Reichsregierung. Im Prozess führt er sie alle vor, das Gericht bietet ihm gern die Bühne, sich als Märtyrer zu stilisieren. Lächerliche sechs Monate Haft muss er dann im Landsberger Gefängnis absitzen.

Astrid Becker

Mein Opa, der Lapo-Mann

Franz Freisleders Großvater gehört der Polizeieinheit an, die Hitler an der Feldherrnhalle stoppt

Nach seiner Dienstzeit als Hartschier bei Prinzregent Luitpold und König Ludwig III. wurde mein Großvater nach dem Ersten Weltkrieg von der Bayerischen Landespolizei übernommen. Die Revolution von 1918/19 empfand er keineswegs als Befreiung. Im Gegenteil: Bei den „Roten" stand er als „Monarchist" auf der schwarzen Liste. Nicht weniger suspekt war ihm die hysterisch-demagogische Art Adolf Hitlers, den er wiederholt zu beobachten hatte, als der noch in Münchner Wirtschaften als Redner aufkreuzte.

Dieser Landespolizei angehört zu haben, die am 9. November 1923 dem ersten großen Gewaltakt der Nazis Einhalt gebot, erfüllte Großvater stets mit Genugtuung. Freilich hatte er ein Erlebnis, das ihn an der Loyalität der Truppe zweifeln ließ.

Der an diesem Abend ranghöchste diensthabende Polizeioffizier in der Ettstraße, Oberamtmann Wilhelm Frick, war Leiter der Abteilung für politische Sicherheit, NSDAP-Anhänger – und über die Putsch-Pläne informiert. Ein Kriminaloberkommissar, der zu Beginn des Überfalls im Bürgerbräukeller noch fliehen konnte, meldete Frick den Vorfall aufgeregt am Telefon. Er berichtete auch, dass sogar Soldaten und Polizeikollegen plötzlich Hakenkreuzbinden hervorzogen und sich als Putschisten zu erkennen gaben. Lapidare Antwort: Da sei nichts mehr zu machen.

Nichts mehr zu machen gewesen wäre wohl auch, wenn tags darauf beim „Marsch zur Feldherrnhalle" ein Teil der Hitler-Truppen in die Neuhauser Max-II-Kaserne eingedrungen wäre. Dieses Münchner Quartier der Bayerischen Landespolizei stand am 9. November nämlich weitgehend leer. Nachdem der am Abend zuvor von Hitler festgenommene Lapo-Chef Hans Ritter von Seißer nachts wieder freigekommen war, bereitete er die Niederschlagung des Putsches vor, dazu benötigte er auch fast alle Männer aus der Max-II-Kaserne. Mein Großvater erhielt den Befehl, dort sämtliche Tore abzuschließen. Den führte er aus und unternahm einige Stunden später noch einen Kontrollgang. Dabei beobachtete er, wie ein Major seiner Einheit heimlich wieder ein Tor aufsperrte. Zur Rede stellen konnte er als Untergebener den Ranghöheren nicht. Doch als der verschwunden war, stellte er den ursprünglichen Zustand wieder her. Tags darauf meldete er den Vorfall. Für den Täter blieb das ohne Folgen. Nach 1933 wurde er ziemlich rasch zum Wehrmachtsgeneral befördert.

Franz Freisleder

Der Autor war von 1970 bis 1996 Lokalchef der Süddeutschen Zeitung.

„Du wurdest gerichtet von der schwarzen Hand“

In München, Hochburg der Rechten, macht sich die Justiz mit Nazis und Fememördern gemein. Ein einsamer Anwalt kämpft dagegen

Im Dezember 1918 kehrte der Leutnant der Feldartillerie Max Hirschberg aus dem Krieg zurück. Er war 35 Jahre alt. Sein Vater war Inhaber eines großen Damenmodegeschäfts in der Theatinerstraße. Max Hirschberg hatte am Wilhelmsgymnasium Abitur gemacht, hatte in Berlin und München Jura studiert und 1910 im zweiten Staatsexamen einen glänzenden 7. Platz unter 354 Kandidaten belegt. „Die Empfänger der besten Noten wurden in Bayern eingeladen, ins Justizministerium einzutreten“, schreibt er in seinen Erinnerungen. „Als Jude wurde ich übergangen. Das berührte mich wenig, da ich Anwalt werden wollte.“

Als erste berufliche Tätigkeit übernahm Max Hirschberg die Vertretung eines Anwalts in Traunstein, wo er „die kernige bayerische Volksseele“ kennenlernte: „Messerstechereien, Unzucht, Betrügereien waren an der Tagesordnung.“ 1911 gründete er in München eine eigene Kanzlei. Er nahm Klavierstunden, ging gern ins Prinzregententheater oder ins Residenztheater, saß viel im Kaffeehaus und las in Illustrierten. „Von Politik hatte ich keine Ahnung“, gesteht er, und der Ausbruch des Weltkriegs traf ihn völlig unvorbereitet. „Am 24. August 1914 brachte mir die weinende Marie den Mobilmachungsbefehl. Zu meinem Erstaunen war ich Verteidiger des ‚schuldlos eingekreisten und angegriffenen deutschen Vaterlandes‘ geworden. Ich warf mein bisheriges Leben hinter mich. Ich brannte darauf, an die Front zu kommen.“

Als Max Hirschberg nach München zurückkehrte, war seine Begeisterung für den Krieg geschwunden. Er hatte tapfer gekämpft, er hatte den Militär-Verdienstorden 4. Klasse mit Schwertern, das Eiserne Kreuz II und I verliehen bekommen, aber in den vier Jahren an der Westfront war in ihm die Überzeugung gereift, „dass es nie wieder Krieg geben durfte“. In München herrschte Revolution. Der König war geflohen, Kurt Eisner hatte den Freistaat Bayern ausgerufen.

„Meine ganze Veranlagung war progressiv“, schreibt Hirschfeld. „Ich schloss mich den Sozialdemokraten an. Meinen Drang nach Gerechtigkeit glaubte ich im Sozialismus verwirklicht zu sehen. Die so genannte Revolution bejahte ich begeistert.“ Aber die Begeisterung währte nur kurz. Am 21. Februar 1919 wurde Kurt Eisner von dem ehemaligen Leutnant Anton Graf von Arco auf Valley auf offener Straße erschossen. Die Rückeroberung Münchens durch Regierungstruppen und preußische Freikorps in den ersten Maitagen artete zu einem blutigen Rachefeldzug aus.

Ein amtliches Kommuniqué der Regierung Hoffmann nannte später eine Zahl von 557 Todesopfern, davon 131 im Kampf gefallene Soldaten, 42 Angehörige der Roten Armee und 144 Zivilisten, die „standrechtlich erschossen“ worden, und 184 Zivilisten, die bei den Kämpfen „tödlich verunglückt“ seien. Max Hirschbergs späterer Sozius Philipp Loewenfeld nannte das Kommuniqué eine „verantwortungslose Fälschung“. „Die so genannten standrechtlichen Erschießungen waren gewöhnliche Mordtaten“, schreibt Loewenfeld in seinen Erinnerungen – Mordtaten wie zum Beispiel die an dem Redakteur Josef Anton Leib, der von Ludwig Freiherr von Lindenfels kurzerhand „zum Tode verurteilt“ und eigenhändig niedergeknallt wurde, weil er in der von ihm herausgegebenen Zeitung deutsche Offiziere, die nach Kriegsende als Militärinstruktoren nach Japan gegangen waren, als „Berufsmörder“ bezeichnet hatte.

Im Hof des Münchner Hofbräuhauses erschossen Soldaten des Freikorps Lützow zwölf Bürger aus Perlach, die ein Pfarrer als „Kommunisten“ denunziert hatte. Weder waren sie Kommunisten – sie gehörten alle der SPD an – noch hatten sie sich in irgendeiner Weise an den Kämpfen beteiligt. Zu den so genannten „Unglücksfällen“ des Hoffmannschen Kommuniqués gehörte unter anderem die bestialische Ermordung des Schriftstellers Gustav Landauer, der im Mai 1919 von dem Gutsbesitzer Franz Freiherr von Gagern zunächst mit einem Dreschflegel zusammengeschlagen und dann erschossen wurde.

„Diese Orgie an Brutalität, Mordgier und Ungerechtigkeit rief in mir eine entscheidende Wendung hervor“, schreibt Max Hirschberg. „Ich fühlte, wohin ich gehörte. Ich beschloss,

„Der Münchner“

… wie ihn die satirische Zeitschrift „Simplicissimus“ nach dem gescheiterten Hitlerputsch vom 9. November 1923 sieht: „Mei’ Ruah möcht’ i hamm und a Revalution / A Ordnung muaß sei’ und a Judenpogrom, / A Diktator g’hört hera und glei’ davo’g’haut: / Mir zoagens Enk scho wia ma Deutschland aufbaut!“ In der Karikatur „Der Münchner“, die Karl Arnold (1883 – 1953) zeichnete, ist der typische Vertreter der Münchner Mentalität ganz im Wortsinn auf den Nationalsozialismus fixiert.

Die Farblithografie gehört zur Dauerausstellung „Typisch München!“, des Münchner Stadtmuseums (Abbildung links).

Die Aufrechten: Max Hirschberg (links) und sein Sozius Philipp Loewenfeld, 1925.

mich den verhafteten Arbeitern und Revolutionären als Verteidiger zur Verfügung zu stellen." Und so wurden Max Hirschberg und sein kämpferischer Sozius Philipp Loewenfeld in ihrer Kanzlei in der Brienner Straße (mit Blick auf das Wittelsbacherpalais, wo später die Gestapo residierte) zu Galionsfiguren im Kampf um Gerechtigkeit im Lande Bayern.

Es war ein Kampf mit dem Rücken zur Wand, und er war langfristig zum Scheitern verurteilt. Denn die Justiz stand in Bayern nach der Niederschlagung der Revolution noch eindeutiger und unverhohlener als im übrigen Reich auf der Seite der Reaktion. An den Schaltstellen im Justizministerium und auf den Stühlen der Gerichtspräsidenten saßen selbst vor dem Sturz der sozialdemokratischen Landesregierung Hoffmann 1920 (und danach erst recht) Männer, denen die Republik ein Gräuel war und die in Hitler und Ludendorff die Hoffnungsträger des unter der Schmach des Versailler Friedens dahinvegetierenden Deutschlands sahen. Männer wie der Justizminister Franz Gürtner, der im Sommer 1923 ein Ermittlungsverfahren wegen „Bildung bewaffneter Haufen" gegen Hitler, Göring und Röhm niederschlagen ließ, wie der Freiherr von der Pfordten, Rat am Bayerischen Obersten Landesgericht, der bei Hitlers Putschversuch am 9. November 1923 erschossen wurde. Oder wie Georg Neidhardt, der Vorsitzende des Volksgerichts München, der schon den Eisner-Mörder Graf Arco für dessen „glühende Vaterlandsliebe" gepriesen hatte und der dem Angeklagten Hitler in dessen Hochverratsprozess stundenlange Propagandareden im Gerichtssaal gestattete. „Während ich bis dahin an die Gerechtigkeit ganz naiv geglaubt hatte, sah ich jetzt die Gerichte ganz offen zweierlei Maß anwenden", schreibt Max Hirschberg, „blind gegen Verbrechen der Nationalisten und Faschisten, aber unerbittlich gegen die kleinsten Vergehen der Revolutionäre und Proletarier."

Belege für die Richtigkeit dieser Einschätzung gab es zuhauf. Der Mörder des Redakteurs Leib, der Freiherr von Lindenfels, wurde von einem Militärgericht freigesprochen mit der Begründung, das Bewusstsein der Rechtswidrigkeit seiner Handlung sei ihm nicht nachzuweisen. Die Freikorpsmänner, die zwölf Perlacher Bürger erschossen hatten, wurden freigesprochen, weil sie einem Dienstbefehl gehorcht hätten. Der Befehl des Majors Schulz hatte gelautet: „Legen Sie die Schweine um." Der Freiherr von Gagern, der Gustav Landauer mit dem Dreschflegel halbtot geschlagen hatte, wurde mit einer Geldstrafe von 300 Papiermark belegt, der Unteroffizier, der Landauer schließlich erschossen hatte, wegen Beraubung der Leiche zu fünf Wochen Gefängnis verurteilt.

Freibrief für den Terror

Im Februar 1920 rief Max Hirschberg auf einer Ortsversammlung der Unabhängigen Sozialdemokratischen Partei (USPD) im Münchner-Kindl-Keller: „Die Schamröte steigt einem ins Gesicht, wenn man an all diese Urteile denkt." Prompt leitete der Justizminister Ernst Müller-Meiningen, ein Liberaler, ein standesrechtliches Verfahren ein, aber das Ehrengericht der Münchner Anwaltskammer spielte nicht mit: Im Kampf um das Recht, entschied es, sei dem Anwalt eine scharfe Sprache erlaubt.

Für die militanten Feinde der Republik aber war die einäugige Rechtsprechung der bayerischen Justiz geradezu ein Freibrief für Terror, Mord und Totschlag. Bayern war nach der Niederschlagung der Revolution zu einem Sammelbecken der rechtsradikalen Opposition geworden. Um die im Versailler Friedensvertrag geforderte Entwaffnung der Reichswehr zu umgehen, wurden in Bayern die Einwohnerwehr gegründet und überall im Land heimliche Waffenlager angelegt. Das Entwaffnungsgesetz vom August 1920 verpflichtete alle Bürger, solche Waffenlager anzuzeigen, wenn sie davon Kenntnis hatten. Am 6. Oktober 1920 wurde im Forstenrieder Park die Leiche einer jungen Frau gefunden. Ihr Kopf war an einen Baum gebunden; darüber war ein Schild angebracht mit der Aufschrift: „Du Schandweib hast verraten dein Vaterland, Du wurdest gerichtet von der schwarzen Hand". Die Tote wurde als das Dienstmädchen Maria Sandmayer aus Odelzhausen identifiziert. Sie wusste von einem Waffenversteck auf Schloss Holzen bei Wertingen, wo sie früher in Dienst stand. Sie wollte das Versteck anzeigen und war dabei an ein Mitglied der Einwohnerwehr geraten.

Der Mord an Maria Sandmayer war der erste einer ganzen Serie von so genannten Fememorden in München. Keiner der Täter wurde bestraft – sie hatten mächtige Freunde bei der Münchner Polizei, allen voran in dem Polizeipräsidenten Ernst Pöhner, der später wegen seiner Beteiligung am Hitlerputsch zu fünf Jahren Festungshaft verurteilt wurde. Max Hirschberg und sein Sozius Philipp Loewenthal waren in mehreren dieser Fälle engagiert. Zwangsläufig gerieten sie selbst ins Fadenkreuz der Fememörder. Hirschberg wurde gewarnt, er stehe auf der Mordliste der „Organisation Consul" an zweiter Stelle. „Ich war aber", schreibt er, „in diesen Kampf gegen den Faschismus und seine brutalste Variante, den Nationalsozialismus, mit wachsender Leidenschaft bereits so verwickelt, dass an feige Flucht nicht zu denken war."

Ein Prozess, der internationale Aufmerksamkeit erregte, machte Hirschberg bei den rechtsradikalen Republikfeinden besonders verhasst. Er verteidigte den einstigen Sekretär Kurt Eisners, Felix Fechenbach, der wegen Landesverrats angeklagt war. Er hatte einem Schweizer Journalisten das so genannte Ritter-Telegramm zugänglich gemacht, in dem der damalige bayerische Gesandte beim Heiligen Stuhl, Otto Freiherr von Ritter, über die Sympathien des Papstes für die Kriegserklärung Österreichs an Serbien berichtet. Fechenbach wurde vom Volksgericht zu elf Jahren Zuchthaus verurteilt. Rechtsmittel gegen das skandalöse Urteil gab es nicht; Hirschberg erreichte schließlich nach zähem Kampf die Begnadigung Fechenbachs. Sein Auftreten in diesem Prozess war wohl einer der Gründe dafür, dass Lion Feuchtwanger ihn als lebende Vorlage für die Romanfigur Dr. Siegbert Geyer in seinem Roman *Erfolg* wählte. Feuchtwanger charakterisierte ihn so: „Er hatte ein weit über Verstand und Logik hinausgehendes, anormales, fanatisches Bedürfnis nach Sauberkeit im Recht, nach Klarheit. Wozu? Niemand dankte es ihm. Er ist wie eine Hausfrau, die partout reinemachen will in einem Haus, in dem man sich nur im Dunst und dumpfig Ungelüftetem behaglich fühlt."

Ein mutiger Wachtmeister

Dass Max Hirschberg nicht selbst Opfer eines Mordes wurde, kann man als veritables Wunder bezeichnen. Am frühen Morgen des 10. März 1933, nur Stunden, nachdem die Nationalsozialisten in Bayern die Macht übernommen hatten, wurde er verhaftet. Ein mutiger und menschenfreundlicher Justizwachtmeister im Gefängnis an der Corneliusstraße erleichterte ihm die Haftbedingungen nach besten Kräften. Am 23. August wurde er entlassen, im April 1934 floh er mit seiner Frau und seinem 12-jährigen Sohn Erich nach Italien. Fünf Jahre später bestieg er mit seiner Familie in Genua die *Conte di Savoia*, die ihn nach New York brachte. Dort ist Max Hirschberg am 21. Juni 1964 gestorben.

Hans Holzhaider

Ein Lob der Polizei und allen Polizeivorschriften

Sarkastisch und hart geht der Simplicissimus mit der autoritätsfixierten und demokratiefeindlichen Ordnungsmacht ins Gericht

Die Frau des Kriminalisten (unten links): „Mein Gott, die ganze Nacht ist er nicht heimgekommen. Hat er nun einen erwischt? Oder ist er selber erwischt worden?" 1926 verspottet der „Simplicissimus" in einer Sonderausgabe die Polizei, speziell die münchnerische. Hinter dem Sarkasmus steckt bittere Kritik an der Ordnungsmacht, der Korruption (wie unten links durch die Geschenkschachtel für die Luxusdame angedeutet wird) und stupides Autoritätsdenken vorgeworfen werden.

Das Verkehrshindernis (unten rechts): „Platz da – die Straße dient dem Verkehr!" In derselben Ausgabe wird der dicke bayerische Schutzmann zur Seite gestoßen: Er steht der neuen Zeit im Weg. Zum Gaudium der Zeichner hat die bayerische Polizei die preußische (!) Pickelhaube behalten, als Zeichen der konservativen Gesinnung. „Ich lobe die Polizei und alle Polizeivorschriften", heißt es im Text. „Und gäbe es keine Polizei und keine Verbote: Das Leben wäre langweilig wie ein englisches Töchterpensionat."

Sündenkunde bei der Polizei (Bild rechts): „Zur Illustrierung meiner Ausführungen lasse ich Ihnen jetzt einige unzüchtige Blicke zuwerfen sowie verschiedene strafbare Bewegungen und beschlagnahmefähige Körperhaltungen vormachen!"
Polizei und Justiz haben, gerade im rechtskonservativen München, nicht unerhebliche Probleme mit der Freizügigkeit der zwanziger Jahre, auch wenn diese in der Stadt vergleichsweise moderat blieb.

Auf den Straßen der Gewalt

Kommunalpolitik in der Weimarer Republik: Das Bündnis von Konservativen unter Karl Scharnagl und SPD gegen die Nazis kommt zu spät und ist zu schwach

Sie schlagen den Mann nieder, der ihnen als Bayerns Innenminister des Revolutionsjahres 1918 verhasst ist: Nationalsozialisten in brauner Uniform packen den 58 Jahre alten SPD-Stadtrat Erhard Auer an den Füßen, treten mit schweren Militärstiefeln auf ihn ein und schleifen ihn aus dem Großen Sitzungssaal. Am Vormittag des 9. Mai 1933 prügeln Nationalsozialisten in brauner SA-Uniform die letzten sechs SPD-Stadträte (darunter eine Frau, Theresia Übelhör) aus dem Münchner Rathaus. Die „marxistischen Arbeiterverräter", so schreit ihnen der NSDAP-Stadtrat Max Amann entgegen, der im Ersten Weltkrieg Vorgesetzter des Gefreiten Adolf Hitler war, sollten gefälligst verschwinden, weil sie „die nationalsozialistische Freiheitsbewegung auf das Niederträchtigste, Gehässigste und Verwerflichste angegriffen und verleumdet" hätten. Die SPD-Fraktion hatte am 26. April 1933 den Mut bewiesen, geschlossen die Sitzung zu verlassen, als der Stadtrat auf Vorschlag der NSDAP Hitler zum Ehrenbürger ernennen sollte.

Die brachiale Gewalt ist den elf konservativen Stadträten von der Bayerischen Volkspartei (BVP) wohl zuwider, aber als Amann deren Fraktionschef Georg Stang anbellt, ob er dieses Vorgehen etwa boykottieren wolle, versichert dieser schnell: Er denke nicht daran, sich schützend vor den „Marxismus" zu stellen. Danach erörtert der Stadtrat in aller Ruhe, ob die Mai-Dult verlängert werden solle. Zwei Monate später, die BVP war gerade verboten worden, müssen auch deren Stadträte gehen. Fortan regiert im Rathaus nur noch die NSDAP.

Der Monarchist im Rathaus

Wie hatte es dazu kommen können, dass die beiden großen Parteien SPD und BVP, die das Gesicht Münchens während der Weimarer Republik prägten, auf diese Weise auseinandergingen? In der Stadt, die sich wenig später rühmen sollte, „Hauptstadt der Bewegung" gewesen zu sein, prallten schon früh Extreme aufeinander. In den Wirren der Revolution hatte es auch die Sozialdemokratie zerrissen. Der von der SPD abgespalteten USPD gelang es, bei der ersten Stadtratswahl nach dem Ersten Weltkrieg am 15. Juni 1919 mit dem Erringen von 16 Sitzen im 50-köpfigen Stadtrat als Sieger hervorzugehen, gefolgt von der BVP (15 Sitze) und der SPD mit 10 Sitzen. Dennoch schafft es der Magistratsrat Eduard Schmid, von Beruf Schreiner, als erster Sozialdemokrat zum Ersten Bürgermeister Münchens gewählt zu werden.

Anklänge an die Monarchie sind im neuen Roten Rathaus nicht mehr erwünscht. Auf Wunsch der USPD werden im Juli 1919 alle Bilder von Mitgliedern des Königshauses entfernt. Und wie soll sich eine Partei wie die BVP da verhalten, deren Stadtrat Karl Scharnagl 1920 zu verstehen gibt, dass er mit der Republik nicht viel am Hut hat, der darunter leidet, dass Bayern unter Preußens Hegemonie geraten ist?

Karl Scharnagl ist der Mann, der in den Jahren vor der „Machtergreifung" und dann wieder nach 1945 an der Spitze Münchens steht – aber was ist er für ein Mensch? Er wird 1881 als Sohn eines Bäckermeisters aus Haidhausen geboren und übernimmt das florierende elterliche Geschäft, zeigt aber auch Interesse an der weiten Welt, unternimmt Reisen bis nach Nordamerika und bringt aus Bosnien seine spätere Frau Zlata mit, Tochter eines kroatischen Gelehrten. Schon bald wird bemerkt, dass er nicht nur gut Brot backen, sondern auch gut reden kann, so dass die BVP den Mann, der seit 1906 die Münchner Männerwallfahrt nach Altötting organisiert, für den Stimmkreis Rosenheim zur Landtagswahl nominiert.

Er gewinnt, sitzt im Landtag und im Stadtrat, ist aber für den linkssozialistischen Stadtrat Wendelin Schmöger ganz klar ein „Staatsfeind". Scharnagl sei „rechtsbolschewistisch eingestellt" und somit ein „innerer Feind jeder republikanischen Richtung", wettert Schmöger im Sommer 1922 im Rathaus. Es ist eine schwere Zeit, in der Leute wie Schmid und Scharnagl versuchen, München heil aus der Krise zu bringen. Der verlorene Krieg, die Reparationszahlungen an das Ausland, die Wirtschaftskrise und die galoppierende Inflation machen nicht nur den Münchnern, sondern auch der Stadtverwaltung zu schaffen.

Nostalgische Moderne

Technisches Rathaus in München (Gemälde von Felix Büttner, 1940): Die Moderne hält Einzug – aber auffallen soll sie bitte nicht. München ist schließlich nicht New York! So entsteht 1929 „eine willkommene Dominante im Stadtbild", so das Preisgericht, aber schön altmodisch mit Ziegeln verkleidet und mit 45,5 Metern wesentlich niedriger als die Kirchtürme der Innenstadt. Das war die – sehr vertraut klingende – Bedingung der Stadtväter.

Infolge der Inflation müssen viele Münchner Grundbesitz verkaufen, allein zwischen 1919 und 1921 wechseln 1564 Anwesen und Grundstücke in – meist ausländischen – Besitz. Hinzu kommt, dass die Stadt ihre Bürger selber schädigt. Wer eine Stadtanleihe gezeichnet hatte, kann sie fast komplett abschreiben. Für die Stadt hat die Inflation daher auch positive Folgen. Ihr Vermögen reduziert sich zwar etwa um die Hälfte, aber ihr Schuldenstand sinkt auf fast ein Zehntel. Das verübeln die Inflationsverlierer dem Roten Rathaus, was von der NSDAP in den Wahlkämpfen vor 1933 auch dankbar aufgegriffen wird.

SPD und BVP geraten sich vor der Kommunalwahl 1924 darüber in die Haare, wie der Millionenüberschuss zu verteilen sei. Die Lage bleibt auch anschließend gut, weil die Konjunktur gerade anspringt und auch anhält, bevor der Schwarze Freitag vom 25. Oktober 1929 an der New Yorker Börse die Weltwirtschaftskrise auslöst. Die Eröffnung des Deutschen Museums am 7. Mai 1925, zu dem auch die Stadt finanziell beisteuert, wird in ganz Deutschland beachtet. Reichspräsident Paul von Hindenburg, der Ehrengast, wird da schon von Karl Scharnagl begrüßt, denn seit dem 1. Januar 1925 ist er Erster Bürgermeister.

Seine BVP hatte sich für die Kommunalwahl am 7. Dezember 1924 zur Anführerin einer Nationalen Wahlgemeinschaft aufgeschwungen, um die starke Position der SPD zu brechen. Die BVP ruft dazu auf, „endlich auch im Rathaus die Fesselung des nationalen Gedankens durch international eingestellte Parteien“ zu beenden. Die BVP verliert im Rathaus aber zwei ihrer 15 Sitze und liegt so mit der SPD gleichauf. Die Kommunisten erobern fünf Sitze, die Nationalsozialisten (damals noch in zwei Gruppierungen angetreten) schaffen erstmals den Einzug in den Stadtrat.

Zu den sechs Stadträten gehören „alte Kämpfer“ wie der frühere Fleischbankmeister Ulrich Graf, der den Nazis als Lebensretter Hitlers beim Marsch auf die Feldherrnhalle gilt, Max Amann und Karl Fiehler, der Oberbürgermeister der gesamten NS-Zeit. Und die SPD-Fraktion begrüßt in ihren Reihen Thomas Wimmer – den Mann, der als Oberbürgermeister nach dem Ende des Terrors 1945 wieder aufbauen muss, was der von den Nazis entfesselte Krieg von München übrig gelassen hat.

Bei der Wahl des Ersten Bürgermeisters kommt Scharnagl auf 32 Stimmen, Eduard Schmid verbucht 14 und wechselt in den SPD-Fraktionsvorsitz. Nun regiert also Karl Scharnagl, den die sozialdemokratische *Münchner Post* als „rabenschwarzen Häuptling“ apostrophiert. Das ist keine falsche Einschätzung, denn Scharnagl, der sich seit 1927 Oberbürgermeister nennen darf, steht vielem Neuen reserviert gegenüber. Ende 1928 beklagt er die Popularität der „entsetzlichen Jazzmusik“ und weitet diese Abneigung ins Weltanschauliche: „Denn all diesen Erscheinungen und besonders der betonten Internationalität hängt so viel Krankhaftes, Zerstörendes an, daß sie nicht nur unsere deutsche Kultur, sondern überhaupt die Menschheit zu Grabe tragen müssen.“

Umzug in Schutztruppen-Uniformen in München: Noch 1929 träumen Veteranen von verlorenen Kolonien.

Diese Einstellung hindert Scharnagl allerdings nicht daran, schon im Januar 1926 im Hotel Astor in New York zu sitzen und dort einen ganzen Vormittag lang Schuldverschreibungen im Wert von 8,7 Millionen Dollar zu unterzeichnen. Das Geld aus Amerika, das der NSDAP-Stadtrat Karl Fiehler ablehnt, weil es von „ausländischen Bankjuden“ abhängig mache, bringt München voran. Die städtischen Elektrizitäts- und Wasserwerke werden ausgebaut, das Krankenhaus an der Thalkirchner Straße entsteht, und es beginnt ein ehrgeiziges Bauprogramm für 12 000 Wohnungen für die Jahre 1928 bis 1930. Man wagt sich aber nicht zu hoch hinaus. Das 1928 eröffnete neue Technische Rathaus an der Blumenstraße mit seinen elf Stockwerken zeigt schon damals, dass München vor Wolkenkratzern zurückschreckt.

Die Bautätigkeit sorgt zwar für Beschäftigung, aber die Krise trifft München dennoch hart. Die Zahl der Arbeitslosen steigt rapide, und wer keine Unterstützung mehr aus der Arbeits-

Von den Nazis abgesetzt: Oberbürgermeister Karl Scharnagl.

losenversicherung bekommt, ist auf die kommunale Wohlfahrtspflege und die Suppenküchen angewiesen. Das ist der Nährboden, aus dem die NSDAP Wähler für sich begeistern kann, die nun im „Führer" Adolf Hitler ihr Heil suchen. Ende 1929 geht die NSDAP auf breiter Front in die Offensive. Am 3. Dezember 1929 setzt Hitler gleichzeitig 20 Veranstaltungen an, spricht überall.

Das Ergebnis der Wahl am 8. Dezember ist für die NSDAP aber enttäuschend, denn sie erhält nur acht Sitze (einen davon für Hitlers Fotografen Heinrich Hoffmann), die SPD aber erringt 17 Mandate, die Kommunisten sind mit 3 Stadträten vertreten. Die BVP, die dem Nationalsozialismus vor allem deshalb argwöhnisch gegenübersteht, „weil der Sozialismus unser Feind ist" (so der letzte BVP-Vorsitzende Fritz Schäffer), kommt auf 12 Sitze und bringt Karl Scharnagl bei der Wahl des Oberbürgermeisters mit 23 Stimmen durch.

Die Extreme prallen im Stadtrat immer häufiger gewaltsam aufeinander. Am 25. März 1930 liefern sich NSDAP und KPD die erste Prügelei, am 16. Oktober fliegen die Aschenbecher im Sitzungssaal, weil sich die NSDAP-Stadträte Karl Fiehler und Hermann Esser mit sechs BVP-Kollegen anlegen. Gewalt ist längst zum Mittel der Politik geworden. Von 1930 bis 1932 gilt für Versammlungen der NSDAP und der KPD das polizeiliche Verbot, Speisen oder Getränke auszugeben, selbst Aschenbecher auf den Tischen sind wohlweislich untersagt.

Unter der Hakenkreuzfahne

Unter dem Druck der Extreme finden BVP und SPD zusammen, sie beschließen die Etats von 1930 bis 1932 gemeinsam. Den Aufstieg der NSDAP, die bei der Reichstagswahl vom 5. März 1933 in München ein Ergebnis von 37,8 Prozent erreicht (im Reichsdurchschnitt waren es 44 Prozent), hält dies nicht mehr auf. Am Spätnachmittag des 9. März 1933, einem Donnerstag, entrollen SA-Leute die Hakenkreuzfahne vom Rathausturm, und um 18.30 Uhr verkündet Amann vom Rathausbalkon der Menschenmenge auf dem Marienplatz, Scharnagl habe das Rathaus bereits verlassen. Der hatte allerdings nur, wie stets um 17.30 Uhr, Büroschluss gemacht. Zehn Tage später kommt Scharnagl der Rücktrittsforderung nach, die ihm Bayerns neuer Innenminister Adolf Wagner (NSDAP) übermittelt hatte: „Diesem an mich ergangenen Befehl komme ich nach und lege hiermit mein Amt nieder unter dem ausdrücklichen Hinweis darauf, daß ich unter Vorbehalt aller meiner Rechte der Gewalt weiche."

Was Gewalt bedeutet, spürt Thomas Wimmer da bereits am eigenen Leib. Am 10. März 1933 um 5.30 Uhr wird er in „Schutzhaft" genommen und zunächst in Stadelheim, danach bis zum 28. April 1933 in Landsberg inhaftiert. Obwohl an dem gescheiterten Hitlerattentat nicht beteiligt, wird Thomas Wimmer am 20. Juli 1944 erneut verhaftet und ins Konzentrationslager Dachau eingesperrt – ebenso wie der frühere BVP-Fraktionsvorsitzende Georg Stang, der 1933 für die Marxisten keine Hand rühren mochte und den die CSU nach dem Krieg zum ersten Landtagspräsidenten wählen sollte.

Im August bringen die Nazis auch Karl Scharnagl nach Dachau, und hier, in der Hölle der Nazis, verabreden sich die führenden Leute von SPD und BVP für einen Neuanfang nach dem Ende der NS-Diktatur. Erhard Auer, den die Nazis im Rathaus an jenem 9. Mai 1933 aus dem Rathaus prügelten, hat dazu keine Kraft mehr. Er stirbt am 20. März 1945, als die SS das Lager vor den anrückenden Alliierten „evakuiert". Max Amann, einer seiner Peiniger, der in der Diktatur zum mächtigen und reichen Chef des NSDAP-Presseimperiums aufgestiegen war, wird von der Spruchkammer 1948 als Hauptschuldiger eingestuft und zur Höchststrafe von zehn Jahren Arbeitslager verurteilt, aber 1953 entlassen. Er stirbt 1957 in seiner Heimatstadt München als freier Mann.

Berthold Neff

Stadt in Aufruhr:
Ein Polizist geleitet eine Mutter 1924 durch die Sperrzone rund um den Hitler-Prozess.

Der Komiker von der traurigen Gestalt

Bei den Nazis fällt der „Linksdenker" in Ungnade, sein Comeback-Versuch nach dem Krieg scheitert kläglich

Im Nachlass Karl Valentins findet sich folgende Notiz: „1926 bot mir Mister Goodmann von New York auf ein 2jähriges Gastspiel in den Vereinigten Staaten für die Woche 5000 Dollar. Das hätte eine Gehaltssumme von rund 2 Millionen Reichsmark ergeben." Sofern das zutrifft, wäre es purer Luxus gewesen, die Offerte auszuschlagen. Valentin hat sich den Luxus geleistet. Amerika hat er nie gesehen. Auf der Schiffsreise über den Atlantik wäre der Hypochonder ohnehin tausend Tode gestorben, schon bei Zugfahrten stand er Höllenängste aus, wie Liesl Karlstadt einmal bemerkte: „Valentin kann München nicht verlassen. Die kürzeste Eisenbahnreise ist eine geistige Tortur für ihn. Dem Maschinisten könnte plötzlich unwohl werden, der Weichensteller könnte betrunken sein, das Schienenbett könnte unterspült sein."

Amerika? Eine Karriere in Hollywood womöglich? Weiß der Himmel, was daraus geworden wäre. Gut möglich, dass sie diesen merkwürdigen Menschen bald wieder nach Hause geschickt hätten, weil er durch nichts zu bewegen gewesen wäre, seine besondere Form der Komik den Anforderungen der amerikanischen Unterhaltungsindustrie zu opfern. So stur war er schon. Nein: So sehr war er Künstler, einer, der wusste oder zumindest fühlte, was seine Kunst ausmacht.

Das merken auch diejenigen seiner Zeitgenossen, die ein Gespür haben für das Außerordentliche. Im Berlin der zwanziger Jahre, aber auch in Wien oder Zürich, ist Valentin eine große Nummer, und er, für den München wie ein schützender Kokon ist, muss sich überwinden, nervenaufreibende Bahnfahrten in Städte zu unternehmen, die fremd und verwirrend und unheimlich sind. Doch sobald er die Bühne betritt, hat er ein Heimspiel. Nach einem Auftritt am 15. September 1924 in Berlin im Neuen Operettenhaus schreibt der bedeutende Theaterkritiker Emil Faktor: „Die Zuschauerschaft lebte sich sacht in hingetupfte Heiterkeitsanlässe eines Humorphänomens ein, das aus 100 Defekten und einem in Wortklecksen mit der Umwelt verkehrenden Münchnerisch besteht. Das Publikum, dem weder ein Stück vorgespielt noch sonst etwas Theaterübliches dargeboten wurde, kicherte und prustete, rang nach Atem, verlor immer wieder die Fassung und wischte sich zuletzt die Tränen." Und Kurt Tucholsky schreibt in seiner *Weltbühne* den vielzitierten Satz: „Karl Valentin ist ein seltener, trauriger, unirdischer, maßlos lustiger Komiker, der links denkt."

Valentin, der Linksdenker. Das Etikett wird an ihm haften bleiben. Später wird man ihn als Exponenten der literarischen Moderne klassifizieren, mal gilt er als Dadaist, mal als Geistesverwandter von Franz Kafka, James Joyce oder Samuel Beckett. Es ist ja auch wahr: Seine Figuren sind wie Kafkas tragische Helden verstrickt im Geflecht einer Wirklichkeit, die sich wie eine finstere Gewalt über ihr Dasein legt. Sie möchten begreifen, verstehen, dazu nehmen sie die Sprache ganz wörtlich, und wenn sie mit unerbittlicher Logik den Worten auf den Grund zu gehen versuchen, versinken sie im Bodenlosen. Das Verlorensein in einer Welt ohne Transzendenz ist eine Grunderfahrung des modernen Individuums. Und ebendiesen verzweifelten Versuch, der Dinge dennoch Herr zu werden, unternehmen die Figuren Valentins unentwegt – und scheitern wie die Helden auf der Bühne oder im Roman.

Auch auf der „Quetschn" ein Könner: Karl Valentin spielte rund 15 Instrumente, darunter Geige, Zither, Fagott, Waldhorn und Trompete.

Buchbinder Wanninger

Nun gibt es aber Menschen, denen existentielle Grundsatzfragen ebenso an der Naht vorbeigehen wie Kafkas Erzählungen oder Becketts Dramen und die trotzdem gern den Valentin zitieren – auch heute noch. Bei sinnlosen Telefonaten fühlen sie sich wie der „Buchbinder Wanninger", und das Lied von den „Alten Rittersleut" können sie auswendig. Männer, die wie gewöhnliche Bierdimpfl aussehen, erweisen sich als Kenner des Valentinschen Gesamtwerks, und nach fünf Maß feiern sie die Größe des Augenblicks mit den Worten „Prost, heut is' zünftig" aus Valentins „Firmling".

Offenbar trifft Valentin auch den Nerv der einfachen Leute, die ganz andere Sorgen haben als die hochtönend ihre transzendentale Obdachlosigkeit zelebrierenden Intellektuellen. Es fällt ihnen nicht schwer, sich im Vater des Firmlings wiederzuerkennen, für den das noble Lokal, in das er seinen Sohn zur Firmung ausführt, ein bedrohlicher Ort ist, eine Stätte voller Tücken, in der er von einem Fettnapf in den nächsten tritt.

Die beiden hinterlassen ein Chaos sowie pikierte noble Herrschaften,

Bertolt Brecht bläst Klarinette, Karl Valentin Tuba, Liesl Karlstadt läutet die Glocke – eine Szene aus Valentins Stück „Oktoberfestschau".

und so komisch das alles ist, so ist es doch traurig zugleich. Der Versuch, sich mal etwas Besseres zu gönnen, gerät zum Fiasko. Und vermutlich wäre es jedem so ergangen, der wie Valentin im Kleine-Leute-Milieu aufgewachsen ist.

Sein Vater, Johann Valentin Fey, ist gelernter Tapezierer und Teilhaber des Fuhrunternehmens Falk & Fey. Am 4. Juni 1882 wird das vierte Kind der Familie geboren, es heißt Valentin Ludwig. Keines der Geschwister erreicht das Erwachsenenalter. Die Feys leben in der Au; kleinbürgerliche Verhältnisse, aber nicht das Elend der Arbeiterquartiere. Das lernt der kleine Valentin schnell kennen, er braucht sich nur umzuschauen. Die Lumpensammler, die Kleinganoven, die Steineträger und Wäscherinnen – was sie bewegt, wird er nicht vergessen.

Nach der Schule, die er als „Zuchthausstrafe" empfindet, absolviert er eine Lehre beim Tischlermeister Hallhuber in Haidhausen.

Viel mehr als das Handwerk interessieren ihn aber die Auftritte der Volkssänger in den Wirtshäusern und Singspielhallen: „Als ich ungefähr vierzehn Jahre alt war, durfte ich einmal mit meinem Zitherlehrer das Kolosseum in München besuchen. Dort trat damals der Gesangshumorist Karl Maxstadt auf, ein besonderer Liebling des Münchner Publikums. Ich war so begeistert von ihm, dass ich beschloss, die Schreinerei an den Nagel zu hängen und in seine Fußstapfen zu treten."

Die Volkssänger-Spektakel sind um 1900 die beliebteste Massenunterhaltung in München. Rund 800 Volkssänger sind amtlich registriert, daneben gibt es Hunderte Gelegenheitskünstler. Die meisten sind Neumünchner, deren Familien bei der großen Landflucht der vergangenen Jahrzehnte in die Stadt gekommen sind, wo sie auf der Suche nach dem Glück in den Vorstädten strandeten. Noch haben sie die Gstanzl und Schnadahüpfl ihrer bäuerlichen Vorfahren im Ohr, das prägt ihre Musik.

In den Texten aber spiegelt sich die Lebenswelt der Underdogs. Die Kares und Luckis treiben darin ihr Wesen, die Vorstadtstrizzis und Tagediebe, die gefallenen Mädchen und die dummen Bauern; da und dort klingt die Sehnsucht nach der guten alten Zeit an. Auf der Volkssängerbühne geht es derb und lustig zu, und wer auf dem Podium seine Possen reißt, tickt auch nicht anders als die Leute, die vom Biertisch aus zusehen. Wenn's der Zufall will, wohnt man Tür an Tür im Elendsquartier.

Kares und Luckis

Karl Valentin – seit 1902 nennt er sich so – wird Volkssänger, und er bleibt es, Kafka hin, Beckett her, sein Leben lang. Sein erstes festes Engagement hat er im Frankfurter Hof in der Schillerstraße. Er stellt seine zaundürre Gestalt in den Dienst seiner Komik, und die Leute lachen sich schief, wenn seine Figuren mit der Sprache kämpfen wie mit einem störrischen Esel. Bald ist er einer der populärsten Komiker Münchens.

Im Frankfurter Hof lernt er die junge Soubrette Elisabeth Wellano kennen, der er die Singerei mit der Behauptung ausredet, sie sei fürs komische Fach doch viel besser geeignet. 1913 tritt er erstmals mit ihr auf, sie wird seine Geliebte, obwohl er anderweitig verheiratet ist. Einen Künstlernamen bekommt sie auch: Liesl Karlstadt.

Valentin ist ein besessener Tüftler und Experimentierer. In jungen Jahren bastelt er aus etwa 30 Instrumenten einen Musikapparat, mit dem er durch die Städte tingelt. Das Orchestrion kommt schlecht an: „Ich spielte ein Schlachtenpotpourri mit Händen, Füßen, mit dem Mund, mit dem großen Zeh, mit dem Gesäß; der Apparat verlangte nämlich die Ausnützung sämtlicher Körperteile. Er wog acht Zentner und hatte nur einen großen Nachteil: Das Publikum war entsetzt darüber, sonst war er gut."

„Schickt's den Deppen heim"

Größtes Interesse hat er für den Film, seinen ersten Streifen „Karl Valentins Hochzeit" dreht er 1912. Doch obwohl er wunderbar witzige, bisweilen surreale Kurzfilme auf die Leinwand bringt, endet die Karl Valentin Filmproduktion ebenso in der Pleite wie sein Theater in der Leopoldstraße.

Noch schlimmer ist das Desaster, das er 1934 mit seinem Panoptikum im Keller des Hotels Wagner erlebt. Kaum jemand wagt sich in das allzu exzentrische Grusel- und Kuriositätenkabinett, in das Valentin seine Ersparnisse gesteckt hat. Auch Liesl Karlstadts Vermögen geht bei dem Projekt vor die Hunde. Infolge der Pleite erleidet sie einen Nervenzusammenbruch.

Valentins skurrile Komik, der jegliche Ordnung sprengende Geist seiner Szenen ist nicht unbedingt das, was sich die Nazis unter deutscher Kunst vorstellen. Der Film „Die Erbschaft", in dem Valentin und Karlstadt ein bettelarmes Ehepaar spielen, wird wegen „Elendstendenzen" verboten. Politisch hält er sich zurück, er duckt sich, geplagt von Ängsten, unangenehm aufzufallen. Doch lässt er sich, anders als der Weiß Ferdl, nicht von den NS-Potentaten vereinnahmen. 1943 zieht er sich in sein Haus in Planegg zurück. In München ist man wegen der Luftangriffe seines Lebens nicht mehr sicher.

Nach dem Krieg schreibt er an Münchens Oberbürgermeister Karl Scharnagl: „Was ist mit mir? Bin ich ganz vergessen (...) Ich wohne mit meiner Familie im Ausland, Planegg, Georgenstr. 2. Ich bin nicht mehr Komiker, sondern Scherenschleifer in Planegg (...) Nun steh' ich wieder da, ich magerer Mann, (98 Pf. Körpergewicht) und fange wieder von vorne an."

„Zwischen Bergen, die voll Schnee, duljö, duljö!" Valentin und Liesl Karlstadt in ihrer frühen Paradenummer „Alpensängerterzett".

Doch es gibt kein Zurück. Es gibt nur allerlei Luftschlösser: Er will eine Singspielhalle errichten, ein Film-Atelier, ein „heiteres Museum". Beim neugegründeten Radio München lässt man ihn lange zappeln, bis man sich zur Sendereihe „Es dreht sich um Karl Valentin" entschließt. Nach der vierten Sendung wird Valentin abserviert. Es habe Hörerproteste gegeben, heißt es. In einem Brief steht: „Aufhören mit dem Schmarrn – schickt's den Deppen heim."

Vom 22. bis 31. Januar 1948 gastiert Valentin mit Liesl Karlstadt im Kabarett „Bunter Würfel". Seine Tochter Bertl Valentin-Böheim berichtet, er habe nach dem letzten Auftritt in der eisigen Garderobe unter Dekorationsfetzen übernachtet, weil ihm der Weg nach Planegg zu weit war. Es gibt ernst zu nehmende Einwände gegen diese Geschichte, aber sie ist schaurig schön. Ein paar Tage später, am 9. Februar 1948, stirbt er an Lungenentzündung.

Gern wird hinzufügt, dass es sich um einen Rosenmontag handelt, als wäre dies seine letzte Pointe vor dem endgültigen Abgang. Einige Wochen vor seinem Tod klagte er in einem Brief: „Ich habe meine lieben Bayern und speziell meine lieben Münchner genau kennengelernt. Alle anderen mit Ausnahme der Eskimos und Indianer haben mehr Interesse an mir als meine ‚Landsleute'."

Wolfgang Görl

Nächtlicher Stau
am Stiglmaierplatz
(Wilhelm Heise, 1935)

„Unsere Stadt ist in jeder Weise finster ...“

Grober Lokalpatriotismus, internationaler Anspruch: Während Intellektuelle verzweifeln, amüsiert sich das einfache Volk in Varietés und Lichtspielhäusern

Josefa Halbinger erinnert sich noch gut. 1921, so ist in ihren von Carlamaria Heim aufgezeichneten Lebenserinnerungen zu lesen, „da ist in München ein Film gelaufen, der hat geheißen ‚Nerven‘, da ist ein Wahnsinniger vorgekommen. Der Film war – also nach meinem damaligen Gefühl – sehr gut. Da sind dann aber einige Leute, die den Film gesehen haben, in die Nervenklinik eingeliefert worden. Danach ist er verboten worden.“ Josefa Halbinger ist im Jahre 1900 als Kind einer Münchner Arbeiterfamilie geboren, die so genannten Goldenen Zwanziger erlebt sie als junge Frau, für die in dieser Zeit das Leben erst richtig beginnt.

Mit einem Tanzkurs zum Beispiel, im Herbst 1921, auf dem sie vom Ferdl das erste Busserl bekommt. Den ersten richtigen Kuss soll es erst später geben, mit 27 Jahren. Es ist die Zeit, in der junge Frauen nicht aufgeklärt werden, in der sie also befürchten müssen, möglicherweise schon durch einen Kuss schwanger zu werden. Es ist aber auch eine Zeit, in der die Frauen – schon durch das ihnen nun erteilte Wahlrecht – ein neues Selbstbewusstsein an den Tag legen. Josefa Halbinger verkündet ihren Verehrern und ihrer Familie Anfang der zwanziger Jahre, dass sie nicht heiraten wolle. Wie viele Frauen hat sie erst einmal anderes im Sinn: nach den Nachkriegsjahren, der Revolution, der Inflation, der ständigen Entbehrung und Not das Leben auskosten – mit allen Vergnügungen, die diese Zeit bietet.

Kino beispielsweise steht hoch im Kurs. 1924, dem Jahr, in dem sich Josefa Halbinger als „Erste im Geschäft und in den Vereinen“ einen Bubikopf schneiden lässt, wird der Ruf nach neuen, großen Filmpalästen immer lauter. Anfang des Jahrhunderts waren die ersten kinematographischen Bilder als eine Art Wandertheater gelaufen, auf dem Oktoberfest oder im Volksgarten in Nymphenburg, in Varietés wie dem Colosseum, im Gärtnerplatztheater, in Gaststätten und Bierkellern. 1913 gab es aber bereits 45 Lichtspieltheater, 1926 sollte sich der Trend zu den bewegten Bildern zu einem wahren Kinoboom entwickeln: 14 Kinos entstehen in diesem Jahr, die meisten davon in Schwabing. Eines hat sogar mehr als 2000 Plätze, der Phoebus-Palast, zwei besitzen mehr als 1000: der Gloria-Palast und die Schauburg. Statistisch gesehen geht 1926 jeder Münchner 10,37-mal ins Kino, 1927 sind es bereits 12,19-mal. Angesichts der Beliebtheit der jüngsten aller Musen verwundert es nicht, dass mit dem Siegeszug des Tonfilms Anfang der dreißiger Jahre in München auch die Propagandamaschinerie der erstarkenden NSDAP sich seiner bedienen sollte.

In den zwanziger Jahren jedoch versucht die Stadt noch, einen eigenen Weg zu finden. Hitler, der bereits wieder von sich reden macht, wird zunächst nicht weiter ernst genommen. Alle Welt blickt nach der Währungsreform 1923 auf das immer moderner werdende, sich weltstädtisch und glamourös gebende Berlin. Bayern erholt sich derweil besonders schwer von der Inflation, die wirtschaftliche Lage ist zwar besser geworden,

Wir müssen draußen bleiben: Hundebesitzer demonstrieren gegen das Mitfahrverbot für Tiere in der Straßenbahn.

aber nicht rosig. Wahrscheinlich ein Grund, warum München nicht mit Berlin mithalten kann. Doch auch das geistige Klima in der Stadt, der Hochburg rechter und völkischer Umtriebe, lässt selbst nach dem gescheiterten Hitlerputsch von 1923 wenig Spielraum zu. Im Ausstellungswesen haben Stadt und Staat das Sagen – und damit mehrheitlich Rechtskonservative, die es sich bestenfalls in den Kopf setzen, die einst führende Rolle Münchens im Kulturleben „bis zu einem gewissen Grade wiederzubeleben", wie es der Stadtrat 1925 als Ziel formuliert. Die Stadt kauft das Lenbachhaus, will dort eine Galerie einrichten. Doch viele Künstler, Literaten und Denker fliehen zu dieser Zeit vor allzu viel Engstirnigkeit und Klerikalismus: Lion Feuchtwanger verlässt die Stadt in diesem Jahr, Heinrich Mann oder auch Bertolt Brecht sind bereits weg.

Die Diskussion um das Image als Kunststadt reißt nicht ab: 1926 veröffentlichen die *Münchner Neuesten Nachrichten* eine Artikelserie, in der Hermann Uhde-Bernays als Grund für die Münchner Kunstmisere einen seit Jahrzehnten gepflegten „Kompromiss zwischen lokalpatriotischer Beschränkung und internationalem Anspruch" ausmacht. Auch im Theater haben die Kulturschaffenden zu kämpfen – vor allem mit der Zensur. Otto Falckenberg, der Direktor der Kammerspiele, sieht sich immer wieder mit dem Verbot von Aufführungen konfrontiert: zum Beispiel von Ferdinand Bruckners „Verbrecher", das in Berlin große Erfolge gefeiert

Links: „Ein Kilo Blech, zwei Dosen Lack – fertig ist der Hanomag!" hieß es bei Münchens Autofahrern über den „Kommissbrot" genannten Hanomag-Kleinstwagen, hier Baujahr 1928. Rechts: Schutzmann mit Improvisationstalent, 1929.

hatte. Justizminister Gürtner verbietet dessen fertige Münchner Inszenierung am 28. November 1929. Im selben Jahr untersagt die Stadt auch den Auftritt der farbigen Tänzerin und Sängerin Josephine Baker, weil sie wegen der angeblich sittenwidrigen Darbietungen eine „Verletzung des öffentlichen Anstands" befürchtet. Auch Josefa Halbinger bekommt das mit, als großen Skandal feiert sie dies jedoch nicht. Vielleicht, weil sie sich im Strom der Massen bewegt und diese sich von derlei Nachrichten ebenso wie von avantgardistischen Bestrebungen in der Kunst eher amüsieren als irritieren lässt. Wichtiger für einen Großteil der Bevölkerung ist ohnehin die Wiedereröffnung des Tierparks Hellabrunn 1929 unter Direktor Heinz Heck.

Josefa Halbinger lernt zu dieser Zeit ihren künftigen Ehemann Franz kennen. Mit ihm geht sie dorthin, wo sich viele Münchner treffen: ins Café, in Weinhäuser oder „ins Cabaret, ins Annast und den Simpl, er hat sich für sowas interessiert." Doch sie hat durchaus ebenfalls Spaß daran, dort erlebt sie zum ersten Mal den Conferencier, Schauspieler und Volkssänger Adolf Gondrell: „Der war da noch Anfänger, aber er war da schon so gut. Und im Simpl, die Lale Andersen, die war noch ein blutjunges Ding damals."

Aber Josefa Halbinger kennt auch den Glaspalast im Alten Botanischen Garten als Ausflugsziel mit seinen Kunstausstellungen und Künstlerfesten. Als er im Juli 1931 durch ein Feuer komplett zerstört wird, vermutet man in München sogleich, dass dies das Werk abgewiesener „bolschewistisch infizierter" Künstler sei. Oskar Maria Graf schreibt 1932: „Unsere Stadt ist in jeder Weise finster und kleinbürgerlich. Sie ist katholisch, und alles, was davon abweicht, ist bolschewistisch (...) München ist seit langer Zeit sozusagen auf den Hund gekommen, München ist sicher von allen deutschen Städten die provinzlerischste."

Astrid Becker

Oben: „Nach dem Brand" (Richard Pietzsch, 1931): Der Glaspalast brannte 1931 nieder, die Ursache konnte nie geklärt werden. Es kursierten Gerüchte, „bolschewistisch infizierte Künstler" hätten den Palast angezündet.

Mitte: Sternchen, Zenturio, Magier – eine Schaustellertruppe präsentiert sich auf dem Oktoberfest, das viele Vergnügungen dieser Art zu bieten hatte.

Unten: Im Kabarett „Zwiebelfisch".

Lion Feuchtwanger war nicht gemütlich oder bierselig, sondern unerbittlich. Bis heute wird der überaus erfolgreiche Schriftsteller in seiner Heimatstadt kaum gewürdigt.

Eine Liebe, die nicht erwidert wird

Der Schriftsteller setzt seiner Stadt mit „Erfolg“ ein Denkmal der Enttäuschung – er hält sie für „verknorpelt im Alten, übel reaktionär“

Vielleicht saßen sie auch an diesem Tag, dem Aschermittwoch 1925, wieder am Platzl in der Tiroler Weinstube: die Politiker der bayerischen Hochebene. Und vielleicht hätte das Urteil des Schriftstellers an diesem Tag noch härter geklungen als die folgenden Sätze: Er „fand die vier Männer alle aus dem dumpfen Stoff des Landstrichs, schlau, eng, ohne Horizont, winklig wie die Täler ihrer Berge. Ihre derben Stimmen, gewöhnt, über dem Lärm lauter Versammlungen durch Bierdunst und schlechten Zigarrenrauch zu dringen, quälten sich ein ungelenkes Schriftdeutsch ab, durch das ihr harter, breiter Dialekt immer wieder durchbrach“. Die Politiker blieben in München, der Schriftsteller aber packte seine Koffer. Am Aschermittwoch des Jahres 1925 verließ Lion Feuchtwanger München und zog nach Berlin.

Das Verhältnis zwischen Lion Feuchtwanger und seiner Heimatstadt, dieser „läppischen, großspurigen“ Stadt, war schon immer ein schwieriges. Unzweifelhaft war Feuchtwanger, 1884 geboren, ein Münchner. Wenn er sprach, dann mit unüberhörbar bayerischem Dialekt. Er tobte als junger Mann durch den Münchner Fasching, er studierte und promovierte in München, heiratete eine Münchnerin. Genau genommen war Lion Feuchtwanger münchnerischer als der am Starnberger See aufgewachsene Oskar Maria Graf oder der aus Lübeck stammende Thomas Mann.

Und doch entsprach der Sohn einer jüdischen Bankiersfamilie nicht den Vorstellungen der Münchner von einem *ihrer* Schriftsteller. Feuchtwanger war nicht gemütlich und nicht bierselig, sondern unerbittlich. Mit schmerzhafter Genauigkeit schilderte er den kleinbürgerlichen Mief Münchens, stellte intrigierende Karrieristen und eitle Künstler bloß, beschrieb dumpfe Antisemiten und bauernschlaue Politiker. Sein Blick auf die Stadt, vor allem im Roman *Erfolg*, ist auf faszinierende Weise erbarmungslos.

Ungemütlich, unerbittlich

Vielleicht heißt das Café im Literaturhaus der Stadt auch deshalb „Oskar Maria“ und nicht „Lion“; vielleicht debattiert man deshalb über die Rekonstruktion des Mann-Hauses in der Poschingerstraße und nicht über das Gebäude in der Georgenstraße, in dem Feuchtwanger lebte. Auch die Gedenktafel am Geburtshaus in der St.-Anna-Str. 2 ist ziemlich klein geraten für einen Schriftsteller, dessen Werke schon zu Lebzeiten Auflagen von mehreren Hunderttausend erreichten.

Es gab nicht viele Jahre, in denen Feuchtwanger und München einigermaßen miteinander zu leben verstanden. Von 1908 an war der spätere Romanautor in seiner Heimatstadt als Theaterkritiker der Schaubühne tätig. Mit seinen deutlichen Worten vergrätzte er viele Schauspieler und Regisseure, die ihm wegen seines Sachverstandes nur selten beikommen konnten. Zunehmend fühlte sich Feuchtwanger vom provinziellen München erdrückt. Da kam die Nachricht von der Schwangerschaft seiner Freundin Marta Löffler eben recht. Man heiratete 1912 und reiste in die Schweiz, wo das Kind zur Welt kommen sollte.

Die Reise sollte zwei Jahre dauern. Das Kind starb nach der Geburt, und das Ehepaar Feuchtwanger versuchte, den Schicksalsschlag zu verwinden, indem es rastlos durch Europa reiste: Pietra Ligure, Monte Carlo, Florenz, Rom, Neapel, Sizilien, schließlich Tunis. Erst 1914, kurz vor Beginn des Krieges, kehrten die beiden zurück. Feuchtwanger wurde vom Militär eingezogen, erkrankte, galt als nicht mehr tauglich. Endlich konnte er sich dem Schriftstellertum widmen. In den vier Kriegsjahren entstanden neun seiner insgesamt 29 Theaterstücke.

Zwar wurden Feuchtwangers Dramen auf den heimischen Bühnen aufgeführt, doch die heitere Atmosphäre der einst so liberalen Kunststadt hatte sich verflüchtigt. Das Klima war rau geworden, zumal für jüdische Autoren. Für Verdächtigungen reichte das, seine Wohnung wurde durchsucht, eine 1919 geplante Kammerspiele-Premiere erst verschoben, schließlich ganz verhindert. Sein „Holländischer Kaufmann“ wurde nach wenigen Abenden im Staatstheater abgesetzt.

Ahnungsvoll beobachtete Feuchtwanger den politischen Klimawandel und den Aufstieg Hitlers. Im *Völkischen Beobachter* erschienen nach Aufführungen seiner Theaterstücke böse Artikel, nach einer Premiere wurden in der Georgenstraße die Scheiben eingeworfen. In der Nacht vor dem Hitlerputsch 1923 klingelte bei Feuchtwangers das Telefon, ein Journalistenkollege sagte aufgeregt: „Sie müssen fliehen. Man verhaftet prominente Juden.“ In ihren Erinnerungen beschrieb Marta Feuchtwanger die Reaktion ihres Mannes: „Ich bin viel zu müde. Danke schön, lieber Adelt“, sagte er dem Anrufer. Man schlief weiter. „Am nächsten Tag“, so Marta Feuchtwanger, „war der Spuk zu Ende.“ Aber nur fürs Erste.

Denn Feuchtwanger hat längst deutliche Worte für die aufkommenden Nazis in München gefunden. „Worauf stößt man denn, wenn man mit Antisemiten debattiert? Am Ende ist es immer die Wut der Untüchtigen auf die Konkurrenz der Begabten. Oder es stecken gar Leute dahinter, die die Erbitterung über ihre Fehler und Schurkereien auf andere ablenken wollen.“ Kein Wunder also, dass auch Feuchtwanger zunehmend die Aufmerksamkeit der immer selbstbewusster auftretenden Rechten auf sich zieht. Das Finanzamt schikaniert den Schriftsteller und fordert Nachzahlungen für längst wertlose Inflationseinkünfte. Das Haus in der Georgenstraße wird zeitweise unter behördliche Beobachtung gestellt.

Heinrich Mann hatte München bereits verlassen, und auch Bert Brecht war schon nach Berlin übergesiedelt, er schimpfte über Münchens bedrückende Atmosphäre und drängte, dass sein Freund Feuchtwanger nachkommen möge. Von den Behörden bekam das Ehepaar Feuchtwanger zu hören: „Wir hätten Sie schon längst ausgewiesen, wenn Sie nicht beide hier geboren wären.“

1925 verließen er und Marta die Stadt. Im 1927 geschriebenen *Erfolg* sagt das Brecht-Alter-Ego: „Kaspar Pröckl, nun er wusste, dass er München bald und für immer verlassen werde, beschaute die Stadt mit neuem Blick. Er wusste, dass München eine Bauernstadt war, verknorpelt im Alten, übel reaktionär. Aber dieses Wissen war nur in seinem Hirn, ins Blut war es ihm nie gedrungen. Jetzt mühte er sich, seine Vaterstadt klein zu sehen, schäbig, verächtlich, sie messend an gigantischen Phantasiebildern. Es gelang nicht recht.“

Und Feuchtwanger, bereits im Exil in Frankreich, legte nach. Drei Tage vor der Machtergreifung Hitlers 1933 schrieb er in der *Literarischen Welt*: „Es war nicht viel echt an dieser Stadt, eigentlich nur die Umgebung, die schönen staatlichen Bilder- und Büchersammlungen, der Karneval und wahrscheinlich auch, aber davon verstehe ich nichts, das Bier. Die Stadt hielt damals noch viel auf ihre Tradition als Kunststadt. Es war aber nicht weit her mit dieser Kunst. Vielmehr war sie eine akademische, wichtigmacherische, spießbürgerliche Institution, von einer zähen, dumpfigen und geistig nicht gut gelüfteten Bevölkerung im wesentlichen aus Gründen des Fremdenverkehrs beibehalten.“

Solche Worte saßen. Die Nazis nannten *Erfolg* ein „Buch des Hasses“, denn es spottet auch über den Aufstieg einer lächerlichen Figur mit dem Namen Rupert Kutzner – und in Kutzner ist unschwer Hitler zu erkennen. Im Ausland feierte Feuchtwanger dafür Welterfolge: Von *Jud Süß* etwa wurden allein in England 23 Auflagen gedruckt. Für den überzeugten Weltbürger muss zumindest das eine Genugtuung gewesen sein.

Und in seiner Heimat raste der Hass wie eine Feuerwalze durchs Land und zerstörte auch Feuchtwangers Vergangenheit. Im März 1933 verwüstete die SA sein Haus im Grunewald und vernichtete zahlreiche Manuskripte, im April fand er sich auf der Nazi-Liste verabscheuungswürdiger Literatur wieder, im Mai gingen bei der Bücherverbrennung auch seine Werke in Flammen auf. Auf der ersten Ausbürgerungsliste vom 23. August 1933 war Feuchtwanger in bester Gesellschaft: Heinrich Mann, Kurt Tucholsky, Alfred Kerr, insgesamt 33 Personen.

„Hitler hat mir das Bürgerrecht weggenommen“, kommentierte Feuchtwanger später, „doch nicht wegnehmen konnte er mir meinen bayerischen Dialekt.“ Und er musste weiterfliehen. In Frankreich interniert, gelang ihm 1940 spektakulär die Flucht über die Pyrenäen und in die USA. Dort, im Exilanten-Zentrum Pacific Palisades, fand er eine neue Heimat.

München tat sich auch zwölf Jahre nach dem Kriegsende noch schwer mit dem Schriftsteller Feuchtwanger. Im Juli 1957, ein Jahr vor seinem Tod, verlieh ihm der Stadtrat den Münchner Literaturpreis. Und als wären diese Politiker leibhaftig dem *Erfolg* entstiegen, nahm eine Posse ihren Lauf, die noch heute ihresgleichen sucht. Aus der Zeitung *Der Sudetendeutsche* wollte CSU-Stadtrat Walter von Miller im November erfahren haben, dass Feuchtwanger den Machthabern der Sowjetunion zum 40. Jahrestag der Oktoberrevolution ein Glückwunschtelegramm geschickt und es mit „Lion Feuchtwanger, Literaturpreisträger der Stadt München“, unterzeichnet hatte. Beides war falsch, wie Feuchtwanger in einem Brief an die Stadträte erklärte.

Doch der Kalte Krieg war in vollem Gange, und so endete die Debatte damit, dass sich der Stadtrat vier Monate nach der Verleihung von seinem eigenen Preisträger wieder distanzierte – mit der Satzgirlande, „dass der Literaturpreis nur die künstlerische Leistung, nicht die politische Haltung des Geehrten anerkennt“. Der Vorfall sollte das letzte Missverständnis zwischen Feuchtwanger und seiner Heimatstadt sein. 1958 starb der Autor des *Erfolgs* in den USA, er war 74 Jahre alt. Den eigentlich geplanten vierten Teil der *Wartesaal*-Reihe über die Machtergreifung der Nazis und die Zeit im Exil hat er nicht mehr geschrieben. „Ich rechne damit, dass ich das Werk mit einem Epilog ‚Rückkehr' werde schließen können“, sagte er.

Feuchtwanger kehrte nie nach München zurück. *Christina Warta*

Flucht aus dem provinziellen Mief: In den zwanziger Jahren gingen viele Autoren nach Berlin. Zum Beispiel Bertolt Brecht (hinten links), der mit Freunden 1923 für ein Foto posierte. Lion Feuchtwanger (hinten, zweiter von rechts) und seine Gattin Marta (vorne, rechts) besuchten Brecht hin und wieder, bevor sie schließlich selbst übersiedelten.

Zukunft schaffen mit den Mitteln von gestern – Neues Bauen in München

„Luftige, helle Räume, Verwendung von viel Glas, Vermeidung toter Winkel, jeder unnötige Schmuck soll fortbleiben", heißt es 1930 in einem Handbuch des Neuen Bauens. München ist für die futuristischen Ideen nicht das ideale Pflaster. Anfangs, vor der Inflation 1923, fehlt das Geld. Die Zeit bis 1914 scheint endlos lange her zu sein, als Jahr für Jahr neue Straßenzüge mit den typischen Gründerzeithäusern entstanden, die heute das Stadtbild prägen. Erst Mitte der zwanziger Jahre beginnt ein nun eher ungeordnetes Stadtwachstum an den Rändern, meist aber in Form von hübschen Gartenhäuschen im Grünen – die, soweit sie nicht den Bomben oder dem abrissfreudigen Zeitgeist zum Opfer fielen, im 21. Jahrhundert äußerst begehrt sind. Nur wenige Bauten in der inneren Stadt atmen den Geist des Aufbruchs – aber immerhin, bei genauem Hinschauen findet man sie. Ein kleiner Stadtspaziergang durch die zwanziger Jahre, ausgewählt nach dem Katalog des Landesdenkmalamtes:

Gegen die Wohnungsnot

Bis 1914 wächst München ständig. Der Krieg unterbricht den Aufschwung jäh; er treibt 1918 viele Menschen in die Großstadt, das Elend verschärft sich. In Massenquartieren, Männerheimen, Notunterkünften gedeihen Frustration, Hass und Radikalismus. Die Stadt kann erst nach der Inflation 1923 ernsthaft versuchen, die Misere durch Bauprogramme wie hier in Sendling zu lindern. Ein Ausmaß wie in anderen Städten erreichen sie nicht, die Architektur bleibt eher konservativ.

Festungen der Nostalgie

Baue neu und lasse es alt aussehen: Diese Häuser in der Gollierstraße stammen nicht aus der Kaiserzeit. Sie sehen aber so aus, jedenfalls für den Laien. Der „Ridlerblock" im Westend wird 1924 bis 1926 von Ludwig Naneder errichtet, als Teil des Neubauprogramms gegen die Wohnungsnot der zwanziger Jahre. Im Inneren sind die Häuser vom freundlichen Wesen des Neuen Bauens alles andere als finstere Mietskasernen. Wichtig ist der Stadt aber ein traditionelles Äußeres: Arbeiterfestungen wie in Wien oder Hamburg, schon am Stil erkennbar abgehoben von den Altbauten, soll es in München nicht geben. Denn: Wo kämen wir da hin?

Schöner wohnen mit Neuer Sachlichkeit

In den Zwanzigern entstehen Klassiker der Neuen Sachlichkeit: In Stuttgart und Dessau geht die Architektur mit der Weißenhofsiedlung und dem Bauhaus radikale Wege, fort von Verzierungsfreude und Klassenarchitektur der Kaiserzeit. Typisch für München bleibt, so der Katalog des Landesamtes für Denkmalpflege, „eine Mischung aus modernen Formen und Traditionsmotiven". Diese Villa in der Agricolastraße hat ein altmodisches Dach, aber die kantigen Formen der neuen Zeit. Der Architekt, Helmut Wolff, nimmt 1928 als Vorbild eine bestehende Villa des Architekten Bruno Paul.

Die Post als Pionier

Eines der gelungensten Beispiele für zeitgenössische Architektur zwischen 1918 und 1933 ist das Postgebäude Am Harras 2–9 mit den angrenzenden Wohnhäusern. 1932 wagen Robert Vorhoelzer und Hans Schnetzer den großen Wurf, kurz bevor die Nazis an die Macht kommen, der verhassten Neuen Sachlichkeit ein Ende bereiten und am Stadtrand deutschtümelnde Kolonistenhäuschen errichten. Kurioserweise sind Postgebäude die gewagtesten Experimentierfelder des Neuen Bauens, wie auch am Goetheplatz oder in der Fraunhoferstraße. Typisch sind Flachdach, glatte Flächen, verglastes Erdgeschoss und der runde Vorsprung.

Monumentale Moderne

Ach, früher einmal gab es einen Gastgarten ganz in der Nähe, in dem bewarb eine Brauerei ihr „Bier fürs Leben". Das klang immer ein wenig trist in der Nähe des Ledigenheims, legte es doch die Frage nahe, wie vielen Ledigen für das Leben nur das Bier blieb. Unabhängig von solchen Facetten menschlicher Traurigkeit fällt es nicht leicht, im Haus Bergmannstraße 35 das großartige Denkmal zu sehen, das es ohne Zweifel ist. 1927 gebaut wie eine Ordensburg, bot es alleinstehenden Arbeitern karge Zimmer, aber große Gemeinschaftsräume – und so etwas wie ein Zuhause in einer Stadt der Entwurzelten. Texte: Joachim Käppner

ich werde
mich nie mehr
bei der
Polizei
beschweren

Das Gesicht der Barbarei

Im März 1933 stürmen die Nazis das Rathaus – es beginnt eine Zeit des Terrors, aber auch des Beifalls vieler Münchner für das Regime

Am 10. März 1933 knallt der erste Schuss, es klirrt, und in der Ratstrinkstube im Münchner Rathaus geht ein Teil des Geschirrs zu Bruch. Versehentlich hat ein SA-Mann seine Waffe abgefeuert, doch was macht das schon, dass Teller und Tassen in Scherben zu Boden fallen? Man ist ja nun endlich auch hier Herr im Haus. Einen Tag zuvor haben die Nationalsozialisten auch in München die Macht übernommen. Vom Turm des Rathauses entrollten sie eine Hakenkreuzfahne, und der nationalsozialistische Stadtrat Max Amann sprach zu den zusammengedrängten Menschen auf dem Marienplatz.

Knapp sechs Wochen liegt die Ernennung Adolf Hitlers zum Reichskanzler zurück. Doch die einschneidenden Ereignisse in Berlin haben die Münchner ohne allzu große Aufregung zur Kenntnis genommen. Man hat schließlich viele Kanzler kommen und gehen sehen. Außerdem hat in München soeben der Fasching begonnen. Man ist anderweitig beschäftigt, mit Redouten, der Wahl des Faschingsprinzen und schließlich auch mit den Reichstags-Neuwahlen am 5. März. Noch immer führt im Rathaus der konservative Bürgermeister Karl Scharnagl die Geschäfte.

Der neue Reichskanzler findet es nun aber an der Zeit, auch in München ein deutliches Zeichen zu setzen. Und so ergeht am 8. März 1933 Hitlers Befehl, in Bayern endlich einen Regierungswechsel herbeizuführen. Am nächsten Tag stürmt die SA das Rathaus und bedroht Oberbürgermeister Scharnagl, der abtreten muss. Münchens Schonfrist ist vorbei.

Schon im rauen Klima der Weimarer Zeit waren Repressalien und Antisemitismus an der Tagesordnung. Doch mit dem 9. März 1933 beginnt der Terror von Staats wegen. Am Abend stürmt eine SA-Abordnung die Büros des Allgemeinen Deutschen Gewerkschaftsbundes, die Verlagsräume der sozialdemokratischen Tageszeitung *Münchner Post* werden verwüstet, die Redaktionsräume der Satirezeitschrift *Simplicissimus* zerstört. Der Herausgeber Franz Schoenberner und sein jüdischer Karikaturist T. T. Heine fliehen aus Deutschland. Die verbliebenen Redaktionsmitglieder schwenken auf die braune Linie ein.

Und wie ein Menetekel auf ein Ende des Rechtsstaates sind die Szenen, als feixende SS-Männer im Hochgefühl, jemanden demütigen zu können, den jüdischen Anwalt Michael Siegel in abgeschnittener Hose durch die Stadt treiben, ein Schild um den Hals: „Ich werde mich nie mehr bei der Polizei beschweren.“ Siegel hat nach den ersten Übergriffen fassungslos das getan, was ein Bürger in solchen Fällen tut: die Polizei gerufen. Dafür holt ihn die SS.

Viele Münchner aber arrangieren sich offenbar problemlos mit der faschistischen Macht. Diesen Schluss legt zumindest der Erfolg des „Heimtückegesetzes“ nahe, wonach despektierliche Bemerkungen über die Regierung angezeigt werden mussten. Das Gesetz trat am 21. März 1933 in Kraft. Die Kammer war nach wenigen Wochen überlastet, ein Staatsanwalt beklagte „übelstes Denunziantentum“ und staunte über die Kläger: Oft waren es Nachbarn, Freunde oder Verwandte.

Am Tag zuvor hatte Heinrich Himmler eine Pressekonferenz gegeben, in der er ankündigte, östlich von Dachau ein Konzentrationslager für 5000 Personen zu eröffnen, die die „Sicherheit des Reiches“ bedrohten. In der Münchner Tagespresse wird Himmler mit den Worten zitiert: „Wir haben diese Maßnahme ohne jede Rücksicht auf kleinliche Bedenken getroffen in der Überzeugung, damit zur Beruhigung der nationalen Bevölkerung und in ihrem Sinn zu handeln.“ Und schon bald verfolgten die Nazis auch jene, die sich bislang sicher geglaubt hatten.

Für den 30. März ordnet Bürgermeister Fiehler aber zunächst den Boykott jüdischer Geschäfte und Arztpraxen an. SA-Posten hindern die Bevölkerung am Betreten jüdischer Geschäfte und Praxen, beschmieren Schaufenster und schikanieren jene, die den Boykott ignorieren. 280 Juden kommen in „Schutzhaft“. Und sie waren nicht die Einzigen.

Die Bayerische Politische Polizei (BPP), geleitet vom späteren Gestapo-Chef Heinrich Himmler und ausgestattet mit einem von der Justiz unabhängigen Sonderstatus, terrorisiert kommunistische und sozialistische Funktionäre, Sozialdemokraten, Gewerkschaftsmitglieder, unliebsame Künstler, Katholiken, die

Links oben: Öffentliche Erniedrigung – SS-Männer treiben den jüdischen Rechtsanwalt Michael Siegel mit abgeschnittener Hose und einem Schild um den Hals durch die Innenstadt. Nach den ersten Übergriffen der Nazis hatte Siegel die Polizei gerufen.
Links unten: Aufmarsch von SA-Einheiten auf dem Königsplatz vor der Glyptothek. Im Hintergrund sind bereits die Arbeiten für den „Führerbau“ im Gange.

Braune Bataillone: Vor dem Polizeipräsidium in München brüllen SA-Stabschef Ernst Röhm und seine Truppe ein „Siegheil" auf Adolf Hitler.

Zeugen Jehovas, Bettler oder so genannte Arbeitsscheue. Allein bis Oktober 1933 werden insgesamt 14 214 Menschen ins Konzentrationslager Dachau gesperrt, 10 295 von ihnen werden wieder entlassen. Zwischen 2200 und 2600 Gefangene werden ständig in Dachau festgehalten. Im Wittelsbacher Palais in der Briennerstraße 50 steuert Himmlers BPP dank V-Männern und Spitzeln nicht nur die Verfolgung politischer Gegner, sondern sichert dem NS-Regime mit dem Terror auch die totale Macht über die eingeschüchterte Gesellschaft. Zum Beispiel, indem man 75 Einzelhändler vorübergehend in Dachau einliefert – wegen Verstoßes gegen Preisverordnungen.

München war Hitlers Wohnort, hier hat die nationalsozialistische Bewegung ihren Ausgang genommen. Mit Plaketten an den Schauplätzen des NS-Aufstiegs, den Wohnungen Hitlers, der Feldherrnhalle und dem Hofbräuhaus, wird auf Münchens zentrale Rolle hingewiesen. Und doch hat die Stadt mit der Ernennung Hitlers zum Reichskanzler an Bedeutung verloren. Denn Berlin ist nun die Hauptstadt des Dritten Reiches, und für München bleibt allenfalls eine Nebenrolle, auch wenn nach wie vor die Reichsleitung der NSDAP und der SA sowie die Redaktion des Kampfblattes *Völkischer Beobachter* hier angesiedelt sind.

So kommt es nicht von ungefähr, dass Hitler seiner Lieblingsstadt zum Ausgleich noch vor dem Titel „Hauptstadt der Bewegung" (1935) einen anderen Titel verleiht: Bei der Grundsteinlegung für ein neues Museum am 15. Oktober 1933 ernennt er München zur „Hauptstadt der deutschen Kunst", vier Jahre später wird das „Haus der Deutschen Kunst „eingeweiht. Die Feierlichkeiten dauern drei Tage, am 18. Juli 1937 wird zudem die „Große Deutsche Kunstausstellung" eröffnet. In den großen Sälen an der Prinzregentenstraße hängt Traditionelles und Banales, Kitschiges, Gewaltverherrlichendes und Deutschtümelndes – jene Kunst eben, die der einstige Kunstmaler Adolf Hitler als die wahrhaft deutsche ansieht. Doch die Räume bleiben oft leer, und als hinterher kolportiert wird, dass 400 000 Menschen die Ausstellung besucht haben, da hat man diese Zahl offensichtlich schöngerechnet.

Ganz anders dagegen die Ausstellung „Entartete Kunst" in der Galeriestraße. Sie findet zur gleichen Zeit statt wie die Schau im „Haus der Deutschen Kunst" und soll den Münchnern den Vergleich zwischen echter und, nach Ansicht der Nazis, entgleister Kunst ermöglichen. 650 beschlagnahmte Werke von Max Beckmann, Otto Dix, Georg Grosz, Wassily Kandinsky, Paul Klee, Franz Marc und vielen mehr hängen dort schief an der Wand, girlandenartig umrankt von diffamierenden Kommentaren. Bis November 1937 locken die Bilder rund zwei Millionen Menschen in die Räume, die Warteschlangen reichen auf die Straße hinaus und um mehrere Ecken. „Ein Riesenerfolg", urteilt Propagandaminister Joseph Goebbels – und übersieht dabei, dass viele Besucher den derart geschmähten Künstlern die letzte Reverenz erweisen wollten.

München soll die Kulturstadt des Dritten Reiches sein, und so gibt die

Die Parteizentrale der NSDAP bleibt auch nach der Machtergreifung in München: Blick in den Standartensaal im „Braunen Haus", Briennerstraße 45.

Stadt in den Jahren vor dem Krieg bereitwillig die Kulisse ab für großes Theater. Pompös werden die Jahresfeiern zum Hitlerputsch 1923 am 8. und 9. November begangen. Man veranstaltet einen Festzug „2000 Jahre Deutsche Kultur" sowie einen gigantischen Fackelzug zum 125. Oktoberfest. Vor allem der reichsinterne Tourismus blüht 1936 und 1937 auf, München profitiert dabei auch von den Olympischen Winterspielen 1936 im nicht allzu fernen Garmisch-Partenkirchen.

Und auch die Parteibonzen der NSDAP suchen Erholung vom anstrengenden politischen Alltag gerne in München. Dort gibt es frivole Spektakel wie die „Nacht der Amazonen" sowie einen funktionierenden, wenngleich meist kitschigen Unterhaltungsbetrieb, strammgekämmt nach bester nationalsozialistischer Gesinnung, Ausstellungen wie etwa „Der Bolschewismus" (1936) oder „Der Ewige Jude" (1937). Und auch Adolf Hitler kehrt zur Entspannung immer wieder in seine Wohnung am Prinzregentenplatz 16 zurück, flaniert durch die Stadt, umgibt sich in Kaffeehäusern mit Künstlern. Mit Vorliebe verbringt er einen Abend im Gärtnerplatztheater, genießt dort besonders gern Aufführungen der „Lustigen Witwe" mit Dorothy van Bruck und feiert bis zum Morgengrauen im Künstlerhaus.

Viele Münchner schimpfen und granteln schon bald über die neuen Herren, doch offen stemmt sich in den ersten Jahren kaum einer gegen die NS-Herrschaft. Beispielhaft dafür steht das „Drückebergergassl" hinter der Feldherrnhalle. Wer die Front der NS-Kultstätte passiert, die an den Putsch vom November 1923 erinnert, muss den Hitlergruß zeigen – und so drücken sich die meisten Münchner lieber auf der Hallenrückseite durch die Viscardigasse. Vom Reigen der NS-Jahrestage, die in München prunkvoll begangen werden, sowie von den vielen pseudokulturellen Veranstaltungen lässt sich die Münchner Bevölkerung offenbar gerne ablenken.

1941 aber weigert sich die katholische Bevölkerung in großer Geschlossenheit, die Kreuze in den Klassenzimmern zu entfernen. Kultusminister Adolf Wagner, der mit dieser Aktion die Katholiken eigentlich noch weiter in die Schranken weisen wollte, sieht sich gezwungen, den Befehl zurückzunehmen. „Das Ausmaß von Dissens ist vielfach frappierend, aber seine Vereinbarkeit mit einer grundsätzlichen Übereinstimmung mit den Hauptlinien der NS-Politik ist noch frappierender", urteilt der britische Historiker Ian Kershaw.

Vielleicht führt dies auch dazu, dass in der einst so stolzen Kulturstadt München die Bücher zweimal brennen. Am 6. Mai 1933 werfen Mitglieder der Hitlerjugend Bücher von Karl Marx, Heinrich Mann, Erich Kästner und vielen anderen ins Feuer. Vier Tage später ziehen Studenten von der Universität mit Fackeln zum Königsplatz, wo auf einem großen Scheiterhaufen die gleichen Werke verglühen. Das Interesse der Münchner ist wie immer groß: 50 000 Neugierige beobachten das barbarische Spektakel.

Christina Warta

Ein tapferer Feuerkopf

Zu Hitlers ersten Opfern gehört 1933 der Journalist Fritz Gerlich, der ihm wie kaum ein anderer die Stirn geboten hat

Am Ende hat er verloren, den Preis des Muts gezahlt. Er wurde mit der einzigen Waffe besiegt, die seine Gegner besser beherrschten: Gewalt. Im März 1933 stürmt ein Schlägertrupp der SA das Büro der Zeitung *Der gerade Weg*, verwüstet die Einrichtung und geht auf den Chefredakteur los. Und ausgerechnet er, der den Nazis alles Finstere zugetraut hat, kann es nicht fassen und schleudert den SA-Leuten entgegen: „Mich schlagen! Mich! Einen Gründer der Vaterlandsbewegung!"

Fritz Gerlich wird schwer misshandelt und ins Polizeigefängnis gebracht. Dort hockt er in einer Zelle, mit blutenden Wunden. Er wird die Freiheit niemals wiedersehen. Fritz Gerlich, geboren 1883, ist ein mutiger Mann. Er, einst nationalkonservativ, hat in der Weimarer Zeit den Mut, seine Überzeugung zu wechseln, er ist ein Konvertit im doppelten Sinn: zum Katholizismus und zur Demokratie. Einst Chefredakteur der *Münchner Neuesten Nachrichten*, der Vorgängerin der *Süddeutschen Zeitung*, leitet er von 1930 an das christliche Blatt, das ab 1931 *Der gerade Weg* heißt und die Extreme, Nazis und Kommunisten, bekämpfen will. Gerlich lässt sich nicht einschüchtern.

Er ist ein Meister des wuchtigen Worts: „Nationalsozialismus heißt: Feindschaft mit den benachbarten Nationen, Gewaltherrschaft im Innern, Bürgerkrieg, Völkerkrieg, Lüge, Hass, Brudermord und grenzenlose Not." Er ist, so Christoph Renzikowski vom Bayerischen Presseclub, der sich für das Andenken des Publizisten einsetzt, „ein streitbarer Mann, ein Feuerkopf und Eiferer, beileibe kein Heiliger". Gerlich, der Konservative, scheint etwas zu erkennen, was viele nicht wissen wollen: dass die NSDAP mehr ist als ein Verein von verkrachten Existenzen und rechtsradikalen Bierdimpfeln, bei dem man sich nur wundern kann, warum diesen bizarren Gestalten so viele Münchner nachlaufen. Er spürt das Triebhafte, das Böse, den Willen zur Vernichtung. Die obszönen Morddrohungen, die ihm anonyme Nazis schicken, druckt er ab. Er hält den Absendern den Spiegel vor, in dem sie die Fratze moralischer Verwahrlosung sehen: „Wir werden an Ihnen ein besonderes Exempel statuieren, indem wir einen Scheiterhaufen mit allen Christusfiguren, jenem Christus, der von einer jüdischen Hure geboren wurde, errichten, worauf Sie nebst dem Pfaffengesindel geschmort werden."

Die Barbarei hat ihr Gesicht schon gezeigt, bevor sie die Macht hatte. Aber die wenigsten wollten das nachher gesehen haben. Sie hätten es sehen können, denn es gab Menschen wie Fritz Gerlich. Am 30. Juni 1934, während des „Röhm-Putsches", ließ Hitler in einer Racheorgie zahlreiche Menschen ermorden, unter ihnen Fritz Gerlich. Er wurde aus der Zelle in der Ettstraße ins Konzentrationslager Dachau gebracht und sofort erschossen. Er war ein Kämpfer – doch sein Kampf war immer einsamer geworden. *Joachim Käppner*

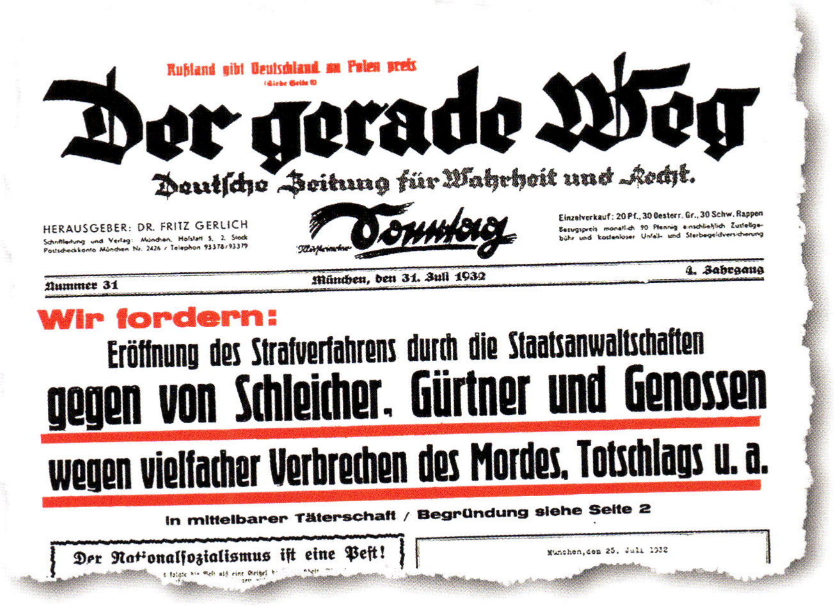
Rußland gibt Deutschland an Polen preis
Der gerade Weg
Deutsche Zeitung für Wahrheit und Recht.
HERAUSGEBER: DR. FRITZ GERLICH
Sonntag
Einzelverkauf: 20 Pf., 30 Oesterr. Gr., 30 Schw. Rappen
Nummer 31 — München, den 31. Juli 1932 — 4. Jahrgang
Wir fordern:
Eröffnung des Strafverfahrens durch die Staatsanwaltschaften
gegen von Schleicher, Gürtner und Genossen
wegen vielfacher Verbrechen des Mordes, Totschlags u. a.
in mittelbarer Täterschaft / Begründung siehe Seite 2
Der Nationalsozialismus ist eine Pest!
München, den 25. Juli 1932

„Der gerade Weg": Mit seinem Blatt bekämpft Gerlich die Extreme – bis er im März 1933 verhaftet wird.
Links: Fritz Gerlich (1883–1934).

Thomas Mann beim Packen seiner Reisetasche im Jahr 1933 – ein symbolträchtiges Foto. Als der Literatur-Nobelpreisträger mit seiner Frau Katja im Februar 1933 zu einer Vortragstour aufbricht, wird dies eine Reise ins Exil.

Haberfeldtreiben in Frack und Zylinder

Thomas Mann wird von Münchens Wagnerianern an den Pranger gestellt und ins Exil gezwungen

Am 10. Februar 1933 hält Thomas Mann im Auditorium maximum der Münchner Universität einen Vortrag mit dem Titel „Leiden und Größe Richard Wagners". Anlass ist der 50. Todestag des Komponisten. Das Interesse ist enorm, immerhin spricht da ein Nobelpreisträger, und dass Wagner zu den Hausgöttern Thomas Manns zählt, weiß man in Münchens gebildeten Kreisen. Die Zuhörer sind beeindruckt, man hatte sich nicht zu viel versprochen. Tags darauf bricht Thomas Mann mit seiner Frau Katja zu einer Vortragsreise nach Holland, Belgien und Frankreich auf. Niemand ahnt, dass dies ein Aufbruch ins Exil sein würde.

Während das Ehepaar Mann im Ausland weilt, beseitigen die Nazis den letzten Rest Demokratie, der von der Weimarer Republik übrig geblieben ist. Am 27. Februar brennt das Berliner Reichstagsgebäude, was Hitler und seinen Gefolgsleuten den Vorwand liefert, die Weimarer Verfassung de facto außer Kraft zu setzen. Als der Reichstag am 23. März das Ermächtigungsgesetz beschließt, ist die NS-Diktatur besiegelt.

Am 16. April 1933 erscheint in den mittlerweile gleichgeschalteten *Münchner Neuesten Nachrichten* ein Pamphlet mit dem Titel „Protest der Richard-Wagner-Stadt München". Darin blasen die Unterzeichner zum Generalangriff auf Thomas Mann: „Nachdem die nationale Erhebung Deutschlands festes Gefüge angenommen hat, kann es nicht mehr als Ablenkung empfunden werden, wenn wir uns an die Öffentlichkeit wenden, um das Andenken an den großen deutschen Meister Richard Wagner vor Verunglimpfung zu schützen. Wir empfinden Wagner als musikalisch-dramatischen Ausdruck tiefsten deutschen Gefühls, das wir nicht durch ästhetisierenden Snobismus beleidigen lassen wollen, wie das mit so überheblicher Geschwollenheit in Richard-Wagner-Gedenkreden von Herrn Thomas Mann geschieht." Des Weiteren wird dem Schriftsteller seine „Bekehrung zum republikanischen System" zur Last gelegt. Wer, wie Thomas Mann, „das Unglück erlitten hat, seine frühe nationale Gesinnung bei der Errichtung der Republik einzubüßen und mit einer kosmopolitisch-demokratischen Auffassung zu vertauschen", habe kein Recht auf „Kritik wertbeständiger deutscher Geistesriesen".

Kritische Würdigung

Hinter der Attacke, die ein hohes Maß an Anpassungsbereitschaft gegenüber den nationalsozialistischen Machthabern verrät, steckt maßgeblich der Bayerische Generalmusikdirektor Hans Knappertsbusch. Der Dirigent, Nachfolger des von antisemitischen Eiferern aus München vertriebenen Bruno Walter, hatte Anfang April ein entsprechend intoniertes Rundschreiben an circa 50 Repräsentanten des kulturellen und politischen Lebens in München versandt. Die meisten ließen sich nicht zweimal bitten, Thomas Mann auf diese Weise der Aufmerksamkeit der politischen Polizei zu empfehlen. Zu den Unterzeichnern des Protests gehören die Komponisten Hans Pfitzner und Richard Strauß, der Bildhauer Bernhard Bleeker oder der Zeichner Olaf Gulbransson. Letzterer hat sich später wenigstens dafür geschämt.

In Thomas Manns Festvortrag sowie in seinem im April 1933 publizierten, gleichnamigen Essay flackert die alte Liebe zu Wagner auf, dessen „zaubervolles Werk mein Leben begleitet, seit ich seiner zuerst gewahr wurde"; und doch ist er nicht geneigt, vor lauter Verehrung den Verstand auszuschalten und auf eine kritische Würdigung zu verzichten. Thomas Mann nähert sich Wagner gewissermaßen als Künstler, als einer, der versteht, aus welchen geistigen und emotionalen Quellen das Genie schöpft. Da ist auch Fragwürdiges, Unausgegorenes darunter, und im Zusammenhang mit Wagners Konzeption des Gesamtkunstwerks kommt Thomas Mann in einem äußerst differenzierten Gedankengang zu dem Schluss, „daß Wagners Kunst ein mit höchster Willenskraft und Intelligenz monumentalisierter und ins Geniehafte getriebener Dilettantismus ist".

Der Musiker Knappertsbusch hat in dieser, die Wagnersche Kunst keineswegs schmälernden Argumentation offenbar nur das Wort „Dilettantismus" wahrgenommen – und sich in törichter Weise erregt. Immerhin hat er bemerkt, gegen wen es gerichtet ist, wenn Thomas Mann über das Deutschtum in Wagners Kunst sagt: „Darin beruht ihr Nationalismus, aber dieser Nationalismus ist in einem Maße mit europäischer Artistik durchtränkt, das ihn zu irgendwelcher Simplifizierung, auf deutsch: Versimpelung, im tiefsten untaug-

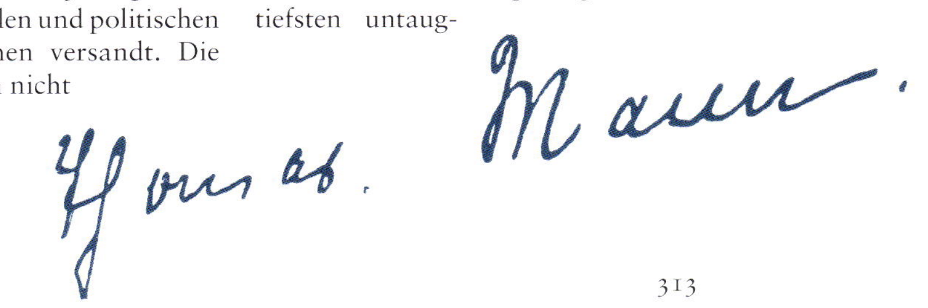

lich macht." Um den Schriftsteller bei den NS-Machthabern, die Wagner für sich vereinnahmt hatten, anzuschwärzen, waren solche Sätze bestens geeignet.

Thomas Mann, mittlerweile in der Schweiz, notiert am 19. April in sein Tagebuch: „Gestern, nachdem ich etwas gearbeitet, Verschärfung des Münchener Falles durch einen vielfach unterzeichneten ‚Protest der Wagner-Stadt-München' in der Oster-Ausgabe der M.N.N. Frank überbrachte das hundsföttische Dokument. Heftiger Choc von Ekel und Grauen, durch den der Tag sein Gepräge erhielt. Entschiedene Befestigung des Entschlusses, nicht nach M. zurückzukehren und mit aller Energie unsere Niederlassung in Basel zu betreiben."

Er hat allen Grund, Deutschland zu meiden. Reinhard Heydrich, Oberführer der Bayerischen Politischen Polizei und als späterer Reichsprotektor in Prag verantwortlich für barbarische Gräueltaten, hat ihn bereits im Visier. In einem Bericht an den bayerischen Reichsstatthalter Ritter von Epp schreibt er: „Der Schriftsteller Thomas Mann, geboren 6. Juni 1875 in Lübeck, welcher sich zuletzt in München aufgehalten hat und nunmehr sich im Ausland befindet, ist Gegner der nationalen Bewegung und Anhänger der marxistischen Idee. Dies hat er zu wiederholten Malen in Wort und Schrift kundgegeben (...) Diese undeutsche, der nationalen Bewegung feindliche, marxistische und judenfreundliche Einstellung gab Veranlassung, gegen Thomas Mann Schutzhaftbefehl zu erlassen, der aber durch die Abwesenheit desselben nicht vollzogen werden kann. Nach den Weisungen der Ministerien wurden jedoch sämtliche Vermögenswerte beschlagnahmt."

Komplizen der Nazis

Das ist das Ende der stets heiklen Beziehung zwischen Thomas Mann und München: die herrschaftliche Villa in der Poschinger Straße (heute Thomas-Mann-Allee) requiriert, das Interieur versteigert, er selbst geächtet von den Kultur-Honoratioren, die sich eben noch im Glanz des Nobelpreisträgers sonnten und sich nun in ihrer neuen Rolle als Komplizen der Nazis gefielen. Wenigstens gelang es Thomas Manns Kindern, die wichtigsten Papiere, vor allem das Manuskript des Roman-Projekts *Joseph und seine Brüder*, über die Grenze zu schaffen.

Fast 40 Jahre hat Thomas Mann in München gelebt. Er war Ostern 1894 aus Lübeck in die bayerische Hauptstadt gezogen, wo seine Mutter Julia und drei jüngere Geschwister seit dem Tode des Vaters, des Senators Thomas Johann Heinrich Mann, ein neues Leben angefangen hatten. Anfangs wohnt er bei Muttern in der Rambergstraße und arbeitet als Volontär in der Süddeutschen Feuer-Versicherungsbank.

1894 erscheint seine Novelle *Gefallen* in Michael Georg Conrads Zeitschrift *Die Gesellschaft*. In München vollendet er, neben vielem anderen, die *Buddenbrooks*. Am 18. Juli 1900 heißt es stolz in einem Brief: „Heute habe ich die letzte Zeile meines Romans geschrieben." Der Nobelpreis folgt 28 Jahre später.

Seine „Seelengeschichte des deutschen Bürgertums" verschafft Thomas Mann den Eintritt in die bessere Gesellschaft Münchens. Er heiratet die Professorentochter Katja Pringsheim, zieht erst in die Franz-Joseph-Straße, und 1914 lässt er sich, nicht zuletzt mit einem Zuschuss des Schwiegervaters, die prachtvolle Villa am Herzogpark bauen, die „Poschi". Thomas Mann, seelisch stets gefährdet durch seine unausgelebte Homosexualität und eine latent schwelende Todessehnsucht, hatte sich damit ein Gehäuse errichtet, dessen Fassade bürgerliche Ordnung und Behaglichkeit vorspiegelt. Eines Tages, noch vor dem Bau der „Poschi", notiert er, wenn auch mit ironischem Unterton: „Glanz umgibt mich. Nichts gleicht meinem Glücke. Ich bin vermählt. Ich habe eine außerordentlich schöne junge Frau, eine Prinzessin von einer Frau, wenn man mir glauben will (...) Mein Hausstand ist reich bestellt, ich befehle drei statt-

Gruppenfoto mit Hund, 1932: Klaus Mann (links), daneben seine Geschwister Elisabeth und Michael, die Eltern Katja und Thomas Mann, rechts Erika Mann.

liche Dienstmädchen und einen schottischen Schäferhund, ich speise schon zum Morgentee Zuckerbrötchen und trage fast ausschließlich Lackstiefel."

München inspiriert ihn, auch wenn seine Gefühle für die Stadt ambivalent bleiben. Da ist die berühmte Novelle *Gladius Dei* mit dem viel zitierten Anfangssatz „München leuchtete": Der Glanz, in dem die Kunststadt hierin erscheint, ist das eine; das andere ist die darin waltende Geistlosigkeit, die sich mit dem Dekorativen begnügt, den Nachbildungen, Kopien und der Camouflage. Thomas Mann richtet sich ein in dieser Stadt, aber er bleibt auf Distanz. Bei anderer Gelegenheit bekennt er: „Wenn ich aber nachdenke, so finde ich, daß die Münchener Atmosphäre dadurch etwas Verwandtes und Gemäßes für mich hatte und behält, daß die alte deutsche Mischung von Kunst und Bürgerlichkeit hier noch ganz lebendig und gegenwärtig ist. Diese Stadt ist völlig unliterarisch, die Literatur hat hier keinen Boden."

Gleichwohl, er schreibt hier den schönsten Text, den es über die Isar gibt, die Novelle *Herr und Hund*. Darin schildert er seine Spaziergänge in den Isarauen mit Bauschan, dem „kurzhaarigen deutschen Hühnerhund": „Das ist nun die Zone des Flusses, er selbst liegt vor uns, grün und in weißem Brausen, er ist im Grunde nichts als ein großer Gießbach aus den Bergen, aber sein immerwährendes Geräusch, das mehr oder weniger gedämpft überall in der Gegend zu hören ist, hier aber frei waltend das Ohr erfüllt, kann wohl Ersatz bieten für den heiligen Anprall des Meeres, wenn man dieses nun einmal nicht haben kann."

Dass die bezaubernde Atmosphäre des „bäuerlich-sinnlichen Barock-Münchens" nach dem Ersten Weltkrieg verflogen ist, registriert Thomas Mann sofort. Ja, es sei bereits der Krieg gewesen, „der der ästhetischen Lebensunschuld der Isarstadt, ihrer dionysischen Behaglichkeit, für immer ein Ende machte".

Thomas Manns Villa am Herzogpark: Nach seiner Flucht diente sie als Büro der arischen Zuchtanstalt „Lebensborn". Im Krieg wurde das Haus beschädigt, danach abgerissen. Heute steht dort ein privater Neubau in Gestalt des Originals.

Welcher Ungeist jetzt grassiert, beschreibt er in einem Zeitungsbeitrag im Juni 1923: „Ich liebe München zu sehr, um wünschen zu können, daß mein Urteil über diese einst so heitere, heute freilich vom allgemeinen deutschen Schicksal verdüsterte und von politischen Gehässigkeiten zerrissene Stadt im geringsten mißverstanden werde (...) München ist die Stadt Hitlers, des deutschen Faschistenführers, die Stadt des Hakenkreuzes."

Ende der Kunststadt

Und als er 1943 im kalifornischen Exil die Arbeit am Roman *Dr. Faustus* aufnimmt, kommen die Erfahrungen seiner Münchner Jahre erneut ins Spiel. Nur geringfügig kaschiert tauchen sie wieder auf, die Münchner Gestalten, die er in der Retrospektive als Wegbereiter des Nationalsozialismus erkennt: die Schwabinger Propheten mit ihrem Hang zum gewaltverherrlichenden Ästhetizismus, die dem Mythos von Rasse und Germanentum huldigenden Poeten des „Kosmiker"-Kreises, das gutsituierte Kulturbürgertum, das Hitler salonfähig machte. Es waren die Münchner selbst, die der Kunststadt-Idylle ein Ende bereiteten.

Wie verletzt, wie enttäuscht er von der Stadt ist, in der er ehedem bis zu seinem Lebensende bleiben wollte, verrät eine Tagebuchnotiz, die er 1942 im kalifornischen Exil in Pacific Palisades verfasst: „Bombardierung Münchens mit zweihundert Flugzeugen und größten Kalibern. Die Explosionen bis in die Schweiz hörbar, die Erde viele Meilen weit erschüttert. Der alberne Platz hat es geschichtlich verdient."

Wolfgang Görl

Lageplan des NSDAP-Parteiviertels um 1941

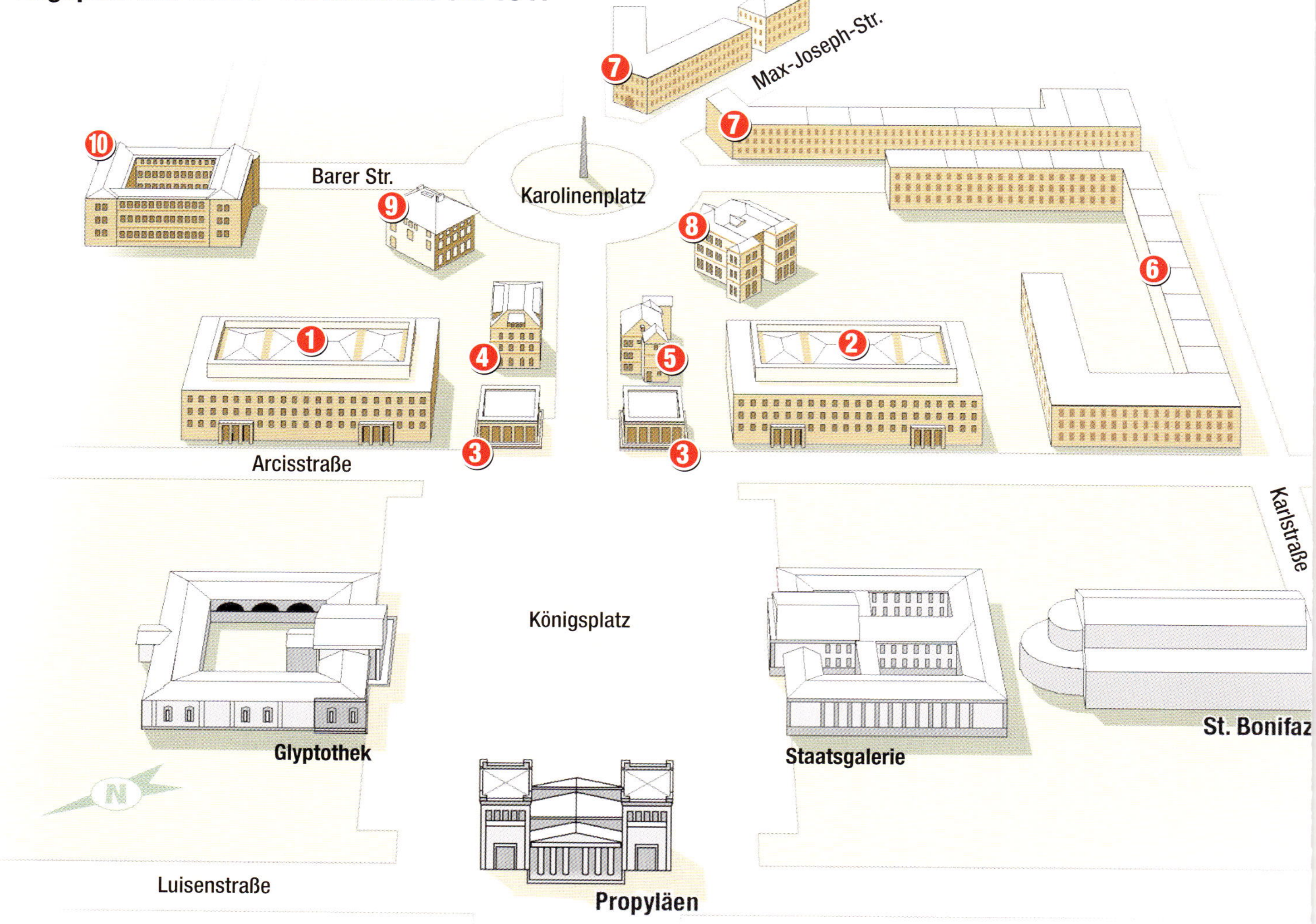

(1) „Führerbau" der NSDAP
heute: Staatliche Hochschule für Musik

(2) „Verwaltungsbau" der NSDAP
heute: Haus der Kulturinstitute, darunter das Zentralinstitut für Kunstgeschichte

(3) Ehrentempel
heute nur noch die Sockel vorhanden

(4) „Braunes Haus"
für den „Stellvertreter des Führers" und seinen Stab, abgebrochen

(5) Stab des „Führer-Stellvertreters"
davor Päpstliche Nuntiatur, abgebrochen

(6) Verschiedene Dienststellen der NSDAP, Heizkraftwerk
heute: Stadtwerke und Finanzamt, Gebäude teilweise abgebrochen

(7) weitere Dienststellen der NSDAP
die meisten Gebäude wurden abgebrochen

(8) „Reichsrevisionsamt" und „Rechnungsamt"
abgebrochen, heute: Amerika-Haus

(9) „Oberstes Parteigericht"
abgebrochen, heute staatliche Lotterieverwaltung

(10) „Reichsorganisationsleitung" der NSDAP
abgebrochen

Heute

Blick vom Königsplatz auf die Musikhochschule (links) und das Zentralinstitut für Kunstgeschichte

Fassade des früheren Nazi-Verwaltungsbaus

Blick in die unterirdischen Bunkeranlagen

Die Achse des Bösen

„Eine Stadt für tausend Jahre“: Hitlers fiebrige Architektur-Visionen für München

Der größenwahnsinnigste Entwurf der Baugeschichte stammt aus München. Er heißt „Atlantropa“. Verfasst hat ihn Herman Sörgel, der – unterwegs mit dem Fahrrad – am Abend des 4. Dezember 1952 auf der Prinzregentenstraße von einem Auto erfasst wurde und später seinen Verletzungen erlag. Damit starb auch eine Vision: Sörgel wollte das Mittelmeer mit Hilfe eines gigantischen Staudamms in der Straße von Gibraltar um 200 Meter absenken. Aus dem Landgewinn würde in den Küstenregionen und durch die direkte Landverbindung zwischen Europa und Afrika ein sechster Kontinent „Atlantropa“. Der Münchner Architekt entwarf nichts Geringeres als eine neue Weltordnung. Seltsam, dass er mit diesem Vorhaben ausgerechnet an den Nazis scheiterte. Denen war Sörgel, verheiratet mit einer Halbjüdin, suspekt. Im Jahr 1935 erhielt der Visionär von der Kanzlei Hitlers die schriftliche Auskunft, dass man an „Atlantropa“ kein Interesse habe.

Im selben Jahr, am 2. August 1935, wurde München allerdings zur „Hauptstadt der Bewegung“ ernannt. Und hinter dieser fragwürdigen Ehre verbargen sich Pläne, die zwar nicht die ganze Welt, wohl aber die halbe Stadt München radikal verändert hätten. Im Gegensatz zu Sörgels gedanklichen Abenteuern lag diesen Umbauplänen jedoch kein humaner Kern zugrunde. Es ging lediglich um die Produktion der stadträumlichen und architektonischen Schauwerte des 1000-jährigen Reichs.

Hitler, der erfolglose Postkartenmaler, hegte ein fatales Faible für die Architektur im Allgemeinen wie für die Stadt im Besonderen: nämlich für München, die Stadt, die seinen Aufstieg erst möglich gemacht hatte. In den monströsen Umbauplänen, wie sie vor allem in Hans-Peter Rasps wichtigem Buch *Eine Stadt für tausend Jahre* dokumentiert sind, sollte dieser Umstand angemessen gewürdigt werden. Also im Stil der Zeit: megaloman. Mit dem „Erlaß des Führers und Reichskanzlers über die Neugestaltung der Hauptstadt der Bewegung“ 1938 wurde zu diesem Zweck ein Generalbaurat mit weitreichenden Vollmachten ernannt. Sein Name: Hermann Giesler. In der umfassenden Biografie von Michael Früchtel ist dokumentiert, dass Giesler zwar frühes NSDAP-Mitglied war. Aber der für die Münchner Umbaupläne verantwortliche Planer, nach Albert Speer wichtigster Gestalter der Nazi-Zeit, war eines nicht: vertraut mit Ästhetik und Technik des Städtebaus. Giesler: eine typische deutsche Karriere in jener Zeit.

Entsprechend groß gerieten die – letztlich nur bruchstückhaft realisierten – Umbaupläne Münchens, in der Hitlers Herrschaftsanspruch sichtbar werden sollte. In diesem Sinn wurden in der Innenstadt vor allem vier Ideen verfolgt: erstens die große Ost-West-Achse, die das totalitäre Raumdenken am besten illustriert; zweitens der Umbau der Maxvorstadt zum Parteiviertel; drittens die Maßnahmen für den Gasteig, der der Gauleitung dienen sollte; und viertens die Umgestaltung der Theresienwiese zum Ausstellungsgelände samt Versammlungshalle.

Am ehesten zu begreifen ist heute noch die Idee der Parteizentrale am

Die Schauseite des Dritten Reiches: Adolf Hitler und General Baurat Hermann Giesler vor dem Modell seines neuen, megalomanen Münchens.

Geplante monumentale Ost-West-Achse der Nazis, Modell im Münchner Stadtmuseum.

Königsplatz, wo das von Paul Troost gestaltete „Braune Haus“ Sitz der Reichsleitung der NSDAP wurde und den Anfang für ein ganzes Viertel markierte, das die Maxvorstadt schon bald beherrschen sollte. Im Zentrum: der Königsplatz nebst Ehrentempel (zur Erinnerung an die Toten des Hitlerputsches von 1923), daneben die Parteibauten an Arcis- und vormaliger Meiserstraße. In unmittelbarer Nähe war die Gestapo-Zentrale untergebracht. Der ganze bürokratische Furor der Nazi-Maschinerie, vom NS-Deutschen Dozentenbund bis zum Amt für Versicherungswesen des Reichsschatzmeisters, war hier angesiedelt.

Zeichenhafter, ja größenwahnsinnig gerieten aber die von Giesler betreuten Pläne zur „Großen Achse“, eines kilometerlangen und 120 Meter breiten Boulevards, der sich aus der Verschiebung des Hauptbahnhofs nach Laim ergeben und am neu als Triumphbogen nach römischem Vorbild gestalteten Karlstor beginnen sollte. An Stelle des Bahnhofs war ein gespenstisch-riesenhaftes „Denkmal der Bewegung“ geplant: eine Art Pfeiler, ruhend auf einem monumentalen Steinsockel und bekrönt von Adler und Hakenkreuz. Das Gebilde hätte sich doppelt so hoch wie die Frauenkirche in den Himmel gestemmt. Von hier sollte sich die Achse über den neuen Bahnhof hinaus bis zu einem „Forum der SA“ in Pasing schieben und von gewaltigen Repräsentationsbauten flankiert werden. Allein die neue Bahnhofskuppel sollte fast 140 Metern hoch aufragen und einen Durchmesser von 270 Meter aufweisen. Die zwei den Bahnhofsplatz symmetrisch einfassenden Kraft-durch-Freude-Hochhäuser sollten knapp einhundert Meter messen – Hitler, der Hobby-Architekt, hatte sie selbst skizziert. Und am Ende lag die Stadt in Trümmern, und aus den monströsen Plänen ist so wenig geworden wie aus „Atlantropa“.

Gerhard Matzig

Nacht der langen Messer

München wird 1934 zum Schauplatz einer Mordwelle: Mit Ernst Röhm schaltet Hitler die Konkurrenz der SA aus

Die SS-Schergen kamen am Sonntagabend. Vermutlich hatte der prominente Häftling schon im Laufe dieses 1. Juli 1934 geahnt, dass er das Gefängnis Stadelheim nicht mehr lebend verlassen würde. Kurz vor 18 Uhr lehnt er die Aufforderung Adolf Hitlers ab, Selbstmord zu begehen. Als die Kommandeure der gefürchteten SS-Totenkopf-Einheit „Oberbayern", Theodor Eicke und Michel Lippert, etwa zehn Minuten später in seine Zelle stürmen und ihn erschießen, steht der Delinquent in der Mitte des Raumes und präsentiert sich seinen Mördern mit geöffnetem Hemd. Es ist das Ende von Ernst Röhm, des Stabschefs der Sturmabteilung (SA).

Adolf Hitler und der innere Zirkel der NSDAP ließen zwischen dem 30. Juni und 2. Juli 1934 nicht nur Röhm, sondern auch viele weitere Mitglieder der SA-Führung töten. Der flächendeckend angelegten Mordaktion, der „Nacht der langen Messer", fielen wohl rund 200 Menschen zum Opfer, darunter auch Oppositionelle aus Politik und Kirche, etwa der ehemalige Reichskanzler General Kurt von Schleicher oder der frühere Bayerische Ministerpräsident Gustav Ritter von Kahr. Röhm, so lautete die offizielle Begründung des NS-Regimes, hatte angeblich einen hinterhältigen Putsch geplant. In Wahrheit war der Stabschef der militanten Sturmabteilung Hitler zu gefährlich geworden und wurde deshalb aus dem Weg geräumt.

Röhm und die von ihm gegründete SA, eine paramilitärische Kampforganisation mit brutalen Schlägern, hatten eine entscheidende Rolle beim Aufstieg der Nationalsozialisten gespielt. Röhm, am 28. November 1887 als Sohn eines Eisenbahndirektors in München geboren und Absolvent des humanistischen (!) Maximiliansgymnasiums, knüpfte nach seiner Rückkehr von der Westfront des Ersten Weltkriegs relativ schnell Kontakt mit Hitler.

Erst Duzfreunde, dann Todfeinde: Adolf Hitler und Ernst Röhm bei einem SA-Aufmarsch 1933.

Der hemdsärmelige, bullige Mann, der schon als Schüler Soldat werden wollte, beschaffte illegal Waffen für die Reichswehr (was ihm den Beinamen „Maschinengewehr-König von München" eintrug) und wurde eines der ersten NSDAP-Mitglieder. Am 9. November 1923 war er maßgeblich am gescheiterten Putsch Hitlers beteiligt und wurde deshalb zu 15 Monaten Haft verurteilt. Röhms Einstellung war revolutionär und radikal antikapitalistisch, während Hitler nach dem gescheiterten Putsch eine Legalitätstaktik verfolgte und sich bei der Großindustrie lieb Kind machen wollte. Röhm wollte die Gesellschaft radikal umgestalten mit der SA und mittelfristig die Reichswehr beerben. Die SA sollte eine autonome Macht darstellen, die nicht der Parteipolitik untergeordnet war.

Damit war eine offene Konfrontation mit der Parteispitze programmiert. Während die SS Gerüchte über einen angeblichen Putsch verbreitete, trat Röhm eine Kur in Bad Wiessee an, wo er am 30. Juni 1934 in der Pension Hanselbauer festgenommen wurde. An der Aktion war Hitler höchstpersönlich beteiligt. „Röhm, du bist verhaftet!", stieß Hitler hervor, als er mit einer Peitsche in der Hand in das Schlafzimmer des Stabschefs stürmte. Der blickte verschlafen aus seinem Bett und stammelte:„Heil, mein Führer!" – „Du bist verhaftet!", brüllte Hitler erneut, drehte sich um und verließ den Raum. Den Rest besorgten zwei Kriminalbeamte, die den verdatterten Stabschef mit entsicherter Pistole abführten. Am nächsten Tag wurde er in Stadelheim erschossen.

Als Vorwand für das Vorgehen gegen Röhm diente auch dessen Homosexualität. Röhms Neigungen, die er relativ offen auslebte, waren seit langem auch Hitler bekannt. Als die SS gezielt einschlägige Geschichten streute, gab Hitler sich ahnungslos und heuchelte Entsetzen. „Der Führer zeigte sich schockiert, als er von Röhms Homosexualität erfuhr – wie schockiert wird er erst sein, wenn er erfährt, dass Göring dick ist und Goebbels humpelt ...", hieß es in einem, freilich nur geflüsterten Witz.

Letztlich wurde Röhm, der auf dem Westfriedhof beerdigt ist, sein Machttrieb zum Verhängnis. Sein Grab ist noch heute eine Kultstätte für Rechtsextreme. *Robert Stocker*

Diana mit ihren leichtgeschürzten Gespielinnen und anderem pseudomythologischen Mummenschanz: Eine Szene aus der „Nacht der Amazonen", inszeniert von Paul Wolz im Sommer 1938 im Nymphenburger Schlosspark. Christian Weber genießt die nächtliche Revue auf der Ehrenloge.

Raubzüge eines Rossknechts

Wie Hitlers führender Haudrauf Christian Weber Karriere macht und mit Gewalt seine Privatgeschäfte fördert

Wenige Wochen vor dem Überfall der deutschen Wehrmacht auf Polen lässt Christian Weber noch einmal die Puppen tanzen. Am 29. Juli 1939 bittet er zur vierten „Nacht der Amazonen“ in den Nymphenburger Park. „Amouröse Abenteuer und ritterliche Bravour aus der Zeit des Barock und des Rokoko“ kündigen die *Münchner Neuesten Nachrichten* an. Der Eintritt kostet maximal zehn Mark, etwa 12 000 Zuschauer werden hineingelassen, viele Interessenten müssen draußen bleiben. Ein Jammer, so ein Spektakel zu verpassen. 7000 Pferde sind aufgeboten, mehr als 2500 Männer und Frauen wirken mit, darunter 48 Sklaven, die die Prunkwagen ziehen, 14 Goldreiter, 24 güldene Herkulesse, ebenso viele Goldmänner, auf Türmen postiert, Fackelträger und so weiter. Kurfürst Max Emanuel lebt wieder auf, Odalisken tanzen vor seinem erlauchten Antlitz.

Aber das Beste sind doch die Frauen. Reinrassige deutsche Mädel, von Kennern ausgewählt – und was für Schönheiten! Die Goldamazonen, die Schwerttänzerinnen, die Nymphen, Gärtnerinnen und Schäferinnen! Und fast alle sind sie, wie soll man sagen: sparsam bekleidet, ja, eigentlich so gut wie nackt, wenn man von hauchdünnen Schleiern und der auf die Haut gestäubten Goldbronze absieht.

So etwas sieht man sonst nicht in München: eine hochkünstlerische Einführung in Geschichte und Mythologie, die selbst den Reporter der *Neuesten Nachrichten* so nachhaltig erwärmt, dass er Hymnen verfasst auf „das ganze Bild aus goldenem Flitter und nackten Leibern“. Ach, „es ist zuviel, um nur das eine oder andere zu erhaschen“, die flüchtige Traumgestalt der barbusigen Diana oder die „leichtgeschürzten Gestalten“, die „das höfische Menuett überwuchern“. Und auf der Ehrenloge posiert der Mann, dem das alles zu verdanken ist, der Erfinder der zauberhaften „Nacht der Amazonen“: SS-Brigadeführer Christian Weber.

Was für eine Figur! Ein Mann fast so breit wie hoch, aus Schweinsäuglein auf die Welt blickend, die für ihn aus opulenten Gelagen, Orgien nach Art des kleinbürgerlichen Parvenüs, Hetzjagden, Pferderennen und der Plünderung fremden Eigentums besteht. Gelegentlich tritt er in maßgeschneiderten Lederhosen auf; doch in der kalbsledernen Hülle steckt ein skrupelloser Räuber, der sich alles unter den Nagel reißt, was er kriegen kann. Während Hitler in Berlin auf Staatsmann macht, darf sich Weber, der ehemalige Hausknecht, in München austoben. Was der Nationalsozialismus seinem Unwesen nach ist, verkörpert Christian Weber mit allen Fasern: Barbarei.

Der Schriftsteller Herbert Rosendorfer hat über ihn einen Roman geschrieben, darin die erhellenden Sätze. „Der deutsche Faschismus roch von Anfang an nach Kartoffelschalen und Dörrgemüse, der deutsche Faschismus schrie vom ersten Tag an nach Frühaufstehen und dem Waschen des Kochgeschirrs, der deutsche Faschismus kleidete sich seit seinem Entstehen in Loden und Windjacke, kurzum: der deutsche Faschismus war die Idealinkarnation der Wohnküche auf politischem Gebiet. Unbegabte Künstler und entlassene Hausknechte bildeten die (germanische) Sturmspitze der Völkischen Erneuerung. Wehe, wenn unbegabte (und gekränkte) Künstler und entlassene (und geldgierige) Hausknechte an die Macht kommen! Die fast liebenswürdige ‚Nacht der Amazonen' darf nicht darüber hinwegtäuschen, daß sich in diesem Weber wie in einem Focus alle jene Eigenschaften von inhumaner Kleinbürger-Gesinnung und schamloser Brutalität treffen, die den deutschen Faschismus charakterisieren.“

Christian Weber wird am 23. August 1883 in Polsingen geboren. Einfache Verhältnisse, der Vater ist Briefträger. Weber schlägt sich als Stallbursche und Viehhändler durch, kommt 1912 nach München, wo er als Rossknecht arbeitet. Militärdienst in Frankreich, danach versucht er,

Das Plakat der ersten „Nacht der Amazonen“ 1936.

als Pferdehändler in München Fuß zu fassen. Er scheitert. Im Gasthof Blauer Bock arbeitet er als Hausl und Rausschmeißer. Bei der blutigen Niederschlagung der Räterepublik ist er im Freikorps Epp dabei, um 1920 bewegt er sich im Dunstkreis Hitlers, der Webers Talent zum Zähneausschlagen und Knochenbrechen bei Saalschlachten mit Kommunisten und Sozis zu nutzen weiß.

Im August 1921 tritt er in die NSDAP ein. Rasch avanciert Weber zu Hitlers führendem Haudrauf. Mehr als 150-mal steht er vor Gericht. Einmal wird er zu vier Wochen Haft verurteilt, weil er mit anderen Nazis den jüdischen Kaufmann David Heß und dessen Sohn verprügelt hat. Ein andermal muss er 16 Tage ins Gefängnis wegen eines Überfalls auf den jüdischen Kommerzienrat Fränkel. Vor Gericht macht er geltend, dass er beim Anblick von Juden gar nicht anders könne als dreinzuschlagen.

„Der Ausnahmemensch"

Hitler weiß derartige Qualitäten zu schätzen. Christian Weber, schreibt sein Parteigenosse Otto Strasser, „ist der Mann, den Hitler täglich sieht und mit dem er sich berät, der Ausnahmemensch, der zu ihm gehen darf, ohne sich anmelden zu lassen". Mitte der zwanziger Jahre kühlt die Männerfreundschaft wegen diverser Eigenmächtigkeiten Webers ab. Vielleicht auch, weil Hitler seriös wirken möchte, was mit einem Prügelknecht wie Weber schlecht möglich ist.

Als es dann aufwärts geht mit der braunen Bewegung, spült es Weber dennoch nach oben. 1926 gelangt er in den Stadtrat, nach der so genannten Machtergreifung marschiert er am 9. März 1933 mit dem „Alten Kämpfer" Max Amann ins Rathaus. Vom Balkon aus verkündet Amann die Ernennung des erzreaktionären NS-Haudegens Ritter von Epp zum Reichskommissar von Bayern. Typen wie Weber und Amann bestimmen jetzt die Stadtpolitik.

Nebenher pflegt Weber in dem ihm eigenen Stil seine Privatgeschäfte. Seinen Geschäftspartner Matthias Schreiber lässt er in einer Kiesgrube von SS-Männern misshandeln, um ihm den Ausstieg aus den gemeinsamen Firmen nahezulegen. Zudem droht er mit „Schutzhaft", weitere überzeugende Argumente hat er auch: Er, Weber, habe die Regierung hinter sich, und die Regierung sei heute er. Danach hat Weber die Autobus-Verkehrsgesellschaft für sich allein. Auch die Tankstelle Blaubock-Tank in der Blumenstraße gehört ihm. Seinen Einfluss als Ratsherr nutzt er, um der Firma Christian Weber's Fernfahrten Aufträge für Stadtrundfahrten zuzuschanzen.

Auch um Grundbesitz kümmert sich Weber mit Hingabe. Im Namen der Pferdesport-Organisation „Das braune Band von Deutschland", deren Präsident er ist, kauft oder pachtet er riesige Latifundien. Wo er auf Widerstand stößt, geht er in bewährter Manier vor. Dem Baron Rudolf von Hirsch, Besitzer eines weitläufigen Hofguts in Planegg, stattet er in der Nacht zum 9. November 1938 mit einigen Spießgesellen einen Besuch ab, in dessen Verlauf das Schloss angezündet und Hirschs Bruder schwerverletzt in die Würm geworfen wird. Die Feuerwehr hindert man mit der Waffe am Löschen, auf einen Feuerwehrmann schießt Weber höchstpersönlich. Danach zieht die Nazi-Truppe unbehelligt von dannen.

Weil Baron von Hirsch Jude ist, hat er keine Chance, sich zu wehren. Am nächsten Morgen wird er mitsamt seiner Familie festgenommen; die Männer sperrt man ins Konzentrationslager Dachau. Hirsch stimmt dem Verkauf des Guts an die Stadt zu und kommt nach mehreren Wochen Haft frei. Flugs verpachtet die Stadt die Ländereien an das „Braune Band" – zu Konditionen, die es Weber ermöglichen, das Land wie Privateigentum zu nutzen. Baron von Hirsch wird 1942 nach Theresienstadt deportiert. Es kommt einem Wunder gleich, dass er überlebt.

Neben zahllosen Ämtern und Parteiauszeichnungen heimst der Pferdenarr und Jagdfreund Weber diverse Ehrenämter ein, die ihm Einfluss und Pfründe sichern. Zu seinem Pferdesport-Imperium gehören das „Braune Band", der Rennverein München-Riem, der Verband Gestütshöfe Isarland und die SS-Reitschule in Riem. Auch das Deutsche Jagdmuseum in München ist Webers Werk. Nicht einmal Reichsjägermeister Hermann Göring, der eigene Pläne verfolgt, kann das Projekt verhindern.

Witze kursieren

Bei den anderen Münchner Nazibonzen ist Weber alles andere als beliebt – nicht, weil man gegen seine Methoden etwas einzuwenden hätte (gegebenenfalls macht man es genauso), sondern weil er auf der Jagd nach Macht und Vermögen ein Konkurrent ist. Die übrige Bevölkerung betrachtet Webers Treiben zumeist mit Abscheu. Wo er auftaucht, geht die Angst um. Nur im vertrauten Kreis erzählt man sich Weber-Witze. Zum Beispiel den: Neulich, in einer Gemäldegalerie, hat Weber einen Wutanfall bekommen, weil er auf einem Porträt seiner selbst wie ein Schwein aussah. Dabei hat er nur in den Spiegel geschaut.

Wehe demjenigen, den Weber bei so einem Witz erwischt hätte. Ansonsten ist er für jeden Spaß zu haben. Er schlüpft in die Rolle des permanenten Faschingsprinzen der Bewegung, der zum politisch verordneten Massenmord das burleske Begleitprogramm liefert, getreu seiner Devise: „Es gibt nix Schöneres als wia a nackerts Weib und a Ross". Für den Fasching denkt er sich ein neues Fest aus, den „Aufgalopp". Wie es dabei zugeht, schildert der Reuters-Korrespondent Ernest R. Pope: „Machen Sie sich ein Bild von einem berauschten, glückseligen, 160 Kilo schweren Ex-Stallburschen in Frack und aufgeblähtem gestärktem Hemd, der den Schutzpatron der nächtlichen Festivität abgibt. Fügen Sie diesem Tableau eine dralle Altistin von der rechtmäßigen Münchner Staatsoper hinzu, ein Nacktballett aus schwerfälligen ehemaligen Stallmädchen und Verkäuferinnen (unrasiert), eine türkische Nackttänzerin, die Christian persönlich und eigens für diesen Anlass aus dem Sumpf von Paris gezogen hat, ein Menuett, getanzt zur Musik einer Kapelle der SS, ein armes nacktes Mädchen, das sich große Mühe gibt, wie die Göttin Diana auszusehen (...) und dazu Hunderte von Kraft-durch-Freude-Aktivisten, Riemer Pferdenarren, örtlichen Nazibonzen, vor nichts zurückschreckenden Münchner Studenten und Frauen aller Art, von den Gespielinnen Christians bis zu den blonden Hitlerjugend-Führerinnen.“

Bei Ausbruch des Weltkriegs ist Weber 56 Jahre alt. Tapfer kämpft er an der Heimatfront, wobei er sich darauf konzentriert, noch mehr Grundbesitz zu erobern. Ansonsten lebt er nicht schlecht, im Jahr 1943 beträgt sein Jahresverdienst eine halbe Million Reichsmark.

Die letzte Schandtat

Brenzlig wird es für ihn erst, als die „Freiheitsaktion Bayern“ unter Hauptmann Rupprecht Gerngroß am 28. April 1945 den Versuch unternimmt, die Münchner NS-Führung zu stürzen und die Stadt den anrückenden US-Truppen zu übergeben. Als das an der Aktion beteiligte Infanterieregiment 19 in das Rathaus eindringt, treffen die Soldaten auf den städtischen Inspektor Hans Scharrer. Der Mann führt die Aufständischen zu Weber, der das Rathaus als Privatquartier nutzt. Die Soldaten nehmen ihn fest. Doch Weber hat Glück. Die Revolte scheitert, sie lässt ihre Gefangenen frei. Weber fackelt nicht lange: Auf sein Betreiben wird Inspektor Scharrer standrechtlich erschossen.

Um Webers Ende kursieren allerlei Legenden. Offenbar flieht er in den letzten Kriegstagen aufs Land. Es hilft nichts. Die Amerikaner spüren ihn auf. Was folgt, ist nur durch eine Aussage des NS-Ratsherrn Emil Ketterer belegt: Demnach sitzt Weber in der Nacht zum 11. Mai 1945 auf einem von 16 Lastwagen, mit denen die Amerikaner Gefangene nach Heilbronn transportieren wollen. Kurz vor dem Ziel stürzt ein Truck in eine Böschung. Drei Männer sterben. Einer von ihnen ist Christian Weber.

Wolfgang Görl

Der „alte Kämpfer“ als Kavalier: Christian Weber tanzt mit der Schauspielerin Olga Tschechowa beim Fasching im Deutschen Theater.

Die Riege der „alten Kämpfer“

Karl Fiehler
Bürgermeister

Er begann als Aushilfskraft im Einwohneramt, doch Karl Fiehler sollte es noch weit bringen: Der Braunschweiger wurde am 20. März 1933 Bürgermeister von München. Schon 1923 hatte der Chef der NSDAP-Stadtratsfraktion am gescheiterten Hitlerputsch teilgenommen. Nun wurde der Experte für Kommunalpolitik in das höchste Amt der Stadt gehievt und blieb dort bis zum 30. April 1945. Obwohl Fiehler es zum NSDAP-Reichsleiter und SS-Obergruppenführer brachte, wurde er in der Partei nie recht ernst genommen. Er folgte Hitler bis zuletzt und verließ seinen Posten erst, als die Amerikaner einmarschierten.

Adolf Wagner
Gauleiter, Minister

An ihm kam in München während der Zeit des Dritten Reiches keiner vorbei: Der Bergmannssohn Adolf Wagner legte eine rasante Karriere in der NSDAP hin – vom Landtagsmitglied 1924 zum Gauleiter München-Oberbayern sowie zum Innen- und Kulturminister 1933 und 1936. Wagner trieb die Gleichschaltung voran und beeinflusste die Inszenierung der NS-Aufmärsche. Außerdem unterstand ihm als Gauleiter die „Arisierungsstelle“, die die Deportation der Juden organisierte. Stets hatte der hitzköpfige Wagner zu Hitler persönlichen Zugang, bis 1942 ein Schlaganfall seine Herrschaft jäh beendete.

Heinrich Himmler
Polizeichef

1928 gründete Heinrich Himmler eine Geflügelzucht in Trudering – doch den Landwirtschaftsexperten zog es zurück in die Politik. Der gebürtige Münchner wurde Reichsführer der SS, Polizeipräsident Münchens und 1936 Chef der Reichspolizei. Der fanatische Antisemit sah die SS als elitäre Einheit an, die einen Vernichtungskampf gegen „Untermenschen" führte, und perfektionierte das Terror- und Vernichtungssystem. Kurz vor Kriegsende wollte Heinrich Himmler über einen Waffenstillstand verhandeln. Hitler verstieß ihn als Verräter, Himmler geriet in britische Gefangenschaft und beging Selbstmord.

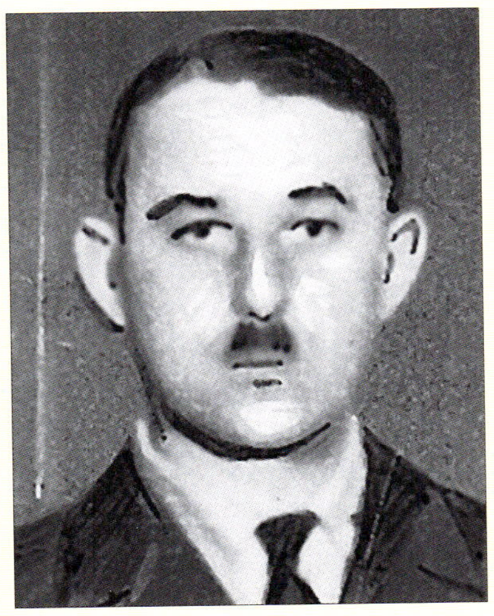

Hermann Esser
Journalist

Sein NSDAP-Ausweis trug die Nummer „2": Hermann Esser, geboren in Röhrmoos bei Dachau, war ein Nationalsozialist der ersten Stunde. Als Schriftleiter des „Völkischen Beobachters", später des Illustrierten Beobachters, erwarb sich Esser mit übelsten Verleumdungen und antisemitischen Schmähschriften einen Namen. 1933 wurde er Bayerischer Wirtschaftsminister. Nach zahlreichen Skandalen und einem Zerwürfnis mit Adolf Wagner trat er 1935 zurück, seine Karriere war vorbei. 1949 wurde er als Hauptschuldiger inhaftiert, bereits 1950 kam Esser nach einer Gnadenentschließung wieder frei.

Max Amann
Verleger

Im Ersten Weltkrieg war Max Amann noch Hitlers Vorgesetzter. 1921 aber ließ sich Amann von Hitler überreden, seine Anstellung in einer Bank aufzugeben, um NSDAP-Geschäftsführer zu werden. Amann baute eine rentable Parteipublizistik auf. Als Stadtrat (1924 bis 1933) war er nicht nur für aggressive Polemiken, sondern auch für gewalttätige Übergriffe berüchtigt. Ab 1933 leitete er den Eher-Verlag und trieb die Gleichschaltung des deutschen Pressewesens voran. Nach 1945 wurde er als Hauptschuldiger eingestuft und zu zehn Jahren Arbeitslager verurteilt, sein Vermögen wurde eingezogen.

Texte: Christina Warta

Am 12. April 1939 stehen Markus Blechner und seine Frau Mina noch an der Uferpromenade von San Remo. Ein halbes Jahr später wird Markus Blechner nach Buchenwald verschleppt. Bild rechts: Die Familie 1933 im Hofgarten. Abdruck der Fotos mit freundlicher Erlaubnis der Blechner-Familie.

Eine ganz normale Familie

Zum Beispiel die Blechners aus der Isarvorstadt: Wie aus der Heimatstadt die Hölle wird

Markus Blechner ist tot. Vier Söhne trauern um den Vater. Mina Blechner trauert um ihren Ehemann. Sie hat einen Formbrief von der Verwaltung des Konzentrationslagers Buchenwald bekommen, der ihr mitteilt, dass ihr Mann am 14. November 1939 an „Blutvergiftung" gestorben sei. Seine Frau glaubt keine Sekunde an die amtliche Todesursache. Doch nun hat sie die schreckliche Gewissheit, dass ihr Sohn Salo in Lebensgefahr schwebt. Ihrem Ältesten, dem Jakob, ist rechtzeitig die Flucht in die Schweiz geglückt. Die Mutter schreibt ihm eine Postkarte, damit Jakob sich weiter um Ausreisepapiere für den im KZ Sachsenhausen inhaftierten Bruder bemüht: „Kind man darf keine Minute verlieren es Eilt Eilt Eilt ... Kind erbarme dich und erledike es sofort ich bin volschtändig erledikt ich kann nicht mehr."

Dabei ist Mina Blechner eine Kämpferin. Seit Tagen hat sie nichts unversucht gelassen, um den Mann und den Sohn aus der Gefangenschaft zu befreien. Sie ist von Pontius zu Pilatus gelaufen durch diese Stadt, in der sie seit 25 Jahren lebt und die ihr so fremd geworden ist. Überall hängen Hakenkreuze, die Hauptsynagoge haben die Nationalsozialisten schon im Juni 1938 abreißen lassen. Mina Blechner und ihr Mann Markus haben die Zeichen der Zeit erkannt, aber zu spät. Im August hatten sie versucht, in die Schweiz zu fliehen; sie hatten ein gültiges Visum, trotzdem schickten die Schweizer Grenzbeamten sie zurück. Nun sitzt Mina allein in München, in den leeren Zimmern an der Klenzestraße 65, in denen sie vier Kinder großgezogen hat. Sie ist verzweifelt.

Wenigstens sind die anderen Söhne in Sicherheit: Der Oskar hat nach einer Irrfahrt auf der *St. Louis*, die ihn nach Havanna bringen sollte, dann aber dort nicht ankern durfte, in England Aufnahme gefunden. Der Jakob ist mit seiner Frau in die Schweiz ausgewandert. Ihr Jüngster, Leon, war so weitsichtig, bereits 1938 in die USA zu fliehen. Seit Wochen bekommt sie Post von den Söhnen, die sie beknien, die Ausreise in die Schweiz noch einmal zu versuchen. Nur weg aus „Gehinnom", der Hölle auf Erden. Doch Mina bleibt. Wie kann sie Deutschland verlassen, ohne ihren Sohn?

Angepasstes Leben

Und es war so schön, dieses Leben in München. Ihr Mann war 1910 an die Isar gezogen, aus dem polnischen Teil Galiziens, das damals noch österreich-ungarisches Staatsgebiet war. Einen „Ostjuden" nannten sie ihn deshalb hier in München. Rund 2200 aus dem Osten zugewanderte Juden gab es damals in der Stadt, die meisten waren der Armut daheim entflohen. Erst 1931 weihen die aus Osteuropa stammenden Mitglieder der jüdischen Gemeinde eine eigene Synagoge in der Reichenbachstraße ein. Zu dem Zeitpunkt gibt es noch zwei andere Gebetshäuser: die orthodoxe Ohel-Jakob-Synagoge in der Herzog-Rudolf-Straße und die Hauptsynagoge in der Herzog-Max-Straße.

Mina war mit den beiden Jungs 1914 nachgekommen. Bis dahin hatte ihr Mann schon eine Wohnung gefunden und ein kleines Geschäft aufgebaut. Chulew hießen sie da noch, doch sie ließen ihren Familiennamen rasch ändern. Blechner klang deutscher. In ihrem Viertel, der Isarvorstadt, wohnten zahlreiche Juden. Die Mieten waren günstig, denn der Stadtteil war erst 1861 erschlossen worden, vorher war er wegen der Hochwassergefahr unbeliebt gewesen.

Die Muttersprache von Markus und Mina war Jiddisch. Mit den Kindern sprachen sie Deutsch, mit bairischer Färbung. Man kleidete sich bürgerlich-modern, der Vater im Anzug, die Mutter mit Hut und wadenlangem Kostüm, und unterschied sich von den Nachbarn äußerlich nur dadurch, dass man zum Beten in die Synagoge an der Reichenbachstraße ging und nicht in die Kirche. Drei der Jungs spielten Fußball im Verein, Salo war Handballer. Der Vater verdiente mit Lederabfällen und „Schuhbedarfsartikeln" Geld. Die Geschäfte liefen gut; das Fotoalbum der Familie berichtet von Ausflügen in den Tierpark, ins Alpenvorland, nach Venedig, und vom Dienstwagen, in dem Mina Blechner fuhr. Noch 1939, wenige Monate vor Markus Blechners Tod, gönnte sich das Ehepaar Urlaub in San Remo.

Sie kamen zurück in ein fremdes Land. Von Dezember 1939 an werden die Lebensmittelrationen für Juden gekürzt. Kakao, Reis, Gemüse, Hühnerfleisch sind komplett gestrichen. Die Benutzung der Straßenbahn ist verboten. So wie es auch verboten ist, das Stadtgebiet zu verlassen, Auto zu fahren, zu telefonieren, öffentliche Anlagen zu besuchen. Kein Hirschgarten mehr. Mina Blechner darf den Englischen Garten nicht betreten und auch nicht den Tierpark Hellabrunn, falls der Kampf ums tägliche Brot und um ihren Sohn ihr dafür noch Zeit gelassen hätte.

Salo hat sich hinter einem Vorhang versteckt, als die Gestapo am 9. September 1939 um fünf Uhr morgens klingelt. Zwei Tage zuvor hat der Chef der Sicherheitspolizei die „Inschutzhaftnahme polnischer Juden" angeordnet. Salo finden die Häscher nicht; also nehmen sie nur den Vater mit. Markus Blechner wird nach Stadelheim gebracht. Am 24. Oktober kommt er im Konzentrationslager Buchenwald an. Er ist hier eine Nummer: 10 639. Prügelorgien, Nahrungsentzug, Erschießungen sind an der Tagesordnung. Markus Blechner wird zur Zwangsarbeit abkommandiert. Nach dreieinhalb Wochen stirbt er an einem Herzinfarkt, gerade 60 Jahre alt. Markus Blechner wird am Ende einer von rund 4500 Münchner Juden sein, die das Regime nicht überleben, die deportiert und ermordet werden oder sich aus Verzweiflung das Leben nehmen. Rund 7500 Menschen gelingt die Flucht ins Ausland.

Salo Blechner schafft es bis nach Berlin. Dort wird er aufgespürt und ins Konzentrationslager Sachsenhausen gebracht. Sechs qualvolle Jahre stehen ihm bevor. Im Lager Neuengamme bei Hamburg muss er im Schneematsch Erde wuchten und überlebt diese Monate nur, weil er den Zensor überlistet und die Mutter aus den Postkarten Salos verschlüsselte Botschaften herausliest. Sie schickt ihm Gummistiefel und eine Bauchbinde gegen die Kälte. Salo wird nach Auschwitz verlegt, stellt im Lager Buna künstlichen Kautschuk her, wird Schweißer, Klempner, Schlosser. Er darf drinnen in der Halle arbeiten, das hilft überleben.

Im Januar 1944 wird er erneut verlegt. Ein Lastwagen bringt die Männer zum Bahnhof, dort warten Viehwaggons, die oben offen sind. Es schneit hinein, die Männer klammern sich bibbernd aneinander, um nicht zu erfrieren. Anfangs finden sich noch Menschen, die von einer Brücke Essen in die Waggons werfen. An den nächsten Haltestellen schießen die Wachen in die Luft, damit die Passanten verschwinden. Bei jedem Halt ziehen die SS-Männer die Toten aus den Waggons, entfernen die Goldzähne, lassen die Leichen liegen. Wie lange er unterwegs ist, weiß Salo später nicht mehr. Eine Woche, elf Tage? Die Männer trinken ihren Urin, um nicht zu verdursten.

In Nordhausen werden sie ausgeladen. Salo kommt in einen Stollen, wo er an der Montage der V2-Rakete mitarbeiten muss. Noch einmal wird er verlegt, als die Rote Armee anrückt, ins Lager Bergen-Belsen, wo der Typhus grassiert. Salo hält durch. Am 26. April 1945 schreibt er seinem Bruder Jakob nach Zürich: „Ich lebe! Es ist ein Wunder Gottes. Die Alliierten haben mich gerettet. Nach 6 Jahren hinter Stacheldraht an Euch schreiben zu können. Wie geht es Euch? Wo sind die lieben Eltern und lb Brüder?"

Die Gräber von Kaunas

Mina Blechner hatte den Sohn vom Tod des Vaters nicht unterrichtet. Sie wollte ihn nicht entmutigen. Nun macht Salo sich auf den Weg nach München, um Mutter und Vater zu suchen. Ein britischer Truppentransporter nimmt ihn mit bis nach Hamburg; im Rathaus gibt man ihm Zivilkleidung und ein Fahrrad. Er hat keinen Pfennig Geld bei sich, übernachtet bei Bauern, erbettelt Essen. Als er in der Klenzestraße ankommt, öffnet eine fremde Familie die Wohnungstür. Eine Nachbarin nimmt ihn bei sich auf, erzählt ihm, dass der Vater schon seit Jahren tot ist. Von der Mutter hat sie nichts mehr gehört, seitdem diese ausziehen musste. Auch sie wird Salo nicht wiedersehen – sie ist schon vier Jahre tot, erschossen von der SS.

Im März 1940 verliert sie ihre Wohnung, wird in einem „Judenhaus" an der Reichenbachstraße 27 einquartiert. Ihr Schlafplatz ist in der Küche. Alles rennt um sie herum, und Mina ist trotzdem allein mit ihren Sorgen. Mina schreibt fast jeden Tag an die Söhne. Und sie lässt sich nichts anmerken von der Seelenqual: „Ich bin aus Eisen, glaub mir, das halte ich aus."

Seit September 1941 muss auch Mina Blechner den Judenstern tragen. Am 7. November wird der Kultusgemeinde ein Brief der Geheimen Schutzpolizei zugestellt. Die Juden werden aufgefordert, sich zur „Evakuierung" bereitzuhalten. Mina Blechner schreibt an ihre Söhne: „Meine l. Kinder ich bin so verzweifelt ob wir sich noch amall im Leben sehen werden." Am 11. November wird sie ins Lager Milbertshofen gebracht. Das Barackenlager an der Knorrstraße 148 hatten Juden zwischen März und Oktober 1941 bauen müssen, als Durchgangslager auf dem Weg in den Tod. Nach der Ankunft in der „Judensiedlung Milbertshofen" mussten die Menschen Schmuck, Geld und Pässe abliefern. Als „Reisekosten" wurden ihnen 50 Reichsmark in Rechnung gestellt.

Am 20. November um vier Uhr morgens muss Mina Blechner durch strömenden Regen 20 Minuten bis zum Milbertshofener Bahnhof gehen. Es sind rund 1000 Münchner Juden, die nun Richtung Kaunas „evakuiert" werden sollen. In jedes Abteil werden neun bis zehn Personen mit Gepäck gepfercht. Nach drei Tagen Fahrt erreicht der Zug Kaunas. In einer alten Befestigungsanlage vor der Stadt werden die Deportierten zwei Tage in die Keller gesperrt. Rund 3000 Menschen, Juden aus Berlin, Frankfurt am Main und München harren dort dem, was kommen mag. Am 25. November kommen Gestapo-Leute. Sie befehlen den Wartenden, sich in Gruppen zu 80 Personen auf dem Hof aufzustellen, zur „Morgenübung". Sie sollen in Richtung Wald laufen.

Dort sind die Gräber schon ausgehoben. *Monika Maier-Albang*

In den Häusern des Hasses

Von der Verfolgung zur Vernichtung:
Die Pogromnacht am 9. November 1938 wird zum Auftakt des Holocaust

Der Dresscode des Abends: Uniform und Stiefelhose. Adolf Wagner, Gauleiter des Traditionsgaues München-Oberbayern, hat um 19 Uhr in den Saal des Alten Rathauses zum „geselligen Beisammensein mit der Führerschaft der NSDAP" geladen. An diesem 9. November 1938 gedenkt die Partei des Hitlerputsches vom 9. November 1923. Gereicht wird Kalbsbraten mit Schwenkkartoffeln und Pfälzer Wein: „Wachenheimer Hitzkopp", Jahrgang 1937. Der Führer selbst will sich ab 19 Uhr die Ehre geben. Für Mitternacht ist die Vereidigung von SS-Rekruten an der Feldherrnhalle geplant. Noch während sie andauert, fliegen die ersten Steine gegen jüdische Geschäfte. Im Laufe der Nacht werden Münchens Synagogen brennen, wird der jüdische Händler Joachim Both sein Leben verlieren. Es ist „Kristallnacht".

Ein Schuss in die Stirn

Der Mann, der Joachim Both ermorden wird, sitzt um 19 Uhr noch in der Halle des Männer-Turn-Vereins an der Häberlstraße 11. Hier haben sich Angehörige des SA-Sturms 22/I zum „Kameradschaftsabend" verabredet. Ein Sturmführer hebt an zum Vortrag „über die Judenfrage". Man trinkt Bier, die Stimmung wird aggressiv. Gegen Mitternacht bekommt der Standartenführer von seinem Vorgesetzten einen Hinweis. Umgehend fordert er die Männer im Saal auf, nach Hause zu gehen, sich Zivilkleidung anzuziehen und „schnell" zurückzukommen. „Im Laufe der Nacht" sollen „die Fensterscheiben der Münchner Judengeschäfte in einer gemeinsamen Aktion zertrümmert werden". Zwei vom „SA-Sturm" können schon auf dem Rückweg zum Turnverein nicht mehr an sich halten. Als sie am Kleidungsgeschäft Both & Zeimer in der Lindwurmstraße 185 vorbeikommen, zertrümmern sie das Schaufenster. Der Lärm lockt Gäste einer benachbarten Kneipe auf die Straße, die die Steinewerfer kurzerhand verprügeln. Die geschlagenen SA-Männer rennen zu ihren Kameraden, nun schickt der Obersturmführer einen ganzen Trupp los, „Ordnung schaffen". Die Wohnung der Familie Both liegt im ersten Stock über ihrem Geschäft. Die SA-Männer brechen die Tür auf, doch niemand ist zu Hause. Sie durchwühlen die Wohnung. Just da kommen Joachim Both und seine Frau Marjem von einem Besuch in den Kammerlichtspielen nach Hause. Joachim Both läuft zu seinem Geschäft, die Männer zerren ihn ins Haus, in seine Wohnung, die Frau muss unten warten. Als der Trupp abgezogen ist, findet Marjem Both die Leiche ihres Mannes im Zimmer des Sohnes. Der Schuss kam aus nächster Nähe, traf Joachim Both in die Stirn. Schenk heißt der Mörder, er kommt später sogar vor ein Parteigericht. Das Verfahren wird einstellt – „Notwehr". Als ein Bote gegen zwei Uhr morgens Propagandaminister Joseph Goebbels die Nachricht von der „Aktion" gegen Both überbringt, lässt Goebbels den Boten wissen, er solle sich doch wegen eines toten Juden nicht aufregen.

In den nächsten Tagen würden Tausende dran glauben müssen. Der Abend im Rathaussaal ist perfekt inszeniert. Adolf Hitler hat vermutlich bereits am Nachmittag vom Tod

des deutschen Legationsrats Ernst von Rath erfahren. Am Morgen des 7. November hatte der 17-jährige Jude Herschel Grynszpan in Paris auf den Legationsrat geschossen, um die Ausweisung seiner Eltern nach Polen zu rächen. Gegen 21 Uhr wird Hitler ein Zettel mit der Todesnachricht ins Alte Rathaus gebracht, er spricht leise mit Goebbels, verlässt den Saal. Stattdessen ergreift Joseph Goebbels das Wort, hetzt gegen „die Juden", die schuld seien am Tode von Raths. Nun sei die Zeit gekommen für „Aktionen", die die „Partei zwar nicht zu organisieren hat, aber sie auch dort, wo sie spontan entstehen, nicht zu verhindern".

Die Zuhörer verstehen, was von ihnen erwartet wird. Das erste „Kleinfeuer" vermerkt der Wachhabende der Branddirektion um 23.59 Uhr. Im Textilwarengeschäft Hans Weber in der Augustenstraße sind die Scheiben geborsten, die „Damenwäschestücke" in der Auslage haben Feuer gefangen. Als Ursache des Feuers wird im Brandbuch später vermerkt: „Antijüdische Kundgebung". Das wird die Sprachregelung dieser Nacht.

Die „Antijüdische Kundgebung" ist auch verantwortlich für das „Großfeuer" an der Herzog-Rudolf-Straße, zu dem die Feuerwehr um 1 Uhr 20 ausrückt. Die Ohel-Jakob-Synagoge steht bereits in Flammen. Die Feuerwehr kann nicht mehr tun, als die Nachbargebäude zu schützen. Aus den Aufzeichnungen der Brandwache geht hervor, dass der Löschzug schon vor dem Ausbruch des Brandes bestellt war. Rabbiner Ernst Ehrentreu versucht noch verzweifelt, wenigstens einige der 70 Thorarollen vor dem Feuer zu retten. Fast werfen die Brandstifter ihn dabei selbst in die Flammen. Nur weil sich ein SA-Mann für den „Familienvater" verwendet, lässt der Rest von Ehrentreu ab.

Bis in die frühen Morgenstunden ziehen die Marodierer durch die Stadt. Die Räume der Israelitischen Volksschule werden zerstört, der Betsaal der ostjüdischen Gemeinde an der Reichenbachstraße, das Verwaltungsgebäude der Kultusgemeinde an der Lindwurmstraße – alles verwüstet. Die Täter lassen Geld und die wertvolle Bibliothek der Gemeinde mitgehen. Ein Betsaal an der Ickstattstraße 11 wird von SA-Leuten gestürmt, hier aber darf die Feuerwehr eingreifen, weil im Stockwerk darüber „Arier" wohnen.

Verprügelt von Mitschülern

Als sich die Brandnacht dem Ende zuneigt, sind Münchens Straßen mit Scherben übersät. Die jüdischen Geschäfte werden auf Weisung des Innenministeriums geschlossen, Fenster und Türen zugenagelt. Das Brandbuch listet 42 zerstörte Geschäfte auf: die Zigarrenhandlung Gruber am Odeonsplatz, das Wäschegeschäft von Rosa Klauber an der Theatinerstraße, das Schuhgeschäft des Hermann Lewin, die Gaststätte Schwarz in der Schlosserstraße. Vor keinem Geschäft aber versammeln sich am nächsten Tag so viele Menschen wie vor dem Kaufhaus Uhlfelder im Rosental.

Alle Fenster sind geborsten, die Auslagen geplündert, die Rolltreppe – Münchens erste – wurde mit Brechstangen zerstört. 1988 schreibt die Münchnerin Maria Renghart in einem Leserbrief: „Es war wie ein Raubzug." Mit ihrem Mann war sie am Abend des 9. November auf dem Weg zur Peterskirche. Im Rosental, so erinnert sie sich, habe sie „viele Männer" gesehen, „die das Kaufhaus demolierten, alle Fensterscheiben einschlugen und plünderten, was sie nur tragen konnten. Die Juden Uhlfelder waren eine gute Familie, man kaufte gut und billig ein. Mir tun diese Juden noch heute leid."

Das sahen damals längst nicht alle Münchner so. Dem jüdischen Mädchen Marguerite Strasser haben sich die hämischen Bemerkungen, die sie vor der noch qualmenden Synagoge hörte, tief ins Gedächtnis gegraben. Sie war zwölf, ging aufs Anna-Lyzeum, das heutige St.-Anna-Gymnasium. Am 10. November hatte sie früher Schulschluss: „Zur Vergeltung" für die Erschießung von Raths waren alle jüdischen Schüler der Schule verwiesen worden.

Marguerites Mitschüler drangsalieren sie an diesem Tag noch mehr als sonst, verstecken beim Turnen ihre Kleider. Das Mädchen verspätet sich deshalb, bekommt vom Mathe-Lehrer eine Strafarbeit. Dann der Rundspruch des Direktors. Marguerite packt ihre Sachen, geht nach Hause über die Herzog-Rudolf-Straße, sieht vor den Resten der Synagoge „Horden von Uniformierten und schreiendem Volk" stehen. Die Menschen brüllen: „Juda verrecke!" Dann erblickt sie die Freundin, mit „zerrissenen Kleidern und blauen Flecken". Verprügelt von den Mitschülerinnen.

Wer jetzt noch kann, flieht. Doch viele haben keine Chance mehr, die Stadt zu verlassen. Um drei Uhr in der Nacht läuft die Verhaftungswelle an, die rund 1000 Münchner trifft. Im ganzen Reich werden an die 60 000 „Aktionshäftlinge" nach Sachsenhausen, Buchenwald und Dachau gebracht. Als die Häftlinge in Dachau ankommen, schneit es. Stundenlang lässt man sie im Freien stehen. Erst am nächsten Tag werden ihnen Baracken zugeteilt.

In Folge der Schikanen sterben bis Dezember 25 der Verschleppten, unter ihnen Karl Feust, Vorstand der Ohel-Jakob-Gemeinde. Er hatte eine Lungenentzündung bekommen, nachdem die Aufpasser ihn mit kaltem Wasser übergossen und in der Kälte hatten liegen lassen.

Monika Maier-Albang

Die zerstörte Synagoge in der Reichenbachstraße, verwüstet am 9. November 1938.

195
09/12
[redacted]
15196
309/13
[redacted]
15197
309/14
[redacted]
[redacted]
15198
309/15
[redacted]
15199
309/16
[redacted]
[redacted]
15201
309/18
[redacted]
15202
309/19
[redacted]

Und jeder hat es gesehen

„Wir wussten von nichts": Aber allein in München gibt es mehr als 400 Lager für Zwangsarbeiter

Ivan Lešcenko war noch keine 17 Jahre alt, als er 1942 nach München verschleppt wurde. Sein Heimatdorf lag 50 Kilometer von Kiew entfernt. Die Dorfpolizei brachte ihn mit Waffengewalt nach einem Fluchtversuch nach Kiew. Dort wurde er in einen Waggon gesteckt und gemeinsam mit vielen anderen nach München gebracht. Die Fahrt dauerte mehr als zwei Wochen. In München wurden die jungen Ukrainer – Lešcenko spricht von „Jungen und Mädchen" – sofort ihren Arbeitgebern präsentiert. Die Kräftigsten, erzählt Lešcenko in dem Buch „Kiew – München – Kiew", wählten die Bauern. Die Kleineren und Schmächtigeren arbeiteten bei den Bayrischen Leichtmetallwerken. Lešcenko erhielt die Lagernummer 143 und kam in ein Barackenlager in Freimann.

Von nun an muss Lešcenko täglich zwölf Stunden zunächst als Dreher, bald darauf als Elektroschweißer arbeiten. Zum Frühstück gibt es Wasserkaffee. Sein Mittagessen wird für fast drei Jahre aus Suppe mit Steckrüben und 300 Gramm Brot bestehen. Sonst nichts: „Es war ein schreckliches Mittagessen. Praktisch nichts. Wir hatten nicht genug Fett, um satt zu werden. Aber gerade genug, um nicht zu sterben."

Sogar der Generalbevollmächtigte für den Arbeitseinsatz, Fritz Sauckel, sah sich zu einem offiziellen Appell genötigt: „Es ist alles zu vermeiden, was über die kriegsbedingten Einschränkungen und Härten hinaus fremden Arbeitern und Arbeiterinnen den Aufenthalt und die Arbeit in Deutschland erschweren könnte." Sauckel, der 1946 als Kriegsverbrecher in Nürnberg zum Tod durch den Strang verurteilt wurde, ging es um den Erhalt der Funktionstüchtigkeit dieser Menschen, damit die Rüstungsindustrie nicht ins Stocken geriet.

Erfassung: In München angekommen, wurden die Zwangsarbeiter fotografiert – für die Fahndung im Falle einer Flucht.

Schikanen und Schläge

Aber, wie Andreas Heusler vom Münchner Stadtarchiv festgestellt hat, Sauckels Appelle verpufften wirkungslos. „Die Propaganda-Maschine hatte sehr erfolgreich gearbeitet", sagt Heusler. „Das Bild vom Untermenschen, der dem Tier näher stand als dem Arier, hatte sich bereits verfestigt." Das Schicksal der Zwangsarbeiter blieb, wie Heusler in seiner Promotion über „Ausländereinsatz – Zwangsarbeit für die Münchner Kriegswirtschaft 1939 – 1945" festgehalten hat, von brutaler Unterdrückung und hemmungsloser Ausbeutung bestimmt.

Kaum ein Thema wurde nach Ende des Kriegs so erfolgreich verdrängt wie die Zwangsarbeit. Wer sich damit am Beispiel von München als einem der wichtigsten Standorte der Rüstungsindustrie im Deutschen Reich beschäftigt, den befallen erhebliche Zweifel an der immer wieder aufgestellten Behauptung der damals Lebenden, sie hätten von den Gräueltaten des Regimes nichts mitbekommen können. Denn die Unterbringung der Zwangsarbeiter, Kriegsgefangenen und KZ-Häftlinge, die im Laufe des Krieges immer wichtiger für die deutsche Industrie geworden waren, geschah eben nicht in fernen Konzentrationslagern.

Das Stadtarchiv hat mehr als 400 Orte in München gezählt, an denen Zwangsarbeiter untergebracht waren, in der Regel in Barackenlagern. Von diesen ist heute nichts mehr zu sehen – bis auf eine Ausnahme. In Neuaubing hat ein Barackenlager kaum verändert die Zeit überdauert. Derzeit prüft das Bayerische Landesamt für Denkmalpflege, es unter Ensembleschutz zu stellen. Auch die Kleinbunker, die als Splitterschutz für Bombenangriffe gebaut wurden, gibt es noch. In Anbetracht des Leids und des Unrechts, das an solchen Orten geschehen ist, wäre der Erhalt äußerst wünschenswert.

Die Zwangsarbeit brachte den Schrecken der Lager, der Unterdrückung und des Ausgeliefertseins in Hitlers Lieblingsstadt und „Hauptstadt der Bewegung". Die 100 000 ausländischen Arbeitskräfte waren in einer Stadt, die immer mehr zu einer Stadt der Frauen, der Alten und der Fremden wurde, nicht zu übersehen. Historiker Heusler hält es für sehr bemerkenswert, mit welcher Gleichgültigkeit und Selbstverständlichkeit die Bevölkerung akzeptierte, dass Menschen aus der Ukraine, Russland und Polen, aber auch aus den Niederlanden und Belgien „in einem Akt der Versklavung" nach Deutschland verschleppt wurden. Das System der Zwangsarbeit sollte die zunehmend an Männermangel leidende Industrie und Landwirtschaft in Schwung halten.

Nur zur Arbeit wird Ivan Lešcenko das Lager verlassen. Der Lagerkommandant schlägt aus einer Laune heraus mit dem Schlüsselbund auf die Arbeiter ein, ohne ersichtlichen

Grund. Feste wie Weihnachten oder Ostern gibt es für Ivan nicht. Der einzige Festtag ist der Geburtstag des Führers, denn nur an diesem Tag werden in die dünne Suppe Kartoffeln geschnitten. Als Festschmaus gibt es: Leberwurst. Der Ukrainer kann sein Glück kaum fassen. Bei den Bombenangriffen gehen Deutsche und andere Ausländer in Bunker. Ukrainer, Weißrussen und Russen dürfen sich nur in Gruben verbergen.

Sein Schicksal ist in vielerlei Hinsicht beispielhaft für die Polen, Ukrainer, Weißrussen und Russen, die nach München deportiert wurden. Zerstreuung gab es nicht, von Bezahlung konnte praktisch keine Rede sein. Die Menschen wurden unter katastrophalen hygienischen Zuständen zusammengepfercht. Geheizt wurde so gut wie nicht. Auch bei Kleidung und Verpflegung fand die unmenschliche Hierarchie ihren Niederschlag: In einer Zeit, in der Brot mit Sägemehl gestreckt wurde und Bier mit Wasser verdünnt, in der auch für die Bevölkerung der Mangel mit jedem Kriegstag größer wurde, blieb für Ostarbeiter, KZ-Häftlinge und Kriegsgefangene kaum etwas übrig. Holzschuhe waren oft das einzige an Schuhwerk, das man ihnen auch im Winter zugestand.

Dazu kamen die Schikanen und Misshandlungen, denen sich die

Aushang in einem Münchner Geschäft während des Krieges: Zwangs- und Sklavenarbeiter waren überall in der Stadt eingesetzt, sie wurden vielfach angefeindet – aber nachher taten sehr viele Bürger überrascht.

Ostarbeiter ausgesetzt sahen. Polen, Russen und Ukrainer konnten ohne Gerichtsverhandlung von der Gestapo bestraft werden. Prügelstrafen waren an der Tagesordnung. Aufgrund einer Anordnung war es beispielsweise polnischen Männern und deutschen Frauen strengstens untersagt, sexuelle Kontakte zu haben. Kam es doch dazu, drohte den Männern die Ermordung.

All dies spielte sich mitten in München ab. Und entgegen den Schutzbehauptungen der hiesigen Unternehmen waren sie zum Einsatz der Zwangsarbeiter von den Nazis keineswegs gezwungen worden. Die Akten belegten sehr schnell, dass aufgrund des eklatanten Arbeitskräftemangels die Unternehmen geradezu verzweifelt „aus eigener unternehmerischer Entscheidung heraus", so Heusler, darum bemüht waren, Zwangsarbeiter einzusetzen.

Einer teilt das Brot

Das erklärt, warum sich die Liste der Münchner „Bedarfsträger" für ausländische Zivilarbeiter, Kriegsgefangene und Konzentrationslager-Häftlinge im Jahr 1944 wie das *Who's Who* der Münchner Wirtschaft liest: Ganz vorne lag die Rüstungsproduktion von BMW mit 16 662, es folgten Krauss Maffei, Dornier, aber auch die Stadt München, die IG Farben, Metzeler, die Süddeutsche Bremsen AG bis hin zur Bavaria Film, bei der lediglich die Zahl von 51 Kriegsgefangenen gesichert ist.

Traurige Berühmtheit erlangte die Außenstelle des Konzentrationslagers Dachau, die in Allach für das dortige BMW-Werk eingerichtet wurde. Dort allein waren mehr als 5000 Häftlinge an der Herstellung von Flugzeugmotoren beteiligt. Doch insgesamt haben, so Heusler, vom Bäcker, der einen Gehilfen brauchte, über das große Hotel in der City, das Bedarf an Zimmermädchen anmeldete, bis zum Industrieunternehmen „durchweg alle vom System Zwangsarbeit profitiert".

Heusler stieß in den Akten immer wieder auf Hinweise darauf, dass Einzelne versucht hatten, jemandem Nahrung zuzustecken, Kleidung zu geben oder für einen Polen oder Russen eine der begehrten Zugkarten zu kaufen, denen dies streng verboten war. Es war wohl, wie Lešcenko erzählt: Der deutsche Kollege links von ihm teilte immer sein Brot, der auf der rechten Seite tat es nicht ein einziges Mal. Wie viele Zwangsarbeiter in den Kriegsjahren in München aufgrund der miserablen Lebensumstände oder durch Misshandlung und Ermordung umgekommen sind, weiß heute niemand.

BMW dient Heusler heute als Beispiel für ein Münchner Unternehmen, das durch eine lange und mühsame Schule des Umgangs mit der eigenen Geschichte gegangen ist und dabei an selbstkritischem Profil gewonnen hat. Die erste Delegation ehemaliger Zwangsarbeiter wurde nicht empfangen. Der öffentlichen Kritik an der mangelnden Bereitschaft, auf die Opfer zuzugehen, folgte – auch unter dem Eindruck der 1995 eingereichten Sammelklage früherer Zwangsarbeiter – die späte Bereitschaft, sich mit diesem Thema auseinanderzusetzen. Der Konzern BMW betreibt heute aktiv die Erforschung seiner Rolle während der NS-Zeit.

Erst nach dem Einmarsch der Amerikaner wird Ivan Lešcenko aus dem Dorf Savolovka bei Kiew das erste Mal die Münchner Innenstadt sehen. Er wird herrliche sechs Wochen erleben, in denen er sich frei bewegen kann und gutes Essen bekommt. Danach kommt er in die sowjetische Besatzungszone, später nach Moskau: wieder zur Arbeit. Lešcenko muss noch fast zwei Jahre in der Fabrik mithelfen, ehe er nach Kiew zurückkehren darf. Immer in der Gefahr, als „Kollaborateur" zu gelten.

Harald Hordych

Im Rachen des Dämons

„Wir lebten mit der Gefahr":
Eine der letzten Überlebenden der Weißen Rose blickt zurück

Am 29. April 1945 erreichen amerikanische Truppen das Frauengefängnis Aichach nordöstlich von Augsburg. Sie befreien die Gefangenen, eine davon ist Marie-Luise Jahn. 30 Jahre lang redet sie nicht über die Zeit davor. Kein Wort über die Gruppe Weiße Rose, den Widerstand gegen Hitler, die Zeit in verschiedenen Gefängnissen. Erst als in den siebziger Jahren der Rektor der Münchner Universität Überlebende der Weißen Rose ausfindig macht, bricht sie ihr Schweigen. Seitdem setzt sie sich in Gesprächen mit Schülern und bei Gedenkveranstaltungen wider das Vergessen der Nazi-Gräuel ein: „Nach dem langen Schweigen, was nichts anderes als Selbstschutz war, kann ich einfach distanziert darüber sprechen."

Marie-Luise Jahn, die heute Schultze-Jahn heißt, ist 22 Jahre alt, als sie nach München kommt. „München war damals eine Insel, man konnte ein friedliches Dasein führen", erzählt sie. Mit Politik hat sie nicht viel am Hut, ihre Liebe gilt dem Theater und der Literatur – Marie-Luise stammt aus einer wohlhabenden Familie, wuchs behütet und gut erzogen auf einem Landgut in Ostpreußen auf. Was ihr innewohnt, ist ein starker Drang zur Freiheit: „Heiraten wollte ich nicht, da wäre ich ja von einer Behütung in die andere gekommen."

Sie schreibt sich im Frühjahr 1940 an der chemischen Fakultät ein, die damals vom hochangesehenen Nobelpreisträger Professor Heinrich Wieland geleitet wird. In den Labors arbeiten auch zahlreiche Männer – ungewöhnlich, wo doch Krieg ist, denkt sich die junge Studentin. Bald bekommt sie mit, dass Geheimrat Wieland viele „Halbjuden" beschäftigt, die anfangs in der Wehrmacht dienen, dann aber ausgeschlossen werden. „Medizin oder Jura durften sie keinesfalls studieren, da hätten sie ja Menschen verderben können", erklärt Schultze-Jahn die perfide Ideologie der Nazis. Chemie dagegen geht. „Professor Wieland hat sich sehr geschickt und unauffällig die ministerielle Erlaubnis dafür besorgt."

Im Winter 1941 beginnt Hans Leipelt sein Studium an der Chemischen Fakultät. Marie-Luise ist fasziniert davon, wie kenntnisreich und lebhaft Hans über Bücher spricht, die die Nazis 1933 auf den Index stellten. Selbst angewidert von den Massenveranstaltungen der Nationalsozialisten, freundet sie sich bald mit Hans an, der aus Hamburg stammt und eine jüdische Mutter hat.

„Ich habe das Diktatorische nicht vertragen", sagt Schultze-Jahn im Rückblick. „Die so genannte entartete Kunst – das waren doch die schönsten Sachen." Sie hören gemeinsam BBC, bekommen so überhaupt erst Details vom Krieg und den Frontlinien mit. Hans und Marie-Luise verlieben sich, zeigen ihre Zuneigung auch im Institut – und werden prompt denunziert. Marie-Luise wird zum NS-Studentenführer beordert, der sich über die Beziehung eines „deutschen Mädchens" zu einem „nicht-arischen" Studenten aufregt. Danach werden Hans und Marie-Luise vorsichtiger, treffen sich im Institut nur noch zum Mittagessen.

Pfiffe gegen den Gauleiter

Im Juni und Juli 1942 tauchen vier von Hans Scholl und Alexander Schmorell verfasste Flugblätter der Weißen Rose auf. Sie sind mit der Schreibmaschine geschrieben, per Durchschlag vervielfältigt und anonym mit der Post an Auserwählte im Raum München verschickt. Sie

Links oben: Die Köpfe der Weißen Rose (von links) – Hans Scholl, Sophie Scholl, Christoph Probst.
Links unten: Im Vordergrund aus Stein gefertigte und in den Boden eingelassene Flugblätter der Widerstandsgruppe Weiße Rose auf dem Geschwister-Scholl-Platz vor der Ludwig-Maximilians-Universität. Hier wurde die Widerstandsgruppe 1943 entdeckt und denunziert.
Rechts: Marie-Luise Schultze-Jahn.

richten sich an das gebildete Bürgertum, aus dem Hans und Alexander selbst stammen. Die Verfasser rufen zum passiven Widerstand gegen das verbrecherische Hitler-Regime auf: „Wenn jeder wartet, bis der Andere anfängt, werden die Boten der rächenden Nemesis unaufhaltsam näher und näher rücken, dann wird auch das letzte Opfer sinnlos in den Rachen des unersättlichen Dämons geworfen sein."

Die christlich-humane Prägung der Studenten ist unverkennbar, ebenso ihr moralischer Rigorismus, der aus der Bewegung der Bündischen Jugend stammt. Ende Juli müssen die beiden zum Kriegseinsatz an die Ostfront. Die Sinnlosigkeit und Grausamkeit des Kämpfens noch unmittelbar vor Augen, nimmt die Gruppe, zu der jetzt auch Sophie Scholl und Willi Graf stoßen, ihre Widerstandstätigkeit im Spätherbst 1942 wieder auf. Das fünfte Flugblatt „Aufruf an alle Deutsche!" vervielfältigt die Gruppe mehrere tausend Mal. Es ist politischer und präziser und ruft zum direkten Kampf gegen den NS-Staat auf.

Von all dem bekommen Marie-Luise Jahn und Hans Leipelt zunächst kaum etwas mit. Das ändert sich erst Anfang 1943. Zur 470-Jahrfeier der Münchner Universität zitiert Gauleiter Paul Giesler die gesamte Studentenschaft in den Kongress-Saal des Deutschen Museums. Er fordert die Studentinnen auf, dem Führer lieber jährlich ein Kind zu schenken als zu studieren. Giesler wird ausgepfiffen, doch die Polizei verzichtet auf Verhaftungen, weil die meisten Studenten in Wehrmachtsuniform erschienen sind. „Ich habe mich geweigert hinzugehen, aber Hans hat die ganze Rede mitstenografiert", erinnert sich Schultze-Jahn. Mit der Reiseschreibmaschine tippen sie den Text ab, machen Durchschläge.

Ende Januar 1943 geht die Schlacht um Stalingrad verloren. Durch diese erste große Niederlage ist die Bevölkerung verunsichert. Der Münchner Philosophieprofessor Kurt Huber schreibt für die Weiße Rose das sechste Flugblatt, Hans Scholl und Alexander Schmorell malen nachts in der Ludwigstraße „Nieder mit Hitler" und „Freiheit" an die Wände. „Eines Morgens kam Hans freudestrahlend mit dem sechsten Flugblatt zu mir ins Labor", erzählt Schultze-Jahn. „Ihm war es anonym zugeschickt worden." Nur wenige Tage später erfahren Hans und Marie-Luise, wer hinter der Weißen Rose steckt: Die Geschwister Scholl verteilen am 18. Februar im Lichthof der Universität Exemplare des sechsten Flugblattes. Der Hausmeister entdeckt sie und liefert die Studenten der Gestapo aus. Nur vier Tage später verurteilt der Vorsitzende Richter des 1. Senats des Volksgerichtshofes, Roland Freisler, die Geschwister Scholl und Christoph Probst zum Tode. Noch am selben Tag werden die drei in München-Stadelheim mit dem Fallbeil ermordet.

Für Hans und Marie-Luise ist schnell klar: „Wir müssen weitermachen. Wer soll die Menschen sonst über das verbrecherische Regime aufklären?" Wieder und wieder tippen sie das sechste Flugblatt mit der Reiseschreibmaschine ab, mit der Überschrift: „... und ihr Geist lebt trotzdem weiter!" „Wir haben es mit der Hand im Chemischen Institut verteilt", erinnert sich Schultze-Jahn, „das war ganz schön leichtsinnig." Doch man lebte ohnehin täglich „mit der Gefahr", sagt die Widerstandskämpferin. Es war schließlich Krieg.

Ostern 1943 fährt Marie-Luise mit Hans zu seiner Mutter nach Hamburg, im Koffer ein Packen Flugblätter. Freunde verteilen sie an den Hamburger Unis. Marie-Luise besucht ihre Eltern in Ostpreußen, die Mutter verbrennt das Flugblatt sofort. Zurück in München erfahren die beiden, dass Kurt Huber vom Uni-Rektor Walther Wüst seines Amtes enthoben worden ist, weil er sich nicht klar gegen die Weiße Rose positionierte. Die Gestapo sperrt ihn ein. Huber verliert auch seine Pensionsansprüche, Hans und Marie-Luise sammeln Geld für seine Frau und Kinder. „Die Sammlung wurde bald denunziert", erzählt Schultze-Jahn. Am 13. Juli 1943 bringen die Nazis Huber und Schmorell um. Drei Monate später, am 8. Oktober, wird Hans Leipelt verhaftet. Fliehen will sie nicht. „Das hätte ich mir nie verziehen."

Innerlich erstarrt

Die Studentin wartet. Wartet, dass eines Morgens die Gestapo bei ihr vor der Tür steht. Sie kommt, aber nicht zu ihr nach Hause. Am 18. Oktober stehen zwei Männer im Labor, „lange, schwarze Mäntel, Schlapphüte, genau so, wie man sich das vorstellt". Wochenlang wird sie im Wittelsbacher Palais, der Leitstelle der Gestapo, verhört. Sie mimt die Ahnungslose, belastendes Material hatte die Geheimpolizei bei ihr nicht gefunden. Die Briefe von Hans hatte Marie-Luise verbrannt. Doch eines Tages steht auf dem Tisch des

Im Namen des Deutschen Volkes

„**I. Der Angeklagte** Leipelt hat in den Jahren 1941 bis 1943 ständig ausländische Rundfunksendungen abgehört und unter den Studenten eine staatsfeindliche bolschewistische Propaganda entfaltet. Er wird deshalb wegen Wehrkraftzersetzung und Feindbegünstigung zum Tode und dauerndem Ehrverlust verurteilt.

II. Die Angeklagte Jahn hat als Vertraute Leipelts diesen in seinem hoch- und landesverräterischen Vorhaben bestärkt und unterstützt. Sie wird daher wegen Beihilfe zu den Verbrechen des Leipelt zu zwölf Jahren Zuchthaus und zehn Jahren Ehrverlust verurteilt."
(Urteil des Volksgerichtshofs, 1944)

verhörenden Beamten ein Kästchen, akkurat mit einem Seidenband umbunden. „Ich wusste, nun ist es aus. Leugnen hatte keinen Sinn mehr", sagt Schultze-Jahn. In dem Kästchen liegen ihre Briefe an Hans – Marie-Luise hatte sie während der Semesterferien geschrieben und darin das Nazi-Regime verdammt. „Ich hatte ihn vorher immer wieder gebeten, die Briefe zu vernichten."

Marie-Luise wird in Stadelheim eingesperrt. Es sind quälend lange Monate. Immerhin gelingt es ihr mit Hilfe des evangelischen Gefängnispfarrers Karl Alt, kleine Durchhaltebotschaften an Hans zu schicken, der in einem anderen Trakt des Gefängnisses sitzt. Papier gibt es nicht, also reißt sie die vorderen Blätter des Neuen Testaments heraus. Die Bibel hat sie noch. „Die Vorstellung, erhängt zu werden, war für mich unerträglich, weil ich mir das bildlich ausmalte. Zweimal in der Woche hörte ich die Anstaltsglocke, die immer läutete, wenn Todeskandidaten hingerichtet wurden." Marie-Luise erstarrt innerlich immer mehr.

Der Prozess ist für den 13. Oktober 1944 anberaumt, neben Hans und Marie-Luise sind weitere fünf Freunde der beiden aus der Fakultät angeklagt. Zur Überraschung der Angeklagten tritt Nobelpreisträger Wieland als Entlastungszeuge auf und bekennt sich mutig zu seinen Studenten. Marie-Luises Leben rettet aber die Strategie ihres Anwalts. Er stellt sie als arisches Mädchen dar, das von einem Juden verführt worden ist. „Die Richter haben das geglaubt, und ich habe nicht widersprochen. Ich wollte doch leben!"

Erst später erfährt Marie-Luise Jahn, dass Hans Leipelt ihren Anwalt bat, ihn zu belasten, weil es für ihn ohnehin keine Rettung mehr gebe. Am 29. Januar 1945 wird Hans Leipelt in Stadelheim im Alter von 23 Jahren hingerichtet. Wer ihn denunziert hat, weiß Schultze-Jahn bis heute nicht. *Michael Ruhland*

Selbstmord in der Flakbatterie

Franz Freisleders Erinnerungen an einen unbarmherzigen Zeitgeist

„Wir sind noch einmal davongekommen." Als 1945 der braune Spuk vorbei war, konnte ich, damals 14 Jahre alt, den Titel von Thornton Wilders Erfolgsstück, das man nun bald in München zeigte, auch erleichtert auf mich beziehen. Doch andere tauchen noch oft in meinen Gedanken auf: Das zwölfjährige Mädchen, das – im Gegensatz zu mir – an einem Sommermittag 1944 dem Erdbunker vertraute und darin umkam. Herr S., ein Nachbar aus der Georgenstraße, dessen angekohlte Leiche man im Morgengrauen auf die Straße trug. Sein Foxl Struppi trottete traurig hinter der Bahre her. Eine Luftmine mit Zeitzünder war explodiert. Immer hilfsbereit war Giggi. Seit 1943 führte er einen Löschzug an, der mit Schülern aus dem heutigen Gisela-Gymnasium bestückt war. Viel gefährlicher als die Brände sollte ihm werden, dass seine Mutter Jüdin war. Er musste sich bei einer SS-Dienststelle melden – und verschwand im KZ. Seine abenteuerliche Flucht, kurz vor dem Eintreffen der Amerikaner, konnte er nach dem Krieg einmal den versammelten Giselanern unter großem Beifall schildern.

Die Ehre eines Mädchens

Dieter W., Klassenkamerad von Giggi, drei Jahre älter als ich, Nachbar und Freund seit frühen Kindertagen, erlebte das Kriegsende nicht mehr. Als Luftwaffenhelfer war er in einer Daglfinger Flak-Stellung eingesetzt. Unvergessen die letzte Begegnung an einem Nachmittag Ende Juli 1944: Auf dem Klavier intonierte er „Wovon kann der Landser denn schon träumen ...". Dann schenkte er mir seine Trapper- und Indianerfiguren, um die ich ihn immer beneidet hatte. „Ich brauch sie ja nimmer", meinte er. Wenige Tage später: die Todesnachricht. Dieters Mutter bat mich, einen Koffer ihres Sohnes und sein Fahrrad zu holen. Versehentlich habe er sich beim Hantieren mit der Pistole erschossen. Verstört kam ich von dieser traurigsten Radfahrt meines Lebens zurück. Im Ohr den rätselhaften Satz eines Unteroffiziers: „Es is ihm ja auch nix anders übrigblieb'n." Bei der Beerdigung im Nordfriedhof, mit Flakhelfer-Ehreneskorte, war nur von einem „tragischen Unglücksfall" die Rede.

Die Wahrheit erfuhr ich erst später von Hans E., Dieters Mitschüler: Soldaten aus der Batterie hatten mit Ferngläsern neidvoll ein Treffen des jungen Flakhelfers mit seiner ersten Liebe beobachtet – und dem Hauptmann gemeldet, es sei dabei zu höchst intimen Handlungen gekommen. Der denunzierte Bub schrieb nach einem Gespräch mit seinem Batteriechef einen Abschiedsbrief. Der Hauptmann las der versammelten Mannschaft daraus vor: „Ich kann die Ehre meines Mädchens nicht wieder herstellen." Und: „Viel Kriegsglück der 3. Batterie!"

Bei dieser Tragödie hatte es keiner Rassenverfolgung und keines Fliegerangriffs bedurft. Der unbarmherzige Zeitgeist allein genügte, einem jungen Menschen keinen anderen Ausweg aufzuzeigen als den Tod.

Nur acht Minuten

„Dann sprenge ich den Hitler in die Luft“:
Um Haaresbreite wäre Georg Elsers Attentat auf Hitler im Bürgerbräukeller 1939 gelungen

Ganz für sich allein fasst er im Herbst 1938 den Entschluss, Hitler in die Luft zu sprengen. Georg Elser, ein kleiner, unauffälliger Mann mit welligem, dunklem Haar und hellen Augen. 35 Jahre alt, ein Einzelgänger, der sich wenig für Politik interessiert.

Nur wenn die Führungsriege der Nationalsozialisten nicht mehr lebt, so glaubt er, könne ein Krieg verhindert werden. Ein einsamer Moralist.

Im württembergischen Königsbronn liest Georg Elser in der Zeitung, dass sich Anfang November Hitler und die Veteranen des Putsches von 1923 im Bürgerbräukeller treffen. Also reist der Schreiner nach München und beobachtet den Ablauf der Feier. Er sieht, wie unzureichend der Bürgerbräukeller bewacht wird. Dieses jährliche Treffen erscheint ihm als die entscheidende Gelegenheit. Er will eine Bombe bauen. Im Laufe der nächsten Monate arbeitet Elser in einer Rüstungsfirma und im Steinbruch. Hier wie dort stiehlt er Sprengstoff. Im Garten seiner Eltern testet er, wie eine Zündung funktioniert. Dann reist er Anfang August erneut nach München. Abend für Abend besucht Georg Elser den Bürgerbräukeller. Kurz bevor die Gaststätte schließt, schleicht er sich in einen Lagerraum. Dann macht er sich Nacht für Nacht an die Arbeit: In einem Pfeiler legt er einen Hohlraum an, so groß, dass nahezu drei aufeinander gestapelte Bierkästen Platz darin finden könnten. Am 1. November ist es geschafft: Sieben Tage bevor Hitler zum Treffen kommt, setzt Elser den Behälter mit dem Sprengstoff ein und schließt den Zünder an. Dann stellt er den Zeitzünder: 8. November, 21.20 Uhr. Am Abend des 7. November kehrt Georg Elser zum letzten Mal zurück. Er überprüft seine Arbeit. Die Bombe tickt.

Am nächsten Morgen verlässt er München. Mit dem Zug fährt er Richtung Konstanz. Er ist auf dem Weg in die Schweiz. Derweil trifft Adolf Hitler in München ein. Erst am Tag zuvor hatte er entschieden, tatsächlich an der Feier teilzunehmen. Um 20 Uhr betritt er den Bürgerbräukeller. Aufgrund des geplanten Feldzugs gegen Frankreich beginnt die Feier früher – und soll kürzer als üblich dauern. Der mit Fahnen und Wimpeln dekorierte Saal ist bereits überfüllt. Die Parteigenossen jubeln Hitler zu, als er das Podium betritt. Um 20.10 Uhr beginnt er seine Rede. In seinen langen Tiraden wütet er gegen Großbritannien und brüllt auf das Publikum ein. Im Saal klatschen die Leute stürmisch Beifall, im Pfeiler unmittelbar hinter Hitler zählt das Uhrwerk.

Um ca. 20.45 Uhr sieht ein Zollbeamter in Konstanz eine kleine Gestalt hinter einem Gebäude hervorlaufen und auf die Grenze zueilen. Hätte Georg Elser seine Flucht ebenso akribisch geplant wie seine Bombe, wäre er wohl in die Schweiz gelangt. Doch er wird festgenommen. Bei der Leibesvisitation findet der Zollbeamte eine Beißzange, Teile eines Zündmechanismus – und eine Karte des Bürgerbräukellers.

München, 21.07 Uhr: Hitler beendet seine Rede und verlässt, statt sich wie sonst nach der Rede mit den alten Kämpfern der Bewegung zu unterhalten, den Saal. Er will mit dem Sonderzug um 21.31 Uhr zurück nach Berlin. Hitler ist noch auf dem Weg zum Hauptbahnhof, als in der Stadt ein

Hitler am 8. November 1939 im Bürgerbräukeller vor „alten Kämpfern". Er geht vorzeitig – und entgeht der Bombe, die Georg Elser (Foto links) im Pfeiler hinter der Rednertribüne gezündet hat.

dumpfes Knallen zu hören ist – etwa acht Minuten zu spät, acht Minuten, welche der Weltgeschichte einen anderen Lauf hätten geben können. Die Explosion zersprengt die Rednertribüne, Teile der Decke stürzen ein. Acht Menschen sterben, 63 werden schwer verletzt. Hitler erfährt erst in Nürnberg von dem Attentat, will es erst nicht glauben und hält dann die Engländer für die Drahtzieher. Seine Rettung bezeichnet er als „Werk der Vorsehung".

Erst einige Stunden nach der Explosion erkennen die Grenzbeamten die Zusammenhänge zwischen dem Anschlag in München und ihren Funden in Georg Elsers Hosentaschen. Es folgen endlose Verhöre in München und Berlin. Er legt ein Geständnis ab, doch die Ermittler bezweifeln, dass er alleine zu dem Anschlag in der Lage gewesen sei. Im Konzentrationslager lebt er unter ständiger Bewachung in einer Einzelzelle. Er darf eine Tischlerwerkstatt einrichten und fertigt einen Nachbau der Bombe an. Warum die Nazis ihn in Haft behielten, statt ihn zu töten, ist unklar. Vielleicht weil das Regime hoffte, in einem großen Schauprozess die Komplizenschaft der Briten doch noch aufzudecken.

Nur 20 Tage, bevor die Amerikaner das Konzentrationslager 1945 befreien, trifft ein Befehl aus Berlin ein. Elser soll den Triumph über Hitler nicht mehr erleben. Er wird in Dachau ermordet. *Caroline Hoffmann*

„Sie kamen heim aus dem Land der Barbaren, das sie verheert hatten“ (Gerd Gaiser): B-17-Bomber der US Air Force, Fliegende Festungen genannt, 1944 am Himmel über Deutschland. Die Kondensstreifen stammen von den Begleitjägern.

Als Feuer vom Himmel fällt

„Fliegeralarm!“ – der Krieg kommt nach Deutschland. Mehr als 6000 Münchner sterben

Als die Sirene „Fliegeralarm“ heult – eine Minute lang auf und abschwellend –, geht alles ganz schnell. Die vier Bewohner der Lindwurmstraße 219 greifen sich Decken und einen Kanister mit Wasser und laufen in den Keller. Die Sirene verstummt, dann ist es ein paar Minuten ruhig, bis man die Flugzeuge hört. Auf einmal gibt es einen Riesenknall. Adolf Däumling, 25 Jahre alt, läuft aus dem Keller auf die Straße. Er will wissen, ob sein Haus getroffen ist. Ist es nicht. Das Haus gegenüber ist nicht mehr da. Auf diesen ersten Angriff am 20. September 1942 war die Familie Däumling nicht vorbereitet. Hätte das eigene Haus diesen Volltreffer abbekommen, hätten die vier das im Keller nicht überlebt.

Nicht vorbereitet war eigentlich die ganze Stadt München auf die ersten Fliegerangriffe, obwohl die Abläufe schon in der Theorie geübt worden waren. Vor allem die Münchner Schüler mussten an diesen Übungen teilnehmen. Die Bevölkerung war trotzdem denkbar schlecht gegen Luftangriffe geschützt. Bei Kriegsausbruch waren von 169 geplanten öffentlichen Luftschutzräumen erst 34 fertiggestellt. Die meisten hatten nur ein Fassungsvermögen für etwa 50 bis maximal 200 Personen. Auch die Luftsicherung durch Flakgeschütze war nicht ausreichend. Die erste konkrete Auswirkung des Kriegsbeginns für die Münchner war die Pflicht, nach Einbruch der Dunkelheit ihre Häuser ganz zu verdunkeln.

München hatte zunächst Glück. Von 1942 an änderte sich die Situation. Die Alliierten hatten viermotorige Bomber von enormer Reichweite entwickelt wie die gefürchtete und mit 13 Maschinen gewehren schwer bewaffnete „Fliegende Festung“. Bis zum April 1944 wird München siebzehnmal aus der Luft angegriffen, von da an steigt die Frequenz, 1945 heulen die Sirenen fast täglich. Der Krieg schlägt erbarmungslos zurück auf die Stadt, die seine Urheber zur „Hauptstadt der Bewegung“ ernannt haben.

Die Familie Däumling flüchtet bei „Fliegeralarm“ grundsätzlich in den nächsten öffentlichen Bunker. Auch am 25. April 1944 um kurz vor ein Uhr nachts. Wer nicht rechtzeitig da ist, der steht vor einer verschlossenen schweren Eisentür und muss in einen der umliegenden Keller flüchten. Die Familienmitglieder packen deshalb schnell Decken und Hocker und rennen los.

Adolf Däumling, mittlerweile 91 Jahre alt, sitzt in einem Münchner Café. An die Situation im Bunker kann sich der Psychologie-Professor noch gut erinnern: „Im Bunker war es still, bis auf ein paar Kinder, die geschrien haben. Sie spürten die Angst der Erwachsenen. Die sagten nichts, sie hörten zu, hörten, was draußen passierte.“ Nach ein paar Minuten hören sie es draußen zum ersten Mal zischen und krachen. Die Erwachsenen werden in dieser Nacht noch viel hören, von der 5. Bomberflotte der Engländer.

Eine Vorhut von elf Maschinen wirft aus 5000 Meter Höhe Staniolstreifen ab; damit werden die deutschen

Münchens Zentrum bei Kriegsende 1945, eine graphische Auswertung der Schäden.
zerstört *schwer beschädigt“* *öffentliche Gebäude (erhalten)*
Leichtere Beschädigungen, wie verbrannte Dächer, sind nicht erfasst.

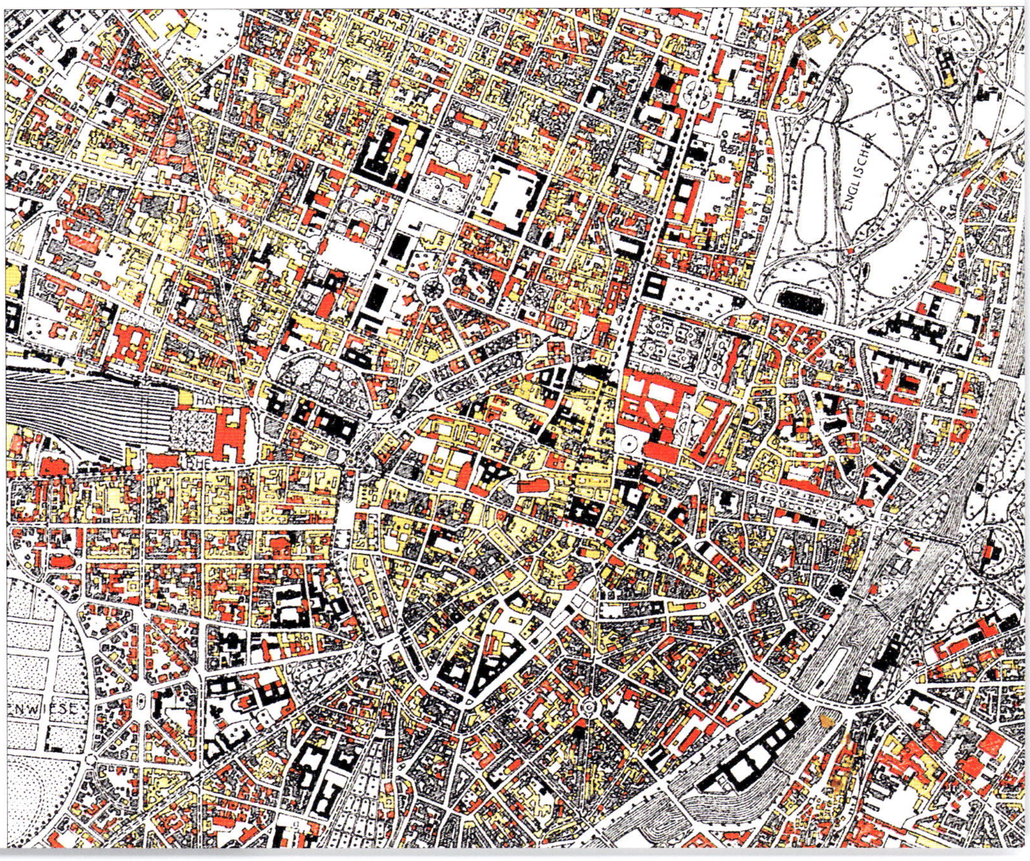

Funkmessgeräte zur Ortung der Angreifer unbrauchbar. Mehrere schnelle Mosquito-Flugzeuge markieren das Angriffsziel Hauptbahnhof mit roten Leuchtbomben. Es wird der bis dahin schwerste Luftangriff auf München. Knapp 90 Sprengbomben mit einem Gewicht von bis zu zwei Tonnen und 550 000 Brandbomben verwüsten die Stadt. 136 Menschen sterben, mehr als 4000 werden verletzt, 70 000 werden obdachlos, fast 2000 Gebäude total zerstört. Schwer beschädigt werden etwa die beiden Pinakotheken, das Maximilianeum, der Haupt- und Ostbahnhof. Das Hotel Bayerischer Hof wird völlig zerstört. An 7100 Stellen in München brennt es.

Um 2.53 Uhr ertönt die Entwarnungssirene, ein einminütiger hoher Dauerton. Adolf Däumling atmet auf. Nun lautet die Frage jedes Einzelnen im Bunker: Steht unser Haus noch? Das Haus von Däumling steht. Allerdings fehlen Fenster und Türen, die Druckwellen der Bomben haben sie zerstört. Das ist aber im ersten Moment nicht entscheidend, denn nun geht es um die Brandbomben, die zu Tausenden vom Himmel gefallen sind. Diese kleinen Stäbe, knapp 25 Zentimeter lang, brennen etwa eine halbe Stunde, und man kann sie nicht mit Wasser löschen. Däumling muss hoch auf den Dachboden; dort ist das Gegenmittel deponiert: Sand. Mit einer Schaufel schüttet er den Sand auf die Flammen und erstickt sie. Manche Bomben wirft er mit der Schaufel einfach aus den Fenstern in den Garten.

Noch die ganze Nacht ist die Stadt in Flammen, Rauch und Qualm getaucht. Schwaden und Dämpfe wälzen sich durch die Straßen, die Feuer entwickeln einen starken Sog. Die brennende Stadt ist bis ins Gebirge zu sehen. Und die Feuer fressen sich von Dach zu Dach, Stockwerke stürzen krachend ein. Der Brand im Alten Peter kann erst am folgenden Morgen gelöscht werden.

Die Löschdienste sind nun an der Reihe. Bei einem Großangriff wie diesem helfen auch umliegende Feuerwehren mit, etwa die aus Augsburg. Und noch während des Angriffs rücken die Spezialisten des Instandsetzungsdienstes aus, die versuchen, aus den Kellern Verschüttete zu bergen. Das machen sie zum Teil mit den Händen, da schweres Gerät die verkeilten Balken zum Einsturz bringen könnte. Zudem kümmern sich Sprengkommandos um die vielen Blindgänger. Die Opfer des Angriffs werden von der städtischen Bestattung abgeholt. Es gibt zu wenige Särge. Noch vier Wochen später liegt Brandgeruch über den Straßen.

Von den 820 000 Bewohnern flüchten nach und nach 400 000 aufs Land. Mehr als 6000 Münchner sterben bei den 73 Luftangriffen auf die Stadt. Drei Viertel der Bauten und Wohnhäuser werden zerstört. Von vielen Gebäuden steht nur noch die Außenfront, sie sehen aus wie Gerippe. Ein paar Tage nach dem Angriff im April 1944 hat das Haus von Adolf Däumling wieder einige Fenster. Nun wartet die Familie auf den nächsten Angriff. So geht es bis zum 29. April 1945. An diesem Tag fliegen am frühen Morgen zum letzten Mal feindliche Flugzeuge über München. *Philipp Crone*

Eine Stadt verglüht: Britischer Nachtangriff am 2./3. Oktober 1943, Brandbomben verwüsten die Neuhauser Straße.

Die Mauern schlugen Wellen

Wie ein Kind die Angriffe aus der Luft erlebt

Der Schriftsteller Siegfried Obermeier, Jahrgang 1936, hat die Bombardierung Münchens miterlebt. In Freising suchten er und seine Mutter Zuflucht. Sein Bericht:

Wenn wir die Einschläge noch hörten, wussten wir: Uns hat es nicht getroffen. Wir saßen auf den Kellerbänken und lauschten aufmerksam. Fliegen sie vorbei, oder trifft es uns? Und dann hörten wir das Sausen der Bomben. Dieses japsende Heulen, es verfolgt mich wahrscheinlich noch bis in meine letzte Stunde. Wenn es in der Nähe einschlug, dann konnte ich spüren, wie die Ziegelmauer in meinem Rücken Wellen schlug. Ich war damals noch klein, doch ich erinnere mich gut an das erste zerbombte Haus, das ich sah. Es hat mich gegruselt, aber ich habe es nicht auf mich bezogen. Doch dann kamen die Zeiten des ständigen Fliegeralarms. Als dann nachts die Bomben um uns herum fielen, da hatte ich wirklich Angst.

An einem nebligen Tag oder wenn es gewittert hat, dann konnten wir sicher sein: Heute kommen sie nicht. Aber wenn es strahlend schön war, dann kamen sie. Meine Eltern hatten in der Wohnung immer schon alles bereit stehen. Meine Mutter zog ihren besten Mantel an und darunter mehrere Kleider übereinander. Die Papiere und die Geburtsurkunden waren im Koffer – alles, was wichtig gewesen wäre für einen Neuanfang.

Als sich abzeichnete, dass es immer schlimmer werden würde, zog meine Mutter mit mir nach Freising. Nur mein Vater, der wegen seiner kriegswichtigen Position unabkömmlich gestellt war, blieb in der Stadt. Als wir ihn einmal besuchten, gab es einen schweren Luftangriff. Danach sind wir durch die Straßen gelaufen. Es war ein Gang durch eine Höllenlandschaft. Schwelende Trümmer lagen herum, und es gab Häuser, die aussahen, als hätte ein Chirurg ihr Inneres geöffnet. Außerdem roch es ganz scharf und ekelig, als wäre München eine Räucherkammer. In der Luft schwebten zerfetzte und verkohlte Papierstücke. Der Brandsog hatte alles nach oben gerissen, und wenn die Luft sich beruhigte, dann rieselte es wieder herunter.

In Freising waren wir lange Zeit sicher. Wenn die Bomber kamen, schauten wir hinauf und dachten: „Die fliegen nach München“, und spielten weiter. Aber am Ende des Krieges haben sie Freising doch bombardiert. Ich habe die V-Formation kommen sehen und war erstaunt, als der erste ein Rauchzeichen gab. Als Kriegskind wusste ich genau: Jetzt sind wir dran. Sofort warf ich mich auf den Boden. Als es vorbei war, liefen meine Mutter und ich zum Bahnhof, um zu schauen, ob unsere Freunde noch lebten. Ich sah Tote und Verletzte auf den Straßen liegen. Auf der Brücke lagen zwei Ochsen in einem Gespann, ihre Bäuche aufgerissen. Aus dem Gewirr ragten die Beine des Wagenführers.

Im Frühjahr 1945 bin ich sogar aus einem Flieger beschossen worden. Ich lief auf einem Feldweg von der Schule nach Hause, da hörte ich ihn. Er kam schnell näher und flog genau auf mich zu. Er war so tief, dass ich sehen konnte, wie ein Mann mit einer Pilotenbrille mich anstarrte. Dann hat er mit der Bordkanone auf mich gezielt. Das waren schwere Kaliber; wenn die in den Kopf trafen, dann war der weg. Ich habe Haken geschlagen und mich auf den Boden geworfen. Links an mir vorbei, sah ich die Erde spritzen. Der Flieger musste wieder hoch, und ich sprang auf, rannte in ein Gebüsch am Bach und versteckte mich.

Protokoll: Caroline Hoffmann

Vor dem Schloss Nymphenburg: Siegfried Obermeier mit der Oma im Jahr 1940.

Der Gezeichnete

Letztes Aufgebot: Jagdflieger Johannes Steinhoff und die Düsenjäger von München-Riem

„Wir holten in weitem Bogen aus, um die günstigste Angriffsposition zu erreichen, sahen, wie sich am Rande der Stadt der Teppich der Bomben über die Häuserzeilen, Gassen und über die Fabriken hinwegwälzte und wie Erdfontänen und Brände die breite Straße der Vernichtung markierten." Johannes Steinhoff ist von Riem aus gestartet und sieht vom Cockpit aus die weitere Zerstörung Münchens. Der junge Oberst ist strafversetzt und doch dort, wo er sein will: beim ersten Düsenjäger-Geschwader, dem Jagdverband 44, ausgerüstet mit dem modernsten Kampfflugzeug des Krieges, der Me 262.

Riem ist die letzte Station Steinhoffs nach fünf Jahren Krieg und 176 Luftsiegen. Die alliierten Bomber beherrschen 1944 den Himmel über dem Reich, der Festung ohne Dach. Im Winter 1944 gehört Steinhoff zu jenen, die eine „Verschwörung der Jagdflieger" aushecken, um Luftwaffenchef Hermann Göring zu stürzen – und endlich die Me 262 als Jäger einzusetzen.

Die Rebellion scheitert. Verbannt nach Riem, fliegt Steinhoff die neuen Düsenjäger, Vorboten eines anderen technologischen Zeitalters, die nun doch noch eingesetzt werden. „Die Bomber glichen Vogelschwärmen, und man konnte sie unendlich weit, schwarz wie Schattenrisse, gegen das intensive Blau der Luft ausmachen", so Steinhoff in seinen Kriegserinnerungen. Mit neun Jets greifen sie an, jede schießt einen Fächer von 24 Raketen, ebenfalls eine neue Waffe, ab: „Man sah die lange Spur und das Auftreffen der Sprengköpfe auf den metallischen Körpern der ‚Fliegenden Festungen' – gefolgt von zwei gewaltigen Explosionen."

Steinhoffs Vorgesetzter und Freund, der Jagdfliegergeneral Adolf Galland, sagt über die Me 262, die viel schneller ist als die alliierten Jäger: „Es ist, als ob ein Engel schiebt." Dass für den himmlischen Schub Tausende Zwangsarbeiter in Stollen und Bergwerken sterben mussten, hat die beiden Veteranen nach dem Krieg nicht weiter beschäftigt, zumindest in ihren Memoiren nicht.

Es ist der 18. April 1945. Nach schweren Verlusten sind nur noch wenige der Jetpiloten übrig. Steinhoff startet in Riem, als ein Triebwerk explodiert. Er überlebt mit schwersten Verbrennungen, sein Gesicht ist dauerhaft entstellt.

Er ist ein großer Name in der Bundesluftwaffe, der Mann mit dem Antlitz, das der Krieg zerstörte. Bei seinem Abschied 1974 ist er Chef des Nato-Militärausschusses. In der Bundeswehr, der Truppe der Demokratie, findet er eine geistige Heimat; er hilft, die Starfighter-Krise zu lösen. 1994 stirbt Johannes Steinhoff in Bonn. Was es eigentlich für ihn bedeutet hat, fünf Jahre lang den falschen Krieg zu kämpfen, darüber hat er nie Auskunft gegeben. *Joachim Käppner*

Vom Krieg entstellt: Johannes Steinhoff (unten).
Unten rechts: Die Me 262 – seinerzeit das modernste Kampfflugzeug der Luftwaffe.

Dachau, im April 1945: US-Soldaten befreien das Konzentrationslager außerhalb Münchens und halten deutsche Gefangene in Schach. Diese haben Glück: In der ersten Wut angesichts des Grauens erschossen GIs in Dachau eine Reihe von SS-Männern, denen die Flucht nicht mehr gelang.

Der Geruch des Todes

Holger Hagen ist Soldat der US-Armee und als einer der Ersten im befreiten KZ Dachau. Was er hier sieht, verfolgt ihn sein Leben lang

Holger Hagens Albtraum beginnt an dem Tag, an dem für 32 335 Menschen das Grauen endete: für die verbliebenen Häftlinge im KZ Dachau. Es ist der 29. April 1945. Der knapp 30-jährige Leutnant leitet ein deutschsprachiges Team der US-Military Intelligence mit vier Unteroffizieren, das mit zwei Jeeps im Windschatten der 45. Infanterie-Division über Landstraßen von Nürnberg nach Süden fährt. Das Ziel ist klar: München, Ende April immer noch in der Hand der Nazis. Der Auftrag ebenso: Feindnachrichten auffangen, übersetzen, den letzten deutschen Widerstand brechen – und die bayerische Hauptstadt einnehmen, „without delay", ohne Verzögerung.

Kurz hinter Aichach beschließt Holger Hagen, mit Verzögerung nach München zu fahren. Er hält engen Kontakt zu den Truppen des Vormarsches und erfährt so, dass Mitglieder der 42. Division kurz davor seien, Dachau zu erreichen und das Konzentrationslager zu befreien. Der Leutnant und sein Team entscheiden spontan, dort hinzufahren. „In meinem Kopf schrillten sämtliche Alarmsignale gleichzeitig. Der Name Dachau war mir seit der Ausbildungszeit förmlich ins Hirn geätzt", schrieb Holger Hagen später, viel später sogar, um genau zu sein 50 Jahre später.

Aus dem jungen Leutnant der Military Intelligence war 1995 längst ein Greis geworden, aber auch ein bekannter Schauspieler und einer der begehrtesten deutschen Synchronsprecher, der Mann, der unter anderem Burt Lancaster, David Niven und Marcello Mastroianni seine Stimme lieh. Er hatte Karriere gemacht, war dabei aber stets streitbar, setzte sich für mehr Rechte und bessere Bezahlung für Schauspieler ein, schrieb regelmäßig Briefe an Politiker, über die er sich geärgert hatte, insbesondere wenn es um die Verdrängung deutscher Vergangenheit ging. Den tieferen Grund für seinen Zorn erfuhren sie nicht, nur wenige enge Freunde wussten von dem, was Holger Hagen erlebt hatte am 29. April 1945, als er als einer der ersten amerikanischen Soldaten das Konzentrationslager Dachau betrat und „den schlimmsten Albtraum" seines Lebens erlebte.

50 Jahre lang hatte er es „peinlichst vermieden, Dachau auch nur von weitem zu sehen", wie er schrieb. Erst als Freunde ihn überredeten, die KZ-Gedenkstätte zu besuchen, entschloss er sich 1995, seine Erinnerungen aufzuschreiben und in der SZ zu veröffentlichen. Es ist der seltene Bericht eines amerikanischen Soldaten, der auszog, das Land seiner Väter von der Diktatur zu befreien, angesichts der Gräuel an diesem Land und seinen Menschen aber fast verzweifelte.

1915 in Halle geboren, war er 1925 mit seinen Eltern in die USA ausgewandert, als sein Vater als Professor an die Universität von Wisconsin beru-

Als Leutnant der US-Military Intelligence kam Holger Hagen 1945 nach Deutschland. 50 Jahre später schrieb er seine Erinnerungen.

fen wurde. Er machte eine Musik- und Schauspielausbildung, ehe er 1942 auf die Offiziersschule für Military Intelligence ging – als deutschsprachiger Amerikaner damals begehrt für die Aufklärung. Erst im Winter 1945 kam er an die Front in Deutschland, Ende April nach Dachau.

Dort herrschen im KZ während der letzten Kriegsmonate katastrophale Bedingungen. Es grassieren Fleckfieber und Typhus, es fehlt an jeder medizinischen Versorgung. Die SS hatte versucht, die KZ in Osteuropa zu evakuieren, und daher immer neue Gefangenentransporte in das völlig überfüllte Lager geschickt. Ein Teil der Dachauer SS-Wachmannschaften hatte sich beim Anrücken der Amerikaner aus dem Staub gemacht, nach ein paar Schusswechseln mit den letzten Wachtposten hatten die US-Soldaten das Lager befreit. Sie wurden von den Häftlingen enthusiastisch begrüßt – so sich diese überhaupt auf den Beinen halten konnten.

Kurz danach treffen Holger Hagen und sein Team in Dachau ein und stoßen dort auf abgestellte Güterwagen. „Die meisten waren verschlossen, und was sie enthielten, konnte man nur riechen", schreibt Hagen 50 Jahre später. „Aber bei einigen waren die Türen aufgebrochen, und der ‚Inhalt' war in einem infernalischen Strom herausgequollen: Menschen, die Reste von Menschen, Leichen." Es handelte sich um einen der Gefangenentransporte aus Osteuropa, den die SS einfach vor dem Lager abstellte, die Häftlinge „eingepfercht wie die Sardinen, ohne Wasser, ohne Nahrung".

Die befreiten Häftlinge im Lager beschreibt Holger Hagen so: „Das waren lebende Tote, deren Knochengerüst unmittelbar unter gelblicher Haut sichtbar hervortrat, deren kahlgeschorene Schädel fast nur aus Augen zu bestehen schienen, die uns leer und scheinbar blicklos verfolgten." Der Jubel über die Befreiung war offenbar bereits verflogen: „Ich sah Angst und Unsicherheit, meist aber nur völlige Apathie. Und es herrschte Stille, absolute spukhafte Stille; niemand sprach ein Wort. Ein Albtraum eben. Ich wollte aufwachen!"

Doch der Albtraum geht für die US-Soldaten weiter: Im Krematorium finden sie Leichen, aufgetürmt bis unter die Decke. „Dieser kurze Moment des absoluten Entsetzens hatte genügt, um mir das, was ich sah, für immer einzuprägen. Ich werde es nie wieder los", schrieb der Leutnant 1995. Und weiter: „Als das Allerschlimmste empfand ich die unfassbare Beleidigung der Menschenwürde, die sich in diesem willkürlich aufgetürmten Haufen von Nacktheit manifestierte. Körper auf Körper wahllos hingeworfen, wie man Müllsäcke auf eine wilde Deponie schmeißt."

„Das waren lebende Tote"

Holger Hagen wird auch Zeuge von Selbstjustiz – einige Häftlinge treten einen gefangenen SS-Mann zu Tode. „Irgendwann ging es mir durch den Kopf: Du musst einschreiten, du darfst das nicht geschehen lassen, tu doch etwas! Aber gleichzeitig wusste ich, dass ich nichts tun würde, dass das hier seinen Lauf nehmen musste. (...) Wie jeder in diesem Kreis der willenlos Zuschauenden war ich gelähmt, und wie jeder empfand ich tief in meinem Inneren, dass hier auf eine furchtbare Weise Gerechtigkeit geschah."

Das Team der Military Intelligence ist gefragt in den ersten Stunden nach der Befreiung. Holger Hagen und seine Unteroffiziere müssen übersetzen, 1000 Fragen beantworten, das Chaos ordnen. Sie erahnen als erste Amerikaner, welches Leid die Menschen zwischen 1933 und 1945 hier erlitten, sie erfahren von den Gräueln der SS, den massenhaften Erschießungen russischer Gefangener, den grausamen medizinischen Experimenten des Dr. Sigmund Rascher. 43 000 Menschen starben vor den Toren Münchens in den zwölf Jahren des Lagers – die Dimensionen des Leidens lassen sich für die amerikanischen Befreier nur erahnen.

Am 30. April ist München eingenommen, Hagens Team wird in die Hauptstadt abberufen. Am späten Nachmittag brechen sie aus Dachau auf, es hat begonnen zu schneien, die Straßen sind glatt, die Fahrt schwierig. „Und doch waren wir fast in fröhlicher Stimmung; man hatte das Gefühl, wieder durchatmen zu können. Tief im Bauch allerdings saß uns allen nach wie vor eine ungeheure Wut auf alles Deutsche. Es hat sehr lange gedauert, bis die sich wieder legte."

In den frühen Morgenstunden wird der Konvoi „irgendwo zwischen Dachauer und Nymphenburger Straße" von einem „verbohrten Landser" angegriffen. Dieser glaubte wohl, so Hagen, „bis zum letzten Blutstropfen für seinen Führer kämpfen zu müssen," und hatte daher die Amerikaner aus einem Hinterhof heraus beschossen. „Ich habe meine letzte Handgranate in diesem Krieg geworfen", schrieb Hagen 50 Jahre später, „und als ich sie warf, ging mir der Gedanke durch den Kopf: „Die ist für Dachau, ihr Drecksäue!"

Nach der Befreiung starben allein im Mai 1945 noch mehr als 2000 ehemalige Häftlinge an Krankheiten und den Folgen der Haft. Holger Hagen half in den allerletzten Kriegstagen noch, eine SS-Einheit in Rottach-Egern auszuheben. Bis 1948 blieb er bei der US-Army, ehe er in Frankfurt und später in München für Presse und Rundfunk, fürs Theater und schließlich für den Film arbeitete. Er starb 18 Monate, nachdem er seine Erinnerungen aufgeschrieben hatte, 1996 im Alter von 81 Jahren.

Kurz zuvor hatte er im Gespräch noch gesagt: „Ich kam mit der Haltung nach Europa, nicht gegen Deutsche zu kämpfen, sondern gegen die Nazis. Eigentlich bis zu dem Moment, als ich nach Dachau kam."

Christian Krügel

„Achtung, Achtung! Sie hören den Sender der Freiheitsaktion!"

Vor Eintreffen der Amerikaner versuchen Soldaten vergeblich, den Nazis München zu entreißen

Im April 1945 vegetieren noch etwa 400 000 Menschen im zerbombten München, und außer den tausendprozentigen Nazis, die weiterhin an den Endsieg glauben, macht sich niemand mehr Illusionen über die Lage. Die Alliierten werfen Flugblätter ab, die die Münchner zum Widerstand anstacheln sollen: „Windet den Fanatikern das Heft aus der Hand! Mut gefasst und gehandelt!"

Ein paar Offiziere der in München stationierten Dolmetscherkompanie VII sind längst zum Handeln entschlossen. Ihre Truppen freilich sind zu schwach. Der Coup kann nur gelingen, wenn sie im Handstreich strategisch wichtige Punkte erobern und die NS-Befehlshaber ausschalten. Gleichzeitig müssen die Amerikaner, die in die Pläne eingeweiht sind, so weit vorgerückt sein, dass sie zu Hilfe eilen können. Am 25. April beschließen die Anführer des Putschs, in der Nacht zum 28. April loszuschlagen.

Kopf der Rebellion ist Hauptmann Rupprecht Gerngroß, seit 1942 Chef der Dolmetscher-Kompanie im Wehrkreis VII. Seine engsten Vertrauten sind Leutnant Leo Heuwing und der Sonderführer im Leutnantsrang Ottheinrich Leiling. Die Widerstandsgruppe nennt sich „Freiheitsaktion Bayern", kurz FAB. Ihr gehören vorwiegend konservative, bayerisch-patriotisch gesinnte Männer an.

Anfang April war es dem Kreis um Gerngroß gelungen, den Kommandeur des Freisinger Panzerersatzbataillons 7, Major Alois Braun, für die Aktion zu gewinnen. Braun schickte zwei Offiziere zu den Amerikanern mit der Zusage, er werde Freising kampflos übergeben. Das würde es der US-Armee ermöglichen, ungehindert nach München zu marschieren. Die Botschaft des Kommandeurs enthielt die Bitte, die Luftangriffe auf Freising einzustellen. Am 24. April um 22 Uhr warfen US-Flugzeuge Leuchtbomben ab. Es war das Zeichen, dass die Amerikaner Brauns Angebot akzeptierten.

Die NS-Führung in München rüstet unterdessen zum letzten Gefecht. Am 27. April befiehlt Gauleiter Giesler dem Major des Pioniersatzbataillons VII, Fritz Barth, alle Isarbrücken sprengen zu lassen. Der aber denkt nicht daran und taucht unter. Schwierigkeiten sind hingegen von Oberstleutnant Hofmann zu erwarten, Münchens neuem Kampfkommandanten. Er kündigt an, notfalls auch Kinder ins Gefecht zu schicken.

Codewort Fasanenjagd

Am Abend des 27. April lässt Gerngroß seine Truppe in der Saar-Kaserne antreten. Er entbindet die Soldaten vom Eid auf Hitler und versichert: „Wer nicht mitmachen will, der kann wegtreten." Keiner geht. Der 28. April, zwei Uhr morgens, gilt als die Stunde X. Die Aktion erhält das Codewort „Fasanenjagd". Die goldbetressten NSDAP-Funktionäre heißen im Volksmund „Goldfasane".

Gegen Mitternacht brechen Gerngroß und Leiling auf, um im Schornerhof bei Starnberg Reichsstatthalter Franz Ritter von Epp zu überreden, den Amerikanern die Kapitulation der Truppen in Bayern anzubieten. Mit vorgehaltener MP verschaffen sich die Offiziere Zutritt ins Herrenhaus, wo Epp mit ein paar Männern beisammensitzt. Einer von ihnen ist Major Caracciola-Delbrück. Der Major, der Kontakt zu den Männern des 20. Juli hatte, steht in Verbindung zur FAB. Epp laviert hin und her, am Ende ist er bereit, mit den FAB-Leuten nach Freising zu fahren, um mit Major Braun die Verhandlungen fortzusetzen.

Brauns 1. Kompanie pirscht sich um 1.15 Uhr an den Sender Erding heran. Der Coup gelingt. Etwa zur selben Zeit überrumpelt ein Trupp der Dolmetscher-Kompanie die Wachmannschaft des Senders Freimann. In der Stadt besetzen 56 Mann der FAB die Gebäude des *Völkischen Beobachters* und der *Münchner Neuesten Nachrichten*. Auch das Rathaus erobern die Aufständischen, wobei sie Hitlers Duzfreund Christian Weber festnehmen.

Kurz nach fünf Uhr steht Gerngroß vor dem Mikrofon des Großsenders Erding: „Achtung, Achtung! Sie hören den Sender der Freiheitsaktion Bayern (...) Beseitigt die Funktionäre der Nationalsozialistischen Partei. Die FAB hat heute Nacht die Regierungsgewalt erstritten." Dann verliest er ein Programm, das geprägt ist von christlich-sozialen und bayerisch-partikularistischen Vorstellungen. Darin heißt es: „Die Regierung beabsichtigt, den Militarismus zu beseitigen." Dem alten Haudegen Epp geht das zu weit. Gegen das Ehrenwort, nichts zu verraten, lässt ihn Braun frei. Spätestens jetzt erkennt Gerngroß, dass die Entmachtung des Gegners nicht gelingen kann. Er beschließt, die FAB-Truppen am Sender Erding zusammenzuziehen.

Am Morgen des 28. April herrscht im Bunker des Gauleiters größte Verwirrung. Noch ist unklar, welche Kreise der Aufstand zieht. Doch in der

Wehrmachtskommandantur hat ein Mann das Heft in die Hand genommen, der zu den übelsten Schergen des Nazi-Regimes zählt. Generalmajor Rudolf Hübner, Vorsitzender des „fliegenden Standgerichts". Er holt sofort zum Gegenschlag aus.

Über den Sender Freimann poltert Giesler los, eine „Abteilung von Drückebergern, die sich leider noch Soldaten nennen", habe versucht, ihn auszuschalten; aber das „Gesindel" werde in wenigen Stunden zusammengeschlagen sein. Der Volksaufstand gegen die Nazis, den die FAB erhofft hat, bleibt aus. Als sich das Gerücht verbreitet, starke SS-Verbände seien im Anmarsch, entbindet Heuwing die Soldaten von der Pflicht. In kleinen Trupps versuchen sie, in den Wäldern zu verschwinden. Die Gefangenen lassen sie frei. Gerngroß entgeht den Häschern, indem er sich in einer Berghütte versteckt.

Caracciola und Epp aber werden von der SS aufgespürt. Jetzt wütet Hübners Standgericht. Der Rathaus-

bedienstete Scharrer, der den Aufständischen den Weg zu Christian Weber gezeigt hat, wird erschossen. Insgesamt fallen in Bayern mehr als 40 Menschen der Rache der Nazis zum Opfer. Epp kommt mit Glück davon.

Am Abend des 28. April steht Caracciola vor einem Exekutionskommando aus drei Volkssturmmännern. Sie geben eine Salve ab, Caracciola bricht zusammen. Den am Boden liegenden Major schießt Hauptmann Salisco aus kurzer Entfernung mit der Pistole ins Genick. Keine 48 Stunden später erreicht der erste US-Soldat unbehelligt den Marienplatz. *Wolfgang Görl*

Bild links: Hauptmann Rupprecht Gerngroß bei seiner Radioansprache.
Unten: Erst jetzt ist der Krieg vorüber – amerikanische Panzer rollen Ende April 1945 in die verwüstete Stadt ein.

Ein Münchner Junge putzt einen Straßenkreuzer der US-Besatzungsbehörden.

Säuberung: Amerikanische Soldaten verhaften einen als Nazi Verdächtigen und verladen ihn zum Verhör.

Wie Helden von einem anderen Stern

Fremde und Freunde: Die US-Soldaten kommen in die Stadt und krempeln das Leben ihrer Bewohner um – Karl Stankiewitz, Jahrgang 1928, erinnert sich

Drei Männer im Jeep. Der Fahrer war ein Neger, wie wir ungeniert feststellten – den rassistischen Beiklang bekam das Wort erst viel später. In Erinnerung blieben mir die weißen Handschuhe, die lässig auf dem Lenkrad lagen und so hübsch mit der Hautfarbe kontrastierten. Es war ja auch ungewöhnlich kalt an jenem 30. April 1945, als die US-Armee nach München kam und uns alle – nicht anders empfanden es zumindest wir Jüngeren – von den braunen Banditen befreite.

Die drei im offenen, ungepanzerten Geländewagen erschienen uns als Helden von einem anderen Stern. Eine halbe Stunde zuvor noch hatten Männer mit dem Totenkopfzeichen durch Warnschüsse eine neugierige bis entschlossene Menge davon abgehalten, die offenbar für die Sprengung der Maximiliansbrücke bereitgelegten Munitionskisten über die Brüstung zu kippen. Was nach dem Rückzug der letzten Vaterlandsverteidiger vom westlichen Isarufer mit Hilfe von Wehrmachtsdeserteuren und uns Halbwüchsigen dennoch geschah.

Statt des Schulunterrichts hatten wir eine vormilitärische Ausbildung mit Panzerfausr und Spaten oder einen Hilfsdienst bei der Flak hinter uns. In entsprechend schlechtem Englisch machten wir 16-jährige Gymnasiasten den Spähtrupp darauf aufmerksam, dass sich drüben im Maximilianeum noch Waffen-SS hinter dem Roten Kreuz verschanzt haben könnte. Die drei im Jeep funkten ein bisschen und fuhren zurück in die Maximilianstraße. Von dort her waren inzwischen riesige Sherman-Panzer angerollt. Von der Lukaskirche her hörte man vereinzelte Schüsse. Die drei mutigen Männer im Jeep waren die ersten Amerikaner, denen ich begegnet bin.

Aus den Befreiern wurden bald Besatzer. Sie bildeten eine Militärregierung, die den Bewohnern der Ruinenstadt allerlei Maßregeln und vielen die „genaue und gewissenhafte" Beantwortung von 131 Fragen aufzwang. Es kam die Zeit der *Re-Education* (Wiedererziehung), der *Non-Fraternisation* (Nichtverbrüderung) und der gut gemeinten, oft aber krampfhaften Bemühungen, *Democracy* exakt nach amerikanischem Muster herzustellen.

Mit harter Hand

Es kamen amerikanische Befehlshaber, Berater, Beobachter und Berichterstatter. Nicht wenige hatten deutsche Namen; es handelte sich in der Regel um jüdische Emigranten in US-Uniform. Durch die beim großen „Ramadama" aufgeräumten Straßen preschten jetzt viele Jeeps und größere Militärfahrzeuge. Ein Transparent mahnte: „Drive carefully. Death is so permanent."

Per Jeep gelangte im Mai 1945 auch ein junger Soldat ans Ufer der Isar, wo seine Großfamilie vor der erzwungenen Auswanderung gewohnt hatte. „Ich hatte mir's schlimm vorgestellt, aber es war noch schlimmer. München ist nicht mehr da", berichtete er aus dem US-Press Camp Rosenheim seinem Vater Thomas Mann. Für Klaus Mann war „alles fremd, fremd, fremd". Anderen Amis machte das Wiedereingewöhnen weniger Probleme; sie verbrüderten sich sehr wohl, vorzugsweise mit „girl friends". Manche sprachen noch ein leidliches Bayerisch. Nicht wenige dieser Offiziere, Soldaten und Journalisten blieben auf Dauer in *Old Munich*, sie liebten die Bierkultur und die *Gemutlichkeit*.

Für die Mehrheit der Münchner aber waren die ersten Besatzungsjahre wenig *gemutlich*. Im Bereich der Publizistik und der Politik griffen die Maßnahmen besonders hart. Jeder Verlag, jede regelmäßige Druckschrift musste von der zuständigen Besatzungsbehörde „authorized" werden durch eine „Licence" – sogar unsere winzige Schülerzeitung, die erste in München. Lizenziert nach strengen Kriterien wurden auch Gewerkschaften, Theater, Sportvereine und politische Parteien. Die Parteien und die zugelassenen Verbände der Ostemigranten ließ der in Bogenhausen residierende Geheimdienst CIC regelmäßig beobachten.

Und doch waren „die Amis" unsere Freunde und Helfer, jedenfalls für die jüngere Generation und für die ärmeren Bevölkerungsteile. Sie brachten uns ja nicht nur ihre Demokratie bei, sie vermittelten auch damals unschätzbare materielle und immaterielle Werte: so die Care-Pakete, so die Schulspeisung, die uns bei Kräften hielt, so die Bekanntschaft mit bislang verfemten Künstlern und Schriftstellern. Als erstes ausländisches Kulturinstitut wurde am 1. Januar 1946 das Amerikahaus eröffnet.

Und sie brachten uns eine Musik, wie wir sie in Kriegstagen mit zugedecktem Volksempfänger den verbotenen Feindsendern abgelauscht hatten: den Jazz. Wir spitzten unsere Ohren vor dem Orlando am Platzl, wo ein Saxophonist namens Max Greger aufspielen durfte, wenngleich *off limits*

Von der Normandie nach München: eine Weihnachtskarte der 7. US-Infanteriedivision „Rainbow“ (1945).

für nichtmilitärische Gäste galt, schon gar für Deutsche. In der zur *Jubilee Hall* umfunktionierten, noch mit Nazi-Mosaiken geschmückten Kongresshalle des Deutschen Museums gastierten nach und nach alle legendären Jazzer. Wir gewöhnten uns das ohrenbetäubende Pfeifkonzert als Ausdruck starken Beifalls an. Die neuesten Töne bot immer der Soldatensender AFN, der in der ehemaligen Gauleiter-Villa in der Kaulbachstraße untergebracht war.

Gelegentlich zeigten sich die Besatzer fortschrittlicher als die gewählten Repräsentanten des neuen Freistaates. Gelegentlich regierten die Militärregierung da einfach mit.

Im Rathaus, wo das Sternenbanner hing, tagte 1947 ein „Jugendparlament“, das von dem US-Officer Thomson moderiert wurde. Es sollte uns mit den demokratischen Spielregeln praktisch vertraut machen, die Fraktionen stellten die lizenzierten Jugendverbände. Bald gaben die Abgeordneten der FDJ den Ton an, erst allmählich wurde die kommunistische Orientierung dieser „Freien Deutschen Jugend“ bemerkt und auch den amerikanischen Spielführern zum Anstoß erregenden Ärgernis.

Auf höheres Geheiß lösten die US-Offiziere den Münchner Mini-Stadtrat auf. Eingestellt wurden noch ein paar andere Experimente, die einige zunächst leicht linke Militärs initiiert hatten. Deshalb war denn auch bald, zumal sich der Kalte Krieg anzeigte, ein personelles Revirement in der bayerischen US-Administration fällig.

Die neue Phase wurde deutlich, als Anfang der fünfziger Jahre drei amerikanische Rundfunkstationen in München ihre Quartiere aufschlugen: *Radio Freies Europa* (RFE), die *Stimme Amerikas* und *Radio Liberation*. Sie alle waren, sagte man, irgendwie vom Geheimdienst finanziert, alle drei sendeten über den Eisernen Vorhang hinweg: Nachrichten und Propaganda, vermischt mit Musik. Allein in dem riesigen Neubau von RFE am Rande des Englischen Gartens, beim stärksten Mittelwellesender Europas, waren mehr als tausend Menschen aus aller Herren Länder beschäftigt.

Die Public Relations übernahm Ernest Langendorf, der 1945 als einer der ersten US-Soldaten die Stadt besetzt hatte – und meinen ersten Schülerpresseausweis unterschrieb.

Dass München somit zum amerikanischen Propagandazentrum im Kalten Krieg wurde, hat natürlich vielen Leuten sehr missfallen, war aber nicht zu ändern. Als junger Reporter hatte ich noch öfter über die Amerikaner zu berichten. Einmal stürzten zwei Militärflugzeuge über Harlaching ab, und im Keller des zerstörten Hauses entdeckte man ein Schwarzhandelslager. Im März 1953 wurden die schnellsten Düsenjäger der USA von Korea nach „Fursty“ (Fürstenfeldbruck) verlegt, mit dem Auftrag, russische Migs beim Überfliegen des Eisernen Vorhangs sofort abzufangen oder auch abzuschießen.

Entspannung wenigstens zwischen Amerikanern und Deutschen brachten dann die Verträge von 1955, mit der Aufnahme der Bundesrepublik in die Nato und dem Ende der Besetzungszeit. Aus den Besatzern wurden Bundesgenossen. Erst nach der Wende 1989 zogen die Amerikaner ihre Truppen zum Großteil ab.

Eine ihrer Hinterlassenschaften waren etwa 180 000 ledige Kinder allein in der „amerikanischen Zone“, überwiegend in Bayern. Im September 1955 stellte sich in München eine private „Love-Liga“ vor, die Patenteltern in den USA für diese Halbwaisen vermitteln wollte. Doch die meisten wollten zuhause bleiben.

Die Mörder waren noch unter uns

Der Autor Max Frisch und der Dramatiker Carl Zuckmayer 1945/46 über München, eine „nasse, verwahrloste Jammerstätte"

Erstarrte Kaskaden
Der Schriftsteller Max Frisch sucht den verschwundenen Glanz der Stadt:

München, April 1946:

München muß herrlich gewesen sein. Man spürt es noch; die grünen Inseln überall, Alleen und Parke, man denkt an goldene Herbste darin, heiter und leicht, an Dämmerungen nach einem sommerlichen Gewitter, wenn es nach Erde riecht und nassen Blättern. Ein großer Zug ist überall in dieser Stadt, eine Lebensfreude, die aus dem Süden heraufklingt; eine fast italienische Helle muß ihre Architektur umspielt haben.

Sonderbar anzusehen: Ein Eroberer zu Pferd, der immer noch in die Leere eines vergangenen Raumes reitet, stolz und aufrecht auf einem Sockel von Elend, umgeben von Stätten des Brandes, Fassaden, deren Fenster leer sind und schwarz wie die Augenlöcher eines Totenkopfes; auch er begreift noch nicht. Aus einem Tor, das unter grünenden Bäumen steht, kommt eine erstarrte Kaskade von Schutt; es ist ein Tor von bezauberndem Barock, anzusehen wie ein offener Mund, der erbricht, der mitten aus dem blauen Himmel heraus erbricht, das Innere eines Palastes erbricht – und die bröckelnden Schwingen eines Engels darüber, einsam wie alles Schöne, fratzenhaft; das Schweigen ringsum, das Erstorbene, wenn es von der hellichten Sonne beschienen wird, das Endgültige.

Neger mit einem Mädchen, sie liegen an der Isar; der Neger döst gelassen vor sich hin, pflanzenhaft, während die kleine Blonde sich über ihn beugt, trunken, als wären vier Wände um sie.

Auch die Liebfrauenkirche ist ein offener Raum mit schwirrenden Vögeln darin. Wie ein Gast steht ein einzelner Pfeiler in der Mitte, wie ein Heimkehrer, der sich umschaut. Das Dach ist ein schwarzes Gerippe. Und auch hier sieht man wieder auf der andern Seite hinaus: Kamine sind stehengeblieben, eine Badwanne ganz in der Höhe, eine Wand mit verblaßten Tapeten, dazu die schwarzen Ornamente von Brand, die Zungen von Ruß, die Fenster voll Ferne und ziehendem Gewölk, voll Frühling. (...) Wäre es ein Erdbeben gewesen, ein Werk der blinden Natur, man könnte es ebenso wenig begreifen; aber man könnte es hinnehmen ohne Begreifen.

Aus: Max Frisch, Tagebuch 1946–1949. Frankfurt a. M. 1976

Das Scheußlichste und das Schönste
Carl Zuckmayers schonungslose Betrachtung des Alltags zwischen Trümmern:

Ich kam nach München, das im alten Novembermorgen einer nassen, verwahrlosten Jammerstätte glich. Immer standen große Haufen von Menschen in ihrer erbärmlichen Kleidung an den Haltestellen der Straßenbahn, die selten kam, klammerten sich in Trauben auf die Trittbretter der überfüllten Wagen, wurden von den Gummiknüppeln der MPs, der amerikanischen Militärpolizisten mit ihren strammsitzenden Hosen und ihren weißen Gamaschen, heruntergefegt. Immer lungerten Scharen von hungrigen Kindern, auch solchen, denen die Bomben ein Bein weggerissen hatten und die auf einem Stumpf hüpften, vor den amerikanischen Hotelquartieren herum, in der Hoffnung auf etwas Schokolade, Kaugummi oder Kekse, die ein mitleidiger Soldat ihnen zuwerfen mochte. Immer fiel in diesen Tagen der schwarze Regen.

Ich sah Soldaten, am häufigsten Negersoldaten, die solche Kinder aufhoben, fütterten und küßten. Ich sah andere, die sich einen Spaß daraus machten, deutsche Krüppel nach hingeschleuderten Zigaretten rennen zu lassen. Das Scheußlichste, das Schönste, wohnte auch da dicht nebeneinander – so wie im deutschen Volk.

Wir wußten, die Mörder waren noch unter uns. Desto enger schlossen sich die Freunde zusammen.

Aus: Carl Zuckmayer, Als wär's ein Stück von mir. Frankfurt a. M. 1977

Streunende Münchner Kinder im Film „Antwort des Herzens", mit Originaldarstellern.

Ein Bunker als „Hotel City": aus Richard Süßmeiers Fotoalbum.

„Zucker, wer hat? Öl, wer kauft?“

Tausche Pferd gegen Marmelade: Der spätere Wiesnwirt Richard Süßmeier blickt zurück auf die Überlebensstrategien in der Stunde Null

Eines Tages, so erzählt Richard Süßmeier, habe sein Vater einen Sack Mehl angeschleppt. Die Mutter wollte daraus Nudeln herstellen. „Doch die sind nichts geworden. Mein Vater hat sich da irgendeinen Schmarrn, wahrscheinlich Hafer, andrehen lassen.“ Ein anderes Mal gibt sich jemand als Hausmeister des Straubinger Hofs aus, der Süßmeierschen Existenz nach dem Krieg. Er braucht dringend Holz, das er in der Kohlenhandlung an der Müllerstraße ordert. Die Rechnung muss der ahnungslose Süßmeier begleichen.

Die Zeit unmittelbar nach dem Krieg ist eine, in der Schwindler, Gauner und Schwarzhändler Hochkonjunktur haben. Es ist aber auch eine Zeit, in der wohl jedermann erfindungsreich sein muss, um der Not Herr zu werden. 2000 Kalorien am Tag hatte jeder „erwachsene Normalverbraucher“ noch im Winter 1944/45 bekommen, nach der Kapitulation sinkt die Zahl erst auf 1500, dann auf 1000, teilweise sogar auf nur mehr 800. Das Ernährungs- und Versorgungssystem bricht zusammen, weil sich die besetzten Zonen gegeneinander abschotten. Transportwege sind unterbrochen, wenn nicht gar zerstört. In der Landwirtschaft fehlen Saatgut und Arbeitskräfte. Gleichzeitig reißt der Flüchtlingsstrom nicht ab, um mehr als 30 Prozent wächst die Bevölkerung Bayerns an. Auch Zuzugssperren in München zeigen nur wenig Wirkung. Lebensmittel müssen also streng rationiert werden – zumal so manches Versorgungslager bei Kriegsende geplündert wurde.

Für die Menschen bedeutet das, wieder einmal Lebensmittelmarken kleben – für Fett, Brot, Kaffee oder auch Fleisch: „Ich weiß noch gut, wie ekelhaft der Kleister dafür war“, erzählt Süßmeier, Jahrgang 1930. Die zugeteilte Ration richtet sich bei den Erwachsenen nach der Schwere ihrer Arbeit, bei Kindern nach ihrem Alter. 1946 bekommt einem SZ-Bericht zufolge ein „erwachsener Normalverbraucher“ am Tag etwa einen halben Kaffeelöffel voll Nährmittel und Zucker, ein fingernagelgroßes Stück Fett, ein etwa radiergummigroßes Fetzchen Fleisch, eine kaum sichtbare Portion Käse, zwei Kartoffeln, eine Prise Ersatzkaffee und einen Schluck Magermilch. Brot wird immer wieder einmal durch Hülsenfrüchte ersetzt. Wenn es doch etwas gibt, stehen die Menschen vor den Geschäften Schlange.

Auch neue Kleidung ist eine Seltenheit. Ob Wochenblätter oder Frauenzeitschriften: Sie sind voll mit Tricks, wie aus Militärdecken oder Bettwäsche modische Mäntel oder

Richard Süßmeier, geboren 1930, mit Hündin Anka, die ihn sogar zum Schulunterricht begleiten durfte.

Schutt und Asche – die einst prachtvollen Straßen Münchens haben sich in Trümmerfelder verwandelt.

Kleider genäht werden können. In Sachen Kochen entwickelt sich eine spezielle Kreativität, die nur allzu oft auf Ersatzprodukten fußt: Statt Essig greifen die Frauen zu Rhabarber- oder Berberitzensaft, statt zu Hühnereiern zu Trockenei, statt zu Bittermandeln zu Pfirsichblättern. Backbleche werden mit Wachs gefettet, zum Braten verwenden die Köchinnen Rizinusöl. Fleischpflanzl werden nicht selten mit roten Rüben gestreckt, Leberwürste mit Kraut.

Auf der Speisekarte des elterlichen Wirtshauses, das Süßmeiers Vater nach der Entnazifizierung wieder betreiben darf, stehen zu dieser Zeit nur drei Gerichte: ein Stammgericht – „das war immer etwas, was sich gut strecken ließ" –, ein fleischloses Hausgericht und ein Fleischgericht. „Aber mehr als 50 Gramm pro Kopf an Fleisch war das nicht", sagt Süßmeier. Die Preise dafür sind, wie in den Geschäften auch, „von oben" festgelegt. Ein Liter Bier vom Fass muss 47 Pfennige kosten, aus der Flasche 52 Pfennige. Süßmeier radelt nahezu täglich nach Ismaning, um dort von einem befreundeten Gärtner Salat oder auch mal ein Weißkraut zu erstehen. Oder nach Hanfeld: „Die Verwandten hatten eine Menge Kühe, ich habe dort Milch geholt, die gab es ja sonst nicht", erzählt er.

An den so genannten Hamsterfahrten nimmt er aber nicht teil. Abenteuerlich verlaufen sie. Meist sind es Frauen, die sie unternehmen. Irgendwo haben sie noch Geld, einen Silberleuchter oder ein Bügeleisen gefunden, und damit fahren sie in überfüllten Zügen aufs Land, wo sie einen Bauernhof nach dem anderen abklappern, um ihr Hab und Gut in Essbares umzutauschen: Kartoffeln, Eier, Milch, Fleisch. Grundsätzlich würde auch bei den Bauern gelten: Wer Lebensmittel produziert, muss davon abgeben und darf nur eine festgelegte Menge davon für den Eigenbedarf behalten. Doch nicht selten mogeln auch die Landwirte bei der Angabe ihres Bestandes.

Die Stadt verwandelt sich derweil in eine einzige Tauschbörse. „Suche Fahrradreifen, biete Bohnen" – derlei Inserate, auf Papier gekritzelt, finden sich an vielen Stellen, einfach an Zäune oder Mauerwerk geheftet. Typisch sind auch Geschäfte wie jenes, das Süßmeiers Familie eines Tages abwickelt: „Wir haben einem Marmeladenfabrikanten eines unserer Rennpferde verkauft und dafür nicht nur Geld, sondern auch eine Unmenge an Marmelade bekommen." Diese muss aber sorgsam versteckt werden – ebenso die Dosenmilch, die die Süßmeiers aus Wolnzach, wo Tante und Onkel leben, mitgebracht haben.

Die Preisbehörde kontrolliert ständig sämtliche Zufahrtswege. Sie sucht die Schmuggel-Waren, die durch heimliche Käufe auf dem Land dem nationalen Verteilungssystem entzogen und womöglich für horrendes Geld auf dem Schwarzmarkt verkauft werden. „Da hat man sich schon was einfallen lassen müssen", sagt Süßmeier. Einer habe sich mal mit einem Polizisten „gut gestellt": „Der hat dann ein halbes Schwein für ihn mitgenommen – als Polizist in Uniform ist er ja nicht kontrolliert worden." Ein anderer, ein Stammgast, will auf seine tägliche Flasche Wein nicht verzichten: „Der hat einen gekannt, der hat ihm den Wein als Medizinalwein deklariert. Deshalb durfte er den Wein mitnehmen. Den hat er dann bei uns im Wirtshaus getrunken."

Die Zigarettenwährung

Spielt am Anfang auf dem Schwarzmarkt noch Geld als Tauschmittel eine Rolle, wird es zunehmend von amerikanischen Zigaretten verdrängt. So genannte Börsenmacher legen nach Angebot und Nachfrage die Preise täglich neu fest – oft hundertmal so teuer wie normal. Polizei und Behörden veranstalten Razzien, werden aber dem Geschehen am Hauptbahnhof, am Pasinger Bahnhof, an der Hirtenstraße, der Blumenstraße, der Erhardstraße, der Gegend um das Deutsche Museum und um den Goetheplatz nur wenig

Die Heimat Süßmeiers, der Straubinger Hof, wird kurz vor Kriegsende ausgebombt.

„Da steht heute die Schrannenhalle", sagt Süßmeier beim Durchblättern seiner alten Fotoalben.

Herr. Beharrlich hält sich auch der berühmteste Schwarzmarkt, der in der Möhlstraße, wohl deshalb, weil viele der dortigen Händler als „displaced persons" gelten – als Menschen ohne Heimat, ehemalige Zwangsarbeiter und Lagerhäftlinge. Ein Status, der sie vor dem Zugriff zumindest der deutschen Behörden bewahrt.

Zunehmend wird auch hinter verschlossenen Türen schwarz gehandelt. Öffentliche Plätze oder Wirtschaften werden dabei zur Kontaktaufnahme genutzt: „Zucker, wer hat? Öl, wer kauft?"

Es ist bis heute nicht ganz geklärt, welche Schichten in welchem Umfang an Schwarz- und Tauschhandel teilgenommen haben. Die Historiker gehen davon aus, dass der Zugriff in größerem Stil nur wenigen offen gestanden hat. Auch Süßmeier sagt, er habe sich von Schwarzmärkten ferngehalten: „Was hätte ich in dem Alter gegen so gewiefte Schwarzhändler ausrichten sollen?"

Dennoch: Mindestens 30 Prozent der Industrieproduktion, so die Schätzungen von 1946, sollen der allgemeinen Verteilung entzogen und auf dem Schwarzmarkt abgesetzt worden sein. In der Bevölkerung regt sich Widerstand. Im März 1947 fordern die Betriebsräte Bayerns auf einer Kundgebung nicht nur die Erhöhung der Lebensmittelrationen, sondern, noch ganz im Geist der alten Zeit, auch die Todesstrafe für Schwarzhändler. Die Behörden versuchen Anfang 1948 mittels einer Fragebogenaktion gehortete Bestände auszumachen, was sich trotz drakonischer Strafen als Fehlschlag erweist. Wenig später, im Mai, legen mehr als 10 000 Arbeiter allein in München die Arbeit nieder. Sie fordern mehr Lebensmittel. Um die Lage zu entspannen, ordnen die Behörden die sofortige Freigabe von Fett, Fleisch und Eiern an. Die Misere ändert sich aber erst mit der Währungsreform 1948.

Für Süßmeiers Vater kommt sie zu spät. Er stirbt zwei Tage vorher. Den Anzug für die Beerdigung finanziert Süßmeier aus dem Nachlass des Vaters: Der Inhaber eines Bekleidungsgeschäftes hatte die Rechnung für das Essen seiner Bauarbeiter mit Einkaufsgutscheinen beglichen. „Auch so ein typisches Geschäft", sagt Süßmeier. Meist habe der Vater jedoch nur vermittelt: „Dann ist er wieder mit irgendetwas heimgekommen." Beispielsweise mit einem Sack Mehl.

Astrid Becker

Als Autos noch rar waren: Schafherde in der Arnulfstraße.

Hakenkreuz und Lederhose

Die Nazis waren in München, der „Hauptstadt der Bewegung", groß geworden – nach dem Krieg tat man so, als wären sie vom Mond gekommen

Als man in München den 800. Gründungstag der Stadt feierte, gab es, wie es sich für so ein gelehrtes, wohlanständiges Gemeinwesen gehört, eine Festschrift. 400 Seiten erschienen „im Auftrag der Bayerischen Landeshauptstadt" im Bruckmann-Verlag; eine Sammlung höchst interessanter Aufsätze zu Kultur, Geistesleben, Gesellschaft, Wissenschaft, Heimatkunde, Architektur etc. pp. Der Münchner Geschichte von 1158 bis 1958 waren 72 Seiten gewidmet. Auf jede Seite waren an die 30 breite Zeilen gedruckt, so dass der Leser, rechnet man ein paar Bilder weg, auf rund 1800 Zeilen durch die Stadthistorie geführt wurde. Das 20. Jahrhundert, das zum Zeitpunkt des Erscheinens dieses München-Buches immerhin schon 58 Jahre alt war, wurde auf elf Zeilen abgehandelt.

Elf Zeilen. Drei davon befassten sich im allerweitesten Sinne mit den Nazis, der Keimzelle der NSDAP, der „Hauptstadt der Bewegung". Der zentrale, nein: der einzige Satz dazu lautete: „Die größte Katastrophe seiner Geschichte brach über München herein."

Wer die Zeit zwischen dem 800. und dem 850. Geburtstag der Stadt miterlebt hat, der weiß wohl, wie wenig man im ersten Vierteljahrhundert nach dem Kriegsende, nach der Befreiung sich auch in München mit dem braunen Teil der eigenen und der Stadtgeschichte auseinandersetzen wollte. Es mag daran gelegen haben, dass all jene, die 1945 zwanzig Jahre oder älter waren, diese „größte Katastrophe" selbst miterlebt hatten. Nicht wenige davon hatten ihren ganz persönlichen, zumeist sehr kleinen Anteil zur Katastrophe beigesteuert.

Auch die Münchner wollten nach dem Krieg nichts mehr davon wissen, dass sie die Ludwigstraße mit Hakenkreuzfahnen bepflanzt oder den Führer bei seinen zahlreichen Aufenthalten hysterisch bejubelt hatten. Manchmal konnte man bei Gesprächen mit älteren Münchnern den Eindruck gewinnen, die Nazis seien doch überwiegend Fremde, Zugereiste, ja vielleicht sogar Außerirdische gewesen.

Nein, Nazis waren viele Münchner selbst. Und viele waren stolz darauf, zumindest so ungefähr bis 1942, dass Adolf Hitler, der Mann aus Braunau, der in Berlin das Reich regierte, eigentlich ja auch Münchner war, wenn auch nur ein „Zuagroaster". Hitler hatte schließlich in einem bayerischen Regiment im Ersten Weltkrieg gedient, in München hatte Hitler aus der politischen Sekte DAP die NSDAP geformt, in München hatten die Nazis 1923 geputscht, München war nach Wien und vor Berlin Hitlers Denk- und Lebensmittelpunkt. Trotz aller demokratischen, intellektuellen, ja roten Traditionen: München war eben auch eine Zeit lang Hakenkreuz und Lederhose.

In München – wie in ganz Westdeutschland – bezeichnete die Formel „nach dem Krieg" nicht nur den Beginn einer neuen Ära in Deutschland, sondern auch die oft peinlich berührte Distanzierung von der eigenen Vergangenheit. Man wollte „nach dem Krieg" nicht mehr so recht darüber reden, wie es eigentlich kam, dass der Krieg „ausbrechen" konnte – so als ob der Krieg ein großes, schwarzes Tier gewesen sei, das mit Mühe hinter Gittern gehalten werden konnte, bevor „die Nazis" es dann heimlich befreiten.

Die Münchner kamen nach dem Krieg jedenfalls schnell wieder zu den eigentlich münchnerischen Werten zurück: gemütlich, ein bisserl grantelig, mitmenschlich, urbane Garmischer eben. Die Nazis galten als verblasener Spuk; was das Braune Haus war, vergaß man schnell, und die wirklichen Verbrechen waren ja sowieso nicht in München, sondern draußen in Dachau passiert. Außerdem musste jetzt aufgebaut werden.

Wer zehn, fünfzehn Jahre nach dem Krieg noch ein Parteiabzeichen in der Schublade fand, der war sich erstens sicher, dass das wohl der Onkel Alois, schon lange tot, liegengelassen hatte, und zweitens warf man es, wenn man es nicht an einen der Tandler zwischen Tal und Viktualienmarkt oder an einen Ami verkaufte, einfach in die Isar. Da lag schon vieles aus der Münchner Geschichte, und natürlich lagen da auch jede Menge Parteiabzeichen.

Mord an zwei Polen

Der Oberstaatsanwalt München I. An den Herrn Vorstand des Anatomischen Instituts der Universität München.

„Ich gebe vertraulich davon Kenntnis, daß am Freitag, 25. November 1941, im Strafgefängnis München-Stadelheim zwei männliche Personen (20 und 18 Jahre alt) hingerichtet worden sind. Die Leichname stehen Ihrem Institut zur Verfügung. Das Gehirn wurde dem Hirnpathologischen Institut zur Verfügung gestellt. Ich bitte das Weitere zu veranlassen."

Die Opfer waren polnische Zwangsarbeiter. Zitiert nach: Andreas Heusler: Zwangsarbeit in der Münchner Kriegswirtschaft. München 1991

Der Führer tanzt? Aber nein. Adolf Hitler ist schon sieben Jahre tot, als dieser Mann, fotografiert von Rudi Dix, für einen Münchner Faschingsball 1952 eine seltsame Verkleidung wählt. Die anderen Gäste scheint der gespenstische Auftritt nicht zu stören. Ansonsten war das Interesse an der eigenen jüngsten Vergangenheit zunächst sehr gering.

Doch, doch, es gab auch die „Aufarbeitung" der Vergangenheit in München. Zunächst beteiligten sich nicht so viele. Dann aber, als die gerade noch erlebte Gegenwart allmählich Zeitgeschichte wurde, wollten die Jüngeren von den Älteren wissen, wie „es" hatte geschehen können. Hie und da entwickelte sich ein neues Bewusstsein für die braune Zeit der weiß-blauen Stadt. Die Älteren stellten plötzlich fest, dass sie „Zeitzeugen" waren, und manche begannen, vierzig und mehr Jahre „nach dem Krieg", zum ersten Mal mit Nicht-Gleichaltrigen darüber zu reden.

Dieser Prozess der Annäherung an sich selbst dauerte, so scheint es, in München länger als in anderen Städten mit einer so prominenten NS-Vergangenheit. Es musste zum Beispiel das 21. Jahrhundert beginnen, bevor es in München wieder ein großes jüdisches Zentrum geben konnte.

Gewiss, die offizielle Auseinandersetzung mit der braunen Vergangenheit findet an Unis und Gymnasien, in Volkshochschulen, Akademien und Instituten seit Jahrzehnten statt. Dass aber München, die Stadt der Künstler und Schriftsteller, der Handwerker, Kaufleute und Bierdimpfeln, der Wittelsbacher und Bischöfe, auch die Stadt der Nazis war, hört man bis heute nicht gern.

Kurt Kister

Der Hundefänger geht um

Wie Karl Stankiewitz als junger Reporter einen „Skandal" enthüllt, der einiges über Not und Mentalität der Nachkriegsgesellschaft verrät

Der Autor arbeitete 1954 bei der bereits in Millionenauflage erscheinenden „10-Pf-Bild-Zeitung". Dort erhielt er einen anonymen Hinweis auf eine Hundeschlächterei in Gröbenzell. Hundefett galt nach altem Volksglauben als Lungenheilmittel. Hundefleisch diente aber auch zum Verzehr. Mit dem Bildreporter Wolf Pelikan fuhr er in den Münchner Vorort. Sie wurden empfangen von wildem Kläffen und von Schimpfkanonaden eines Mannes, der sogleich Hunde auf sie hetzte. „Unglaublich aber wahr: Hundeschlächter an der Arbeit." Mit dieser alarmierenden Schlagzeile erschien die „Bild-Zeitung" am 11. Januar 1954. Abgebildet waren dazu ein riesiger Schäferhundekopf und eine als Hunde-Großschlächterei bezeichnete Baracke. Die Leser erfuhren, dass im Städtischen Schlachthof von München zwei Lohnschlächtereien, die normalerweise Pferde schlachten, mit dem Schlachten von Hunden betraut waren. Wenn jemand seinen Hund schlachten lassen wolle, brauche er nur dorthin zu gehen. Nach Erledigung der Formalitäten und Bezahlung der Gebühren werde ihm das Fleisch ausgeliefert. Er könne es dann essen.

Der Münchner Tierschutzverein protestierte seit Jahren gegen das Schlachtgesetz von 1933, nach dem das Schlachten von Hunden im Rahmen der örtlichen Verordnungen grundsätzlich erlaubt war. Tatsächlich waren von 1950 bis 1952 auf dem Münchner Schlachthof insgesamt 243 Hunde geschlachtet und zum Verzehr freigegeben worden. Den Tierschützern waren außerdem zwölf private, illegale Hundeschlächtereien namentlich bekannt. Diese kauften die Tiere billig auf, etwa auf dem „Hundemarkt", der jeden Samstag in einer Gaststätte an der Tegernseer Landstraße stattfand, oder über Zeitungsanzeigen. Die Hunde wurden meist mit Viehschussapparaten – manchmal auch primitiver – getötet, entblutet, ausgenommen und zerteilt. Über einem großen Topf wurde das Fett abgelassen, einige wenige Apotheken boten das Pfund für 2,50 DM an. Das Fleisch wurde an Stammkunden verkauft.

Wir besuchten, angeblich als Mitarbeiter der Tbc-Fürsorge, auch einen Hundehändler im Münchner Osten. Der Mann gab unumwunden zu, dass er Hunde schlachte: „Das Fleisch friss i aber selber." Wenn er es nicht alles schaffte, dann pökelte er es ein oder räucherte es.

Im Münchner Stadtrat wurde der Polizeipräsident befragt, was er zu tun gedenke. Im Landtag sah man „das Ansehen Bayerns durch solche Übelstände aufs Schwerste geschädigt". Als in ganz Westdeutschland die Volksseele kochte, befasste sich am 29. April auch der Bundestag mit dem Skandal. Der CDU-Abgeordnete Heinrich Lübke erregte sich: „Schrecklich, wie kann man seinen Kameraden, der einen beschützt, aufessen?"

Im Oktober wurden zwei Tschechen von einem Gericht in Nürnberg freigesprochen. Sie hatten, ausgerechnet am Tierschutztag, einen wertvollen deutschen Schäferhund gestohlen, geschlachtet und aufgegessen. „Der Hund war fett und hat uns prima geschmeckt", prahlten sie. Die Richter hielten ihnen zugute, das deutsche Fleischbeschaugesetz nicht gekannt zu haben. Einer der beiden Männer trug im Justizpalast eine Kette mit gelben Hundezähnen.

Als Tabakreste ein seltener Schatz waren – und ein kleiner Hund gefährlich lebte. Karikatur aus „Der Simpl", Nr. 5, 1946.

„So lang wir jung sind, Madame ..."

Lachen lernen: Das Kabarett erwacht wieder zum Leben

Lucky Strike und Teddybär

Der Kabarettist Oliver Hassencamp (1921–1988) zog Anfang der Fünfziger die „Weihnachtsbilanz einer deutschen Familie" (aus: Karl Ude: Hier schreibt München. München 1961)

1945:
Vater: Taschenlampenbatterie; Schuhsohlen.
Mutter: Wiechert: „Das einfache Leben"; Glühbirne; 0,5 Pfd. Kaffee
Sohn: Kasperlefiguren
Tochter: Stoffpuppe
Onkel Eugen: Opas Regenpelerine
Tante Lisbeth: 2 Topflappen
Freund Paul: Ohrenschützer
Schwiegervater (im Lager)

1947:
Vater: Fahrradschläuche; Schweizer Chronometer; Camel
Mutter: Knittel: „Via mala"; Wolldecke
Sohn: Candy, Schokolade, Bilderbuch
Tochter: Candy, Schokolade, Farbstifte
Onkel Eugen: Rasierapparat (auf Raucherkarte)
Tante Lisbeth: Trockenei; Readers Digest
Freund Paul: Lucky Strike, Aluminiumaschenbecher
Schwiegervater: (noch im Lager)
Captain Sullivan: Perserbrücke; Altdeutscher Zierhumpen

1949:
Vater: Schonbezüge für Opel P 4; Anzugstoff
Mutter: Kalbfellmantel; Strümpfe
Sohn: Anorak; Karl May
Tochter: Teddybär; Strickseweater
Onkel Eugen: Schweizer Chronometer (von Vater)
Tante Lisbeth: Christstollen; Flasche Vermouth
Schwiegervater: Fahrrad (von Vater)

Mister Wunschkonzert

Als die Filmtheater nach Kriegsende wieder öffnen, darf erst einmal nur Dokumentarisches über die Gräuel in den Konzentrationslagern gezeigt werden. Anders auf den Bühnenbrettern: Schon Anfang Juli wird – noch vor jeder Theateraufführung oder dem ersten Philharmoniker-Konzert – im Schauspielhaus Kabarett geboten: Otto Osthoff stellt eine Mischung aus Chansons, die in den vorangegangenen zwölf Jahren verboten waren, Tanznummern zu amerikanischen Rhythmen und Sketchen zusammen. Karl John, zum Beispiel, als verliebter Wehrmachtsoffizier aus dem Durchhaltefilm „Zwei in einer großen Stadt" frisch in Erinnerung, singt nun: „Solang wir jung sind, Madame, kann uns die ganze Welt, Madame; jawoll Madame ...".

„München lernt wieder lachen" – unter diesem Motto eröffnet im Winter 1945/46 an der Ecke Wörth-/Preysingstraße „Der bunte Würfel". Bunt zusammengewürfelt ist auch die Künstlerschar mit Prominenten wie Barnabas von Geczy als Solo-Geiger oder Claire Waldhoff, die sich (nicht nur) mit ihrem Chanson „Hermann heeßt er" bei Hermann Göring unbeliebt gemacht hatte. Auch Karl Valentin und Liesl Karlstadt treten hier nach langer Trennung wieder gemeinsam auf. Und für manchen wird das ehemalige Haidhauser Vorstadt-Kino zur Karrieren-Startrampe: Fred Rauch, der spätere „Mister Wunschkonzert" des Bayerischen Rundfunks, debütiert mit seinem Couplet „Sehgn's englisch ist gar ned so schwer ...", dem noch viele Hits folgen, etwa „Die Schützenliesl" oder „Aber mei Hans, der kanns". Ein spindeldürrer Gert Fröbe amüsiert mit Pantomimen. Kurz darauf wird er im Orlando-Haus am Platzl, wo Theo Prosel den in der Türkenstraße ausgebombten „Simpl" wiedererweckt hat, für den Film entdeckt. Fröbe wird in der „Berliner Ballade" zum legendären Otto Normalverbraucher.

Man hat auch schon wieder Mut zum politischen Kabarett. Der größte Wurf gelingt der „Schaubude" an der Reitmorstraße. Ihr Geburtshelfer ist ebenfalls im ersten Nachkriegsherbst Erich Kästner. Rudolf Schündler hat die künstlerische Leitung, Ursula Herking ist der Star. Für sie schreibt Kästner sein historisch gewordenes „Marschlied 1945" („Ich hab' ja meinen Kopf noch fest auf dem Hals ...").

Franz Freisleder

„Ich hab ja meinen Kopf noch fest auf dem Hals ...": Erich Kästner liest 1949 in der Münchner Internationalen Jugendbibliothek.

Lebensmittel
Fritz Heid.
München–
Schmellerstraße.
4.II.56

Vom guten Geist der alten Zeit

Warum München trotz der Kriegszerstörung sein historisches Gesicht bewahrt

Es sind schockierende Bilder von ausgebrannten und zerstörten Fassaden, von Steinhaufen, die sich an den kaputten Straßen türmen. Zwei ägyptische Monumentalpyramiden hätte man mit dieser enormen Masse an Schutt errichten können. Von den Prachtbauten und noblen Straßen sind nur noch klägliche Reste übrig. Am Ende des Zweiten Weltkriegs liegt alles in Trümmern. Der Glanz der Residenzstadt ist erloschen. Wer heute durch die Altstadt spaziert, kann sich diese katastrophale Situation wohl kaum vorstellen. München hat mit seinem historischen Erscheinungsbild den Charakter bewahrt und wirkt gerade deswegen so attraktiv: Die Konzeption des Wiederaufbaus zahlt sich aus.

Unmittelbar nach Kriegsende haben die Bürger große Sorgen. Sie müssen das Nötigste beschaffen und die Folgen der Bombenangriffe wegräumen. Wer denkt in einer solchen Situation schon an die architektonische Zukunft? Es kursieren angesichts des Ausmaßes der Zerstörungen Überlegungen, München ganz aufzugeben und am Starnberger See dafür eine riesige Retortenstadt zu errichten. Diese Idee verpufft schnell. Vor allem drei Männer stellen die Weichen für den Wiederaufbau nach den alten Stadtstrukturen. Es ist ein Handeln im Zeichen von Kontinuität und Neubeginn.

Der von den Amerikanern als Oberbürgermeister eingesetzte Karl Scharnagl hatte dieses Amt bereits von 1925 bis 1933 inne. Auch Karl Meitinger, Münchens erster Stadtbaurat nach dem Krieg, war schon seit 1937 in dieser Funktion tätig und damit während der Nazizeit Chefplaner. Der dritte im Bund ist Thomas Wimmer, von 1948 bis 1960 Oberbürgermeister. Auch er lässt sich von zutiefst konservativen Gedanken in der Stadtplanung leiten.

Links oben: Festgesellschaft in der Innenstadt, 1959 – als hätte es keinen Krieg gegeben. Die Frauenkirche hat neue Kuppeln, die Fassaden wirken vertraut. Links unten: Wiederaufbau im Kleinen – an der Schmellerstraße hat bald nach dem Krieg ein Lebensmittellädchen eröffnet. Gemälde von Fritz Haid, 1956.

Neue Städte, neues Land?

Karl Meitinger hat das Konzept in einer Schrift mit dem Titel *Das Neue München* festgelegt. Die Altstadt soll in ihrer Struktur erhalten bleiben. Um sie herum legt sich ein Straßenring, der den Hauptverkehr von ihr fernhält. „Wenn man den Schadensplan der Altstadt betrachtet, so möchte man verzweifeln. Es ist fast alles zerstört", stellt Meitinger fest. Die Konsequenz kann für ihn nur lauten: „Wir müssen versuchen, möglichst viel von dem Geist und dem Gefüge der alten Stadt in die neue Zeit hinüberzuretten." Hauptziel ist, prägende Straßenzüge, Fassaden und Monumentalbauten, wie zum Beispiel die Residenz, möglichst originalgetreu wieder aufzubauen.

Das auf die Altstadt mit Teilen der Maxvorstadt verengte Bild vom „lieben München" habe jedoch zu einer zwiespältigen Haltung geführt, heißt es in der Ausstellung des Münchner Architekturmuseums aus dem Jahr 2005 über das Bauen im Nachkriegs-Bayern (*Architektur der Wunderkinder*). Während die Innenstadt wie eine Antiquität geschützt und zumindest zu den Straßenseiten „münchnerisch" wieder aufgebaut wird, dürfen am Altstadtring bereits moderne Geschäfts-, Büro- und Parkhäuser entstehen. Das alte München soll bewahrt, aber gleichzeitig die Stadt dem Neuen geöffnet werden. Das ist eine Grundhaltung, die im Prinzip bis zur Gegenwart die Stadtplanung bestimmt.

„Wir haben Glück gehabt", sagt heute der Münchner Ehrenbürger, Architekt, Denkmalpfleger, Hochschul-Lehrer und Residenz-Baumeister Otto Meitinger, der Sohn des damaligen Stadtbaurats. München profitiert seiner Ansicht nach von der damaligen Planungspolitik. Die Stadt glänzt mit ihren Bauten, Plätzen und Straßenzügen, die sie von anderen, „modernen" Städten unterscheidet.

Nach dem Krieg treten auch gegenläufige Denkschulen in den Vordergrund. Eine starke Fraktion unter den Stadtplanern im Land hält rein gar nichts von konservativen Ansätzen, wie sie Karl Meitinger vertritt. Man fordert „neue Städte für ein neues Deutschland". Nach der großen Kriegskatastrophe bestehe jetzt eine einmalige Chance. Völlig neue Strukturen hat man vor Augen – großzügig und vor allem „autogerecht". Im Osten des Landes haben die SED-Architekten den Städten häufig ein „sozialistisches" Gesicht gegeben und die Altbauten bewusst massenhaft abgerissen. Das Ergebnis war in beiden Teilen des Landes häufig das gleiche: erschütternde Häßlichkeit.

Ein weiterer Grund, warum man sich in München an die überkommenen Muster der Stadt hält: Das umfangreiche Netz der unterirdischen Ver- und Entsorgungsleitungen hat die Zerstörungen weitgehend überstanden. Aus Kostengründen soll dieses Potential beim Wiederaufbau berücksichtigt werden.

Während die Wiedererkennbarkeit des alten München-Bildes zum Kernthema wird, tauchen immer wieder andere Konzepte auf. Gigantische Hochstraßen-Projekte mitten über den Viktualienmarkt zum Beispiel, um den rapid wachsenden Verkehr zu bewältigen. Solche Überlegungen sind dann doch zu krass. Genauso wie die Ideen für die Neugestaltung des Marienplatzes. Demnach soll er so ausgeweitet werden, dass der Alte Peter frei auf einer Fläche gestanden hätte, umgeben von uniformen und langgestreckten Riegelbauten. Auch daraus wird zum Glück nichts.

Es gibt Bestrebungen für moderne Hochhäuser als spezielle Zeichen für die neue Zeit. Am Oskar-von-Miller-Ring ist ein Turm für die Verwaltung des Siemens-Konzerns bereits kurz vor der Genehmigung, bis man sich in letzter Minute doch anders entscheidet. „Wenn man das Projekt verwirklicht hätte, wäre der Damm für Hochhäuser innerhalb des Altstadtrings gebrochen gewesen", sagt Otto Meitinger. Geholfen hat bei der Verhinderung eine alte Vorschrift – die so genannte Staffelbauordnung –, die für die Innenstadt die Höhe von Neubauten auf 22 Meter begrenzt.

Die klare Festlegung auf Wiedererkennbarkeit führt aber auch häufig zu einer reinen Fassadenarchitektur. Die Schauseite wird rekonstruiert, dahinter befinden sich völlige Neubauten, wie etwa an der Ludwig- oder Maximilianstraße. Was alt aussieht, ist in Wirklichkeit etwas Neues. Beim Wiederaufbau der Residenz zeigen sich die Verschiebungen bis hin zu den aktuellsten Projekten. Die Allerheiligenhofkirche ist nun ein beeindruckend moderner Veranstaltungssaal, das gerade sanierte Cuvilliés-Theater bekommt ein Foyer, das von einem eleganten Glas-Stahl-Dach überspannt wird.

Nur am Rand zeigt die Stadt ein neues Gesicht: Die Hochhäuser der Siemens-Siedlung 1956 vor Notbaracken, die noch immer bewohnt sind.

Der Großteil der Aufbauarbeiten ist bis 1958, zur Feier des 800. Stadtgeburtstages, abgeschlossen. Vor allem der zunehmende Autoverkehr fordert seinen Tribut. Im Angerviertel und im Lehel müssen Häuser neuen Straßen weichen. Der Marienhof hinter dem Rathaus, einstmals ein dicht bebautes Quartier, bleibt eine Freifläche. Von den zwölf stark beschädigten Kirchen in der Altstadt wird nur eine abgebrochen: die Josephspitalkirche. An deren Stelle kommt 1953 das Stadtsteueramt, ein unauffälliger Neubau. Als das Roman-Mayr-Haus am Marienplatz – ein typischer Münchner Altbau-Komplex – 1972 durch die Betonburg, so die Kritiker, eines Kaufhauses ersetzt wird, sorgt das für jahrelangen Diskussionsstoff.

Wirklich qualitätsvolle moderne Architektur sei im Stadtgebiet kurz nach dem Krieg kaum entstanden, wird oft bemängelt. Sep Ruf (Neue Maxburg) oder Werner Wirsing (Wohnheimsiedlung am Maßmannplatz) gehören zu den wenigen rühmlichen Ausnahmen. Am Alten Hof sind statt der tristen Komplexe aus den 50er Jahren noble Büros, Geschäfte und Wohnungen entstanden. In unmittelbarer Nachbarschaft zur Schrannenhalle befindet sich der St.-Jakobs-Platz. Er stellte bis in die jüngste Zeit eine der schlimmsten Kriegswunden und eine städtebauliche Wüste dar.

Seit 2006 ist das neue jüdische Zentrum mit der Synagoge, dem Museum und dem Gemeindehaus in Betrieb. Das Ensemble, das den Platz wieder strukturiert, ist ein architektonischer Glücksfall – und eines der beeindruckendsten Beispiele von Stadtreparatur in der Gegenwart.

Alfred Dürr

Sehnsucht nach der heilen Welt

München blüht auf im Wirtschaftswunder: Schon 1957 hat die Stadt mehr als eine Million Einwohner

Man hatte überlebt und es lange kaum gespürt. Aber nun fängt das Leben wieder an. München wogt im Wirtschaftswunder. In den Straßen brummen VW-Käfer. Sie bringen einen bis über den Brenner. 1953 öffnet an der Blumenstraße die Schrannenhalle, nun gibt es Orangen, Mandarinen, Zitronen im Überfluss. An jedem Eck macht ein Stand mit diesem neumodischen Zeug auf: Pommes frites. Man kann sich wieder etwas leisten – und sei es die Muße, an der Leopoldstraße ein Eis zu essen.

Die Währungsreform liegt erst ein paar Jahre zurück, doch dank Marshall-Plan und fleißiger Handarbeit verdreifacht sich das Bruttosozialprodukt der Nation. In München ist 1955 endlich auch der letzte Rest Kriegsschutt weggeräumt; er türmt sich zu grünenden Parklandschaften, und man sieht der Stadt nicht mehr an, dass sie zehn Jahre zuvor ein Trümmerfeld gewesen ist. War im Krieg die Einwohnerzahl unter 400 000 gesunken, so leben 1949 wieder fast 800 000 Menschen in der Stadt, die dank Wirtschaftswunder bald über sich hinauswächst: 1957 überschreitet München die Millionengrenze.

Oben rechts: Die Schöne und das Schöne – Modell Elfie Kratzer Anfang der 60er mit einem Alfa Romeo.
Unten links: Verrucht? Lieber niedlich. Liselotte Pulver in „Das Wirtshaus im Spessart", 1958.
Unten rechts: Sucht und Sehnsucht nach der heilen Welt – Kinoplakat von 1955.

Folgende Doppelseite: Werbeplakate Münchner Unternehmen 1958.

Willkommen in München
UNGEZUCKERTE KONDENSMILCH
BÄREN
MARKE
ALLGÄUER ALPENMILCH AG MÜNCHEN

800 Jahre München
70 Jahre LINHOF
München, die Stadt der Kunst, der Wissenschaften und des Frohsinns einerseits, die Industrie- und Fotostadt andererseits, beherbergt die traditionsreichen LINHOF-Präzisions-Kamera-Werke.
In aller Welt wissen Fotografen und anspruchsvolle Amateure, daß die LINHOF TECHNIKA IV 6,5x9 cm die Spitzenkamera für hohe Ansprüche ist.
Linhof PRÄZISIONS-KAMERA-WERKE · MÜNCHEN

BMW 600
Auto fahren viele
BMW fahren
Anspruchsvolle
BMW
BMW 507 Touring Sport
BMW 502 V8
BAYERISCHE
MOTOREN WERKE AG
MÜNCHEN
BMW Isetta Motocoupé

Wessels
SCHUHE

800 Jahre München
Seit 121 Jahren ist der Name Krauss-Maffei mit der Stadt München verbunden, die heuer ihr 800jähriges Bestehen festlich begeht. Als 1841 die erste Maffei-Dampflokomotive „der Münchner" ihre Jungfernfahrt erfolgreich bestand, war der Ruf Münchens als Kunststadt bereits weit über die Grenzen Europas gedrungen. Heute, da die modernen elektrischen und dieselhydraulischen Krauss-Maffei-Lokomotiven über die Schienen brausen, ist München längst eine Millionenstadt geworden – geliebt von ihren Münchnern, geschätzt von Besuchern aus allen Ländern der Welt. Auch wir – über 5000 Mitarbeiter von Krauss-Maffei – wünschen der Stadt München ein freudenreiches Jahr und für die Zukunft ein langes, langes Leben.
KRAUSS-MAFFEI

„Badenixe Heike erfrischt sich in der Mittagspause“: So war dieses Foto 1962 in einer Münchner Zeitung beschrieben. Es waren solche Bilder demonstrativer Unbeschwertheit, die Horst Krüger über die Stadt schreiben ließen, sie sei eine „einzige große Theaterszene, streng und sehr attraktiv inszeniert“.

Die unheimlich heile Welt

Horst Krüger rätselt über Münchens Lebensart

Der Reiseschriftsteller Horst Krüger (1919 bis 1999), dessen Thema oft Deutschlands Gegenwart im Schatten der Vergangenheit war, besucht in den späten sechziger Jahren die Stadt – und macht sich „Sorgen über München". So heißt der Text, dessen Auszüge entnommen sind aus: Horst Krüger, Deutsche Augenblicke; München 1969.

Als alter Berliner, der sich in Frankfurt einrichten mußte, schien mir München immer sehr fern. Was man nicht braucht, das sieht man ja auch nicht. Aber nun tauchen merkwürdige und unstatthafte Phantasien in mir auf. Ich überrasche mich bei der Überlegung, wie das eigentlich wäre, wenn ich dort lebte. Immer öfter, wenn ich in München bin, sagen Freunde zu mir: „Also wann kommst du hierher? Wann ziehst du endlich nach München?" So bahnt sich was an; ich spüre das. Es besorgt mich, denn, offen gesagt, ich habe ein klein wenig Angst vor München.

Ängste soll man nicht verdrängen. Das ergibt nur Neurosen. Man soll sie aussprechen; das erleichtert. Also gegen München wollen Sie etwas sagen? Das ist doch unmöglich, wenn Sie nicht gerade den gräßlichen U-Bahn-Bau meinen – was denn? Da sind wir nun wirklich gespannt. Alle Welt sehnt sich, alle Welt drängt sich nach München. Unsere heimliche Hauptstadt mit Herz und ihrem unbezahlbaren Freizeitwert. Für alle Fremden sollte man eigentlich eine Münchner Mehrwertsteuer erlassen. Es ist doch alles viel schöner und freundlicher und liebenswerter hier. Trotz aller Baugruben und U-Bahn-Bretter: München ist eine glückliche Stadt.

Eben, das ist es, das ängstigt mich so. Ich habe Angst vor so viel Glück. In diesem Sommer zum Beispiel, in einer warmen Julinacht, ich kam aus dem tiefen Italien, aus Kalabrien – da traf es mich so. Ich war entzückt und erschreckt zugleich.

München macht fremd

Es war schon fast elf. Es war einer dieser unverschämt schönen und glücklichen Sommerabende, wie es sie eben nur in München gibt. Ganz Schwabing war auf den Beinen, war unterwegs, lief in schicken und frechen Kostümen auf und ab, ein buntes, hinreißendes Völkchen. Es hockte provozierend und kunstvoll auf Café-Stühlchen, plauderte nicht, saß wachsam und starr wie eine endlose Versammlung von Komparsen da, die eben auf ihren Regisseur warten. Dreißigtausend bildhübsche Visagen, dreißigtausend verrückte Kostüme, Burschen, Mädchen, alles Musenkinder, harte Engel und weiche Künstler, die alle den Kopf mitdrehten, wenn man vorbeiging.

Es war wie beim Tennisspiel in der Wochenschau. Eine einzige große Theaterszene, streng und sehr attraktiv inszeniert. Ein richtiges Fest der Jeunesse dorée, und man selber war plötzlich auch in eine Rolle gedrängt, spielte in einem Stück von Anouilh oder Giraudoux den kleinen Provinzler, der mal nach Paris kommt und etwas wacklig über die großen Boulevards läuft. Man ist schon zufrieden, wenn man nicht stolpert in solchen Szenen und bei der Universität wieder in mildtätigem Dunkel verschwinden darf. Die Nacht ist so gut. Sie deckt zu. Das war so ein Anfall von schrecklicher Münchner Schönheit, der mich tief nachdenklich machte. (...)

Diese Münchner Art, so locker, so leicht, so vollkommen ohne Knirschen in den Gelenken, so ganz ohne Blei an den Füßen einherzugehen – mich verstört das. Die haben hier eine Art, mit dem Leben fertig zu werden, die man nicht ganz ohne Neid registrieren kann. Den ganzen Tag glücklich und immer zufrieden: mit sich, mit den anderen, mit der Welt und mit München natürlich. Schon morgens beim Einkaufen der Zeitung, beim Milchholen liegt Heiterkeit und Weltfreundlichkeit über allen Gesichtern. „Grüß Gott, Frau Huber, die Semmeln, ja?"

Überall Törtchen und Kunst, Skimoden, Herrenausstatter, Damen-Boutiquen, Mannequins, Fotomodelle, Playboys, Galerien, Gammler, fröhliche Hausfrauen mit Dackeln, die auch dankbar sind, in Bayern leben zu dürfen. So etwas spricht sich herum. Beim Aufschlagen der Zeitung frohe Neugier: gestern die Theater-Premiere, das unselige Konzert, der letzte Antonioni, total mißverstanden natürlich. Ich muß mal die Rita anrufen, was die dazu meint. Eine überschaubare, intakte Gesellschaft, die dauernd Kunst sagt, die Kunst ist oder doch wenigstens scheint.

Deutschland hat zwei Weltkriege verloren, aber Bayern gewann sie danach immer heimlich für sich. Es wurde eigentlich immer glücklicher in den Talfahrten unserer Geschichte. Da können sie ruhig noch ein paar Scheibchen absäbeln von unseren verschiedenen Republiken. An den Freistaat Bayern wird sich keine Macht der Welt wagen – nicht einmal China. Das blieb eine heile Welt. Sie ist so intakt. Das verstört unsereinen etwas. Es macht so fremd.

„Nazistaat, Polizeistaat!“

Die Schwabinger Jugendkrawalle 1962: Revanche in dunklen Gassen

Dass ausgerechnet dieser Routineeinsatz der Funkstreife Isar 2 eine mehrtägige Straßenschlacht auslöste, darüber ist Friedrich Weiler noch heute verblüfft. Viel zu harmlos erscheint ihm der Anlass für die Randale im Rückblick. Mit einem Kollegen fuhr er am 21. Juni des Jahres 1962 morgens durch Schwabing. Die Schicht 2 war zwischen dem Siegestor und der Stadtgrenze im Norden unterwegs. Da der Dienst von 0 bis 7 Uhr und dann noch einmal von 19 bis 24 Uhr dauerte, bekamen die jungen Polizisten einiges zu sehen: Einbrecher in Milbertshofen, von denen man nicht wusste, ob sie bewaffnet waren. Oder Betrunkene in den Schwabinger Bierlokalen, die es auf eine Auseinandersetzung mit der Polizei anlegten, Messer zückten oder bissen, und sich hinterher brüsteten, wenn sie Hiebe eingesteckt hatten.

An ruhigen Tagen konnten die Beamten bei ihren Fahrten im großen BMW die Flaniermeile Leopoldstraße genießen. Und wenn sie jemand „Wachtmeister“ nannte, war's als Kompliment gemeint. Ältere Kollegen hießen im Volksmund „Kommissär“, unabhängig vom Dienstgrad. „Das Wort Bulle gab es noch nicht“, sagt Weiler. Man habe die Polizei geachtet, auch deshalb, weil die nicht immer so genau hingeschaut habe. An jenem sommerlichen Fronleichnamstag im Juni '62 war das zunächst genauso.

„Klatschen, tanzen, grundlos grölen“: Über mehrere Tage lieferten sich Polizisten und Jugendliche in Schwabing Straßenschlachten.

Ein Anwohner hatte sich gegen 5 Uhr bei der Polizei über fünf junge Männer beschwert, die am Elisabethplatz Musik machten. Mit Gitarre und Mandoline, in Kosaken-Aufmachung, spielten sie russische Lieder und hofften auf ein paar Münzen der Passanten. Weiler, 25 Jahre alt und selbst Sänger einer Combo damals, fand das sympathisch, gab aber doch ganz den Ordnungshüter: „Das ist Ruhestörung in aller Früh“, erinnert er sich an seine Worte, die Burschen hätten daraufhin ihre Sachen kommentarlos zusammengepackt und seien verschwunden. Bis Schichtende vertrieben die Polizisten die Musiker noch ein weiteres Mal, eine formlose Angelegenheit war auch das, ohne Ausweiskontrolle und dergleichen.

Am Abend, gegen 22.25 Uhr, sah Weiler „die alten Freunde“ wieder. 100 Meter vom Siegestor an der Ecke zur Martiusstraße auf einem Grünstreifen unter den Alleebäumen hockend, umringt von einer Traube Menschen. „Da wurde es mir zu warm“, wie Weiler seinen Ärger umschreibt. Er erzählt das so genau, weil er nicht als Verursacher der Schwabinger Krawalle angesehen werden will: „Ich hab' doch nur meine Pflicht getan und nicht aus Jux und Dollerei einen Bürgerkrieg angefangen.“

Die Streifenbeamten pferchten die Musiker, unter ihnen der spätere Theater- und Fernsehschauspieler Wolfram Kunkel, in ihren grünen BMW, um auf der Wache die Personalien aufzunehmen. Ihnen wurde vorgeworfen, „ruhestörenden Lärm“ verursacht zu haben, „indem sie musizierten, sangen, in die Hände klatschten, zum Teil auch tanzten und grundlos grölten“, wie es später in der Strafanzeige hieß. Widerstandslos fügten sich alle fünf. Das Publikum, inzwischen auf etwa 150 Leute angewachsen, begann laut zu protestieren. Weiler erinnert sich an einen Mann mit englischem Akzent, der sich unter den Nachtbummlern und Studenten „als Aufwiegler hervortat“. Der

BMW fuhr los – und blieb Sekunden später liegen. Ein Reifen war zerstochen worden, die Menschenmenge sammelte sich in einem bedrohlichen Kreis um das Polizeifahrzeug. Über Funk forderten Weiler und sein Kollege Verstärkung an.

Zuerst traf Isar 3 ein, um die Musiker wegzubringen, dann kam ein Opel Blitz, von dem zwölf Mann vom Überfallkommando sprangen und die rebellierenden Leute zurückdrängten. Der Menschenauflauf um den liegen gebliebenen Isar 2 war bereits auf mehrere hundert Passanten angeschwollen, die laut grölten und die Straße blockierten. Weiler überkam ein „ungutes Gefühl“: Er wechselte also schnell den Reifen, „das dauerte keine vier Minuten“, und machte sich aus dem Staub.

Die folgenden fünf Nächte gingen als Schwabinger Krawalle in die Stadtgeschichte ein. Junge Leute, darunter viele Studenten, blockierten mit Stühlen aus den Cafés und Eisdielen an der Leopoldstraße den Verkehr, zündeten Barrikaden aus zerdepperten Möbeln an und tanzten Twist auf der Straße. Die Polizei rückte jeweils mit Hundertschaften und berittenen Kräften an und knüppelte auf die Leute ein. Bald kamen etliche „Unruhestifter“, wie die Justiz sie nannte, eigens aus dem Umland in die Stadt gefahren, um sich mit der Polizei herumzuschlagen. „Vopo, Nazistaat, Polizeistaat“, tönte es immer wieder aus der Menge, die die meist ebenfalls jungen Beamten, insgesamt waren es rund 1000 Polizisten, durch die Straßen Schwabings vor sich hertrieb. Steine und Flaschen flogen.

In dunklen Gassen revanchierte sich die Ordnungsmacht. Dabei traf es auch Unbeteiligte: Eine Wochenzeitung berichtete von einem Berliner Touristen, der sich an einem der Abende ahnungslos nach Schwabing aufmachte, „um sich zu amüsieren“. Kaum dem Taxi entstiegen, traf ihn ein Schlagstock am Kopf. Erst 15 Stunden später war der Mann wieder einigermaßen hergestellt.

Rechts: Die neue Lässigkeit der Jugend Anfang der 60er Jahre demonstriert ein Paar in einem Eiscafé an der Leopoldstraße. Rechts unten: Musikalisch und frisurtechnisch tonangebend – die Beatles verwandeln 1966 den Circus-Krone-Bau in eine Kreisch-Arena.

Die Münchner Zeitungen – die liberalen verurteilten die Gewaltorgie der Polizei aufs Schärfste, konservative jubelten darüber – meldeten 200 Festnahmen und ebenso viele Verletzte. Bis zu 20 000 Personen waren in die Auseinandersetzungen involviert. „Nach dem Abzug hinterließen die Radaubrüder ein Meer von Steinen und Flaschen“, schrieb das Landeskriminalamt in seine Chronik.

Intensiv erörtert wurden die Ursachen für den gewalttätigen Protest wie auch für die Überreaktion der Polizei. So wurden die Krawalle mal als Nachhall der Halbstarken-Proteste der fünfziger Jahre gedeutet und mal als Vorgriff auf die Achtundsechziger-Bewegung. Hans-Jochen Vogel, 1962 Oberbürgermeister von München, rätselte noch Jahre später, „was Tausende fünf Nächte lang dazu gebracht hat, sich mit der Polizei herumzuschlagen“. Vogel hatte die Randalierer in einem Gespräch selbst zu beschwichtigen versucht – ohne Erfolg.

Eine Untersuchung von sechs jungen Historikern der Ludwig-Maximilians-Universität im Jahr 2006 unter der Anleitung des früheren Professors für Bayerische Geschichte, Walter Ziegler, kam zu dem Ergebnis, es habe sich um „das spontane Aufbegehren einer Jugendszene“ gehandelt. Um die Schwabinger Krawalle in Verbindung mit den Ereignissen von 1968 zu betrachten, „fehlten die politischen Grundsatzforderungen und die Einbettung in einen gesellschaftskritischen ideologischen Hintergrund“.

Hauptmeister Weiler verließ nach 13 Jahren die Stadtpolizei, studierte Jura und wechselte zu IBM nach Bonn. Über seinen Einsatz am 21. Juni 1962 hatten seine Vorgesetzten am Polizeipräsidium nie einen Bericht angefordert. *Christian Rost*

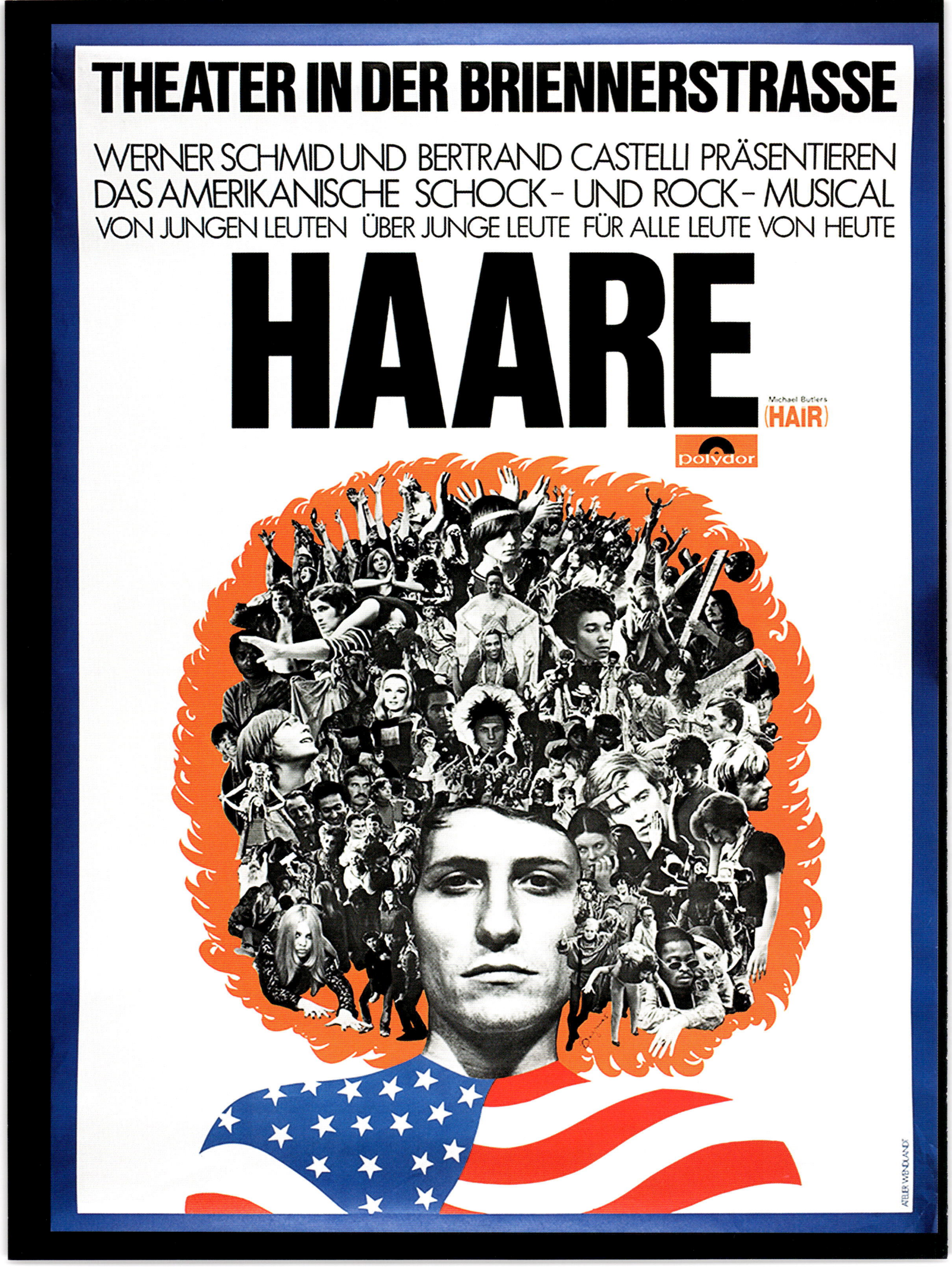
THEATER IN DER BRIENNERSTRASSE
WERNER SCHMID UND BERTRAND CASTELLI PRÄSENTIEREN
DAS AMERIKANISCHE SCHOCK-UND ROCK-MUSICAL
VON JUNGEN LEUTEN ÜBER JUNGE LEUTE FÜR ALLE LEUTE VON HEUTE
HAARE
Michael Butlers
(HAIR)
polydor
ATELIER WENDLAND

Im Gewimmel der Wuschelköpfe

Aufstand an der Kunstakademie: Wie die 68er die Stadt aufmischen – und dabei ziemlich allein bleiben

„**Während des Semesters** brodelt hier die revolutionäre Unruhe. Ein Gewimmel von Wuschelköpfen, Ballonmützen und Kappen im Militärlook demonstriert in winzigstem Rahmen, wie man sich die künftigen revolutionären Massen vorzustellen hat (...) Wenn die Studentenrebellen ihren Erben auch wahrscheinlich keine aufregend verbesserte Gesellschaft werden hinterlassen können, so doch auf jeden Fall ein Familienalbum, in das, fein säuberlich ausgeschnitten, Zeitungsberichte und Pressephotos von Studentenaktionen eingeklebt sind. ‚Schau', wird Mutter dann zu ihrem Ältesten sagen, wenn die Album-Seiten der sechziger Jahre durchgeblättert werden, ‚was der Großvater noch für ein Kerl war: Der brauchte nur Seifenblasen blasen, und schon zitterte der ganze Staat.'"

Diese Zeilen standen in der *Süddeutschen Zeitung*, im März 1968, aus dem Trikont-Café berichtete der Volontär Christian Ude, der, wenn schon nicht die Gesellschaft, so doch zumindest seine Position darin später noch erheblich verbessern wird. Die Haltung des damals 20-jährigen Ude dürfte ein Großteil der Münchner Bürger geteilt haben: Ein bisschen spinnert, diese Studenten, ein bisschen zu pathetisch, ein bisschen zu überzeugt von ihrer Mission.

Natürlich wehte auch in München ein freiheitlicher Wind in den sechziger Jahren – doch zuerst noch recht unpolitisch: Die Schwabinger Krawalle von 1962, von manchem Historiker zu den frühen Vorzeichen der 68er-Revolte gesehen, waren im Grunde doch nicht mehr als der lokale Protest gegen eine einzelne Polizeimaßnahme.

Der Freiheitsdrang in München war ein hedonistischer: Uschi Obermaier mit Rainer Langhans und anderen, Michael Graeter, der den Münchnern aufschrieb, was die Haute Voleé täglich so trieb, die Leopoldstraße, die damals anfing, der Mittelpunkt einer glitzernden Stadt zu werden. Doch es gärte schon, erstaunlicherweise nicht an der Universität, auch nicht an der TU – die Kunstakademie war der erste Ort des Protestes.

Er entzündete sich, wie in anderen deutschen Städten auch, hauptsächlich an drei Punkten: im Protest gegen das griechische Obristen-Regime, gegen den Krieg der USA in Vietnam und an den Plänen der Bonner Großen Koalition für die so genannten Notstandsgesetze.

„Bürger, lasst das Glotzen sein, kommt herunter, reiht euch ein."

Am 11. April 1968 feuerte in Berlin der Hilfsarbeiter Josef Bachmann drei Schüsse auf den Studentenführer Rudi Dutschke und verletzte ihn lebensgefährlich. Schnell drang die Nachricht auch nach München durch. Gegen 23 Uhr versammelten sich mehrere Gruppen vor dem Hertie in der Leopoldstraße. Es wurde diskutiert, Flugblätter gingen herum: Mord an Rudi Dutschke? Hat Springers „Pogromhetze" nach Benno Ohnesorg ein neues Todesopfer gefordert? Schließlich setzte sich die Menge in Bewegung und zog zur

Links: Das Musical „Haare" brachte das Lebensgefühl der späten sechziger Jahre auf die Bühne. Unten: Von einem Wurfgeschoss getroffen, bricht der Pressefotograf Klaus Jürgen Frings zusammen. Er stirbt wenige Tage später im Krankenhaus.

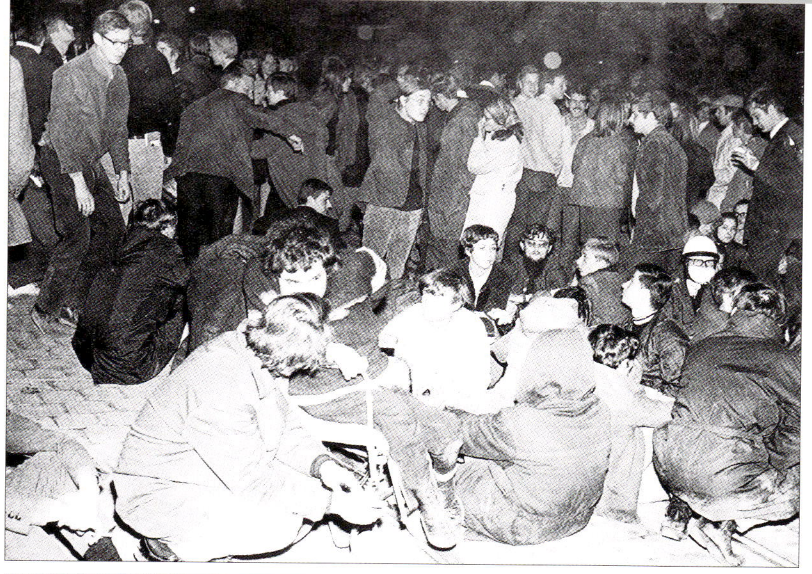

Demonstranten sitzen in der Barerstraße vor dem Buchgewerbehaus, wo eine Teilauflage der Bild-Zeitung gedruckt wird.

Aufruf zum Münchner Ostermarsch 1968: Bei der Auftaktveranstaltung im Schwabinger-Bräu machen auch Schauspieler und Liedermacher mit.

Redaktion der *Bild-Zeitung* in der Barer Straße. Rund 250 Demonstranten stürmten das Haus und zerstörten die Einrichtung. Gegen drei Uhr morgens räumte die Bereitschaftspolizei das Haus.

Die Situation eskalierte am Ostermontag – 2000 Menschen nahmen am Ostermarsch teil, der wiederum gegen das Attentat auf Dutschke protestierte und vor dem Springer-Haus endete. Sie trafen dort auf 1000 Polizisten, verstärkt durch Angehörige des Bundesgrenzschutzes. Weil ringsum gebaut wurde, lag mehr als genug Material für eine Straßenschlacht bereit: Pflastersteine, Holz, das bald durch die Gegend flog – nach Augenzeugenberichten nicht nur in eine Richtung.

Um 21.11 Uhr brach der AP-Fotograf Klaus Jürgen Frings zusammen, wenig später der Student Rüdiger Schreck. Beide starben wenige Tage später. Die Polizei meldete, beide seien von Demonstranten verletzt worden. Rüdiger Schrecks Bruder hingegen zweifelte diese Darstellung an: Eine Holzbohle wie jene, die Rüdiger getroffen hatte, könne ein Mann höchstens 18 Meter weit werfen, die Polizei ging jedoch von einer Wurfweite von 25 Metern aus. 110 Menschen wurden festgenommen, es gab 154 Strafverfahren, 7 verletzte Polizeibeamte und 8 zivile.

Die Demonstrationen wurden größer: 10 000 am 23. April auf dem Königsplatz, 30 000 am 1. Mai am selben Ort. Dort wurden Porträts von Dutschke, Che Guevara, Mao Tse-Tung, Ho Tschi-Minh in die Höhe gehalten. In der Ingolstädter Straße richtete der SDS ein „Information Camp" ein: Dieses solle „amerikanischen Soldaten der benachbarten Kaserne zur Diskussion und Information zur Verfügung stehen und denen Schutz bieten, die desertieren wollen". Keiner von ihnen nahm das großzügige Angebot der Münchner Studentenschaft wahr.

In der Universität blieb der Lichthof Tag und Nacht besetzt, er war die Zentrale des Widerstands. Am 29. Mai demonstrierten 10 000 Menschen gegen die Grundgesetzänderungen. Mehrmals drangen einige tausend Demonstranten auf das Gelände des Hauptbahnhofs vor, so dass alle Signale auf Rot gestellt werden mussten. Der Stachus war mehrfach von Demonstranten blockiert. In Leserbriefen machte sich die Bürgerseele Luft – gegen die ungewaschenen, langhaarigen, vor allem aber: faulen Studenten. Der konservative Asta der Universität war abgelöst worden – neuer Vorsitzender wurde Rolf Pohle, der später wegen Mitgliedschaft in der RAF verurteilt wurde.

„Eine widerliche Stadt, sagte ich und fühlte zum ersten Mal die Ungastlichkeit der Leopoldstraße, die Hitze, den Gestank der Autos, die sich noch immer in engen Kolonnen an der U-Bahn-Baustelle vorbeischoben. Wir sahen auf die ausgehängten Preislisten und fanden die Lokale zu teuer."

Als Bernward Vesper, aus dessen Roman „Die Reise" das obige Zitat stammt, Anfang der siebziger Jahre nach München kam, war die Revolution vorbei. Die Notstandsgesetze waren verabschiedet, der Vietnamkrieg ging zu Ende. Revolutionäre gingen getrennte Wege: die einen in die Innerlichkeit und in die Landkommune. Die anderen den des „Marsches durch die Institutionen", der am Ende jedoch sie mehr veränderte als die Institutionen. Bernward Vesper kam nach München, fand die Stadt widerlich – und schmiss einen LSD-Trip ein. *Stephan Handel*

Wir waren wild

Wolfgang Gärner genießt den großen Aufruhr an der Uni – und blickt mit Selbstironie zurück

Als 68er wurde man geboren, man wusste es nur lange nicht. Die meisten 68er kamen aus der Provinz, wo sich das Aufbegehren nur sehr zögerlich entwickelte: Als kühn galt es bereits, das Nackenhaar über den Hemdkragen wachsen zu lassen, literarisch waren Jack Kerouac und seine diversen Beatnik-Kumpels sehr angesagt, und der Klassenheld hatte das Beatles-Konzert im Kronebau auf seinem frühen Kassettenrekorder mitgeschnitten. Als wir dann wirklich in München ankamen zu Studienzwecken, traf uns das Neue völlig unverhofft. Was nun losging, war (erst mal) gar nicht gewalttätig, eher ein entspannter Aufbruch in die neue Zeit.

Es war vor allem die Zeit der Versammlungen, Vollversammlungen: Ständig ergingen Aufrufe, sich an einer ganz wichtigen Entscheidung zu beteiligen, worauf die Vorlesung abgebrochen und ins Audimax geeilt wurde. Zum Gaudium der fortschrittlichen Jugend meldeten sich oft Vertreter des RCDS, des Rings Christlich-Demokratischer Studenten, zu Wort, die im Nachhinein gesehen die wirklich Mutigen waren. Aber wirklich zu Wort kamen sie ja doch nicht.

Zuweilen brachte Väterchen Franz Degenhardt mit einem Solidaritätskonzert die Bewegung in Schwung, aber letztlich waren für den 68er Aktionen wichtiger als Lieder. Die Aktion war: Demo oder Besetzung. Den Weg, den unsere Demonstrationszüge nahmen, kannte man im Schlaf: Von der Uni die Ludwigs- und Leopoldstraße rauf, an der Münchner Freiheit links ab und zum Königsplatz, auf dem üblicherweise die Kundgebung stieg. Während wir in den frühen Jahren Ho Tschi-Minh im Stakkato unserer Sympathien versicherten, ging es später darum, einen gewissen Herrn Huber in den Zuber zu stecken. Der blieb aber bis 1972 Kultusminister und wurde am Ende Präsident der Bayerischen Landesbank.

Vorteilhaft war es, in einer der ersten Reihen gleich hinter den Demagogen zu marschieren: Dadurch konnte man die Pausen, wenn der Zug eine Seitenstraße blockierte, perfekt in einer der Eckkneipen der Arcisstraße überbrücken. Die Demos fanden am Nachmittag statt, was erhebliche Verkehrbehinderungen bedingte, wenn wir den Klassenkampf durch Sitzen auf einer Kreuzung praktizierten. Wenn das Sit-In angemessen lange gedauert hatte, sprach meist ein Polizist: „So, jetzt gehen wir weiter, denn die Leute wollen ja von der Arbeit heim.“ Das sah auch der 68er ein, der es sich mit der Arbeiterklasse ja durchaus nicht verderben wollte. Die Schlusskundgebung gipfelte standardmäßig in der Aufforderung, nun noch die Reste des bourgeoisen Lehrbetriebs lahmzulegen durch Besetzung der Institute und Störung der Seminare. Der Lehrbetrieb war aber auch ziemlich schlau und hatte immer öfter schon zugesperrt, bis die Klassenkämpfer zurück zur Alma Mater kamen.

Wolfgang Gärner

Kleiner Junge mit Dutschke-Plakat: Für viele war „68“ nur ein entspannter Aufbruch in eine neue Zeit.

Das grauenvolle Ende: In diesem ausgebrannten Hubschrauer starben einige der israelischen Geiseln. Der Befreiungsversuch auf dem Flughafen in Fürstenfeldbruck war missglückt.

Der dunkelste Tag

Das Geiseldrama ist ein blutiger Abgesang auf die „heiteren Spiele", doch die Show geht weiter

Das Bild geht um die Welt: Ein Mitglied des Terror-Kommandos auf dem Balkon des israelischen Olympia-Quartiers.

Dienstag, 5. September 1972. Der zehnte Wettkampftag. Mildes Spätsommerwetter. Sonnenaufgang um 5.37 Uhr, wolkenloser Himmel, Temperaturen bis 24 Grad. Es ist der Tag der Katastrophe, der Tag des bitteren, blutigen Abgesangs auf die „heiteren Spiele". 17 Menschen werden am Ende dieses Tages tot sein: elf Mitglieder der israelischen Olympiamannschaft, ein bayerischer Polizeibeamter, fünf palästinensische Terroristen.

Am Abend zuvor haben sich in einem Zimmer des Hotels Eden Wolff am Münchner Hauptbahnhof die Männer getroffen, die der Welt beweisen wollen, dass sich die Palästinenser nicht ungestraft von den Olympischen Spielen ausschließen lassen. Abu Daud, mit bürgerlichem Namen Mohammed Daud Odeh, ist der Chefplaner des Unternehmens. Der 25-jährige Youssef Nazal, genannt „Che", und Mohammed Mousalla, genannt „Isa", sollen die Leitung des Kommandos übernehmen. „Ah, mon amour!", rufen Che und Isa, als Abu Daud ihnen ihre Kalaschnikow-Maschinenpistolen übergibt. Um 21 Uhr treffen sie sich mit den sechs anderen Verschwörern, die im Laufe des Tages in Zweiergruppen in München eingetroffen sind, im Bahnhofsrestaurant.

Gegen halb drei Uhr nachts verlassen sie das Lokal. Mit Taxis erreicht das Kommando den Westeingang des Olympischen Dorfs. Gerade wollen sie den Zaun überklettern, da kommt eine Gruppe amerikanischer Sportler, die dasselbe vorhaben. Es gibt Geschrei und Gelächter. „Unsere goldene Chance", erkennt Daud. Die Palästinenser mischen sich unter die Amerikaner, sie helfen sich gegenseitig über den Zaun.

Es ist 4.10 Uhr, eineinhalb Stunden vor Sonnenaufgang, als die acht Terroristen in das Gebäude Conollystraße 31 eindringen. Die israelischen Sportler liegen zu diesem Zeitpunkt noch nicht sehr lange in ihren Betten. Sie sind erst spät von einem Besuch des Musicals „Anatevka" im Deutschen Theater zurückgekommen.

Über den Ablauf des Überfalls gibt es widersprüchliche Berichte. Zwei der überlebenden Terroristen berichten später, sie seien im Flur des ersten Stocks auf einen Israeli, wahrscheinlich den Ringer-Trainer Moshe Weinberg gestoßen. Sie hätten ihn gezwungen, sie zum Zimmer seiner Kameraden zu führen. Die Tür wurde einen Spalt geöffnet, dann warf sich von innen ein Israeli gegen die Tür. Ein Terrorist schoss; er traf vermutlich den Gewichtheber Joseph Romano tödlich. Anderen Berichten zufolge war es Weinberg, der die Tür öffnete und durch die ersten Schüsse verwundet wurde. Der Ringer Gad Tzabari gab an, er sei durch Geräusche im Nachbarappartement aufgewacht und habe auf den Flur geschaut, direkt in die Mündung einer Maschinenpistole. Tzabari schob mit einer schnellen Bewegung den Lauf zur Seite und floh im Zickzack ins Tiefgeschoss. Weinberg, der wahrscheinlich ebenfalls fliehen wollte, starb im Feuer der Kalaschnikows. Tuvia Sokolsky, der Trainer der Gewichtheber, hatte sich durch einen Sprung aus dem Fenster gerettet, während sein Kamerad Romano versuchte, die Tür zuzuhalten. Neun Israelis blieben lebend in der Gewalt der Terroristen: Yosef Gotfreund, Kehat Shorr, Andrej Spitzer, Zeev Friedman, Yakov Springer, Amitzur Shapiro, Mark Slavin, Eliezer Halfin und David Berger. Um 5.03 Uhr geht der erste Anruf bei der Olympiawache der Polizei ein. Polizeipräsident Manfred Schreiber wird alarmiert. Um sieben Uhr kommt der Bayerische Innenminister Bruno Merk, kurz vor halb acht landet ein Hubschrauber mit Bundesinnenminister Hans-Dietrich Genscher an Bord.

Viertel nach sieben wird der Kriminalbeamte Heinz Hohensinn aus dem Bett geklingelt, in das er sich erst zwei Stunde zuvor legen konnte. Hohensinn hat mit seinen fünf Kollegen von der Sonderfahndung in der Nacht zuvor Kircheneinbrecher gejagt. Jetzt werden die sechs auf dem schnellsten Weg zur Conollystraße beordert. Man händigt ihnen Maschinenpistolen, Panzerwesten und Trainingsanzüge aus. Sie müssen zwei Revers unterschreiben: dass sie den Einsatz freiwillig leisten, und dass sie danach die Trainingsanzüge

München in den siebziger Jahren: Es gibt ein Menge zu feiern. Franz Beckenbauer und Sepp Maier (Bild oben) bejubeln den 2:1-Sieg der bundesdeutschen Fußballer gegen Holland im WM-Finale 1974 im Olympiastadion. Ein Hippie-Paar wiederum feiert eine stimmungsvolle Flower-Power-„Hochzeit" im Englischen Garten (Bild unten).

der inzwischen in Fürstenfeldbruck seine Vorbereitungen trifft, erfährt davon nichts. Er denkt noch immer, er habe es nur mit fünf Terroristen zu tun.

Zusammen mit Georg Wolf sind fünf Polizeibeamte nach Fürstenfeldbruck geflogen, die in der amtlichen Dokumentation als „Präzisionsschützen" bezeichnet werden. Wolf postiert drei der Schützen auf dem Dach des Flughafentowers mit Blick auf das Flugfeld. Hinter dem für die Hubschrauber vorgesehenen Landeplatz wird ein weiterer Schütze hinter einem niedrigen Betonwall stationiert, der fünfte steht rechts seitlich hinter der Tür eines dort abgestellten Feuerwehrfahrzeugs. Schon aus dieser Aufstellung wird klar: Wenn die Terroristen alle auf einer Seite der Hubschrauber aussteigen, können niemals alle fünf Schützen gleichzeitig ein Ziel finden.

Etwa 100 Meter östlich des vorgesehenen Hubschrauberlandeplatzes ist eine Boeing 727 der Lufthansa abgestellt. Heinz Hohensinn und seine fünf Kollegen von der Sonderfahndung sollen als Flugpersonal verkleidet einen oder mehrere der Terroristen ausschalten, wenn diese das Flugzeug inspizieren. „Eine verrückte Idee", sagt Hohensinn rückblickend. „Die hätten uns sofort als verkleidete Polizisten erkannt. Die Maschine war vollgetankt. Eine Handgranate, und wir wären alle in die Luft geflogen." Die Sonderfahnder tragen ihre Bedenken vor, der Plan wird fallengelassen.

Um 22.35 Uhr landen die beiden Hubschrauber etwa fünfzig Meter vor dem Towergebäude. Das Flugfeld ist hell ausgeleuchtet, umso dunkler ist der Schatten unter den Hubschraubern. Was nun geschieht, wird in der Dokumentation der Bayerischen Staatsregierung so dargestellt: „Nach dem Aufsetzen verlassen die Piloten und vier Terroristen sofort die Maschinen. Während je ein Terrorist je eine Hubschrauberbesatzung mit Maschinenpistolen bedroht, gehen die anderen beiden – darunter auch der Anführer – zu der Lufthansamaschine und inspizieren diese. Als sie auf dem Rückweg zu den Hubschraubern etwa die Hälfte des Weges zurückgelegt haben, wird das Feuer für die Präzisionsschützen durch einen leitenden Beamten freigegeben."

Der „leitende Beamte" ist Georg Wolf, und sein Feuerbefehl kann nur die drei auf dem Tower liegenden Schützen erreichen. Die anderen beiden haben nicht einmal ein Funkgerät bei sich. Die nach der Katastrophe schnell einsetzende Kritik an der geringen Zahl der Scharfschützen wird von der Staatsregierung zurückgewiesen: Es hätten sich, heißt es dazu, „nie mehr als vier Terroristen außerhalb der Hubschrauber gezeigt. Diese wurden sofort oder alsbald kampfunfähig. Mehr Präzisionsschützen hätten kein besseres Ergebnis bringen können."

An dieser Darstellung ist alles falsch. Im Abschlussbericht des Landeskriminalamts vom 28. Dezember 1972 heißt es, aus dem linken (westlichen) Hubschrauber seien alle vier Terroristen ausgestiegen, aus dem anderen zwei. Die Rekonstruktion der Abläufe habe auch ergeben, dass diese sechs vom Tower aus erkennbar gewesen seien und nicht im Schlagschatten der Hubschrauber standen.

Verhängnisvolle Fehler

Wenn das richtig ist, war der Einsatz von nur fünf Schützen ein gewaltiger Fehler. Hätte man wenigstens zwei Schützen für jeden der Terroristen eingesetzt, hätte man diesen über Funk einen einheitlichen Feuerbefehl geben können, wären mit einem Schlag sechs der acht Terroristen ausgeschaltet worden. Dann hätten zumindest die fünf Geiseln im westlichen Hubschrauber (Gotfreund, Shorr, Slavin, Spitzer und Shapira) mit großer Sicherheit überlebt.

Tatsächlich wurden aber nicht einmal die vier, die von den Scharfschützen ins Visier genommen wurden, sofort kampfunfähig geschossen. Mindestens zwei von ihnen wurden gar nicht oder nur leicht verletzt und konnten das Feuer erwidern. Auch die beiden Terroristen im östlich stehenden Hubschrauber schossen in Richtung Tower. Dort wurde der Polizeibeamte Anton Fliegerbauer tödlich getroffen.

Zu diesem Zeitpunkt waren alle Geiseln noch am Leben. Es folgt nun mehr als eine Stunde unschlüssigen Abwartens. Auf Deutsch, Englisch und Arabisch werden die Terroristen aufgefordert, sich zu ergeben – keine Reaktion. Die Polizei kann nicht stürmen, weil die gepanzerten Fahrzeuge aus dem Olympiadorf viel zu spät nach Fürstenfeldbruck beordert wurden und dann noch im Verkehr stecken blieben. Sie treffen erst kurz vor Mitternacht ein. Als fünf Minuten vor Mitternacht die „Sonderwagen" losgeschickt werden, „um Verletzte zu bergen und Widerstand leistende Terroristen auszuschalten", erweist sich dies als letzter, verhängnisvoller Fehler.

Als eines der Fahrzeuge sich den Hubschraubern nähert, wird es beschossen. Aus dem östlichen Hubschrauber springt ein Terrorist und wirft eine Handgranate zurück in die Pilotenkanzel, wo vier Geiseln gefesselt sitzen. Auch neben dem zweiten Hubschrauber explodiert eine Handgranate. Alle Geiseln sind tot, acht von Kugeln aus den Kalaschnikows der Terroristen getroffen, einer im Qualm erstickt. Drei der Terroristen haben überlebt, sie liegen auf dem Bauch und stellen sich tot. Zwei sind völlig unverletzt, einer hat einen Handdurchschuss. Sie lassen sich widerstandslos festnehmen.

So endet der schwärzeste Tag in der Geschichte der Olympischen Spiele der Neuzeit. Keine 24 Stunden später, um 16.45 Uhr am 6. September 1972, wird das Handballspiel zwischen Rumänien und Ungarn angepfiffen. Der Zeitplan für alle Veranstaltungen wird um 24 Stunden verschoben. Die Eintrittskarten behalten ihre Gültigkeit. *Hans Holzhaider*

München in den siebziger Jahren: Es gibt ein Menge zu feiern. Franz Beckenbauer und Sepp Maier (Bild oben) bejubeln den 2:1-Sieg der bundesdeutschen Fußballer gegen Holland im WM-Finale 1974 im Olympiastadion. Ein Hippie-Paar wiederum feiert eine stimmungsvolle Flower-Power-„Hochzeit“ im Englischen Garten (Bild unten).

Zum Schrecken sittenstrenger Bürger macht der Regisseur Rainer Werner Fassbinder (oben, Bildmitte) die Stadt zum Schauplatz seines exzessiven, kurzen Lebens. Manche Münchner erregen sich auch über die Damenmode. Selbst reife Herren müssen beim Anblick der knappen Hot Pants von ihren Gattinnen zur Räson gerufen werden (unten).

TAXI

WILLKOMMEN ZUM OKTOBERFEST
TAXI

Wunden am Körper, Wunden an der Seele

Das Oktoberfest-Attentat 1980 erschüttert die Stadt – und das Vertrauen der Opfer in den Staat

Der Fotograf Michael Matheis ist Profi. Er war für die *Abendzeitung* in diversen Wiesnzelten auf Promijagd und kauft an diesem Freitagabend, an einem Stand nahe des Haupteingangs, zu einem deutlich überhöhten Preis einen Ilford Schwarzweiß-Film. 400 Asa, sehr lichtempfindlich. Der Winder spannt den Film, die Kamera ist scharf. In diesem Moment explodiert die Bombe.

13 Menschen sterben. 218 Besucher der Oktoberfestes überleben den 26. September 1980 zum großen Teil schwerstverletzt. Manche Wunde, die die Bombe des Neonazis Gundolf Köhler schlug, ist bis heute nicht vernarbt. Wunden am Körper. Wunden an der Seele. Wunden aber auch an der Gesellschaft, die bis heute an dem Makel laboriert.

Michael Matheis war der erste Fotograf am Ort. Er bannte das Grauen auf Zelluloid. Zerfetzte Körper, abgerissene Gliedmaßen, Lachen von Blut. Menschen, die trotz alldem zu helfen versuchten. 400 Asa, lichtempfindlich, scharf auch ohne Blitz. Dokumente des Wahnsinns.

Und selten zeigte sich der Zynismus des Machthungers so deutlich wie in der Ausbeutung des Todes von 13 Menschen. Es ist Wahlkampf in Deutschland. Und Franz Josef Strauß will eine Woche später Bundeskanzler werden. Gegen den SPD-Kanzler Helmut Schmidt. Und so ließ Strauß sofort verkünden, die sozialliberale Bundesregierung sei mit schuld an diesem Attentat. Doch der Bayerische Staatsschutz meldete bereits am Samstagvormittag, der Bombenleger sei nicht nur beim Attentat selbst getötet worden, sondern auch als Anhänger der neofaschistischen Wehrsportgruppe Hoffmann aktenkundig. Das schwerste terroristische Attentat seit Gründung der Bundesrepublik war nicht die Tat von Linksextremen, gegen die angeblich nicht hart genug durchgegriffen werde, sondern eines Rechtsradikalen. Strauß verlor die Wahl.

Am 26. September 1980 um 22:21 Uhr explodiert die Bombe des Neonazis Gundolf Köhler. Bis heute gibt es starke Zweifel an der Einzeltäter-Theorie.

Mangelhafte Recherche

Die Tat eines Rechtsradikalen. Gundolf Köhler, geboren am 27. August 1959 in Schwenningen, wohnhaft in Donaueschingen. Nach nur acht Wochen stellte die „Sonderkommission Theresienwiese" die Ermittlungen ein mit dem Fazit, Köhler sei Einzeltäter. Der Münchner Rechtsanwalt Werner Dietrich kämpfte im Auftrag von Attentats-Opfern lange darum, dass die Ermittlungen wieder aufgenommen würden. Sein Vorwurf: mangelhafte Recherche. Sein Hauptindiz: Attentäter Köhler könne schon die Bombe nicht allein gebaut haben. Nichts passierte. Das Magazin *Stern* setzte daraufhin ein Rechercheteam auf Köhlers Fährte und dokumentierte, wie er mit zwei Freunden die Tat besprach. Und welches Ziel er verfolgte. Köhler habe gesagt: „Wenn einmal etwas losgeht, könnte man es den Linken in die Schuhe schieben. Wenn Spitzenpolitiker ausgeschaltet werden, dann könnten Splittergruppen wie die NPD circa zehn Prozent mehr bekommen."

In dem Bericht sind Köhlers letzte Minuten rekonstruiert. „21.40: Zeuge 3 beobachtet drei junge Männer, von denen zwei einen Parka anhaben, an dem Abfallkorb, in dem später die Bombe explodiert. 22.18 Uhr: Zeuge 9 beobachtet zwei junge Männer, die vom Haupteingang wegrennen und zwischen zwei anfahrenden Straßenbahnen hindurchspringen. – 22.20 Uhr: Zeuge 4 sieht, wie Köhler an dem Papierkorb stehen bleibt und die Plastiktüte absetzt. – 22.21 Uhr: Die Bombe ist explodiert."

Bis heute gilt offiziell die Version vom Einzeltäter. Rechtsanwalt Werner Dietrich wird später sagen: „Die offizielle Version ist ein politisch erwünschtes Ermittlungsergebnis, damit keine Zusammenarbeit zwischen Köhler und anderen rechtsradikalen Personen und Strukturen nachgewiesen wird." Und Ignaz Platzer, Vater von zwei kleinen Kindern, die bei dem Attentat ums Leben kommen, sagte zur SZ: „Lange habe ich darum gekämpft, um endlich zu erfahren, wer oder welche es wirklich waren. Ich musste jedoch lernen, dass man mir darauf nie eine ehrliche Antwort geben wird."

Claudia R. ist eines der Opfer. Die Bombe hatte ihr acht Zentimeter des Schienbeins weggesprengt. Sie war 16 Jahre damals. Die nächsten beiden Jahre verbrachte sie in diversen Kliniken. Dann heiratete sie ihren Freund, der wie sie das Attentat wie durch ein Wunder überlebt hatte. Claudia R. hat viel an sich gearbeitet. Sie gehe auch wieder aufs Oktoberfest, erzählte sie. Zusammen mit ihren Kindern. Nur den Haupteingang meide sie immer noch. Dort verspüre sie „so eine Beklemmung". Und dort höre sie die Schreie der Sterbenden wieder, Schreie, die sie so gerne vergessen würde.

Karl Forster

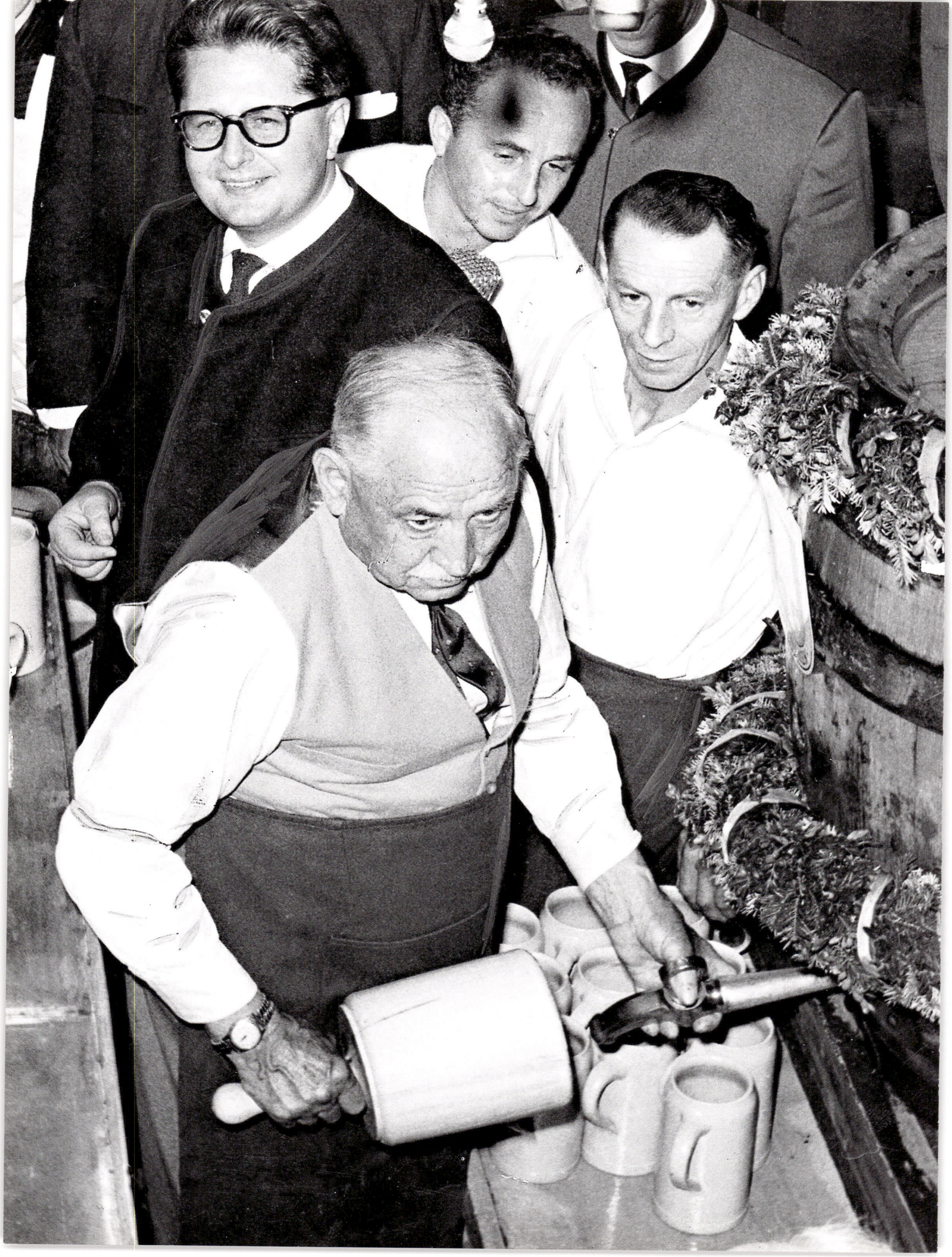

Die Bürgerkönige

Vom Ruinenbaumeister zum Regenten einer High-Tech-Metropole: Münchens Nachkriegs-Oberbürgermeister und der steile Aufstieg ihrer Stadt

Das Bläserquartett Sertl hatte sich zur Feier des Tages eigens verstärkt. Zu sechst waren die Musiker auf den Turm der Peterskirche gestiegen, um von dort den zehntausenden Feiernden unter ihnen ein Geburtstagsständchen zu blasen. Diesmal klappte alles. Am Vorabend dieses Junitages im Jahr 1958 hatten sich die akkuraten Festpläne der Protokollabteilung des Rathauses unter dem Überschwang von rund 700 000 Feierhungrigen in Chaos aufgelöst. Bereits auf der Maximilianstraße war der historische Festzug, mit dem die Stadt ihren 800. Geburtstag begehen wollte, in den Menschenmassen stecken geblieben und in seine Bestandteile zerfallen. So ertönte, als die Professoren in ihren Talaren aufmarschierten, gerade die Weise von den „lustigen Holzhackerbuam".

Die über alle erwartete Maßen tobende Feierlaune der Münchner war 1958 auch nur zu berechtigt. Pünktlich zum runden Gründungstag war ein halbes Jahr zuvor Thomas Seehaus zur Welt gekommen und hatte München damit zur Millionenstadt gemacht. Das bundesrepublikanische Wirtschaftswunder lief auf Hochtouren; überall gebaut wurde auch in der „Hauptstadt der Erdbewegungen", wie der Journalist Sigi Sommer spöttelte.

Gut, 44 000 Münchner wohnten noch in von Amts wegen als „unwürdig" eingestuften Barackenbehausungen, 6600 im Krieg evakuierte Alt-Münchner konnten immer noch nicht zurückkommen, an zwei Drittel aller Volksschulen fand der Unterricht mangels ausreichender Klassenräume schichtweise statt. Doch was waren das für Probleme im Vergleich zur Lage 13 Jahre zuvor? Als amerikanische Truppen am 30. April 1945 in die Stadt einrückten, fanden sie Ruinenfelder vor. 6700 Münchner hatten unter den Bomben des Luftkriegs ihr Leben verloren, 300 000 ihr Obdach. Nur noch etwa 480 000 der vor dem Krieg registrierten 824 000 Einwohner lebten noch in der Stadt. Die Bürger litten Hunger. Jugendbanden, so genannte Blasen, machten Häuser und Ruinen unsicher, unter ihren Mitgliedern 14-jährige Mädchen, manche bereits geschlechtskrank, wie die Polizei vermeldete.

Bereits fünf Tage nach dem Einmarsch setzte der amerikanische Stadtkommandant Karl Scharnagl als Oberbürgermeister ein. Scharnagl hatte bereits bis zu Hitlers Gleichschaltung 1933 im Rathaus regiert. Er war Mitbegründer der CSU, die 1946 die ersten Stadtratswahlen gewann, und sollte bis 1948 im Amt bleiben. Dann löste ihn der Mann ab, mit dessen Namen der Münchner Wiederaufbau bis heute vor allem verbunden ist: Mit dem Sozialdemokraten Thomas Wimmer hatte sich der Konservative Scharnagl bereits verständigt, als beide in den letzten Monaten des Dritten Reiches im Konzentrationslager Dachau eingesperrt waren.

Der gelernte Schreiner Wimmer, ebenfalls schon vor 1933 im Stadtrat, trat sein OB-Amt im Juli 1948 an. Wenige Tage zuvor hatte eine Währungsreform die D-Mark eingeführt. Erst mit der stabilen Mark konnte

Links: SPD-Oberbürgermeister Thomas Wimmer beim Anstich auf dem Oktoberfest, links hinter ihm Nachfolger Hans-Jochen Vogel. Erich Kiesl von der CSU (rechts neben Franz Josef Strauß) rief auf der Wiesn „Izapft os!" Er wurde 1984 wieder abgewählt.

Starker Anzapfer: Georg Kronawitter (SPD) fürchtete die Parteilinken mehr als die CSU. Zu den Aufrührern gehörte ein gewisser Christian Ude ...

der Aufbau richtig beginnen. Der Finanzexperte Wimmer, der auch die kleinsten Zahlen des Stadthaushalts kannte, bilanzierte die Kriegsfolgen auf eine „Gesamtschadenssumme für München auf 4,047 Milliarden Mark, nach früheren Werten und Preisen berechnet".

Und der wegen seiner Bürgernähe und persönlichen Bescheidenheit populäre Thomas Wimmer, genannt „Dammerl", setzte das legendäre Zeichen für den Wiederaufbau. Er nahm eine Schaufel in die Hand und rief die Bürger zum „Rama dama". Dieses Großaufräumen wurde zur Metapher für die zwölf Jahre der Ära Wimmer.

Die Fortschrittsseligen

Es waren erfolgreiche Jahre. Münchens Bevölkerung wuchs rasant, weswegen die 130 000 unter Wimmer neu gebauten Wohnungen nicht ausreichten, die Wohnungsnot zu beseitigen. Das lag aber vor allem daran, dass das deutsche Wirtschaftswunder in München ganz besonders zauberte. 1949 verlegte der Elektronikriese Siemens seinen Hauptsitz von Berlin nach München – wozu auch das gute Einvernehmen des Konzernchefs Werner von Siemens mit Wimmer beigetragen haben soll.

Zwar gab es durchaus Kritik an der auf Konsens bedachten Amtsführung. „München braucht einen Oberbürgermeister, der nicht nur anzapfen kann", tobte die *Abendzeitung* 1955. Erst 1960 trat der nun 73-Jährige nicht mehr an. Sein Nachfolger war ein 34-jähriger Jurist, der besser zu den modernitätsseligen sechziger Jahren passte. Hans-Jochen Vogel sah sich ganz zeitgemäß gerne als „Leiter einer Projektgruppe, deren Projekt München hieß".

Und dieses Projekt kam, ja raste voran – unter OB Vogel freilich stets nach einem Plan: Immer neue Pläne ließ der OB aufstellen, zur Behebung der Wohnungsnot, zur Verkehrsentwicklung, zur Stadtentwicklung. Ziel war, laut damaligem Plansprech, die „auf ein hochentwickeltes Zentrum hin orientierte, entlang den Strecken des Massenverkehrsmittels sternförmig in eine Vielzahl von Stadtteilen mit eigenen Nebenzentren gegliederte und mit ihrem Umland organisch verbundene Metropole mit Weltstadtcharakter". Trabantenstädte wie Fürstenried, Neuperlach oder Hasenbergl entstanden, die U-Bahn und die S-Bahn, die Fußgängerzone, aber auch Verkehrsschneisen wie der Altstadtring – das Grundgerüst städtischer Infrastruktur, auf der das moderne München bis heute steht.

Es waren Boom-Zeiten. Noch einmal beschleunigt wurde diese stürmische Entwicklung durch Münchens erfolgreiche Bewerbung um die Olympischen Spiele 1972. Die supermodernen Zeltdächer des Olympiastadions wurden zum Sinnbild für die „heimliche Hauptstadt" der Bundesrepublik, zu der *Spiegel* München emporsteigen sah.

Vogel, der seiner SPD die absolute Mehrheit im Rathaus verschafft hatte und der 1966 mit sensationellen 78 Prozent wiedergewählt wurde, erlebte die Eröffnung der Olympischen Spiele nicht mehr im Amt. Er hatte nach heftigen Flügelkämpfen innerhalb der SPD auf eine erneute Kandidatur verzichtet. Unter den Münchner Sozialdemokraten tobte der in den Studentenprotesten des Jahres 1968 zum Ausdruck gekommene Kulturkampf besonders heftig. Die immer mehr Einfluss gewinnenden Parteilinken forderten Nulltarif für den Nahverkehr, für Gas und Strom – und damit die pragmatischen Technokraten alter Schule heraus.

Während Vogel Ministerkarriere in der sozialliberalen Bundesregierung in Bonn machte, musste sich sein Nachfolger Georg Kronawitter in München mit den sich in immer schriller geführten Fehden zerstreitenden Sozialdemokraten auseinandersetzen – und das in einer Zeit, in der auf die Fortschrittseuphorie der große Kater folgte. Die Ölkrise zeigte die Grenzen des Wachstums auf, und auch in München wuchs das Unbehagen über die Kosten einer vormals ungebremsten Entwicklung, über Umweltschäden, Bodenspekulation und bulldozerhafte Stadtplanung, der Kritiker die Verantwortung für „die zweite Zerstörung Münchens" (so ein Buchtitel) zusprachen.

Doch die regierenden Sozialdemokraten waren vor allem mit sich selbst beschäftigt. Die Parteilinken, zu denen damals ein Jurastudent namens Christian Ude gehörte, mobbten Kronawitter als dem Wähler „nicht vermittelbar". Bei der Ratswahl 1978 triumphierten die CSU und ihr neuer Oberbürgermeister Erich Kiesl.

Kiesl, mit 51,4 Prozent der Stimmen gewählt, regierte jedoch nur sechs Jahre. Denn Kronawitter gelang es, nicht nur die Mehrheiten in seiner geschockten Partei wieder zu gewinnen. Er siegte 1984 gegen den als allzu repräsentationsfreudig geltenden Kiesl. In diesem Jahr bekam die auch in München wachsende Wachstumsskepsis eine Fraktion im Stadtrat: Die Grünen zogen ins Rathaus ein. Für die mögliche rot-grüne Mehrheitsregierung war die SPD damals aber noch nicht bereit.

Aber der Trend trug parteiübergreifend grün. Bereits Kiesl hatte 1981 ein städtisches Umweltreferat gebildet. Und sein Vorgänger und Nachfolger Kronawitter trat allen früheren Absichten entgegen, München zur Weltmetropole auszubauen. Zwar wollte er auch nicht, „dass München zu einer Dorfidylle zurückgeführt oder eine Käseglocke über die Stadt gestülpt wird". Aber Kronawitter war auch der Erfinder der „Dampfkesseltheorie", der seine Münchner vor den Folgen allzu hohen Wachstumsdrucks bewahren wollte. So waren die zwei Jahrzehnte Kronawitter/Kiesl augenfällig von Stadtreparatur geprägt. Grünanlagen wie der Westpark entstanden, Altbauviertel wurden saniert. Aber München blieb Wirtschaftsmetropole. Ein neuer Flughafen wurde weit draußen vor der Stadt im Erdinger Moos gebaut.

1990 entschied sich der mit 61,6 Prozent der Stimmen triumphal wiedergewählte Kronawitter dann doch für eine Ratskoalition mit den Grünen. Das Bündnis erwies sich als überraschend stabil und wurde von den Münchnern in vier weiteren Wahlen, zuletzt 2008, bestätigt. Zum nahezu unumschränkten Chef der rot-grünen Dauerregierung stieg Christian Ude auf. Hatte der Sozialdemokrat nach Kronawitters Rücktritt 1993 das Amt noch knapp mit 50,8 Prozent gegen seinen prominenten CSU-Gegenspieler Peter Gauweiler erobert, kam er 2008 auf gut zwei Drittel der Wählerstimmen. Das lag zum Teil daran, dass sich die München-CSU in diversen Skandalen und innerparteilichen Intrigen selber zerrieb.

Andererseits gelang es der rot-grünen Stadtregierung auch, für München die Balance zwischen Wirtschaftswachstum und dem von ihr propagierten „Münchner Lebensgefühl" einigermaßen zu halten. Christian Ude hat die in der Ära Kronawitter aufgekommenen Spannungen mit der Münchner Wirtschaft deutlich abgebaut.

Das München, das 2008 seinen 850. Gründungstag begeht, ist ein völlig anderes geworden als das 800-jährige München von 1958. Es ist aufgestiegen zur Stadt mit der höchsten Finanzkraft und der niedrigsten Arbeitslosigkeit in Deutschland. Es ist weltstädtisch geworden: Jeder vierte Münchner hat keinen deutschen Pass, jeder Dritte einen so genannten Migrationshintergrund. Die Globalisierung ist längst in München angekommen. „München gehört als Region zu den Gewinnern", bilanzierte OB Ude nach seiner Wahl 2008, „aber es gibt hier auch Verlierer." Diese soziale Spannung sei „für das Münchner Lebensgefühl das bedrohlichste Problem".

Zunächst aber, pünktlich zum runden Geburtstag im Jahr 2008, schlug die Stadt wieder einmal ihre eigenen Rekorde. Schon Ende 2007 lebten rund 1 350 000 Einwohner hier. Und so viele waren es noch nie in 850 Jahren.

Jan Bielicki

... der als Oberbürgermeister so staatstragend wie populär ist und das Münchner Lebensgefühl erfolgreich verkörpert.

Moderat modern

Nein, München ist nicht die Pionierstadt für Bau-Experimente. Aber das Alte versöhnt sich leicht mit dem Neuen

Die Jubilarin war, wenn man es so ausdrücken will, an ihrem 850. Geburtstag in keiner schlechten Verfassung. Die Stadt boomt und wächst, sie verändert ihr Bild rasch, wobei noch immer die Altstadt den Charakter Münchens prägt. Andererseits ist auf dem ehemaligen Flughafengelände in Riem von 1992 an die Messestadt gebaut worden, ein ganz neues, oft unterschätztes Quartier mit Wohnungen und Arbeitsplätzen. Draußen in Fröttmaning entstand auf tristen Brachflächen ein herausragendes Fußball-Stadion, fast ein neues Wahrzeichen der Stadt, die Allianz Arena, die blau schimmert bei Löwen-Heimspielen und rot bei jenen des FC Bayern (die alten Rivalen leuchten nun gleich schön, spielen aber weiterhin nicht gleich gut).

Die wachsende Stadt: An den vielen Neubauvierteln gibt es auch Kritik. Sie seien zu einfallslos und langweilig konzipiert. Gegen die berüchtigte Investorenarchitektur, die oft mehr von Renditeüberlegungen als von ästhetischen Gesichtspunkten geprägt ist, hat die Stadt noch nicht das richtige Rezept gefunden. Hoffnungsvolle Ansätze wie bei der „Werkbundsiedlung" des japanischen Architekten Sakamoto scheiterten schon im Planungsstadium an mancherlei Bedenken. Hervorzuheben sind dagegen die Pinakothek der Moderne, das Jüdische Gemeindezentrum, die Fünf Höfe und der Schäfflerblock, der Marstallplatz, der Alte Hof oder die Probebühne der Kammerspiele sowie das Literaturhaus.

Nein, München hatte bis in die jüngste Zeit nicht den besten Ruf als Architektur-Stadt. Sicher gibt es moderne Bauten von Weltrang, wie etwa den Olympiapark mit seinen Zeltdach-Sportstätten von 1972. Oder die vielgelobten Hochhäuser von BMW und der HypoVereinsbank. Ansonsten herrschte aber eher Mittelmaß. Das hat sich zum Beispiel mit der grandiosen Herz-Jesu-Kirche in Neuhausen, dem Jüdischen Zentrum, dem Fußballstadion oder der futuristischen BMW-Welt deutlich geändert.

München ist dabei nicht so modern wie Frankurt oder Hamburg, die Stadt am und „im" Fluss. Das Alte gilt hier mehr als dort. Und es versöhnt sich leichter mit einer moderaten Moderne.

Alfred Dürr

Spät hat sich München der modernen Architektur geöffnet: Die neue „BMW-Welt" vor dem Konzernhochhaus.

Zurückgekehrt ins Herz der Stadt: Die neue Synagoge am Jakobsplatz (Bild oben), eröffnet 2006, ist eine der eindrucksvollsten Schöpfungen moderner Architektur in München.

Bilder rechts:
Das Fußballstadion im Münchner Norden ist schon fast ein neues Wahrzeichen der Stadt – wenn sich die Münchner nur darauf einigen könnten, welche Beleuchtung denn nun die beste ist. Blau für die Löwen, Rot für die Bayern oder lieber neutral in Weiß? Aber darauf wird es nie eine einhellige Antwort geben.

Stadtsiegel 1268

Stadtsiegel 1323

„Kleines Stadtsiegel“ 1304

Das Münchener Kindl 1685

Stadtwappen 1808

Stadtwappen 1818

„Kleines“ Stadtwappen 1835

„Großes“ Stadtwappen 1835

Stadtwappen 1936

„Kleines“ Stadtwappen 1957

„Großes“ Stadtwappen 1957

Das rockige Kindl: Einladung zu einem Konzert im Jahre 1981

Durch dick und dünn

Welche Zumutungen die kleine Mönchsfigur im Laufe ihres langen Lebens erdulden musste. Eine kurze Geschichte des Stadtwappens

Manchmal erschien er lang und dünn. Dann wieder war er behäbig und dick. Am Ende reduzierte er sich auf die Gestalt eines Kindes in Mönchskutte: Das „Münchner Kindl" war geboren. Der Mönch als bildhafte Umsetzung des Ortsnamens München (d. h. bei den Mönchen) lässt sich bis ins frühe 13. Jahrhundert zurückverfolgen. Im ältesten Stadtsiegel von 1239 ist im geöffneten Stadttor ein Mönchshaupt mit übergezogener Gugel (Kapuze) zu sehen. Über dem Torbogen zeigt sich der Rumpf eines auffliegenden Adlers, ein Hinweis auf das Münchner Territorium als einstiges Reichskirchengut und auf die Tatsache, dass Münchens Werdegang mit einer direkt vom Kaiser vermittelten Streitschlichtung zwischen Heinrich dem Löwen, Herzog von Bayern, und dem Freisinger Bischof zusammenhängt.

Seit dem 14. Jahrhundert erscheint der „Stadtmönch" in ganzer Gestalt und aufrecht stehend, wobei der Kopf in der Regel im Profil und mit übergezogener Gugel abgebildet wird. Über dem Torbogen prunkt nun anstelle des Adlers ein Löwe, ein deutlicher heraldischer Hinweis darauf, dass die junge Stadt inzwischen in die Hand der wittelsbachischen Herzogsdynastie übergewechselt war.

Der Typus des „Kindl" war den Münchnern gerade in der Barockzeit besonders lieb und teuer, da es das kommunale Hoheitszeichen in ein eher verspieltes Symbol umdeutete, das auch dem nachlässigsten Christenmenschen und notorischen Steuerhinterzieher kein schlechtes Gewissen machte. Überall, wo Münchner Ware gestempelt wurde, tauchte auch das „Münchner Kindl" als städtisches Qualitätszeichen auf und fand so seinen Weg in die weite Welt.

Als in der Zeit des brachialen Reformers Montgelas zu Beginn des 19. Jahrhunderts die Säkularisation die uralte bayerische Klosterkultur vernichtet hatte, störte man sich an dem Umstand, dass ausgerechnet die Hauptstadt des jetzt so fortschrittsbesessenen neubayerischen Königreiches ein Mönchsbild im Wappen zeigte. 1808 wurde diese „Kulturschande" per Ministerialverordnung getilgt, und München bekam ein neues Wappen. Es war an Geistlosigkeit kaum zu übertreffen, denn geblieben war nur noch der offene, jetzt mit einer Königskrone gezierte Torbogen, in dem ein bewaffneter Löwe damit beschäftigt war, dem Betrachter einen kleinen Rundschild entgegenzuhalten, auf dem ein „M" eingeschrieben war – der Anfangsbuchstabe des Königsnamens (Maximilian).

Kommunale Humorlosigkeit

Erst 1834 wagte der Zweite Bürgermeister Teng, ermuntert durch die von König Ludwig I. geförderte Traditionspolitik, eine Eingabe nach Restitution der historischen Wappenbilder. Der König bewilligte prompt „mit Freuden die Führung der in Vorlage gebrachten Siegel".

Im Dritten Reich legte man erneut Hand an das Kindl und gab 1936 auf persönliche Anregung Hitlers bei dem Graphiker Richard Klein ein neues Wappenbild in Auftrag, demzufolge in Anlehnung an die ältesten Siegelbilder wieder der Reichsadler (selbstverständlich jetzt mit Hakenkreuz) über einem Stadttor erschien. Vor eben diesem Tor stand dann ein Mönch mit ausgebreiteten Armen, einem Verkehrspolizisten nicht unähnlich – eine (welch ungewollte Ironie!) der nationalsozialistischen „Hauptstadt der Bewegung" oktroyierte heraldische Katastrophe.

1945 kehrte man schleunig wieder zu den Wappenbildern des 19. Jahrhunderts zurück, bemühte sich aber um eine zeitgemäße Neugestaltung. Wie es so oft in München geschieht, wurden die Entwürfe anschließend zu Tode diskutiert. Nur die Straßenbahn hatte selbstherrlich einen ganz eigenständigen Typus zum Einsatz gebracht, der das aus Prinzip fröhlich gestimmte historische „Münchner Kindl" wieder aufleben ließ. Da sie die Trambahn täglich vor Augen hatten, einen Rathausstempel aber nur von Zeit zu Zeit, gewöhnten sich die Bürger rasch an dieses unautorisierte Symbolbild.

Doch hatten sie die Hartnäckigkeit ihrer Stadtväter unterschätzt, die im Vorfeld des 1958 fälligen Stadtjubiläums wieder um Modernität rangen. Das biedere historische Mönchlein war nun zu einer betont sachlich-strengen Symbolfigur kommunaler Humorlosigkeit umgewandelt worden. Die Herzen der Münchner erreichte es jedoch nicht.

Es setzte eine regelrechte Münchner Identifikationskrise ein, die ihren Höhepunkt erreichte, als auch die Trambahn auf das neue Mönchsbild umstellen musste. Doch am Ende ist München eigentlich noch gut davongekommen. Ein Blick auf die bemerkenswert hässliche und mit wahren Greifzangen anstelle der Arme ausgerüstete Münchner-Kindl-Plastik am Neubau der Stadtsparkasse Im Tal machte nämlich klar, wozu die künstlerische Moderne sonst noch fähig war. *Richard Bauer*

Lith. u. Druck Albert Ebner München, Müllerstr. 42

Stadt im Rausch

Einst panschten sie mit Wacholder, Tollkirsche und Ochsengalle, heute schwören sie auf das Reinheitsgebot: Die großen Brauereibarone und ihre Macht

Es riecht nach Wachs und Metall. „Höllenfeuer" nennt die Bildhauerin Waltraud Wittmann die Geburtsstätte von „Julius", eine Gießerei im Dachauer Land. Seit dem Zweiten Weltkrieg war die Figur des Braugehilfen verschollen. Im Sommer 2008 kehrt sie wieder an ihren angestammten Platz auf dem Nordgiebel des Hofbräuhauses zurück – ein Geburtstagsgeschenk des Finanzministeriums an die Stadt. „Julius" ziert somit wieder das wahrste aller Wahrzeichen bayerischer Kultur: München als Bierstadt.

Ein Mythos sicherlich, beginnt doch die Geschichte dieser Stadt keineswegs mit Bier, sondern vielmehr mit Wein. Im gesamten Mittelalter frönen die Münchner – zumindest diejenigen, die es sich leisten können – in den vielen Schankstuben dem Genuss von Elsässer Wein, Welschriesling oder dem etwas billigeren bayerischen Landwein. Zu dieser Zeit herrscht ein sehr mildes Klima, die Trauben gedeihen besser – wenngleich hinter vielen Klostermauern bereits eifrig an geeigneten Bierrezepturen gebastelt wird. In München könnte bereits 1264 Herzog Ludwig II. eine eigene Braustätte für den Hof eingerichtet haben – doch belegt ist das nicht. Sicher ist aber, dass der Herzog 1286 dem Heiliggeistspital die Brau- und Schankgerechtsame für den Hausbedarf zuspricht.

Titelblatt der Oktoberfest-Zeitung von 1926: „Trinkt deutsches Bier", fordern die Brauereien. Die meisten gibt es immer noch, doch die Zeit der großen Bierfamilien ist vorbei.

Spätestens 1328 sollen die Augustinermönche in ihrem Klostergebäude an der Neuhauser Gasse Bier gebraut haben. Noch heute bezeichnet sich daher der Augustinerbräu als „älteste noch bestehende Brauerei Münchens". Allerdings hegen Historiker mittlerweile Zweifel daran, belegen die Quellen doch nur, dass die Patres Mitte des 18. Jahrhunderts von sich selbst behaupteten, seit 500 Jahren Bier zu brauen. Urkundlich taucht die Brauerei der Augustiner erst 1411 auf.

„So lieblich zu trinken"

Aber damit noch lange nicht genug: Auch Löwenbräu nennt sich jahrzehntelang die älteste Brauerei der Stadt und gibt als Gründungsjahr 1383 an. Niemand hätte sich daran gestört, wenn sich nicht im 20. Jahrhundert eine regelrechte Forschungskontroverse in dieser Frage entwickelt hätte, die jedoch keine erhellendere Antwort bringt als eine, die ohnehin bereits bekannt ist: Im Steuerbuch der Stadt erscheint 1524 als erster nachweisbarer Löwenbräu (der Brauer) Jörg Schnaitter in der Engen Gasse, der späteren Löwengrube.

Doch zunächst ist das Brauen ohnehin nur einer eng begrenzten Gesellschaftsschicht vorbehalten – ohne herzögliche Erlaubnis geht gar nichts. 1372 jedoch legt Herzog Stephan II. fest, dass nun jeder Münchner Bier und Greußing – eine Art „Leicht"-Bier, das aus dem zweiten Aufguss der Maische gewonnen wird – brauen darf. Er will die Nachfrage der ständig wachsenden Zahl der Münchner decken und zugleich seinen eigenen Geldbeutel füllen: Jeder der Brauer, so die Bestimmung, muss 50 Pfund Pfennige im Jahr an Abgabe zahlen. Dennoch steigt die Zahl der Braustätten bis 1500 auf 39, bis 1600 sogar auf mehr als 70. Heute sind davon nur mehr sechs Markennamen übrig geblieben.

Sie alle schwören auf das Münchner Reinheitsgebot, das der findige Herzog Albrecht am 30. November 1487 erlässt. Demnach darf Bier aus nichts anderem mehr gesotten werden als aus Hopfen, Gerste und Wasser „und sonst nichts darein oder darunter tun oder man straffe es fuer valsch". Es klingt nach heutigen Maßstäben unglaublich, was die Brauer dieser Zeit alles in ihr Bier „gepanscht" haben: Wacholder, Lorbeer, aber auch Tollkirsche oder Bilsenkraut, deren Halluzinogene die Wirkung des Alkohols verstärken sollten. Manche verwenden sogar Schweine- und Ochsengalle, um dem Gebräu den damals so typischen süßlichen Geschmack zu nehmen. Selbst nach dem Reinheitserlass des Herzogs, so berichten alte Quellen, sei noch die Zugabe von Benediktenwurz erlaubt gewesen: um dem Bier eine schönere Farbe zu verleihen und um es „lieblich zu trincken machen", wie Jacobus Theodorus Tabernaemontanus in seinem berühmten Kräuter-

buch aus dem Jahre 1731 empfiehlt.

Im 17. Jahrhundert gelangt Herzog Maximilian I. über das soeben ausgestorbene Geschlecht der Degenbergs aus Kelheim an die richtige Brautechnik für Weißbier – das anders als das zur Winterzeit herstellte Braunbier das ganze Jahr über gebraut werden kann, aber bislang zwei Nachteile besessen hatte: Es ist wegen des immer wieder knappen Rohstoffs Weizen teurer zu brauen und verdirbt schneller. Es verwundert nicht, dass nun der Herzog das Weißbierbrauen kurzerhand zu seinem Monopol erklärt. Das Getränk erfreut sich alsbald so großer Beliebtheit, dass die Brauerei im Alten Hof nicht mehr mit dem Biersieden nachkommt – Maximilian baut daher 1607 ein neues „weißes Brauhaus“ auf dem Platzl, genau dort, wo sich heute noch das Hofbräuhaus befindet. Das Weißbierbrauen lohnt sich – sogar so sehr, dass sich damit ein Teil der bayerischen Kosten des Dreißigjährigen Krieges finanzieren lässt. Nach dessen Ende sind die bayerischen Rebflächen zerstört – und spätestens jetzt sind dem Vormarsch der Bieres in München keine Grenzen mehr gesetzt.

Mit der Säkularisation 1803 wird auch das vorläufige Ende der Klosterbrauereien eingeläutet. Schon bald, 1804, hat auch die alte Zunftordnung ausgedient, der Zugang zum Braugewerbe wird nochmals erleichtert. Von 1811 bis 1868 gibt es sogar einen einheitlichen Bierpreis. Der ist seit jeher ein wichtiges Thema in München, gilt er doch grundsätzlich als Indikator für bevorstehendes Unheil: Steigt der Preis fürs Bier, ist wieder mal ein Krieg zu finanzieren.

Oben: Der Bauernsohn Joseph Pschorr (1770–1841) war einer der bedeutendsten Bierbarone Münchens. Unten: Stillleben mit Bockbier von Johann Wilhelm Preyer um 1840.

Im 19. Jahrhundert ändert sich das Braugewerbe schlagartig. Carl von Linde entwickelt eine Kältemaschine: Vorbei also die Zeiten, in denen die Menschen riesige Eisblöcke im Winter aus den Gewässern der Stadt und der Umgebung schlagen müssen, um das Bier damit zu kühlen. Das Bier kann nun ganzjährig gebraut und in den vielen Wirtshäusern der Stadt, in den bereits existierenden Bierkellern und Biergärten – einst eine Art Direktverkauf der Brauereien auf ihren Lagerkellern – ausgeschenkt werden. Schon längst ist das Brauen fest in weltlicher, bürgerlicher Hand. Allerdings bleiben von den mehr als 50 Brauereien Anfang des 19. Jahrhunderts an dessen Ende durch Aufkäufe und Übernahmen gerade einmal zehn übrig. Ihre Eigner sind sehr wohlhabend, inszenieren sich gern als „Bierbarone“. Franz Xaver Zacherl beispielsweise, ein einstiger Koch, der erst durch seine Heirat mit Elisabeth Schmederer in das Braugeschäft einsteigt.

Er ist es, der 1813 das Areal des Paulaner-Klosters Neudeck in der Au kauft und damit das Recht, den doppelt eingebrauten Salvator auszuschen-

Rollende Fässer, lärmende Menschen, schäumendes Bier: Im Hof des alten Hofbräuhauses ging es hoch her. Ein Gemälde aus dem Jahr 1858.

ken. Jahrelang kämpft er dafür, das Luxusbier, das „Zacherl-Öl“, teurer verkaufen zu dürfen – ein Kampf, den er letztlich gewinnt und damit das alljährliche Starkbierfest vor dem Ende bewahrt. Oder Joseph Pschorr, der als Brauknecht 1793 die Gunst der Hackerbräu-Tochter Maria Theresia erwirbt, seinem Schwiegervater für 34 000 Gulden die Brauerei abkauft und mit ausgeprägtem Geschäftssinn zum mächtigsten und wohlhabendsten Brauherrn Münchens avanciert.

Gabriel Sedlmayr, Eigentümer der Spatenbrauerei, experimentiert bereits ab 1821 mit der Dampfmaschine. Sein gleichnamiger Sohn Gabriel wird zunächst jedoch mit intensiver Industriespionage berühmt. So nimmt er in England, bekannt durch herbere Biere, mit einem eigens dafür präparierten Spazierstock heimlich Bierproben, um so hinter die Rezepturen zu kommen. Doch erst viel später, 1895, beginnt Spaten mit der Produktion von „Münchner Hellem“, einer stärker gehopften, herberen Sorte nach Pilsner Vorbild.

Durch die Hochzeit mit der Inninger Brauerstochter Anna Maria Rapolt und durch den Mut, sich einen Riesenberg Schulden aufzulasten, wird auch der Bauernsohn Georg Brey zum Münchner Bierbaron. Für 45 000 Gulden kauft er die Löwenbrauerei. 18 Jahre nach seinem Tod, 1872, verwandelt Sohn Ludwig sie in eine Aktiengesellschaft – als erstes Münchner Unternehmen. Anton und Therese Wagner setzen dagegen auf eine Kombination aus mönchischer Brautradition und technischen Neuerungen, als sie 1829 die Augustiner Brauerei erwerben. Doch noch etwas unterscheidet diese Brauerei von ihrer heimischen Konkurrenz: Sie hat sich als einzige erfolgreich gegen Übernahmeversuche gewehrt. Hofbräu ist dagegen noch ein Regiebetrieb des Freistaats. Ob die Münchner Bierlandschaft so bleiben wird? „Julius“ wird darüber wachen. *Astrid Becker*

Land der ungeraden Zungen

„Ich dachte immer, die Münchner lieben ihr Oktoberfest": Die Chinesin Rong Xu rätselt über das zwiespältige Verhältnis der Einwohner zur größten Party der Welt

„Mutter, Vater und Bruder! Ich muss Euch sofort berichten, was ich in dieser bildschönen Stadt erlebt habe. Gestern Abend erreichte mein kurzer Besuch hier seinen Höhepunkt: Ich war auf dem Oktoberfest. Seit 1810 feiern die Münchner einmal im Jahr zur Vermählung des späteren Königs Ludwig I. dieses Volksfest. Es dauert 16 Tage und endet am ersten Sonntag im Oktober."

Rong Xu war damals, im Jahr 1989, 22 Jahre alt, studierte in Duisburg Germanistik und hatte Freunde in München besucht. Doch Rong Xus zu Brief gewordenen Eindrücke über das Münchner Oktoberfest unterschieden sich, käme sie heute nach München, nur wenig. Vielleicht fiele ihr auf, dass es neben „Fürstenfeld" ein paar neue so genannte Wiesnhits gibt, etwa den „Holzmichl" der Thüringer Combo „Die Randfichten" oder „54, 74, 90, 2010" von den „Sportfreunden Stiller".

Will man das Phänomen des Oktoberfestes einem Fremden erklären, so schadet es nicht, mit der Bemerkung zu beginnen, dass es eigentlich wieder einmal so ist wie immer, wobei zum Kontinuum der Wiesn natürlich gehört, dass der Bierpreis steigt. Sage man nun diesem Fremden, egal, ob es sich dabei um eine chinesische Studentin oder um Rex, den High-School-Lehrer aus Chicago handelt, der es nun endlich geschafft hat, den Freunden in der alten Welt einen Besuch abzustatten, sage man ihr oder ihm also, dieses Oktoberfest sei etwas ganz und gar Einzigartiges, so liegt man nicht falsch. Zwar würde Rong Xu heute einwenden, es gebe nun auch bei ihr in Schanghai ein Oktoberfest. Und auch Rex würde zunächst erklären, er habe im letzten Jahr auf dem Oktoberfest im Lakeview-Viertel einen Fetzenrausch gehabt. Doch ist es eben diese *unique selling position* des Münchner Oktoberfestes, dass es sich dabei um die meistkopierte Rauschparty weltweit handelt.

„Es gibt Betrunkene hier"

„Ich dachte immer, alle Münchner liebten ihr Oktoberfest. Als ich das meinen Freunden erzählte, riefen sie alle fast in einem Ton: ‚Ach, wie furchtbar, dieses Oktoberfest. Das ist nur ein guter Anlass zu saufen.' Ich war erstaunt über die Reaktion meiner Freunde. In China freut man sich immer über Volksfeste."

Zum Oktoberfest gehört das Verhasstsein beim Einheimischen genauso wie die Tatsache, dass der Einheimische so oft wie nur irgendmöglich aufs Oktoberfest geht. Eine Ambivalenz dieser Art ist typisch für den Münchner, der wie jedes Jahr sagt, er gehe diesmal bestimmt nicht auf die Wiesn, weil ihm die Besoffenen aus Nah und Fern, vor allem aus Fern, unglaublich auf die Nerven gingen. Trifft man ihn tags darauf, wird er etwas zerknittert sein und irgendwas davon murmeln, dass es im Schottenhamel-Zelt auch nicht mehr so lustig sei wie früher.

Es gibt 14 große Zelte mit jeweils mehreren tausend Plätzen, das größte ist die Hofbräu-Festhalle mit im besten Fall (also fast immer) 10 000 Besuchern. Der Austragungsort, die Theresienwiese, verdankt seinen Namen der Braut, die am 12. Oktober 1810 den Kronprinzen Ludwig heiratete, weswegen hier, damals noch vor den Toren der Stadt, ein großes Pferderennen veranstaltet wurde. Bier gibt es erst seit 1880.

„Auf einmal gingen wir in die Trinkhalle einer Brauerei. Am Eingang wurde ich von zwei Amerikanern angehalten. Was sie zu mir gesagt haben, verstand ich nicht. Es war bestimmt nichts Wichtiges, weil ihre Augen schon halb zu und ihre Zungen nicht mehr gerade waren. Tatsächlich, es gibt Betrunkene hier, sogar betrunkene Ausländer."

Hier wird pro Jahr etwa eine Milliarde Euro umgesetzt, hier arbeiten gut 12 000 Menschen, etwa 1600 als Kellner und Kellnerinnen, die locker bis zu zehn Maßkrüge (voll, oder zumindest fast voll) zu den Tischen schleppen. Es verteilen sich etwa 60 000 Hektoliter Bier, also sechs Millionen Maß, auf gut sechs Millionen Besucher, was eigentlich komisch ist, denn die meisten haben schon bald „keine geraden Zungen" mehr, weil mindestens zwei Maß intus.

„Bei einem Karnevalsfest in Duisburg habe ich geweint, weil ich fühlte, dass ich zu dieser Art Fröhlichkeit nicht passe. Hier in München aber war ich sofort von der fröhlichen Stimmung angesteckt und richtig glücklich. Wenn Ihr, Vater und Mutter, dabei gewesen wäret, hättet Ihr mich wohl nicht wiedererkannt. Mutter würde sich wohl noch mehr Sorgen machen um ihre Tochter. Aber keine Angst, ich war sehr anständig. Und heute Abend gehe ich mit meinen Freunden noch einmal dorthin."

Karl Forster

Stemmt locker bis zu zehn (fast) gefüllte Maßkrüge: Kellnerin auf der Wiesn.

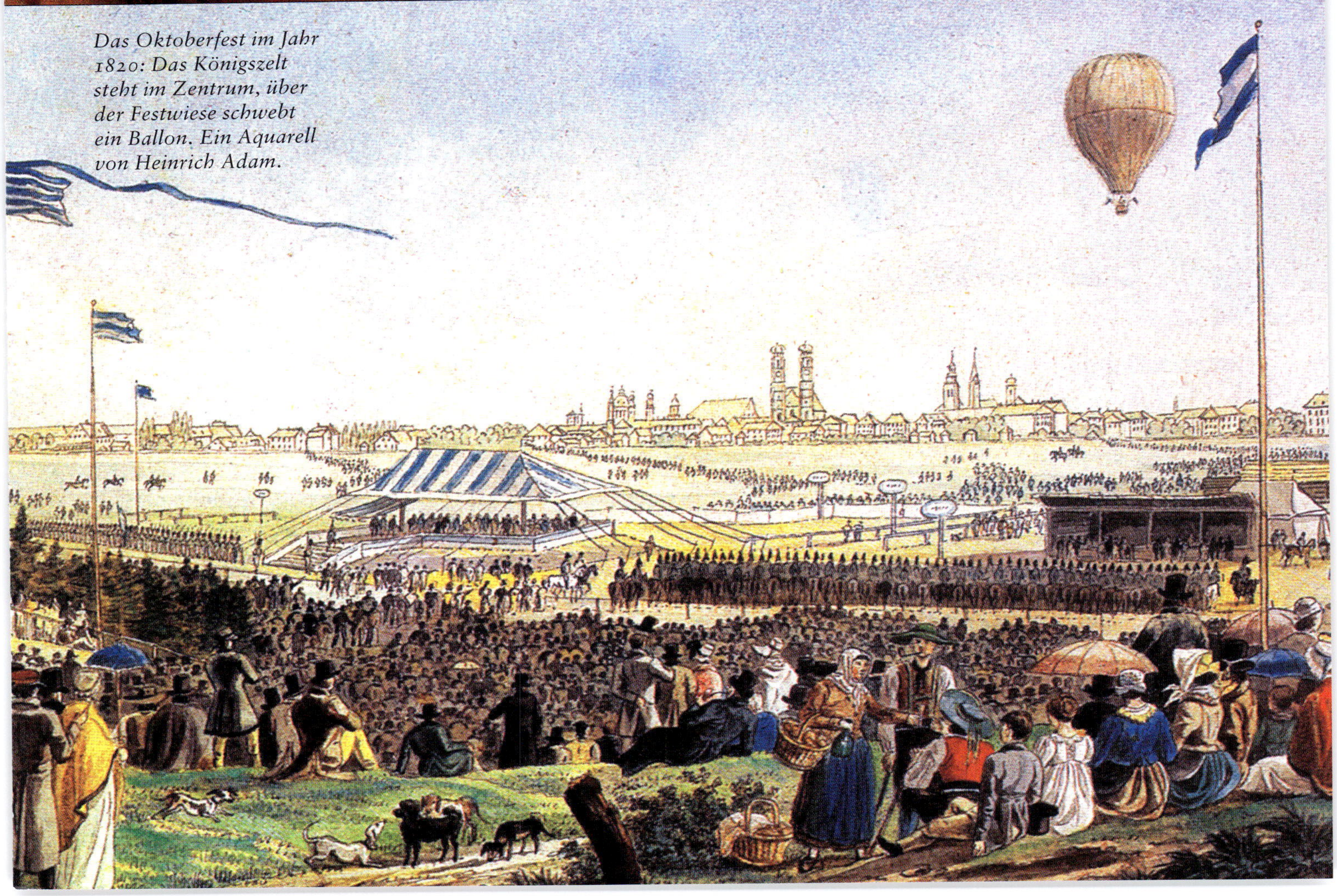

Das Oktoberfest im Jahr 1820: Das Königszelt steht im Zentrum, über der Festwiese schwebt ein Ballon. Ein Aquarell von Heinrich Adam.

„Manchmal vermisse ich unsere alte Gemütlichkeit"

Willy Heide, der ehemalige Sprecher der Wiesn-Wirte, zieht Bilanz und sorgt sich um den Charakter des Oktoberfestes. Ein Gespräch auf der Bierbank

Willy Heide, Jahrgang 1919, ist seit mehr als 70 Jahren im Festzelt „Bräurosl“ dabei. Er war lange Zeit Sprecher der Wiesn-Wirte.

Herr Heide, war die Wiesn früher wirklich friedlicher?
Heide: Heute ist die Stimmung sehr oft fröhlich und friedlich. Das muss man sagen, wenn man an früher denkt. Da war nicht alles besser damals.

Früher waren Ihre Gäste rabiater?
Heide: Einige auf jeden Fall. Wissen Sie, was der Maurer-Montag war?

Man kann es ahnen, aber ehrlich: Nein.
Heide: Das ist auch lange her. In den Fünfzigern wurde ja viel gebaut, wegen der Kriegszerstörungen. Und die Baufirmen haben an einem Montag auf der Wiesn für ihre Männer gebucht, am Maurer-Montag eben. Den haben wir gefürchtet. Die Maurer haben viel vertragen, aber auch viel Streit angefangen, richtige Streithähne waren das. Und dann ham's gerauft – aber wie! Wenn die kamen, hat man als Wirt schon gewusst: Heute langen die zu. Wir hatten noch nicht so viele Ordner wie heute, aber 40 Herren waren's seinerzeit schon. Alles gestandene Mannsbilder.

Wie viele haben Sie heute?
Heide: Bestimmt doppelt so viele. Die müssen jedoch vor allem die Zugänge kontrollieren, wenn das Zelt so voll ist. Das gab's früher auch nicht, dass man gar nicht mehr neikommt ins Zelt. Jedenfalls, wenn's bei diesem Montag spät wurde, konnten die nichts mehr machen gegen die Maurer. Da kamen ganze Hundertschaften Schutzpolizei ins Zelt, bis wieder a Ruh war. Das war nicht schön für den Wirt.

(Die Bedienung erscheint.)

Kellnerin: Griaß di. Mögen Sie ein Bier?
Gern. Sie auch?
Heide: Soll ich Ihnen was verraten? Ich trinke nie Bier auf der Wiesn.

Sie sind seit 70 Jahren Wiesn-Wirt und trinken kein Bier?
Heide (lacht): Das habe ich nicht gesagt. Bier trinke ich schon – nur nicht auf der Wiesn. Das haltst ned durch den ganzen Tag. Ich muss den Kopf klar haben fürs Geschäft. Am Abend daheim, da trinke ich gern eins oder auch einen schönen Schoppen. Aber in der Bräurosl – nie!

Wie hat sich denn die Wiesn verändert im Vergleich zu früher, mal abgesehen vom Raufen?
Heide: Mein Papa hat irgendwann gesagt: Die Gäste werden immer fauler, nicht mal mehr raufen tun sie noch. Damals, also in den fünfziger und sechziger Jahren, war's ruhiger und gemütlicher. Die Musik war leiser, im Zelt ging's gelassener zu. Damals sind mein Herr Papa und ich abends von Tisch zu Tisch gegangen und haben die Gäste begrüßt. Wenn ich das heut mache, schauen mich manche an wie ein Mondkalb. Am Abend versteht man ohnehin nichts mehr wegen der lauten Musik. Aber so macht's den Leuten halt Spaß, und das ist ja das Schöne an der Wiesn, der Spaß.

Können Sie sich noch an Ihre erste Wiesn erinnern?
Heide: Das war 1936, wir hatten die Bräurosl ganz neu. Mein Papa war ein sehr guter Lehrmeister. Viel zum Feiern bin ich nicht gekommen. Damals war ich 17 und habe all die Tage Krügerl gewaschen und Hendl aufgesteckt. Und das Improvisieren habe ich gelernt. Damals fielen in der zweiten Woche 30 Zentimeter Schnee. Da haben wir mit dem Schneepflug geräumt und im Zelt große Öfen aufgestellt.

Ihre erste Wiesn war ja in der Nazizeit, was hat das für Sie bedeutet?
Heide: Nichts Gutes. Ich habe den gesamten Krieg als Soldat mitmachen müssen. Ich war der kleinste Hauptfeldwebel der Wehrmacht (lacht). Aber im Ernst: Die Jahre im Leben eines jungen Mannes, die eigentlich die schönsten sein sollten, die waren hart und grausam. Ich musste mit zum Russlandfeldzug, bekam dort den Flecktyphus. 1944 war ich in Südfrankreich, bis die Alliierten dort landeten. Dann war ich vier Jahre in Gefangenschaft bei Tripolis in Libyen. Wir waren in der Wüste, bei den Engländern, ein Lager mit 3500 Mann. Die Briten haben sich sehr korrekt verhalten, auch wenn sie manchmal das Wasser abdrehten, wenn wir mal Ärger mit ihnen hatten.

Und 1949 waren Sie auf der ersten Nachkriegs-Wiesn gleich mit dabei?
Heide: Gleich dabei. Nur war auch unser altes Zelt im Bombenkrieg verbrannt. Erst 1950 hatten wir wieder ein richtiges neues.

Trauern Sie der alten Wiesn heute überhaupt nach?
Heide: Na ja, die Wiesn ist immer großartig. Aber manchmal vermisse ich unsere alte Gemütlichkeit. Damals haben die Musikkapellen außer baye-

rischen Liedern schöne Operettenmusik gespielt, das war nett. Manchmal schau ich mir die alten Bilder an, und wissen Sie was? Was der größte Unterschied zu heute ist?

Die Fahrgeschäfte? Da blinkt es, raucht es, dröhnt es ...

Heide: Stimmt. Damals gab es bloß das Riesenrad, das Teufelsrad, die Krinoline. Aber diese Dinge gehen halt mit der Zeit. Ich meine etwas anderes. Die Leute haben schön geschunkelt und nicht auf den Bänken gestanden, das hat mir besser gefallen. Und dann die Hüte! Alle trugen Hüte, die Damen wie die Herren. Nicht Trachtenhüte, sondern ganz normale. Und außerdem, das sag ich Ihnen, gab es nicht all diese Dirndl wie heut. Die Bauersfrauen aus dem Oberland, die kamen schon in Tracht, aber in alter und echter. Die Besucher haben sich schön angezogen.

Sprechen wir von den Wirten: Man sagt ja, dass sie mogeln ...

Heide: Ärger mit der Stadt, das hat es natürlich früher schon gegeben. Der Gauweiler hat als Kreisverwaltungsreferent ja dem Süßmeier die Lizenz abgenommen. Der Peter Gauweiler war schon sehr streng. Aber der Süßmeier, der mein Freund ist bis heute, war auch ned so geschickt, als er schlecht eingeschenkt hat und dann noch erklärt, wie man aus einem Wiesn-Hendl drei halbe macht.

Welcher Oberbürgermeister – Sie haben ja einige erlebt – hat das erste Fass am besten angezapft?

Heide: Der Christian Ude. Zwei, drei Schläge, alles klar. Dem macht das ja auch Spaß. Der Dr. Vogel in den siebziger Jahren, der war ein sehr guter Oberbürgermeister. Aber die Wiesn, das war nicht so seine Sache. Und das Anzapfen auch nicht.

(Älterer Gast im Trachten-Janker tritt hinzu.)

Gast: Ja, der Chef persönlich iss do ... (Rest unverständlich, die Kapelle setzt ein.)

Chef persönlich: Ja, griaß di!

Gast (zum Reporter): Der Willy, der schaut immer gleich aus, seit 20 Jahr' immer gleich. Der wird a ned älter.

Heide: Das macht die Wiesn. Die hält jung.

Interview: Joachim Käppner

„Früher ham's mehr gerauft": Wiesn-Veteran Willy Heide beim Sonntagskonzert auf dem Oktoberfest.

[illegible]arische Trio: Bier, Weißwurst, süßer Senf. Was die Weißwurst betrifft, gilt sie vielen als der bedeutendste Beitrag Münchens zur Küchenkultur – dabei ist höchst fraglich, ob es sich bei der populären Wurst tatsächlich um eine Münchner Erfindung handelt.

„Königin im Wurstrevier!"

Die Mutter aller Münchner Spezialitäten hat eine unergründliche Vergangenheit. Sei's drum. Eine Laudatio

Gewiss gibt es raffiniertere lukullische Kreationen als die Münchner Weißwurst. Aber sie deshalb als „schrecklich unappetitlich in ihrer furchtbaren Haut" und darüber hinaus noch als „Albino-Pimmel" zu beschimpfen, wie es der kulinarische Großinquisitor Wolfram Siebeck getan hat, verstößt nicht nur gegen das Gebot, die kulturellen Eigenheiten fremder Völker zu achten, sondern offenbart auch eine gedankliche Schludrigkeit insofern, als dem so genannten Fresspapst allein die Oberfläche (Haut) wichtig erscheint, wohingegen ihm der Inhalt offenbar wurst ist. Wenn es hier gilt, eine Laudatio auf die Weißwurst zu formulieren, dann sei vorsorglich angemerkt, dass nur Münchner über sie zu urteilen und gegebenenfalls zu meckern befugt sind, Auswärtige oder gar gebürtige Duisburger wie der Herr Siebeck aber in Demut hinzunehmen haben, dass es sich bei ihr noch vor der Polnischen oder der Salami um die bedeutendste aller Würste handelt.

So, das musste heraus, ehe es im engeren Sinne um die Wurst geht, die in diesem Fall, das lässt sich nicht verschweigen, durchaus umstritten ist. Selbst in München finden sich Menschen, die der Weißwurst äußerst kritisch gegenüberstehen und die behaupten, sie sei nichts anderes als der geglückte Versuch, Wasser schnittfest zu machen. Ebenfalls verbreitet ist in diesen Kreisen die Meinung, die Weißwurst sei, wenn überhaupt, nur mit süßem Senf genießbar – ein Gedanke, der in seiner extremsten Ausformung darauf hinausläuft, den Senf als das Wesentliche zu betrachten, dem die Wurst als etwas Nachrangiges beigefügt wird, das allein dazu dient, den Verzehr der süß-sauren Substanz aus den Häusern Develey, Händlmaier et alii zu erleichtern.

Die Gegenseite wiederum hat die Weißwurst zu einem Regionalheiligtum erklärt, dem zu huldigen der Bavarica-Poet Herbert Schneider sogar eine Hymne verfasst hat, beginnend mit den Versen: „Du Königin im Wurstrevier / du schön gekurvte Tellerzier, / lass dir den weißen Hermelin / von deinen zarten Schultern ziehn!"

Auszuzeln erlaubt?

Siebecks „furchtbare Haut" hat sich hier in einen weißen Hermelin verwandelt, und ungeachtet der Frage, ob man eine Wurst im Pelz wirklich verzehren möchte, manifestiert sich in der kühnen Metaphorik eine nahezu kultische Hingabe, die unter weniger besonnenen Weißwurst-Verehrern bereits zu Glaubenskriegen geführt hat. Bis heute streiten die Wurstologen, ob allein die Technik des Auszuzelns erlaubt ist oder ob man der Weißwurst auch mit Messer und Gabel nähertreten darf. Sofern der Schein nicht trügt, ist das Auszuzeln, ein Saugverfahren ähnlich dem zur Erzeugung von Knutschflecken, zum Ärger der Fundamentalisten auf dem Rückzug, wohingegen der Verzehr mit Besteck zunehmend toleriert wird. Dass es auch dabei verschiedene Methoden gibt, vom brutalen Längsschnitt bis hin zum artifiziellen Kreuzschnitt, der chirurgische Fertigkeiten erfordert, zeigt das Ausmaß der Bedeutung, die der Münchner der Weißwurst und ihrer Handhabung beimisst. Wenn es darum geht, das Brät von der Wursthaut zu trennen, erweist er sich als stilbewusster Zeitgenosse, der mit derselben Leidenschaft für die Etikette kämpft, wie man sie sonst nur bei Engländern oder Franzosen vermutet.

Wenn eine Sache derart ins Weltanschauliche, wenn nicht gar Metaphysische driftet, ist die Legenden- und Mythenbildung nicht fern. Der Schöpfungsmythos der Weißwurst ist allgemein bekannt, deshalb dürfte es genügen, ihn hier in groben Zügen vorzustellen.

Es begab sich am 22. Februar des Jahres 1857, dass der Bierwirt Sepp Moser im Gasthof Zum Ewigen Licht am Marienplatz zu früher Stunde Wasser aufsetzte, um seine beliebten Kalbsbratwürstel herzustellen. Moser rührte in gewohnter Manier das Brät an, während sich die Wirtschaft mit Frühschoppen-Gästen füllte, viele von ihnen noch ausgezehrt vom nächtlichen Faschingstreiben. Als der Wirt die Masse in die Wursthaut pressen wollte, sah er sich mit einer bitteren Tatsache konfrontiert: Die zarten Schafssaitlinge, unentbehrlich für Mosers Bratwürste, waren ausgegangen, und Nachschub war an diesem Faschingssonntag nicht zu erwarten. Immerhin, Schweinsdärme hatte der Mann noch auf Lager, und er wäre ein schlechter Wirt gewesen, hätte er diese Chance nicht genutzt.

Also füllte der Moser Sepp das Kalbsbrät in die Schweinsdärme und warf die Würste, die beträchtlich dicker waren als gewohnt, zum Abbrühen ins heiße Wasser. Sie anschließend zu braten ließ er vorsichtshalber bleiben. Stattdessen setzte Moser seinen Gästen die wulstigen Würste in einer Terrine vor, hoffend, dass sie gnädig aufgenommen würden. Und tatsächlich: Die morgendlichen Wurstesser waren nicht nur begeistert, sie hatten

Das Wirtshaus Zum Ewigen Licht (um 1895): Hier soll, so will es die Legende, die Weißwurst das Licht der Welt erblickt haben; es handelte sich freilich eher um die Düsternis einer Kaschemme.

auch das Gefühl, bei einem historischen Ereignis dabei gewesen zu sein. In Mosers Wurstkessel, so der allgemeine Eindruck, war ein ganz neues Geschöpf entstanden, das in München und weit darüber hinaus seinesgleichen suchte.

Nun ist es mit Legenden, und seien sie noch so schön, in der Regel so, dass über kurz oder lang Skeptiker ihren Senf dazugeben, häufig mit dem Vorsatz, mittels wissenschaftlicher Erkenntnisse alles in Frage zu stellen. Besonders ärgerlich ist, dass diese Erbsenzähler oft recht haben. Tja, und leider müssen sich auch die härtesten Verfechter der Moser-Sage wohl mit dem Gedanken vertraut machen, dass deren Wahrheitsgehalt ebenso fragwürdig ist wie der Inhalt mancher Wurst.

Einer dieser Skeptiker ist der Publizist Peter M. Lill, dessen Buch „Mythos Weißwurst" man zu den einschlägigen Standardwerken zählen darf. Lill vermutet, dass hinter dem Schöpfungsmythos der Weißwurst ein ausgebuffter Wirt steckt, der ein Gespür für wirksame Reklame hatte. Erst Ende 1935 sei die Moser-Legende in Umlauf gekommen, und zwar „rein zufällig", wie Lill ironisch anmerkt, in dem Augenblick, in dem die Wirtschaft nach einem Umbau wieder unter dem Namen Zum Ewigen Licht eröffnete, nachdem sie seit der Jahrhundertwende als Gaststätte Zum Peterhof firmiert hatte. Und überhaupt könne die Geschichte schon deshalb nicht wahr sein, weil Sepp Moser erst im Jahr 1860 seinen Dienst als Wirt im Ewigen Licht antrat, also drei Jahre, nachdem er dort angeblich die Weißwurst erfunden hat.

„Kuh- und Saustall!"

Neuerdings aber sieht es so aus, als hätten sich der Hausbesitzer und mit ihm der Weißwurst-Historiker Lill im Dunkel, das um das Ewige Licht herrscht, zeitweise verirrt. Jedenfalls hat Richard Bauer, der Leiter des Stadtarchivs, in den damaligen Meldeunterlagen herumgestöbert und dabei entdeckt, dass Moser die Wirtschaft am Marienplatz Hausnummer 26 tatsächlich bereits 1857 als Pächter übernommen hatte. Der Wirtssohn Sepp Moser, geboren am 28. November 1821, hatte zunächst das Metzgerhandwerk gelernt, ehe er die kleine Gast- und Schankwirtschaft pachtete. Das Ewige Licht verdankte seinen Namen dem Umstand, dass die Wirtschaft ewig künstlich beleuchtet werden musste, weil sie innerhalb der von keinem Sonnenstrahl beleuchteten Finsteren Bögen an der Südseite des Marienplatzes lag und zudem keine Fenster hatte. Der Gastraum war winzig, die Luft, vermutlich ein prekäres Gemisch aus Bierdunst, Tabaksqualm und Restsauerstoff, zum Schneiden, doch die Münchner, zumindest die kleinen Leute, die Droschkenkutscher und Tagelöhner, liebten solche Kaschemmen.

Um die Jahrhundertwende aber, erzählt Bauer, „wurde das Ewige Licht als höchst zweifelhafte Spelunke eingestuft und einmal sogar als ‚Kuh- und Saustall' bei der Polizeidirektion denunziert". Aber da lag der Moser Sepp schon längst unter der Erde, zurückgekehrt in Abrahams Wurstkessel oder wohin auch immer, nachdem er bis 1866 das Ewige Licht geführt hatte und später einige andere Gaststätten.

Also doch? Sepp Moser der Erfinder der Weißwurst? Die Lebensdaten würden passen. Als Metzger hätte er auch über das Handwerkszeug verfügt, so eine Jahrhundertkreation in die Welt zu setzen – und doch: Es gibt

Zweifel. Gravierende Zweifel. Sie laufen auf das Paradoxon hinaus, Moser habe eine Wurst erfunden, die es in München längst gab. Um die furchtbare Wahrheit mit den Worten des Stadtarchivars Bauer zu sagen: „Die Münchner Weißwurst kann nicht als eigenständige Neuschöpfung oder als eine aus der Not geborene Vergrößerung der Bratwurst angesehen werden, sondern sie ist lediglich eine Variante der Altmünchner ‚Bockwurst', die einst zum Maibock serviert wurde."

Gottlob, es handelt sich dabei nicht um die gleichnamige Kirmes-Wurst im King-Size-Format, die – horribile dictu – vermutlich Berliner Wurstküchen entstammt. Nein, die Münchner Bockwurst, die man zum Starkbier reichte, um dessen dramatische Wirkung hinauszuzögern, war ein Gemenge aus Kalbs-, Schweinsbrät und Grünzeug, abgefüllt in Schweinsdärmen und in heißem Wasser gebrüht. Folglich gleicht sie in nicht geringem Maße der heutigen Weißwurst, oder besser besagt: einer Weißwurst, hergestellt von einem schlampigen Metzger, der es mit dem amtlichen Rezept nicht so genau nimmt.

Wenn Moser also überhaupt etwas zur Schöpfung der Weißwurst beigetragen hat, dann hat er sie saftiger, bekömmlicher, ja vielleicht sogar würziger gemacht, indem er das Brät, womöglich in zweifelhafter Absicht, etwas streckte. Keineswegs darf der Vorgang als creatio ex nihilo, als Schöpfung aus dem Nichts, verstanden werden.

Doch es kommt noch schlimmer: Nicht mal die besagte Maibockwurst ist eine Münchner Erfindung, sondern sie ist den Wurstologen zufolge die Variante einer Wurstsorte, die schon Jahrhunderte vor Moser in zahllosen Spielarten durch Europa geisterte. Peter M. Lill erwähnt in seinem Buch eine Rezeptur aus dem 14. Jahrhundert, die in dem französischen Kochklassiker „Menagier de Paris" steht. Wer nach diesem Rezept die „Boudin" genannte Wurst fabriziert, hat am Ende eine Münchner Weißwurst, der lediglich der Nackenspeck fehlt. Sofern die Boudin blanc nicht schon vorher die Stadtmauern überwunden hatte, ist sie vermutlich Anfang des 19. Jahrhunderts im Gefolge Napoleons nach München gelangt. In diesem Fall würde Bayern dem Empereur nicht nur die Erhebung zum Königreich verdanken, sondern auch die Einbürgerung der Weißwurst.

Soweit die historischen Fakten, die zwar ein wenig ernüchternd sein mögen, aber den echten Verehrer der Weißwurst kaum kratzen werden. Selbiger pflegt ein romantisches Verhältnis zu seiner Lieblingswurst, da geht es um große Gefühle, denen weder penibel recherchierende Wurstforscher noch Küchendogmatiker wie Wolfram Siebeck etwas anhaben können. Wer mit der Weißwurst aufgewachsen ist, der wird mit ihrem Geschmack mehr verbinden als nur die aromatische Summe ihrer Zutaten. Dem wird es – wenn der Vergleich erlaubt ist – gelegentlich so gehen wie dem Erzähler in Marcel Prousts Roman „Auf der Suche nach der verlorenen Zeit", dem allerlei Vergessenes und Wundersames aus Kindheitstagen in den Sinn kommt, als er den Geschmack eines Madeleine-Törtchens auf der Zunge spürt. Zwar mag französisches Gebäck charmantere Erinnerungen hervorlocken, aber auch eine Wurst kann da einiges leisten.

Der entsprechende Effekt der Weißwurst lässt sich am besten beobachten, wenn man gebürtige Münchner besucht, die irgendein schreckliches Schicksal in die Fremde verschlagen hat. Als Mitbringsel wünschen sie, sofern das kühltechnisch möglich ist, mit Vorliebe Weißbier, Weißwürste, Brezn und süßen Senf. Schon nach dem ersten Bissen zeichnet sich Verzückung in ihrem Gesicht ab, die dann allmählich in Wehmut hinübergleitet, und vor dem geistigen Auge, so jedenfalls behaupten sie, taucht all das auf, was die Bedauernswerten im Exil vermissen: die Frauentürme, die Isar, laue Sommerabende im Biergarten, rustikale Kellnerinnen mit Domina-Qualitäten, der Föhn, die schönen Frauen, die wie auf einem endlosen Laufsteg durch die Stadt stöckeln, die Männer, die als Erfolgstyp posieren und im nächsten Moment in Selbstmitleid verfallen, ja überhaupt diese einzigartige Mischung aus Lebenslust und Grant. München eben.

Kein Drei-Sterne-Menü kann solche Assoziationen hervorrufen. Aber die Weißwurst vermag's, deshalb darf man ruhig darüber hinwegsehen, dass ihr Erfinder sie gar nicht erfunden hat. Jenseits der historischen Wahrheit gibt es eine höhere Wahrheit, oder, wie wir Medienleute zu sagen pflegen: „The Weißwurst is bigger than life." *Wolfgang Görl*

Die Weißwurst-Produktion ist für Außenstehende ein Rätsel. Obwohl es eine offizielle Rezeptur gibt, reicht der Geschmack von miserabel bis grandios.

Im schönen Schein

Promis, Sternchen, Szenegrößen und Wodka mit Clark Gable: Früher galten Klatschreporter noch etwas in der Stadt. Heute bleibt ihnen, meistens, nur der Abklatsch

Wenn man der Legende glauben darf, dann hat sich der bedeutendste Münchner Klatschreporter des 20. Jahrhunderts selbst erfunden, und zwar auf einer Reise in die USA. Es ist 1952, als Hannes Obermaier, ein eher mäßig begabter Jurastudent, die Idee seines Lebens hat: Beim Blick in die Zeitungen fallen ihm die Klatschkolumnen auf, persönlich gefärbte Berichte einer Hedda Hopper beispielsweise. Wie wäre es, denkt sich der junge Mann, wenn man diese Art des People-Journalismus einfach kopiert? Wenn man die Münchner Blätter ein wenig aufmischt, mit bunten Bildern von Schauspielerinnen und Schnappschüssen aus der besseren Gesellschaft?

München 1952, das ist kein schlechter Ort, keine schlechte Zeit für einen wie Obermaier, der ganz nach oben will: in die besseren Kreise. Die Trümmerjahre sind schon fast vorbei, kein Mensch möchte mehr an den Krieg denken. Schon gar nicht der junge Journalist, der sich nach seiner russischen Kriegsgefangenschaft schwor: „Ich werde von nun an nur noch ein angenehmes Leben führen." Die Münchner suchen Ablenkung und Unterhaltung. Und so wird der findige Klatschreporter Obermaier, der unter dem Pseudonym „Hunter" in der *Abendzeitung* zur Promi-Jagd bläst, bald selbst zum Stadtgespräch.

Links: Uschi Obermaier, Ikone der 68er, „schönstes Gesicht der Revolution", Predigerin sexueller Befreiung und Fotomodell. Ihre Karriere beginnt in München. Aufnahme aus dem Jahr 1970.

In seinen täglichen Kolumnen lässt er die Leser teilnehmen an Begegnungen mit den Celebrities seiner Zeit. Mit Marlon Brando scheint er bestens bekannt zu sein, neben Sophia Loren sitzt er im Flugzeug, mit Clark Gable säuft er Wodka am Wolfgangsee. Aber meist bleibt München sein Revier, und im Fasching fühlt er sich gar so zu Hause, dass er später seine eigenen Partys organisiert.

Die Diamanten-Wally

Hunter hat überall seine Kontaktpersonen. Vor allem in den gesellschaftlich relevanten Hotels wie dem Bayerischen Hof und dem Kempinski, wo sich die Filmbranche trifft. Für den Eisenbahnersohn aus Mühldorf wird es zur Gewohnheit, mit den Stützen des deutschen Nachkriegskinos Vertraulichkeiten auszutauschen: Curd Jürgens, Hildegard Knef, Ruth Leuwerik, O. W. Fischer, Romy Schneider. Obermaier wird damit zur Urgestalt der deutschen People-Reporter, die auf kritische Distanz weitgehend verzichten und sich stattdessen in die Gesellschaft absorbieren lassen.

Zum Kolumnenpersonal zählt ein gewisser Herbert Styler samt seiner schwer behängten Frau Ysabel („Diamanten-Wally") mit ihren zwölf Möpsen. Die neuesten Nachrichten aus dem Harlachinger Salon des Konsuls füllen Hunters Spalten, die aus heutiger Sicht geradezu rührend wirken: Von diesem Jäger haben die Schönen und Reichen meist wenig zu befürchten; wie einer zu Geld kommt, spielt keine Rolle für den Berichterstatter. Wichtiger ist die Frage, welche Autos ein Prominenter fährt, wo er Urlaub macht und wie seine weibliche Begleitung wirkt. Nur selten schlägt der Chronist über die Strenge: Die junge Schauspielerin Barbara Valentin wird erst so richtig populär, als sie von Hunter als „fette Laus" geadelt worden ist. Die schöne Senta Berger hat es da leichter, sie braucht keine Starthilfe im internationalen Filmgeschäft.

Die Öffentlichkeit lechzt nach Sensationen und Symbolfiguren. Ein Typ wie James Graser („Tschäms") scheint wie gemacht für das Dolce Vita im bayerischen Monaco: Der Clubbetreiber und Faschingsprinz von Schwabing liebt schnelle Motorräder, leichte Mädchen, lustige Lieder und schöne Schiffe. Was Graser weiß, weiß auch Hunter, also weiß es ganz München.

In der Stadt des schönen Scheins kann sich jeder seine eigene Vergangenheit zurechtreimen. Man schätzt den gelungenen Bühnenauftritt, und es ist kein Zufall, dass ein Rudolph Moshammer mit seiner Herrenboutique an der Maximilianstraße Ende der sechziger Jahre zum Märchenprinz des Boulevards aufsteigen kann. Zumindest im Rückblick scheint es eine unbeschwerte Zeit gewesen zu sein, sofern man wie Gunter Sachs genügend Geld, gute Freunde und eine Geliebte wie Brigitte Bardot vorweisen kann. Der internationale Jet-Set macht gerne einen Zwischenstopp an der Isar, wo das Lebensgefühl so entspannt ist wie im Filmklassiker „Zur Sache, Schätzchen" von 1967: Man spürt förmlich, dass die Sonne ewig scheint, wenn Uschi Glas sehr lässig im Cabrio über die Leopoldstraße fährt.

Warum avanciert ausgerechnet München zur Hauptstadt der bundesrepublikanischen Klatschgesellschaft? Warum nicht Düsseldorf, nicht Hamburg, nicht Westberlin? Die Stadt hat phänotypisch einige Vorteile zu bieten. München ist bunter, reicher, eleganter als die anderen Städte. Es glänzt – als moderne Olympiastadt, als Drehort für den neuen deutschen Film, als Wirtschaftsmetropole. Hier verkehren Filmproduzenten, Kulturgrößen und Verleger, sofern sie nicht eine politische Mission haben wie Augstein oder Springer. Hier wächst eine ganze Generation verwöhnter Adels- und Industriellenkinder auf. Honoratioren, Edel-Hippies und Hochstapler finden ihren Platz. Ganz nebenbei etabliert sich eine neue Klasse von Society-Dienstleistern: Sterne-Köche, PR-Spezialisten, Stylisten, Herrenausstatter, Diskotheken-Könige. Oder auch einer wie Gerd Käfer, der seine Gäste mit Lachshäppchen, Champagner und kulinarischen Show-Einlagen bedient. Er macht aus einem Feinkostladen in Bogenhausen das meistzitierte Feinkost-Unternehmen der Republik.

„Ich bin Sozialarbeiter", sagt Charles Schumann, Münchens bedeutendster Barmann.

Nach 1970 wird das Klatsch-Geschäft härter; die Konkurrenz schläft nicht. Hunters Nachfolger Michael Graeter, ein begabter Gerüchtesammler mit einer gefährlich starken Neigung zur Selbstverliebheit, hat ein Faible für Bettgeschichten, für Enthüllungen aus der Schlüssellochperspektive. Eine Eigenschaft, die der Filmregisseur Helmut Dietl in seiner Gesellschaftssatire „Kir Royal" auf amüsanteste Weise festgehalten hat. Man sollte allerdings nicht den Fehler machen, Franz Xaver Kroetz als genialen „Baby Schimmerlos" mit Graeter gleichzusetzen: Das Original war wohl etwas weniger grantig als die Fernsehversion, aber dafür noch größenwahnsinniger.

In Graeters Telefonbuch stehen sämtliche Namen. Er kennt sie alle, auch alle Münchner „Hasen", er ist selbst ein verwöhnter und verhätschelter Partygast in einer Zeit, als noch nicht zehn Kamerateams jede Boutiqueneröffnung belagern. Die Indiskretion ist noch exklusiv, ein Privileg weniger Eingeweihter. Und Graeters Leser fühlen sich blendend informiert über sämtliche Affären im Umkreis der Geldaristokratie.

Beim Münchner Beamtensohn steht das Autotelefon nie still, bald rufen sogar Schönheitschirurgen und Seriendarsteller an, um mal in seine Kolumne zu rutschen. Fürsten und schöne Frauen sind sein eigentliches Metier; Franz Beckenbauer und Thomas Gottschalk, Mick Jagger und Friedrich Christian „Mick" Flick werden von ihm auf liebevolle Weise betreut, und auf München, sein München, lässt der Graeter nichts kommen. Nur dass er sich jetzt übernimmt, mit seinen Lokalen, eigenen Kinos und seinen Starallüren.

Man muss sich nur einmal Graeters Nachschlagewerk „Wer ist Was" durchblättern, ein schwarz eingeschlagener Band mit den Namen der wichtigsten Münchner Hauptdarsteller. Hier hat er sie alle versammelt, die Brühls, die Buchheims, die Burdas; die Eichingers, Everdings und die ihn verzaubernde Hannelore Elsner; die Schells, Schürmanns und Schottenhamels; die Thyssens, Toerrings, Tandlers. Der Leser erfährt in dieser Enzyklopädie des Nebensächlichen mehr über die Welt der Promis als in fünf Jahren *Bunte*-Abo.

Oder ist es nicht interessant, dass Prinz Johannes Baptist von Thurn und Taxis, Herrscher über acht Schlösser, elf Güter, fünf Bankhäuser und sechs Brauereien, einen Mercedes 600 und einen Opel Diplomat fährt? Dass er eine Zwei-Mast-Segelyacht an der Côte d'Azur besitzt, gerne Wasserski fährt und mit seinem Freund, dem Öl-Magnaten Adnan Kashoggi, regelmäßig um den Globus fliegt? Wenn so einer eine Party schmeißt, ist der Reporter in seinem Element. Und wenn der Prinz zu allem Überfluss noch eine Frau wie die gloriose Gloria zu bieten hat, sind nicht nur die Münchner Friseure und die Modeausstatter im siebten Himmel.

Hunter und sein umtriebiger Nachfolger sind längst Geschichte. Michael Graeter, der so gerne etwas greater sein wollte, ist tiefer gestürzt als die meisten seiner Boulevardfiguren. Noch immer werden in München so viel Promi-Geschichten produziert wie sonst nirgendwo – viel PR ist dabei, wenig Enthüllung. Wenn ein Weltstar wie George Clooney nach Deutschland kommt, fliegt er inzwischen lieber nach Berlin. Dort soll es spannender sein. Wenn das mal kein Gerücht ist. Die Haudegen der Bussi-Gesellschaft sind brav und still geworden, sogar Heiner Lauterbach denkt nur noch an seine Familie. Veronica Ferres ist mit guten Werken ausgelastet, Helmut Dietl aus Berufsgründen nach Berlin emigriert, Boris Becker kommt nur noch selten ins Schumann's, Oliver Kahn zieht sich aus dem operativen Geschäft zurück. Nachfolger? Nicht in Sicht. Und in der Staatskanzlei regiert kein barocker Herrscher wie Franz Josef Strauß mehr, kein nervöser Zampano wie Edmund Stoiber, sondern der brave Herr Beckstein.

Es sind harte Zeiten für Klatschreporter. Weil es einfach zu wenig Klatsch und zu viel Abklatsch gibt.

Christian Mayer

Oben: Wo die Reichen und Schönen zusammenkamen, war der Klatschreporter Hannes Obermaier alias „Hunter" dabei. Die Blonde an seiner Seite ist die US-amerikanische Filmdiva Jayne Mansfield, die 1957 in München weilte. Mitte: Playboy James Graser ließ sich zur Not auch von zwei Damen verwöhnen. Seine Jagdreviere betrat er gern mit der Frage: „San Hasen da?" Unten: Dieter Hildebrandt (links) als Paparazzo Herbie und Franz Xaver Kroetz als Klatschreporter Baby Schimmerlos verkörperten in Helmut Dietls TV-Satire „Kir Royal" aufs Witzigste den Münchner Schlüsselloch-Journalismus à la Michael Graeter.

„Es is halt a Kreiz“ – der Grant als Lebenselixier

Männer wie der „Herr Hirnbeiss“ gelten als typische Münchner – aber stimmt das überhaupt noch?

Der nach landläufiger Meinung typische Münchner ist physiognomisch so beschaffen, dass man nicht in seiner Haut stecken möchte. Oder gibt es Männer – von Frauen ist hier mangels gesicherter Erkenntnisse nicht die Rede –, die es für erstrebenswert halten, folgendermaßen auszusehen: „Kurzgliedrig und beleibt, trug er einen weit offenstehenden Rock aus braunem Loden, eine helle und geblümte Weste, die in weicher Wölbung seinen Bauch bedeckte (…) Der hellblonde, spärliche, fransenartig den Mund überhängende Schnurrbart gab dem kugelrunden Kopfe mit seiner gedrungenen Nase und seinem ziemlich dünnen und unfrisierten Haar etwas Seehundartiges.“

Das ist der Hopfenhändler Alois Permaneder, ein Geschöpf Thomas Manns. In den „Buddenbrooks“ tritt der gutmütige Dicke als männlicher Teil einer Mesalliance auf, zu deren prekärer Natur neben vielem anderen das – sagen wir's ruhig – Kulturgefälle zwischen einer Lübecker Patriziertochter und einem Münchner Urviech zählt. Unter anderem neigt der Herr Permaneder zu einer „verdrießlichen Behaglichkeit“, die ihn befähigt, es sich gemütlich zu machen in einer grundsätzlich ungemütlichen Welt. Wenn er mal wieder seinen Lieblingssatz „Es is halt a Kreiz“ anbringt, bedeutet das keineswegs, dass er am Leben verzweifelt. Vielmehr dient ihm die allgemeine Unzulänglichkeit des Daseins als willkommener Anlass für den Grant, den ein Münchner des Typs Permaneder schon deshalb braucht, um zwischen sich und der Wirklichkeit eine gewisse Distanz zu schaffen.

Sobald das gelungen ist, fühlt er sich wohl. Am besten gefällt ihm die Welt, wenn sie Gelegenheit bietet, grantig zu sein. Dann kann er sich von ihr abwenden („Es is halt a Kreiz“), um guten Gewissens in den Zustand der Bierruhe zu verfallen.

Es gilt als ausgemacht, dass diese Ruhe und das zugehörige Bier den Körper des Eingeborenen so formen, dass er überall auf der Welt als Münchner erkennbar ist. Der Kopf ist rund, der Bauch ist rund, alles in allem sieht er aus wie ein in die Jahre gekommener Barockengel. Wenn also der Münchner, wie in Ludwig Thomas berühmter Satire, in den Himmel kommt, bedarf seine irdische Hülle lediglich der Hinzufügung zweier Flügel, um als nicht sonderlich durchgeistigter Engel das ewige Leben anzutreten. Im Trickfilm „Ein Münchner im Himmel“ haben Walter und Traudl Reiner im Jahr 1962 dem Dienstmann Alois Hingerl zur letztgültigen Gestalt verholfen, die man gut und gern als Allegorie der „verdrießlichen Behaglichkeit“ verstehen kann. Gleichen Wesens und figürlich verwandt ist der wunderbare

Specknackig und bierbäuchig – so stellte man sich seit je den Münchner vor. Die Zeichnung mit dem ironischen Titel „Isar-Athener“ fertigte Karl Arnold 1925 für die Satirezeitschrift „Simplicissimus“ an.

Der Herr Hirnbeiss: Ein Grantler zwar, aber einer von der gutmütigen Sorte. Franziska Bilek hat die Figur für die „Abendzeitung" geschaffen.

Herr Hirnbeiss, den Franziska Bilek Anfang der sechziger Jahre für die *Abendzeitung* entworfen hat. Frau Bilek ist seit langem tot, doch der Witwer und Dackelhalter Hirnbeiss grantelt noch immer auf den Lokalseiten der AZ. Man schaut hin und denkt sofort: Aha! Ein Münchner!

Seltsam nur, dass Münchner vom Schlage eines Hirnbeiss in München etwa so selten sind wie Auerhähne in der Au. Womöglich handelt es sich beim Hirnbeiss um eine gefährdete Art, die längst auf irgendeiner „Roten Liste" stehen müsste, ebenso übrigens sein treuer Gefährte, der Dackel. Und wenn er, der Hirnbeiss-Münchner, einem dennoch begegnet – meist sitzt er allein am Stammtisch vor den Fotos verblichener Gefährten –, dann drängt sich der erschreckende Gedanke auf, der alte Grantler könnte der Letzte seiner Art sein.

Was, wenn auch er das Zeitliche segnet? Müsste man ihn nicht, wie den glücklosen Bären Bruno, ausstopfen und ihn dann ins Museum, in diesem Fall das für Völkerkunde, stellen? Eine Inschrift, am besten auf einer Plakette in Bierdeckelform, würde die Nachwelt über die Natur des Exponats aufklären: „Der letzte Münchner. Um 2010."

Wie? Die Münchner sterben aus? Stimmt das denn? Immerhin leben 1,3 Millionen Menschen in der Stadt, und auch wenn die wenigsten so aussehen wie die Herren Hirnbeiss und Permaneder – irgendwie sind sie ja doch Münchner. Ja, man darf sogar vermuten, dass selbst im 19. Jahrhundert nicht alle Münchner so beschaffen waren, wie sie der Dichter Friedrich Hebbel beschrieben hat: „Der schlendernde Gang, der sich bei jedem Schritt nach dem Ziele umsieht, die Scheu vor weiten Spaziergängen, das Großväterlich-Behagliche des ganzen Körpers, der nur für's Sitzen, für's Ausruhen vom Nichtsthun, geschaffen zu sein scheint." Mag sein, dass solche wandelnden Bierfässer damals das Straßenbild zum nicht geringen Teil prägten – doch gewiss gab es auch filigranere Erscheinungen. Nur fielen sie dem Besucher weniger auf als die Kugelmänner, die zum Biere drängten.

Der letzte Münchner. Um 2010.

Es gilt Abschied zu nehmen. Abschied vom kurzgliedrigen und beleibten Münchner Grantler. Möge er in Frieden ruhen. Das Leben aber geht weiter, und um sich darin zurechtzufinden, bedarf es immer wieder fundierter Vorurteile. Wenn ein Klischee ausgedient hat, muss ein neues her. Voilà: Der typische Münchner des beginnenden 21. Jahrhunderts ist ein dynamisch nach vorne drängender Mann, verheiratet mit einer attraktiven Karrierefrau und dem BMW-Modell der jüngsten Generation, er trägt zum klassischen Oxford-Schuh italienische Designer-Anzüge, dazu die Sonnenbrille auf der kahlrasierten Schädeldecke und ein Laptop unterm Arm. Finanziell ist er, der Börse und dem Immobilienboom sei Dank, aus dem Gröbsten heraus, was aber kein Grund ist, sich auf die faule Haut zu legen. Im Gegenteil, er steht immer unter Strom – auch in der Mittagspause beim Sushi-Japaner.

Es mag irritierend sein, dass der typische Berliner, der typische Hamburger, ja sogar der typische Londoner oder New Yorker nur unwesentlich anders aussieht. Aber so ist das in der globalisierten Welt. Auch die Städte werden sich immer ähnlicher, vor allem, wenn man nur die Glasschachteln der modernen Geschäftsviertel betrachtet, gestaltet von weltweit vagabundierenden Stararchitekten. Und wie das Typische verschwindet, so verschwinden auch die Typen.

Was den zeitgenössischen Münchner betrifft, schlüpft er bei Gelegenheit, vorzugsweise während der Wiesn, in die Rolle des Altbayern – wobei er sich den Altbayern als aufgebrezelten Lederhosen-Dandy vorstellt, der sich modisch am Pfingstochsen orientiert. Er gefällt sich in der Maskerade, schließlich ist er ja Münchner, und das soll man auch sehen. Am nächsten Tag ist er wieder der Erfolgsmensch in Designerklamotten, der ein Büro im obersten Stockwerk eines neu eröffneten Shopping- und Business-Centers in der Altstadt bezogen hat. Einzig die Fassade des entkernten Gründerzeitbaus hat man stehen lassen.

Schließlich ist man in München, und das soll man auch sehen.

Wolfgang Görl

„Er geht in dem gemalten Serail als Kunsteunuch spazieren", höhnte Heinrich Heine über die Schönheitengalerie Ludwigs I. Im Bild: Caroline von Holnstein.

Das intime Theater

Galerie der Schönheiten: Die ohnehin sehr ansehnliche Stadt, heißt es von je her und natürlich zu Recht, sei von besonders ansehnlichen Mädchen bevölkert

Es ist die alte Aschenbrödelgeschichte: Hoheit trifft Mädchen. Ein Monarch lässt sein verwöhntes Auge auf einer Volksschönheit ruhen, die plötzlich zur strahlenden Heldin wird. Handelnde Personen in diesem Fall: der bayerische König und eine gewisse Barbara Ruhwandl, genannt Babette.

Das ungleiche Paar begegnet einander per Zufall. Er ist leicht entflammbar und augenblicklich verzückt, sie errötet, vergisst zu knicksen und sitzt am Ende Modell für seine Majestät, im Dirndl natürlich. Es ist eine herzerweichende Romanze, die der Münchner Feuilletonredakteur und gelegentliche Schriftsteller Oskar Gluth 1931 unter dem Titel „Seine schönste Münchnerin" veröffentlicht. Amouröse Verwicklung in „lenzhaften Oktobernächten", das pochende Herz der „kleinen Babette": Gluth zieht alle Register der Heimatschmonzette – und konnte auch außerhalb der bayerischen Grenzen auf geneigte Leser zählen. Denn dass sich hinter der märchenhaften Story die wahre Geschichte von König Ludwig I. und seiner zeitweisen Leidenschaft für eine schwarzhaarige Schustertochter verbarg, wussten auch Nichtmünchner zu erkennen: Das Porträt der Helene Sedlmayr, so hieß die echte Babette, gehört schließlich zu den berühmtesten Bildern in Ludwigs Schönheitengalerie. Und die delikate Kollektion des Herrschers war schon immer ein touristischer Renner in München.

Dass die Vorstellung von der „schönen Münchnerin" nicht unwesentlich von der ausgefallenen Sammlung des Königs befördert wurde und vielleicht sogar mit ihr begann, liegt nahe. Die Idee des kunstvernarrten Wittelsbachers, besonders wohlgeratene Damen in großer Zahl stets um sich zu haben, indem er sie zwischen 1827 und 1850 vom Hofmaler Joseph Stieler porträtieren und alle 36 zusammen in ein Gemach hängen ließ, war auch damals nicht alltäglich. Der Einfall hat Spötter auf den Plan gerufen wie Heinrich Heine („Er geht in dem gemalten Serail/ als Kunsteunuch spazieren"), vor allem aber hat er in der Welt die Idee gefestigt, die ohnehin schöne Stadt München sei von besonders schönen Mädchen bevölkert.

Ob das der Wahrheit entspricht oder Phantasie ist, zählt am Ende weniger als der Wunsch, daran zu glauben: Wer heute an einem besucherstarken Tag die Touristenscharen im Nymphenburger Schloss dabei beobachtet, wie sie aus der Schönheitengalerie strömen und regelrecht verzaubert nach den auf Postkarten, Postern und allerlei Nippes vervielfältigten Konterfeis greifen, kann erahnen, dass später in der Erinnerung die Grenzen wahrscheinlich verwischen: zwischen den echten Münchnerinnen und den Bildern.

Mindestens genauso leidenschaftlich scheinen die Einheimischen seit jeher ihre vorzeigbare Ahnenriege der

Muse des Königs: Helene Sedlmayr, die Schustertochter.

Adligen, Bürgertöchter, einfachen Mädchen zu verehren – man vergewissert sich schließlich ganz gern des eigenen Liebreizes. In der Bayerischen Staatsbibliothek genügt ein Blick in den 1923 von einer gewissen Augusta von Oertzen in schwärmerischem Tonfall herausgegebenen Führer durch die Schönheitengalerie: Er ist abgegriffen, über die Jahrzehnte tausendfach durchgeblättert, kleinste Fehler der Autorin werden am Rand mit strengem „Quatsch!" kommentiert, besonders poetische Stellen sind angestrichen. „Auf dem schlanken Halse sitzt ein zierliches Köpfchen ..."

Die Seiten über Helene Sedlmayr im Dirndl, wegen ihrer Darstellung in Tracht zum Prototyp der schönen Münchnerin avanciert und in Nymphenburg Favoritin japanischer Besuchergruppen oder italienischer Schulklassen, sind besonders zerlesen. Ebenso die Abschnitte über Nanette Kaula, bekannt als „schönste Jüdin von München", die kokette Gräfin von Holnstein mit betörend blonder Schneckenfrisur sowie die Hoftheatertänzerin Antonia Wallinger, von Ludwig I. etwas unbeholfen besungen als „Göttin mit den roten Wangen".

Was die Münchnerin aus Fleisch und Blut betrifft, sind die Zeugnisse ihrer ansehnlichen Erscheinung schon vor der Ära Ludwig I. ziemlich zahlreich. Was, andererseits, nichts heißen muss – jede Stadt, die etwas auf sich hält, rühmt sich ja ihrer gut gebauten Töchter. In den Salons und höfischen Kreisen der Residenzstadt versammelten sich naturgemäß jede Menge nett anzusehender Damen von Adel. Ein Reisebericht aus dem Jahr 1816 kreidet den hiesigen Grazien zwar ihre unvorteilhaft großen Füße an, gibt aber mit dem Lob des natürlichen „Schönheitstipus der baierischen Hochländerinnen" die Richtung vor: Dass die hübsche Münchnerin kein ätherisch lichtes Wesen, sondern oft dunkelhaarig, von gesunder Gesichtsfarbe und praktisch veranlagt sei, ist ein wiederkehrender Topos.

Es ist kein Zufall, dass zahllose Darstellungen sie als mütterliche Wirtsfrau zeigen, als Bedienung mit freizügigem Ausschnitt und fröhlichem Augenaufschlag, die Maßkrüge stemmt und nebenher mittellose Studenten beziehungsweise Poeten durchfüttert. Das Café Luitpold war für seine drallen wie gutherzigen Servierfräuleins bekannt. Und die ehemalige Kellnerin Coletta Möritz, später erfolgreiche Wirtin, ist als Modell für das unzählige Male auf Souvenirs reproduzierte Bildnis der „Schützenlisl" eine Berühmtheit geworden.

Die Sinnlichkeit der Bayerinnen pries die Philosophengattin Karoline Schlegel-Schelling aus Göttingen schon anno 1803 („Das ist ein Blut und ein Fleisch und ein Bein!"). Und um 1830 kam der Holsteiner Friedrich Hebbel, später Dichter, damals Student, in der Sommerstraße der Schreinerstochter Beppi Schwarz näher, welche ihm die Wäsche machte. „In ihr pulsirt schon der Süden ..." hebt sein Loblied auf die Schönen der Stadt an. Gänzlich hingerissen schließlich der Lyriker Detlev von Liliencron, der 1890 notierte: „Ich möchte wenigstens den größten Teil des Jahres nie mehr hier fort ... Das Völkchen hier – o, Gott, die süßen Weiber hier!"

Kein unpassendes Stoßgebet auf eine Stadt, in der gut vierzig Jahre zuvor eine aus Schottland stammende Tänzerin angeblich spanischer Herkunft den alternden König Räson und Krone gekostet hatte. „Lola, auf den Knien vor dir liegend ... war ich se-

Links: Coletta, die „Schützenliesl", gefiel Toni Aron so sehr, dass er sie 1878 verewigte. Oben: Julia Stegner, Münchner Topmodel der Gegenwart.

lig, Andalusierin!“, dichtete Ludwig Thoma über die folgenreiche Affäre Ludwig I./Lola Montez.

Kulturbeflissene, Musen und Modelle haben den Ruf des kunstsinnigen „Isar-Athens“ als Heimat attraktiver Frauen noch verstärkt. Mag der Weiß Ferdl den bodenständigen Charme der Münchnerin beschwören („Nicht so klug und keß wie die Berlinerin – aba liab!“), so haben doch geistreiche Begleiterinnen aus dem Umkreis der oft zugereisten Maler und Literaten das Bild mitgeprägt. Für die Malerfürsten Franz von Lenbach und Friedrich von Kaulbach standen die Schönsten ihrer Zeit Modell. Mary, die Ehefrau von Franz von Stuck, der mit seinem verruchten Bild „Die Sünde“ 1893 für Furore sorgte, war eine der elegantesten Erscheinungen der damaligen Gesellschaft. Die höhere Professorentochter Katja Pringsheim erregte nicht nur Aufsehen, weil sie Mathematik studierte, was die frühen Briefe Thomas Manns an seine spätere Braut bezeugen: „Sie sind ein so unsäglich bezauberndes Geschöpf, meine Katja.“

Die Schwabinger Bohème mit ihren Künstlerfesten und Faschingstreiben beherbergte ganze Heerscharen freizügiger Gefährtinnen im Gefolge der selbsternannten Genies und echten Talente. Hier galt die stets von Tragik umwitterte Gräfin Franziska zu Reventlow, 1895 geflohen aus der Enge eines preußischen guten Hauses, nicht unbedingt als schön, aber unwiderstehlich anziehend. Und die Chanteuse Mary Irber, genannt Mizzi, muss in ihrer großen Zeit zwischen 1907 und dem Beginn des Ersten Weltkriegs die Männer reihenweise um den Verstand gebracht haben mit ihren Auftritten als Star in Max Halbes „Intimem Theater“, zum Beispiel als Wedekinds Lulu. „Sie hatte einen reizenden Wuchs, reizende Bewegungen und – nach den Aussagen aller, die ihr verfielen, den Teufel im Leib“, schreibt ein Zeitgenosse und erinnert sich, wie die Mizzi nach ihren Auftritten allabendlich einrauschte in Kathi Kobus' Künstlerkneipe *Simplicissimus* mit einem „Schweif von Verehrern“.

Schwabing als Bühne hat auch später noch funktioniert. Als in den sechziger Jahren die Röcke der Flaneurinnen auf der Leopoldstraße immer kürzer wurden, wollte ungefähr jede Zweite „zum Film“. Der Streifen „Zur Sache, Schätzchen“ machte 1968 die sehr junge Uschi Glas berühmt, die Hippiemuse Uschi Obermaier war das schönste Gesicht der Kommune und Deutschlands erstes Groupie. Berlin oder andere Städte mögen avantgardistischer, politisch aufregender sein – in München sind dafür die Mädchen hübscher: Bis heute zehrt die Stadt vom damals zementierten Ruf, dass hier das Leben angeblich leichter, süßer, auf diffuse Art und Weise südländischer sei als anderswo in der Republik. Dabei gut auszusehen ist ein Wert per se in München – das hat schon die kluge Annette Kolb notiert: „Schöne Mädchen hatten in München an sich, durch ihre Schönheit, eine Position.“

Man könnte allerlei Belege dafür anführen, dass ziemlich viel dran ist an der vielzitierten Liebe dieser Stadt zum schönen Schein: die Art, wie die Maximilianstraße als Edelrampe für permanentes Schaulaufen bespielt wird. Dass bei Opernfestivals und wichtigen Theaterpremieren das Publikum sich selbst zum Star erklärt. Und dass es für die Münchnerin in den Boutiquen und Modeläden immer ein bisschen mehr sein darf. Hamburg oder Berlin ordert gern die Understatement-Ware, München den Putz, die Glitzerstücke. Wenn die Kundinnen dann ihre Errungenschaften spazieren führen, verschwimmen die Grenzen: Sind das wirklich alles schöne Münchnerinnen oder verstehen sie sich einfach aufs Inszenieren? Im Übrigen wäre anzumerken, dass viele natürlich gar keine echten, also gebürtigen Münchnerinnen sind. Aber das ist schon bei der reizenden Helene Sedlmayr kein Problem gewesen. Sie kam aus Traunstein. *Anne Goebel*

Oben: Die Schauspielerin Mary Irber, genannt Mizzi, spielt vor 1914 die Lulu und ist bekannt für ihren „Schweif von Verehrern“. Unten: Uschi Glas wird 1968 durch den Film „Zur Sache, Schätzchen“ berühmt.

„Er taugt immer als perfekte Ausrede“

Warum an der Isar Mammuts lebten, es zur Zeit Heinrichs des Löwen viel wärmer war als heute und der Fallwind aus den Bergen so berüchtigt ist. Ein Interview

Josef Reichholf, geboren 1945, ist Professor für Zoologie in München, Autor vieler Bücher („Das Rätsel der Menschwerdung“, „Eine kurze Naturgeschichte“) und engagierter Umweltschützer. Er gilt als Querdenker: So bezweifelt er, dass der Klimawandel solche Ausmaße annehmen wird wie heute befürchtet. Zustimmen kann man aber gewiss seiner Einschätzung für die Zukunft Münchens: „Der Föhn wird bleiben.“

Hat es auf dem späteren Stadtgebiet wirklich einmal Mammuts gegeben?

Reichholf: Sicherlich gab es sie auch in der Gegend von München. Vom Alpenvorland bis ins südliche Norddeutschland und über Nord-asien waren Mammuts weit verbreitet. Ein berühmter Fund stammt von Siegsdorf bei Traunstein.

Welche großen klimatischen Veränderungen haben die Geschichte der Stadt geprägt?

Reichholf: Im warmen Hochmittelalter kam es zu einer rasanten Zunahme der Bevölkerung. Sie führte zwischen 1100 und 1300 zu einer ganzen Reihe von Stadtgründungen. Auch der Anfang Münchens fällt mit 1158 genau in diese Zeit. Die Moore wurden in großem Umfang entwässert, was nur gelang, weil die Niederschläge entsprechend gering ausfielen. Die Isar diente der Flößerei von Waren aus dem Süden.

Wie warm war es denn im Hochmittelalter?

Reichholf: Wohl deutlich wärmer als heute. Die Winter waren milder, die Sommer warm und trocken. Natürlich hat es auch sehr kalte Winter gegeben oder verregnete Sommer. Das liegt in der Natur des Wetters. Aber im Durchschnitt war es deutlich wärmer. Das zeigt sich zum Beispiel an den großen, hochschiffigen Kirchen, in denen man heutzutage im Winter ohne Heizung fast erfrieren würde. Man hatte sie gewiss nicht gebaut, um die Gläubigen im Winter von der Kirche fernzuhalten. Wein gedieh bis an den Fuß der Alpen. In manchen Jahren trieben die Bäume schon im Januar aus.

Und nach dem Hochmittelalter?

Reichholf: Um 1350 kam der erste große Umschwung. Die Gletscher breiteten sich talwärts aus. Es begann die so genannte kleine Eiszeit, die sich bis etwa 1800 hielt.

Was hat sich dadurch für München verändert?

Reichholf: Die Landwirtschaft in der Umgebung. Im Hochmittelalter dominierten der Anbau von Brotgetreide und Wein. Bier war nicht haltbar. Die kleine Eiszeit drängte den Weinanbau in Oberbayern zurück. Aber die Wirtsleute schnitten nun Eisblöcke

Im Alpenvorland daheim: Die riesigen Mammuts stapften einst auch auf dem heutigen Stadtgebiet herum.

aus Teichen und Seen und lagerten das Bier in Eiskellern. Auf diese Weise wurde Bayern zum Bierland.

Und in der Neuzeit?
Reichholf: In der zweiten Hälfte des 19. Jahrhunderts war das Wetter in vielen Jahren miserabel. Es gab sehr kalte, dann wieder milde Winter und vor allem sehr verregnete Sommer.

Was blieb konstant?
Reichholf: Konstant blieb für München die geografische Lage, die das Klima mit bedingt. München kannte wahrscheinlich auch im Mittelalter den Föhn, diesen warmen Fallwind, der in mitunter recht wilder Sturmstärke aus den Alpen kommt und Wärme bringt. Darum nimmt er besonders viel Feuchtigkeit auf. Er frisst geradezu die Wolken und den Schnee und erzeugt so den typischen Föhnhimmel mit Wolkenstreifen. Plötzlich wird es dabei im Winter ganz warm; 15 Grad kann der Föhn im Januar bringen.

Ein Mythos ist wohl, dass der Föhn närrisch macht.
Reichholf: Er taugt immer als perfekte Ausrede.

Sie meinen, schon die Stadtgründer rangen damit?
Reichholf: Sicher war Föhnwärme sehr willkommen. Vor allem in der kleinen Eiszeit, die dem warmen Hochmittelalter folgte. Jeder milde Wintertag war ein Geschenk des Himmels.

Gibt es andere Konstanten?
Reichholf: München liegt mitten im klimatischen Übergangsgebiet zwischen West, Ost und Süd. Von Westen reicht das atlantische Klima mit milden Wintern und kühlen, feuchten Sommern heran. Das kontinentale Klima bringt dagegen von Osten her heiße, trockene Sommer und kalte Winter. Schließlich erreicht uns auch von Süden die mediterrane Wärme. Geringfügige Veränderungen genügen, um das Wetter beträchtlich zu verschieben.

München ist besonders unzuverlässig, was das Wetter angeht?
Reichholf: Genau. Wir müssen mit der Unzuverlässigkeit des Wetters zurechtkommen.

Für Wetterfühlige also genau das Falsche.
Reichholf: Ganz sicher, ja. Die Münchner Wetterphasen dauern im Mittel bloß drei oder vier Tage. Das ist ein sehr rascher Wechsel. Deswegen fahren wir gern ans Mittelmeer, wo das Wetter hält, was wir uns davon versprechen.

Wie sieht es mit der Natur aus? Prägt die Natur die Stadt? Ist das Umland noch so natürlich, wie man meint?
Reichholf: Wie bei allen größeren Städten hat auch im Münchner Umland eine massive Veränderung der Natur stattgefunden. Der Süden war weniger betroffen. Seen und Wälder sowie höhere Niederschläge verhinderten die Ausdehnung der intensiven Landwirtschaft. Darum ist viel schöne Landschaft erhalten geblieben.

Wie ist es in der Stadt selbst?
Reichholf: Die großen Parkanlagen, der Englische Garten und der Nymphenburger Schlosspark, beherbergen eine ungemein reichhaltige Artenvielfalt von Tieren und Pflanzen. Auch die Waldreste, frühere Lohwälder, gehören zu den „guten Biotopen" in München. Die Renaturierung der Isar fördert die positive Entwicklung. Für die Museen gibt es ja überall Konkurrenz in anderen großen Städten. Aber einen Wildfluss, der in einer Millionenstadt fließt, das gibt es in keiner anderen!

Sie gelten ja mitunter sogar als Leugner des Klimawandels. Dennoch, aus Ihrer Sicht: Was wird sich ändern, wenn sich das Klima ändert?
Reichholf: Sicher wird sich das Klima ändern. Es war ja nie stabil. Doch wenn die Prognosen stimmen, woran ich zweifele, sollten wir vermehrt wärmere Winter und schönere Sommer bekommen. Dadurch kann München nur an Attraktivität gewinnen. Es liegt hoch genug und hat keine großen Dürreschäden zu befürchten. Vor Hochwasser und Wassermangel in der Isar schützt der Sylvensteinspeicher. München wird eher zu den Gewinnern klimatischer Änderungen gehören. Die Mittelwerte besagen für sich zu wenig. Einen Sommer empfinden wir als gelungen, wenn er reichlich Biergartenabende gebracht hat.

Wird der Föhn bleiben?
Reichholf: Davon bin ich überzeugt.

Interview: Monika Goetsch

Klimatische Grenzzone: „Wir müssen mit der Unzuverlässigkeit des Münchner Wetters leben."

Die Stadt, die es nie gab

Ein Mittelalter-Phantasialand sollte entstehen, der Marienplatz verschwinden, ein Ring von Wolkenkratzern den Himmel verdunkeln. So weit kam es nicht. Zum Glück

Was wäre, wenn ...? Wenn alles ganz anders abgelaufen wäre in der Stadtentwicklung? Wenn so manche von Fürsten und Faschisten, von Architekten und Stadtplanern erdachten Bauprojekte nicht nur skurrile Ideen auf dem Reißbrett geblieben wären? Die Liste der architektonischen Kapriolen in der Geschichte der Stadt ist lang. Hat München schöne Chancen verpasst, über die man heute traurig sein müsste? Hier nur eine kleine Auswahl an Luftschlössern.

Der Beginn der Stadtgeschichte ist eng mit einer Insel verbunden, besser gesagt mit einer Sandbank in der Isar. Hier hat Heinrich der Löwe 1158 eine Brücke über den Fluss bauen lassen und eine Zollstation eingerichtet. Vom Mittelalter an war diese Insel eine Floßlände, auf der Bauholz und Kohle gelagert wurden. Daher der Name Kohleninsel. Ende des 19. Jahrhunderts nun entwarfen die prominenten Architekten und Stadtplaner Theodor Fischer und Ludwig Thiersch das Konzept für ein Kunst- und Handelszentrum, mit Marktplatz, Lauben, Stadttoren und Kopfsteinpflaster – und zwar nach dem Vorbild der mittelalterlichen Nürnberger Innenstadt.

Ein wilhelminischer Erlebnispark hätte hier entstehen können. Sogar ein eigener Bahnhof war vorgesehen. Die Gleise wären auf Stützen über der Isar verlaufen, für eine Hochbahn, die den Hauptbahnhof mit dem Ostbahnhof verbinden sollte. Andere Pläne zielten darauf ab, den Hauptbahnhof ganz auf die Insel zu verlagern. Schienen waren von einer früheren Industrieausstellung vorhanden. München bekam sein rückwärtsgewandtes „Klein-Nürnberg" nicht, denn der Ingenieur Oskar von Miller arbeitete bereits an Ideen für sein großes „Museum der Naturwissenschaften und Technik". Die Kohleninsel hieß fortan Museumsinsel.

Genau das Gegenteil einer putzigen, den Zeitgeist widerspiegelnden Kleinstadt-Idylle schwebte dem Herrscher Maximilian II. ein paar Jahrzehnte früher vor. Er träumte von einem Monumentalpalast mit vielen Giebeln und Zinnen am Isarhochufer, einer Bildungsanstalt für Bayern – dem „Athenäum". Ein Märchen blieb es, denn König Max konnte den Traum nie verwirklichen. Sein Baumeister Eduard Metzger war bei Hof in Ungnade gefallen. Das hochfliegende Projekt wurde dann doch in verkleinerter Form verwirklicht. Bei den Isar-Anlagen entstand das weniger protzige „Maximilianeum" für die männliche Beamtenelite, nach Plänen von Friedrich Bürklein. Das Gebäude ist seit 1949 der Sitz des Bayerischen Landtags.

Das Isarhochufer sollte noch einem weiteren spektakulären Bauwerk Platz bieten: einem Festspielhaus für Richard Wagner. Der Sohn Maximilians II., der weltentrückte Ludwig II., wollte für den von ihm sehr verehrten Komponisten den Prachtbau errichten. Der Architekt Gottfried Semper, Erbauer der Oper in Dresden, sollte es nördlich des Maximilianeums konzipieren. Dabei sollte es nicht bleiben. Über die Isar wollte man eine neue Brücke schlagen und einen Boulevard quer durch das Lehel und den Hofgarten bis zur Brienner Straße anlegen. Dieser wäre neben der Ludwigstraße und der Maximilianstraße eine weitere Repräsentiermeile geworden. Doch fünf Millionen Gulden für des Königs Theatertraum waren den Münchnern zu viel. Zutiefst verärgert kehrte Ludwig der Stadt den Rücken und zog sich in die bayerischen Berge zurück. Das Festspielhaus wurde schließlich auf dem grünen Hügel in Bayreuth realisiert.

Wie einst das Athenäum blieben später Hochhäuser in München Paläste der Phantasie. Sie hatten keine Chance. In den zwanziger Jahren grassierte eine wahre Hochhaus-Euphorie – nur nicht in München. Türme galten

Das Schwabylon (unten auf einem Plattencover), ein urbaner Albtraum, gab es wirklich. Es führte eine kurze, glücklose Existenz, bis die Abrissbirne kam. Die Werkbundsiedlung (links) wollte die Stadt gar nicht erst haben.

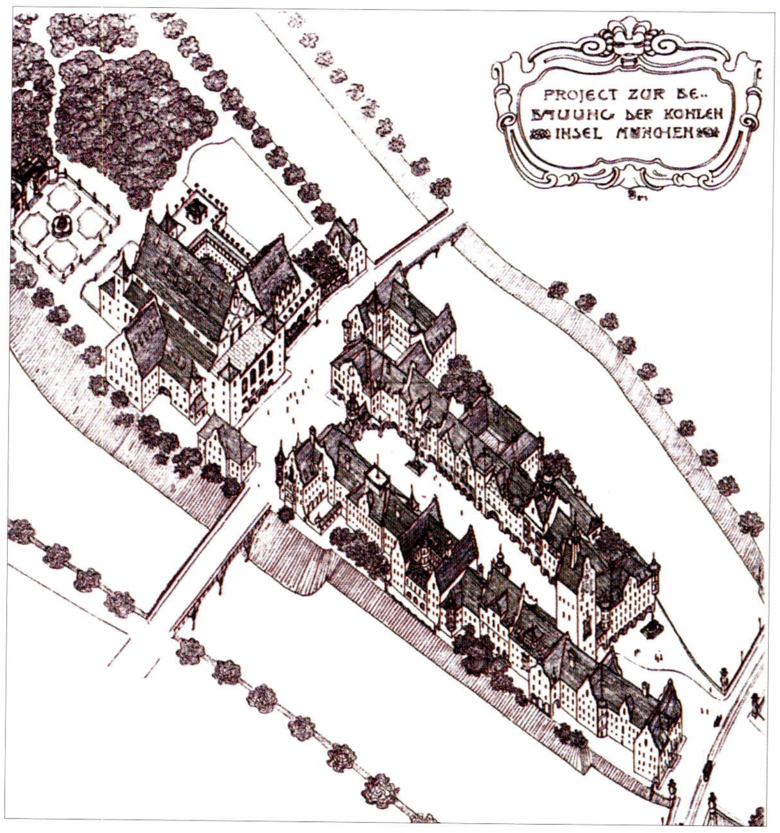

Bild oben: Die Träume des Zuckerbäckers – mit dem Transrapid vom Hauptbahnhof zum Flughafen wollte Bayerns damaliger CSU-Wirtschaftsminister Erwin Huber (im Bild rechts) ganz groß herauskommen. Doch die superschnelle Magnetbahn wurde 2008 zum Geisterzug.
Bild Mitte: Das geplante Athenäum zeugte schon im 19. Jahrhundert vom Ehrgeiz Bayerns in Sachen Elite-Universität, aber leider auch von einem beklagenswerten Mangel an Sinn für Proportionen.
Bild unten: Wahrscheinlich wäre die Kohleninsel, bebaut mit Häuschen und Türmen im Mittelalter-Stil, heute eine Sehenswürdigkeit, und Fremdenführer könnten behaupten, die Siedlung gehe direkt auf Heinrich den Löwen zurück. Doch es war nur ein historienseliger Bauplan vor 1914, errichtet wurde dann statt des Fassadenzaubers das Deutsche Museum.
Bild rechts unten: Der Koloss von München – Nachkriegsentwurf für den Marienplatz.

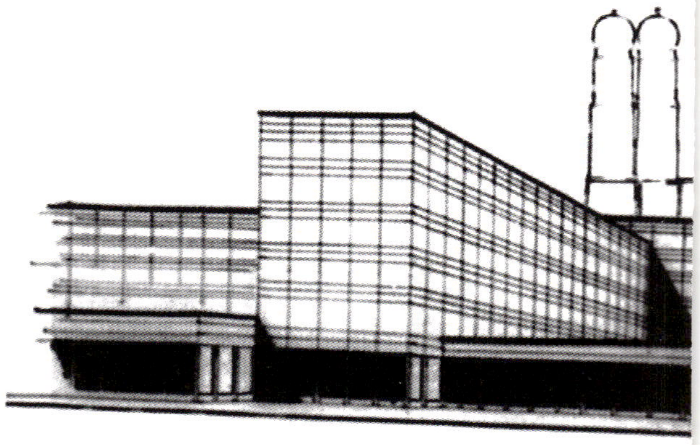

als Symbole des Aufschwungs, des technischen Fortschritts, kurz: der Zukunft. Der damalige Münchner Stadtrat aber war – wie heutzutage auch – milde gesagt sehr vorsichtig mit monumentalen Bauten und wollte die Altstadt vor so gewaltigen Zeichen der neuen Zeit lieber schützen.

Vorschläge gab es ja genug: Am Sendlinger-Tor-Platz, am Maximiliansplatz, in der Zweibrückenstraße und auch am Rand des Viktualienmarkts sollten gigantische Kolosse emporwachsen. Anderen schwebte ein Kreis von Türmen rund um die Altstadt vor. Alle Vorschläge und Standorte wurden von einem Ausschuss geprüft – und verworfen.

Die Ausnahme war das 45 Meter hohe Verwaltungshaus an der Blumenstraße, in dem das Referat für Stadtplanung und Bauordnung untergebracht ist. Der Architekt Hermann Leitenstorfer hat aber genau darauf geachtet, dass es zum alten München passt. Er versah es mit Sichtmauerwerk, gotisierenden Ecktürmchen sowie Strebepfeilern.

Hochhäuser sollten auch im Bereich des Hauptbahnhofs entstehen. Für das Bauwerk selbst hatte man andere Orte vorgesehen. Es gibt dazu zahlreiche Gedankenspiele bis hin zur Überbauung der Gleisanlagen. Hitlers Monumental-Meile mit einem freitragenden, 150 Meter hohen Kuppelbau ist dabei nur eine Variante. Es dauerte recht lange, bis man dann wieder an Hochhäuser dachte. So war in den Achtziger am Georg-Brauchle-Ring ein spektakuläres Projekt namens Pyramide geplant. Verwirklicht wurde es nie. Aber auf diesen Bauplatz kam später das Hochhaus Uptown München, das mit 146 Metern das höchste Bürogebäude Bayerns wurde. Weitere Hochprojekte entstanden entlang des nördlichen Mittleren Rings. Ganz utopisch waren solche Türme also nicht, doch dann setzten die Münchner per Plebiszit die Höchstgrenze von 100 Metern Höhe fest. Es war ein Fanal: München ist nicht New York und nicht einmal Frankfurt.

Autobahnen enormen Ausmaßes, die wie anderswo mitten durch die Altstadt geführt hätten, sind München erspart geblieben. Sie entstanden zum Glück nur auf dem Reißbrett. Um das Zentrum vor der Autoflut zu schützen, wurde der Altstadtring angelegt. Der Preis dafür war nicht gerade niedrig: Am Oskar-von-Miller-Ring oder im Lehel durchschneidet die Trasse ziemlich brutal die Stadtviertel.

München soll seinen Charakter bewahren, gerade in der Altstadt. Vieles, was es geben sollte und anderswo ganz gewiss gegeben hätte, ist hier gescheitert. Der Marienplatz wurde nach 1945 nicht zum ultramodernen Stadtmittelpunkt aus Beton und Glas. Das urbane Monster des Schwabylons, eines düsteren Beton-Einkaufskomplexes, erhob sogar einige Jahre sein garstiges Haupt, bevor es eilends wieder abgerissen wurde. Freilich wird auch die neue Werkbundsiedlung nicht kommen, weil so viel Zukunft der Stadt einfach unheimlich ist. Und auch der 2008 gescheiterte Transrapid vom Hauptbahnhof zum Flughafen wird nur als Geisterzug in Erinnerung bleiben.

Wäre die Stadt heute also moderner, schöner, großzügiger, hätte man all die unverwirklichten Ideen und geplatzten Träume umgesetzt? Will man sich ein anderes München überhaupt wünschen?

Eigentlich nicht. Bei aller Kritik an den Beharrungskräften: Die Münchner und ihre vielen Gäste lieben diese Stadt einfach so, wie sie ist.

Alfred Dürr

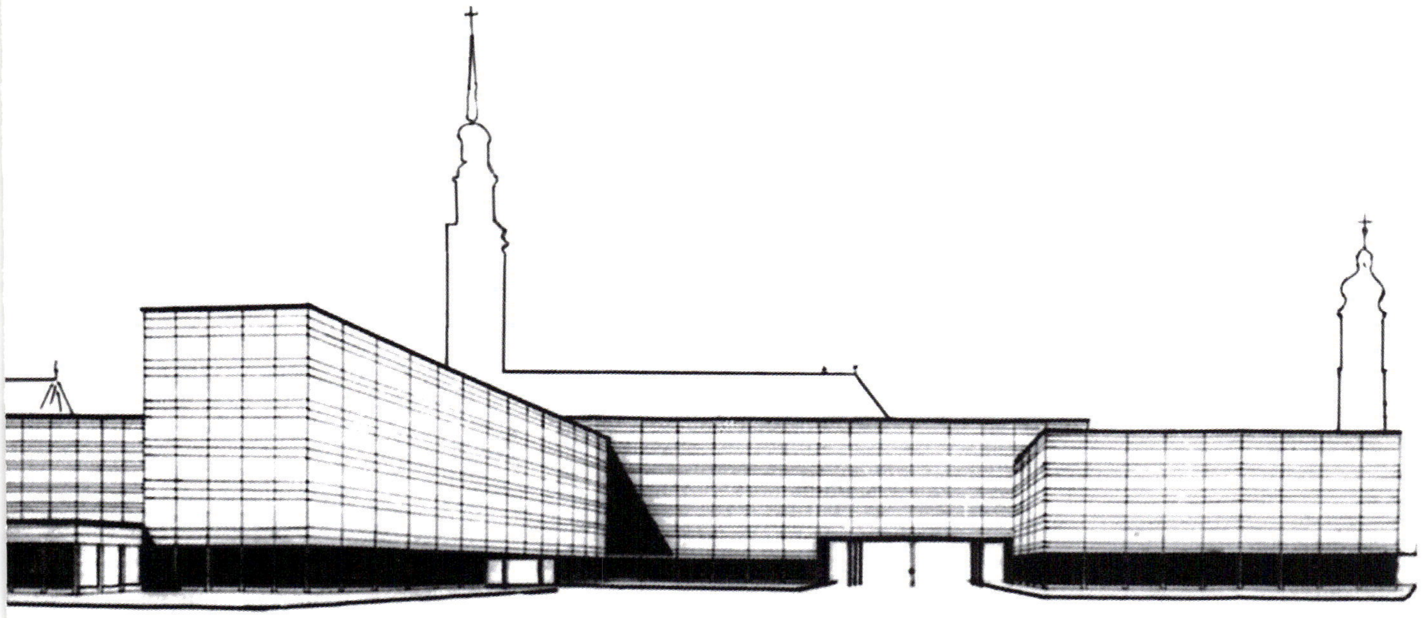

Die Chronik Münchens

1158 „Augsburger Schied“: Kaiser Friedrich I. Barbarossa gestattet Herzog Heinrich dem Löwen die Verlegung des Marktes Föhring nach „Munichen“.

1180 Kaiser Friedrich I. Barbarossa setzt Heinrich den Löwen als Herzog von Bayern ab und belehnt Pfalzgraf Otto I. aus dem Hause Wittelsbach mit dem Herzogtum. Das Adelsgeschlecht herrscht bis 1918 in Bayern.

1285 Der Judenpogrom kostet mehr als 60 Menschen das Leben.

1314 Ludwig der Bayer, Sohn von Herzog Ludwig II., wird zum deutschen König gewählt. München ist zu diesem Zeitpunkt bereits sechsmal größer als in den Anfängen.

1318 Beginn der Errichtung der großen, zum Teil noch heute bestehenden Toranlagen.

1327 Ein Großbrand vernichtet knapp ein Drittel der Stadt.

1328 König Ludwig wird in Rom zum römisch-deutschen Kaiser gekrönt. Bis zum Tode Ludwigs des Bayern im Jahre 1347 ist München kaiserliche Residenzstadt.

1349 Die Pest, die in München besonders heftig wütet, unterbricht das starke Bevölkerungswachstum und den Zuzug aus der Umgebung.

1398 Ein Protest der Handwerker gegen die städtische Haushaltsführung im Rat der 300 führt zu einem Putsch gegen die Patrizier-Regierung. Es entsteht ein Machtkampf zwischen den Herzögen, der Münchner „Gemein“ und dem entmachteten Patriziat.

1403 Die Herzöge Wilhelm III. und Ernst besiegeln gemeinsam mit den Bürgern das Stadtgrundgesetz.

1442 Vertreibung der Juden aus München.

1468 Baubeginn der Frauenkirche.

1505 Wiedervereinigung der bayerischen Teilherzogtümer durch den „Kölner Spruch“ des Kaisers Maximilian. Hauptstadt des geeinten Herzogtums ist München.

1568 Die Hochzeit des späteren Herzogs Wilhelm V. mit Renate von Lothringen wird mit einem großen Turnier gefeiert.

1589 Gründung des Hofbräuhauses.

1601 Mit der Berufung der Kapuziner nach München beginnt eine Phase zahlreicher Klostergründungen, die bis 1754 andauert.

1632 Der Schwedenkönig Gustav Adolf besetzt München kampflos.

1638 Maximilian I. lässt die Mariensäule errichten.

1663 Grundsteinlegung für den Bau der Theatinerkirche unter Agostino Barelli aus Bologna.

1701 Beginn des Spanischen Erbfolgekriegs. Kurfürst Max Emanuel kämpft auf französischer Seite.

1704 Nach der Niederlage gegen das österreichisch-britische Heer in der Schlacht von Höchstädt wird Bayern von den kaiserlichen Truppen Habsburgs besetzt.

1705 In der Sendlinger Mordweihnacht werden mehr als 1000 Aufständische von den Kaiserlichen niedergemetzelt.

1742 Kurfürst Karl Albrecht wird zum Kaiser Karl VII. gewählt. Die Habsburger besetzen München erneut.

1784 Der Amerikaner Benjamin Thompson (Graf Rumford) kommt nach München und tritt in die Dienste des Kurfürsten Karl Theodor ein.

1789 Anlage des Englischen Gartens, erst Militärgarten, dann Volkspark.

1801 Der Mannheimer Weinwirt und Pferdehändler Johann Balthasar Michel erhält als erster Protestant Stadtrecht in München.

1802 Im Zuge der Säkularisation beschließt Kurfürst Maximilian IV. Joseph die Auflösung der bayerischen Klöster. Betroffen sind in München zunächst sieben Klöster.

1806 Napoleon erhebt Bayern zum Königreich. Kurfürst Max Joseph wird zum König ausgerufen.

1810 Anlässlich der Hochzeit des Kronprinzen Ludwig (später Ludwig I.) mit Prinzessin Therese von Sachsen-Hildburghausen feiern die Münchner zum ersten Mal das Oktoberfest, damals noch ein Pferderennen.

1818 Maximilian I. Joseph erlässt eine konstitutionelle Verfassung.

1825 Beginn der Regierungszeit von König Ludwig I. Unter seiner Herrschaft entstehen neben anderen der Odeons- und Königsplatz sowie die Residenzbauten am Hofgarten und am Max-Joseph-Platz, die Alte und Neue Pinakothek und die Feldherrnhalle.

1848 Politischen Unruhen, ausgelöst durch König Ludwigs Liaison mit Lola Montez. Ludwig I. dankt ab, sein Sohn Max II. übernimmt die Regierung.

1861 Am 9. November findet in München die letzte öffentliche Hinrichtung auf dem Marsfeld statt.

1867 Baubeginn des Neuen Rathauses am Marienplatz unter der Leitung des erst 25-jährigen Architekturstudenten Georg Hauberrisser.

1868 Eröffnung der Technischen Hochschule, der heutigen Technischen Universität.

Die Chronik Münchens

1870 Deutsch-französischer Krieg. Mit dem Eintritt in das Deutsche Reich, das am 18. Januar 1871 im Spiegelsaal von Versailles ausgerufen wird, verliert Bayern seine Unabhängigkeit.

1883 Inbetriebnahme der Wasserzuleitungen aus dem 40 Kilometer entfernten Mangfalltal. Die Stadt wird täglich mit 56 000 Kubikmetern Wasser versorgt.

1886 Mysteriöser Tod König Ludwigs II. im Starnberger See.

1887 Einweihung der von Architekt Albert Schmidt im neuromanischen Stil erbauten Hauptsynagoge an der Herzog-Max-Straße.

1899 München ist Schauplatz der ersten Fahrprüfung mit Führerscheinausgabe. Die geprüften Automobile erhalten die ersten Zulassungsnummern.

1900 Unter dem Decknamen „Meyer" bezieht Wladimir Iljitsch Lenin für zwei Jahre Quartier in der Kaiserstraße 53 in Schwabing.

1906 Grundsteinlegung für das Deutsche Museum.

1918 Nach einer Massenversammlung auf der Theresienwiese am 7. November kommt es zur Übernahme der Regierungsgewalt durch den USPD-Politiker Kurt Eisner. Mit der Flucht König Ludwigs III. ist die Herrschaft der Wittelsbacher beendet. Bayern wird Freistaat.

1919 Ermordung Eisners durch Anton Graf von Arco auf Valley am 21. Februar. Am 7. April ruft der „Zentralrat der Bayerischen Republik" die Bayerische Räterepublik aus. Sechs Tage später folgt die Proklamation der kommunistischen Räterepublik. Am 1. und 2. Mai erobern Regierungstruppen und Freikorps („Weiße Garden") die Stadt gewaltsam zurück.

1923 Der Putschversuch der Nationalsozialisten unter Adolf Hitler endet am 9. November vor der Feldherrnhalle im Kugelhagel der Polizei.

1931 Brand des Glaspalastes. Mehr als 3000 Gemälde werden zerstört.

1933 Im Zuge der „Machtergreifung" der NSDAP besetzen Nationalsozialisten am 9. März das Münchner Rathaus und hissen die Hakenkreuzfahne. Elf Tage später gibt Bürgermeister Karl Scharnagl sein Amt auf. Nachfolger wird NSDAP-Mann Karl Fiehler.

1933 Bücherverbrennung am 10. Mai auf dem Königsplatz. Oskar Maria Graf, Thomas Mann und viele andere Schriftsteller, Wissenschaftler und Künstler gehen ins Exil.

1938 Im „Führerbau" an der Arcisstraße unterzeichnen Hitler, Italiens „Duce" Mussolini, Großbritanniens Premier Chamberlain und der französische Ministerpräsident Daladier am 29. September das „Münchner Abkommen". Eine antisemitische Hetzrede des Reichspropagandaministers Joseph Goebbels im Alten Rathaus markiert den Auftakt zur Reichspogromnacht vom 9./10. November.

1939 Am 8. November verübt Georg Elser im Bürgerbräukeller ein Attentat auf Hitler. Der Anschlag misslingt.

1940 Erste Luftangriffe auf München. Bis Ende April 1945 folgen weitere 73.

1941 Erste Judendeportation. Am 30. April 1945 treffen amerikanische Truppen in München nur noch 84 Überlebende der einst ca. 12 000 Mitglieder zählenden jüdischen Gemeinde an.

1943 Am 22. Februar werden drei Mitglieder der Weißen Rose, die Geschwister Scholl und Christoph Probst, in München-Stadelheim hingerichtet. Ihre Mitstreiter Kurt Huber, Willi Graf und Alexander Schmorell sterben ebenfalls unter dem Fallbeil.

1945 Ende des Zweiten Weltkrieges. München ist im Durchschnitt zu 50 Prozent zerstört. Der Bombenkrieg forderte ca. 6000 Tote und etwa 15 000 Verletzte.

1957 München zählt eine Million Einwohner.

1962 Schwabinger Krawalle.

1971 Inbetriebnahme der ersten U-Bahn-Linie (U6).

1972 Attentat auf die israelische Olympiamannschaft bei den 20. Olympischen Sommerspielen in München. Elf israelische Sportler, ein bayerischer Polizeibeamter und fünf palästinensische Terroristen sterben.

1980 Ein Bombenanschlag auf das Oktoberfest kostet 13 Menschen das Leben, 218 werden verletzt.

1988 Trauerfeier für den verstorbenen Ministerpräsidenten Franz Josef Strauß.

1992 Inbetriebnahme des Großflughafens München II im Erdinger Moos.

1998 Eröffnung der Neuen Messe in Riem.

2002 Die dritte Pinakothek, „die Pinakothek der Moderne", wird eröffnet. Das Gebäude ist ein Werk des Architekten Stephan Braunfels.

2006 Eröffnungsspiel für die 18. Fußball-Weltmeisterschaft in der Münchner Allianz-Arena. Besuch von Papst Benedikt XVI.

2008 Der seit 1993 amtierende Münchner Oberbürgermeister Christian Ude sichert sich bei den Kommunalwahlen im März seine vierte Amtszeit.

Dr. Richard Bauer, geb. 1943, ist Leiter des Stadtarchivs München und Autor zahlreicher Veröffentlichungen zur Stadtgeschichte Münchens.

Astrid Becker, geb. 1967 in München, ist Mitarbeiterin der SZ-Lokalredaktion München.

Martin Bernstein, geb. 1964, ist Ressortleiter Region der SZ und Autor der Bücher „Römerstraßen und Kultplätze" sowie „Römer, Ritter, Abenteuer" in der SZ-Edition.

Jan Bielicki, geb. 1961, arbeitete als Parlamentskorrespondent in Bonn und Berlin für das Deutsche Allgemeine Sonntagsblatt, Die Woche und den Stern. Er ist politischer Redakteur im München-Teil der SZ.

Alfred Dürr, geb. 1953, ist Redakteur im München-Teil der SZ mit Schwerpunkt Stadtentwicklung, Baupolitik und Architektur.

Karl Forster, geb. 1950, war bis 1987 Reporter bei der Münchner Abendzeitung und ist stellvertretender Ressortleiter im München-Teil der SZ.

Franz Freisleder, geb. 1931, schreibt seit 1955 für die SZ. Er war von 1970 bis 1996 Leiter des Münchner Teils. Theodor-Wolff-Preis, Tukan-Preis, Bayerischer Poetentaler.

Anne Goebel, gebürtige Münchnerin, arbeitet als Redakteurin in der München-Redaktion der SZ. Herwig-Weber-Preis des Internationalen Presseclubs München 2002.

Wolfgang Görl, geb. 1954, ist Redakteur des Münchner Lokalteils der SZ. Theodor-Wolff-Preis 2005. Seine München-Reportagen sind unter dem Titel „Der Prinzregent, die Schöne und das Bier" erschienen.

Monika Goetsch, geb. 1967, arbeitet als freie Journalistin und lebt in München.

Jan Grossarth, geb. 1981, ist Volontär bei der FAZ. Er war von 2004 bis 2008 freier Mitarbeiter der SZ.

Stephan Handel, geb. 1963, arbeitet in der Lokalredaktion München der SZ. Buchveröffentlichung: „Recht – was geht mich das an?"(2006)

Caroline Hoffmann, geb. 1980, ist Voluntärin der SZ.

Dr. Hans Holzhaider, geb. 1946, ist Gerichtsreporter der SZ. Wächterpreis der deutschen Tagespresse 1993.

Harald Hordych, geb. 1961, ist stellvertretender Leiter der SZ am Wochenende und Autor des Buchs „München für Zugereiste" (2004).

Dr. Brigitte Huber, geb. 1959 ist am Stadtarchiv München für die Stadtchronik zuständig. Sie ist Autorin (u.a. „Das Neue Rathaus in München", 2006, und „Tagebuch der Stadt München", 2004).

Dr. Joachim Käppner, geb. 1961, ist Leiter des Münchner Lokalteils der SZ. Veröffentlichungen: „Die letzten 50 Tage" und „Befreit. Besetzt. Geteilt" (beide mit Robert Probst) in der SZ-Edition sowie „Die Familie der Generäle" (2007). Theodor-Wolff-Preis 1998.

Kurt Kister, geb. 1957, ist stellvertretender Chefredakteur der SZ. Preise u.a.: 1989 Wächterpreis der Deutschen Tagespresse, 2003 Egon-Erwin-Kisch-Preis, 2004 Politischer Journalist des Jahres.

Dr. Gottfried Knapp, geb. 1942, war bis 2008 Redakteur im Feuilleton der SZ. Erster Preis der Bundesarchitektenkammer, Preis der Deutschen Stiftung für Denkmalpflege.

Hans Kratzer, geb. 1957, ist Redakteur im Bayernteil der SZ. Er ist Mitherausgeber des Buchs „Unter der Krone" in der SZ-Edition.

Christian Krügel, geb. 1969, ist Historiker und Chef vom Dienst der SZ.

Silke Lode, geb. 1980, ist Volontärin bei der SZ.

Monika Maier-Albang, geb. 1968, ist Redakteurin im Lokalteil der SZ.

Gerhard Matzig, geb. 1963, ist Leitender Redakteur im Feuilleton der SZ. 1997, 2002 „Kritikerpreis der Bundesarchitektenkammer", COR-Preis „Wohnen und Design", 2006.

Christian Mayer, geb. 1969, ist Leitender Redakteur in der Redaktion Panorama der SZ.

Berthold Neff, geb. 1960, ist Rathausreporter im SZ München-Teil.

Rudolf Neumaier, geb. 1971, ist Leitender Redakteur in der Bayernredaktion der SZ.

Prof. Klaus Peter Richter, geb. 1943, ist Musikwissenschaftler und freier Autor. Er verfasste u.a. „Soviel Musik war nie" (1997).

Christian Rost, geb. 1973, ist Redakteur im München-Teil der SZ.

Michael Ruhland, geb. 1965, ist Chef vom Dienst im Münchner Lokalteil der SZ.

Karl Stankiewitz, geb. 1928. 1951 bis 2000 arbeitete er als Münchner Korrespondent für verschiedene Zeitungen. Herwig-Weber-Preis 1977. Er ist u.a. Autor von „Stadt der Träume", „Münchner Sittenbuch", „München 68".

Sibylle Steinkohl, geb. 1953, ist Mitarbeiterin der Münchner SZ-Lokalredaktion.

Robert Stocker, geb. 1957, ist Redakteur im Münchner Teil der SZ.

Martin Thurau, Jahrgang 1959, ist Redakteur für Hochschule und Wissenschaft im Münchner Lokalteil der SZ.

Michael Tibudd, geb. 1977, ist Mitarbeiter der SZ mit dem Schwerpunkt Münchner Wirtschaft.

Christina Warta, Jahrgang 1973, ist Redakteurin im Münchner Lokalteil der SZ. 2006 und 2007 wurde sie vom Verband Deutscher Sportjournalisten für ihre Reportagen ausgezeichnet.

Dr. Thomas Weidner, geb. 1963, ist Kurator der neuen Dauerausstellung „Typisch München" im Münchner Stadtmuseum und leitet dort die Sammlung Graphik und Gemälde.

Dr. Michael Weithmann, geb. 1949, ist Dozent an der Universität Passau für historische Themen. Er hat zahlreiche Sachbücher verfasst, u.a. „Kleine Geschichte Oberbayerns" (2007).

Christoph Wiedemann, geb. 1958, ist Autor in der Redaktion Münchner Kultur der SZ. Kritikerpreis des Deutschen Kunsthandwerks 2000, König Ludwig I.-Medaille 2003.

Baranow, Sonja von: Franz von Lenbach. Köln 1986

Bauer, Helmut u.a.: Memento 1705. Augsburg 2005

Bauer, Reinhard und Piper, Ernst: München. Die Geschichte einer Stadt. München 1993

Bauer, Richard: Fliegeralarm. Luftangriffe auf München 1940–1945. München 1997
ders.: Geschichte Münchens. München 2003

Bayerisches Landesamt für Denkmalpflege: München. Fenster zur Vergangenheit. München 2008
dass.: Landeshauptstadt München, 2 Bände in der Reihe „Denkmäler in Bayern". München 2004

Bayerisches Nationalmuseum Das neue Hellas. Bayern und Griechenland zur Zeit Ludwigs I. München 1999

Christ, Lena: Die Rumplhanni. München 1916

Dimpfl, Monika: Karl Valentin. München 2007

Dorn, Hubert: Die Schlacht von Sendling 1705. München 2005

Fischer, Ernst und Kratzer, Hans: Unter der Krone. 1806–1918. Das Königreich Bayern und sein Erbe. München 2006

Gebhardt, Heinz und Dix, Rudi: München. Das waren die Fünfziger. München, Berlin 1994

Gerstenberg, Günter: Hiebe, Liebe und Proteste – München 1968. München 1991

Goepfert, Günter: Franz von Pocci. Dachau 1999

Heim, Carlamaria: Josefa Halbinger, Jahrgang 1900. München 1987

Heimers, Manfred Peter: Krieg, Hunger, Pest und Glaubenszwist. München im Dreißigjährigen Krieg. München 2002

Heinz, Thomas: Ludwig der Bayer. Kaiser und Ketzer. Regensburg 1993

Heusler, Andreas: Ich lebe! Das ist ein Wunder: München 2001
ders. und Weger, Tobias: Kristallnacht. München 1998

Heydenreuter, Reinhard: Kleine Münchner Stadtgeschichte. Regensburg 2007

Hirschberg, Max: Jude und Demokrat. München 1998

Kamp, Michael und Zedelmaier, Helmut: Nilpferde an der Isar. München 2000

Kirstein, Ulrich: Fast ein Wahrzeichen Münchens. Die Moriskentänzer. Eurasburg 1998

Kronawitter, Georg: Mit aller Leidenschaft. 20 Jahre Politik für München. München 2001

Kunze, Michael: Straße ins Feuer. Vom Leben und Sterben in der Zeit des Hexenwahns. Reinbek 1982

Large, David Clay: Hitlers München. Aufstieg und Fall der Hauptstadt der Bewegung. München 1998

Lieb, Norbert: München. Die Geschichte seiner Kunst. München 1971

Mann, Golo: Ludwig I. von Bayern. Frankfurt a. M. 1999

Münchner Stadtmuseum (Hg.): Fotografie und Revolution. München 1918/19. Berlin 1988
Der blau gestreifte Reiter. Gemälde aus dem Stadtmuseum. Wolfratshausen 2000
Münchner Stadtbilder Buch. München, Berlin 2002
Hauptstadt der Bewegung. München 2003
München wie geplant. Die Entwicklung der Stadt von 1158 bis 2008. München 2004
Typisch München! München 2008

Münster, Robert und Friedrich, Heinz: „Ich würde München gewiss Ehre machen". Mozart und der kurfürstliche Hof zu München. Weißenhorn 2002

Nerdinger, Winfried (Hg.): Leo von Klenze. Architekt zwischen Kunst und Hof 1784–1864. München, London, New York 2000
ders. und Florschütz, Inez (Hg.): Architektur der Wunderkinder. Aufbruch und Verdrängung in Bayern 1945–1960. Salzburg, München 2005

Rasp, Hans-Peter: Eine Stadt für tausend Jahre. München 1981

Rosendorfer, Herbert: Die Nacht der Amazonen. München 1992

Ross, Werner: Bohemiens und Belle Époque. Berlin 1997

Schultze-Jahn, Marie-Luise: Und ihr Geist lebt trotzdem weiter. Widerstand im Zeichen der Weißen Rose. Berlin 2004

Schwab von Metzler, Hans-Rüdiger (Hg.): München – Dichter sehen eine Stadt. Texte und Bilder aus vier Jahrhunderten. Stuttgart 1990

Sonntag, Kurt: Trenck der Pandur und die Brandschatzung Bayerns. München 1976

Stadtarchiv München (Hg.): Fußball in München. München 2006
Chronik der Stadt München. 1157–1818. 3 Bände. München, Hamburg 2005 (Helmut Stahleder)

Stankiewitz, Karl: München. Stadt der Träume. Projekte, Pleiten, Utopien. München 2005
ders.: Münchner Sittenbuch. Liebe, Laster und Affairen. München 2007

Sternburg, Wilhelm von: Lion Feuchtwanger. Ein deutsches Schriftsteller leben. Berlin 1999

Strasser, Christian: Der Aufstand im bayerischen Oberland 1705. Münster 2005

Süddeutsche Zeitung Photo/Literaturhaus München/Pressemuseum Hamburg: „Uns gehts doch wirklich prima". Die 50er Jahre im Bild der Münchner Illustrierten. München 2007

Weidner, Thomas: Lola Montez – oder eine Revolution in München. München 1998

Weithmann, Michael: Burgen in München. München 2006

Wilhelm, Hermann: In der Münchner Vorstadt Au. München 2004

Wolf, Georg Jacob: Das kurfürstliche München 1620–1800. München 1930
ders.: Ein Jahrhundert München. Nachdruck von 1935. Frankfurt 1980

Wurst, Jürgen und Langheiter, Alexander: Monachia. München 2005

Wysling, Hans und Schmidlin, Yvonne (Hg.): Thomas Mann. Ein Leben in Bildern. Zürich 1994

Bildnachweis

Titelfotos:

ddp, Münchner Stadtmuseum, SZ-Photo, Vario-Images

Agenturen / Bildarchive:

AKG Images: 8/9, 20, 22, 26, 65, 77, 80, 81, 97, 106, 151, 178, 182, 186, 225, 226, 242, 302
AP: 336, 376, 383, 388, 403
Architekturmuseum der TU München: 424, 425
Artothek: 108, 112, 182, 183
Artothek/Blauel / Gnamm: 180/181, 417
Artothek/Lenbachhaus: 214/215, 217, 218, 219
Artothek/Neue Pinakothek: 176/177
Artothek/Staatsgemäldesammlungen: 170
Bartko-Reher Antiquitäten: 419
Bastei/Lübbe: 347
Bayerische Akademie der Wissenschaft: 132, 204
Bayerische Schlösserverwaltung: 74, 76, 104, 105, 164, 172, 211, 416
Bayerische Staatsbibliothek München: 127
Bayerische Vereinsbank/Günther Seuss: 131
Bayerisches Armeemuseum: 175
Bayerisches Hauptstaatsarchiv: 14, 126, 175
Bayerisches Nationalmuseum: 124, 317
Benaki Museum: 174
BerlinerLuft: 102
BLFD/Barbara Schwager: 304, 305
BR/WDR: 413
Bridgeman Art : 148
Bundesbahn: 332
ddp: 336, 406
Deutsches Literaturarchiv Marbach/Simplicissimus: 245, 249, 284, 285
Deutsches Museum / Bildstelle: 257
Deutsches Theatermuseum: 152
dpa / pa: 16, 150, 223, 245, 337, 382, 382, 393, 395, 410, 419, 424
Franziska Bilek: 415
Froggypress / Steffen Leiprecht: 394
Gabriele Münter- u. Johannes Eichner-Stiftung: 243
Hans Braun: 371
Heinz Gebhardt: 7, 118, 183, 381, 405
Historischer Verein Oberbayern: 205
Imago/Werek: 386
Interfoto: 206, 238
Katja Rahlwes: 418
LVG Bayern: 154
Mauritius Images: 8/9
Münchner Stadtmuseum: 1, 12/13, 13, 15, 19, 23, 29, 30, 33, 34, 36, 37, 39, 40, 42, 44, 46, 52/53, 54, 55, 56, 57, 58, 60, 61, 62, 63, 67, 69, 71, 72/73, 78, 79, 90/91, 98, 104/105, 109, 110/111, 122/123, 125, 128/129, 130, 133, 134, 135, 136, 137, 138/139, 140, 142, 143, 145, 146/147, 149, 154, 157, 158, 160, 161, 162, 163, 164, 165, 169, 173, 184, 185, 188, 189, 190, 191, 192, 193, 194, 195, 196, 228, 232, 234, 237, 241, 246, 250, 256, 260, 261, 264, 272, 274, 280, 286, 290/291, 296, 297, 298, 299, 318, 365, 368, 372, 373, 378, 380, 398, 399, 400, 401, 403, 414, 418
Museum Villa Stuck/Adolf Baumann: 221
Reinhard Weber: 282
Stadtarchiv/Repro Heddergott: 265, 267, 271
Stadtarchiv München: 6, 24/25, 43, 84/85, 86, 100/101, 121, 197, 199, 201, 231, 247, 252/253, 254/255, 262, 263, 291, 304, 329, 331, 334, 364, 343, 345, 354, 362/363, 370, 396, 408
Ullstein Bild/Imago: 240
United Press: 377
US Army: 348, 354
Valentin-Musäum/Hilbinger: 295
Vario-Images: 395
W.M. Weber/TV-yesterday: 421
Wittelsbacher Ausgleichfonds: 5
Wolfgang Pulver: 220, 222

SZ-Photo:

SZ-Photo:167, 207, 227, 269, 270, 271, 276, 278, 293, 315, 319, 347, 352, 353, 357, 368, 377, 387, 391, 413; SZ-Photo/Blanc Kunstverlag: 99; SZ-Photo/Brenninger: 316; SZ-Photo/Caro/Riedmiller: 50; SZ-Photo/Dena-Bild: 89; SZ-Photo/Einfeldt: 120; SZ-Photo / Fotoarchiv/Megele: 48, 153, 245; SZ-Photo/Haas: 28, 38, 39, 40, 66, 67, 68, 69; SZ-Photo/Haase: 387; SZ-Photo/Hangen: 409; SZ-Photo/Heddergott: 27, 47, 82, 316, 413, 422; SZ-Photo/Huhle: 371; SZ-Photo/Kühn: 292; SZ-Photo/Neuwirth: 379, 380, 390, 392; SZ-Photo/Poehlmann: 289; SZ-Photo/Riemer: 374; SZ-Photo/Rumpf: 16, 224, 266, 412; SZ-Photo/S.M.: 312; SZ-Photo/Scherl: 10/11, 92, 95, 226, 230, 244, 258, 268, 271, 275, 277, 278, 288, 299, 300, 306, 308, 309, 310, 314, 320, 323, 324, 325, 340, 341, 342; SZ-Photo/Schillinger: 356; SZ-Photo / Schneck: 386; SZ-Photo/Schödl: 294; SZ-Photo/Strobel: 367

Privat:

Blechner-Familie (Boston, London, Zürich): 326
Privat: 346, 349, 423
Richard Süßmeier Archiv: 358, 359, 360, 361
Rudi Kleeberg: 251

SZ-Grafik:

SZ-Grafik: 94, 276; A. Beck: 316; D. Braun: 16, 28, 316; I. Burgarth: 59; H. Eiden: 16; Ch. Krügel: 16; M. Mainka: 16, 36/37; Zeltwanger: 316

Quellen aus Büchern:

Aussriss/www.gerlich.com: 311
Bunter Kinder-Kosmos / Tiere der Ur-und Vorzeit/Kosmos Verlag: 420
Die Nacht der Amazonen/dtv: 321
Die Schlacht von Sendling 1705/Buchendorfer Verlag: 112, 116/117
Franz Pocci/G. Goepfert/Verlagsanstalt Bayerland: 208, 212/213
Franz Pocci/Gesamtausgabe/Allitera-Verlag: 210
Fußball in München/München Verlag: 248
Karikatur von H. Meyer-Brockmann/Der Simpl/Nr. 5/1946: 366
Kathedralen in München und Freising/Editions du signe: 31, 32
Nilpferde an der Isar/Buchendorfer Verlag: 231
Münchner Bier-Chronik 1929/Sailer Verlag: 400
Spitzweg/Siegfried Wichmann/Seehamer Verlag: 202, 203
Stadthaus München/Franz Schiermeier Verlag: 168

Danksagungen

Die Herausgeber sind, selbstredend, bei einem Projekt dieser Größenordnung vielen Menschen zu erheblichem Dank verpflichtet. Zunächst gebührt er Dr. Richard Bauer, bis 2008 Leiter des Münchner Stadtarchivs, und Dr. Thomas Weidner, im Münchner Stadtmuseum verantwortlich für die neue Dauerausstellung „Typisch München!“ Beide Herren – und ihre jeweiligen Kollegen – haben uns intensiv beraten, mit Material und Tipps reichlich versorgt und von dem einen oder anderen historisch waghalsigen Vorhaben behutsam abgebracht. Zu Dank verpflichtet sind wir auch der Chefredaktion der *Süddeutschen Zeitung*, Hans Werner Kilz, Kurt Kister und vor allem Wolfgang Krach, in dessen Zuständigkeitsbereich das Projekt fiel. Sie haben Serie und Buch mit Wohlwollen, Expertise und mitunter auch Geduld sehr gefördert.

Dankbar sind wir auch, als Ideengeber und unbeugsamem Optimisten auch in härteren Lagen, zunächst Dirk Rumberg, dem Leiter der „Neuen Produkte“ im Süddeutschen Verlag. Der gute Geist der Zeitungs-Serie, auf der dieses Buch beruht, war ohne Zweifel Stefan Dimitrov von der Art Direction, der sämtliche Folgen optisch gestaltet hat. Julia Wolf steuerte ein kongeniales Layout für das Buch und großartige Ideen bei und bewies ein heroisches Durchhaltevermögen. SZ-Art Director Eberhard Wolf ist für Inspirationen, seinen kritischen Blick und das Titelbild zu danken.

Äußerst wertvoll war die Hilfe von Helmut Poll im SZ-Bildarchiv, Petra Payer und Jörg Buschmann in der Bildredaktion, Fritz Elster vom SZ-Korrektorat und von Dr. Renate Bugyi-Ollert, welche die Schlussredaktion übernommen hat. Andreas Bock, Walter Korn, Christine Roth, Werner Steinecke und Karlheinz Pawlik von der Bildstelle danken wir für das klaglose Entgegenkommen gegenüber zahlreichen Sonderwünschen der Herausgeber.

Wir danken auch den vielen Kollegen in der Lokalredaktion, die Texte und Anregungen beigesteuert haben, und Katharina Riehl und Elisa Antz für ihren bemerkenswert scharfsichtigen Blick auf das Manuskript. Konstanze Jüngling erstellte die Chronik. Und Christa Burkhardt im Sekretariat fühlen wir uns sehr verpflichtet für ihre unschätzbar umsichtige Organisation.

Und schließlich danken wir natürlich den Lesern der *Süddeutschen Zeitung* – für ihre vielen positiven Briefe und Anrufe zur SZ-Geschichtsserie, die uns sehr ermutigt haben, wie auch für inhaltliche Hinweise und Kritik sowie gelegentliche Korrekturen.